上海工程咨询
优秀成果选编

2010-2014年（下）

上海市工程咨询行业协会·编
主编　蒋应时　戴建敏

上海社会科学院出版社

目 录

上 册

序 ··· 王武龙 1
前言 ·· 1

一、规划咨询研究报告篇

城市总体规划的定位和作用研究报告 ·· 3
"创新驱动、转型发展"背景下上海大都市城乡发展规划战略研究报告 ····················· 7
上海市城市近期建设规划（2011—2015）研究报告 ··· 12
上海市土地利用总体规划（2006—2020年）研究报告 ··· 17
上海市基本生态网络规划研究报告 ·· 22
上海市创建国家公交都市示范城市规划研究报告 ··· 31
南充市城市综合交通规划咨询报告 ·· 41
常州市城市快速轨道交通建设规划（2011—2018）咨询报告 ···································· 52
昆山市城市总体规划（2009—2030）咨询报告 ·· 59
宁德企业总部用地城市设计咨询报告 ·· 63
绍兴市城市轨道交通线网规划咨询报告 ·· 69
珠海智能交通系统规划咨询报告 ·· 75
上海中心大厦信息通信建设规划研究报告 ·· 82
上海市公用移动通信基站站址布局专项规划（2010—2020）研究报告 ····················· 88
钦州市滨海新城综合交通体系规划咨询报告 ·· 94
上海市奉贤区四团镇拾村村村庄规划研究报告 ··· 102
上海英雄（集团）有限公司三年行动规划咨询报告 ··· 108

二、可行性研究报告、项目和资金申请报告篇

宁波梅山春晓大桥工程可行性研究报告	115
芜湖市利用世界银行贷款改善交通走廊及建设绿色公交系统项目可行性研究报告	121
上海世博会地区B02、B03地块地下空间工程可行性研究报告	126
上海市周家嘴路越江隧道新建工程可行性研究报告	132
上海市轨道交通11号线北段工程、南段工程可行性研究报告	139
上海市中山南路地下通道工程可行性研究报告	145
上海市沿江通道越江隧道工程(越江段)可行性研究报告	152
北翟路(外环线—中环线)快速路工程可行性研究报告	158
虹梅南路—金海路通道工程(越江段)工程可行性研究报告	164
辰塔公路跨黄浦江大桥(暂名)新建工程可行性研究报告	170
上海临港新城东港区公用码头一期项目资金申请报告	176
天津市文化中心地下交通枢纽工程可行性研究报告	179
南京南站综合枢纽快速环线工程可行性研究报告	183
武汉王家墩商务区核心区地下车行环廊工程可行性研究报告	191
长沙市万家丽路(福元路—湘府路)快速化改造工程可行性研究报告	196
南昌市朝阳大桥工程可行性研究报告	201
乌鲁木齐市高铁综合交通枢纽工程可行性研究报告	207
贵阳市东站路道路工程可行性研究报告	215
无锡锡东新城高铁商务区地下车行通道工程可行性研究报告	221
苏州高新区有轨电车1号线工程可行性研究报告	227
宁波市轨道交通2号线一期工程可行性研究报告	233
温州机场交通枢纽综合体及公用配套工程可行性研究报告	239
海南省旅游公路万宁石梅湾至大花角段示范工程可行性研究报告	246
海口市快速路网骨干工程海秀快速路工程可行性研究报告	251
鄂尔多斯市康巴什新区伊克昭大桥新建工程可行性研究报告	256
临沂市三河口祊河隧道工程可行性研究报告	261
扬州文昌阁中环疏解工程可行性研究报告	267
哈尔滨市阿什河干流道外香坊段防洪及河道整治工程可行性研究报告	273
广州市西江引水工程可行性研究报告	279

崇明岛东风西沙水库及取输水泵闸工程可行性研究报告……285

青浦第三水厂一期工程可行性研究报告……289

镇江市大港水厂一期工程可行性研究报告……295

山东东营市南郊水厂扩建工程可行性研究报告……300

广州市番禺区前锋净水厂扩建三期工程及一、二期排放标准升级工程可行性
研究报告……304

上海市白龙港城市污水处理厂污泥处理工程可行性研究报告……309

上海市竹园污泥处理工程可行性研究报告……315

苏州工业园区污泥干化处置项目一期工程可行性研究报告……318

上海市污水治理白龙港片区南线输送干线完善工程（东段输送干管）可行性
研究报告……322

郑州市南三环污水处理厂工程可行性研究报告……328

虹口港泵闸工程可行性研究报告……335

淀东水利枢纽泵闸改扩建工程可行性研究报告……341

大治河西枢纽新建二线船闸工程可行性研究报告……346

东太湖综合整治工程可行性研究报告……352

上海古猗园景观水体治理工程可行性研究报告……357

南汇东滩促淤圈围工程项目建议书……361

苏州河下游段防汛墙加固和底泥疏浚工程（底泥疏浚部分）可行性研究报告……365

常州市餐厨废弃物综合处置一期工程可行性研究报告……370

2011年第八届中国（重庆）国际园林博览会——上海园工程可行性研究报告……377

下　册

上海虹桥商务区主功能区滨河及绿地景观——华翔绿地（暂名）可行性研究
报告……383

中国电信2013年总部计费及容灾系统（上海节点）扩容改造工程可行性研究
报告……388

上海轨道交通网络运营智能化信息服务系统可行性研究报告……392

上海市浦东新区城市图像监控覆盖项目可行性研究报告……398

福建炼油化工有限公司精细化工园区碳五分离装置可行性研究报告……406

大众汽车变速器（上海）有限公司搬迁技术改造项目可行性研究报告……411

中船龙穴造船基地民船项目一期工程可行性研究报告……415

国核压水堆示范工程初步可行性研究报告……422

上海华电莘庄工业区燃气热电冷三联供改造项目可行性研究报告……428

菏泽尧舜牡丹生物科技有限公司牡丹日化项目可行性研究报告……433

上海中联重科桩工机械有限公司大型、智能化旋挖钻机、地下连续墙关键部件
　　工艺改进、产品提升项目可行性研究报告……438

中华艺术宫项目可行性研究报告……442

上海国际舞蹈中心项目可行性研究报告……447

七彩云南·古滇王国文化旅游名城项目可行性研究报告……452

云南文化艺术中心（云南大剧院）建设项目可行性研究报告……457

海南博鳌宝莲城游艇俱乐部工程可行性研究报告……461

河南中医学院第一附属医院国家临床研究基地建设项目可行性研究报告……469

常州市第一人民医院综合病房大楼项目可行性研究报告……474

三、评估咨询报告篇

中国（上海）自贸试验区半年、一年度综合评估报告……481

黄浦江两岸地区规划及实施评估报告……485

上海市对口支援新疆喀什四县综合规划（2011—2013年）中期评估报告……491

北京地铁6号、14号及15号线一期工程可行性研究评估报告……495

河北沧州核电项目厂址普选评估报告……500

上海市轨道交通基本网络中期评估报告……505

上海市南北通道工程预可行性研究评估报告……509

中环线浦东段（军工路越江隧道—高科中路）新建工程可行性研究评估报告……512

松江广富林配套湖底人防车库建设项目申请报告评估报告……516

松江醉白池站配套地下车库建设项目申请报告评估报告……520

ETL维生素项目节能评估报告……525

苏州高新区有轨电车1号线工程节能评估报告……532

国泰君安证券股份有限公司办公楼项目社会稳定风险评估报告评价报告……538

松江区九亭医院改扩建工程社会稳定风险评估报告评价报告……544
中环线浦东段（军工路越江隧道—高科中路）新建工程交叉施工风险评估报告……548
轨道16号线泖马河大桥施工图设计阶段安全风险评估报告……554
山东海阳核电项目3、4号机组工程环境影响报告书（选址阶段）……560
崇明三岛支撑电源（申能崇明燃气电厂）工程环境影响评估报告……563
深圳市轨道交通4号线续建工程试运营情况评估报告……568

四、工程项目管理篇

上海市第六人民医院门诊医技综合楼项目管理报告……573
深圳地铁3号线工程建设项目管理咨询及设计监理报告……579

五、项目后评价篇

大型国有企业战略执行与重大投资后评价研究……585
上海大型医院管理中心合同能源管理后评估报告……587
上南路（耀华路—环南一大道）拓建工程后评价报告……592
A医院改扩建工程项目后评价报告……598

六、专题研究报告篇

中国（上海）自由贸易试验区制度创新研究……605
超大特长盾构法隧道设计关键技术综合研究……609
上海市建设投资项目社会稳定风险评估机制和方法研究……615
长春市政府投资工程项目管理研究……619
上海轨道交通网络大型专用检测维护与应急抢修装备体系研究……625
中国2010年上海世界博览会园区运行综合管理专题研究……630
中国博览会会展综合体项目（北块）专项研究……634
上海迪士尼主题乐园项目申请报告及专题研究……637

上海民用航空产业发展策略及规划研究	641
中国-马来西亚钦州产业园发展规划及可行性研究	645
上海市机构养老设施"十二五"建设规划研究	649
文登市养老产业发展实施规划策划研究	653
特大城市节约集约利用土地战略规划研究	658
全球大都市基础设施比较研究	661
上海国际航运中心货运集疏运系统集成优化研究	665
上海市综合交通体系规划(2010—2020)之常规公共交通系统规划研究	669
轨道交通站点"最后一公里"出行模式和保障机制研究	675
城市轨道交通列车运行控制系统的运行能力分析模型建模研究及软件开发	678
市域轨道交通建设关键技术研究	683
软土隧道工程运营期结构安全关键技术研究	692
钢弹簧浮置板设计施工一体化研究	698
上海市能源中长期发展规划研究	704
上海市合理控制能源总量分解落实方案研究	707
上海市加快分散燃煤治理实施方案研究	711
崇明生态岛建设纲要(2010—2020)研究	716
上海市郊野公园布局选址和试点基地概念规划研究	720
全国饮用水水源安全保障体制与预警机制研究	727
蓄排协同提高城市雨水治理系统防汛标准关键技术研究	732
上海市感潮河网纳污能力及限制排污总量研究	736
上海市中心城区初期雨水治理规划标准研究	742
促进上海重点开发地区加快发展的体制机制研究	749
2012年静安区商务楼宇员工午餐项目运行专题研究	754
11所地方高校内涵建设(分类指导、分类管理改革)中期绩效审计的专题研究	760
佘山国家旅游度假区旅游集散中心课题研究	767
附录:参与编写单位一览表	773
编后记	774

上海虹桥商务区主功能区滨河及绿地景观
——华翔绿地（暂名）可行性研究报告

The Feasibility Study Report of the Riverside and Green Space Landscape (Dubbed Huaxiang Public Lawn) Projects in Major Functional Areas of Hongqiao Business District, Shanghai

编写单位：上海市园林设计院有限公司
Shanghai Landscape Architecture Design Institute CO.,LTD
联系电话：021-54043588　　网址：www.shlandscape.com
主要完成人：俞莉萍　丁一巨　朱祥明　秦启宪　茹雯美　张毅　褚巧三　李娟　石正宝　任春华

【点评】

本报告从规划设计角度，研究虹桥商务区绿色空间与城市基础设施的有机结合，将植物固氮、废旧材料、节水灌溉等新材料、新技术运用于本工程中，形成集景观休闲、文化娱乐、公共服务、防洪防涝、生态环境改善于一体的综合型城市绿地，对于改善虹桥商务区的环境质量，满足周边人群休闲休憩需求，促进地区经济和环境的持续协调发展具有重要作用。

【项目背景】

规划确定了虹桥商务区的范围，东至A20（环西一大道），南至A9沪青平高速公路，西至现状铁路外环线，北至规划北翟高架路，总用地面积为2 634公顷。规划中特别强调绿化环境的建设，绿地规划注重分层次的系统建设，以大规模的生态绿地保证片区整体的环境品质；充分利用水系、防护绿带等绿化要素构成系统；引入绿色人文理念加强内部绿地系统的建设；强调绿地系统的多层次渗透，以合理的服务半径、城市节点空间组织、可达性为依据，重视街头绿地和公园建设，达到服务的均好性。绿地规划不再单纯体现绿化环境，还充分结合城市空间组织和多种活动方式。绿化用地399.2公顷，占城市建设用地的15.9%；在绿化布局上强调点线面结合，保障虹桥商务区良好的生态环境。（见图1）

【项目内容】

本项目建设单位为上海申虹投资发展有限公司，建设地点位于虹桥商务区西南角，磁浮和新角浦以东、申滨南路以南，申昆路以西，总建设面积约为20.497公顷。华翔绿地是虹桥商务区近期实施范围内的四大公共绿地其中一块。包含159 620平方米公共绿地用地范围内的景观绿化、配套建筑、铺装小品及45 350平方米水域用地范围内的驳岸、桥梁等。

方案从城市规划角度出发，虹桥枢纽的绿色空间应与城市基础设施有机结合，构成宜人的城市生态环境。在对绿色空间塑造过程中，把绿色环保技术经验应用到每一个环节，坚持可持续性发展目标，遵循低碳节能的技术路径。设计中考虑地带性植被、空气流通、雨水收集、植物净化、可再生能源利用等措施，使虹桥商务区绿色空间成为一个稳定的、低耗能的生态环境。对26平方千米主功能区进行多方位的分析，找出基地不可替代的地域特质——"水环"。15千米长的水环，以适当的尺度，将天上（飞机）、地面（高铁

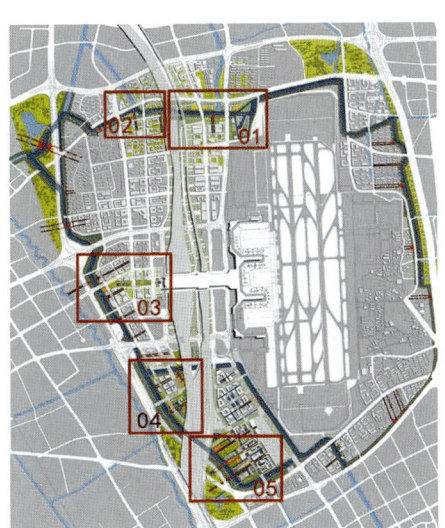

01 云霞绿地--岛屿公园
　　一池三山　大地艺术　天地互动

02 天麓绿地--市民休闲公园
　　带状的滨水绿地　整个系列进入佳境

03 西侧主入口--滨水公园
　　枢纽门户　标志性滨水景点

04 迎宾绿地--都市生态公园
　　过渡性滨水绿地　绿色环保主题

05 华翔公园--运河公园
　　传统与现代完美结合
　　公园与城市水乳交融

图1　四大绿地平面位置图

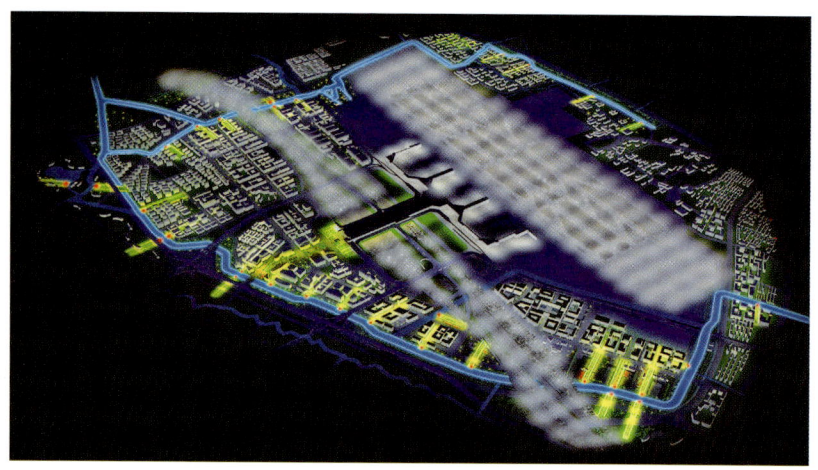

图2　绿地系统规划夜景效果图

等)及地下(地铁)来的人流,联系到一个平面上,构建了"水上新天地"。五大绿地以"水"为纽带,以"水"为媒介,以"水"为主题,打造江南水乡精神的现代滨水商务区。(见图2)

虹桥商务区作为低碳实践区,要实现核心区全面低碳排放,局部区域实现"零碳排放",建设上海首个低碳商务示范区。虹桥枢纽外围绿带作为实现低碳功能的重要载体,在植被品种选择和植物栽植结构形式上具有较高要求,所以其建设标准也应高于其他常见的公园绿地和防护绿地。

当前,国家会展中心项目,已经正式落户虹桥商务区。据了解,该国家会展中心建成后将成为目前世界上规模最大、水平最高的国际级会展中心。华翔绿地作为会展中心东面的"水上新天地绿地景观",是与其景观体系东西呼应的重要节点,应该以较高的标准进行建设,才能与国家会展中心的大规模、高水平相匹配。

本项目总投资约54 192.37万元。

【工作过程】

根据2010年8月上海虹桥商务区管理委员会和上海申虹投资发展有限公司组织"上海虹桥商务区主功能区滨河及绿地景观概念性设计方案竞赛文件"将26平方千米主功能区景观统一规划。2010年11月16日上海市园林设计院有限公司与德国瓦伦丁规划设计组合联合设计,获得竞赛第一名。

一、水系与景观结合

华翔绿地上位规划约有4.5公顷E1水域面积,如何将水系与景观有机结合及与周边城市肌理无缝衔接,成为本次咨询工作首要解决问题。设计通过由城市干道形成景观轴,将组团内小块绿地引入大尺度的环状的滨水绿地中,形成一个由城市向自然景观过渡的长轴,以水系为纽带,将大小不同的绿地、建筑、广场有机结合,形成生

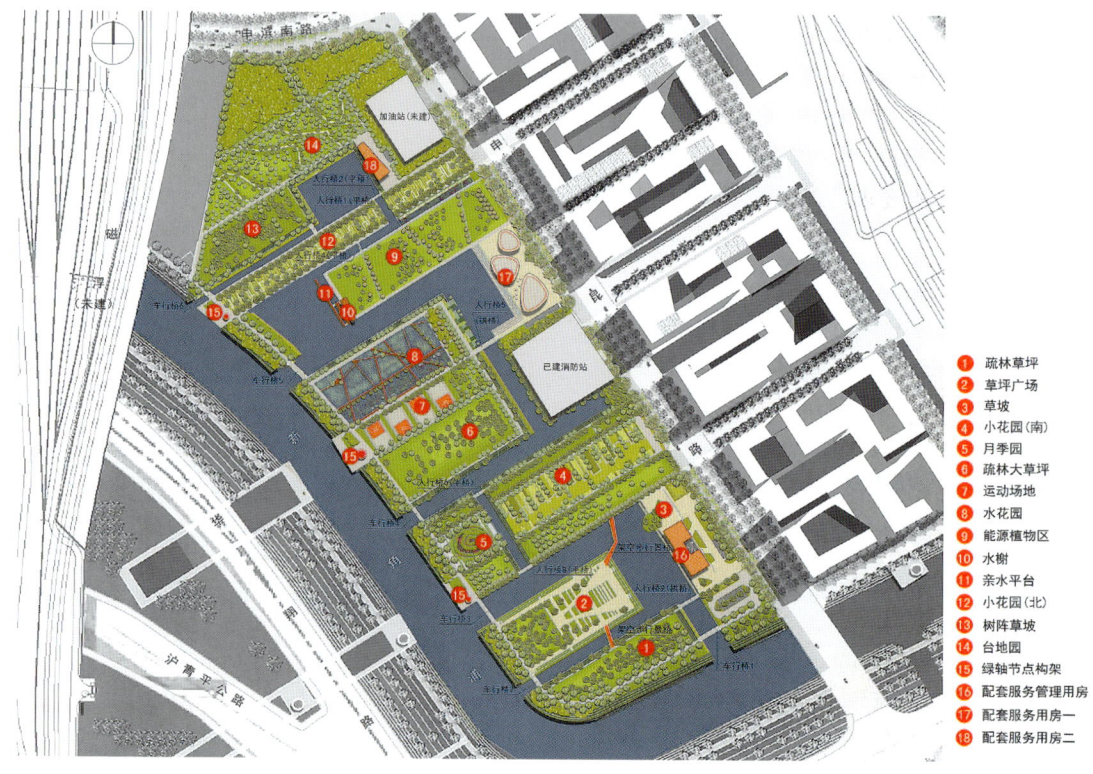

图3　华翔绿地总体平面图

动的生态型绿地系列。

水系肌理将基地分割成不同功能的景观空间。城市干道的景观轴,将组团内小块绿地引入大尺度的环状的滨水绿地中,形成一个由城市向自然景观过渡的长轴,通过建筑室内—户外—开场空间—水环的关系,形成丰富的空间序列。水系间的长方形带状绿地由林荫道围合,形成不同功能的区域,如体育活动、休闲聚会、水上活动及生态绿地等。(见图3)

二、在绿地设计过程中遵循的原则

1. 生态性原则——保持生态完整连续,优化地区生态格局,满足上位规划对区域的生态要求。

2. 功能性原则——满足综合性公共绿地的功能要求,明确功能分区,做到各功能区域相辅相成、相互呼应。

3. 主题性原则——各区域主题明确,内容丰富,主题元素合理布局。

4. 景观性原则——突出江南水乡景观特色,体现季相特色和景观多样性。

5. 合理性原则——合理利用现状资源,解决现状矛盾;统筹规划,合理布局。

6. 低碳、可持续性原则——各类资源的循环利用,低成本维护;立足当前,兼顾长远。

7. 防护、隔离性原则——创造出有生态防护性的生态屏障。以"纯林"结构为主,在满足防护功能的基础上,注重营造变化丰富的群落季相景观。

本绿地被市政河道新角浦半包围,设计有六条支流延伸进入绿地,与新角浦相通,以满足市政水利的蓄洪排涝要求。现状水质为V类水质。绿地给排水规划将充分体现"节约资源、保护环境"的基本国策,树立和落实科学的发展观,充分考虑资源承载能力,建设资源节约型社会;追求更少资源消耗、更低环境污染、更大经济和社会效益,实现可持续发展。并以"减量化、再利用、再循环"的循环经济原则来指导绿地的给排水规划。根据《地表水环境质量标准》(GB3838—2002)水体标准,为满足景观用水需要,水质需达到IV类水标准。本次给排水设计将景观水体进行循环处理净化,同时将从市政河道补充的水源进行处理,然后进入景观水体。

【咨询工作特点】

本项目设计根据基地有河道围合的岛状肌理,将基地内的绿色空间与建筑形成有机的整体,构建具有景观观赏、休闲健身、文化娱乐、公共服务等多功能为一体的综合型城市公共绿地。设计中考虑地带性植被、空气流通、雨水收集、植物净化、可再生能源利用等措施,使虹桥商务区绿色空间成为一个稳定的、低耗能的生态商务区环境。本工程是虹桥商务区建设的一部分,是属于重大基础设施和公益性项目,绿地的建成将大大提升整个虹桥区域的对外形象,也为虹桥商务区的公共开放空间建设打下基础,由此必将产生显著的社会效益、环境效益和经济效益。

本项目的建设是塑造2011年上海后世博时代典型案例的需要,是上海构建生态型城市、优化闵行区绿化布局、完善上海市绿地系统的需要,是建设虹桥商务区滨水景观,突出虹桥地区独特城市风貌魅力的需要,因此本项目的建设是必要的,可行的。(见图4)

图4 华翔绿地鸟瞰图

一、突出规划的综合性

打破以往可行性研究方法。是从规划角度，宏观研究虹桥商务区26平方千米内景观规划。对整个商务区进行了充分调查和挖掘，收集大量现场资料，并对整个商务区的建设条件充分分析。

从城市规划角度出发，虹桥枢纽的绿色空间与城市基础设施有机结合，构成宜人的城市生态环境。对26平方千米主功能区进行多方位的分析，找出基地不可替代的地域特质——"水环"。15千米长的水环，以适当的尺度，将天上（飞机）、地面（高铁等）及地下（地铁）来的人流，联系到一个平面上，构建了"水上新天地"。26平方千米内绿地较分散，相对集中为四大绿地。四大绿地以"水"为纽带，以"水"为媒介，以"水"为主题，打造江南水乡精神的现代滨水商务区。

华翔绿地从地理位置，立地条件，都是最重要和最完整的。绿地设计将传统与现代完美结合，是城市公共绿地与城市建筑水乳交融的典型案例。

二、体现规划设计的可持续发展理念

规划突出对科技成果的应用，探讨涉及雨水回收利用、绿化种植、再生能源利用、水务防洪排涝等技术型专项设计，积极地运用科学理论作为支撑，力求务实规范，达到生态、环保和集约资源的可持续发展理念。确保研究成果严谨而富有创新。具体运用技术有以下几项：

1. 植物固氮技术

为节约公共绿地养护管理成本，建立"集约、绿色、环保"城市的号召，公共绿地设计中，将采用植物固氮技术。

选用豆科植物或胡颓子属植物、苏铁属植物和木麻黄属植物中具有明显的固氮活力的品种。公共绿地中的植物通过自我生物固氮，吸收土壤养分，减少人工施肥的需求。从而节约绿地维护成本。

2. 废旧材料重新利用技术

在日常的生产生活过程中，许多生活、工业旧物被无故丢置一边，不仅浪费而且对生态环境产生了一定的影响。

因此，在华翔绿地的设计中，充分考虑了废旧材料的重新利用，如地面硬质铺地、硬质与软质铺地结合、地形塑造、游憩设施选用中，都尽可能选取现有的闲置材料，通过二次利用，发挥材料的作用，避免价值浪费。

3. 节水灌溉技术

华翔绿地在设计阶段就将灌溉系统规划纳入园林绿地规划中，逐步采用高标准的现代园林灌溉设施，因地制宜、科学合理地选用了喷灌、微喷灌、滴灌等灌水新技术。在管材、管件类型的选用配置以及灌水均匀度、喷灌强度等方面，也将严格按照有关灌溉技术参数进行设计安装，有效解决了节水技术推广使用过程中出现的过喷、漏喷等问题。

保证灌溉系统节水"截留"之后，同时，公共绿地耗水量也需要控制。通过优化植物配置。园林绿地植物品种多样，需水量差异较大。在绿地规划设计过程中，华翔绿地注重调整植物配置结构，在植物选择上，因地制宜，选择种植耐干旱、节水植物，尽量少采用和引进耗水量大的植物，坚持多栽植生态效益好、易养护的乔灌木；在园林绿地种植中，充分考虑植物的共生互补和植物物种的多样性，坚持以乔木为主体，乔、灌、草（地被）相结合的立体式种植模式。实行"按需分配"。了解园林植物的生态习性和需水特性是节水的最直接因素。

4. 生态河岸带建设——水生生物多样性

主要思路是沿水面至驳岸方向依次种植沉水植物、浮叶植物、挺水植物和湿生植物，营建比较完善的河流植物群落结构，利用水域内基质、水生植物和微生物之间的物理、化学和生物三重协同作用，通过过滤、拦截、吸附、沉淀、离子交换、植物吸收和微生物分解等作用来实现对水体的高效净化。

三、展示规划设计的多样性原则

绿地定位为配套服务于虹桥商务区，服务于闵行地区、长宁西部地区以及青浦东部地区的综合性公共绿地。植物配置力求做到"立足生态，体现自然，合理布局，突出主题"对不同区域的绿化空间进行自然美观，符合生态规律的设计。

绿地植物配置原则以绿为主，布置自然的植物群落，乔、灌、地被结合起伏的地形创造丰富的空间层次；选择丰富的植物品种，强调植物的造景功能和适用功能，创造季相特征鲜明的植物群落。

总体配置上把握乔木与灌木、常绿与落叶、阔叶与针叶树相结合，多选用色叶乔木及花灌木，突出"春景秋色"的景观季相。植物配置把握总体规划特征,形成疏密相间的林相。

上海虹桥商务区主功能区滨河及绿地景观华翔绿地紧邻虹桥机场,鸟类对于飞机的安全性有很大影响,目前鸟撞飞机是威胁航空安全的重要因素之一。由于绿地生态性较好,对于鸟类有一定的吸引力,因此华翔绿地中弃用鸟嗜植物。确保飞机航行安全。

四、彰显规划的因势利导特征

根据《虹桥商务区控制性详细规划》(2009年6月),将华翔绿地划分G1(公共绿地)与E1(水域)。G1(公共绿地)面积为159 620平方米,E1(水域)面积为45 350平方米。

华翔绿地内4.53公顷水域用地,有防汛排涝、满足水资源调度的需求,完善区域防汛安全保障体系的功能。规划设计因势利导,将营造滨水景观与满足水利要求,改善水景观与投资环境、促进城市发展的需求融为一体,打造具有江南水乡特质的虹桥商务区滨水景观。驳岸设计以自然草坡、台阶驳岸为主,尽量少用直立驳岸,体现生态性、景观性。桥梁设计采用多种形式的平桥、拱桥,体现江南水乡的特质。

【咨询效果】

本次工程咨询工作具有一定的经济效益、社会效益及环境效益。

1. 经济效益

本工程的经济效益主要体现在间接效益上:

(1)虹桥商务区地区绿地的开发建设,可大大增加区域经济投入的吸引力,从而使本地区的经济结构得到合理调整和持续、有序地增长,促进国民经济的健康发展。

(2)绿地的建成将使虹桥商务区地区土地大大增值,而受其影响范围的辐射是非常强大的,对地块的潜在影响是难以估量的。

(3)各绿地建设的部分建筑功能可以是卖品部等经营场所,以及一些体育设施设备,都有一定的经济收入,会带来一定的经济效益。

(4)从工程建设本身出发,通过节能和环保措施的应用,在节省了工程投入的同时,对整体社会环境也有一定的改善,能够产生一定的经济效益。

(5)工程建成后产生的经济收益直接或间接的表现在通过环境改善,绿地量增加,改善环境质量,提高周边居民的生活质量,提升区域投资环境等。

2. 社会效益

本工程是虹桥商务区建设的一部分,是属于重大基础设施和公益性项目,绿地的建成将大大提升整个虹桥区域的对外形象,也为虹桥商务区地区的公共开放空间建设打下基础,由此必将产生显著的社会效益、环境效益和经济效益,其中尤以社会效益为主。

本工程建设的社会效益主要体现在以下几个方面:

(1)虹桥商务区绿地建设可增加旅游业开发并相应促进第三产业建设发展,使该区域更具有吸引力和活力。

(2)周边地块增值,将带动虹桥商务区周边的房地产开发,促进建筑材料市场及相关产业的发展。

(3)绿地的建成为广大市民和游客提供了又一批高质量的户外休闲空间。

(4)本项目的实施可拉动上海的经济发展,增加就业机会,提高生活质量,使该地区经济、社会和环境协调发展。

因此,该项目具有巨大的社会效益。

3. 环境效益

大面积绿地的建成可吸收大量CO_2,放出O_2,提高空气中负离子浓度,有毒有害气体的吸收,减少产尘量增加滞尘量,改善局部小气候环境质量,使人民群众的健康水平提升。

虹桥商务区依靠各种交通资源优势,使搭乘飞机、铁路、高速公路的旅客通过枢纽转乘机场快线——磁浮前往目的地,从而缓解城市道路交通压力。同时也是展示上海城市风貌乃至中国现代化城市风貌的门户,虹桥综合枢纽的景观绿化建设是良好的景观环境的示范,同时也是为上海树立标志性景观的区域,凸显上海的地域文化,提高了上海的整体环境质量。

中国电信2013年总部计费及容灾系统（上海节点）扩容改造工程可行性研究报告

The Feasibility Study Report of the Extension and Renovation Projects of Billing and Disaster Recovery System (Shanghai node) for China Telecom Headquarters, 2013

编写单位：上海邮电设计咨询研究院有限公司
Shanghai Posts & Telecommunications Designing Consulting Institute Co., Ltd.（SPTDCIC）
联系电话：021-25068888　　网址：www.sptdi.com
主要完成人：杨　炼　杨文清　归　律　张开飞　余　飞　郑晓云　蒲浩杰　蒋明燕　杨兵鹏　李　强

【点评】

本报告在中国电信首次提出了如何建设一套全国集中的计费结算系统，并在BSS核心计费系统首次引入云计算、虚拟化等新技术，对转售业务和LTE业务提出了一整套的计费支撑解决方案，同时梳理了两级完整的业务流程，可实施性较强。

【项目背景】

2014年无疑是LTE商用深入推广的一年，中国4G牌照的发放，将快速推进LTE的商用及其全球化进程。2012年6月27日，工信部明确指出"鼓励民间资本以参股方式进入基础电信运营市场；支持民间资本开展增值电信业务。"据分析，转售商可能自己开发支撑系统（如客服系统、计费系统、营账系统、客服系统和信息安全系统），也可能租用基础电信企业的业务支撑系统。

总部移动计费及容灾系统于2007年6月启动建设，同年12月底上线具备初验条件，系统建设规模满足4 000万移动用户；经过多期工程建设，2012年该系统可支撑1.7亿移动用户的计费及结算需求。根据市场部门对用户发展趋势的判断预计2014年底移动用户数将达2.3亿。

自2009年12月瑞典运营商TeliaSonera推出全球首个LTE商用网络以来，在欧、美、日、韩等国家和地区的推动下，LTE被普遍认为是史上发展最快的无线通信技术。在国内，2013年工信部一再表态将推动年内发放4G牌照，中国电信的态度转变极为明显，从以往的不积极，变得"激进"起来，在推进LTE网络建设上，步伐明显提速，规模和速度上都超出业界预期。2013年6月21日在广州举行的天翼手机交易会上，中国电信董事长王晓初第一次阐明了电信的4G策略：FDD+TDD融合组网。随后，中国电信于2013年8月召开了全国范围内的LTE加速部署会议，电信4G网络试点从4个省变为31个省，而在重点城市则逐步展开FDD+TDD混网组网，核心网8月底完成招标，9月底全部设备到货，11月底割接入网。

1980年代，英国政府为了鼓励竞争打破垄断开始鼓励发展运营商转售业务，全球"虚拟运营商业务"正式起步。至2015年，全球移动虚拟运营用户数将达到2亿，每年增长2 000万左右，年复合增速13.8%。2010年10月，国务院明确指出"应鼓励民间资本参与电信建设"。2012年6月27日，工信部明确指出"鼓励民间资本以参股方式进入基础电信运营市场；支持民间资本开展增值电信业务。"2013年1月8日工信部公布《移动通信转售业务试点方案》（征求意见稿），提出鼓励、支持和引导民间资本进一步进入电信业，充分发挥民间资本灵活、创新的优势，鼓励服务和业务创新，满足移动用户个性化、差异化的应用需求，探索基础电信业务经营者与移动通信转售商（以下简称转售商）之间合作竞争的模式和监管政策，提升移动市场竞争层次和服务水平，保护用户合法权益，为正式商用奠定基础。根据业内专家分析，转售商可能自己开发虚拟运营商运营的计费支撑系统（如客服系统、计费系统、营账系统、客服系统和信息安全系统），也可能租用基础电信企业的业务支撑系统。在此背景下现有系统的性能和功能已无法满足实际需求。

因此,中国电信必须启动工程,升级扩容改造现有系统以便为4G和转售商用户提供全国集中的计费支撑服务。

【项目内容】

本项目建设单位为中国电信股份有限公司企业信息化事业部,建设地点上海。本目建设目标为满足前端部门的业务支撑需求及至2014年底2.3亿移动用户的发展要求对上海节点的硬件和应用软件进行升级和改造:升级扩容国际清算子系统系统、国内漫游结算子系统、账务分摊子系统、总部集中计费子系统的软件功能,满足前端大量出现的各类需求,真正实现计费网络化的部署,提升全网两级计费类系统运营管理水平。

同时LTE和转售业务提出后,要求实现全国集中一点批价、全国集中的出账、全国集中的缴费、全国集中与转售商一点清结算、全国集中的信用控制及AoC提醒等。

本可行性研究报告基础年为2013年,投产年为2014年,系统硬件设计容量满足2014年底系统性能的使用需求(其中LTE和转售业务硬件设计容量满足2014年6月底系统性能的使用需求),应确保以后能够顺利平滑升级。

经过分析和预测,本工程总投资估算为7000余万元人民币。

本工程通过对现有系统改造升级,将为各类新需求可靠的计费结算支撑,同时可提高中国电信整体的服务水平,从而为广大用户提供更为优质的服务,确保客户服务质量,能够为中国电信带来间接的经济收益和巨大的社会效益。

可研报告从系统定位、架构和功能、管理流程规则、系统间接口关系等多角度进行了系统的全面建设规划,给出了详尽的软件功能设计、硬件配置要求、改造实施步骤、基础资源保障等全方位的建设方案。咨询工作为项目的顺利实施奠定了坚实的基础。下图为本期工程建成后的系统架构图。

【工作过程】

项目自2013年3月开始,于2013年11月完成。项目组梳理了现状、调研了需求及设备运行情况,提出了完整的建设方案。

本可研分析了LTE经营需全新的计费模式。LTE快速的商用步伐虽然满足甚至是超前于用户对于流量、网速的需求,但也带来了有关流量计费、用户体验等诸多方面的问题。4G网络的特点,以及不同用户的流量需求,决定了计费模式不应该再"克隆"3G网络的计费模式。如何在计费模式上作一些新的探索,使流量计费更个性化,在企业盈利和用户需求之间找到平衡点,是本工程的主要目标。

本可研也分析了转售商的出现,对以往电信运营模式的改变。基础电信运营商的后台支撑系统从一整套业务流程上保证实时响应用户业

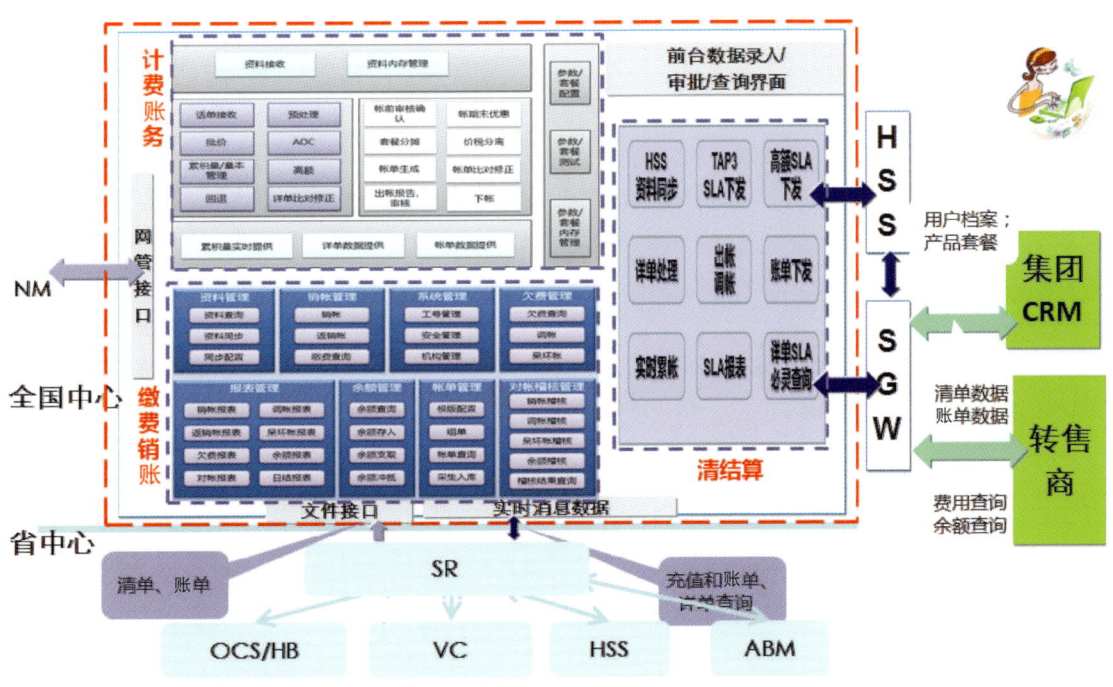

图1 系统架构图

务需求，随时解决用户的问题和投诉。而转售商可能开发自有的支撑系统，也可能租用基础电信企业的业务支撑系统。在转售业务初期，租用运营商服务支撑系统省时省力，有利于尽早开展业务。如何与转售商实现业务和系统支撑的对接是本工程的主要目标。

本可研最后测算了系统的处理能力需求和存储容量需求，结合现有服务器、存储和网络资源，提出功能建设方案、服务器配置方案、网络设备扩容方案、组网方案，并根据拟建方案估算项目投资费用。

【咨询工作特点】

1. 全面的需求分析

在业务功能需求方面，本可研根据本期总体现状，分析出本期需要建设的功能。在建设内容方面，本可研充分考虑本期工程需要的软硬件资源及使用情况，并全面分析了需要新增的主机、存储、系统软件、应用软件，以及需要升级改造的内容。在业务预测方面，本成果根据现网业务量及未来用户和移动互联网发展趋势，取定话务模型，对全国计费结算中心的月话单量、月数据量、联机存储容量、脱机存储容量进行了测算。在能力需求分析方面，本成果对服务器性能需求、存储容量需求进行了测算，以此作为设备配置的基础。

2. 面向大众，差异定价

要想运营好LTE，合理的套餐资费至关重要。网络成熟期，面向大众差异定价，这会带来较好的市场竞争力。根据竞争激烈情况，本工程提出了基于速率差异化资费策略的探索。

3. 全新的流量计费模式探索

LTE快速的商用步伐虽然满足甚至是超前于用户对于流量、网速的需求。但也带来了有关流量计费、用户体验等诸多方面的问题。考虑到4G网络的特点，以及不同用户的流量需求，计费模式不应该再"克隆"3G网络的计费模式了，应该在计费模式上作一些新的探索，使流量计费更个性化，在企业盈利和用户需求之间找到平衡点。本工程研究了全新的流量计费模式探索，实现了对流量后向经营业务包括定向产品、后向批发和权益合作等多种模式的支撑。

4. 向"更宽、更广"的"智能管道"转型

LTE也反推了移动互联网发展，加剧了运营商"管道化"趋势。为了避免在LTE时代进一步被"管道化"，运营商正努力向"更宽、更广"的"智能管道"转型，本可研基于如何做到真正的智能管道主导者，提出如何实现PCC内容计费做到流量可识别、可区分定价的具体方案。

5. 在关于"资费政策、IT系统、工作流程还未有明确标准和对接政策"的情况下，本可研针对转售业务运营提出了一整套完整的对接方案，包含业务流程、接口协议等

转售业务以"小而美"为特色，其最大的市场卖点在于为一个细分群体用户提供更加接地气、更具用户体验的业务。除了需要独特的商业模式，另一方面需要强大的用户体验后台支撑。基础电信运营商的后台支撑系统，包括了计费、账务、结算、客服四大系统。四大系统各有分工，才能从一整套业务流程上保证实时响应用户业务需求，随时解决用户的问题和投诉。在转售商的业务支撑系统建好之后，务必要与合作的基础运营商进行系统对接。方能实现基础的电信业务运营支撑功能。

6. 本可研方案充分考虑了对转售商的管理和监管

对基础电信运营商及监管者而言，对转售商的管理和监管将变成一项艺术。转售商虽然暂时不能对基础电信市场格局产生重大影响，但新物种的加入必然带来生态系统的变化，这在互联网颠覆传统的今天变得尤为显著。从长远来看，转售商结合互联网企业产生的化学作用，必将让电信市场格局发生微妙变化，有可能是合作共赢，也可能是破坏性的。

7. 本可研方案提出对未来趋势的预测，以及针对面临的形势，提出了新运营模式的探索

虚拟运营商的出现正是因为电信技术更新、发展和用户对于电信业务需求的不断增加及电信业务种类的激增，导致电信运营商角色发生变化。虚拟运营商的出现，改变了以往电信运营的模式。对于传统运营商，虚拟运营商既是竞争，又是合作。

8. 首次在电信行业业务及容灾系统中引入Petri网中间件技术，RTO、RPO指标业界领先

Petri网的概念最早是1962年德国学者Carl Adam Petri在他的博士论文中提出来的。经过几十年来的发展，Petri网已经发展出了包括有色Petri网、时间Petri网、随机Petri网等在内的多种高级Petri网，并且逐渐被应用于多个领域的建模、分析和控制。Petri网理论非常适合用于对单个资源有竞争性使用需求的系统。

中国电信计费系统账期处理普遍存在自动化程度不高、人工干预多、账期处理周期长、账期期间关键业务能力中断等现象。为了大幅降低人工干预、缩短账期处理周期,科学设计账期处理流程,提升计费管理的现代化水平,确保关键业务能力不中断,提升客户感知,故总部计费各系统应用软件非常适合引入PETRI网机制设计账期处理流程和约束关系。

本可研基于上述现状分析,首次在总部四个系统中使用Petri网技术,通过部署定制化的Petri中间件优化计费结算和账务流程,合理配置生产资源,以达到提高生产效率及确保业务连续性的目的。同时在容灾架构中应用了Petri技术,使得整个容灾判断切换过程完全实现了自动化,切换时间(Recovery Time Object-RTO)=8分钟,数据损失(Recover Point Object-RPO)=0,创造了中国电信行业最佳的业务可用性指标,标志着中国电信应用容灾已经迈入了整个行业的最前列。Petri网技术在容灾架构中的使用为业界首次。

9. 研究方案充分考虑了系统的安全性、扩展性、经济性

计费系统作为电信运营商核心的生产系统,直接关系到企业的收入。制定方案时,我们充分考虑了工程的可靠性和安全性,通过合理的网络设计,确保生产系统和外部系统的隔离,所有硬件的扩容要充分利用现有的设备,以确保平滑升级和后期的可扩展性,同时兼顾成本。

10. 成果的时效性

本研究是在面对市场契机和压力,时间十分紧张的情况下进行的。在十分有限的时间内,设计人员迅速熟悉新技术,并通过对现有系统功能和系统资源的分析,通过与电信集团、设备提供厂商、系统开发厂商的充分交流,制订技术方案,合理配置设备,在7个月内完成了本项目,从而为中国电信的移动业务开展提供了有力保障。

11. 可行性研究的可操作性强

本可研内容全面、详细,在框架方案的基础上,对软件功能开发、硬件设备配置要求进行了详细的论证。同时本可研从业务流程、系统功能、外围接口3个方面进行了深入的分析,明确地提出了本研究的内容和要求。

咨询成果详述了各新建和改造系统的建设内容,包括各系统的业务和系统功能、性能需求、实现方式、网络结构、软硬件性能配置等。对各系统涉及的各类接口也作了详尽描述,包括接口双方、接口方式、接口数据源等;各新建和改造系统的硬件性能进行了估算,并给出参考配置型号;对各类软件的配置原则、功能要求也给出了中肯的建议,具备很强的可操作性。

【咨询效果】

本咨询成果完整地梳理了中国电信总部计费及容灾系统(上海节点)的业务需求、功能需求和性能需求。确保了改造后的系统按时、顺利上线。系统在线运行后,情况稳定可靠,及时有效地支撑了中国电信移动业务、国际业务、全国级增值业务的飞速发展,同时也首次在全国层面实现了集中化的LTE业务支撑,为电信运营商全国集中IT系统的演进迈出了坚实而关键的一步。同时改造后的系统具备转售业务的支撑能力全国集中支撑能力,所支撑的转售商远远高于市场部门前期的估计,这也证明先进高效的IT系统不仅仅是后端被动支撑业务发展,更可以引导加速前端的业务发展。系统上线后,其表现出的能力和可靠性得到了中国电信集团公司各个层面领导的肯定,系统容灾性能RTO和RPO值分别达到了8分钟和0,在业界处于领先水平。

上海轨道交通网络运营智能化信息服务系统可行性研究报告

The Feasibility Study Report of the Project of Shanghai Metro Network Operation Intelligent Information Service System

编写单位：上海申通轨道交通研究咨询有限公司
Shanghai Shentong Metro Research & Consultancy Co., Ltd.
联系电话：021-54660312   网址：www.shmetro.com
主要完成人：毕湘利 宋 键 朱 翔 洪 翔 周巧莲 张琼燕 吴 刚 郑燕燕 纪文莉 吴立明

【点评】

本报告以运营服务人性化、管理支撑信息化、资源整合网络化为实现目标，收集、分析和汇总实时运营状态信息、实时客流信息、实时运营设备信息，并以红、黄、绿三色进行抽象表现，附着在轨道交通运营网络及线路拓扑上，形成轨道交通网络实时运营状态三色图（即TOS, Tricolor Operating Status）展示模型，通过外部以及轨道交通内部既有媒介为载体，为乘客和运营管理者提供实时运营状态信息服务，大大提升乘客乘用知情度和管理方服务能力，在国内、外城市的轨道交通中尚属首创。解决了制约城市轨道交通信息服务可持续发展的瓶颈问题，对缓解轨道交通运营压力、提升服务质量、增强市民知情权等方面起到了较好的作用。

【项目背景】

随着上海轨道交通网络化建设与运营规模逐步扩大，市民出行对轨道交通依赖性不断增强，轨道交通已成为城市交通的生命线，网络化运营效应日益显现，客流与日俱增，大客流现象频发；客流的迅猛增长使路网的负荷不断增加，而运能与运量的矛盾在轨道交通快速成长期内仍然存在。运营组织、调度指挥与网络统筹协调的难度大大增加，运营管理的压力也日益增大。而运营效率的有效提升，与是否能及时获取并掌握实时的全网络运营状态信息是极为关键的基础，也是在紧急情况下进行应急处理及宏观调度指挥的重要基础。同时，轨道交通的乘客对运营服务质量的要求也越来越高，需要得到乘用轨道交通过程中对实时的运营状态的知情权。因此，无论是乘客还是运营管理者，对轨道交通实时的网络运营状态信息的获知需求日益增长。

为有效满足运营管理者和乘客对运营服务不同层面的信息需求，建立基于对各相关既有专业系统的状态信息的获取、整合分析，得出实时、准确的运营状态结果信息，建立服务于乘客与运营管理者的网络智能化信息服务系统已迫在眉睫。

【项目内容】

一、项目概述

项目在轨道交通日趋网络化状态的背景下进行，以整合上海轨道交通全网络运营信息并服务于乘客与管理者为核心目标，以信息收集、信息处理和信息发布为核心流程，以城市交通信息一体化为发展方向，实时获取轨道交通空间内各个断面和特定位置的客流密度和运营状态的关键数据，并进行信息挖掘和提炼，采用具有高认知度、易于识别的红、黄、绿三色来表达轨道交通的实时运营状态，并覆盖至轨道交通整个网络，实现乘客"用网"和运营"调网"的双重需求。项目的实施已体现出上海城市轨道交通特色的三色全网图。

项目使广大的轨道交通乘客在"多空间"通过"多渠道"便捷地获知轨道交通的运营状态，动态调整出行路径，在轨道交通发生故障时能够及时了解故障情况及恢复情况。同时，使轨道交通的管理者及时掌握全网络运营状态，并作为宏观把握以及应急决策处理和宏观指挥调度的重要信息基础。

二、网络运营智能化信息服务的需求分析

1. 服务于运营管理者的需求

项目针对运营管理者对网络化运营状态信息

的需求展开调研并作出需求分析，分析结论为：轨道交通运营管理的前提是准确地获知各类运营状态信息，在掌握具体情况的条件下采取相应的对策和决策。因此，建立网络化的运营状态信息的采集、分析及发布系统，向轨道交通运营管理者提供实时的、准确的、综合的动态信息，是辅助其开展工作的基本需求和正确决策的基础，是必要且重要的。

2. 服务于乘客的需求

项目结合了"马斯洛模型"，从乘客心理角度对其获知运营状态信息的需求作出分析，对应关系如表1所示。

表1 马斯洛模型在分析轨道交通乘客信息需求的对应关系

马斯洛阶段	需求对应	阶 段
生存需求	基本运营状态信息：安全到达	刚性需求
安全需求	出行过程信息：导向、导乘等信息	
社交需求	社会活动信息需求：多元化交通	个性化信息服务
尊重需求	私人化服务：精彩乘坐体验、舒适度要求	
自我实现	更高的体验优化	

从上述对应关系可知，对于乘客的日常出行，由于轨道交通的基本运营状态播报和导向导乘信息实现了乘客对出行的基本判断，左右着出行成功率和满意度的变化，因此向轨道交通全网络发布运营状态信息，方便乘客调整出行路线就显得尤为重要。

三、系统架构与组成

系统主要包括客流信息收集子系统、运营状态分析子系统、运营信息发布子系统。

信息采集子系统应收集车站客流状态、关键系统和车辆相关实时状态的数据信息，为信息中央处理子系统的分析判断提供数据支持。

运营状态分析子系统是基于轨道交通网络运营智能化的信息服务平台，支持运营管理和辅助决策。通过挖掘、分析由信息收集子系统提供的相关运营实时、历史数据，整合为轨道交通网络运营基本状态信息，并为信息发布子系统提供信息源。

信息发布子系统应实现向乘客和运营管理者发布以轨道交通网络三色运营状态信息为基础的信息服务与显示功能，应基于三级控制的发布机制，管理各种发布载体的接口，按照"统一发布、分级显示"的原则进行工作。

系统的总体系统架构如图1所示。

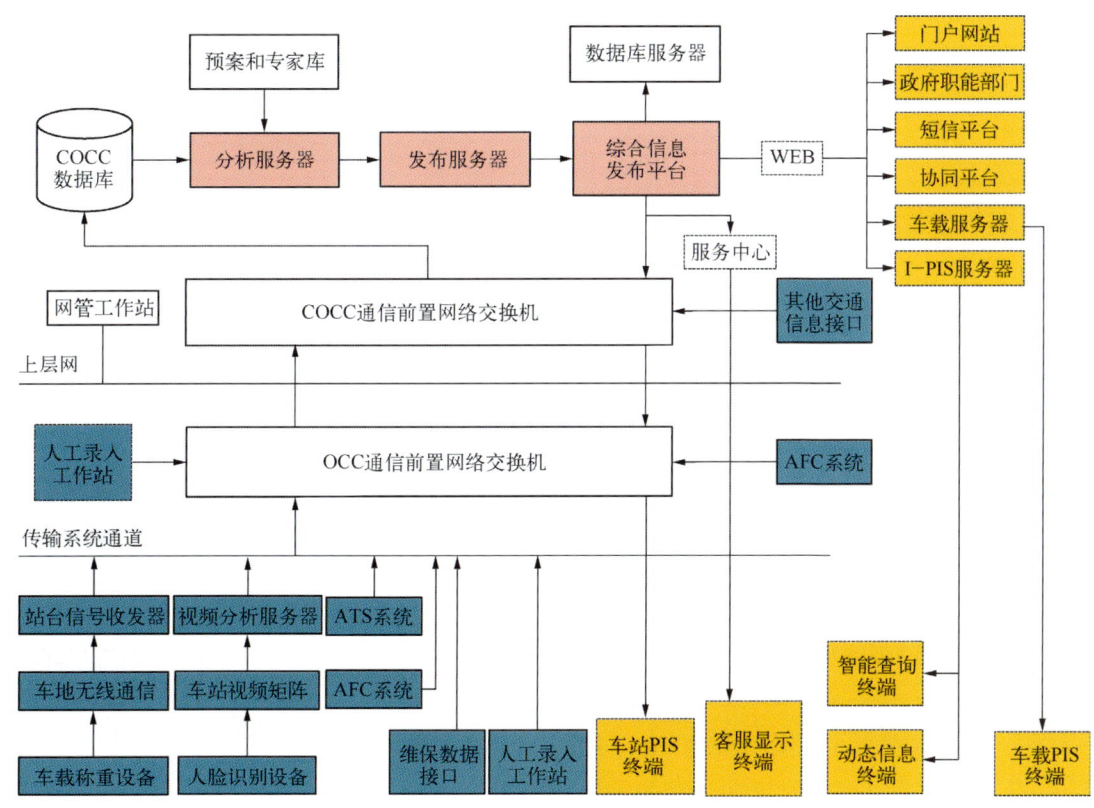

图1 TOS系统总体架构图

1. 信息收集子系统

（1）系统功能。收集相关列车和车站关键位置的客流密度数据，并利用传输系统发送给TOS分析系统，供其实时计算、分析、更新全网络的运营状态。实时客流收集包括列车和车站两个收集对象。

（2）系统实现方案。设置车站实时客流收集系统与既有的车站视频监控系统的数据访问接口，车站实时客流收集系统通过该接口按照设定的频率读取视频图像帧、预设的车站编号及分析时间等，执行模式识别算法，获取车站的客流密度数据，通过线路传输系统及网络级高速传输网络将其实时地传输到TOS分析子系统；对于列车的实时客流采集，则通过安装在车辆上数据采集设备获取列车荷载的数字信号及其属性数据，包括：车厢编号及采集时间等，并根据荷载推测近似的客流密度，在车辆停靠站台时通过覆盖于站台的车地无线网络将数据传输至车站，并利用既有的线路通信传输系统及共用信息传输系统传送到TOS分析子系统。

2. 运营状态分析子系统

（1）系统功能。运营状态分析子系统是整个TOS系统的后端系统，也是TOS系统的核心。系统汇集各类采集数据并进行运算、加工及整合，输出客流密度信息和运营状态信息，并按照一定的算法对全网络的线路区段进行着色，将着色的结果发给信息发布子系统在各线的显示终端以及外界媒体的相关界面上发布。系统基于采集子系统的数据建立客流预测模型、计算模型、存储模型和呈现模型，并针对不同的发布渠道提供不同的数据接口。具体的系统功能包括数据汇集与分析功能、着色计算功能、数据接口功能、数值分级功能及信息发布驱动功能。

（2）系统构成。系统的主要设备构成包括：中心服务器、系统接口服务器、通信前置服务器、数据库服务器、编辑与播控工作站、趋势分析与报表工作站等。

3. 信息发布子系统

信息发布子系统属于TOS系统的前端系统，具有多渠道、多形式的信息发布功能。TOS系统发布的指令和数据将通过传输网络发布到各信息呈现系统，由呈现系统根据逻辑执行指令并把数据展现给乘客和轨道交通的相关管理部门。根据乘客行进路径的空间划分，TOS系统的信息呈现系统将覆盖乘客出门、到达地铁车站、进入地铁、到达售票区、进入站厅、站台候车、列车的完整过程。乘客可通过手机、车站外的行业司标、出入口动态信息屏、售票区域和站厅的交互查询屏、站台PIS屏、车载PIS屏获取运营信息。

（1）系统构成。在COCC级部署Web Service接口，网站、电台及其他媒体可通过Web Service获取文本、语音、视频、图形等运营状态数据，实现广域发布。在车站部署TOS系统的车站发布部分，处理与PIS系统、动态信息屏和智能查询屏系统以及其他系统的发布接口。在列车部署TOS系统的车载发布部分，处理与车载PIS系统的发布接口。

（2）系统方案。对于线路PIS的发布，采用OCC级TOS系统直接与OCC的PIS系统建立通信的方式，实现通过OCC的PIS间接控制车站PIS的目的。同时，升级PIS控制软件及PIS播放软件，实现由OCC的PIS将接收到的TOS发布指令和数据下发到指定的车站，并以统一的播放格式在显示终端上发布PIS信息及TOS运营状态信息；对于动态信息屏和智能查询屏的发布，则应协调TOS系统与动态信息屏及智能查询屏系统的接口关系，并通过互联网信息内容服务器实现TOS运营信息的整合发布。

四、关键技术研究

1. 以多源数据融合算法确定网络各断面实时客流数据技术

本项目创新地提出基于多源数据（包括客流密度、重大设施设备故障等）的轨交网实时运营状态的定义。以车站运营状态判定为例，车站运营状态包括两类关键信息：客流密度信息，即上下行站台、主要通道的客流密度信息；以及车站故障信息，即因各类人为或突发事故、列车延误、设备故障导致的车站无法持续运营的信息。采用量化指标的方式进行判定，见表2：

在此基础上，项目首创了以多源数据融合算法确定网络各断面实时客流并经分析形成对网络运营状态的判定，以"红、黄、绿"的交通信号基本特征进行表征，形成网络实时运营状态三色图。其中，"红、黄、绿"分别对应运营终止状态、拥挤状态、正常状态，见图2。核心技术包括"基于历史与实时数据融合的网络断面客流预测技术"与"基于多源数据融合的网络运营状态分析技术"。

表2　车站运营状态判定表——客流密度判定

	运营终止	运营异常	运营正常
最小粒度	上行或下行	上行或下行	上行或下行
含义	某一方向：上行或下行无法持续提供服务 整个车站：车站因故障或事故无法持续提供服务	某一方向：上行或下行站台客流拥挤 整个车站：站台两侧客流拥挤	某一方向：上行或下行站台客流正常 整个车站：站台两侧客流正常
量化指标	发生的故障与自定义故障列表中的某一项匹配	站台某一侧客流密度＞2人/m^2	站台某一侧客流密度≤2人/m^2

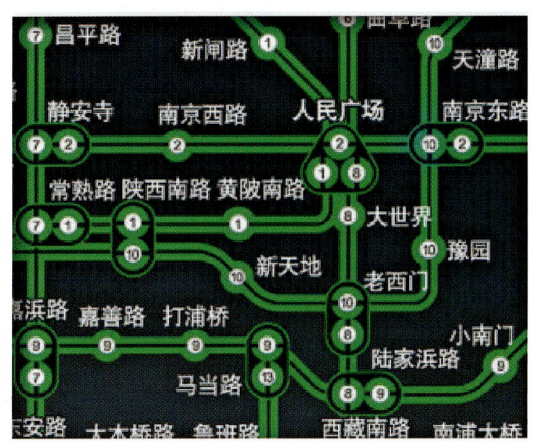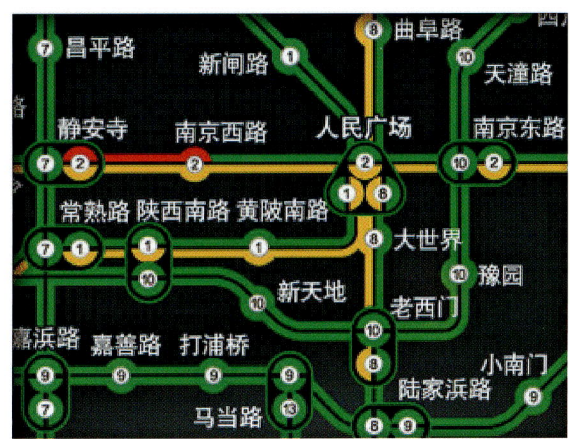

图2　基于多源数据融合的轨道交通运营状态三色图

（1）基于历史与实时数据融合的网络断面客流预测技术。首次运用基于权系数的融合方法对实时采集的票务、列车运行、列车称重、关键设备状态等数据以及人工录入信息进行融合，通过数据预处理模块实现多源异构数据的统一语义定义，通过模型算法分析计算网络实时客流与运能指标，完成网络实时运营指标的计算和三色状态的生成，技术流程如图3所示。在此基础上，创新开发了基于历史数据与实时数据融合的轨道网络断面客流预测技术，通过4个关键步骤，利用贝叶斯推理模型，结合客流分配结果以及基于列车运行时间的客流推演模型计算获得网络断面客流的预测结果，完成轨道网络实时断面客流的预测。经与实际断面客流数据对比，准确度可达到90%以上。

（2）基于多源数据融合的网络运营状态分析技术。首创采用三色对轨交网络的运营状态进行直观描述。同时，创新开发了基于多源数据

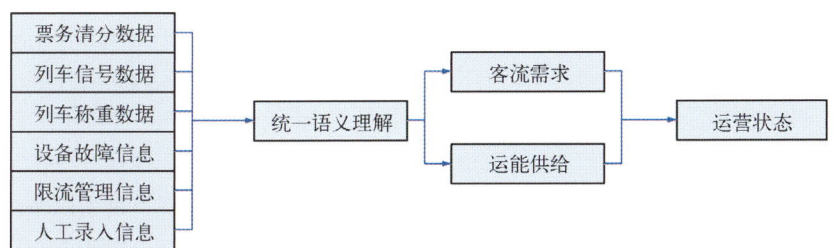

图3　预测技术流程图

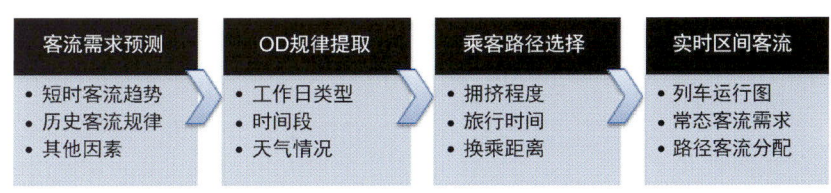

图4　预测技术的关键步骤

融合的运营指标提取算法,并综合应用此指标进行三色状态的判别(如图5所示)。

2. 列车客流动态检测技术

该技术实现对列车实时客流数据获取的任务。鉴于1号~11号线存在多类型在线运营车辆,经基于车辆的多方案比选,该技术是实现数据获取的唯一有效途径。包括两项核心技术。

(1)空气弹簧内压检测接口技术。项目根据上海轨交既有车型的气路特点,选取最为可靠、直接的空气弹簧内压检测点,创新研发并定制了专用接口用于可靠地获取空气弹簧内压值作为计算车载客流的基础数据且不影响原车的功能。

(2)载重信号处理技术。创新研发了载重信号处理技术,即车载信号收发器检测到车站无线信号后开始检测载荷信号,并以2秒间隔上报车站。车站信号收发器为所有进站列车建立数据链表以循环队列结构记录每节车厢最新上报的n组重量数据。当车站信号收发器连续15秒接收不到上报数据时,则认为该列车已经驶离车站。通过对离站列车每节车厢最新缓存的n组数据进行分析推算出列车的载荷量。

【工作过程】

首先课题组分别面向运营管理者和乘客,针对不同的信息需求进行深入分析,从空间、时间及颗粒度等多方面对信息进行挖掘和重塑,创新性地提出了采用较高认知度和接受度的红、黄、绿三色、按组合模型方式来表现轨道交通网络运营状态的构想。

按此构想课题组随即开展软件模型的研制和开发,建立全网络的运营状态信息的客流预测模型、计算模型、存储模型和呈现模型等;然后提出"多形式、多渠道、全方位"的信息发布机制,梳理当前各类技术、不同的发布渠道并提供不同的数据接口,逐步推理出由三个功能不同子系统(采集、分析和发布子系统)组合而成的信息服务平台。

最后针对三个子系统的范围、必要性与可行性进行深入研究及对既有相关系统进行调研,提出各子系统的不同建设方案,通过对其进行必选后,确定了最终可实施的建议方案。

目前项目已正式实施,并已实现了课题第一阶段目标,即面向乘客的信息服务以覆盖当前既有网络。

【工作特点】

1. 立足实际情况,提出创新理念

通过对实时运营状态信息、实时客流信息、实时运营设备信息的收集、分析和汇总,以红、黄、绿三色进行抽象表现,附着在轨道交通运营网络及线路拓扑上,形成轨道交通网络实时运营状态三色图(即TOS, Tricolor Operating Status)展示模型,通过外部以及轨道交通内部既有媒介为载体,为乘客和运营管理者提供实时运营状态信息服务。在国内、外城市的轨道交通中,尚无此类做法。

项目完整地提出了建设上海城市轨道交通网络运营智能化信息服务系统的理念,并搭建出系统及功能架构;其定位系统立足于上海轨道交通网络智能化信息服务的战略高度,以迫切需要解决的运营服务人性化、管理支撑信息化、资源整合网络化、公交配套一体化为实现目标。通

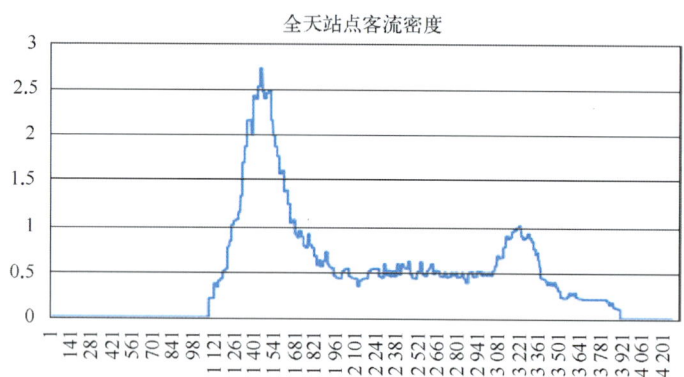

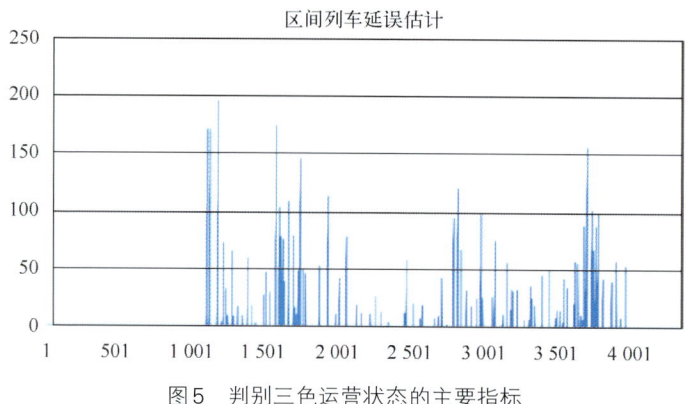

图5　判别三色运营状态的主要指标

过一段时间系统试运行,对缓解轨道交通运营压力、增强市民知情权等方面起到了很好的作用。

2. 全面考虑不同受众信息需求,有效梳理信息采集要素,为决策分析提供依据

TOS通过对乘客、运营管理者的不同信息需求进行梳理,结合实际案例、既有信息系统建设及最新科技成果,得出需要采集的运营状态、客流信息等信息要素,并从乘客心理和出行行为、管理者对运营信息的需求等方面深刻地论证了项目建设的必要性和可行性,为项目建设提供科学依据和理论基础。

3. 采用三色表征复杂的轨道交通实时运营状态,具有高认知度、易识别的特点

交通行业较多地采用红、黄、绿三色组合来表示交通运营状态,已具备较高的认知度和接受度。

4. 多渠道、多形式、全覆盖的信息发布

TOS系统通过对乘客、运营管理者的不同信息需求进行梳理,结合既有的信息系统,形成了面向管理者和乘客的不同层次信息发布形式以及不同地点不同媒介的信息展示方式。

为覆盖乘客的完整出行行为需求,发布子系统的发布载体包括轨道交通官网、移动通信、交通电台、电视台和地铁电视台、PIS、IPIS、客服中心、小马热线、站外电子化行业司标等媒介,形成一个多渠道、多形式、全覆盖的信息发布网络,最大化的满足乘客的信息需求。

【咨询效果】

项目的研究成果已全面应用于上海轨道交通TOS系统建设,由申通地铁集团负责实施并完成了上海轨道交通已投运线路的三色运营状态信息的数据收集、分析及发布的基本功能。在新建线路则随着线路的投运而同步开通。目前,已进入将TOS系统作为系统核心,与PIS系统、客服系统等有机整合,实现网络化乘客信息系统的建设阶段。在上海轨交1号～11号线广泛应用,并已在日常运营中发挥了重要的作用。每日多次在广电、移动电视的早高峰信息直播及轨交官方微博上发布。将原本纷繁复杂的运营数据用浅显易懂的图表和三色表达出来,非常适合电视画面和微博图文并茂的信息发布要求。同时,TOS系统中对网络、区域、单线等多种画面表现的选择以及最高满载率的计算,也很好地满足了乘客、观众、网友的需要,是地铁运营信息对外发布必不可少的信息组成之一。

参与编写单位:上海轨道交通维护保障中心、上海轨道交通运营管理中心、上海鸣啸信息科技发展有限公司

上海市浦东新区城市图像监控覆盖项目可行性研究报告

The Feasibility Study Report of the City Video Surveillance Coverage Project in Pudong New District, Shanghai

编写单位：上海市政工程设计研究总院（集团）有限公司
Shanghai Municipal Engineering Design Institute (Group) Co., Ltd.
联系电话：021-55000000　　网址：www.smedi.com
主要完成人：陆惠丰　陈一民　胡　定　徐　舰　秦霆镐　刘　健　王　健　郭宇飚　王之峰　徐　鑫

【点评】

本项目建设时属于国内同行业同技术领域规模最大的图像监控项目。可行性研究引用的技术标准和技术规范合理，技术手段采用数字高清为主结合模拟标清扩展，系统架构采用平台控制、单元控制和分区控制三层结构的建设思路，体现了技术和经济结合兼顾。该可行性研究技术思路切实可行，投资估算编制合理，对投资控制和开展下阶段工作具有很好的指导作用，具有先进性和超前性。

【项目背景】

浦东新区总面积约560平方千米，总人口320万人，其中常住人口240万人，流动人员80万人。随着改革开放的不断深入，新区的经济快速增长，流动人口也不断地增加，治安事件呈高发态势。因此，及时、有效加强对各种人口的管理，控制好新区街面的治安形势，为新区的经济建设保驾护航，成为新区治安工作的重中之重。

2010年上海世博会展期长、范围广、人数多，相应的安保工作面临巨大挑战。世博会持续184天，地理范围横跨浦江两岸，园区总面积达5.28平方千米，大部分重要的场馆都在浦东世博园区。世博会期间，有7 000多万人次到园区参观，即每天40万人次，极端高峰可达80万人次的日参观量。

世博安保体系不但要保证世博园区的安全，还要保证世博会相关区域的安全。浦东新区作为世博会的主会场，发生治安事件必将成为世界的焦点，做好2010年上海世博会的安保工作，将是浦东新区建区以来最大的安保压力。

浦东新区经过几年建设，公安图像监控系统完成了初期建设，基本形成了分局、分控中心和派出所的图像监控系统分层架构，图像系统主要采用模拟视频图像技术。技防水平总体上还处于相对落后的局面，难以满足如世博会这样图像清、应急快等高要求的实战需求。

近年来，城市治安图像监控技术迅猛发展，已经由已往的标清模拟视频监控全面转向基于IP网络的高清数字视频监控，系统规划和结构更加简单，系统的摄像机容量和图像质量得到极大提升，视频资料也更加易于管理和检索，这为上海市浦东新区治安管理数字化、信息化带来了新的机遇。为了能对监控目标看得更清楚、更明白，及早发现安全隐患，快速处置紧急事件，项目组根据浦东新区的建设现状，通过技术可行性分析，坚定地大规模引入高清数字视频监控技术，秉承数字和模拟并举的高性价比策略，因地制宜建设全天候、高覆盖、高清晰的街面图像监控体系，为上海世博的安保工作和浦东新区的长治久安保驾护航。

建设浦东新区城市图像监控系统，确定需要实现如下目标：

1. 浦东新区城市图像监控系统为精彩世博、安全世博保驾护航

全面完善安全防范措施，维护世博会期间的社会稳定和治安安定。实现新区图像监控系统的全联通，派出所、分控、分局总控监控机房全覆盖，实现核心区域内主要道路、出入区域道口、公共复杂场所和重点要害部位全覆盖。消除各类安全隐患，增强保障城市公共安全的能力，为世博会提供安全保障。

2. 浦东新区城市图像监控系统与经济快速发展相协调

城市图像监控系统根据浦东新区城市布局

和城镇化发展规划,按照不同地区不同密度的差异化4级标准实施布局,合理监控覆盖密度和布局,提高对整个浦东新区的治安掌控力,满足世博形势和新的经济建设需要。

3. 浦东新区城市图像监控系统需要在新形势下进一步发挥更大的作用

浦东新区城市图像监控系统的建设将按照科学发展观的要求,与时俱进,立足高清视频监控系统,提高视频监控的使用效率和智能化应用价值,体现"科技警力"的时代需求。

【项目内容】

一、建设单位

上海市公安局浦东分局

二、建设地点

上海市浦东新区全境

三、投资估算

本工程建设项目总投资为113 934.39万元。
其中工程费用97 300.33万元。
工程建设其他费13 315.59万元。
预备费3 318.48万元。

四、项目主要建设内容

浦东新区城市图像覆盖项目采取"兼顾和延续模拟图像框架,发展和建设数字图像框架"的建设原则,在原有约3 000个模拟监控点基础上,新建约13 000个摄像点,其中模拟监控点约1 000个,数字高清监控点约12 000个,大大提高图像监控的覆盖面。

图像监控系统架构按照现有的派出所—分控—分局的三级架构进行设计。新建系统中的骨干通信网络将依托现有的光纤资源和万兆IP图像专网,并在万兆IP图像专网上实现派出所、治安、交警、刑侦等相关业务单位对图像资源(原有和现有)的共享和调用。

监控前端主要采用数字高清摄像机,图像分辨率为1 920×1 080(即1 080P),图像质量达到模拟图像的5倍以上。采用双码流监控方式,图像实时观看使用H.264高清图像实时码流,满足治安监控对社会面控制的需要;图像记录使用高清晰的JPEG图片格式抽帧保存(每秒5帧),满足回溯取证需求。

工程于2010年4月25日正式开通,项目建设完成后,浦东新区图像监控系统已形成一个集管理调度、统一配置、统一权限、统一用户管理的,以高清为主的视频监控系统,该系统成功保障了上海世博会的圆满举行,浦东新区城市治安无重大安保事故,治安破案率大大提高。

五、图像监控系统原状

浦东城市图像监控系统自1994年至项目实施之前已建设了10多年,图像规模从10个自建监控点发展到近3 000个监控点;建成分局图像监控中心一个,图像监控分控中心6个,基层派出所队监控室27个。

浦东新区城市图像监控系统一期工程于2006年6月竣工,共完成了梅园、潍坊、陆家嘴和花木等4个派出所的图像监控系统的建设,主要采用小规模模拟矩阵系统,一期工程各控制中心的控制联网设备均接入上海市公安局的三级架构公安网。

浦东新区城市图像监控系统二期工程共完成了23个派出所的新建图像监控系统建设,各派出所均采用较大规模的模拟矩阵系统,各派出所建设有2路流媒体供图像远程网络调看。在四个分控中心和分局设置数字光传输平台,实现和分局现有模拟矩阵的双向64路视频联网。另外工程还完成了图像IP专网的建设,所有新增的联网设备均接入浦东分局的图像IP专网。

六、设计指导思想

1. 兼顾和延续模拟图像监控系统

充分利用和整合原有模拟图像系统的扩展能力,把新系统的建设对原有系统的影响降到最低程度,充分挖掘原有系统资源的潜力。

2. 发展和建设数字图像框架

采用真正的数字高清视频图像技术,准确把握图像监控技术的数字化、高清晰化、智能化的发展方向。

3. 高清视频采取双码流的模式

针对高清晰实时观看和高清晰记录降低储存开销的实际应用要求,采用双码流模式,H.264实时观看码流,图像记录创新性地使用M-JPEG码流进行抽帧,存储空间仅为原有存储系统的1/5,大大节约建设成本。

4. 系统开放和资源共享特性

浦东新区图像监控系统与世博园区内的图

像监控系统形成互补和配合,通过图像资源的整合、共享,实时、清晰、直观地了解和掌握更大范围监控区域的社会治安动态。

七、工程设计

1. 前端系统

前端摄像机系统设计以200万像素高清为主,模拟标清40万像素为辅的原则进行配置。

警卫路线、重大保卫路线、重要建筑物等采用可控高清;重要固定场景采用固定高清;全区范围内仍没有安装摄像机的路口,采用标清云台摄像机。

本工程前端系统实景图片见图1。

2. 通信与交换控制系统

通信与交换控制系统总体结构图如图2所示:

(1)固定高清通信结构。固定高清通信与交换控制系统由高清编码器、以太网光端机、派出所10 G接入交换机组成。

(2)可控高清通信结构。可控高清通信与交换控制系统由高清传输设备、高清交换与控制设备、高清显示转换设备等组成。

(3)可控标清通信结构。可控标清通信与交换控制系统由标清传输设备、标清交换与控制设备、标清存储设备等组成。

3. 监控中心配置

监控中心主要包括派出所监控室和分局指挥中心,监控中心主要设备有视频图像网络设备、电视墙、操作席位、工作站等。

本工程监控中心与机房实景图片见图3。

4. 视频管理系统

视频管理平台的视频直播、存储、取证和点播回放的数据流程如图4所示:

(1)现场端。高清摄像机支持双码率输出。

监看码率:采用H.264编码,25 fps,6～10 M码率。

存储码率:采用Motion JPEG编码,5 fps 10 M

图1 前端系统实景图片

二、可行性研究报告、项目和资金申请报告篇

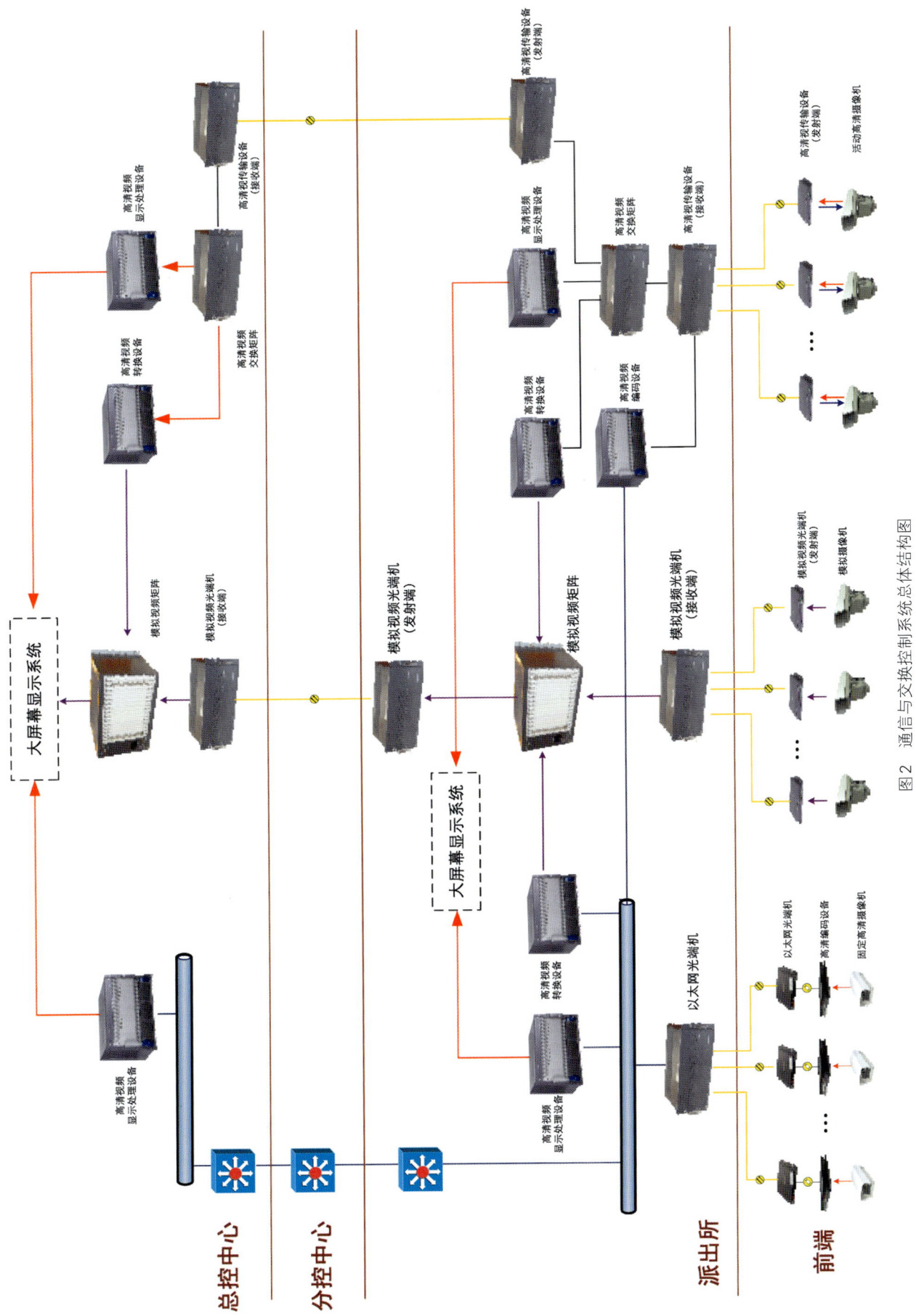

图2 通信与交换控制系统总体结构图

图3 监控中心与机房实景图

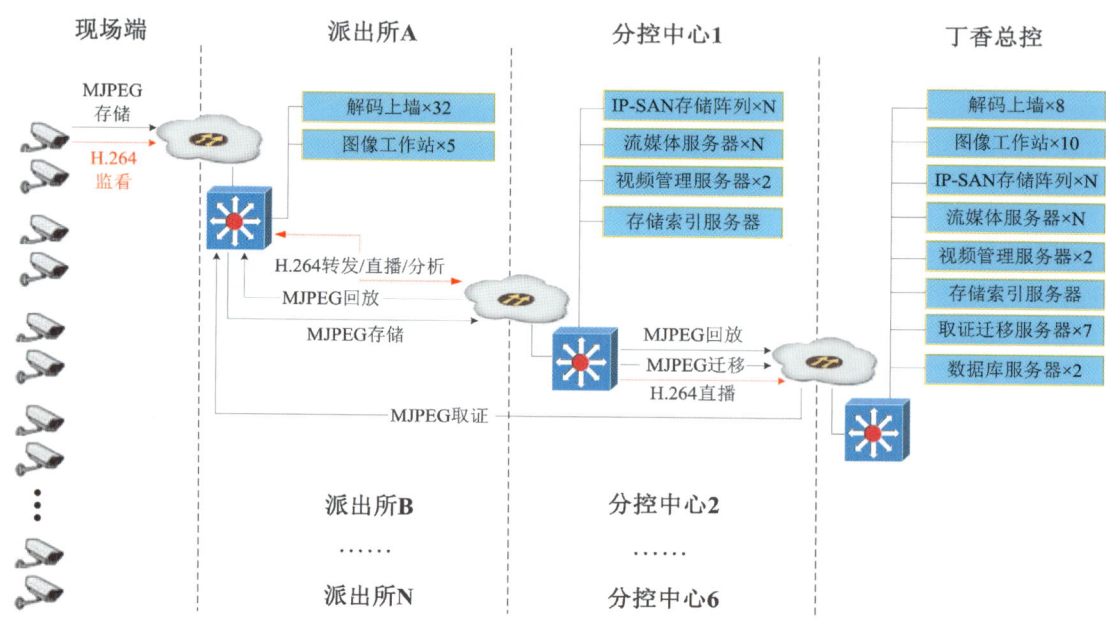

图4 视频管理系统的总体拓扑结构图

码率。

（2）派出所。派出所端就近接入现场端的前端设备，是实现实时监控，录像资料、举证资料检索回放的业务单位。

（3）分控中心。系统共有6个分控中心。

（4）总控中心。分局总控中心就近接入了3个派出所的图像，为总控中心提供高清视频资源，并对各个分控中心进行集中管理。

（5）客户端软件。流媒体客户端软件可独立运行于装有Windows操作系统的个人电脑上，直接登陆流媒体服务器来查看涉及的所有高清数字图像的实时图像和历史图像。实时监控软件管理界面见图5：

（6）系统运行管理。系统运行管理分用户权限管理、设备资源管理、设备状态管理和系统时钟同步。

5. 视频存储系统

本期工程的存储系统在整体规划、设计过程中，需要同时面向海量高清视频存储和高可靠取证视频存储两个层次的设计需求以及模拟存储系统设计。

高清视频的实际存储空间占用高达18PB（15天）。综合比较下来，IP－SAN既有SAN管理的高效，又有IP组网的便利，更有与NAS等价位的经济性，相比一体化NAS还具备开放性的优势，被选定作为本期工程高清视频存储的架构术。

而按事件进行取证视频的存储,其存储规模相对于高清视频存储将急剧下降,假定1‰的取证视频抽取概率,1年的取证视频仅需要存储空间500TB左右。基于FC-SAN的存储体系架构,一次性投入虽然昂贵,但是读写性能好、扩展性强、安全性高、对IP网络资源占用小、长期维护成本也低,由此发挥出来整体效益更高,被选定作为本期工程取证视频存储的架构技术。

另外,模拟系统共有916个摄像点位,需要采用DVR数字硬盘录像机进行模拟视频的接入和编码存储,DVR按8通道MPEG4/H.264规格进行选型。

6. 骨干通信网络系统

根据浦东新区高清视频系统建设需求,以及分局现有图像专网的建设现状,浦东分局图像网升级改造分以下几个部分:

(1)派出所网络升级:派出所网络就近接入辖区范围内的高清视频源并上传分控/总控中心集中存储,并支持本地流媒体播放、录像回放和解码器输出上墙的数据传输。需对派出所图像网进行升级改造,扩大接入能力和上行带宽。

(2)分控中心网络升级:6个分控中心网络分别汇接辖区派出所上传的高清数字视频,进入本地存储系统和本地流媒体服务器。分控中心之间为万兆IP图像骨干环网。因增加派出所、存储系统和视频服务的接入能力,需对分控中心图像网进行端口扩容或添置新交换设备。

(3)总控中心网络升级:总控中心是本系统的管理中心和业务中心,可管理和调看分局所有高清视频和标清视频,为节省光纤资源,总控中心还需就近汇接派出所的高清视频,提供高清视频存储和流媒体直播服务。分局监控中心作为图像网万兆骨干网的核心节点之一,不需要拓宽与其他分控中心的数据链路,仅对下行端口进行扩容即可。

7. 视频应用平台

系统总体架构包含了浦东高清视频应用的设备构成、网络环境、数据流向。

8. 综合运维平台

浦东新区图像监控系统综合运维平台主要包括六个方面的建设:

(1)系统设备运行监控。

(2)外部网管工具调用。

(3)视频系统智能巡检。

(4)设备档案统一管理。

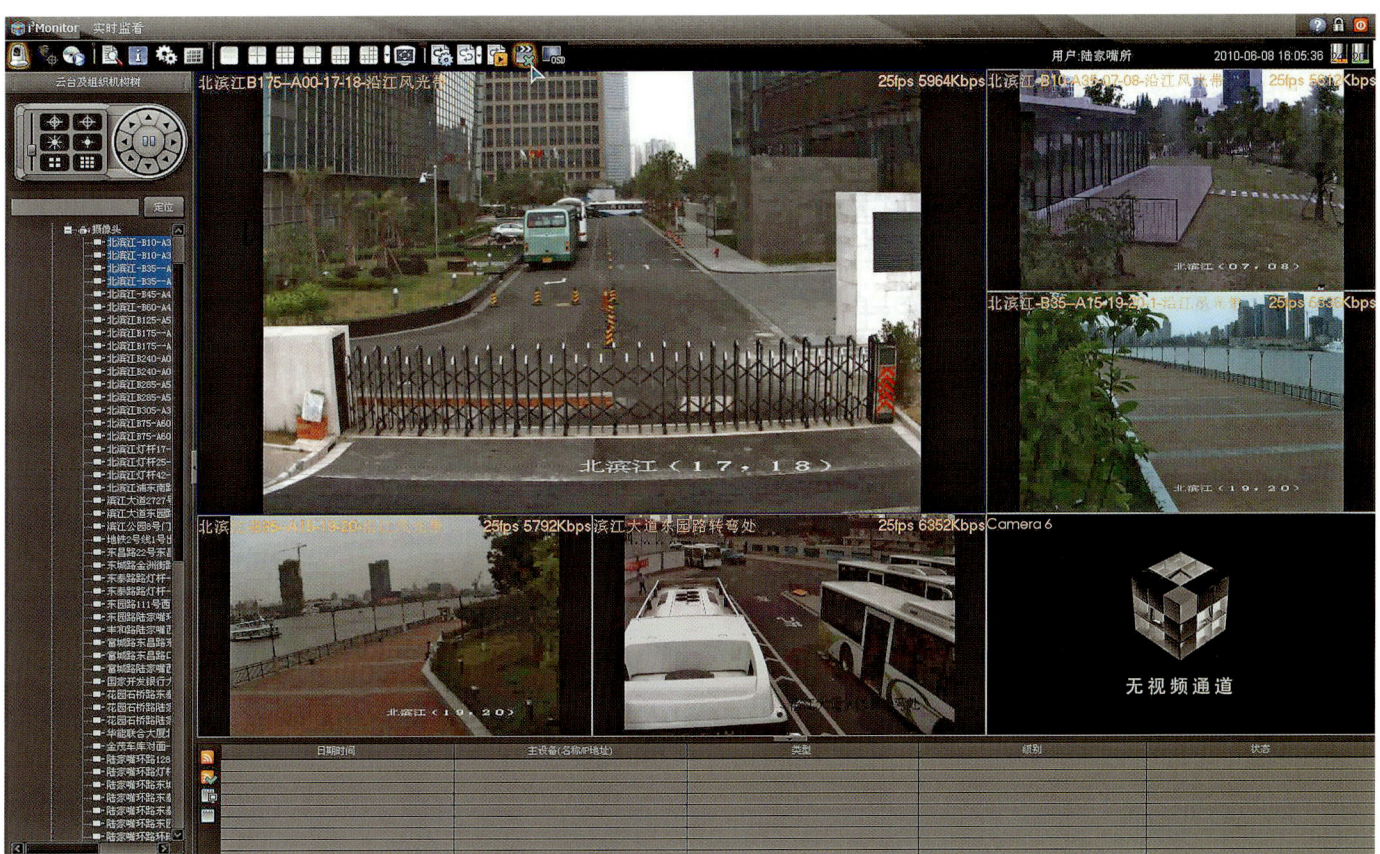

图5 实时监控软件管理界面

（5）系统故障报修管理。

（6）视频应用成效管理。

【工作过程】

本项目可行性研究工作时间紧，地域广，研究范围覆盖整个浦东新区建成区，针对复杂多样的建设环境条件，咨询工作首次利用城市地理及管网资料，再结合实地踏勘，大规模地采用人工测绘、后台电子记录方式确定最佳监控点，完成了艰巨而细致的勘察任务。

其次对多种数字高清视频的技术方案，通过搭建全天候实际运行环境的实验平台，采用实测视频效果，论证确定最优、实用的技术方案，确保高清视频技术万无一失。

咨询工作在深入分析论证技术方案的同时，尤其加强了设备先进性、可靠性、绿色节能等影响投资和维护使用成本的分析比较，确保整个项目性价比的大幅提高，最终使得项目顺利通过评审和报批。咨询工作为项目顺利实施奠定了坚实的基础。

【咨询工作特点】

1. 首先大规模采用实地查勘、数字拍摄和数字测距等手段

咨询工作考虑到本工程世博高清视频监控点位的选择量大面广，而且由于城市建设高峰，掌握的资料与工程实际偏差较大，咨询工作首次大规模地采用实地查勘、数字拍摄、数字测距等手段，详细记录监控点位的道路、路口、街面、建筑、管道、供电、灯光、绿化等建设环境条件，形成信息化图表，为技术方案审议建立可信、可靠、可查的处理关系，提高工程效率。

2. 开展多种数字高清视频技术性能的论证

咨询工作针对市场上良莠不齐的数字高清设备，通过搭建全天候实际运行环境的实验平台，开展了多种数字高清视频技术性能的论证，并采用数字波形监视、数字矢量示波器、群时延和频率响应测量、噪声测量等专业仪器实测视频效果，最终确定高清设备的关键技术性能指标，确保系统获得高质量的视频图像。

3. 针对视频编码和储存方式进行研究

每个前端系统通过高清视频编码器，将前端高清摄像机提供的高清原始码流进行先进和可靠的H.264和M-JPEG双码流编码，然后通过百兆以太网光端机可将压缩后的高清码流传送到属地派出所，接入派出所图像IP网，实现对前端视频的调用和存储。传统视频存储普遍采用实时录像，需要占用十分巨大的存储资源，本项目经过试验论证，创新性地采用每秒5帧的抽帧技术，至少节约4/5存储空间，同时也可获得事件过程的高清图片，极大地降低了建设投资成本。

【咨询效果】

1. 为新区长治久安提供科学技术保障

项目所在浦东新区人多地广，是中国改革开放的前沿阵地，经济的繁荣和发展，流动人口也不断地增加，同时作为上海世博会主会场，而浦东新区以往10多年来仅建有近3 000个摄像监控点，监控覆盖面和技术手段明显不足，这些都使得新区面临严峻的安保重任。

咨询工作立足于建设浦东新区长治久安经济建设环境的战略高度，重点分析区域内社会公共场所、产业布局、路网结构、人口分布等特点，研究确定将15 000个监控点位按不同层次、差异化布建框架，深刻分析项目建设的必要性，为决策提供科学的依据。

2. 把握技术发展方向，新技术科学合理创新应用

咨询工作突破传统的模拟图像技术，准确把握图像监控技术的数字化、高清晰化、智能化的发展方向，重点研究基于IP网络的全数字1080P高清视频技术，而目前浦东公安的图像监控系统均以支持标清（D1）为主，基本像素仅40万左右（水平解析度约480线），很难获得关键区域的细节信息，全面引入高清数字视频监控，建设全天候、高覆盖、高清晰的街面图像监控体系，可将图像质量提高为原来的5倍，实现原来"看得见"到"看得清"的飞跃，极大提高监控系统录像资料的可用性，同时高清晰的视频为今后大规模智能化应用奠定了良好的基础。

3. 提升系统的兼容性、开放性和扩展性

咨询工作考虑到本次工程虽然是面对世博会而建设的一项庞大而复杂的系统工程，也考虑了是对已建监控图像系统的兼顾和延续；同时对新建的数字高清视频图像采用基于IP网络的全开放系统，搭建以42个派出所为一级应用平台、6个监控分中心为图像存储平台、分局监控中心为视频图像指挥平台的三级IP网络体系，摄像机输出的数字码流直接进入IP网络进行传输、交换和存储，使得系统扩容能力得到极大提升，视频

资料也更加易于管理和检索,为浦东新区治安管理数字化、信息化奠定了基础。

4. 落实节能环保的理念,推行高可靠、高性价比、绿色节能的存储系统

咨询工作基于高清存储系统95%以上的数据存档均为视频影像数据,总量高达21 PB(15天),其中海量高清视频的集中存储和快速检索调用是信息化管理平台的关键。咨询工作从存储模式、技术选型、系统设计、冗余技术、节能环保、性能价格等几大方面对高清视频存储系统展开全面的研究分析,将整个视频监控系统实行分层集中存储管理模式;确定IP-SAN作为高清视频存储的主架构技术;确定FC-SAN作为取证视频存储的架构技术;数据保护技术采用RAID5;对于主要耗能设备磁盘阵列,除了选用低耗能产品外,还采用磁盘组循环使用的节能技术,从而达到节能50%以及延长使用寿命的效果。

5. 提高项目后续运行维保切实可行的抗风险能力

咨询工作经济评价按照国家及行业相关的估算编制办法,并参照类似工程技经指标,确保了与工程实际合理客观;同时咨询工作还针对不同阶段,客观分析了建设前、建设中和建设后的风险及控制措施,尤其是后期运行维护阶段的资金落实、维护机制和队伍建设等,同时也明确要求管理系统平台,应具有设备诊断、系统自检、故障报警等维护管理功能,保障建成后的系统继续发挥技术能力。

6. 项目建设有效保障浦东新区良好治安

项目建成后新区图像监控平均密度达到每平方千米38个,基本呈现对出入新区形成一个巨大无缝监控包围圈,形成网格化监控与管理,为重大活动安保工作提供有力的技术支撑,优化了传统的侦查办案机制,提升了应急指挥调度水平,丰富了行政管理手段,加强了对社会治安面的控制。

本项目的实施将有利于对于违法犯罪行为的震慑作用,对世博会安保以及更重要的日常人民群众的安居乐业和浦东新区的经济社会发展产生深远的影响。

参与编写单位:上海大学、上海邮电设计咨询研究院有限公司

福建炼油化工有限公司精细化工园区碳五分离装置可行性研究报告

The Feasibility Study Report of the Carbonium 5 Separation Unit Project of Fujian Petrochemical Co. Ltd. in Fine Chemical Industry Park

编写单位：中石化上海工程有限公司
SINOPEC SHANGHAI ENGINEERING CO., LTD.
联系电话：021-58366600　　网址：www.ssec.com.cn
主要完成人：杨兆银　葛春方　王江义　郑宁宁　王　晖　鲍玉华　汪　健　蔡　炜　王　玲　陶庆龄

【点评】

本报告采用具有自主知识产权的第二代后热二聚碳五分离工艺技术，相比第一代技术可提高产品收率和质量，在环境保护、节能降耗方面具有较完备的措施，在碳五分离领域将具有较为积极的推广作用。

【项目背景】

进入21世纪以来，中国乙烯工业持续快速发展，乙烯生产过程中副产的裂解碳五馏分资源大幅增长，但中国的碳五资源尚未得到充分开发利用，部分仍作为燃料使用，综合利用率很低，与发达国家相比有较大的差距。而碳五馏分所含的各种组分是石油化工、精细化工、日用化工的宝贵原料，可以开发出众多高附加价值的产品，对于降低乙烯生产成本，提高经济效益具有重要意义。近年来，随着中国碳五下游精细化工产业的不断发展进步，碳五分离产品相应有着广阔的市场前景。与此同时，中石化自行研究开发的碳五分离技术日臻成熟，也为裂解碳五馏分综合利用奠定了基础。

作为中国石油化工大型企业，福建炼油化工有限公司参股合资的福建联合石化公司启动了乙烯脱瓶颈改造项目，乙烯生产能力将由80万吨/年增加到110万吨/年，由此每年将有近15万吨的裂解碳五资源副产。为实现企业的资源优化利用，贯彻国家建设循环经济及节约型社会的总体指导方针，福建炼化决定将乙烯裂解副产的碳五资源实施综合利用开发，这既符合企业本身利益，也符合国家鼓励精细化工产业发展的政策。同时该地区本项目所在地位于经济发达的东南沿海地区，对石化精细化工产品的需求旺盛，规划建设本项目也显得十分必要。

【项目内容】

本项目为福建炼油化工有限公司拟在某地石化产业园区投资新建一套乙烯裂解碳五分离装置以及相应的配套工程，考虑到福建联合石化公司的扩产计划、装置经济性等因素，确定碳五分离装置的建设规模为处理裂解碳五馏分15万吨/年。本项目工程建设所包括的内容见表1。

表1　项目主项表

序号	项目名称	规模	备注
1	15万吨/年碳五分离装置	15万吨/年	新建
2	中间罐区及装卸设施		新建
3	配电间		新建
4	现场机柜室		新建，包括控制室
5	冷冻站/冷冻单元		新建
6	循环水场	4 000立方米/小时	新建
7	地面火炬	90吨/小时	新建
8	分析化验		新设仪器设备
9	消防水池及泵房		新建
10	事故水池		新建
11	总体配套		总图、电、水等

经过细致的分析对比国内外技术并结合国内现状，本项目碳五分离技术推荐采用中国石化自主开发的"由裂解碳五馏分分离异戊二烯、间

戊二烯和双环戊二烯"成套工艺技术。该工艺第一代技术已在上海石化得到成功的开发与工业生产,并在多年的生产实践中不断创新和优化完善,技术上先进、成熟、可靠。

基于选定方案的工程量进行了合理的投资估算,本项目建设总投资约为5亿元。各项经济指标分析表明,本项目的内部收益率高于行业基准值,同时具有一定的清偿能力和抗风险能力,能够满足投资方对投资回报的要求,具有投资价值,从财务评价的角度来讲是完全可行的。项目实施后,投资方在较短的时间内即可收回成本,获得较为可观的经济效益。

【工作过程】

本项目团队在投资方正式委托前即进行了大量的前期研究工作,至本可研报告完成并最终成功批复,前后共近一年的时间。本项目团队根据福建炼化公司计划对乙烯扩能改造后所裂解副产的碳五资源实施综合利用开发的意愿,首先搜集大量相关的资料,从国内外裂解碳五资源的利用现状及其发展趋势出发,对碳五及其下游衍生产品的供需及市场情况进行了深入广泛的研究分析与预测,随后深入规划区域进行了全面的勘察调研、收集了该项目建设相关的自然条件、资源环境、社会经济等基本资料、相关专业资料及依托条件并对其进行了系统综合的分析研究。经过以上多维度的调查研究,项目组召开了多次不同层次的专题调研会和专家论证会,并运用多因素分析方法,充分考虑福建炼化可获得的碳五资源量、技术水平、投资和规模大小等情况为其制订了较为合理的碳五资源综合利用方案,即采用裂解碳五馏分萃取精馏分离出化工利用价值较高的异戊二烯、间戊二烯、双环戊二烯产品后再进行下游高附加价值精细化工产品生产的整体及后续方案。本方案既可使得碳五资源得到最有效利用,同时又发展了精细化工产业,将其产品向高附加值产品领域延伸,实现企业整体经济效益的最大化。

对于实现该项目方案最重要的碳五分离工艺技术的选择方面,项目组对比分析了国内外主流的碳五分离工艺技术,并根据国内现有的相关技术基础,以及溶剂、环保要求等情况,选定中国石化具有知识产权的以DMF为溶剂的碳五萃取精馏分离工艺作为项目实施的工程技术方案,然后分别就工艺技术、生产设备选择、自动化与信息控制系统、总图运输、土建、储运系统、热力管网、公用工程、采暖通风、检维修设施、分析化验、火炬系统等工程涉及的多个专业领域进行了科学合理的规划设计,同时对该项目实施所引起的生态环境影响、劳动安全、职业卫生、消防、能源利用分析及节能节水等各个方面给出了深入细致的专项研究方案,最后进行了全面的经济分析和社会评价。报告结果表明:项目的建设是必要的、可行的,实施后具有显著的经济效益、社会效益和环境效益,对中国的碳五综合利用技术的发展具有积极的意义。

本可研报告于2011年10月完成。2012年1月由福建炼油化工有限公司邀请国内碳五分离领域专家对本项目可行性研究进行了外部评审论证并给出良好的论证意见。2012年4月,中国石化总部组织对本项目可行性研究的专家评审,并通过了审查,同月完成了可研报告的补充说明。2012年6月26日,中国石油化工股份有限公司正式下达了对本项目可研报告的批复。本项目目前正在进行有序的工程设计实施阶段。

【咨询工作特点】

一、研究论证严谨并具有前瞻性

本可行性研究报告是在深入广泛调研碳五及其下游衍生产品的供需及市场情况,并结合国内外裂解碳五资源的利用现状及技术基础,对其发展趋势进行科学合理的预测,同时对该项目建设地区自然资源及社会经济等基本资料及专业资料进行系统综合分析以及对国内外碳五分离工艺技术比选后确定工程技术方案的基础上逐渐形成制订的,所制订的方案严谨翔实可靠,可行性强。可研报告对市场的分析预测与市场发展需求基本一致,碳五及下游衍生产品的供需矛盾在接下来的几年得到了现实验证,具有一定的前瞻性。

二、研究工作难度较大

碳五分离装置的生产工艺技术复杂、辅助设施要求高,现场条件多变,业主要求高。在时间紧迫等情况下,研究工作中克服困难,进行了多方面多层次的调研及翔实的对比分析研究论证,对项目建设总图规划、工程技术方案、工艺配置、设备选型、公用设施、经济分析和社会评价等进行了较为详细的分析比较,形成最终的可研报告,目前该装置正在最终的施工图实施过程中,该报告的分析结果与实际情况基本相符。

三、方案具有创新性

1. 大胆采用国产第二代碳五分离工艺技术

本项目可研确定选择的工艺技术为中国石化自主开发的具有自主知识产权的第二代碳五分离专有成套技术。相较第一代常规碳五分离技术,第二代后热二聚工艺在产品指标等方面更具技术优势,已获得了多项专利,同时已成功完成工业试验验证。推进该工艺技术作为项目实施方案的理由如下:

(1)采用后热二聚碳五分离技术,提高异戊二烯的收率和环戊二烯的产品质量。

(2)通过组合精馏分离异戊二烯与环戊二烯,为后热二聚分离的实现提供基础。

(3)采用管式二聚反应技术,用于原料预处理单元,可降低共二聚体副产物的生成量,提高双环戊二烯的品质;间戊二烯塔前利用管式二聚反应器降低环戊二烯含量,降低间戊二烯塔的设备投资和操作费用。

(4)在整个工艺过程中,根据物料特性,分别利用不同的阻聚剂(化学品)减少再沸器、萃取塔的堵塞频度,延长装置运行周期,进一步降低原料及溶剂消耗。

(5)利用预脱轻塔脱除炔烃组分,使本装置对碳五馏分原料规格要求弹性增加,同时使进入第一萃取精馏塔的碳五物料炔烃含量大大降低,既保证了异戊二烯产品的质量,又使分离操作更安全。

(6)第一和第二萃取精馏塔均增加中间再沸器,利用循环溶剂的显热加热,进一步降低能耗。

(7)常压操作塔采用板式塔,塔内件采用目前国内先进、高效的浮阀塔盘;萃取精馏塔采用高效抗堵塔板。真空操作塔采用填料塔,内件采用高效规整填料。

基于以上理由,项目实施后将成为国内第一套后热二聚碳五分离装置,在碳五分离领域将具有较为积极的示范效用。

2. 设备选择完全国产化

本项目技术难度较大,产品质量指标苛刻,生产及辅助系统要求高。为达到工艺生产技术要求,结合工艺物料特性,在满足工艺操作要求、技术先进的前提下,遵循安全可靠和经济合理的原则,经过对工艺设备特别是部分关键设备的国内制造厂商产品质量及业绩进行充分的前期调研及综合技术经济指标的对比分析后,可研报告中所有设备中均要求由国内制造或供货,真正做到了国内自主技术的完全国产化,此举的实施将大幅降低装置的投资成本,并对国内碳五分离具有工艺技术的进一步的推广应用具有重要意义。

3. 环境保护措施完备有创新

本项目可行性研究特别重视对环境保护的影响,在咨询工作中,摒弃了原先简单进行三废治理的被动做法,始终以"减少排放、综合利用"的原则,规划项目的环保措施。本着经济可靠的原则,咨询工作中对三废处理也提出了切实可行的处理方案。严格遵守国家及地方三废排放标准,三废经处理后达标排放。生产装置排出的废物可通过火炬、污水处理场、填埋场等环保设施处理,保证环境质量的达标。

可行性研究中充分考虑操作环境和产品质量所要求的环保措施,克服同类装置三废、介质难以处理等困难,根据其碳五分离组分之间性质的不同,创新性的分别采取不同的治理方法,逐一进行优化的处理,均达到环保要求的排放标准。如:在现有中石化碳五分离工艺技术的基础上,增加了减少三废排放的措施或设备,如增加火炬气低温冷凝器,收集火炬气中携带的烃类等返回装置再利用,降低物耗的同时也减少了废气的排放,另外增加废渣槽废气处理系统,使得溶剂再生釜排至废渣槽产生的废气集中收集、处理和高空排放,可以大大改善现场及附近区域的工作环境及污染排放;本项目新建火炬系统火炬用于真空泵排气、化学品配制槽排气及事故状态下安全阀排放的气体最大排放量的要求,火炬完全燃烧后气体中主要为CO_2、NO_x及低浓度SO_2。燃烧排放烟气可满足《大气污染物综合排放标准》(GB16297—1996)标准的要求。

四、方案可行性强,操作灵活

由于裂解碳五中含有多种碳五组分,同样的原料可以分离生产出多种不同规格的产品,本项目可研提出了比较灵活的产品操作方案:基准分离方案和可选方案,基准分离方案主要生产聚合级异戊二烯、间戊二烯、双环戊二烯三种主要产品。另外考虑市场需求的变化,在基准分离方案的基础上,通过增加适当的设备、单元可以生产化学级异戊二烯。如此设置,将极大地方便企业的自主度与灵活度,增强其自身竞争力和抗风险能力。另该方案经济指标分析表明本项目的内部收益率高于行业基准,项目的可操作性及可行性非常强。

五、项目选址及总图布置合理

本项目选址在某地石化产业园区,为本项目产品的销售运输提供了极为有利的条件,该区域工业比较集中,对石化产品的需求量大,有较强的石化产品后加工能力,是本项目产品的主要市场。另外园区内统一配置了完善的公用工程体系,能为新建及扩建项目提供充足的公用工程保证。

本项目总体规划布置在该产业园区的南侧,靠近现有厂区,便于项目的先期启动。本项目总图布置合理,充分利用土地资源,节约用地,并考虑与现有设施之间的结合,靠近公用工程供应中心,节省能耗。总图既保证主体装置及配套设施的合理布置,又留有充足的后续发展场地,同时兼顾下游规划项目布置的衔接。项目由碳五分离装置及其配套辅助生产设施组成。变电站、现场机柜室、消防泵房、循环水场、地面火炬等公用工程集中布置,中间罐区及装卸设施统一布置。本项目规划总平面布置图及装置效果图如图1、图2、图3所示。

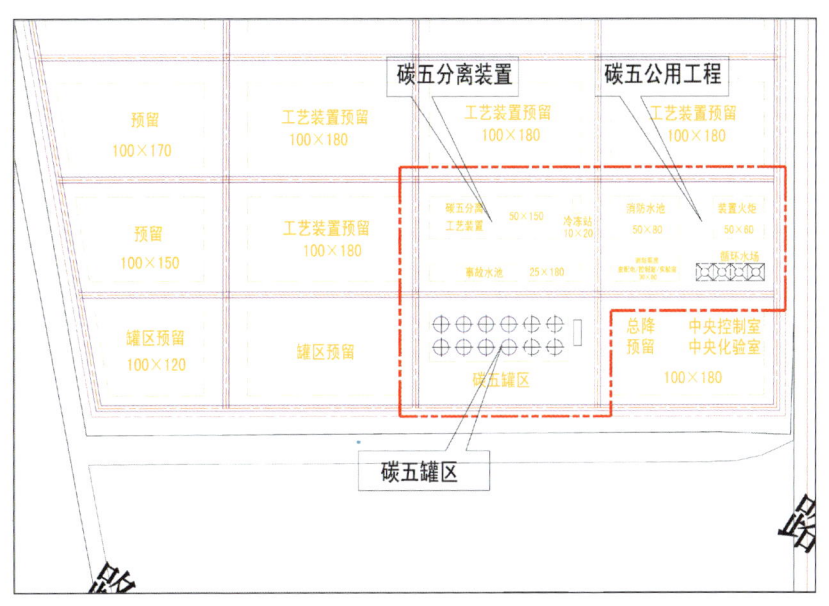

图1 总平面位置图

六、优化工程方案,节能降耗

针对本项目碳五分离工艺生产的特点,本项目咨询研究工作遵循合理用能的原则,贯彻了从源头消减能耗的思路,结合自身在同类型项目上的实践经验,采取多项措施,降低能源消耗。

(1)选用的后热二聚碳五分离工艺先进、设计合理、流程优化:设计充分利用物物换热,以期实现能量回收最大化;工艺流程中充分考虑能源的整合和优化,对各类能源分配合理,利用充分;工艺和设备选型用能合理,从根本上减少能耗。

(2)利用先进的技术,优化换热网络,采用高效传热设备,深化换热。尽量使各等级的蒸汽分级合理使用;循环水分级使用,合理安排一次水和二次水比例,使能耗降至最低;合理布置设备,利用位能,使各种能量达到合理回收。

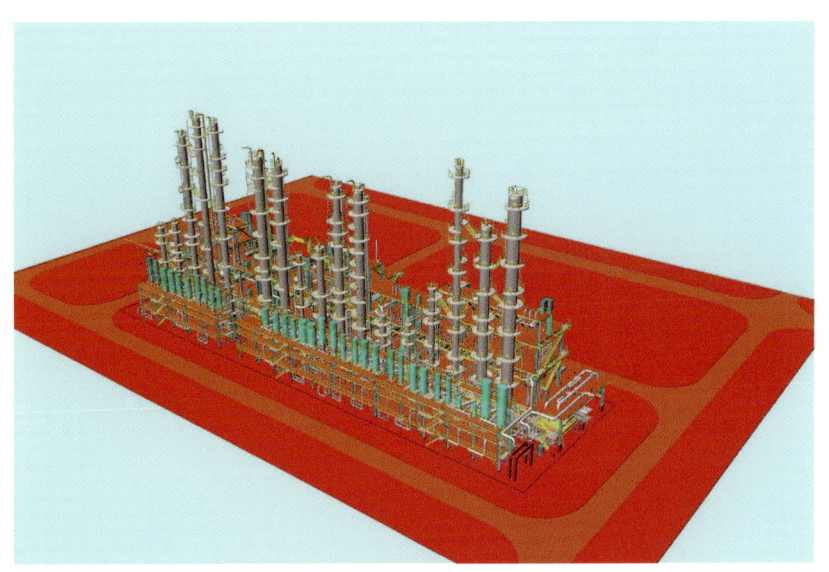

图2 装置效果图(1)

(3)供汽系统、供配电系统、给排水系统的设计均遵循节能降耗的指导思想,充分考虑了各类节能措施;保温保冷、建筑设计均按照相关标准规范的要求采用了利于节能的材料和设计。

(4)在总图布置上,尽量安排合理紧凑,减少物料输送行程,减少散热损失和降低动力消耗。

(5)充分利用回收循环能,优化使用装置余热,副产低压蒸汽,减少界外蒸汽输入消耗。

(6)优先选用高效率的动设备,降低电耗。

图3 装置效果图(2)

经测算,本项目建成投产后单位产品综合能耗等各项指标均属于国内同类装置的先进水平。

【咨询效果】

1. 企业资源利用优化、社会意义影响大

本项目的可行性研究为企业的决策提供了可靠的理论依据,并为后续建设提供了指导性意见,不仅对于企业实施碳五资源的综合利用,发展深度加工,向高附加值精细化工产品延伸,实现企业资源的优化提供了保证。同时面对中国石油资源的现状,实现碳五资源综合利用的开发和国内自主知识产权的产业化,对于提高中国石油资源充分利用和加工深度,向高附加值产品领域延伸,提升中国石化乙烯产业综合竞争力,实现建设循环经济及节约型社会的需要,同样也具有重要的经济意义和社会意义。

2. 经济效益良好、国产化技术推广应用

由于中国乙烯工业的持续快速发展,裂解碳五馏分资源大幅增长,经济的高速发展有力地推动了碳五衍生物的市场,碳五馏分综合利用前景广阔。碳五分离为碳五馏分综合利用的基础,以分离后的碳五产品为原料,可以生产品种繁多的石油化学品、专用化学品、精细化学品和医药化学品等众多高附加值的产品,而项目位于东南沿海地区,区位优势明显,经济发达,对碳五分离产品的需求强劲。本可行性研究投资估算表明福建炼化公司规划实施碳五分离装置具有非常好的应用前景及经济效益。目前,该方案正在顺利工程实施阶段,实施后将在碳五行业领域产生较好的示范效用并将对碳五综合利用技术的发展起到积极的推动作用。

大众汽车变速器(上海)有限公司搬迁技术改造项目可行性研究报告

The Feasibility Study Report of the Removal Technical Reform Project of Volkswagen Transmission (Shanghai) Co., LTD.

编写单位：上海市机电设计研究院有限公司
Shanghai Institute of Mechanical & Electrical Engineering Co., Ltd
联系电话：021-62472277　　网址：www.simee.com
主要完成人：冯玉婷　蔡骏　傅晓斌　曹琦炜　陈丁一　朱东华　许韧　杜越华　王文捷

【点评】

本报告以拟投产的产品为核心，根据大众变速器生产的技术特点和管理模式，融入现代汽车工业设计理念与方法，提供了多套工艺布局方案，进行了全方位比较，最终确定了合理的工艺布局方案。

【项目背景】

大众汽车变速器(上海)有限公司(以下简称：大众变速器)是大众汽车(中国)投资有限公司、一汽轿车股份有限公司和上海汽车股份有限公司共同出资于2001年10月29日成立的中德合资公司。大众变速器主要产品为MQ200系列横置式手动变速器，该产品是德国大众20世纪末开发的高新技术产品，它主要为大众EA111和EA211系列发动机配套。

根据嘉定北部城区东南入口地块城市整体规划要求，大众变速器现有地块将被规划建设成嘉定区南门商务圈核心地带。因此嘉定区政府对大众变速器提出整体搬迁的要求。

上海大众汽车有限公司发动机二厂(以下简称：发动机二厂)现有产品将于2013年7月底停产，经论证该厂主要生产车间与大众变速器在产品生产类别、工艺设备类型和生产环境要求等方面具有一定的相似性。为了节约土地资源和利用已有的固定资产减少建设投资，在集团公司的协调下经过与上海大众汽车公司协商，大众变速器公司决定租赁发动机二厂现有厂区实施搬迁项目，双方约定由上海大众汽车公司按照大众变速器公司MQ200系列变速器生产工艺的要求，新建或改造厂房以及相应的公用配套设施，租赁给大众变速器使用。同时，双方约定自2013年起，大众变速器将仅为上海大众配套生产手动变速器。

【项目内容】

1. 大众变速器"搬迁技术改造项目"项目

建设基地位于发动机二厂，该厂区位于上海市嘉定区安亭镇昌吉路55号，建设用地面积为197 694 m²，厂区鸟瞰图见图1。

2. 新生产场地(发动机二厂)(见图2)

租赁发动机二厂的联合厂房(一)(见图3)、综合仓库、雨棚、北门卫、卸货棚(含下沉式DOCK)、空调机房(一)、清洗液集供站、生产辅房(空压站、探伤室、热处理实验室、更衣室、厕所、休息室等)、联合厂房(二)(见图4)、氮气站、丙烷站、氮气罐、辅房等建筑物及公配设施进

图1　厂区图

图2 联合厂房外观实景

图3 联合厂房生产区之一

图4 联合厂房生产区之二

行生产。

3. 利用原有设备

搬迁大众变速器原有机加工、装配工艺设备和公用设备275台套至新厂区，并对原有设备进行修复，使其满足生产要求。

4. 德国大众集团对大众变速器生产工艺提出新的技术要求

要求大众变速器在搬迁后把热处理加工作为变速器生产的核心工艺，必须自制，以保证产品质量。本项目采用德国大众最先进的热处理工艺，新增连续炉生产线3条、多用炉生产线1条（含2台多用炉）及其他辅助设备22台套。

5. 新增部分设备

新增轴车加工、物流、环保、节能等设备27台套。

6. 项目生产能力

项目最终形成年产MQ200系列手动变速器50万台的生产能力。建设方式采用现有工厂厂房、设施的基础上改造和填平补齐后租赁使用，项目总投资3亿4 660万元。

7. 项目效益预测

根据项目产品方案、建设规模、工艺技术等具体条件，对项目投资的现金流量进行了预测，在此基础上编制财务报表、计算财务评价指标，并进行了技术经济分析。数据显示，本项目总投资34 660万元，项目实施后，2014年达到生产纲领，达纲年产量为MQ200系列手动变速器共50万台套；实现销售收入146 982万元；实现利润8 281万元（税前）；财务内部收益率为24.11%；投入产出比（投资总额）为1：2.1；投资回收期（动态）为7.2年。

【工作过程】

一、编制原则

1. 本项目主要产品

MQ-200变速器为横置前驱动手动机械变速器，它具有结构紧凑、传递扭矩大、体积小、重量轻、换挡灵活轻便、齿轮精度高、传动效率高等特点，可与较大范围的发动机相匹配并具有较好的动力性和经济性，是目前国际上经济型轿车中结构新颖的横置式手动变速器。产品技术属国际先进水平。

2. 项目目标

（1）重新整合调整生产工艺布局。

（2）分期搬迁，保证所有产品能正常生产和持续供货。

二、工作进度

本报告编制始于2012年12月，完成于2013年5月，过程分为两个阶段。

1. 初步工艺布局阶段

成立项目设计团队，根据大众变速器总体实际情况及租赁场地的实际条件，提供了多套工艺布局方案，组织业主、设计专家进行全方位、多方案比较。

2. 正式申请报告阶段

（1）工程设计团队围绕已确定的工艺布局方案开展细化工作，并编制项目申请报告。

（2）根据工艺流程并结合租赁场地的实际条件确定工艺平面布置。

（3）根据确定的工艺平面布置图提出公用配套设施设计必需的输入条件。

（4）平行开展设备二次接线及环保、节能设施的设计。

三、研究结果

申请报告主要对项目背景、发展规划、生产现状、拟建规模、生产纲领的设定、主要工艺布置、生产厂房、公用设施、消防措施、投资规模及资金筹措方案、节能方案分析、环境影响分析、社会影响分析等进行研究分析论证，并且提出了建设性建议，使可行性报告全面细致，数据清晰翔实、目标数据实量化，方案讲究实效，结论符合实情。

【咨询工作特点】

一、研究方法科学、可靠

1. 结合现状，合理规划

基于本院长期从事汽车工程设计所积累的丰富经验和技术底蕴，以拟投产的产品为核心，根据大众变速器生产的技术特点和管理模式，融入现代汽车工业设计理念与方法，在充分了解租赁场地的建筑、公配设施情况下，对项目的生产工艺布局进行了优化、调整。

2. 经济与技术相适应

在满足本项目生产工艺、特点、产能和需求等条件下，对投资进行了全面而深入的剖析，并按照大众变速器搬迁设备情况和搬迁进度要求进行优化。

3. 节能措施与实际效果相呼应

在全面调研、评估现有工厂能源使用的基础上，遵从国家有关节能的法律法规，以科学严谨的研究态度全面审视本项目各个环节，结合本项目生产工艺和企业管理特点，在本项目建设过程中，采用各种切合实际和行之有效的节能措施，以取得最佳节能效果。

4. 近期与远期有机衔接

通过制造工艺优化、生产设备布置、物流合理组织等各方面进行方案比较，保证大众变速器整体搬迁顺利实施，为企业建设现代化、国际化的变速器生产基地打下基础。

5. 广度与深度并举

本项目规模大、内容多，情况复杂，但为了给企业和政府部门评估、审核和决策提供准确指标和可靠依据，研究和编制中投入了相当人员、精力和时间。通过本院各个专业深入细致的调研、比选和详尽的方案设计、测算和优化等工作，研究工作达到相当深度，其基础资料完整、过程分析充分、内容表述清晰，为项目审批提供了依据，为项目节能、环保、安全、卫生、防雷、消防等专项评估打下了坚实的基础。

二、研究工作全面、扎实

项目组依托本院整体技术优势，坚持咨询质量第一和设计技术领先的原则，充分发挥团队智慧和力量，基于剖析、总结本院以往设计诸多汽车行业改造项目的经验，消化、吸收国外著名变速器生产企业的工艺和建设等先进技术，凭借自主设计能力和精益求精的精神，结合大众变速器已有资产、技术和租赁场地的建筑、公配设施情况，广泛调研，反复论证，勇于创新，制订和优化多种方案，使本报告具备可靠、可信、可行的特质，为该项目投资方所采纳，并经上海市嘉定区发改委嘉发改核〔2013〕72号文核准备案。

三、生产工艺成熟、先进

本项目主要对MQ200系列手动变速器中的核心零件进行机械加工和总成装配，手动变速器齿轮的热处理生产等工作，针对产品、生产布局及物流、生产工艺和制造装备的选择、生产环境及相应的工艺要求和环境保护措施都作了详细、深入的研究。如变速器装配工艺采用德国先进、成熟工艺；采用数控机床、加工中心、专用机床和组合机床等设备来保证产量和质量；新增的热处理工艺采用德国大众的热处理工艺，保证了热处理的质量；采用强力珩齿的加工工艺对经热处理后的齿轮进行精加工，保证加工精度；采用双刀架超精数控车削工艺，实现一次装夹完成所有加工内容，节约成本，充分利用场地面积，保证了产品质量和产量。

四、环保治理及劳动安全卫生措施完备、有效

根据本项目产品的生产需求，通过对废气、废水、噪声进行全面评测和对生产设备、环境的分析和勘查，提出了治理方案和预测效果，其内容完整、技术先进、措施到位、配套完备，使环保治理和健全劳动安全卫生的措施能够落到实处，经专家评审，符合环保要求。

五、节能措施先进、合理

在工艺、动力等方面针对性地提出了许多具体、可行的节能措施和技术，并在能源管理上提出了建议。如在工艺设计人员及设备的尽可能优化，并采用高效率的加工中心和专用生产线；物流的工艺路线充分考虑加工和装配的就近原则，采用最短的物流输送；采用空压机智能化集中控制系统，同时集中控制多台机器，精确控制管网压力，减小波动，减少压缩空气的泄漏，维持整个管网压力的稳定，最大限度地节约运行能耗；空压机采用热能回收系统，回收空压机输入轴功率的60%，该部分热能以热水方式回收，向浴室提供热水。

【咨询效果】

报告就项目的实施对宏观规划、经济、社会影响的分析数据翔实、条理清晰、结论扼要明确；报告提出的工艺设备布局以及物流等规划方案合理、技术先进可行、节约投资、充分体现"节能减排"的主旨；不仅满足了公司项目规划的需要，满足了政府主管部门对项目的审批要求，同时也为后续环保、劳动安全、节能、消防、防雷等一系列评价工作提供了可靠的依据，促进了项目的推进工作。

本项目已于2013年8月20日获得上海市嘉定区环保局的批复，于2013年9月11日获得上海市嘉定区发展改革委对项目核准的批复。目前大众变速器已经搬迁完毕，并已正常生产。

中船龙穴造船基地民船项目一期工程可行性研究报告

The Feasibility Study Report of Civil Shipbuilding Project (Phase Ⅰ) in Zhongchuan Longxue Ship Building Base

编写单位：中船第九设计研究院工程有限公司
China Shipbuilding NDRI Engineering Co., Ltd
联系电话：021-62549700　　网址：www.ndri.sh.cn
主要完成人：杨尧根　俞凌云　储有民　茅宝章　汪晓东　宣以飞　黄宏　吴宏　郁泉兴　朱伟君

【点评】

本项目根据现场的地形，因地制宜地提出采用"一"字形的造船工艺流程布局，将船体、舾装、涂装三大工程在流程中融为一体，合理安排各作业区域，使工厂的主要物流避免迂回、减少交错，提高了场地的利用率；同时在岸线资源利用、解决水域淤积问题等方面，创造性地设计采用了港池方案，为提高造船生产效率创造出最优条件。

【项目背景】

《国民经济和社会发展第十一个五年规划纲要（2006—2010年）》中第三篇——壮大船舶工业实力提到：加强船舶自主设计能力、船用装备配套能力和大型造船设施建设，优化散货船、油船、集装箱船三大主力船型，重点发展高技术、高附加值的新型船舶和海洋工程装备。在环渤海、长江口和珠江口等区域建设造船基地，引导其他地区造船企业合理布局和集聚发展。

国家对中国船舶工业的布局划分为环渤海湾、长江三角洲、珠江三角洲三大区域的造船基地，是一个高瞻远瞩的大布局。产业链协同和产业集群式发展是中国造船工业的发展方向。三大区域不仅具有发展船舶工业的良好基础，而且在中国成为世界造船大国和强国中起着关键性作用。在这三大区域中，珠三角相对较弱，因此国家布局建设广州龙穴基地弥补中国南方地区没有大型造船设施的缺陷，对于改善中国船舶工业布局有重要意义。

国务院《船舶工业中长期发展规划（2006—2015年）》提出2006—2015年，重大项目规划的重点是："珠江口地区。结合广州地区船舶工业结构调整，重点建设龙穴岛造船基地。2010年和2015年，珠江口地区的船舶建造能力分别达到200万载重吨和300万载重吨。"

建设龙穴造船基地是中国船舶工业集团实施"五三一"战略，实现跨越式发展的重要一环，对确保集团力争成为世界第一造船集团有重要作用。

【项目内容】

广州中船南沙龙穴建设发展有限公司是为建设中船龙穴造船基地而成立的项目公司，该公司是由中国船舶工业集团公司出资注册的国有独资公司。本项目拟建工程位于广州市南沙地区，地处珠江干流，岸线长度4 500米。水路距广州市区65千米，距香港71千米，距深圳西部港区45千米。

中船龙穴造船基地民船项目一期工程总体建设规模为：年造船能力212万载重吨，代表产品为：5600TEU集装箱船8艘、15万吨原油船6艘、11万吨成品油轮6艘，合计年生产20艘。

主要建设内容：新建2座大型船坞（1号船坞420×106×13.1米，2号船坞400×92×12.7米）、配套600吨龙门吊车3台，4座舾装码头、2座材料码头。新建钢料堆场、钢材预处理、切割加工、零部件装焊工场、分段装焊工场、分段涂装工场、分段预舾装场地、管子加工中心等造船生产设施，以及公用动力设施和行政、商务、办公管理区和相应的环保设施等。

项目总占地面积253公顷，一期工程用地185公顷，总建筑面积为262 888平方米，建设项目总投资为433 088万元（含外汇3 801.2万美元）。

主要生产工艺技术：采用串联双排建造法；

采用分道建造、区域建造和壳舾涂一体化组织生产;扩大中间产品,采用单元组装法、机舱盆形舾装法;管子加工应用成组技术(GT)采用管件族制造法;舾装件采用托盘集配法;应用计算机信息技术,以信息化带动工业化,实施现代造船集成制造系统(CIMS)。本项目按照"一"字形布局,造船工艺流程顺畅,且船坞、重型厂房设置在地质条件较好的区域,节省工程的投资,因此,从技术角度分析本项目是可行的。

经测算本项目建成投产后,企业具有一定的还贷能力和盈利能力,项目借款偿还期能满足贷款机构的要求,投资回收期合理,因此,从财务角度分析本项目也是可行的。

船舶工业对国民经济116个产业部门中97个有带动作用,项目建成后不仅扩大就业,还能带动地区第三产业发展,为国家出口创汇,因此项目建成后有较好的社会效益。

【工作过程】

2006年1月,根据国家发展和改革委员会下发《国家发展改革委关于中国船舶工业集团公司广州龙穴造船基地一期工程项目建议书的批复》(发改工业〔2006〕60号)的文件(以下简称《批复》),《批复》同意中国船舶工业集团公司在广州龙穴地区新建中船龙穴造船基地一期工程,随后开展项目可行性研究报告编制工作。

一、指导思想

贯彻党的十六大精神,把中国船舶工业的发展放在世界经济全球化、科技革命、新的国际产业大转移的大背景下,坚持科学发展观,紧紧抓住新世纪的20年的战略发展机遇期,以发展为主题,结构调整为主线,龙穴造船基地建设要走新型工业化道路,实现数字造船、绿色造船,充分发挥人力资源比较优势的创新道路,把中船龙穴造船基地建设成为综合竞争力强的大型现代化船厂,为实现中船工业集团发展的"五三一"战略目标和中国争做世界造船大国和强国战略目标作贡献。

二、主要编制原则

(1)总体规划、分期开发,近期与远期统筹。
(2)高标准、高起点,实现现代造船模式。
(3)两化融合发展,信息化带动工业化,工业化促进信息化。
(4)节约能源。
(5)注重企业绿化、生态保护,严格执行环境保护的"三同时"制度。
(6)控制投资风险,尽快形成生产能力,提高经济效益。

三、需求分析

建设必要性、建设规模、产品方案是本项目可行性研究的重要内容之一。

可研报告中从国家产业规划、集团发展战略、地方产业布局等方面论证龙穴造船基地建设的必要性。

从世界经济的发展,国际贸易量、国内外海运量、船舶需求、船龄结构等方面分析新船需求量。如图1,采用新船需求预测模型,分析预测新船需求量:

新船需求量 = 船舶新增量 + 船舶拆解量

式中,船舶新增量 = 未来船舶保有量 - 现有船舶保有量。

分析指出,无论从船队的结构还是从新造船市场来看,世界船舶市场需求的主流船型是油船、散货船和集装箱船,国内船舶市场需求与世界船舶市场相似,前景看好。

四、竞争力分析

影响造船企业国际竞争力的主要因素包括:

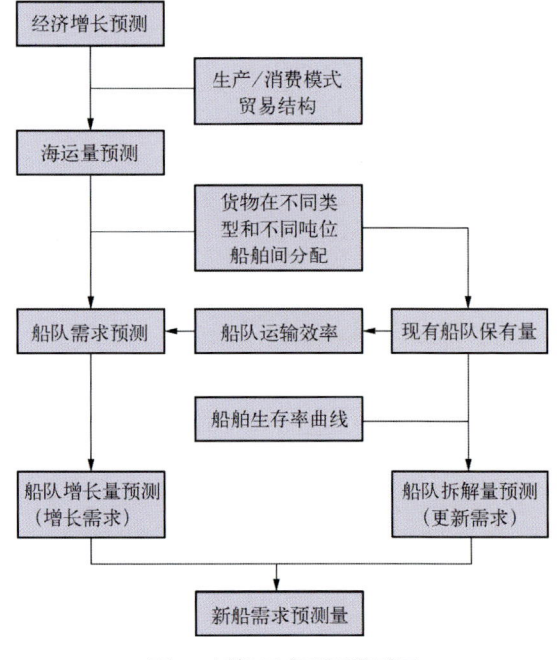

图1 新船需求预测模型图

生产技术水平、劳动力成本竞争力、材料成本、质量与交付期等。

可研报告考虑到龙穴造船基地的产品目标定位是以建造大中型油船和大型集装箱船为主,对全球造船企业进行统计分析后,提出对标国际著名造船企业韩国现代三湖重工。随着中国造船业的迅速崛起,世界造船竞争格局正逐渐演变成中日韩三足鼎立局面,鉴于中国劳动力的成本优势,船舶工业具有处于产业成长期的强大发展潜力。

五、工程方案

本项目设计采用"一"字形的造船工艺流程布局,同时根据现场的水域地形、因地制宜,创造性地设计了港池方案,不仅增加了岸线资源,还解决了港池内淤积问题(见图2)。

积极采用新工艺、新技术、新设备、新材料,注重节能环保。综合分析拟建厂区的陆域腹地、水域条件、供水、供电、通讯、交通以及投资环境等要素,能够满足建设现代化大型造船基地的需要。

【咨询工作特点】

一、优化功能分区,形成"特色鲜明、错位发展、产业集聚"格局

中船龙穴造船基地按照修造船结合、船舶与海工装备相结合的原则,中船龙穴造船基地规划布局了民船造船区、修船区、海洋工程区、船舶配套区等区块,形成了集群式发展的格局,围绕港池利用、岸线利用进行总体布置,构成一个综合性的造船基地(见图3)。不同生产能力企业的有机组合与配套协作,优化资源配置,使产业集群效应得到凸显,从而成为华南最大的现代化新型造船基地。

二、创造性地采用港池设计方案

根据现场的水域地形,因地制宜、创造性地设计了港池方案。港池布置在龙穴岛的北边,将滩地和水域围成港池,港池长900 m(平行码头方向),宽800 m(垂直码头方向),港池口门宽度160 m。

该方案解决了港池内淤积问题,还为整个基

图2　中船龙穴造船基地一期工程效果图

图3 中船龙穴造船基地效果图

地的民船区、海洋工程区、船舶配套区提供了良好的水域泊稳条件,增加了不可多得的深水岸线,从根本上改善了基地岸线的紧张状态。

三、采用最理想的"一"字形工艺流程布局

以船体建造为主流程,从钢料堆场、预处理、理料场、切割中心、加工、部件装焊、分段装焊、涂装、分段堆场、船坞合拢直至完工出坞,形成"一"字形总工艺流程。舾装工程以大管径管子加工、集配中心、舾装模块工场的生产设施组合形成舾装功能区,并以托盘形式适时配送至分段预舾装、总组舾装、坞内舾装、码头舾装等作业场所。涂装工程则布置在分段翻身场地的西侧,分段喷涂厂房与涂装分段堆场形成分段涂装功能区。使船体、舾装、涂装三大工程在"一"字形流程中融为一体,主要物流避免了迂回、减少了交错,提高了场地的利用率。

四、采用大跨度厂房

在国内目前已建成的船厂中,龙穴造船基地的平面分段流水线厂房跨度最大,其跨度达到60 m,单跨厂房内采用国内首创的"h"型平面分段流水线(即前半部分为1条线,后半部分分为并列的2条线),大大提高了生产效率。

五、充分论证,科学验证,解决水域泥沙淤积问题

本项目位于龙穴岛东北端高滩下游,直接受虎门及凫洲水道下泄水流的影响,自然水沙条件十分复杂。项目所处位置前沿水域泥沙淤积问题是本项目建设成败的关键。为进一步弄清基地潮流泥沙淤积环境的影响,本着科学、实事求是的态度,并使设计能有可靠的依据,为此向业主提出必须要进行水流、泥沙物理模型试验和现场试挖槽试验。珠江水利科学研究院组织的水流泥沙物理模型试验和交通部天津水运工程科学研究所进行的现场试挖槽试验相互印证,试验报告结论可靠。尤其是现场试挖槽试验是1:1的模拟试验,直接反映基地现场水域泥沙淤积情况,该试挖槽试验也是中国船企建设过程中首次采用,相关的经验可为今后类似工程提供参考。

在工程前期阶段,根据工程的具体情况,对选址和前期规划方案做了大量的工作,同时建议建设单位委托专业单位进行了以下专题研究工作:

(1)委托水利部珠江水利委员会科学研究所编制《中船集团龙穴造船基地建设对珠江口防洪、纳潮影响评价报告》。

（2）委托天津水运工程科学研究所编制《造船基地试挖槽回淤分析和潮流泥沙数学模型研究》。

六、创新的地基基础设计

针对龙穴造船基地地质条件情况，进行了吹填场地真空预压及深层地基处理关键技术和大面积吹填区桩基负摩阻力现场测试及数值模拟分析两项课题研究（见图4），并把科研成果直接应用于工程设计中，对结构安全性加以验证，为厂房地坪及桩基础等的设计与施工提供了可靠的依据和安全保障。

建筑物、构筑物和地面轨道的基础一般均采用桩基，且桩打入基岩内，设计采用了质量较好又经济的PHC管桩。根据竣工后的沉降观测结果显示，龙穴造船基地建筑物、构筑物和地面轨道的沉降量很小，一般均不超过10 mm，对吊车等设备运行没有影响。

七、贯彻节能减排方针，体现"以人为本"的原则

1. 根据车间除尘、采光、通风和节能要求，优化建筑设计

（1）解决钢结构厂房跨度大，采光不足的问题。以往船厂厂房设计屋面采光带按屋面面积的10%来考虑，但是从使用情况来看，屋面长期积灰，采光效果降低，照度达不到要求。有的车间白天生产时还开着灯，浪费能源。在龙穴造船基地厂房设计中，每12米柱距的屋面设4条750宽的采光带，9米柱距设3条750宽的采光带，6米柱距设2条750宽的采光带，采光带面积约占屋面面积的15%～20%，为避免产生眩光，采光板的透光率控制在58%（见图5）。

（2）节能设计。广州属于夏热冬暖地区，办公楼、生活辅助楼在总平面布置尽量南北向布置，充分利用东南风、南风这一有利条件，控制体型系数，坚持以自然通风为主、空调为辅的原则，办公楼、设计楼、生活辅助楼单体建筑设计采用架空、外廊、内庭院的布置手法，使建筑物有机地联系起来，有效组织南北穿堂风（见图6）。

2. 采用空气源水源热泵制备热水的方法

给排水设计根据华南地区有利的气候条件，首选清洁能源，在太阳能和空气热能之间进行比较。龙穴造船基地采用空气源水源热泵制备热水的方法，充分体现节能和使用清洁能源的原则。

图4　吹填场地真空预压及深层地基处理（上），负摩阻力测试（下）

图5　车间屋面采光实景

3. 优选天然气,淘汰乙炔和丙烷气

在燃气供应设计中,考虑到当时的气源问题以及国内尚未普遍推广的原因,设计在采用乙炔气和丙烷气相并存的供气方式基础上,充分考虑了今后使用天然气替代乙炔气和丙烷气的具体实施的措施,即在乙炔汇流排间和丙烷汇流排间的旁边设置了天然气调压站和天然气混配站,在外场管网的设计中考虑了乙炔和丙烷管道今后置换为天然气的可能性和可实施性。随着市政天然气供气条件的成熟,龙穴造船基地可全面使用低能耗、无污染、低成本的清洁能源——天然气,全面淘汰高能耗、重污染的乙炔气和安全性较差的丙烷气。

八、创新的环保设计理念

本项目废水处理及固废处置的设计,在相应的处理工艺和方法有所创新,很多方面属首次使用。

1. 污(废)水处理

可研报告提出采用预处理和集中处理并结合中水处理的完整综合治理方法和思路,避免分别建立工业废水和生活污水处理系统,节省了工程投资,降低了运转成本。

厂级污水处理采用SBR序批式活性污泥法生化处理为主的先进处理工艺,其独具耐高浓度、耐高冲击负荷,更适合大型船厂淡季、旺季不同工作周期排水水质水量波动大的特点。配备集自动化、智能化于一体的PLC自动控制系统,更方便日常管理工作,出水主要水质指标均达到或优于广东省污水排放标准。同时,设计实施了符合绿色造船、节能减排的中水处理新技术、新工艺,对于同类船厂企业具有推广价值(见图7)。

在大型现代化船厂造船项目污(废)水处理工程中,首次采用与之相配套的出水水质水量同步监测的在线检测装置系统,使治理系统得以完善并全面符合国家和地方环境管理等方面的具体要求,同时,更是对废水处理工程中设计水准的真正考核,值得在大型现代化船厂的污(废)水处理工程设计中借鉴。

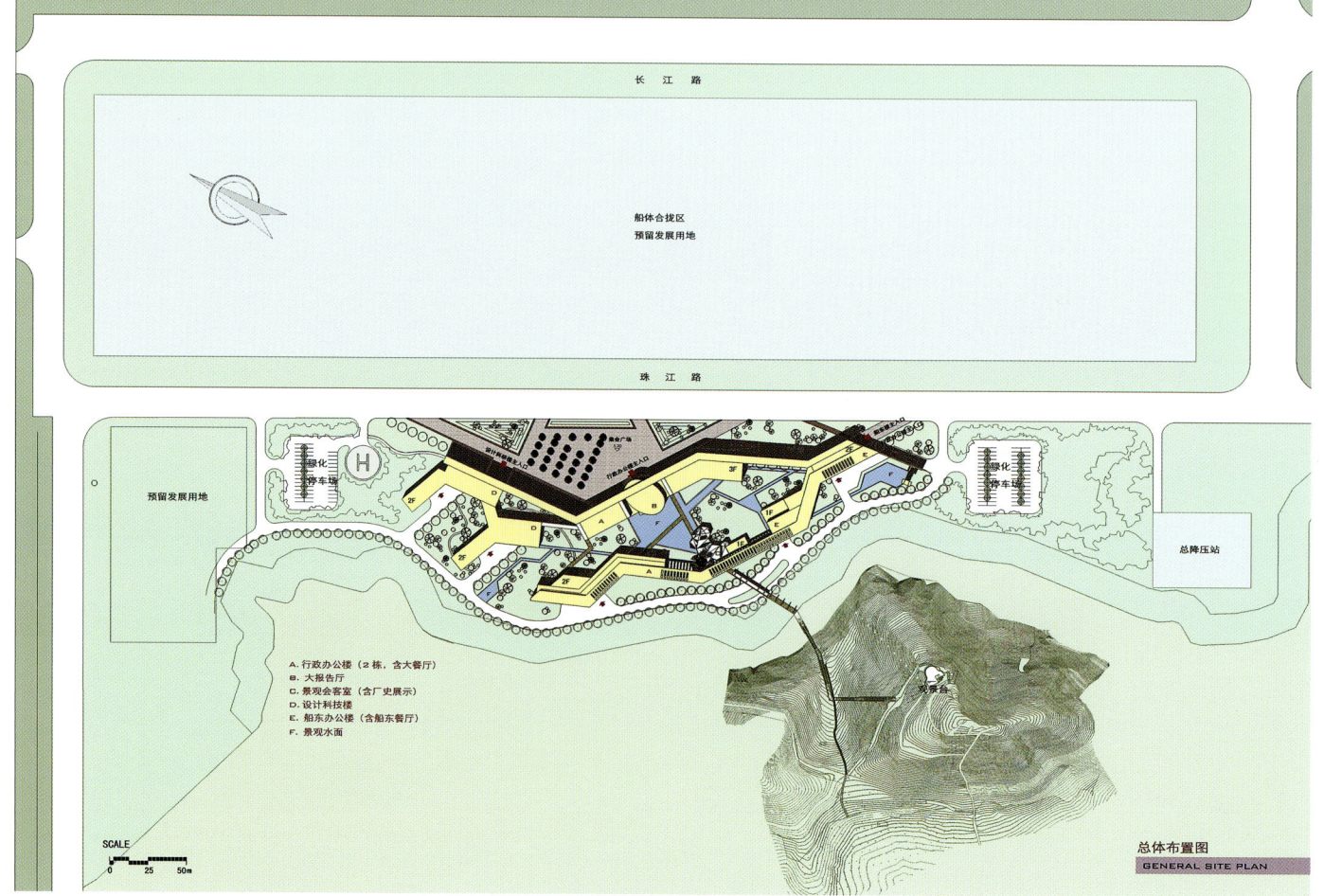

图6 厂前区总平面效果图

图7 厂级污(废)水处理站实景(左),中水处理组合装置实景(右)

2. 固废处置

首次针对危险固废处置场所设置应急事故排放水池,为大型现代化船厂造船项目的固废处置工程设计积累了经验。设计较为全面地考虑了不同类别固体废物的专门处置场所,既能有利于固废的综合利用,又能避免对环境的二次污染,通过妥善处置或者综合利用,可以达到零排放。

【咨询效果】

中船龙穴造船基地民船项目一期工程自2004年12月开始进行吹填造地,2006年10月造船区一期工程建设正式开工,2008年12月基本建成。本着边建设,边生产的原则,该基地于2008年3月开工造船,首制船30.8万载重吨超大型油船(VLCC)于2009年第四季度交船。龙穴造船基地民船项目一期工程提前一年达到设计纲领,截至目前,已建成交付了30.8万载重吨超大型油船(VLCC)、23万载重吨大型矿砂船(VLOC)、8.2万载重吨散货船等多项船舶产品,累计完工量超过500万载重吨。

该基地采用造船生产线拥有号称"世界上最大车间"的"一"字形流程设计,船用钢材从码头起吊到总组搭载等造船主生产流程都布置在一条直线上,被誉为"国际上最合理的工艺流程",在国际上独一无二。先进的设计理念、生产工艺布局和硬件设施条件使得中船龙穴造船基地天生就具备了与世界强手竞赛的基本素质。

业内专家认为,龙穴造船基地的建成,将从根本上改变了中国船舶工业历史上"北重南轻"的传统格局,结束了华南地区长期不能建造10万吨以上船舶的历史,使广州一举成为单船生产能力达到30万载重吨、年造船能力达300万载重吨以上的全国三大造船基地之一。

国核压水堆示范工程初步可行性研究报告

The Preliminary Feasibility Study Report of the PWR Demonstration Project of the State Nuclear Power Technology Corporation

编写单位：上海核工程研究设计院
Shanghai Nuclear Engineering Research and Design Institute State Nuclear Electric Power Planning Design & Research Institute
联系电话：021-61860000　　网址：www.snerdi.com.cn
主要完成人：刘　健　黄程鹏　黄晓冬　薛山虎　蔡　帅　艾鸿涛　鲁春华　杜风雷　蔡　强　李　标

【点评】

本项目是《国家中长期科学和技术发展规划纲要（2006—2020）》确定的16个重大科技专项之一。报告根据大型先进压水堆的机组特点，对环境的特殊要求、技术路线等多个方面进行全面而细致的分析，开展了地震地质、岩土工程、工程水文、气象、环境、电力系统等多个专题研究，选用CAP1400核电机组进行总体规划和总平面布置。报告通过计算机模拟技术计算核电厂在正常运行时和事故工况下的气、液态放射性流出物的剂量，分析了核电厂散热系统对周边环境的影响。

【项目背景】

大型先进压水堆核电站重大专项是国务院在《国家中长期科学和技术发展规划纲要》（2006—2020年）中确定的16个国家科技重大专项之一。其主要任务和总体目标是，在国家已经确定引进的AP1000三代核电技术的基础上进行消化、吸收，全面掌握以非能动技术为标志的第三代核电技术，并进一步研究开发出具有中国自主知识产权的大型先进压水堆核电技术，建成大型先进压水堆核电站重大专项CAP1400示范工程（以下简称"CAP1400示范工程"），使中国核电科研、设计、制造、建造和运行技术实现跨越式发展，2020年进入核电技术先进国家行列。

2008年1月，国务院召开大型先进压水堆及高温气冷堆核电站重大专项领导小组第四次全体会议，明确由国家核电技术公司作为实施主体，建设大型先进压水堆（CAP1400）核电站示范工程。

2008年2月，国务院召开的国务院第209次常务会议批准了《大型先进压水堆核电站重大专项总体实施方案》，确定大型先进压水堆重大专项示范电站于2017年投入运行。

2009年2月，国家发改委召开大型先进压水堆及高温气冷堆核电站重大专项领导小组第五次全体会议确定，将大型先进压水堆重大专项示范工程厂址等问题在调整规划时统筹考虑。

2009年9月，国家核电技术公司与中国华能集团公司共同在北京举行国核示范电站有限公司出资协议签字仪式，双方将共同投资建设中国大型先进压水堆核电站国家重大专项示范工程。

根据国家核电技术公司2009年6月重大专项领导小组第八次会议纪要，"上海核工程研究设计院作为总体院要抓紧示范工程厂址前期工作"。为此，上海核工程研究设计院（以下简称"上海核工院"）承担了国核压水堆示范工程前期工作，全面负责该工程的初步可行性研究，国核电力规划设计研究院配合上海核工院开展初可研工作。

2009年12月，由家核电技术公司和中国华能集团公司共同出资组建的国核示范电站有限责任公司正式成立，标志着国家大型先进压水堆核电站重大专项示范工程由此进入实质性推进阶段。

【项目内容】

CAP1400示范工程厂址位于山东省荣成市。CAP1400示范工程由国家核电技术公司控股，国家核电技术公司与中国华能集团公司共同投资建设。

按照国务院批准的《大型先进压水堆核电站

图1 工程初步可研鸟瞰效果图

重大专项总体实施方案报告》要求，CAP1400示范工程采用CAP1400技术方案，拟建2台核电机组，一号机组于2013年4月浇灌第一罐混凝土，建设工期为56个月，2017年底建成投产；二号机组与一号机组开工时间间隔18个月，建设工期为50个月，2018年底建成投产。

CAP1400的总体设计特征如下：

1. 电厂总电功率约为1 400 MWe。
2. 堆芯设计具有至少15%的热工裕量。
3. 采用已验证的动力系统设备。
4. 采用非能动安全系统，在事故始发后的72小时内不需操纵员干预，并可在没有交流电源情况下维持一定时段内堆芯和安全壳的冷却。
5. 堆芯损伤频率约5.1E-7/堆年。
6. 大量放射性物质释放频率约5.9E-8/堆年。
7. 职业辐照剂量约0.7人·Sv/年。
8. 换料周期为18个月。
9. 可在约17天或更短时间内完成换料。
10. 电厂设计寿命为60年。
11. 电厂总的目标可利用率大于93%，包括强迫和计划停堆；非计划停堆的目标小于1次/年。
12. 直径大于152 mm（6英寸）的一回路管道和主蒸汽管道采用LBB技术。
13. 地震设计基准为0.3 g地面加速度。
14. 所有安全停堆设备位于核岛钢安全壳厂房内，从而强化了安全性。
15. 压力容器具备滞留堆芯熔融物的能力，显著降低了由于压力容器外严重事故导致的安全壳失效和放射性环境释放评价中的不确定性。
16. 堆芯活性区顶部以下没有反应堆压力容器贯穿件。从而排除了活性区顶部以下贯穿件破损造成的失去冷却水事故（LOCA）导致的堆芯裸露的可能性。

根据厂址地形特点、地质条件等因素，CAP1400示范工程核岛地基主要为微风化花岗片麻岩，常规岛地基主要为中—微风化花岗片麻岩。核电厂循环冷却水来自黄海，采用一次循环冷却方式，北取南排，取排水均采用明渠方式。核电厂共设2回1 000 kV或500 kV出线，1回220 kV进线，接入系统初步考虑2回1 000 kV接至潍坊特高压变电站或者2回500 kV接至500 kV变电站。厂区内开关站设置在厂区南侧，出线方向为厂区的西北侧。厂址总用地面积约69.4 ha，厂址区内无搬迁人口。厂区竖向设计采用平坡式布置，厂坪标高初定为7.2 m。土石方挖方工程量约为523.7万立方米，填方工程量约为27.9万立方米，土石方最终松散系数考虑暂取1.15,最终余方约574.4万立方米,余方考虑部分外运和就近填海(废弃养殖区)处理。

通过初步可行性研究,厂址未发现影响厂址可接受性的颠覆性因素。厂址位于区域地壳稳定的地区内,厂址附近范围内不存在能动断层,地基承载力满足要求,无地震引起的次生灾害,厂址SL-2级地震加速度的高值为0.15 g,50年超越概率10%的地震加速度为0.05 g,相应的地震基本烈度为Ⅵ度;不存在影响核电厂安全的外部事件;大气弥散和水弥散条件良好,对环境的辐射影响在国家标准限值之内;水资源条件满足核电厂用水的需要,具备取排水条件;场地面积满足建设用地要求;厂址具备出线条件,交通便利,运输条件良好,具备大件运输的基本条件。总而言之,厂址具备建造两台CAP1400示范工程核电机组的条件。

本工程投资估算及财务分析暂按建设1台CAP1400大型先进压水堆核电机组计列,工程基础价为1 654 512万元,工程固定价为1 678 387万元,工程建成价为1 909 779万元,单位投资13 641元/kW(约1 997美元/kW),总资金为1 959 147万元;上网电价在0.389元/kWh左右,低于山东省标杆电价(含脱硫)0.397 4元/kWh,具有一定的市场竞争力。

本工程依靠国内的力量自主设计、自主制造、自主建设和自主运营,将带动国内一大批产业的发展,同时可以缓解山东省电力负荷增长的需求,带动地区经济发展,具有良好的社会和经济效益。

【工作过程】

核电厂厂址选择始于2004年3月。高温气冷堆示范工程筹备组委托山东电力工程咨询院(以下简称山东院)对各可能厂址现场踏勘后,推荐了候选厂址。

2004年9月,高温气冷堆示范工程筹备组再次委托山东院在威海沿海境内普选厂址,山东院随即对威海市沿海各可能厂址进行了踏勘。确定了可能的厂址。

2005年11月,电力规划设计总院组织对高温气冷堆示范工程初步可行性研究报告进行了审查。确定了核电厂的优先候选厂址。

2005年12月,华能核电开发有限公司要求山东院研究在一个厂址研究布置4×1 000 MW压水堆机组的方案。2006年8月,山东院完成了《华能山东核电厂规划容量论证报告》的编制。2006年9月,电力规划设计总院对该报告进行了评审。

2008年4月,山东院完成了《华能山东核电厂扩建工程初步可行性研究报告》的编制。2008年10月,电力规划设计总院对该报告进行了评审。

2009年6月,国家核电技术公司要求上海核工院开展国核大型先进压水堆示范工程的厂址前期工作。

2009年7月15日,上海核工院组织了总图运输、水文、水工、地震、岩土、环境评价、工程经济等专业人员对拟选厂址进行了现场踏勘并广泛收集了厂址相关的资料。核电厂址规划容量为1×200 MWe(高温气冷堆示范工程)+4×1 250 MWe(AP1000机组)+2×1 400 MWe(CAP1400示范工程),属于多堆厂址。在厂址条件分析过程中,除了要考虑地震地质、岩土工程、工程水文、工程气象、环境人口等方面条件是否满足本工程的建设要求外,还要全面系统的分析不同机组之间的相关联系和影响。上海核工院对全厂子项共用问题进行了研究和论证,考虑了环境监测站、取水明渠、大件码头、开关站等共用子项的设计安全;对分期实施但可能相互影响的项目进行了时间上和空间上的合理规划布局,确定场地竖向布置衔接、海工工程施工等方案。先后开展工程用地、用海、用水等方面的研究论证工作,符合核电工程可行性研究的要求。

2009年9月,上海核工院完成了《国核压水堆示范工程初步可行性研究报告》的编制。其中第二卷电力系统等由国核电力规划设计研究院编制。

2009年10月,电力规划设计总院对《国核压水堆示范工程初步可行性研究报告》进行了审查。认为核电厂址在接入系统、扩建场地、交通运输、地震与地质、工程水文与取排水条件、建厂安全性等方面初步具备在原审定全厂规划总容量1×200 MW高温气冷堆(双堆带一机)+4×1 000 MWe级压水堆核电机组的基础上,再建设2台CAP1400大型先进压水堆核电机组的条件。

【咨询工作特点】

一、CAP1400核电技术可行性研究

本工程采用CAP1400非能动核电机组,与典型的能动压水堆核电厂相比，CAP1400包括了许多非能动的安全特性和大量的电厂系统简化，从而提升了电厂的安全性，简化了电厂的运行，减少了电厂的维护需求，并缩短了电厂的建造周期。本工程以AP1000三代非能动引进技术为基础，经过消化吸收和自主创新而形成的CAP1400核电厂，是全球首堆，无参考电厂。采用运行PWR电厂的设计、制造、建造和运行经验为最低基准的技术防范政策，对CAP1400技术标准、功能完整性、文件信息和设备供货范围方面进行技术成熟性分析，主要设备工艺技术成熟度评价包括：

1. 燃料组件和反应堆堆芯

燃料组件采用与AP1000相同的14英尺长度的组件，反应堆堆芯装载193盒燃料组件，193堆芯已在包括美国South Texas在内的多个电厂中采用，其燃料组件和堆芯装载均为已经过运行验证的成熟方案。

2. 反应堆压力容器和堆内构件

CAP1400的压力容器内径相对于AP1000增大了约10%，其内径和壁厚与193堆芯电厂的压力容器内径和壁厚也基本相当。与传统电厂的主要差别在于有4个冷段管嘴和2个热段管嘴（每条回路2个冷段，1个热段），冷段管嘴置于热段管嘴上方，这样有利于6个管嘴的布置，同时使反应堆半管运行（Mid-loop）状态更加安全，有利于设备检修。

CAP1400堆内构件结合压力容器增大和流量增加的情况在AP1000的基础上进行了适当改进，使其满足流量分配和不发生流致振动等功能要求。CAP1400设计中设置了模拟试验来验证流量分配满足设计要求。另外从流致振动角度，CAP1400堆内构件按照NRC的RG 1.20要求的"原型堆内构件的振动综合评价大纲"进行从严设计，分为"堆内构件综合分析大纲"、"在役运行堆内构件振动测量大纲"和"热功能试验前后的堆内构件检查大纲"三个部分，从而确保CAP1400堆内构件在寿期内的结构完整性和反应堆安全运行。

3. 蒸汽发生器

CAP1400蒸汽发生器在AP1000的△125型蒸汽发生器基础上，结合其功率变化进行了适当改进。由于要求的传热面积增大而增加了传热管根数，传热管尺寸和排布方式均未改变；采用中国自主研制的并在秦山核电厂有近20年良好运行业绩的汽水分离器，并且设置了汽水分离器的相关试验来进行工程验证以满足设计要求；蒸汽发生器尺寸根据传热管和汽水分离器的增加而相应增大。综上所述，结合大量的分析和试验结果，在△125型蒸汽发生器基础上设计的CAP1400蒸汽发生器是可靠的，能够保证寿期内核电厂的安全运行。

4. 爆破阀

CAP1400的非能动堆芯冷却系统采用爆破阀。爆破阀早已在航天、航空领域（包括国内）得到广泛的、成功的应用外，在先进沸水堆设计中也得到应用。因此，爆破阀设计、制造和维护技术均为经过大量工程验证的成熟技术。

通过技术成熟度评价，初步可行性研究报告论证并说明了CAP1400关键设备技术的可行性，并确定了CAP1400核电机组主要工艺参数，为开展厂址建设条件符合性、环境影响分析和技术经济论证等工作提供了基础。

二、合理开展总平面规划方案、确保两家业主的利益共赢

核电厂址规划有高温气冷堆、CAP1000压水堆、CAP1400压水堆三种堆型，7台机组，分别由国家核电技术公司、中国华能集团公司投资建设。场地布置范围、厂址周边资源受到限制。在厂址条件分析过程中，除了要考虑地震地质、工程水文、工程气象、环境人口等方面条件是否满足本工程的建设要求外，还要全面系统的分析不同机组之间的相关联系和影响。

上海核工院对重点对厂址地基、取排水海域、淡水水源、出线通道、周边道路等条件进行了研究分析，并对核电厂子项共用问题进行了深入研究和论证。通过厂址岩土勘察资料明确主厂区位置，CAP1400示范工程核岛地基主要为微风化花岗片麻岩，常规岛地基主要为中—微风化花岗片麻岩，保证地基条件符合CAP1400示范工程建设要求；根据高温气冷堆示范工程、CAP1400示范工程厂址位置相距较远，工程海域取水条件优越的实际情况，开展取排水工程布置方案研究，确定"分取合排"的方案，CAP1400示范工程单独取水，排水与高温气冷堆示范工程以及规划中的CAP1000核电机组共用排水明渠，既保证了循环水水源安全，又控制了取排水工程的造价；对厂址周边淡水水源供应条件进行了详细调查，根据高温堆示范工程已经建成的取水泵房和输

水管道设计裕量较大,利用效率不高的情况,充分利用已有取水工程为本工程施工提供淡水供应。与此同时,开展共用子项研究工作,确定环境监测站、排水明渠、大件码头、开关站、应急道路等共用子项的设计安全;对分期实施但可能相互影响的项目进行了时间上和空间上的合理规划布局,确定场地竖向布置衔接、海工工程施工等方案。通过对厂址现有资源的充分挖掘,实现了土地、淡水、海岸线等资源的节约化利用,减小了核电厂址各核电工程建设对自然环境的影响,促成国家核电技术公司、中国华能集团公司达成共用工程的投资协议,节省了两家投资单位的工程投资费用,真实实现了两家业主的利益共赢。

三、注重环境影响分析、全面分析工程建设的综合效益,为科学决策提供了依据

CAP1400示范工程初步可行性研究重点开展环境影响评价相关分析研究工作,对厂址周边环境敏感点、厂址附近人口分布、外部事件进行了详细调查。对规划相容性进行了分析研究,从环境影响评价角度全面分析了核电项目可能对周边环境产生的各种影响。针对施工、运行期的环境影响、环境风险与事故应急等方面的问题开展大量的研究工作。进行厂址环境特征及规划相容性分析、初步完成电厂施工与运行过程中产生的三废(包括温排水、液态流出物等)的处理以及其对环境敏感区的影响分析、场外应急初步可行性分析等。通过先进的计算机模拟技术计算分析了核电厂在正常运行时和事故工况下的气、液态放射性流出物的剂量估算以及核电厂散热系统对周边环境的影响范围和程度。

根据国家核电厂厂址选择的有关法规、标准和导则的要求,结合厂址环境条件分析初步结果,认为厂址现有自然和人文环境条件可以满足扩建工程环境保护和安全运行的要求。从环境容量分析,山东核电厂址在目前建设1台200 MWe高温气冷堆核电机组的基础上,再扩建1台CAP1400核电机组、1台CAP1700核电机组和4台AP1000核电机组,符合国家相关法规标准的要求,同时也为后续高温堆的扩建留有一定的空间,并取得山东省环境保护部门同意CAP1400示范工程建设的支持性文件。CAP1400示范工程对周边环境影响符合国家相关环境法律、法规的要求,消除了公众的质疑,为地方政府决策提供了科学依据。

CAP1400示范工程无成熟可参考的造价数据,投资估算难度大。在初步可行性研究报告编制过程中,根据电厂的技术方案,结合工程建设的开展情况,对国产化后关键设备和大宗材料的价格、本工程特有的设备材料价格等进行了大量的调研工作,并考虑了AP1000依托项目建设过程中的经验反馈,对投资估算进行了详细的测算。测算结果显示,CAP1400吸收了AP1000设计和建造过程中的经验反馈,通过对机组关键设备和大宗材料国产化进行攻克研究,基本实现关键设备和大宗材料国产化,确保市场有序竞争,大大降低机组建造成本,提高电厂的建造经济性。同时,CAP1400在AP1000基础上进行了自主设计,实现了电厂容量的提升,并通过优化系统与参数平衡设计提高了热效率,从而提高电厂的运行经济性。

初步可行性研究报告还对经济费用、行业影响、区域经济影响、宏观经济影响及社会等方面进行了全面的分析研究。分析表明,本工程的国民经济评价指标优于财务评价指标,表明本工程具有较大的正外部经济性。同时,CAP1400示范工程作为国家重点投资项目,它的开工建设将会有力地提升荣成的对外知名度,对当地经济的发展起到重要的拉动作用,并将带动上下游众多行业,促进核电及相关行业链的发展;此外,核电是清洁能源,发展核电是减少大气污染排放的有效途径,能够有效改善大气环境质量,产生积极的社会效应。

【咨询效果】

能源供给的多元化是国家能源安全战略的重要保证。在经济发达,电力负荷集中,但水电资源和煤炭资源缺乏,环保要求高的沿海地区,积极发展核电是解决能源供应的有效途径。积极推进山东省核电建设,是实现能源供应多元化,降低煤炭对外依存度,保障能源安全和实现经济社会可持续发展的客观要求。

截至2009年底,山东电网总装机容量为60 786 MW。2009年全社会最大发电负荷为46 000 MW,同比增长9.5%。山东省用电负荷持续增长,预计2015年和2020年山东电网全社会最大负荷将达到84 000 MW和110 000 MW,"十二五"和"十三五"期间年均分别增长10.1%和5.5%。考虑目前核准在建、"上大压小"火电项目以及西电东送电力,"十三五"期间山东电

网存在较大的电力装机缺口,2020年电力缺口约为28 000 MW。其中威海电网存在电力缺口约2 300 MW。

1 000 MW核电发电机组替代相应容量脱硫煤电机组后,可以减少SO_2年排放量约0.27×10^4 t、NO_2年排放量约1.23×10^4 t、CO_2年排放量约592×10^4 t。建设核电厂有利于山东省环境容量的改善及社会经济的可持续发展。本工程的建设不仅可满足山东电网负荷增长的需要,优化山东省能源供应和电源结构,为受端地区提供电源支撑,同时可减少温室气体排放,提高环境质量,符合中国能源发展战略。因此,本示范工程是山东省可供选择的电源项目之一。

CAP1400示范工程初步可行性研究阶段共开展了地震地质、岩土工程、工程水文、气象、环境、电力系统等多个研究专题,涉及核电厂选址论证的方方面面。初步可行性研究报告从电力市场分析、厂址条件、总平面布置、环境影响、经济和社会效益等方面分析了核电建设的必要性和可行性,研究方法和报告内容符合核电工程初步可行性研究的要求。

初步可行性研究报告从电源结构、煤炭运输压力、地震活动性、地基稳定性、水资源利用、水文气象条件、外部事件、应急计划可行性等方面详细分析了外部事件对核电厂的影响以及核电厂对周围环境的影响,选用CAP1400核电机组进行总体规划和总平面布置,对各厂址核电工程建设的安全性、经济性和技术可行性进行了初步评价和比较,得出该厂址满足CAP1400核电机组建设要求的结论,并得到审查单位的认可,为推动CAP1400示范工程后续设计、建设起到巨大作用。

参与编写单位:国核电力规划设计研究院

上海华电莘庄工业区燃气热电冷三联供改造项目可行性研究报告

The Feasibility Study Report of the Gas Turbine Combined CCHP Renovation Project of Shanghai Huadian in Xinzhuang Industry Park

编写单位：中国电力工程顾问集团公司华东电力设计院有限公司
East China Electric Power Design Institute Co., Ltd.
联系电话：021-22015888　　网址：www.ecepdi.com
主要完成人：高　玲　张雪峰　王　涛　吴晓红　黄　峰　孙　昕　曹丽红　李飞科　杨永富　王研明

【点评】

本报告对地区的热（冷）负荷按照一期、二期和远期进行了预测分析，充分论证了本项目建设的必要性和技术方案的可行性。项目建成投运后，将降低地区能源结构中的燃煤比重，降低能耗水平，减少环境污染，提高清洁能源利用效率，改善区域大气环境质量。

【项目背景】

为落实国家节能减排产业政策，依据中国华电集团公司在上海市的战略部署，华电上海分公司在市场调研中发现闵行区莘庄工业区供热工程可以实施燃气热电冷三联供改造。莘庄工业区建于1995年8月，系上海市人民政府批准的一家市级工业区，莘庄工业区工业用的蒸汽都是靠小锅炉来供汽，主要依靠集中供热站的5台燃煤锅炉（一台10吨/小时，一台20吨/小时，三台35吨/小时）和用热企业自备小锅炉供热，工业蒸汽量较大，但锅炉容量小，热效率低、能耗高和污染物排放高等问题。

根据热负荷调研，项目一期计划建设2×60MW级燃气-蒸汽联合循环供热机组，采用燃气冷热电三联供（区域分布式）供能形式，以替代莘庄工业区现有集中供热站的5台燃煤锅炉以及工业区中春路以东的12个用热企业的25台自备小锅炉，同时向莘庄工业区西区集中供能（冷、暖），以满足莘庄工业园区及附近地区的工业用气和采暖（制冷）的任务，成为当地主要热（冷）源之一，为工业区的可持续发展创造条件；还可有利于解决附近地区用电需求，降低能源结构中的耗煤比重，减少环境污染，符合上海以环境友好方式利用资源、保护环境、调整能源结构、提高能源的利用水平和走经济可持续发展之路的要求。

【项目内容】

上海华电莘庄工业区燃气热电冷三联供改造项目由华电福新能源股份有限公司全资开发，2013年10月开工建设，2015年1月建成投产。

厂址位于闵行区莘庄工业区六磊塘以南、北沙港以东、颛兴路以北，处于莘庄工业园区西侧。图1为项目在上海市地理位置示意图。

主设备采用的两台LM6000PF SPRINT型燃气轮机是中央领导访美期间中国华电集团公司向美国通用电气（GE）公司引进的世界最先进航改型燃气轮机发电机组。

图2、图3为GE LM6000蒸汽联合循环冷热电三联供机组正视图、侧视图。

本项目采用燃气冷热电三联供系统是分布式能源的一种主要形式，具有高效、节能、环保的特点，以区域内热（冷）负荷确定项目装机方案，系统废热通过余热利用设备向用户供热、供冷，具有综合能效高（本项目全年平均热效率可达到71.64%），二氧化碳排放低，近零污染排放，有利于电网和天然气管网调峰的特点；燃气冷热电三联供系统在加快整治区域燃煤小锅炉、优化区域能源结构，改善区域空气环境质量，推进区域经济的可持续发展等方面具有现实意义。

【工作过程】

2011年2月，受华电上海分公司委托华东电力设计院（简称"华东院"）开展了本项目可行性研究工作。

可行性研究按照国家发展改革委发布的《火力发电厂可行性研究报告内容深度规定》以及国家经贸委颁发的《燃气—蒸汽联合循环电厂设计规定》，中华人民共和国住房和城乡建设部颁发的《燃气冷热电三联供工程技术规程》等，研究论证项目建设必要性，对电力系统、热负荷、燃料供应、厂址条件、工程设想、环境保护、节约和合理利用能源、项目实施条件、投资估算及经济效益分析等方面内容进行分析论证。结合项目特点，可行性研究重点论证：

1. 项目建设必要性

结合本项目特点，通过国内外天然气分布式能源项目的调研，收集国内外现有天然气分布式能源发展现状和政策，在分析上海市发展区域天然气分布式能源项目的现实意义和面临的主要问题的基础上，研究论证上海华电莘庄工业区燃气热电冷三联供改造项目涉及的产业发展政策与燃气三联供（区域分布式）项目建设的必要性。

2. 装机方案

热、冷负荷是分布式能源项目的基础，华电上海分公司与华东院通过对上海市莘庄工业区热、冷负荷数据进行了详细调查统计，收集各用户的日、月平均负荷曲线；并根据项目的工艺性质、年生产天数等，合理选取同时率，研究确定项目的设计热负荷，并根据可能机型的进气压力、功率、效率和供热能力等各方面进行全面的装机方案论证。

3. 能源利用效率

为充分发挥分布式供能系统的优点，根据项目周围的供冷、供热、供生活热水、供电需求，按照"以热定电、热电冷联供、温度对口、梯级利用"的原则，充分合理利用系统余热、废热，提高能源综合利用效率。

4. 厂址选择

厂址的位置与工业区规划、冷热负荷、项目运行经济性等关系密切，根据拟定的装机方案，华东院、委托方与莘庄工业区管委会多次论证协调厂址位置，优化确定莘庄工业区内西侧，北沙港以东、华西路以西、六磊塘以南、颛兴路以北约110亩地块作为本工程建设用地。

另外，对于本项目的厂址总体规划、投资估算及经济效益分析、项目风险分析等重点、难点问题，开展了针对性的研究。

图1 项目在上海市地理位置示意图

图2 GE LM6000蒸汽联合循环冷热电三联供机组正视图

图3 GE LM6000蒸汽联合循环冷热电三联供机组侧视图

2011年12月,受上海市发展改革委委托,上海投资咨询公司主持召开了"上海华电莘庄工业区燃气热电冷三联供改造项目""可行性研究报告"及"项目申请报告"评估会,并出具了项目评估报告。

2012年1月,本项目获得上海市发展和改革委员会文件:《市发展改革委关于上海华电莘庄工业区燃气热电冷三联供改造项目核准的批复》"沪发改能源〔2012〕011号"。

【咨询工作特点】

一、形势、政策论证符合国家宏观产业发展政策

项目一期拟建设2×60 MW级燃气—蒸汽联合循环供热(冷)发电机组,替代莘庄工业区现有集中供热燃煤锅炉以及工业区中春路以东的25台自备小锅炉,采用热电冷三联供的供能形式,同时向莘庄工业区西区集中供能(冷、暖),以满足莘庄工业园区及附近地区的工业用热和采暖(制冷)的任务。

根据燃气热电冷三联供的工艺特点,采用该系统具有节约能源、改善环境和提高供热质量等综合效益。通过计算,该项目建成运行后年消耗天然气1.21亿标准立方米(以通用电气LM6000PF机型为计算依据),产出能源为蒸汽、冷量和电力;热电冷三联产效率为71.6%,供电能耗为185.6克标准煤/千瓦时,项目能耗水平先进。

该项目的建设符合国家《节约能源法》、《电力法》、《清洁生产促进法》和《关于发展热电联产的规定》(计基础〔2000〕1268号)的相关法律法规和文件规定,并且符合《上海市能源发展"十二五"规划》和《上海市电力发展"十二五"规划》等相关专项规划要求。本工程采用60 MW级燃气-蒸汽联合循环热电冷三联供机组,属于国家发展改革委《能源产业结构调整指导目录》中的"电力鼓励类"项目,符合节能的原则。

该项目的建成投运能降低地区的能耗水平,降低能源结构中的燃煤比重,减少环境污染,符合上海市节能减排和可持续发展的要求。项目的建设能作为地区电网电源的合理补充,满足地区部分用电负荷需求。

从国家的产业政策和行业准入角度分析,项目的建设完全符合有关政策,而且在较多方面具备"优先考虑"的条件。

二、地区热(冷)负荷及电力市场需求预测科学合理

《可研报告》中对地区的热(冷)负荷按照一期、二期和远期进行了预测分析,各阶段热(冷)负荷主要按照供热半径进行划分。其中一期主要考虑改造莘庄工业区中春路以西现有工业热负荷、中春路以东、沪闵路以西工业热负荷以及莘庄工业区西区初期(即2013年前)空调冷(热)负荷。根据调研和分析预测,一期最大工业热负荷为92.1吨/时,最小为21.2吨/时,平均为46.9吨/时,空调夏季冷负荷为17.3 MW,冬季热负荷为11.4 MW,春秋季冷负荷为3.5 MW。通过对该地区的热(冷)负荷数据调研,为负荷的预测分析提供了基础数据,以作为项目建设方案的设计依据。

可行性研究报告运用了大量的数据,对上海电网、泗泾地区的电力电量平衡,结合电源、电网的发展规划,对本工程建设的必要性作了详细透彻的论证分析。

可行性研究报告对项目热(冷)负荷及电力市场需求的预测与地区经济的发展需求是相一致的,具有较强的科学性。

三、多方案比选,经优化后各项指标先进

1. 总体规划布置合理,总平面方案因地制宜,节约土地

为体现循环经济和可持续发展的原则,体现系统优化和节约投资的原则,本报告合理统筹安排本工程的规划容量和本期建设规模。

根据装机方案与厂址现有的地形地貌特点，因地制宜，考虑电厂工艺的特殊要求，做好厂址总体规划与厂区总平面布置优化，特别是主厂房、机力通风冷却塔、升压站等大型建构筑物的布置。

图4为厂址总体规划鸟瞰图。

项目充分利用土地资源，布置紧凑，减小建构筑物的用地面积，达到节约用地的要求。规划容量厂区用地面积7.33 hm^2，单位容量用地0.204 m^2/kW；一期工程厂区用地面积5.60 hm^2，单位容量用地0.467 m^2/kW。合理选择竖向布置方式，避免高挖深填，做到厂区满足防排洪要求、排水顺畅，厂区、施工区和建构筑物基槽余土土方综合平衡。

2. 装机方案、工艺系统选择和布置各项指标先进

该项目根据热负荷的预测结果，采用燃气蒸汽联合循环机组。可研报告从区域热负荷特点、热效率和电厂运行管理方式等方面，对潜在的多种机组配置方式：通用电气LM6000PF、西门子SGT-800和南汽PG6581B等的进气压力、输出功率、热效率和供热能力等各方面对多种机型进行了全面比较分析，并以通用电气LM6000PF暂作为后续初步建设方案的推荐机型。

根据区域热负荷的预测分析结果，进一步研究论证项目的装机方案，考虑区域呈现出热负荷季节性明显并且昼夜变化大的特点，推荐项目一期采用每台燃气轮机各配一台抽凝式汽轮机的装机方案。

根据本期项目的机组配置方案，为方便整个系统的运行调度，提高电气系统的可靠性和安全性，推荐采用4台发电机组各配置1台升压变升压至110 kV的主接线方式，并考虑以110 kV电压等级接入周边电网。

建设单位与上海天然气管网有限公司签订了《天然气购销意向书》，明确年购销气量，项目拟采用该公司建设至项目厂界外1米的天然气管道，并根据机组配置方案在厂区内建设调压站等配套设施，但最终接入天然气管道压力和管径尚未最终确定。报告中根据建设方案的推荐机型，建议建设单位积极和上海天然气管网有限公司协商，选择以4 MPa高压天然气管网接入，以减少项目的厂用电消耗。

四、投资估算合理、经济效益分析客观

投资估算按照《火力发电工程建设预算编制

图4　厂址总体规划鸟瞰

与计算标准》及其相关文件要求编制,符合项目的编制要求。鉴于可研阶段建设方案中燃气轮机机型选择、电力和燃气接入等方案暂未最终确定,上海投资咨询公司出具的项目评估报告认为现阶段可暂按报告提出的相关内容进行投资估算。

根据国家发展计划委员会计价格〔2001〕701号文关于规范电价管理的有关要求,对本工程的经济效益与上网电价进行了测算与分析。根据初步确定的边界条件,按投资方资本金内部收益率为8%时计算经营期内的上网电价。

五、风险分析科学合理

可行性研究报告就机组天然气价格、年发电小时数、工程总投资及热价变化进行了敏感性分析,分析了这些因素变化在±10%的条件下,电价的变化和效益情况,客观预测了本工程的获利能力及抗风险能力。另外,从项目的政策支持、燃料成本变化、设备国产化、运行维护成本等方面进行了潜在风险分析,为业主和国家主管部门的决策提供了判断基础。

【咨询效果】

受上海市发展改革委委托,上海投资咨询公司主持召开了"上海华电莘庄工业区燃气热电冷三联供改造项目"可行性研究报告与项目申请报告的评估会,评估意见明确:

1. 报告对于地区的热(冷)负荷调研数据比较翔实,预测分析方法正确,最终得到的热(冷)负荷预测分析结果较为可信,可作为该项目本期建设方案的设计依据。报告提出的相关装机配置、机型选择、电气系统和供气系统等方案基本合理。

2. 项目一期拟建设2×60 MW级燃气—蒸汽联合循环供热发电机组,替代莘庄工业区现有集中供热燃煤锅炉以及工业区中春路以东的12家用热企业的25台自备小锅炉,以满足莘庄工业园区及附近地区的工业用热和采暖(制冷)的任务。该项目的建设符合国家《节约能源法》、《电力法》、《清洁生产促进法》和《关于发展热电联产的规定》(计基础〔2000〕1268号)的相关法律法规和文件要求,并且符合《上海市能源发展"十二五"规划》和《上海市电力发展"十二五"规划》等本市相关专项规划要求。该项目的建成投运能降低地区的能耗水平,降低能源结构中的燃煤比重,减少环境污染,符合上海市节能减排和可持续发展的要求。

3. 本工程建设2×60 MW级能源站,实施热电冷三联供,项目综合经济、社会效益显著。

(1)项目减排量。本项目将取代莘庄工业区内的所有现存的燃煤锅炉,小锅炉总蒸发量达186.5 t/h,可减少燃煤量约41 850 t/a,减少SO_2排放量约250 t/a,烟尘排放量约4 160 t/a,NO_x约30.8 t/a。同时,由于适当扩大了供热范围,不仅节约了能源,同时将有效地改善该区域环境空气质量,具有良好的社会效益和环境效益。

(2)项目年发电量、年供热量、年供冷量:年供热量89.9万GJ;年供冷量26.89 GJ;年发电量5.55亿kWh。

菏泽尧舜牡丹生物科技有限公司牡丹日化项目可行性研究报告

The Feasibility Study Report of the Mudan Daily Chemical Project of Heze Yaoshun Mudan Bio-Technique Co. Ltd.

编写单位：中国轻工业上海工程咨询有限公司
Shanghai Light Industry Engineering Consulting Of China Co., Ltd.
联系电话：021-64333476　　网址：www.sdili.com
主要完成人：朱学勇　朱澄良　蒋颖帅　汪胜　陶峰　孟昕　包骏龙　孙蓓　郭旭

【点评】

牡丹种植已成为山东菏泽的主导农业。该项目探索开发牡丹籽油、牡丹籽壳萃取油等系列产品的深加工途径；根据大量调查和数据分析，制定了合理的产业规模。专业的分析和多年工程经验的提炼，对业主工程的设计和实践以及项目的成功起到至关重要的作用。本项目报告的编制具有很高的咨询水平，方法先进，编制难度大，对决策和实施影响大，社会反响好，可操作性强，应用范围广，对提高中国制造产品的附加值和当地农民的经济收益，提供了新的发展思路。

【项目背景】

牡丹花被拥戴为花中之王，它是中国固有的特产花卉，有数千年的自然生长和两千多年的人工栽培历史。其花大、形美、色艳、香浓，为历代人们所称颂，具有很高的观赏和药用价值。

菏泽地区是中国牡丹之都，牡丹现有种植品类、数量、质量及所获国内外荣誉，均为全球第一，为发展牡丹产业提供了有力的资源支持。菏泽基本实现了种植规模化、管理科学化、商品批量化和供应标准化的商品牡丹产业化格局，牡丹生产已成为菏泽市农业支柱产业之一，对经济和社会发展起到了重要的推动作用。但总体看来，菏泽牡丹产业化的发展仍处于初期阶段。

国家及山东省相关部门，对发展牡丹产业给予充分的政策支持。本牡丹产业园项目计划投资20余亿元，主要建设牡丹产业化重点实验室、国家牡丹基因库、国际牡丹学术交流中心、牡丹油生产线、牡丹软胶囊生产线、牡丹茶生产线等。整个园区设计，集生产加工、科技研发、旅游观光、生态保护于一体，成为牡丹最具代表性的展示与开发基地。

菏泽尧舜牡丹生物科技有限公司（以下简称"尧舜牡丹公司"），依托丰厚的资源与政策、文化等驱动力量，坚持以科技为先导，以推广牡丹标准化种植、牡丹资源精深加工、综合利用为主线，全面推进牡丹的产业化发展。投巨资兴建的牡丹产业园，占地面积2 000亩，是牡丹区十大重点工程之一，成为世界领先、全球最大的牡丹综合产业配套工程。

【项目内容】

1. 建设单位情况

尧舜牡丹公司是国花牡丹全产业开发的倡导者与践行者，是菏泽市重点龙头企业。尧舜牡丹公司的母公司为洪业集团，拥有多项发明专利和技术成果，多套装置均达到国际国内领先水平。集团先后荣获百余项国家及省级荣誉称号。

2. 建设地点

项目拟建区位于牡丹研究开发区内，在国道220与省道临商路交汇处之东北方，占地面积四百余亩，其中牡丹深加工区占地五十余亩。园区交通方便，基础设施配套设施齐全。

3. 建设规模与产品方案

本项目是牡丹产业园重要组成部分，年处理九千余吨牡丹籽、牡丹鲜花、牡丹花蕊等原料，年产千吨牡丹精油和提取物，年产万吨高档牡丹衍生日化产品。

4. 技术可行性

加工过程采用机械化和局部人工相结合的

方法,牡丹深加工采用国际先进、成熟、自动化控制程度高的生产路线,并符合节能、节水和清洁生产的要求。

5. 效益分析

本项目建成并投产后,可以实现年均营业收入10余亿元,可实现年均利润近亿元。通过盈亏平衡分析和敏感性分析,本项目抗风险能力较强,具有较好的生存能力,本项目投产后无亏损,生产期均实现盈利,具有较好的经济效益。

【工作过程】

2013年4月中国轻工业上海工程咨询有限公司项目组接受了尧舜牡丹公司编制《牡丹日化项目的可行性研究报告》的任务,项目组人员在工作进展过程中逐步推进,协助业主确定多项关键方案指标的落实。

1. 确定合适的生产规模和产品方案

首先面对的就是如何确定恰当的生产规模和产品方案。我们发现牡丹从曾经单一的观赏,到目前花根能入药、花瓣能入馔、花蕊能入茶等功能的开发,牡丹已经在摸索实践中找到了新的可开拓市场,为现代技术深加工而成的牡丹籽油、牡丹化妆品、牡丹胶囊、牡丹牙膏、牡丹精油寻找出更大的市场开发潜力。

我们比对了同行业的大量数据资料,根据对菏泽地区的牡丹种植面积,可适合加工品种的产量,在大量的数据分析后,逐步筛选,为了最大限度地综合利用现有资源并物尽其用,最后确定产品方案分为牡丹提取物产品和高档牡丹衍生日化产品两大类。

第一类是牡丹提取物产品,利用牡丹籽皮花等原料,生产牡丹籽油、牡丹精油和提取物产品。这部分产品数量虽少,由于尧舜牡丹公司掌握了其核心技术,使得产品极具竞争力,可为企业带来较大利润空间。

第二类是高档牡丹衍生日化产品,利用部分牡丹提取物,采用添加牡丹籽油、牡丹精油及其他牡丹植物提取素等,生产各类膏霜产品,香波产品和牙膏产品。这部分产品主要扩大衍生,逐渐形成企业自有特色的产品类型。

过去牡丹潜藏的价值没有被发现,主要原因是研究做得不够,通过调研,我们分析推理出的生产规模和产品方案得到了业主单位的认可,认为与企业的发展相匹配,项目可持续发展,在此基础上我们顺利地展开了后续工作。

2. 设备选型采取进口设备和国产设备相结合

CO_2超临界萃取是一项技术含量较高的工艺,由于国内超临界萃取设备容量小,我们综合各种设备信息后向业主提出分类采购设备建议:拟从德国进口超临界萃取设备,同时选择国内比较成熟的小型号的超临界设备。其他设备采用国内成熟可靠设备,可获得较高的设备性价比,符合企业把钱用在刀刃上的理念。

选型的生产线配有齐全的压力、液位、温度、浓度等自动控制及仪表装置,具有先进的自动化控制水平。生产线性能稳定,运行可靠。需在生产过程中调速和负荷变化较大的电动机采用变频器进行整定值控制,符合国内企业逐步取代劳动密集型向技术密集型转化的趋势。为将来企业自动化生产打下基础。

3. 根据行业及生产特点,一次规划、分期实施

项目规模较大,结合业主投资,我们提出,本项目分期建设。一期主要建设临界萃取车间、分子蒸馏和提取车间、质控中心等牡丹籽油提取产能及相关附属设施,以完成牡丹籽油产品运营发展的前期主要任务。二期将稳步建设膏霜车间、香波车间、牙膏车间等日化衍生产品及相关附属设施,以在牡丹植物油及食品产业良好发展的基础上,视人才储备及资源条件,积极向牡丹日化产品领域发展。

为降低业主初期建设资金压力,可以用更高、更好的建设标准,分期实施,真正兑现中国制造2025的要求。

4. 确定流畅的厂区布局

确定以上原则后,我们结合多年专业设计工作经验,根据工厂使用特点和建设内容需要,按照工艺布置要求结合生产功能和自然条件,合理确定总平面布局。

办公生活区位于厂区前端东部,便于员工进入厂区后迅速进入各自岗位,同时也避免了与原料和成品的物流交叉;原料和成品的进出口布置在厂区的西侧,与原有工厂相贴,便于原料和成品进出;加工生产区布置在厂区的中央;生产辅助区考虑常年风向频率的因素,布置在厂区的东南侧。

这些功能区各自独立又相互联系,做到既符合规划要求、保护生态环境,又体现可持续发展、以人为本的原则。做到生产区与仓库、洁净区与

图1 总体规划鸟瞰图

非洁净区以及生产辅助用房布局清晰,各功能区之间流线畅通便捷。

【咨询工作特点】

1. 提高牡丹加工产业层次(创新程度方面)

(1)可研报告探索积极开发牡丹籽油、牡丹籽壳萃取油系列食品等精深加工产品途径,牡丹种植已成为菏泽当地主导农业产业,国内种植面积为50多万亩,产量达10万吨,而菏泽地区25万亩左右,产量达8万多吨,项目具有较强的产业关联性,将会给农民带来极大的收益,提高农产品附加值,引导并促进当地农业生产结构和农产品结构的调整,扩大就业途径,实实在在地推动农村经济的发展,为菏泽地区特色资源、地方经济提供了发展思路。

(2)从农业角度看,牡丹种植效益相比其他作物高,建设牡丹制品生产项目,可以充分调动周边地区农民种植牡丹的积极性,促进当地种植业结构的调整,加强专用牡丹原料基地建设,促进农业由生产导向型向市场导向型、加工导向型转变,推动牡丹生产专业化、优质化和区域化,为牡丹制品工业发展提供优质、专用的加工原料。

(3)从企业角度看,立足于采用绿色有机牡丹产品作为基本原料,有利于占领产业发展制高

图2 菏泽牡丹产业园开工典礼

点,瞄准牡丹制品中高端市场,在稳步保持国内市场的基础上逐步开拓国外其他地区市场。本项目将对菏泽本公司的深层次发展起到积极的推动作用。

(4)加工工艺提出牡丹籽油采用超临界CO_2萃取法提取工艺,配置处理牡丹籽粕的自配套设备和树脂吸附提取设备。最大限度保存牡

丹籽油的营养成分，具有油品色泽好、油质纯净自然的特点。通过原料处理及预榨加工、浸出工艺加工、精炼加工、储存包装等工序，通过脱磷、脱酸、脱色、脱臭精炼出高档牡丹籽油。

（5）加工工艺提出采用微波干燥技术干燥采集的牡丹花蕊，经分离、包装生产牡丹花蕊茶和牡丹花粉，其质量明显优于常规干燥技术。

（6）加工工艺围绕牡丹的花、籽、油、提取物等展开，将牡丹充分利用，提高了附加值，并应用到食品、化妆品、牙膏、医药等领域，为工业生产提供了思路扩展，为工业设计提供了较好的借鉴作用。

（7）对工艺路线描述翔实，由于项目组成员大都有相似项目的设计经验，描述的工艺路线尤为清晰易懂，牡丹提取物生产技术采用CO_2超临界萃取技术提取牡丹籽种皮中的抗辐射物质（精油），最大限度保存油脂的活性成分。牡丹籽进入低温烘干机控制物料水分，然后进入粉碎机组粉碎，控制牡丹籽壳原料颗粒。粉碎的物料装入萃取釜后通入临界CO_2萃取。超临界CO_2萃取装置由萃取釜、分离釜（一级分离釜、二级分离釜）、萃取釜换热器、分离一换热器、分离二换热器、冷凝器、过滤器、三柱塞二氧化碳高压柱塞泵、CO_2中间贮罐、热水循环系统、冷水循环系统、液压快开盖系统、料筒起吊系统、夹带剂泵、夹带剂罐、计算机电控系统、操作平台、控制阀门、各种管道等组成。萃取结束后物料进入分离釜减压分离，回收CO_2压缩后循环使用。液体油脂进入精炼工序。

牡丹提取物采用微波干燥技术来干燥采集的牡丹花蕊，经分离获得牡丹花蕊茶和牡丹花粉。

化妆产品配制时原料由计算机控制配制组成，把计量的水相、油相原料分别投入水相锅和油相锅混合，然后用真空把溶解的物料经管道吸入真空乳化锅，均质乳化制得的半成品经管道放入移动式半成品贮罐或固定式半成品贮罐暂存和陈化。半成品经检验合格后，移动式成品贮罐由人工推入灌装间，用管道把成品贮罐与自动灌装线的灌装头连接，采用压缩空气把半成品压入灌装头；或由泵直接从固定式成品贮罐输送至自动灌装线的灌装头。灌装后产品经加盖，在输送带进行包装，喷墨打印生产日期、批号，最后再装箱入库。

（8）合理确定公用设施用量，所在区域没有集中供热系统，根据生产工艺要求，生产过程中使用0.4 MPa的饱和蒸汽，各生产工艺和生活热水间接式加热用蒸汽的凝结水通过凝结水回收装置收集并返回锅炉房，作为锅炉给水循环再利用，从而利用其余热和节约用水。

2. 市场研究透彻（研究深度方面）

报告通过大量调查和数据分析，对市场的预测准确，为确定本项目的产品方案和生产能力提供依据，利于向业主公司提出项目定位的建议。

（1）可研报告编制时间在2013年初，为获取2012年的统计资料，项目组积极查阅大量媒体文件，从中收集2012年度的最新统计数据，如2012年国内植物油总消费量，进口油脂量，其中植物油进口量、同比增加量、增幅量等专业数据。

（2）针对油脂市场、化妆品市场、企业的优势、劣势作了较为详细的分析，并对牡丹产业化的发展提出了实施规划。从产品结构方案角度看，可研报告从出口门槛抬高、品牌建设、广告费用、营销策略等几个方面认真分析了国内化妆品的现状，得出国内日化（化妆品）企业正处于恢复阶段，虽然外资仍是主力，但中资正积极防御，提升作战水平，伺机进攻，相信10年之后，本土品牌占比有望提升至35%以上，并从牡丹花、牡丹籽油在抗衰老及抗炎、抗菌方面有较好的作用，对其进行综合开发利用可制成一系列抗衰老天然保健化妆品，表明牡丹在日化领域应用空间巨大，牡丹化妆品将具有广阔的市场前景。

3. 经济分析严谨（研究难度方面）

充分体现编制单位的专业设计经验，本项目编制人员有日化行业大量著名品牌的案例经验，对各类产品极为了解，为此分别计算了涉及的主要产品为护肤系列产品、护发系列产品、牙膏、牡丹籽油、牡丹提取物等五大系列几十种产品的相

图3　厂区内工艺设备井然有序

关工程造价,技术经济参数,为企业提供了详细、可信、可靠的数据模型。

4. 项目可操作性强(实用程度方面)

根据研究结果,提出项目分期实施计划:

(1)规模合理,年处理九千余吨牡丹籽、牡丹鲜花、牡丹花蕊等原料,年产千吨牡丹精油和提取物、年产万吨高档牡丹衍生日化产品。

(2)建设内容恰当,一期主要建设临界萃取车间、分子蒸馏和提取车间、质控中心等牡丹籽油提取产能及相关附属设施,以完成牡丹籽油产品运营发展的前期主要任务。二期将稳步建设膏霜、香波、牙膏车间等日化衍生产品及相关附属设施,在牡丹植物油及食品产业良好发展的基础上,视人才储备及资源条件,积极向牡丹日化产品领域发展。

【咨询效果】

报告编制完成后,尧舜牡丹公司将牡丹产业作为下步工作的重中之重来抓,洪业集团对尧舜牡丹公司整体发展规划进行了调整,计划2017年追加总投资60亿元,以打造全球最大的牡丹生态观光区、建设国际最强的牡丹产业研发区、形成世界最全的牡丹产品加工区为发展目标,倾力打造世界一流的百亿高新技术产业园,做牡丹产业的领航者。

2013年11月26日下午,中央领导视察了尧舜牡丹公司,从车间到展厅、从原料到成品、从工艺到质量、从成分到副产品,都进行了详细的询问和了解。特别是对牡丹产业的发展规划,耐心细致地听取了汇报。牡丹产业的发展,始终牵动着党和国家领导人的心。其后国务院各级领导也都分别对牡丹产业化作出过重要批示。

2014年11月26日,牡丹籽油行业标准公布,尧舜牡丹公司是唯一一家参与行业标准研讨与制定的牡丹深加工企业;2015年1月22日,尧舜牡丹公司荣膺山东省省长质量奖。

上海中联重科桩工机械有限公司大型、智能化旋挖钻机、地下连续墙关键部件工艺改进、产品提升项目可行性研究报告

The Feasibility Study Report of the Projects of Technology Improvement and Product Upgrade Transforms for Large and Intelligent Rotary Drilling Rig & the Key Parts of Diaphragm Wall of Shanghai Zoomlion Piling Machinery Co., Ltd

编写单位：上海市机电设计研究院有限公司
Shanghai Institute of Mechanical & Electrical Engineering Co., Ltd
联系电话：021-62472277   网址：www.simee.com
主要完成人：蔡骏 蒋德强 蒋少曾 潘少琴 罗倩 陈佳琳 谈亦荣 晏金炜 钟敏惠 周坚

【点评】

本报告根据国家装备产业发展政策，从提高基础工艺、基础材料、基础元器件研发和系统集成水平，加强重大技术成套装备研发和产业化，推动装备产品智能化等方面，对项目进行了重点分析，突出核心工艺技术，合理确定生产规模及建设内容，提出了合理化建议和方案。

【项目背景】

上海中联重科桩工机械有限公司（简称："中联桩工"）现为中联重科的全资子公司。作为中联重科旗下的桩工机械事业部，中联重科桩工机械事业部是中联重科旗下最具发展潜力的主机事业部之一，专业从事基础施工工艺工法、基础施工方案解决以及基础施工设备的研发、制造与营销。公司坐落于上海市松江区莘北工业园，是一家年产桩工设备千余台的现代化生产型企业。

为了更好地促进集团公司产业的规模化发展，提高园区产业紧密度，2011年中联桩工利用"中联重科上海工业园"北侧新购地块（松江ZS-11-002号），计划组建上海桩工工业园（约106亩）。

为此，中联桩工拟建"大型、智能化旋挖钻机、地下连续墙关键部件工艺改进、产品提升"项目，通过对关键部件如钻杆、钻具、桅杆、转盘、动臂及连接体等的改进，从下料、坡口、结构焊接、机加工及部件检测方面进行制造工艺技术改造，同时增加试验设备设施，使零部件刚性、韧性、耐磨性、抗冲击性能达到国内领先，大幅提高主机产品坚硬岩层的施工能力；同时作为上海市三重一新项目，得到了当地政府的大力支持，并委托上海市机电设计研究院有限公司进行前期规划咨询，根据《国家发展改革委办公厅、工业和信息化部办公厅关于开展2013年产业振兴和技术改造专项有关工作的通知》等专项文件的精神，编制该项目的资金申请报告，争取中央预算内资金支持，以加快推进项目建设进度。

【项目内容】

中联桩工"大型、智能化旋挖钻机、地下连续墙关键部件工艺改进、产品提升"项目，建设基地位于上海市松江区中山工业园区内中山街道缤纷路（松江ZS-11-002号）。

本项目新建包括钻杆车间、油漆车间、再制造车间、整机装配车间等生产用房用于生产大机型的旋挖钻机、地下连续墙、钻杆以及二手设备再制造，租赁中联重科上海分公司结构车间用于旋挖钻机、地下连续墙的部分关键部件生产所需的工艺装备改造。同时，为满足生产需求，本项目还将新建产品停放场地以及公用动力设施、10 kV变电站等配套用房，总建筑面积为22 780.15 m^2。图1、图2分别为生产车间外观和厂区大门及成品存放区。

项目总投资3亿4 800万元，其中：建设投资2亿5 200万元，铺底流动资金9 600万元。项目实施后，2017年达到生产纲领，达纲年产旋挖钻机200台、地下连续墙产品200台、钻杆1 000套、

再制造车辆60台；新增销售收入18亿元；新增利润1亿9 818万元（税前）；财务内部收益率为25.75%；投入产出比（投资总额）为1∶4.46；投资回收期（动态）为7.0年。

【工作过程】

从2009年国家4万亿投资以来，在国家发改委历年来的产业振兴及技术改造专项中，上海市机电设计研究院有限公司积累了较多资金申请方面的实践经验。针对2013年产业振兴和技术改造专项重点专题目录，进行详细解读，结合申请企业实际情况，编制资金申请报告。

我院中联桩工项目组对中联桩工的现有情况进行了全面细致地调查，与该公司的技术专家和管理人员分别进行了技术、工艺交流和生产、经营探讨，分别收集了从机械行业——工程机械行业——桩工机械行业的发展趋势及相关资料，与中联桩工决策层对企业的发展战略和建设目标展开了深入的探讨，对中联桩工的产品技术水平、市场需求、目标市场和投资环境、具有竞争力的代表产品进行了解，并对拟建规模及生产纲领进行设定，在中联桩工各部门的大力支持下，对影响中联桩工本次项目的工程技术方案、主要工艺及关键设备的选用等重要问题的解决方法和

图1　生产车间外观

图2　厂区大门及成品存放区

措施经过反复论证、比较研究,在此基础上,最终编制完成了资金申请报告。与此同时,还进行了为编写资金申请报告所需附件的收集工作,如各有关的规划、环保、节能、招投标的初审,把各相关部门的评审意见编入申请报告文本中,并提出了建设性建议。

【咨询工作特点】

一、项目产品符合国家发展规划和产业政策

通过对国家相关的发展规划和产业政策的研究,结合中联桩工的产品及其生产工艺,从五个方面分析了项目获得资金申请的主要原因和政策依据。

1. 符合国家"重点产业振兴和技术改造"方向

中联桩工的"大型、智能化旋挖钻机、地下连续墙关键部件工艺改进、产品提升项目"的建设是企业对钻杆钻具、榄杆等旋挖钻机、地下连续墙产品的主要部件制造工艺技术改造,使零部件刚性、韧性、耐磨性、抗冲击性能达到国内领先,大幅提高主机产品坚硬岩层的施工能力,符合、重点方向专题二:"装备核心基础能力提升(3)先进制造工艺(针对……工程机械……等制造工艺)、专题八:"企业信息化水平提升(3)企业信息化集成管理系统,企业资源计划(ERP)和生产制造执行系统(EMS)"和专题九:"产品开发和检验检(监)测能力提升(2)产业技术支撑体系建设(产品开发、试验(实验)验证、质量检测……的改造提升)"建设范畴。中联桩工将建设成为一个拥有自主知识产权和先进制造工艺的信息化、专业化基础设施生产中心,符合重点产业振兴和技术改造方向。

2. 符合中国"十二五"规划纲要对装备制造业建设的发展需求

中国《国民经济和社会发展"十二五"规划》提出改造提升制造业,即优化结构、改善品种质量、增强产业配套能力、淘汰落后产能,发展先进装备制造业,调整优化原材料工业,改造提升消费品工业,促进制造业由大变强。主要是推进重点产业结构调整,即装备制造行业要提高基础工艺、基础材料、基础元器件研发和系统集成水平,加强重大技术成套装备研发和产业化,推动装备产品智能化。

3. 中国工程机械行业发展的必然要求

《中国工程机械行业"十二五"发展规划》针对目前工程机械行业发展中仍存在的主要问题及制约因素,按照国家"十二五"规划部署,以及"十二五"期间中国工程机械行业的发展要求,提出10项发展重点及主要任务。其中涉及本项目的有:

(1)实施智能化工程,提高产品智能化控制的技术水平。工程机械重点主流产品要实现智能优化控制、故障自诊断、安全保护逻辑控制、信息反馈可视化,特别是大型工程机械,要实现本机和远程的智能化控制。

(2)继续支持发展大型工程机械。重点发展单台价值在100万元以上,并已纳入重大装备制造业大型施工机械19种机型的产品,例如大型轮式起重机、大型履带起重机、国家重大建设工程用的特大型塔式起重机、高铁建设用的重大成套装备、铁路机械化养护成套装备、大型桩基设备、大型土石方工程机械、河道与湖泊大型疏浚设备、大型商品混凝土机械、全断面掘进机及电铲等专用大型工程机械,国产化率要达到65%以上。

(3)重点支持研发生产的新产品,大力推进旧工程机械产品回收再制造工程。

本项目的建设,可进一步提高企业旋挖钻机、地下连续墙产品的大型化、智能化,同时可满足市场对此类产品的巨大需求,进而有助于中国工程机械行业发展。

4. 符合产业结构调整指导目录的要求

中联桩工所生产的大型、智能化旋挖钻机、地下连续墙产品属于产业结构调整指导目录(2011年)鼓励类"十四机械"之"48.大型施工机械"范畴;中联桩工所生产的旋挖钻机、地下连续墙产品设备均采用先进的节能、环保技术,具有大型化、智能环保等特点,前景广阔。

5. 符合企业发展规划的要求,是企业保持可持续发展的需要

中联桩工现有产品以旋挖钻机、地下连续墙产品系列为主。目前,由于桩工市场产品的市场竞争愈演愈烈,对于设备供应商的综合能力的要求也越来越高,中联桩工根据自身优势,以智能化、节能型为主要方向,通过对现有生产制造工艺的提升,对现有产品的技术升级,将重点投入和发展大型、智能化旋挖钻机、地下连续墙液压抓斗、双轮铣产品以改善公司产品结构,从而提高公司在桩工机械产品领域的整体竞争性,为企业进一步实现跨越式发展奠定基础。

为了进一步拓展产品线，提升关键零部件制造工艺技术水平，提高市场竞争力，并相应增加产能，中联桩工急需增建厂房、购置生产设备。因此，本项目在上海市松江区中山工业园区内新建厂房，并购置生产设备，建设大型、智能化旋挖钻机、地下连续墙产品生产线，有助于进一步拓展企业产品线，符合企业业务发展的需要，有助于企业的可持续发展。

二、合理确定生产规模及建设内容

国内施工机械行业竞争激烈，中联桩工的产品销售规模和盈利能力处于国内领先行列，在参与竞争的中高端市场中处于领先地位。项目组通过对中国桩工机械行业的发展趋势、政策取向、细分市场、产品特点、企业自身研发水平等多方面定性定量地深入分析，及对经济影响、社会影响、与国家产业政策相符性等方面的分析，对产品生产性质、特点、产能和需求等广泛调查、反复论证和层层筛选，最终与企业一同确定了本项目生产规模、关键技术、技改内容、工艺方案以及各类参数，提出了详尽的分析资料和实施方案。

三、有效突出核心工艺技术

基础施工行业产品以旋挖钻机、地下连续墙液压抓斗、双轮铣等为主，制造工艺流程大致相同，从原材料（钢板、型材及外购件采购）入库开始，包含钢板切割下料（含小件毛坯机械加工）、成型（含坡口）、结构件摆搭（又称焊接组对）、焊接（手工焊接、自动焊接）、大件机加、部件涂装、部件装配（含外购件、液压系统、电气预装及部件总装）、下线调试（含预调和终调）、整机涂装（含贴标识及面漆修补）及报缴入库等制造工序；对产品性能质量影响较大的关键制造工序为钢板成型、结构焊接、涂装及调试等。

针对国家促进利用高新技术和先进适用技术对制造业的改造升级，加快产业结构调整，推进符合国家产业政策和城市发展规划，且对经济发展有较大带动作用的重点技术改造项目建设的支持。项目组在充分调研和沟通的基础上，在资金申请报告中着重描述了产品的水平（旋挖钻机、地下连续墙产品等）、工艺方案（钻杆车间、油漆车间、装配车间、再制造车间分别描述了车间任务、工艺原则、工艺流程、关键工艺说明）等，以及生产信息化建设的相关内容。

本项目制定的工艺方案，是采用国内外一流的技术和设备，自主设计、联合开发智能化焊接、变位和零部件自动输送、在线加工、适时联网检测、自动装配等高效节能系统、设备，用于研发、生产关键零部件及主机产品；新建旋挖钻机扭矩检测、模拟入岩测试和地连墙成槽精度检测与冲抓、取土效能测试等产品性能试验和作业可靠性实验设施；新建PLM、ERP、MES和车间可视化等主干信息化系统，有效提高研发效率、缩短生产周期。通过上述工艺建设方案，达到提高关键部件制造工艺水平和产品质量性能提升的目的。

四、土建、公配方案适度合理

项目组根据工艺布局的需要，为确保符合国家资金使用方向的合理，建议采用经济的土建、公用配套方案。本项目新建包括钻杆车间、油漆车间、再制造车间、整机装配车间等生产用房，用于生产大机型的旋挖钻机、地下连续墙、钻杆以及二手设备再制造，租赁中联重科上海分公司结构车间，用于旋挖钻机、地下连续墙的部分关键部件生产所需的工艺装备改造。同时，为满足生产需求，本项目还将新建产品停放场地以及公用动力设施、10 kV变电站等配套用房。总建筑面积为22 780.15 m^2，建工程投资1亿1 541.7万元，占建设投资的45.8%。

五、采用动态技术经济方法切合实际

根据项目产品方案、建设规模、工艺技术、土建及辅助工程等具体条件，对项目投资的现金流量进行了预测，在此基础上编制财务报表、计算财务评价指标，并进行了技术经济分析。技术经济分析结果表明，项目经济效益较好，并具有较强的抗风险能力。

【咨询效果】

本项目已列入产业振兴和技术改造中央预算内投资项目，国家计划给予中央预算内资金支持。批准文件标题：国家发展和改革委员会办公厅、工业和信息化部办公厅关于产业振兴和技术改造2013年中央预算内投资项目的复函（发改办产业〔2013〕1377号）。

中华艺术宫项目可行性研究报告
The Feasibility Study Report of the China Art Museum Project

编写单位：上海东方投资监理有限公司
Shanghai Oriental Investment Supervision Co., Ltd
联系电话：021-6266 7333　　网站：www.sois.sh.cn
主要完成人：印保兴　周培康　郭一中　黄彤　印捷欧　徐新华　夏敏　朱炯丽　周乐　王政

【点评】

中国馆作为2010年上海世博会最具特色的建筑，是上海市最为著名的地标之一。为更好地实施世博会场馆的后续利用，根据市委、市政府将其改建为中华艺术宫的决策，研究提出，拟建的中华艺术宫功能定位于以收藏、展示、交流、研究、教育为目的的特大型专业文化场所，建设目标定位于一座荟萃近现代全球华人艺术精品，以视觉艺术展示为重点的百姓参与、全民共享的公共文化服务场所，是具有中国气派、融汇上海风格，在全国最具规模、最具影响、最富特色的综合性艺术博物馆。本报告通过大量调研和数据分析，较为准确地预测了中华艺术宫运营期间的观众流量等数据，取得了良好的社会反映。

【项目背景】

上海有着丰厚的文化艺术底蕴和良好的文艺创作基础，"十二五"时期是上海文化跨越式发展的关键期，但是艺术品的展览展示场馆不足，尤其是大型艺术博物馆的缺乏，已成为上海文艺发展的瓶颈之一。上海作为中国红色革命的圣地，中国共产党的诞生地，中国现代工业文明的源头，中国现代美术的发祥地，至今缺乏特大的展示平台。上海要建设四个中心，急需发展文化事业，作为城市文化软实力提升和国际文化大都市建设的重要支撑，这些都迫切要求上海尽快建立综合性、地标性的大型艺术博物馆。中华艺术宫的建设，立足上海，面向全国，荟萃全球华人艺术精品，使上海在21世纪继续成为中国文化艺术展示、传承、交流、原创的中心城市之一。

上海市"十二五"规划纲要明确提出，实施世博园区后续开发，形成低碳生态的文化交流和公共活动中心、新的服务经济集聚区。做好永久性场馆设施长期管理和后续利用，更好发挥这些场馆设施的综合效益。利用世博会给上海带来的知名度和影响力，加快发展旅游、会展、文化创意、金融服务等产业，最大限度把举办世博会带来的无形资源转化为推动经济社会发展的现实优势。积极吸收各国展示的最新技术成果，加大上海世博会科技成果转化力度。认真吸收各国展示的先进发展理念，为推动中国经济社会又好又快发展，提供有益借鉴。开发利用中国馆，改造为中华艺术宫，是落实上海"十二五"规划和世博场馆后续利用专项规划的具体措施。

【项目内容】

上海东方投资监理有限公司在2011年7月承担中国馆改造成为中华艺术宫的前期研究工作，编制了中华艺术宫项目可行性研究报告，对项目建设的必要性、选址、建设条件、建设内容及规模、功能定位、改造方案、总投资估算、运行模

图1　中华艺术宫外景

式、项目效益等内容作了研究论证,为中共上海市委和委托单位提供了前期决策依据,为项目的后续建设和交付使用作出了基础性贡献。

建设地点为原2010年世博会中国馆,地处浦东A片区世博轴东侧,位于南北、东西轴线交汇处的核心地段,处于整个园区醒目的位置。其中中国馆的地区馆地下一层西侧及地区馆东北角下沉式广场与M8中华艺术宫站(原周家渡站)地铁口相接。项目东侧靠云台路,南邻国展路,北靠博成路,西依上南路。

协调集聚上海各国有专业美术单位、团体的优秀收藏资源,积极吸引国内外艺术精品及民间收藏,入馆长期展示,为具有国家气派、民族特色、传承中华文化、展现全国以及上海近现代艺术发展成就的众多艺术精品提供充足、优质的展示空间。不断加强与国内外著名艺术博物馆(美术馆)、综合性博物馆间的优秀展品交流,为吸引世界名作、国内精品巡回入馆展示,创造更多机遇和优越条件。积极邀请吸引国内外杰出艺术家、著名艺术机构入馆举办作品展,为大师名作、新锐佳作的发布展示提供更好的平台环境。同时有重点、有系统地集聚收藏近现代中国艺术精品和海派艺术名作,并充分运用艺术宫的权威效应,依托不断充实、完善的优秀艺术作品政府采购收藏和捐赠奖励政策,全面吸引各界优秀艺术品捐赠,扩大馆内常展艺术品资源库,不断提升向公众展示的艺术精品的数量与质量,以此形成世界瞩目、全国一流、上海权威的艺术展示和收藏平台。

通过举办、承办各种高层次的、高水准的艺术、学术交流活动,建立上海与海内外优秀艺术家、著名艺术机构(艺术博物馆、艺术学院、画廊等)间的交流机制,使艺术宫成为世界艺术网络的重要枢纽、国内外优秀艺术人才的集聚地、国际高层次文化艺术交流的高端综合平台。并充分利用馆藏资源,探索新的研究机制,通过构建高水平的开放式学术课题,结合具体学术研究项目,吸引汇聚优秀艺术研究专家和研究人才,以此建构权威的研究平台。

通过向公众提供普及性的艺术讲座,有效地提高人民大众的艺术欣赏水平。通过艺术专题阅览室、信息库、艺术品商店等专业服务,使艺术宫成为面向大众的艺术服务机构。

积极运用馆内讲解服务、教育互动设施及多媒体区域,开展艺术普及、艺术教学等活动。提高和普及相结合,使艺术宫成为公众文化艺术教育的重要基地,更有效地提高人民大众艺术欣赏水平,普及民族艺术、传承文化精神。并重视推动馆藏艺术品信息化工程,通过建立"数字艺术宫"网络平台,实现艺术宫展品展示的空间延伸与功能拓展,以"一站式"的方式向不同城市、不同国家和地区的人士展示上海优秀的艺术藏品资源和中华文化艺术风貌,进一步推动文化艺术交流与艺术普及。

拟建的中华艺术宫,是以收藏、展示、交流、研究、教育为目的特大性专业文化场所,建设目标定位于一座荟萃近现代全球华人艺术精品,以视觉艺术展示为重点的百姓参与、全民共享的公共文化服务场所,是具有中国气派、融汇上海风格,在全国最具规模、最具影响、最富特色的综合性艺术博物馆。根据中华艺术宫的馆舍需要,改造拟新增建筑面积9 000 m^2,按照建设程序,已获得了上海市规划局的批复。

【工作过程】

1. 团队资质

2011年7月承担前期研究工作,上海东方投资监理有限公司派出了一支十几人的优秀团队紧密配合,团队中包括数名中国工程咨询协会专家、各专业注册造价工程师、注册咨询工程师。

2. 全面的社会调查

这支团队走访了数个展览场馆,得到各个展览场馆大量充分且真实的管理数据、人员流量数据、工资数据等,由此推测出中华艺术宫的大致数据。根据项目建设功能及规模、项目布展、环境影响、社会稳定风险、节能、工程质量安全、运营成本等问题,全部都展开了严密精准的社会调查,并凭借丰富的经验估测出中华艺术宫建成后的各项数据。

3. 联络的相关单位及部门

与上海市上海市文广影视局、上海市美术馆、设计院、上海世博有限公司等充分沟通,与上海市美术馆主要管理班子一同探讨展品资源问题,协调集聚上海各国有专业美术单位、团体的优秀收藏资源,积极吸引国内外艺术精品及民间收藏,入馆长期展示,为具有国家气派、民族特色、传承中华文化、展现全国以及上海近现代艺术发展成就的众多艺术精品提供充足、优质的展示空间。与设计院沟通了详细的建设内容。与上海世博会有限公司沟通了具体施工的各项事宜。

4. 运营效果

直至2012年10月1日开馆后,运营效果基本与可行性研究报告的预测相符,并取得了良好的社会反映。

【咨询工作特点】

一是必要性:以2010上海世博会核心场馆——中国馆为依托,改造为集收藏、展示、交流、研究、教育为一体的特大型艺术场馆,创造了世界博览会场馆后续利用的重要案例,为世界博览会走节约化道路进行了成功尝试,项目改造是十分必要的。

二是项目定位:中华艺术宫是以收藏、展示、交流、研究、教育为目的的特大型专业文化场所,是一座以荟萃近现代全球华人艺术精品,以视觉艺术展示为重点的百姓参与、全民共享的公共文化服务场所,是具有中国气派、融汇上海风格,是全国最有规模、最具影响、最富特色的综合性艺术博物馆。其中突出了交流与研究、艺术教育与社会公共服务功能。

三是艺术宫选址世博会中国馆的可行性分析:集中体现了按照艺术品展览要求,按照安全馆藏要求,按照建设成本节约化、项目推进时效快原则。

四是布展方案明确,运营策划可行,后续利用方案可操作性强。

五是建设内容及规模:中华艺术宫改造方案合理、改造面积适宜、工程规模确定合理。

六是总投资估算及资金筹措方案分析真实可靠,改造加固造价取值准确,衔接合理,节约了建设投资,为旧场馆改造积累了工程经验。

七是项目运行模式、开馆准备费及运营成本估算具有创新性。中华艺术宫开馆准备费明细,充分考虑了:① 馆部办公、物业办公、工程类、环境类、服务类、安全类等问题;② 前期工作咨询费;③ 开馆专业设备;④ 开馆前期人员经费;⑤ 开馆培训费等费用。项目管理运营机制运营成本估算(包括人工工资及福利费、动力燃料费、拆办类、物业管理费及特种设备租赁费)的衔接估算分析处理,对今后类似项目具有借鉴作用。

八是发挥团队咨询经验,对改造方案、选址定位、结构空间划分等提出重大优化调整意见。

项目团队深化、细化项目的选址定位。首先根据上海文化发展的独特需求,确定项目必须拥有独特的地理位置及外观,成为可以吸引全球视野的标志性建筑。中华艺术宫的高端立意,只有原世博中国馆的场址可以承载。

通过与上级主管部门、项目建设单位、使用单位及文化、艺术、展览等行业的专家、友人的充分沟通,对中华艺术宫的功能配置、空间划分、展览流线等进行优化改造。结构改造及加固方案充分体现了风格保留、材料节约、建筑节能的特点。与此同时,项目功能定位、面积分配及经济技术指标分析,即照顾原中国馆的建筑艺术特色和建筑特殊性,按博物馆建筑设计规范划分建筑面积单元,也合理地分配中华艺术宫陈列展览、藏品、服务、保障等各区域面积。

【咨询效果】

项目自2012年10月1日开馆试运行以来,共接待中外观众450万人次,日均接待量超6 800人次,节假日最高峰突破3.6万人次。展厅数量由最初的27个增加至35个,面积扩大到近7万平方米。举办各类展览67个,展出作品逾1.5万件,举办学术活动70余场,新收藏644件作品。项目可行性研究结论正确,报告提出的工程方案科学合理,项目的运营是成功的。

在党的十八大对推进社会主义文化强国建设新的部署下,2012年10月1日,在上海世博会中国馆原址上改建而成的中华艺术宫,开馆两年来,始终秉持致力于对近现代经典艺术的收藏、展示、研究、教育和交流,以社会主义文化强国战略思想为指导,以传播民族和世界优秀文化、文化育人为己任。

两年来,中华艺术宫积极构建新时代东方艺术体系,依托上海文化艺术资源之优势,先后通过以反映中国近现代美术起源与发展脉络为主题的长期陈列展览"海上生明月——中国近现代美术之源""东方之路——中国近现代视觉的构建""名家艺术陈列馆""上海与巴黎之间";以呈现代表中国艺术创作最高水平的"锦绣中华——行进中的新世纪中国美术""上海历史文脉美术创作工程作品展";以深入对比研究中国表现主义作品与西方表现主义作品,邀请国内外美术馆共同呈现的"同行——2014美术馆联合展"系列;以反映世界近现代经典美术潮流的"来自世界的祝贺——国际美术珍品展""米勒、库尔贝和法国自然主义:巴黎奥赛博物馆珍藏""列支敦士登王室珍藏展""墨西哥当代艺术联展""法国三十年代美术馆珍藏展"等67个展览,展出优秀经典作品逾1.5万件,逐步建立起中华艺术宫自身系统科学的展览体系。

中华艺术宫承续着丰富的馆藏,其角色与身份也从早期的"展示"、中期的"研究"进化为当下意义的"文化生产",平衡藏品保管与利用的关系,充分发挥藏品效益,从藏为所用到文化再生产,成为当下的追求。在新入藏的644件作品之外,通过对原有藏品的全面梳理、编目,完善藏品的高精度数字化图片采集及基础著录信息等为抓手,着手建立以藏品数据中心、艺术影像档案中心、艺术品保护研发交流中心为支撑的藏品管理体系。随着这一体系的建立与完善,提高藏品资源的社会使用率、扩大民众惠及面等无疑将成为推进社会文化资源整合、鼓励社会公众参与藏品捐赠的助推剂。

中华艺术宫秉持"社会管理、互惠多赢"的学术研究方针,通过以馆内学术人员为主体,积极吸引社会学术机构的资源,以忠实于原作、忠实于观众为指导,逐步建立其柔性化、项目制、社会化的策展人机制。这一学术社会化、研究活力化及社会资源项目的糅合,为中华艺术宫的学术工作带来了坚实的支撑和强大的动能。开馆至今,除展览外,出版学术著作30余种,举办各类学术活动70余场,使中华艺术宫成为近现代中国艺术研究中心之一和学术成果发布的重要平台,使学术研究的硕果真正为社会共创、社会共享。

今日,一座综合性艺术博物馆的社会使命使得其角色和身份已经远远超出了美术馆固有的文化界面。作为非营利公益性的文化服务机构,中华艺术宫秉持"艺术服务人民"的立馆宗旨,始终把观众需求作为第一信号,坚持公益性的基本价值取向,集各方之力,促进从"文化生产"到"艺术服务综合体"转型。从"儿童美术馆"到"艺术教育长廊",从"课程化教育"到"文教结合"工作以及文化志愿者的常驻化、专业化,通过创新活动内容,扩大活动规模,向国内外各阶层奉献了内容新颖、形式多样、雅俗共赏的教育服务活动327场,构筑起由常态讲座、特色活动和专业文化志愿者服务组成的博物馆基础美育公共文化服务体系。

在信息化和文化建设不断提升的背景下,中华艺术宫勇于打破传统参观方式,进一步针对群众需求进行全新改善。通过发达通讯和丰富馆藏相结合,通过数字化手段和在线浏览的互动,全天候、全覆盖地为观众再现艺术精品,在虚拟参观的维度空间里真正构建起一所"无墙的美术馆"。与此同时,通过参照国际艺术博物馆功能而设置的国内首个专题剧场,以1 275场艺术电

图2 中华艺术宫内景之一

图3 中华艺术宫内景之二

图4 中华艺术宫33米层展区

影、22场艺术音乐会为依托,通过美术、音乐、表演的跨界结合体验,全新演绎和诠释了艺术博物馆、艺术史、艺术家及其作品的故事,让观众在这所全民艺术学校里体验艺术带来的愉悦。

两年来,中华艺术宫在"把博物馆带回家"的运营理念下,以衍生品开发和配套商业服务获取的经济效益填补自身事业发展经费上的不足。通过以馆藏艺术品为基础,自身文化定位为精神内涵的配套商业服务体系,自主新开发衍生品37类102余款,取得了良好的经济效益。在此基础上,以社会效益为重点,取之于民、用之于民、惠之于民,不遗余力地加强公共服务建设。通过自主创新具有文博特色的"中华艺术宫艺术服务企业标准",提供更加贴心舒适的观展体验,获得了社会效益和经济效益的双赢。

围绕着"三年内建成亚洲一流美术馆"的发展目标,在树立"以人为本、以观众需求为首"现代理念,不断创新现代文化服务内容的同时,现代化的体制机制与管理模式始终贯穿在中华艺术宫建设中。经过两年来的探索求进,以"理事会决策、学术委员会审核、基金会支持"的三位一体的模式已然在中华艺术宫的运行管理中践行。通过由国内外著名艺术评论家、美术史专家、重要美术专业媒体代表和收藏家等组成的学术委员会,给予展览、收藏和学术活动更为客观和公正的标准。而由上海市文化广播影视管理局为主管单位发起筹措的基金会将具备前所未有的丰厚社会资本,为丰富馆藏奠定坚实的基础。

中华艺术宫浓缩与记载着上海这座城市在时空维度上的凝固之美,又见证与实践着这片土地上人们的创造之美,风雨砥砺仿佛跳跃的音符,预示着辉煌必将来临。中华艺术宫所呈现的是历史与当下文化存在的精华,是一条反映中华文化与时代同行并不断积累和延伸的现代强国之梦,这一绚烂梦想的早日实现将继续激励我们在追求文化艺术发展的道路上勇敢前进。

图5 中华艺术宫49米层展区

上海国际舞蹈中心项目可行性研究报告
The Feasibility Study Report of Shanghai International Dance Center

编写单位：上海同济工程咨询有限公司
Shanghai TongJi Engineering Consulting Co, Ltd.
联系电话：021-33626727　　网址：http://www.tongji-ec.com.cn/
主要完成人：沈翔　韩光耀　陈静　张皓　樊晓星　任之光　洪娴翊　马会娜　孙小静　卢玲冬

【点评】

本报告研究了项目的使用功能需求和地理环境特点，对项目面临的诸多问题，如项目内的保护（留）建筑、绿（地）化与历史风貌的保护与协调、地下室自然采光与通风等加以细致研究，优化了原建设方案；也为今后使用单位的运营指明了合理运作的方向，有利于上海国际舞蹈中心各使用方的资源共享，充分发挥中心的作用。

【项目背景】

优秀的文化积淀，良好的创新创意氛围，一流的艺术人才集聚及繁荣的文化事业产业，是国际文化大都市建设的重要支撑。上海市在建设国际文化大都市的过程中，需要有能够传承城市文化艺术底蕴、集聚国内外优秀艺术的平台。同时，上海市需加快落实"两校两团"（上海市歌舞团、上海市芭蕾舞团、上海戏剧学院附属舞蹈学校和舞蹈学院）的发展方针，实现资源共享，以培养更多优秀的艺术人才，创作更多的艺术作品。因此，需要在上海市建设一个集舞蹈创作、排练、演出、交流、研究为一体的，全新的国际化、复合型、公共性、功能性的舞蹈综合体——上海国际舞蹈中心，努力成为与法国国家舞蹈中心、英国拉班舞蹈中心、肯尼迪艺术中心齐名的舞蹈艺术高地。

上海国际舞蹈中心项目建设致力于打造"三个中心"、"一个基地"和"一个平台"。其中："三个中心"，即舞蹈艺术人才培养中心、舞蹈艺术的创意研究和创作中心、舞蹈艺术的表演和展示中心；"一个基地"，即国内领先和国际一流的舞蹈艺术基地；"一个平台"，即国家及文化产业功能性服务平台。项目建设将为商务、旅游人士提供欣赏、体验和学习芭蕾舞、现代舞和古典舞的场所，对于提升区域的文化品位，打造上海市大虹桥地区文化旅游休闲品牌，完善区域内功能布局，提升上海市文化产业内涵建设，皆具有重要意义。

【项目内容】

项目建设单位为上海国际舞蹈中心工程建设指挥部，统筹负责项目的建设工作。建设指挥部由各方联合组成，包括上海戏剧学院附属舞蹈学校、上海戏剧学院舞蹈学院、上海芭蕾舞团和上海歌舞团。项目位于延安西路、虹桥路、水城南路围合街坊内，本项目由上海芭蕾舞团及上海歌舞团（简称二团），上海舞蹈学校及上海舞蹈学院（简称二校）和1 000座的表演剧院、200座合成排演中心（简称合演中心）三个功能体块组成（图1）。

项目建成后，地块内总用地面积为3.9万 m^2，总建筑面积为8.5万 m^2（含保留、保护建筑），整个项目容积率为1.15。项目地上建筑面积约为4.5万 m^2，地下建筑面积为4万 m^2，并设停车位360个（其中地下停车位350个）。项目建筑由舞蹈学校、舞蹈学院、剧院、合成演练厅、歌舞团和芭蕾舞团组成。根据历史文化风貌区保护要求及地块现状，本项目地块内6栋历史保护建筑以及基地内西侧1栋舞蹈学校宿舍予以保留，建筑面积共计1万 m^2。

根据项目建设方案估算，本项目建设总投资为12.6亿元。

上海国际舞蹈中心项目建设具有较大的经济和社会效益，经济效益主要体现在：促进上海文化产业发展，同时为上海市经济创新转型发展注入了新的活力；完善了虹桥大商务区的功能布局，提升了地区的经济发展品质；增加地方税收收入。社会效益主要体现在：丰富市民文化生活，促进社会全面进步；提供就业岗位，增加了社会就业率；可以引进大量的人才，优化周边区域人才结构。

【工作过程】

本项目可行性研究报告编制工作主要围绕上海国际舞蹈中心的需求展开，咨询工作于2012年3月下旬开始，于2012年5月上旬结束。在编制报告过程中，咨询方首先从项目建设大背景出发，分别从国家文化体制改革、上海市文化艺术教育发展、上海高校布局结构调整、上海文化产业发展、虹桥经济技术开发区功能布局、"两校两团"发展（上海戏剧学院附属舞蹈学校、上海戏剧学院舞蹈学院、上海歌舞团、上海芭蕾舞团）等方面进行调研，并多次征询建设单位（上海国际舞蹈中心工程建设指挥部）及项目使用单位（"两校两团"）意见。结合项目设计方案，咨询方进一步细化功能需求分析、质量安全分析、社会稳定风险分析、效益分析等内容，为上海国际舞蹈中心建设提供了良好的决策依据。在咨询服务期间，一方面，咨询方参与了由建设单位组织的每周例会研讨，及时掌握项目方案推进动态，并汇报调研结果，为项目方案决策提供建设性意见；另一方面，咨询方积极收集上海市已建或在建的文化类项目信息，了解这些项目的优点和不足之处，以利于本项目可行性研究报告编制作出科学性、合理性分析。

经调研和具体的分析，上海国际舞蹈中心项目建设将面临诸多挑战，需要前期决策中充分重视，并提出相应的解决方案。挑战具体为：

1. 项目建设限制性条件多

由于项目拟建基地地处虹桥路历史文化风貌保护区核心保护范围，周边历史氛围浓厚，基地内汇集了众多历史建筑，包括7栋第四批上海市优秀历史建筑，其中三栋位于歌舞团、芭蕾舞团范围内、三栋位于舞蹈学校范围内、一栋位于延虹绿地内。根据上海市历史风貌保护要求，这些历史保护建筑不仅需保留，而且要求本项目建筑布局、建筑整体风格应与地区风貌协调，并处理好新建筑与历史建筑的关系。因此，在相应的项目所在区域控制性详细规划中，对地块建筑高度、容积率都作了限制性规定。此外，地块离周边地铁站距离小于50米，且又接近高架，给项目地下空间的建设带来较大的困难（图2）。

2. 项目定位难

在本项目开展可行性研究初期，上海市已有多项类似的大型文化类项目，如上海大剧院、上海东方艺术中心、上海文化艺术中心、上海交响乐团音乐厅等。但上海国际舞蹈中心不仅包括剧院和合成排演中心，而且更多的功能还在于"两团两校"的培育和建设，这点与其他剧院有极

图1 项目效果图

大的不同。因此,需在决策时对项目予以精确定位,以促进今后项目功能的正常发挥。

3. 使用单位需求难以平衡

本项目是一个多家关联产业联合立项的综合性项目,建成后的上海国际舞蹈中心是一个文化产业集群,其营运模式围绕舞蹈文化产品的"产学研"核心链,衍生出众多舞蹈文化单元。由于项目由"两团两校"组成,而"两团两校"都是独立的使用单位,都对自身使用区域、功能、规模等有一定的要求。如在前期决策阶段对需求不加以明确和平衡,势必导致今后运营的混乱。

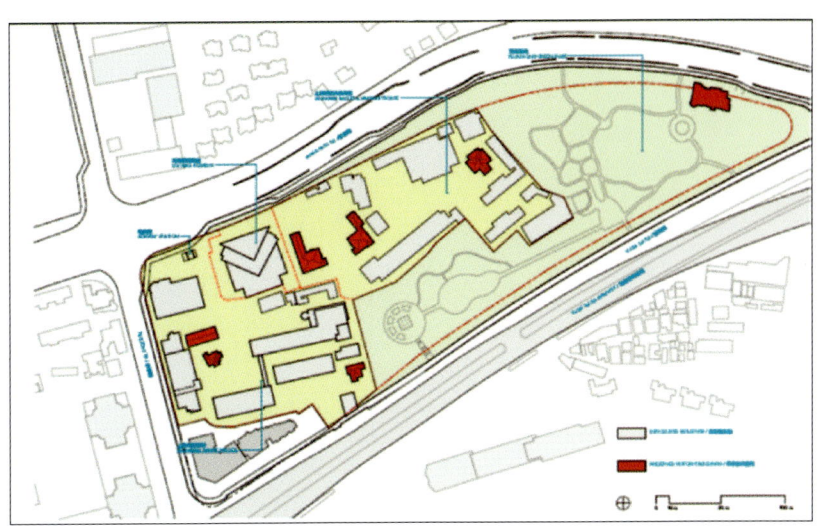

图2 项目地块现状图

【咨询工作特点】

一、注重项目精细定位,利于项目建设标准确定

根据项目前期(立项阶段)初步论证,上海国际舞蹈中心项目借鉴国外著名舞蹈中心具备多种功能的经验,按照"综合体"的概念,集聚已有资源,全面打造成为"三个中心",其功能包括舞蹈艺术人才培养;创意、创作与研究;演出和展示。由于项目功能分散,而功能又决定项目建设布局及标准,因此有必要将对项目功能进一步精细化论证。为此,咨询方以项目"三个中心"着手,经对其他国家类似舞蹈"校团合一"、"产学研"一体化的舞蹈艺术公共服务平台建设调研,结合上海市文化艺术教育发展、文化产业发展以及项目所在地——上海虹桥商务区功能布局及开发现状与愿景,并联系"两团两校"演出现状需求和存在问题,将功能具体细化。

经过多次研讨与论证,将上海国际舞蹈中心这个综合性文化基地的设置主要定位于"演出和展示;教育和培训;创意、创作与研究"三大主体功能。其中,"演出与展示"功能作为上海国际舞蹈中心项目的核心功能,是舞蹈教育、培训、研究、创意、创作和制作的最终展示,包括日常正规演出、学生作品展示、社会各类舞蹈文化展示交流、舞蹈相关物品收藏展览等;"教育和培训"是舞蹈中心集聚资源、培养人才的基础,是舞蹈中心的基础和有力支撑,主要培养舞蹈专业人才、高端人才等稀缺性资源,并为广大社会舞蹈爱好者和社会舞蹈教师提供现代舞、民族舞、国标舞、流行舞等各类舞蹈培训和服务,提高群众文化活动水平。"舞蹈艺术创意、创造和研究"是舞蹈艺术发展的原动力。本项目定位于舞蹈创意交流、衍生产品的研究和开发等,而舞蹈艺术产学研中的"研"这一环节的设置既不同于工业品的科学研究,也不同于纯粹的艺术创意研究,更为关注于提升舞蹈文化创意产业的竞争力与辐射力,努力使舞蹈文化创意产业走在全国前列。

同时,基于上海虹桥商务区在上海市的重要地位,考虑到该区域内将集聚来自世界各地的高端商务人士与旅游人士,虹桥商务区除具备高端商务功能、国家级会展功能外,还需具备相应的文化休闲产业功能,作为商务功能的有效补充。因此,本项目在功能定位中也增加了项目"文化旅游"的功能,作为提升区域文化内涵的重要支撑,通过该项目的建设提升虹桥商务区的文化品位与文化内涵,强化了舞蹈文化产业与商务功能区的联动发展。

二、精心策划项目运营机制与模式,有利于上海国际舞蹈中心各项功能的发挥

本项目是一个多家关联产业联合立项的综合性项目。建成后的上海国际舞蹈中心是一个文化产业集群,其内涵在于:一是舞蹈相关的演出团队、教育培训院校、创意创作工作室、专业研究机构、艺术家俱乐部等组合在同一个空间;二是由于在这同一空间中各机构专业与产业的同一性、关联性,促成相互之间的穿插与渗透,形成了新的组合。

结合地块内上海舞蹈学校、上海芭蕾舞团、上海歌舞团等现有单位,与上海国际舞蹈中心建设所着力打造的专业剧院、合成排练厅、舞蹈艺术研究与创作室、舞蹈创意街区、舞蹈文化博物馆和资料室等群落相组合,上海国际舞蹈中

心将成为一个集舞蹈创作、排练、演出、交流、研究为一体、全新的国际化、复合型、公共性、功能性的舞蹈综合体。这个综合体既包括了原有歌舞团和舞蹈学校的相关专业职能，同时又涵盖演出、培训等市场化运作职能。经各方研讨，提出按照"突出主题特征、实现资源共享、兼顾公益和市场"的原则，将项目综合体的体制设计原则统一为：体制设计服从于功能要求，机制选择服务与功能发挥。根据这个原则初步细分，其内涵为：有利于完善资源共享；有利于形成各板块功能协同；有利于不同主体优势互补；有利于兼顾市场化和公益性相结合的营运模式。为解决综合体内各使用方的运营机制问题，上海市政府在前期阶段已有明确指示，指出：要细化舞蹈中心体制、机制问题研究，按照经营权和所有权分离的原则，积极探索公司模式、社区管理模式的可行性。

为此，咨询方在指挥部的指导下，按照这个设想，结合项目的功能定位，将上海国际舞蹈中心分为"演出展示、创意创作、教育培训、研究交流"四大板块，而营运形式根据各板块功能确定，建议不同的营运形式，需配套对应的体制模式。根据上海市政府关于上海国际舞蹈中心建设应"创新思维、创新体制、创新机制"的要求，咨询方以上述分析为基础，进一步深化研究，细化举措，并依据上海艺术专业学校和文化体制改革和发展的趋势，按各主体的体制性质取向，提出本项目宜服从市场化，采用公司制建构的体制与机制。项目运营机制具体设想包括：市场化为主、公益性兼顾的采用公司制建构，其公益性由政府购买服务的方式置换；公益性为主、兼有市场化的采取政府托底、分步市场化改革等模式。

三、充分考虑"两团两校"对项目的供需矛盾，提出合理的项目使用区域划分方案

在可行性研究编制过程中，由于使用单位——"两团两校"的具体需求不同，对拟建的舞蹈中心功能布局及面积大小都提出了许多意见。为确保项目在有限的建筑容量里满足今后运营工作，必须理顺各使用单位需求关系，并根据相关规定合理划分功能使用单元。为此，咨询方从建设规范、使用单位规模、功能需求等多方面论证，采用排序、合并、分流等方法，在资源有效利用的原则基础上确定各项功能面积。具体表现在：

1. 建立舞蹈中心项目功能面积划分顺序原则

根据上海国际舞蹈中心的功能定位、运营机制及"两团两校"现状与发展规划，在上海市相关部门及指挥部支持下，建立舞蹈中心项目功能面积划分顺序原则，具体为：第一是满足剧院和排演中心（公共空间）功能需求；第二是满足上海舞蹈学校及上海舞蹈学院（舞蹈院校）最低需求；第三是满足上海芭蕾舞团及上海歌舞团（两团）条件有所改善。

2. 通过规模和功能需求论证，确定各方使用面积

在规模论证中，一方面以针对性的规范作为依据。例如，对于公共空间规模论证采用《剧场建筑设计规范》；对上海舞蹈学院及上海舞蹈学校规模论证分别采用《普通高等学校建筑规划面积指标》、《全日制普通中等专业学校校舍面积规划定额》等；另一方面，根据需求来推出建设规模，例如在对上海芭蕾舞团和歌舞团的规模论证中，根据现有两团的运行规模及建设标准，结合今后两团规划的人才数量，以论证当前项目所需的规模，从而确保满足今后两团的使用需要。

四、通过由上而下的分层分析方法，解决建设方案中的各类难题

本项目是在原有上海舞蹈学校的地址上进行拆迁重建，地块周边及内部存在较多的空间限制，原初步建设方案存在较多问题未提出有效的解决办法，成为一时的难题，需要在可研阶段探讨可行的方案。根据分析，项目除规划条件限制外，还需兼顾基地内历史建筑保留，并使项目与周边风貌保护区、延虹绿地形成整体，另在技术上需考虑地铁、高架的影响等。为解决这些难题，咨询方采用由上而下的分层分析方法。首先，将问题逐步分解，并厘清问题之间的共性和特性，从现有条件、限制因素方面进行对比，分清问题严重程度。其次，针对问题做出相应的备选方案，并从环境影响、工程风险、技术经济可行性等方面进行分析。最后，通过分析比较，确定最优方案。例如，在考虑基地地下工程结构边线范围时，经咨询方分析，提出需与历史建筑保护方式、基坑围护方式以及施工工况同时考虑，以确保方案的合理性、科学性。

此外，咨询方还多次到原有地块进行现场勘察，与指挥部和设计人员共同商讨，还征询相关

政府主管部门的意见,完善建设方案。经过对建设方案的几次遴选和修改,使建设方案已更趋科学,为下一阶段初步设计奠定了坚实的基础。

【咨询效果】

在上海国际舞蹈中心工程建设指挥部大力支持和指导下,经咨询方与建设前期各参与单位的多次会议研讨,克服了多道难题,使上海国际舞蹈中心工程项目建设方案更趋合理、科学,减少工程后续风险的发生及影响。上海市通过上海国际舞蹈中心工程项目的建设,将在技术、社会和经济方面获益匪浅。具体表现在:

1. 技术效果

(1)在规划条件有限的情况下,发挥地下空间功能,将有较大面积的功能房间位于地下层,以便最大程度地释放出地上基地面积,从而留出大量的集中绿地面积,为城市提供了一个更具自由、开放特性的城市公共空间。

(2)通过合理布局,解决"两团两校"不同使用功能的要求,同时采用组团方式又将各使用功能紧密联系,形成统一的整体,利于资源共享。

(3)兼顾历史建筑保留与舞蹈中心的建设,不仅在建筑单体上形成统一风格,而且同时考虑了设计与施工方案的结合,避免今后变更及返工现象。

2. 社会效果

(1)项目建设将为社会提供一个开放性的舞蹈交流平台,将舞蹈这一群体活动推向更健康的情感活动发展,可以加强人际交流与沟通,锻炼人的社会交往和活动能力,提升市民素质,从而促进社会全面发展。

(2)项目建设不仅为虹桥大商务区开发提供文化产业基地,而且能吸引更多的高端优秀人才。

3. 经济效果

(1)项目拉动了上海市对文化市场的需求,其所产生的巨大的乘数效应,是上海市重大发展战略转变与创新的需要,是文化发展跨越式发展的新突破口。

(2)项目建设作为虹桥大商务区功能的有效补充,提升了虹桥商务区的文化品位与文化内涵,也完善了虹桥大商务区的功能布局,从而为区域周边商业、餐饮、宾馆等业态调整提供了良好的发展条件。

在上海国际舞蹈中心工程项目开工仪式上,由上海市委副书记、市委常委、宣传部部长等相关领导及著名舞蹈艺术家代表共同启动开工装置。上海市政府对此项目寄予厚望,同时认为:上海国际舞蹈中心建设实现了上海舞蹈艺术家们多年来的梦想,是上海贯彻党的十七届六中全会精神、建设国际文化大都市的重要举措。上海国际舞蹈中心不仅是空间上集聚舞蹈发展资源的基地,更是提升舞蹈和文化发展的平台,将在培养高水平舞蹈人才、创作舞蹈精品力作、丰富市民文化生活等方面发挥重要作用,为上海文化大发展大繁荣注入新的生机与活力。

七彩云南·古滇王国文化旅游名城项目可行性研究报告

The Feasibility Study Report of the Project of Developing Well-known Cultural Tourism City Characterized by "Colourful Yunnan" and "Ancient Dian Kingdom" in Kunming

编写单位：同济大学建筑设计研究院（集团）有限公司
Tongji Architectural Design (GROUP) Co., Ltd.(TJAD)
联系电话：021-35377649　　网址：http://www.tjadri.com
主要完成人：翁晓虹　熊跃华　周茂刚　徐春芳　王玉萍　谢亚玲　徐炜　陈佳妮　谭念莹　刘婷婷

【点评】

本报告借鉴、分析国内主要国家级文化产业示范园的案例，对历史文化旅游、旅游演艺、夜间旅游、康体养生、文化创意等细分市场进行了系统综合分析。项目充分利用地形地势和自然山水，集历史与现代、自然与人文、生态景观与文化旅游为一体，建筑风格云南民族特色鲜明，整体定位合理。

【项目背景】

为了把云南旅游大省建设成为旅游强省，成为中国向西南周边国家和地区开放、实现睦邻友好"战略桥头堡"的产业支撑，云南省委、省政府提出"开发历史文化资源，推动云南跨越发展"的战略思路，要求打造以七彩云南·古滇王国文化旅游名城项目为首的十大历史文化旅游项目。

此项目由云南知名民营企业昆明诺仕达企业（集团）有限公司的子公司——昆明七彩云南古滇王国投资发展有限公司投资。项目的主要特点有：① 体量大：建筑面积1 085万平方米，投资高达557亿元，是云南省特大重点项目。② 要求高：成为云南旅游业的龙头；成为云南文化、旅游深度融合，城市、旅游、生态互动的示范高地；成为云南省旅游经济发展的持久增长极。③ 难度高：项目开发公益性和经营性并存，需要在财务上实现资金的平衡；要求发掘昆明古滇文化发源地的悠久历史、绚烂多姿的民族风情和自然风光资源，与现代旅游深度融合，以旅游消费市场追求特色化、高品质、精神文化享受为导向设计业态组合和功能空间结构。

鉴于项目的重要性、复杂性和高风险，必须在做投资决策前回答一系列问题，如项目建设是否符合云南省、昆明市旅游经济发展阶段、市场前景、发展条件、确定项目建设的目标及定位、功能分区、产品开发、投资估算、效益测算、盈利模式、风险分析及化解对策等。

【项目内容】

1. 建设单位

昆明七彩云南古滇王国投资发展有限公司。

2. 建设地点

本项目选址于昆明南城片区昆玉高速公路以西，海宝山、红山、马鞍山、长腰山片区，总用地面积12.3平方千米，距昆明国际机场30分钟车程。项目占地区域跨越晋宁县、昆明高新开发区和滇池旅游度假区，北临滇池、南面群山。基地北侧湿地绵延，海宝山、红山、马鞍山、长腰山一字展开，背山面湖。

3. 建设目标

通过汲取当代文化旅游新城开发建设的先进理念与实践经验，以可持续城市主义为核心理念与指导，将本项目打造成为现代化的、中国一流水平、国际一流水准的，融文化旅游开发、生态环境展示、产业集聚发展、宜居社区建设等多项功能于一体的文化旅游名城，建成后将成为昆明乃至云南省的旅游龙头项目，云南文旅融合与城旅融合互动的示范，云南文化旅游新高地。

4. 建设内容及规模

项目内部功能多种多样，根据各区域的特点，可将项目划分为五个功能区，分别为旅游公共服务设施区、酒店区、文化中心区、教育区、居住区，总用地面积12 314 494平方米，总建筑面积为10 853 840平方米，其中地上9 319 250平方米,地下1 534 590平方米。

5. 投资估算

项目投资巨大,经测算,本项目总投资估算约人民币556亿8 025万元,其中公益性项目及半公益半经营性项目投资约人民币405亿4 691万元,地产类项目投资约人民币151亿3 334万元。公益性、半公益半经营性项目占总投资的72.82%,地产类项目占总投资的27.18%。项目建设资金由企业自有资金、预售回款滚动使用和银行贷款解决。

6. 效益分析

作为云南省十大历史文化旅游项目之一,项目的建设将增强文化产业竞争力,推动云南文化强省建设;提高人民历史文化修养,促进社会文化繁荣大发展;提升云南文化旅游内涵,促进云南旅游跨越式发展;促进昆明旅游业升级,刺激相关产业的发展;塑造良好的历史人文环境,提升昆明国际旅游城市形象;为昆明南城建设注入高附加值的文化元素,带动整个片区的发展;同时,项目将建设1 029 987平方米的安置区及服务配套设施用以安置动拆迁居民,为居民提供良好的居住生活环境,提升其生活品质。

项目南部的城市社区将提供1万个员工宿舍,为员工提供良好的居住生活环境。项目建设过程中将直接或间接为当地提供近4万个就业岗位,对有效解决当地富余劳动力、动拆迁居民的就业和生活保障问题,促进社会和谐稳定发展,起到了积极的推进作用。同时,在项目运营过程中,还将为当地政府创造稳定的税收,增加社会财政收入,从而促进区域经济和社会的发展。

因此,项目的社会经济效益显著,社会适应性良好,对促进云南旅游跨越式发展的意义重大。

【工作过程】

本项目可行性研究工作从2012年10月开始,于2013年3月完成。工作过程如下:

1. 与业主方沟通交流深入了解项目研究目的和成果要求

本项目是全省十大文化旅游项目之首,需率先启动的示范性、带动性项目,项目具有体量大、要求高、难度高的特点,必须在投资决策前作好前期研究,如项目建设是否符合云南省、昆明市旅游经济发展阶段、市场前景、发展条件、确定项目建设的目标及定位、功能分区、产品开发、投资估算、效益测算、盈利模式、风险分析及化解对策等。

图1　项目鸟瞰图(1)

图2　项目鸟瞰图(2)

图3　项目鸟瞰图(3)

2. 深入现场和周边环境进行实地调研考察，研究项目的宏观社会经济、产业环境和微观建设条件，初步分析项目建设的重点难点

编制可行性研究报告的工作大纲，制订进度计划。研究主要内容和重点包括：项目建设背景及必要性分析、项目选址及建设条件、项目市场分析及预测、旅游市场及相关案例分析、项目SWOT分析、项目建设目标、项目规划设计方案、环境影响评价、节能分析、项目管理及实施进度计划、项目招投标方案、投资估算及资金筹措、财务评价、社会效益分析、风险分析等。

3. 在系统分析综合资料，撰写初稿，进行内部评审修改，完成定稿

报告得出以下结论：① 云南省的区位条件及环境资源适宜发展文化旅游产业；② 项目建设的必要性充分，时间紧迫，亟须加快推进；③ 项目市场前景广阔，但需努力经营、长期培育；④ 项目建设目标明确，立足点高；⑤ 项目投资规模大，利润微薄，回收期长，财务风险较高；⑥ 项目社会经济效益显著，对促进云南旅游跨越式发展意义重大。

4. 征询业主方意见，经专家评审，修改确定终稿

【咨询工作特点】

1. 项目建设的规划符合性分析和必要性论证，依据可靠、论述充分，视角开阔、立意高、说服力强、可信度高

本项目"七彩云南·古滇王国文化旅游名城"项目居全省十大历史文化旅游项目之首，是贯彻落实省委、省政府"两强一堡"发展战略的实施工程，是率先启动的引领性项目；是建设民族文化强省的重点工程；是打造昆玉旅游经济带、提升昆明泛亚国际文化名城建设、发展环滇池旅游经济圈、推进现代新昆明南城建设的重要支撑性项目；对于实施云南旅游二次创业、转变经济发展方式、调整经济结构、促进文化与旅游深度融合、推进全省经济社会科学发展、和谐发展、跨越发展，具有十分重要的意义。

报告系统分析了项目建设的区位、社会、经济、产业环境，以及对十大项目的引领和带动作用，从丰富云南旅游文化内涵和品质、促进区域经济发展、弘扬古滇文化、打造文化旅游高地、建设文化旅游强省、打开云南历史之门、促进文化交流、提升云南区域形象等视角，论证了项目建设的规划符合性和必要性，立意较高，具有说服力。

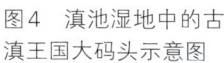

图4 滇池湿地中的古滇王国大码头示意图

二、可行性研究报告、项目和资金申请报告篇

图5　古滇文化演艺区

2. 项目市场分析全面,论证充分,为项目建设目标的明确、定位的确定奠定基础

确定项目的建设目标和定位是项目顺利建设和成功运营的前提。为确定项目的建设目标和定位,报告对项目的市场需求和市场供给进行了系统分析,梳理出存在的主要问题:云南现有旅游产品以自然风情类产品居多,历史人文类较少,产品发展结构不均衡,需要进一步优化和调整;明确了发展方向:昆明急需具有文化震撼力的项目来吸引和留住游客,文化旅游类项目发展空间大;寻找出古滇王国文化旅游项目,其成功打造将为昆明提升城市文化品质和实现旅游产业转型升级提供重大发展机遇。

报告对历史文化旅游、旅游演艺、夜间旅游、康体养生、文化创意等细分市场进行系统综合分析,使项目定位的市场依据充分。同时,还借鉴、分析、研究国内主要国家级文化产业示范园特别是西安曲江新区等案例,以期扬长避短、为本项目的顺利实施提供启示和经验。翔实的市场分析为项目建设目标的明确和定位的确定奠定基础。

3. 建设目标明确,整体定位合理,产业定位和功能定位具有特色、规模定位适当、客户定位和价格定位符合旅游市场需求,分期开发策略有序,为项目的建设和运营提供了方向

通过系统的市场分析和优势、劣势、机会和竞争分析,报告提出项目的建设目标、整体定位、产业定位、功能定位、规模定位、客户定位、价格定位,具有合理性和特色性,这对项目的建设实施具有较强的指导意义;同时结合项目体量大、开发投资规模大、建设周期长的特点,报告提出分阶段开发的策略,包括分阶段开发原则和计划,在降低项目的市场风险的同时,使项目具有较强的可操作性。

4. 总体规划内容系统全面,理念先进,结构合理,充分利用地形地势和自然山水,集历史与现代、自然与人文、生态景观与文化旅游为一体;建筑风格云南民族特色鲜明,为后续深化设计奠定坚实的基础

总体规划包括:规划理念、规划结构、城市设计概念、公共服务设施规划、开放空间规划、道路系统规划、交通规划及组织、旅游规划与开发等,内容全面系统。规划设计理念为可持续城市主义(sustainable urbanism)和景观生态都市主义——整体城市设计(Landscape Urbanism),理念先进。规划结构布局合理,紧密结合基地地形地势和山水资源,融文化旅游开发、生态环境展示、产业集聚发展、宜居社区建设等多项功能于一体。项目重点建设内容包括古滇王宫、古滇王国大剧院、古滇王宴餐厅、古滇王国大酒店、古滇王国民族部落、古滇王国大码头、古滇王水军府、儿童游乐中心、七彩云南购物园区、不同等级的酒店、娱乐休闲街区、企业会所、康体休闲园、安置区、温泉山庄及会所、各类旅游文化服务配套设施、城市商服配套项目和水景观环境。每个部分的内容都发挥着以点带面,画龙点睛的作用,影响着项目整体效果的发挥,建筑风格云南民族特色鲜明,为项目

后续的深化设计奠定坚实的基础。

5. 项目可研、造价、设计紧密结合，使项目投资估算依据充分、计算准确，为业主的投资决策和项目成本控制提供依据

在可研报告编制过程中，可研、造价、设计团队的密切协作、协调，保证了项目估算的合理性和准确性。根据我院长期从事工程设计、造价咨询的实践经验和积累的数据库，以及昆明市现行的人工、机械、材料价格水平及相关文件等有关造价信息资料，对项目各单体建筑及总体的投资作了细致的估算。经测算，项目总投资为556亿8 025万元，包括建筑安装工程费、工程建设其他费、预备费。估算依据充分、价格合理、计算准确、切合实际，为业主决策及成本控制提供重要依据。

6. 环保、劳动安全及卫生防疫措施完备，节能措施先进、合理、可行，充分贯彻落实国家建设"环境友好型、资源节约型"社会的要求

项目可行性研究报告中充分考虑了环保的要求，根据项目的建设及运营需求，通过对废气、废水、噪声、固体废弃物进行全面评测和对环境的分析和勘查，提出了治理方案和预测效果，其内容完整、技术先进、措施到位、配套完备，使环境治理、健全劳动安全和卫生防疫的措施能够落到实处。

同时，有针对性地提出了许多具体可行的节能措施、技术和建议。项目用能品种和综合能耗符合旅游项目的用能特点，用能结构合理，符合相关节能设计规范及标准的要求。

7. 项目财务评价与社会效益、经济效益相结合，分析有说服力为政府部门制定优惠政策提供了定量依据，提出有针对性的建议，促进了项目顺利通过专家组审批，推动了项目的实质性进展

项目投资规模巨大，特别是公益性项目有18个，如市政道路、公园、湿地、教育、广场等，投资额高达94.8亿元，占总投资的17%，这使得项目投资回报周期长，风险高，财务效益较差，抗风险能力不足，如遇宏观调控、市场低迷及利率上升的影响，项目的投资回收期将进一步延长，对企业投资方加大了财务风险，将会为项目建成后正常运营和发展带来大的压力。基于投资估算的可靠性，进行了精细化的财务分析。报告测算的财务指标为企业争取政府部门的大力支持提供依据，也为政府给予优惠政策提供了参考。报告建议地方政府给予项目大力的支持，确保项目自身的财务健康和经济平衡，主要有：土地政策支持、融资平台的支持和贷款利率优惠、商户税收减免、城市基础设施配套费减免、酒店优惠政策支持、古滇文物展品支持等。企业通过加强运营管理，依靠各项政策支持，来提高财务抗风险能力。

本项目作为云南省十大历史文化旅游的龙头项目，对促进旅游经济的持续发展，推动云南从旅游大省向旅游强省转型意义重大。在注重其财务效益的同时更应关注其社会效益。报告从社会影响的区域范围、社会影响的机构和人群、社会影响效果等多角度对项目的社会效益进行分析。报告从促进整个区域经济发展的角度来分析项目将产生的经济效益，把项目的建设放到区域社会、经济和产业发展的高度来阐述，充分论述项目建成后社会影响力和推动区域经济发展、促进历史文化旅游产业发展的作用。视野开阔，立意高，促进了项目顺利通过专家组的审批，推动了项目的实质性进展。

【咨询效果】

报告咨询效果显著，主要体现在：

1. 经济效益分析

项目一期主要为文化、旅游及公益性项目，项目财务效益较差，全投资财务内部收益率IRR = 0.64% < Ic = 7%，财务净现值NPV = -1 447 779万元 < 0，投资回收期31.39年，投资回收期漫长。项目二期主要为经营性项目，全投资财务内部收益率IRR = 20.26% > Ic = 7%，财务净现值NPV = 736 154万元 > 0，投资回收期为8.05年，能按时回收投资。二期项目在一定程度上弥补了一期项目的财务缺口。报告建议地方政府给予项目大力的支持，确保项目自身的财务健康和经济平衡，主要有：土地政策支持、融资平台的支持和贷款利率优惠、商户税收减免、城市基础设施配套费减免、酒店优惠政策支持、古滇文物展品支持等。企业通过加强运营管理，依靠各项政策支持，来提高财务抗风险能力。

2. 社会效益分析

本项目的建设将增强文化产业竞争力，推动云南文化强省建设；提高人民历史文化修养，促进社会文化繁荣大发展；提升云南文化旅游内涵，促进云南旅游跨越式发展；促进昆明旅游业升级，带动相关产业的发展；塑造良好的历史人文环境，提升昆明国际旅游城市形象；为昆明南城建设注入高附加值的文化元素，带动整个片区的发展；同时，通过本项目的建设，还将创造大量就业机会，增加政府税收。

云南文化艺术中心（云南大剧院）建设项目可行性研究报告

The Feasibility Study Report of Yunnan Culture and Art Center (Yunnan Grand Theatre) Construction Project

编写单位：同济大学建筑设计研究院（集团）有限公司
Tongji Architectural Design (GROUP) Co., Ltd.(TJAD)
联系电话：021-35377649　　网址：http://www.tjadri.com
主要完成人：王健　翁晓红　王玉萍　刘霞　谢亚玲　周致芬　王文胜　周峻　戚明辉　刘娜

【点评】

本报告针对剧场的专业特殊性，系统分析了项目建设的区位、社会、经济、产业环境，在设计方案比选的基础上，着眼于丰富云南旅游文化内涵和品质，弘扬古滇文化，对推荐方案进行了深化和完善，提高了技术方案的可行性。

【项目背景】

云南省作为中国向西南开放的桥头堡，具有显著的区位优势和战略地位；昆明是省会城市和国际化门户，文化产业和旅游产业作为新兴的绿色产业和特色产业发展潜力巨大。

云南文化艺术中心（云南大剧院）是云南省12个重大标志性文化设施中最具代表性的项目，建成后将成为西部一流、全国前列的现代化、多功能文化艺术中心，能够满足国内外的歌剧、话剧、芭蕾舞、民族歌舞以及京剧、滇剧、花灯剧等大中型文艺演出的需要，并使之成为云南对外文化交流的重要窗口。项目的建设对于提升云南省现有文化设施服务水平、促进文化艺术交流、提升云南省文化软实力，并推进云南省民族文化强省的建设，具有重要意义。

【项目内容】

1. 项目建设地点

项目拟建地点位于昆明市广福路与官宝路交汇处南侧，紧邻在建项目云南省博物馆。项目地处现代新昆明主城与呈贡新城的连接带，将发展成为昆明市未来的文化新中心。项目周围市政设施和公建配套齐全、交通便利、地势平坦、环

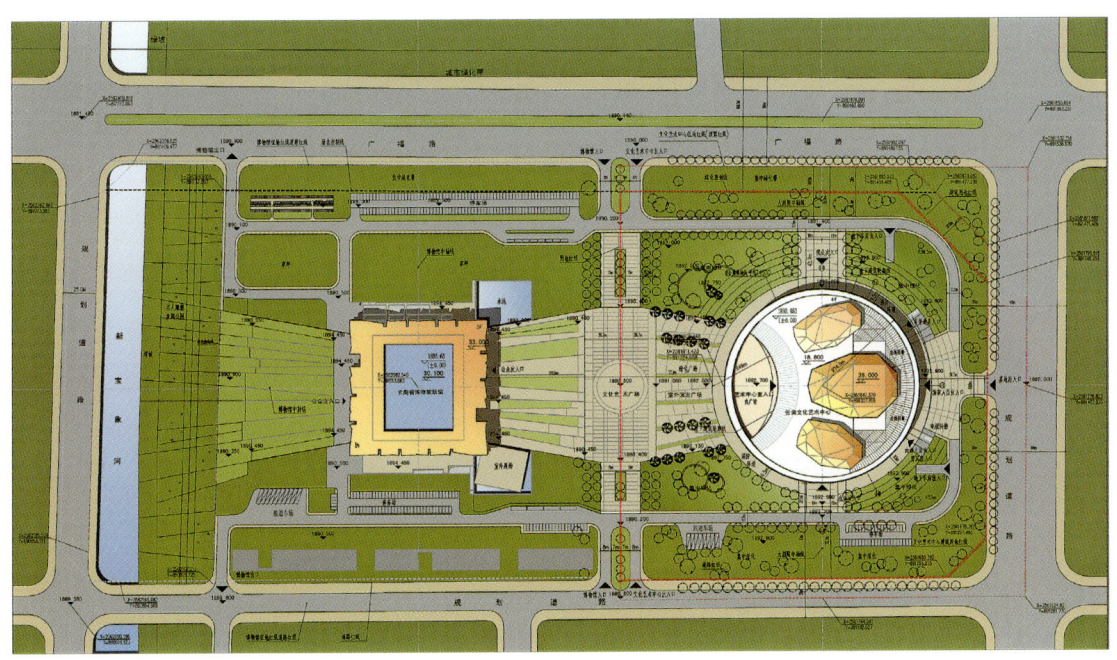

图1　项目总平面图

图 2　云南文化艺术中心设计方案

境整洁,建设条件良好。

2. 建设内容及规模

项目总用地面积10万平方米,总建筑面积47 010平方米,其中地上建筑面积30 510平方米,地下建筑面积16 500平方米。将建设1个1 475座的大剧场,1个440座的多功能小剧场,1个790座的音乐厅,以及化妆间、排练厅、服装间、办公室、会议室等辅助用房。

3. 项目建设目标

项目将建设成为西部一流、全国前列的现代化、多功能文化艺术中心,能够满足国内外的歌剧、话剧、芭蕾舞、民族歌舞以及京剧、滇剧、花灯剧等大中型文艺演出需要,使之成为云南对外文化交流的重要窗口。项目将成为西南地区城市公共文化设施的一大璀璨亮点,成为具有时代性、经得起历史检验的标志性文化基础设施,成为提升云南省形象和吸引各方游客的标志性建筑。

4. 投资估算

项目总投资估算约7亿零565万元,其中建筑安装工程费用5亿5 872万元(含剧院专业设备9 435万元),工程建设其他费用3 893万元,预备费3 586万元,土地使用费7 214万元。依据云发改社会〔2009〕271号文立项批复及2011年4月21日云南省委专题会议纪要确定的4亿元资金外,余下的3亿零565万元由省委、省政府安排解决。

【工作过程】

本项目可行性研究工作从2012年7月开始,于2012年12月完成。工作过程如下:

接受委托后,我司即成立项目组,与项目业主进行深入访谈,了解项目提出的背景及研究重点,了解业主的需求和决策难点。通过多次对项目地块及周边进行实地踏勘,了解地块内部现状情况及周边功能及交通情况,为项目的整体定位、功能定位等掌握第一手的现状资料。同时,通过查阅专业书刊、文献及网上资料,了解相关产业的发展状况、可比案例情况,为项目的定位提供理论及数据支撑。

项目建设内容复杂,体量大,投资巨大。针对工作中的重点和难点问题,我们采取以下新思路、新方法和新手段:

1. 从多维视角论证项目建设的必要性

报告从西南文化交流窗口、民族文化强省、文旅互动发展、文化艺术交流等战略高度对项目建设的必要性进行论证分析,从国家、地方等多个层面对项目建设的必要性进行了充分论证,逻辑性强、重点突出,必要性分析的立足点高、逻辑清晰、论证充分。

2. 对推荐方案进行深化设计,为后续初步设计打下良好基础

报告在推荐方案的基础上,对其进行了全面的深化设计。项目的方案设计有高度和深度,内容全面。另外,针对剧院的独特性,方案还对项目的声学、舞台机械、舞台灯光、舞台音响等进行了较为规范、深入的专业设计。项目的设计方案专业,技术方案可行,为后续的初步设计等环节打下良好基础,为项目建设成为国际一流的高品质专业剧场提供技术保障。

3. 项目定位紧密结合案例研究,分析全面深入、思路清晰、定位明确

报告结合国家和地区发展规划、产业规划、案例研究等,对云南文化艺术中心的定位进行了专门研究,包括建设目标、总体定位、功能定位、规模定位、客户定位、价格定位等。定位研究紧密结合同类案例、国家和地区规划、发展目标,分析全面、思路清晰。整个定位章节的分析翔实深入,定位明确。

报告编制期间,听取了云南省发改委等多方面的意见,经过多轮报告修改优化,得到了省发改委的一致认可,顺利通过中国国际工程咨询有限公司的评估。

【咨询工作特点】

1. 采取回归分析法与案例分析法相结合,对市场需求进行专业预测;结合市场供给现状,对项目建设规模进行充分论证

市场需求和供给是项目规模定位的基础依据,是评判项目建设规模是否合理的决定性因素。本报告根据历年统计数据,利用回归分析法对昆明市2015年的文化演出市场需求(观众人次)进行了定量预测。并结合案例研究法,通过相关旅游城市的统计数据,分析演艺场所座席数与观众人次的对应关系,进而计算昆明市未来的剧场座席数需求。在观众座席需求预测的基础上,结合昆明市文化演出市场供给现状(现有座席数量),得出昆明市文化演出座席缺额,推导本项目座席规模设置的合理性。最后通过比较国内同类甲级大剧院单位座席建筑面积指标,论证本项目建设规模的合理性。报告的市场预测方法科学严谨,论证结论可信。

2. 对推荐方案进行深化设计,提高技术方案的可行性和可操作性,为后续初步设计打下良好基础

在由国内一流专家组成的评审委员会对参与投标的13家国内外知名设计单位的设计方案进行认真评审、比选的基础上,得出同济大学建筑设计研究院(集团)有限公司的设计方案为可行性研究的推荐方案。报告在推荐方案的基础上,对其进行了全面的深化设计。项目的方案设计有高度和深度,内容全面,并对项目的内部功能空间进行了细化分析和配置,列出了相关建筑材料和设备的清单及标准。另外,针对剧院的独特性,方案还对项目的声学、舞台机械、舞台

图3 项目鸟瞰图

图4 项目日景效果图

图5 项目入口广场效果图

灯光、舞台音响等进行了较为规范、深入的专业设计。项目的设计方案专业，技术方案可行，为后续的初步设计等环节打下良好基础，为项目建设成为国际一流的高品质专业剧场提供技术保障。

本项目设计方案专业性强，难度高，我院结合同济大学的学科优势以及自身积累的同类工程设计丰富经验，对项目进行了专业的系统设计，体现了同济大学建筑设计研究院（集团）有限公司的品牌优势。

3. 对管理组织机构及职责明确定位，人力资源配置研究清晰，为项目建成后的运营管理提供了有效参考

报告提出"集团管理、市场运作、自主经营"的运营方式，对于项目建成后的运营组织机构及其相应职责进行了清晰定位，对项目运营期间的人力资源配置及需求情况进行了明确划分，并对员工的培训模式进行了分析。报告对项目建成后的运营和管理模式进行了较为深入和完善的分析，分析结论可行，为项目的后期运营管理提供了有效参考。

4. 投资估算精准，有效控制项目投资

利用我院的造价专业优势以及积累的各类剧场造价资料库，对项目的各类建造工程费用进行了细化分析和测算，并对剧院的舞台机械、灯光、舞台音响等专业设备费用进行了细化估算，投资估算的费用类别明确，费用项目详细全面，投资估算精准，达到概算的精度，有效控制了投资成本。此外，通过对国内同类甲级大剧院的单位座席投资指标的横向对比，本项目单位座席投资为26.09万元/座，处于中等水平，有力地论证了项目投资的合理性。本报告全面精细地投资估算分析，为有关政府部门对项目的审批提供了可靠参考和依据，使项目一举通过了云南省发改委的评审，有效推动了项目的实质性进展。

5. 根据非营利性制定特殊财务评价指标

由于本项目为非营利性项目，报告对其财务评价区别于一般营利性项目的财务评价，以各年现金流量和累计现金流量是否大于零作为项目的财务评价指标，只评价其财务生存能力，而不对其盈利能力进行评价。在对项目财务评价的基础上，得出项目在运营期内，需政府每年补贴约350万元以维持其正常运营的结论，为政府决策和财政计划提供参考依据。

【咨询效果】

报告咨询效果显著，主要体现在：

1. 培育文化市场，增强文化产业竞争力

项目建成后，将成为云南高雅文化艺术的殿堂和中外文化交流的窗口，进一步加强云南与国内外的文化艺术交流，成为展现云南丰富民族文化的重要舞台，引进高雅艺术，提高云南人民的艺术欣赏水平和文化素质，增加云南人文底蕴，培育文化艺术消费市场。从而有利于形成云南良好的精神文明风气和人文艺术环境，极大地增强云南文化事业和文化产业发展的竞争力，推动云南省由民族文化大省向民族文化强省的建设。

2. 丰富云南文化产品，改善人民群众生活质量

项目的建设将为云南省众多文艺精品提供良好的展示舞台，有利于引进国内外的知名文化艺术团体前来演出，提升云南省的文化艺术水平，极大地丰富云南人民群众的文化艺术生活。项目投入运营后，不仅可以开展各类高端文艺演出，满足高端客户群体的需求，还可以开展形式多样、面向大众的文化艺术活动，让更多的人民群众特别是青少年得到艺术的享受和熏陶，满足人民群众日益增长的精神文化需求，从而大大改善云南人民群众的生活质量。

3. 改善昆明城市形象，提升云南文化品位和旅游层次

项目定位为西部一流、全国前列的高雅艺术殿堂，将建设成为云南省的标志性建筑。项目建成后，将大大提升云南演艺场所的规格和档次，为昆明城市建设注入更加时尚、艺术和现代化的元素，成为昆明城市中的一道亮丽风景线，大大提升昆明的城市形象。此外，项目建成后还可以用云南特色的艺术表演吸引更多的外地和本地游客前来体验云南文化的魅力，借助于文化产业推动旅游产业的发展，提升云南旅游的文化内涵。项目的建设将优化云南城市的人文环境，提高云南城市的文化品位和旅游层次。

海南博鳌宝莲城游艇俱乐部工程可行性研究报告
The Feasibility Study Report of Boao Pauline City Yacht Club Project, Hainan

编写单位：上海市政工程设计研究总院（集团）有限公司
Shanghai Municipal Engineering Design Institute (Group) Co., Ltd.
联系电话：021-55000000　　网址：www.smedi.com
主要完成人：严　飞　郭高贵　董学刚　邬显晨　陈建勇　母冬青　董友亮　陈　颖　周　勤　张大庆

【点评】

鉴于大型游艇码头工程对水深的特殊要求，该项目不得不延伸至条件恶劣的深水区域，承受巨大的波浪及潮流、泥沙作用，因此项目具有技术难度高、研究内容新、综合性强的特点，具有相当的挑战性。本报告就项目建设的必要性和可行性、相关产业政策进行了深入细致的分析和研究，从总体规划、功能布局、水域条件、泊稳条件、水环境安全等因素出发，在总平面布置上进行了多方案比选；为使游艇码头港内得到较好的泊稳条件，开展了波浪仿真数学模型、防波堤物理模型等相关专题研究，将对中国大型游艇俱乐部工程的建设提供重要参考。

【项目背景】

本游艇俱乐部工程依托"博鳌亚洲论坛"，通过合理的规划和设计，建设成拥有邮轮停靠站、超级游艇、普通游艇及帆船等各类丰富船型的水上俱乐部，通过超五星级酒店、邮轮游艇服务等一系列配套设施，形成完善的以邮轮、游艇经济为主题的旅游中心，定位为亚洲一流的游艇俱乐部。人工岛的造型从空中俯瞰，酷似一只展翅欲飞的仙鹤，其中人工岛似仙鹤的两翼，邮轮停靠点似仙鹤的头部，构思极为巧妙。本项目地理位置图见图1。

【项目内容】

海南博鳌宝莲城游艇俱乐部工程由海南宝莲城（博鳌）实业有限公司投资建设，项目选址在博鳌宝莲城北段自海岸至水深-10 m的海域。

游艇俱乐部规划各类游艇泊位258个，邮轮码头泊位1个，邮轮设计吨位10万吨级（远期实施）。其中项目实施内容包括：人工岛填海面积137 100 m²，人工岛岸线长度2 880 m，引桥长度782.2 m，水域面积98 100 m²。游艇俱乐部的总体平面规划见图2。

本项目的建设是实现博鳌总体规划的重要环节、有助于推动琼海市旅游业的发展、同时也是完善海南国际旅游岛战略建设的重要配套措施。

【工作过程】

2010年5月，我院接受海南宝莲城（博鳌）实业有限公司委托，通过现场踏勘，掌握拟建工程位置的现场情况，正式开展工作。工作中把握总体规划，分析本工程的必要性和可行性；重点分析本工程的特点和难点，提出可行的设计方案，从安全、合理、经济、环境、节能等各方面进行各方案的综合比选；根据推荐的工程总体设计，进行工程估算分析，并提出下阶段工作的

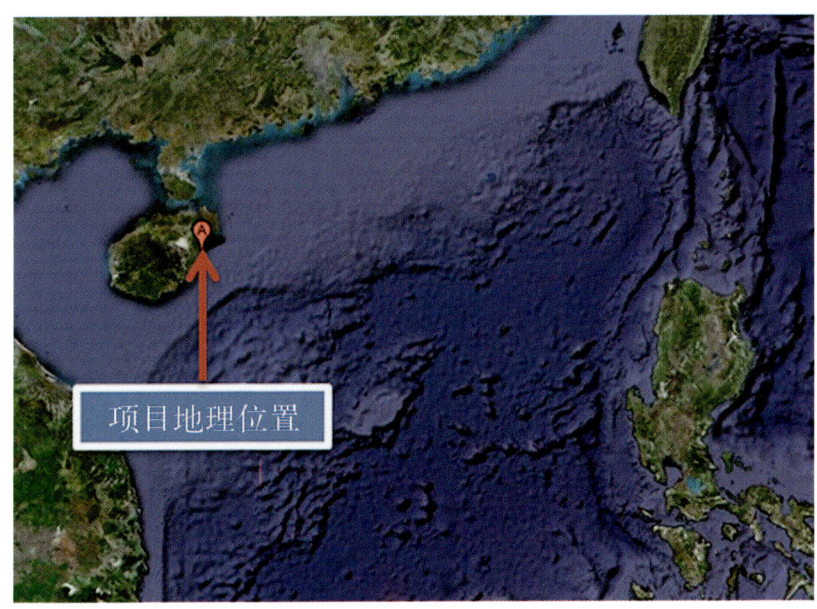

图1　项目地理位置图

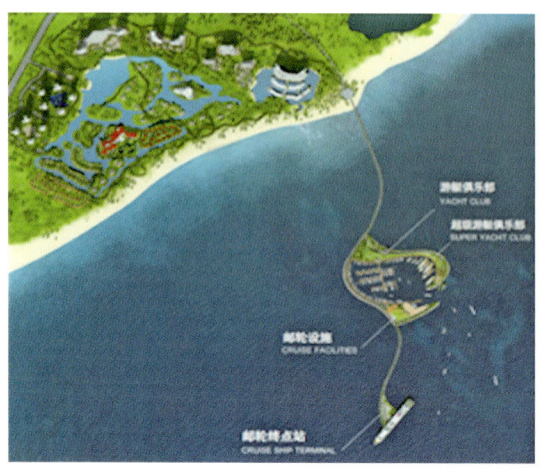

图2 总平面规划图

问题及建议。本工可成果于2010年8月完成并提供业主。

根据海南省琼海市发展改革委的要求,海南省咨询投资公司邀请有关专家和单位代表,于2010年9月16日在琼海市博鳌镇召开了本工可项目的评审会,根据评审意见,我院于2010年10月18日提交了修改后的可研报告,海南省咨询投资公司做出了相应的评估意见,本项目于2011年5月12日得到琼海市发展改革委的核准。

【咨询工作特点】

一、把国家、区域和游艇产业发展结合在一起

近年来,邮轮、游艇经济作为旅游业新的时尚,正在迅速发展。在《国务院关于推进海南国际旅游岛建设发展的若干意见》中,明确提出了发展海南岛琼海博鳌亚洲论坛永久会址、发展邮轮、游艇经济的要求。本项目依托"博鳌亚洲论坛",分析博鳌发展游艇俱乐部的可行性,通过合理的规划和设计,建设成拥有游艇、超级游艇、邮轮停靠站等各类丰富船型的水上俱乐部,形成以邮轮、游艇经济为主题之一的旅游中心和亚洲一流的游艇俱乐部,项目的建设符合海南省国际旅游岛建设的需要,符合海南省和琼海市国民经济和社会发展的需要,有利于游艇产业的发展。

1. 项目优势条件

(1)本工程具有优越的区位条件和良好的区域发展前景。

(2)优越的水深条件和航道条件。

(3)海南宝莲城(博鳌)实业有限公司具有雄厚企业开发。

(4)宝莲城完善的配套设施是邮轮、游艇经济发展的基础。

2. 项目制约的因素

(1)城市的经济、基础设施目前尚欠缺。

(2)邮轮游艇产业尚在培育阶段。

二、进行大量市场调查分析

本工可报告首先对游艇市场进行了调查预测,调查预测成果见图3。对目前各类游艇、超级游艇、邮轮的各项船舶尺寸参数、回旋及停泊方式、客运工艺等进行了详细的统计。

游艇设计船型的确定结合国情,因地制宜,考虑游艇基地周边地区的游艇现状以及未来的发展趋势。并结合本项目公众性、多样性、发展性的特点,合理规划、科学布置。针对本项目的特点,提出合适的设计代表船型,各类游艇的代表船型见图4。明确了各类代表船型的回旋、停

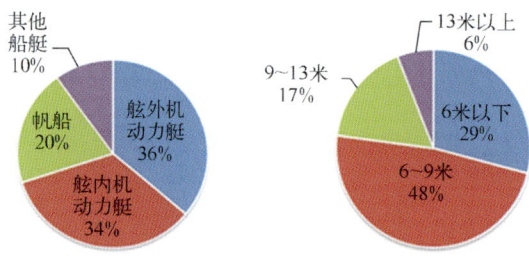
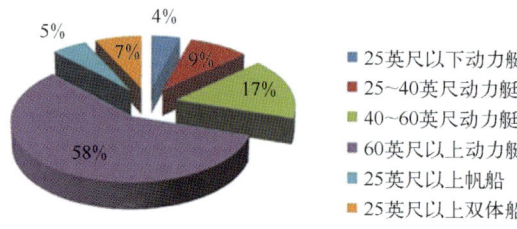

图3 游艇市场调查预测

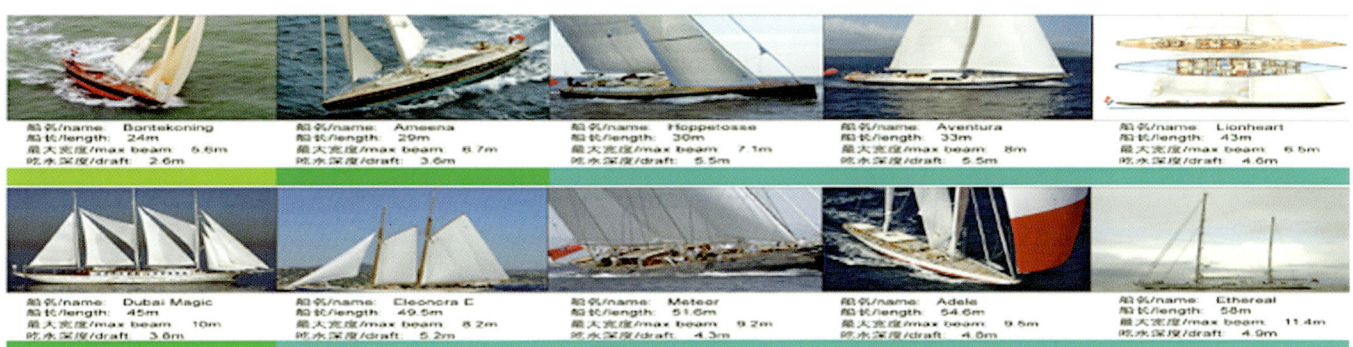

图4　各类游艇代表船型

泊、客运的方式，提供了固定式栈桥、浮式栈桥的详细设计指标和要求，研究了游艇上、下水及防台措施，以此作为总平面布置的依据，为类似大型游艇俱乐部的设计提供了重要参考。游艇布局总平面详见图5。

三、项目具有相当的风险性和技术难度

本工程直面外海，外围毫无防护，建设区域水深达12 m，本地区地处海南岛的东北沿海，台风产生于太平洋及南海海面，首当其冲是台风重灾害区之一，台风带来的狂风暴雨给生产和人民安全造成极大的危害。建国以来，对本地区影响最严重的是1973年第14号强台风，最大风速60～70 m/s，造成的损失相当严重。为保证项目安全，合理的波浪要素成果是关键。本项目琼东海区属于典型的弱潮强浪海区。波浪要素分析首先根据影响华南近海的台风个例资料和理想台风（对称或非对称）风场模型，以及台风中心

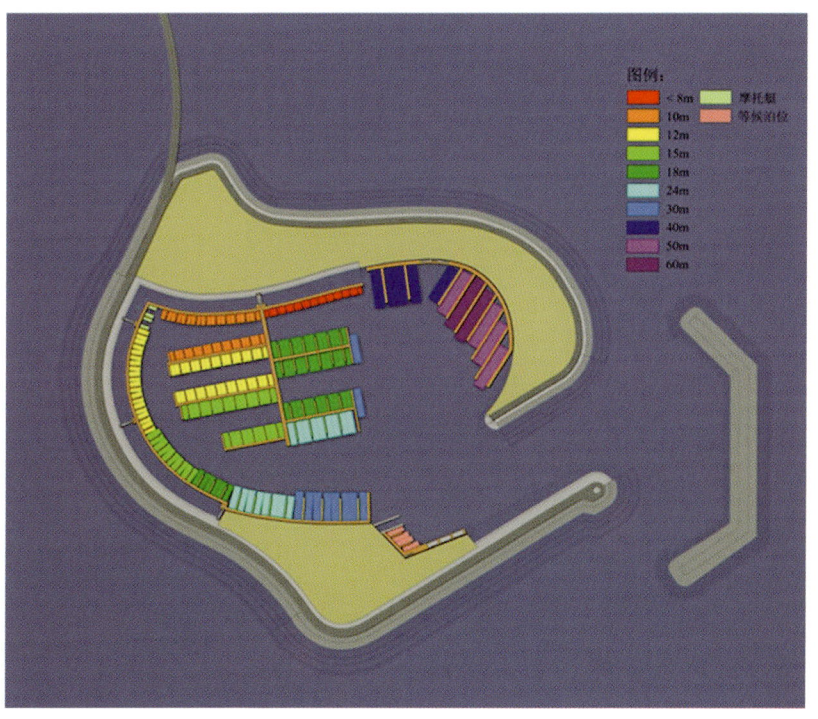

图5　游艇布局总平面

气压、风速数据计算该海域的台风场,对台风路线进行模拟,路线模拟图见图6。采用第三代风成浪、折射、绕射、反射和底摩擦作用联合模型推求项目位置的波浪要素。成果翔实丰富,通过验证后合理可信,为项目的平面布置、结构设计提供了安全基础。

四、成果具有科学性和创新性

本工可报告从总体规划、功能布局、水域条件、泊稳条件、水环境安全等因素出发,在总平面布置上进行了多方案比选,提出了多个不同的总体平面布置方案供比较,重点对泊稳条件建立先进的小范围波浪仿真数学模型,进行了大量的分析,通过修改口门开口延伸长度、增设口门防护堤的方案改进了港池的泊稳条件,使得港池的泊稳条件达到使用要求。港池内部波浪分析图见图8。

游艇港池的总体平面布置方案,口门的开口方向是关键,决定了港池内部的泊位条件是否满足安全及日常运营的需求。由于本海域E-ESE方向为常浪作用方向,口门方向朝向常浪向不利于港内游艇的停泊泊稳条件。为使游艇码头港内得到较好的泊稳条件,开展了波浪数学模型、防波堤物理模型等相关专题研究,对于各种平面布置方案均结合相应的工程后波高分布场作了详细论证,不同口门掩护条件下港池内的波浪分析图见图9,主要分析对比集中于游艇港口门形态。最终确定了东南开口+口门防护堤的方案。

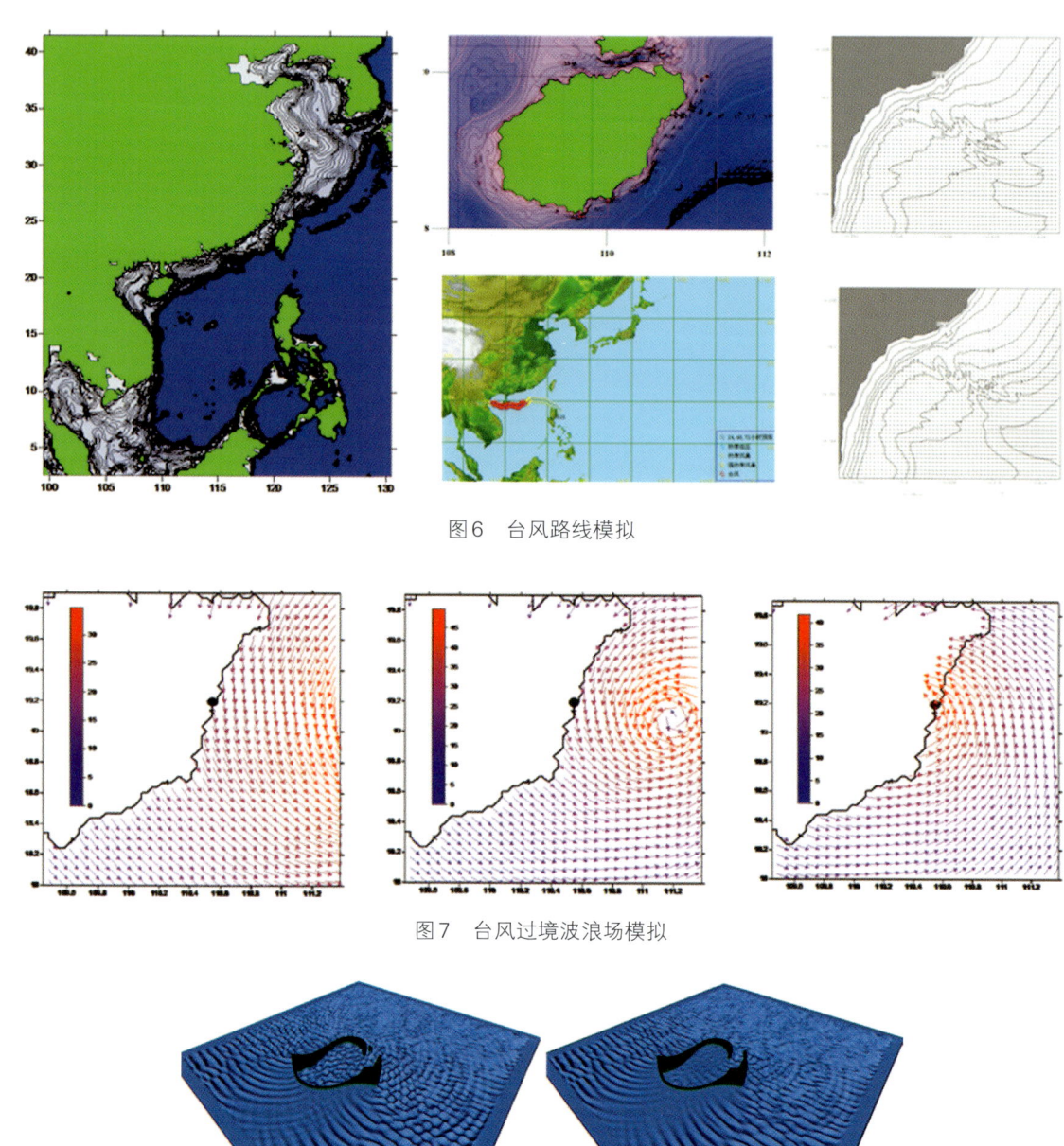

图6 台风路线模拟

图7 台风过境波浪场模拟

图8 港池内部波浪分析图

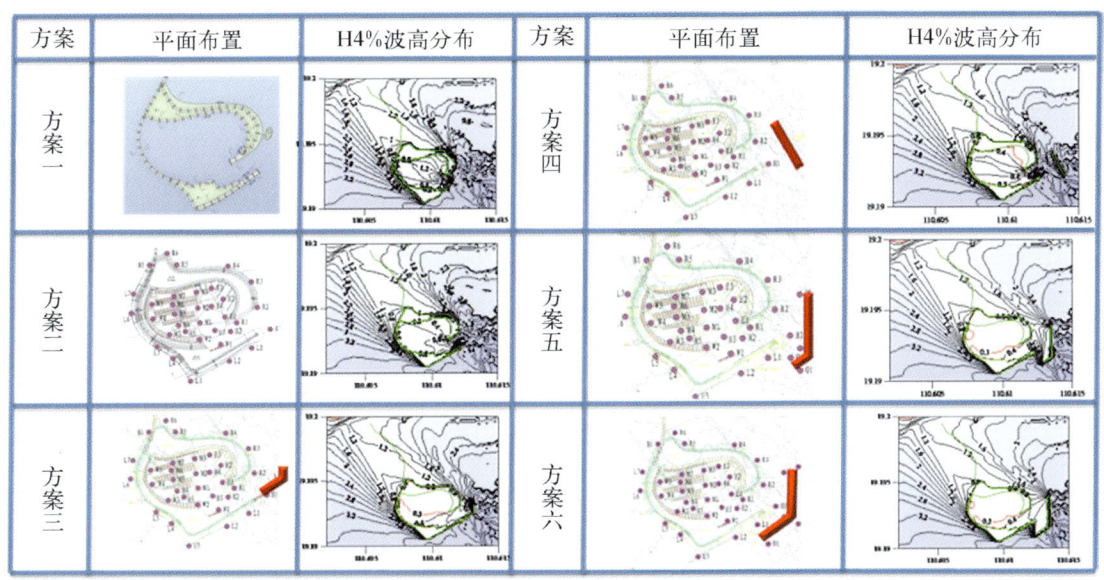

图9 不同口门掩护条件下港池内的波浪分析图

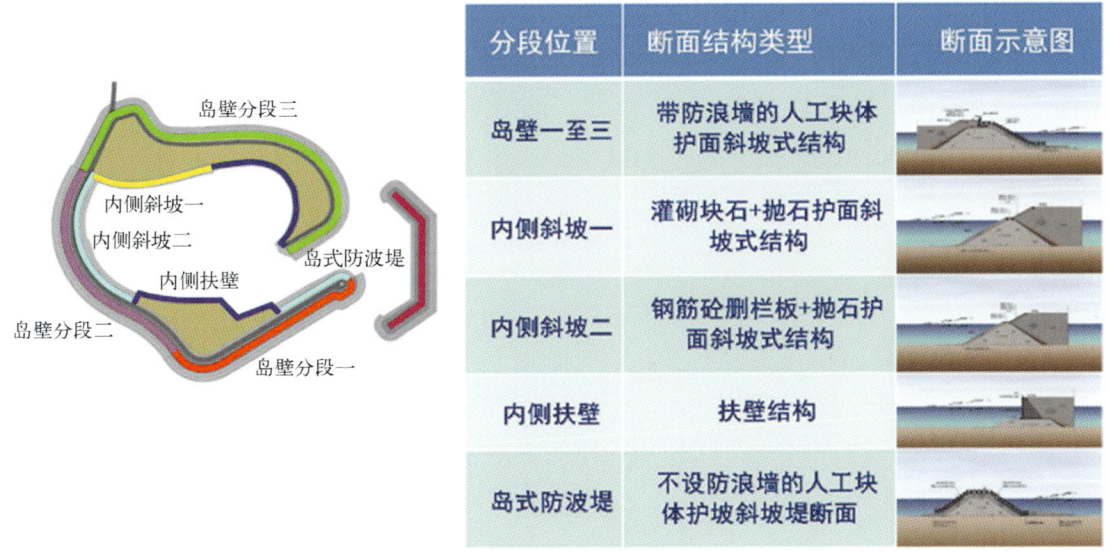

图10 人工岛断面结构类型图

人工岛岛壁围堤的结构形式决定了人工岛整体安全,针对人工岛岸线不同的部位采用不同的波浪设计要素进行分析,结合物理断面模型试验,根据不同的部位确定各段岸线防波堤的结构护面形式,满足安全、经济的要求。人工岛断面结构类型图见图10。

针对规划的人工沙滩,如何构造合理的沙滩最优断面,保证沙料流失率控制在允许范围内是难点问题。鉴于本工程波浪水流与海滩的相对运动的情况比较复杂,具有明显的三维运动特征,在对实际模型进行概化的基础上,对其进行三维的数值模拟,同时考虑经济造价,以确定海滩剖面的最优断面。主要采用ANSYS中流体计算软件提供的RNG $k-\varepsilon$ 模型,结合水气两相流VOF法进行数值模拟,方程的离散采用有限体积法,运用SIMPLEC算法对压力和速度进行耦合计算。

针对沙滩合理剖面,根据1∶10、1∶15、1∶20三种不同断面的横向比较,分析各工况的波浪压力,并结合不同剖面的造价,确定选取填沙粒径为0.5～2 mm的粗砂,1∶15的横断面坡度为最优断面。下图为坡度为1∶15流速云图和动水压力云图。

报告对连接人工岛与陆域的桥梁形式进行了综合分析比较,推荐采用30 m等截面斜腹板预应力砼连续大箱梁结构,采用移动模架整孔现浇施工,其整体造型更为美观、自然、和谐。推荐采用桩径为1 000 mm钻孔灌注桩方案,桩基持

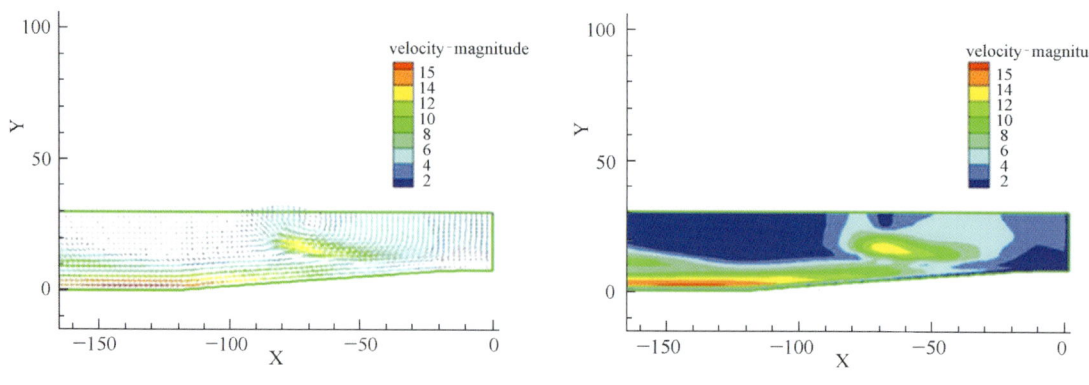

图11 坡度为1∶15流速云图和动水压力云图

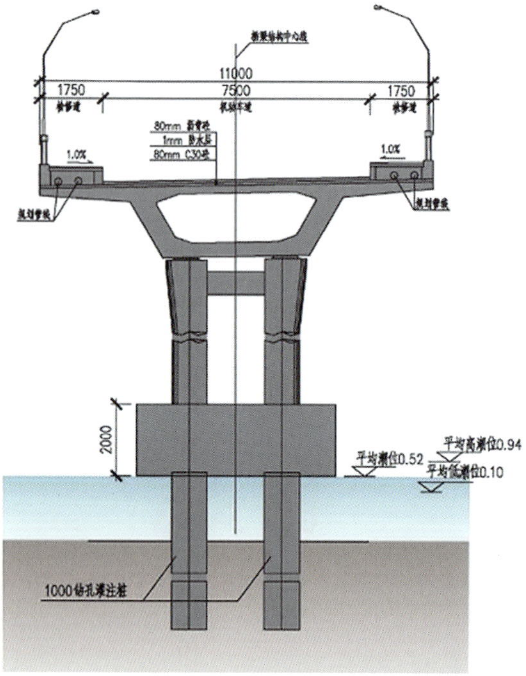

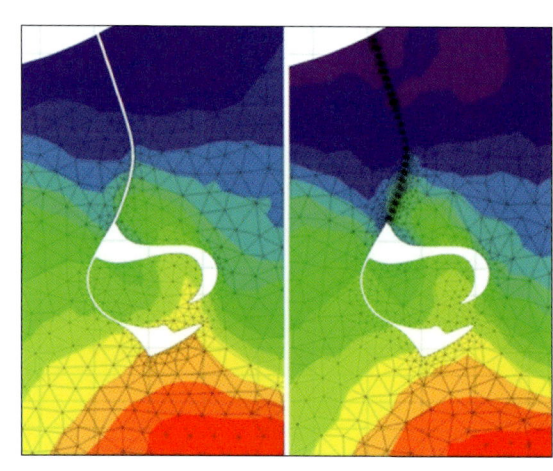

图12 推荐方案桥梁结构断面

力层为中等风化花岗岩。推荐方案桥梁结构断面图见图12。

以上各内容多方案比选充分,分析研究手段先进、技术创新,尤其是数学模型仿真技术和国内类似成果相比具有较好的借鉴意义。

五、经济分析合理,估算准确

本工程具有良好的社会效益和经济效益,对完善海南岛游艇旅游市场的布局具有重要积极的意义,具有良好的经济社会影响。本报告投资估算编制内容与工程技术方案一致,编制依据正确,投资总额符合项目实际。

六、充分考虑生态环境影响

本报告充分考虑环保要求,通过大量的基础数据,从调查建设地址的环境状况、论述项目对环境的影响、环境保护设计入手,对本工程的环境保护进行了专题研究。

报告建立先进的二维潮流数学模型、二维波浪数学模型、泥沙模型定量分析了对选址处海洋监测站的影响、海洋动力地貌及海床演变、波浪作用、泥沙运动,首先确定模型计算范围,本工程水流数学模型采用大小网格嵌套模型,大范围数学模型边界条件由东中国海潮汐模型给出,小范围数学模型包括宝莲城游艇俱乐部工程全部区域的多重局部模型,大小模型解耦计算,大模型为小模型提供边界条件。

为确定陆域与人工岛不同连接方式对海域环境的影响,本次模型计算根据连接人工岛的不同方式组合分为两种计算方案,分别为:桥连接(方案一)、堤连接(方案二),加上工程实施前方案(方案〇)一共三种计算方案。分别建立工程实施前(方案〇)以及工程实施后工程区域代表潮型的涨、落潮潮流过程,并比较不同方案工程建设前后主要工程区域和附近水域的潮流(潮位、流速、流向等)的变化来分析不同方案的影响,以论证推荐方案的合理性。方案一和方案二的数模计算方案见下图。

图13 数模计算方案

重点分析① 工程实施前后(不同方案)潮流流态变化;② 工程实施后(不同方案)潮流对船舶靠、离及停泊时码头的泊稳条件分析;③ 工程实施后(不同方案)对周边水域的影响。

经过分析论证,推荐桥+岛方案,对涨、落潮的限制最小,最大程度保持了沿岸的潮流通量,因此工程前后流速差值相对最小,差值变化范围也最小,不会对周围的玉带滩、博鳌港、附近海洋观测站产生不利影响;

为避免港池发生水质恶化,港池水动力条件是决定水体交换能力的主要影响因素。根据计算结果,推荐在人工岛东侧围堤设置连通箱涵,使得港池内水体交换的周期由原10天缩短至5.4 d,有效改善了水动力条件。水动力交换模拟成果见下图。

工程实施后,由于人工岛的阻隔作用,自南向北的净输沙量有所减少,但总体方向不变。对人工岛以南,泥沙以淤积为主,淤积速率增加,人工岛以北,由于泥沙输运量的减小,泥沙仍然以淤积为主,但淤积的速率减小,整体上纵向输沙情况仍然维持原方向,沿岸的冲淤变化相对比较稳定,不会对博鳌港、玉带沙造成不利影响。

本工程定位为亚洲一流游艇俱乐部,景观要求高。在工程设计中,结构以满足功能为前提,参考国内外先进的设计理念,辅以计算论证,满足结构和景观的有机统一。游艇俱乐部人工岛不同方位的鸟瞰图见图16—图18。

【咨询效果】

本工可批复后,业主单位严格按照工可提出的总体方案、控制条件实施,为项目的有序、良好实施提供了保障。工可报告提供的项目建设对周边海域环境影响分析成果,为业主单位顺利开展《海域使用论证》、《环境影响评价》等前期工作提供了基础。工可报告提出的游艇船型选址、总体布置成果,为业主单位顺利开展《游艇通航安全评估》、《游艇码头施工安全评价》等前期工作提供了基础;工可报告提出的泥沙演变趋势分析成果,为业主顺利开展《人工岸线使用论证》提供了基础。目前本项目已完成海域使用论证、环境影响评估、游艇通航论证、岸线使用论证等前期工作,已进入建设实施阶段。

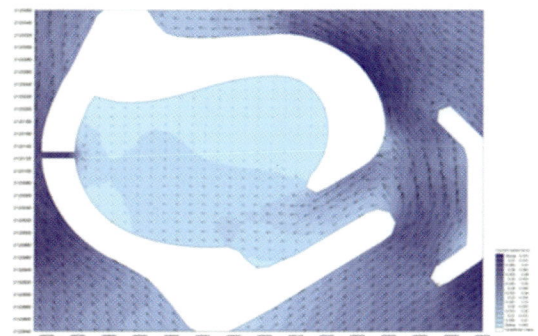 

图14 水动力交换模拟成果

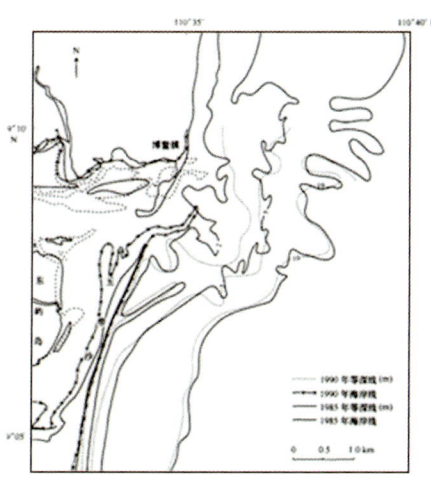 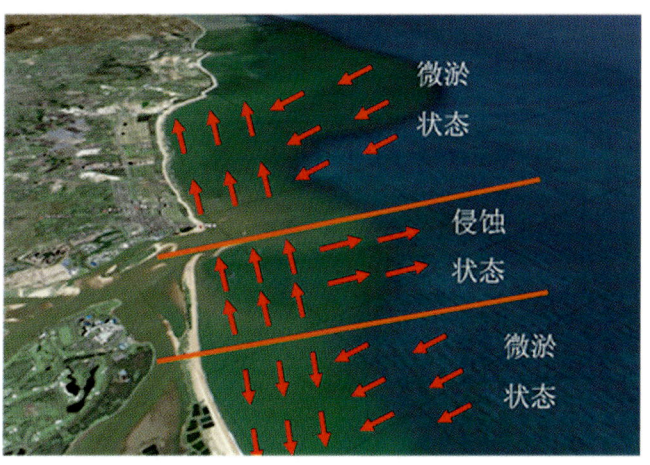

图15 泥沙淤积预测

图16 游艇俱乐部人工岛鸟瞰图一

图17 游艇俱乐部人工岛鸟瞰图二

图18 游艇俱乐部人工岛鸟瞰图三

河南中医学院第一附属医院国家临床研究基地建设项目可行性研究报告

The Feasibility Study Report of the National Clinical Research Base Construction Project of the First Affiliated Hospital of Henan Traditional Chinese Medicine College

编写单位：上海市卫生建筑设计研究院有限公司
Shanghai Health Construction Design Institute Co.Ltd
联系电话：021-63722080　　**网址**：www.wssyy.com
主要完成人：林贻伟　顾敏生　陈颖娟　谢骅　王晓峰　屈学雷　王海滨　王正雷　章迎钜　王家润

【点评】

本报告通过研究中医药行业的发展现状与前景，预测医院所需的床位数和确定项目的建设规模，并采用动态的方法分析和论证项目的生存能力和财务状况，确定了国家中医临床研究基地的建设方案。

【项目背景】

河南中医学院第一附属医院建立于1953年，是河南省规模最大、建院最早的一所集医疗、教学、科研、预防、保健、康复为一体的省级综合性中医医院，是全国中药制剂与剂型改革基地、国家药品临床研究基地，是全国三级甲等中医医院、全国示范中医医院、全国百佳医院。医院内设有博士后科研工作站。

医院现有42个专科专病门诊，29个病区，30个医技室，3个疑难病症会诊中心，另设急救中心、综合体检中心、特需门诊、社区医疗服务部等部门，其中儿科为国家中医药管理局重点学科，中医心病、肛肠病、周围血管病为国家中医药管理局重点专科，肝胆病、呼吸、肾病、脑病科为国家中医药管理局重点专科建设单位，中医内科学科为河南省重点学科。

2008年12月一附院被国家确定为艾滋病、慢性阻塞性肺病两个研究病种的国家中医临床研究基地，借此来研究科研和临床脱节的问题。一附院以此为契机，并借助于自身的综合实力，建设集临床研究、临床试验数据管理、中药临床试验、临床科研信息等为一体的综合楼。由于医院地处省会郑州商业繁华地段，现有土地面积仅83亩，每天院区内人流、物流、车流高度叠加，使得医院十分拥挤和繁杂，已无空置土地专门用于建设临床研究基地，因此根据医院总体规划，拆除现有第二住院部、放射科、办公楼，在省政府2009年初将紧邻医院院区的新闻出版学校旧址约6.7亩划拨给医院后，经整合土地资源、统筹规划，一次性完成中医临床研究基地业务用房和新综合门诊楼的建设，以解决医院目前的问题，并满足国家临床中医研究基地的要求。

【项目内容】

本项目建设地点位于医院东北角，拟拆除现有第二住院部、放射科、办公楼，建筑面积62 470平方米，设计日门诊量为5 600人次，床位数为550张。项目建设后形成了临床和科研在中医医院协调发展中的新模式和新运行机制，为促进中医药走向世界发挥更大作用，建成以艾滋病、慢性阻塞性肺病两个重点研究病种为目标的国家中医临床研究基地，是一所集临床、教学、科研、保健、康复于一身的高水平现代化三级甲等综合性中医医院。

可行性研究报告的内容包括：市场预测及规模确定的研究，建设的必要性及建设条件的研究，国家中医临床研究基地建设方案的研究，土地资源利用分析的研究，建筑工程设计方案的研究，项目所需的能源分析和节能措施，项目的环境影响分析（环境影响评价由具有评价资质的单位承担），投资估算和资金筹措，项目的财务评价和社会效益分析。

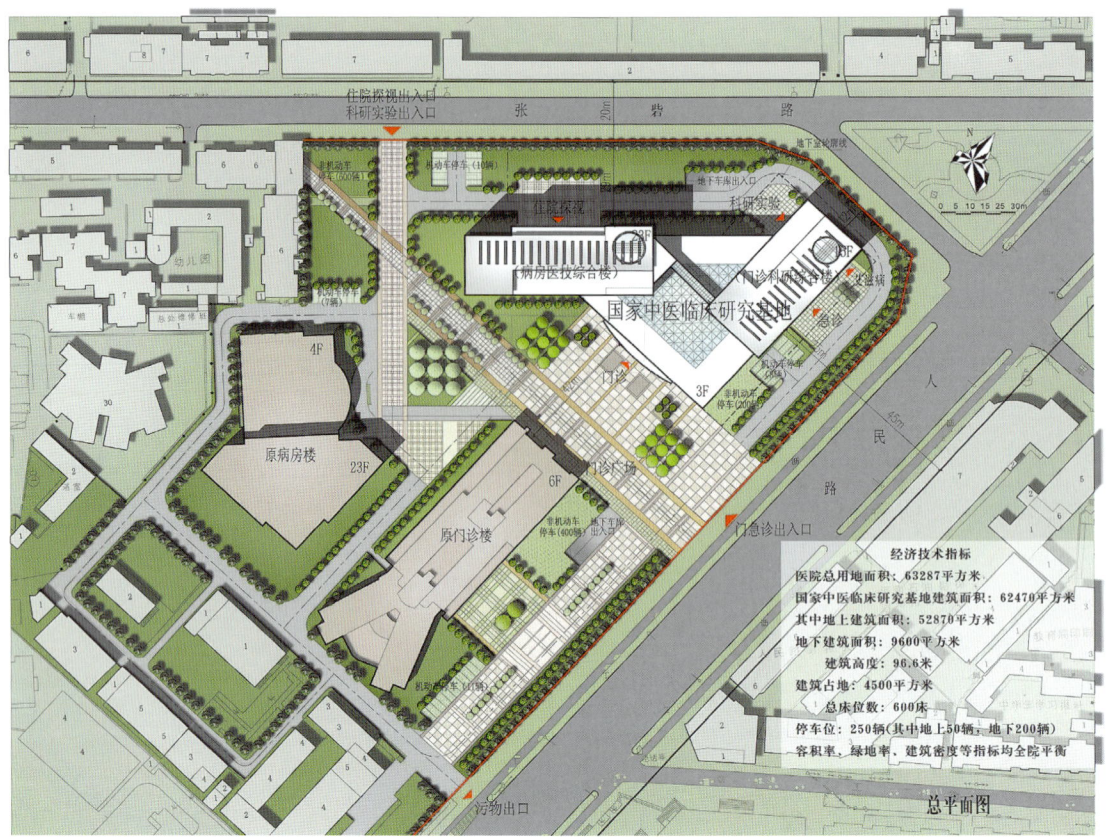

图1 研究基地总平面图

【工作过程】

本项目可研报告编制工作从2009年9月开始,为时2个月完成。之前,院方已自行编制了项目的可研报告,但在评审中被专家否决了。在接到该项目的委托时,编制人员依据国家中医药管理局、河南省人民政府、河南省发展和改革委员会等文件和批复,并结合《中医医院建设标准》(建标〔2008〕97号)的规定,从医院的自身条件出发,进行了项目的方案设计和方案的优化工作,并在此基础上展开了建设规模、建设条件、合理节约用地、节能和环保措施、投资和财务生存能力的全面调查和分析,提出了规避风险的建议,并与有关部门等进行反复沟通和优化,提前完成了编制工作,最终形成本可行性研究报告,获得了院方的好评。

【咨询工程特点】

一、深入分析项目建成后对中医药在艾滋病和慢性阻塞性肺病防治方面所发挥的重要作用

艾滋病和慢性阻塞性肺病作为疑难疾病,死亡率高,发病率在我国也呈现增长趋势。中医历史悠久,具有独特的理论体系和用药方式,资源丰富,毒副作用小,价钱便宜,在中华民族的发展史上有着重要的地位。通过国家中医临床研究基地建设,使河南中医学院第一附属医院成为基础设施完备、功能结构合理、设备配套先进、科技优势领先、中医特色突出的临床研究中心和现代化中医医院,使中医临床与科研有机结合,并承担起重大、疑难疾病的中西医结合防治的研究,中医临床诊疗技术和方法的筛选、评价、规范和标准研究,中药新药临床的研究与开发,优秀中医临床人才和高层次中医临床科研人才的培训,中医临床信息的采集、整理和分析,中医药对外交流与合作的窗口等任务,将在国家中医领域内发挥重要作用。

二、对项目规模的预测方法科学、合理,资料数据可靠、准确

1. 精确地预测医院所需要的床位数

随着河南省经济发展速度加快,人民生活质量持续改善,各项事业全面发展,社会大局和谐稳定,在"十一五"卫生规划原则中提到要加大财政对农村卫生事业的投入力度,逐步缩小城乡医疗服务、公共卫生服务、医疗保障水平方面的差别,实现城乡医疗卫生服务一体化,建设政治

文明、经济发展、社会进步、人民富裕和谐安康的健康城市。因此，对于医疗卫生市场的需求，将处于高增长和高要求时期。可研报告首先采用定量的预测方法，通过对全国部分省、市每千人拥有中医床位数的数据统计分析，和对人均卫生费用增长与每万人口住院人数增长关系的测定，以及对河南省GDP的增长与出院人数增幅的预测，确定了医院所需的床位数。

2. 按照合理的医疗规模来确定本项目的建筑规模

研究组依据国家发展改革委、国家中医药管理局《关于印发重点中医医院建设与发展规划的通知》发改社会〔2009〕664号、国家发展改革委、国家中医管理局印发的《中医临床研究基地建设指导意见》以及《中医医院建设标准》确定了基地的建筑面积。

三、结合医院的自身条件确定最佳方案

在总体布局上，因地制宜，在满足规范的前提下，遵循现代医疗建筑设计理念，从医疗规划着手，充分考虑医疗及医学模式的转化，采取了相对集中的布局方式以达到布局紧凑，既便于患者就近方便就诊治疗，又便于现代医院科学管理。对于医院内外人流、车流的交通组织和出入口关系处理，做到动静分区，洁污分流，医患分流。同时注重医院内外环境协调，充分体现"数字化医院""人性化服务""生态化环境"的新型现代化医院的品质。医疗功能区采取简洁、规整的建筑形体，通过建筑手法处理，使建筑群体高低结合、错落有致，充分体现医疗建筑简洁大方、清新典雅的个性特征。

在单体设计中，合理布置门诊、急诊、研究、病房功能，相关功能集中布置，服务半径合理，注重资源共享。以医疗功能为单位划分楼层分区，设计满足功能的适应性，稳定性；建立稳定的功能区域，避免不必要穿越干扰；各类人群使用空间明确，创造了高效的内部医疗环境。

在建筑造型上，根据院方"功能分区明确，平面布局合理，满足医疗使用功能"等各方面的要求，结合医院原有建筑的形态和郑州市的城市文脉，本方案设计综合考虑了外形和内涵，采用简洁的现代的建筑形象，运用质朴简约的建筑语汇，通过环境、空间、结构、材料的独特处理，强化了建筑与周围环境的和谐共生，促进了当代审美与医疗建筑的融合。

图2　研究基地设计方案

四、工程内容和费用构成齐全，计算合理

本项目投资估算根据建设单位提供的该项目相关文件和有关说明、项目的设计方案及有关部门说明、现行河南省的建安定额及有关规范和规定、主要材料的近期建设工程的造价信息，并参考大量同类建筑有关资料编制而成的，其中，建筑工程投资估算按照新建国家中医临床研究基地及综合门诊楼的使用功能，参照郑州市建筑工程造价水平以平方米指标分项估算，院区工程根据总体设计分项目估算。公用系统设备购置及安装工程采用生产厂家近期报价，公用系统的管线工程参照我院类似项目以造价指标估算。其他费用按照郑州市各项计费标准计算。基本预备费按工程费用与其他费用的3%计取。该投资估算切合实际，对项目顺利开展起到了重要的作用。

五、运用动态的分析方法对其进行了财务评价

本项目是公共项目，是不以营利为目的的非

营利项目，临床研究基地本身是没有效益的，是造福于全社会的项目。但本项目又直接为公众提供医疗卫生服务，有经营活动，有营业收入。医疗费用价格又不完全由市场机制形成，而本项目之所以能够实施建设，不仅需要国家和地方政府的大力支持，还需要河南中医学院第一附属医院来承担此建设重任，项目是依托于一附院的，与一附院本身的经营情况具有不可分割的联系，所以对于本项目的财务分析主要是对项目建成后医院财务生存能力的分析和医院对项目偿债能力的分析。

首先，根据一附院近五年的运营情况和财务数据，利用弹性系数法，预测出医院营业收入，并根据现有医院近几年的营业构成情况分析，分析出医疗收入和药品收入所占比重。其次根据医院的特殊性，在运营成本方面，主要测算医疗材料消耗，药品成本，能耗费用，人员工资及福利，管理和其他费用，固定资产折旧费，修缮费用以及贷款费用。基本数据确定后，运用动态的分析方法，对项目建成后20年的偿债能力、财务生存能力进行了分析评价，因项目是利用了原有的资产和资源，其建设期内，建设与运营同步进行，很难界定项目范围。编制人员采用总量的效益和费用数据，评介医院的财务状况，并通过严密准确的计算方法，对经营收入、经营成本、投资总额等五项不确定因素的变化，计算其行业基准收益率下的临界点，进行了敏感性分析和盈亏平衡分析，得出诸因素中，影响较大的是经营成本和耗材成本两大因素，而经营成本又以原材料、能源的变化影响较大。因此再定性地对项目提出多项风险规避的建议。

六、环境影响评价的内容完整

本项目分别对建设期和运营期进行了环境影响分析，分析项目的主要污染物产生及预计排放等情况，针对该行业的特殊性，提出了相应的防治措施及预期治理效果、结论与建议。

【咨询效果】

一、项目建设的社会意义

本项目进一步挖掘中医药在治疗艾滋病和慢性阻塞性肺病方面具有的独特功能，为中医药防治艾滋病和慢性阻塞性肺病方面作出了很大贡献，对国内、国际医学界艾滋病和慢性阻塞性肺病的防治将是一个巨大的促进。项目建成后，以艾滋病、慢性阻塞性肺病为重点的国家中医临床研究基地，基础设施完备，功能结构合理，设备配套先进，人员队伍精良，研究方向明确，科技优势领先，中医特色突出，临床疗效显著，模式机制

图3 研究基地夜景效果

创新,具有很强中医临床研究与创新能力,成果转化能力和技术辐射能力,在国家中医药服务与科技创新体系中发挥龙头作用的临床科研中心和现代化的综合性中医医院。在全国尤其是在中、西部地区的中医药行业内必将起到无可取代的示范、辐射作用,对国家卫生事业在中西部地区的发展具有重大的意义和深远的影响。

二、社会影响分析

国家中医临床研究基地及综合门诊楼项目建成后,较好地实现了河南省中医事业发展"十一五"规划的预期目标,有利于推动和促进河南省中医的专科建设,可以较好地起到示范作用,有利于河南省把重点中医专科做强做优,推动全省中医重点学科带头人的培养,建设合理人才梯队,推动专科建设水平的不断提高,促进全省建成一批信息互通、资源共享的专科协作网络,提高全省中医医院综合服务能力和增强其核心能力。

本项目建成后,将提高医院的医疗服务能力:日门急诊量较现有的门急诊量增长44%以上,病床数增长30%以上,不仅满足河南省人民在生活水平提高以后对医疗保健的新需求,同时进一步扩大了对周边省市的医疗卫生服务和预防、保健的服务。

三、互适性分析

本项目建成后,符合国家和河南省经济和社会发展规划和卫生事业发展的要求,充分合理利用现有卫生资源,根据国家中医研究基地建设目标和《重点中医医院建设和发展规划》的要求,进行改建和整合,在医院现有的院址内,建设一所高水平的现代化三级甲等综合性中医医院。项目的建成后的效益有:① 有助于高层次医疗科研人才的引进,并能适当增加郑州市的就业人口(项目建设需增加700~800名医技及行政管理人员,而且,按常规:医疗机构每增加1人就业,就可带动相关行业5人就业)。② 有助于带动当地第三产业的发展。据世界医药组织资料,医药行业每收入1元,相关行业的收入可达4.3元。③ 有助于提高河南中医学院的教育科研水平,提高当地居民生活水平与生活质量。因此项目建设不仅不会对周围地区造成不利影响,而且具有良好的互补性。

常州市第一人民医院综合病房大楼项目可行性研究报告

The Feasibility Study Report of the Comprehensive Ward Building Project of Changzhou First People's Hospital

编写单位：同济大学建筑设计研究院（集团）有限公司
Tongji Architectural Design (GROUP) Co.,Ltd.(TJAD)
联系电话：021-35377649　　网址：http://www.tjadri.com
主要完成人：翁晓虹　熊跃华　徐春芳　谢亚玲　杨永刚　王玉萍　邹立远　陈佳妮　罗良红

【点评】

本报告从区域经济发展、医院对常州市乃至江苏省的区域影响力、社会责任、院区规划、医院长远发展、医院运行效率提升等角度，研究了本项目建设的必要性和可行性。综合病房大楼的建设使得医院的医疗、教学、科研环境等设施得到较大的改善，优化了就医环境。

【项目背景】

医疗卫生事业关系到人民群众的身体健康和生老病死，与人民群众切身利益密切相关，是社会高度关注的热点，也是实现经济与社会协调发展，构建社会主义和谐社会的重要内容，贯彻落实"三个代表"重要精神，认真落实以人为本和全面、协调、可持续的科学发展观，大力发展中国医疗卫生事业，保障公共卫生安全，是摆在各级政府、各有关部门面前的重大历史任务。

自2002年底以来，随着常州市第一人民医院2号综合病房大楼和1号门急诊综合大楼的先后启用，为医院的持续发展带来了新的机遇和更高的要求。2005年被确立为江苏省首批基本现代化医院，先后有10个专科被确立为省级临床重点专科，医疗技术、医疗质量以及医疗业务量等，始终名列江苏省前四位。

综合病房大楼建成后，医疗设施和生活设施更趋完善，病人就诊及住院治疗相对集中，既方便了病人又便于管理，进一步提高医疗服务质量，改善医院就医环境，创造可持续发展的条件，能更好地为全市人民服务。同时医院将坚持两个效益同步发展的原则，在注重社会效益的同时兼顾经济效益。更好地落实党的十七大提出的"科学发展观"指导思想，把医院建设成为一所名副其实的现代化医院。

【项目内容】

1. 建设单位

常州市第一人民医院。

2. 建设地点

本项目位于常州市第一人民医院院区西南侧，基地为一东西向约110米，南北向约110米的不规则多边形，南临城市辅助道路唐家湾路、东北直面医院历史建筑8号楼（4层）、西南临市级文物保护建筑庄存与故居、东侧为5号楼行政综合大楼（5层）。基地周边地势平坦，地质情况稳定，交通便捷，基础设施到位。

3. 建设内容及规模

本项目总建筑面积111 584 m^2（不含全科医生临床培养基地），地上24层（不含第四层的全科医生临床培养基地），地下2~3层。建筑主体分为医技、住院两大功能区块：在5层裙房内布置影像中心、检验科、中心供应科、ICU、手术中心等功能。6~7层设产科产房，8层设新生儿科和儿科，9~25层则为住院部，共38个护理单元。地下室-1/F层布置采购中心等，-2/F层布置设备用房，其他部分地下室设三层，均为地下机动车库等。

4. 项目定位

为满足人民群众日益增长的健康需求，根据常州"十一五"规划要求，建设综合病房大楼，能够充分有效地利用现有医院内土地、人才、设备资源等，增加病房床位数，合理调整全院医疗用房布局，使得整个常州市第一人民医院的医疗、教学、科研环境设施等各方面都得到极大的改善。

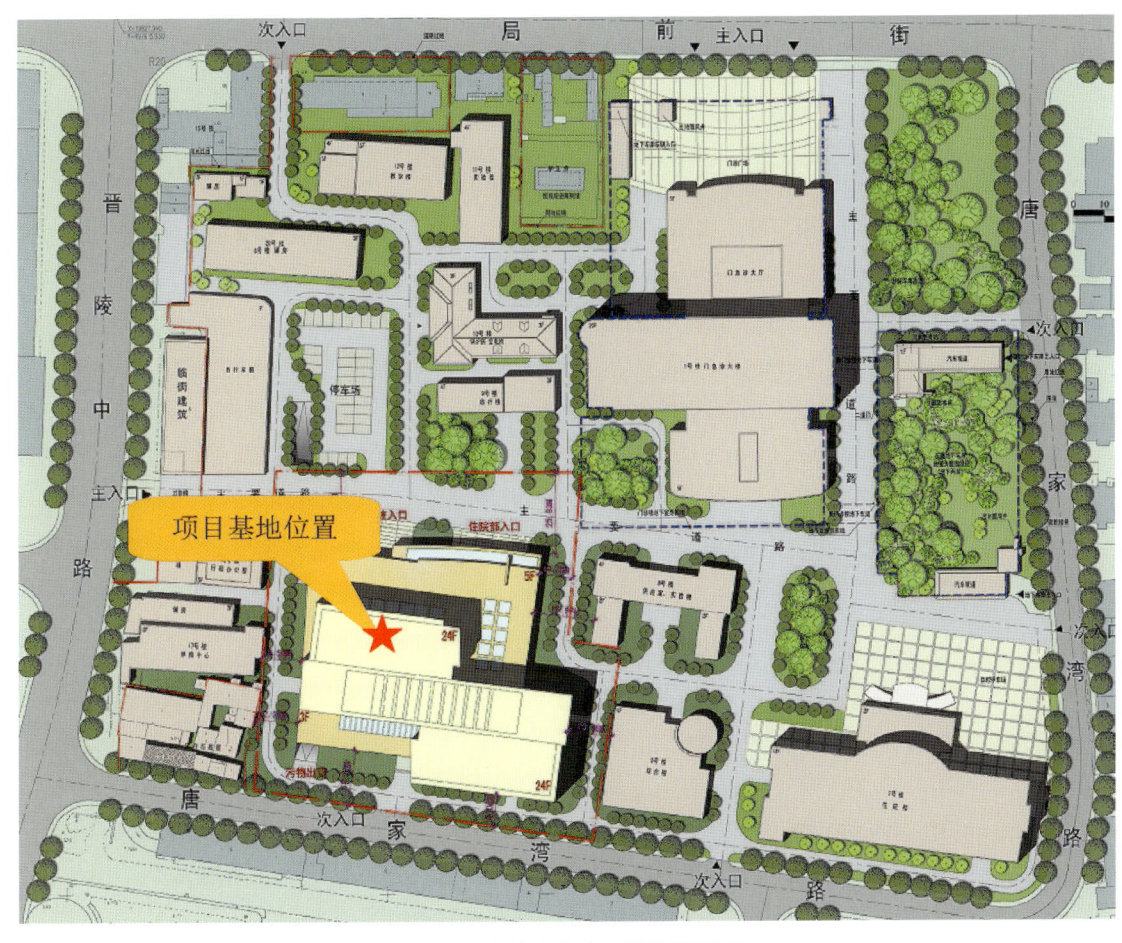

图1 医院综合病房大楼总平面图

5. 技术可行性

项目的方案设计有高度和深度,设计理念具有前瞻性,内容全面,并对项目的内部功能空间进行了深入细化分析和配置。另外,针对医院病房大楼的独特性,方案还对项目的安全、环境、医护呼叫对讲系统等进行了较为规范、深入的专业设计。项目的设计方案专业,技术方案可行,为后续的初步设计等环节打下良好基础。

6. 投资估算

本项目总投资人民币7亿4 820万元,包括建筑安装工程费、工程建设其他费、预备费等。项目资金来源由争取中央投资2 800万元及地方配套解决。项目资金来源有保障。

7. 效益分析

本项目的建设有利于江苏省临床医疗水平的提升,提升医院的运行效率,满足常州及周边人民群众对优质医疗资源的要求。本项目社会效益显著。

【工作过程】

本项目可行性研究工作从2010年1月开始,

图2 医院综合病房大楼效果图

于2010年7月完成。工作过程如下：

1. 与项目业主进行深入访谈

了解项目提出的背景及建设目标，了解业主决策的难点。项目是由政府主导的、国有资金投资的、重点发展区域内的综合性三级甲等医院综合病房大楼项目，涉及人民群众的切身利益，必须在投资决策前作好前期研究，如项目建设是否符合国家政策、区域发展、医院发展规划等、确定项目建设的目标及定位、功能分区、投资估算、效益测算等。

2. 深入现场进行调研考察

研究项目的宏观经济环境和微观建设条件，提出项目可研报告编制大纲，并与业主进行沟通讨论。研究主要内容和重点包括：项目建设背景及必要性分析、项目选址及建设条件、项目建设内容与规模、项目规划设计方案、环境影响评价、节能分析、项目管理及实施进度计划、项目招投标方案、投资估算及资金筹措、社会效益分析等。

3. 撰写可研报告

在完成可研报告初稿后，经专家评审，听取各部门意见，修改完善报告，提交可研报告正式文本；参与项目各项汇报，参与相关审批部门的沟通和答疑。

【咨询工作特点】

1. 建设必要性论证充分

项目是由政府主导的、国有资金投资的、重点发展区域内的综合性三级甲等医院综合病房大楼项目。党的十七大把解决"民生"问题放在十分突出的位置，医疗卫生事业涉及人民群众的切身利益，更是十分重要的民生问题。常州市第一人民医院作为有着90多年历史的三级甲等综合性医院、江苏省首批基本现代化医院，承担着为常州市乃至江苏省内广大人民群众提供优质医疗服务的重任，而且对常州市临床医疗水平的发展起着引领和示范作用；在常州市医学人才队伍建设中发挥了重要作用；在应对区域性公共卫生突发事件时起着核心保障作用。

报告从国家政策、区域经济发展、医院对常州市乃至江苏省的区域影响力、社会责任、院区规划、医院长远发展的需求、医院运行效率提升的需要等角度出发，研究本项目建设的必要性和可行性。报告分析透彻，立意较高，具有很强的指导性和前瞻性。

2. 项目规模论证合理，空间规模具有前瞻性，保证医院的可持续发展

常州市地处长江三角洲经济文化发达地区，经济发展迅速，外来人口快速增长，城市老龄化现象越来越严重，病人的病种结构逐年变化，随着市民健康保健意识的增强，对目前医院住院的床位需求越来越大，对改善医疗环境的要求亦越来越高，而医院现有病床已满负荷运行，新建病房楼增加床位十分紧迫。依据《综合医院建设标准建标110-2008》，医院规模按照日门诊量、总床位规模设计。项目建设规模合理可行，同时考虑了综合医院的可持续发展，也为区域社会经济发展提供良好的卫生服务设施保障；对于保持在江苏省内医院第一方阵，巩固医院影响力，意义重大。

3. 项目投资估算依据充分、价格合理

根据我院多年来从事工程设计、造价咨询的实践经验，以及常州市现行的人工、机械、材料价格水平及相关文件等有关造价信息资料，对项目各单体建筑及总体的投资作了细致的估算，估算依据充分、价格合理、计算准确。经测算，项目总投资为7亿4 820万元，包括建筑安装工程费、工程建设其他费、预备费等。

4. 环境保护措施完备，节能减排有保障

本项目可行性研究报告中充分考虑了环保节能的要求，分析了常州市区域环境质量现状、工程施工期、运营期可能影响环境的因素和环境保护措施，使得各类污染因子都能得到有效控制，做到达标排放，对周围环境影响不大。同时，响应国家节能减排的号召，提出了节能减排措施。

【咨询效果】

报告咨询效果显著，主要体现在：

1. 有利于提升本地临床医疗水平

常州市第一人民医院作为有着90多年历史的三级甲等综合性医院、江苏省首批基本现代化医院，医院设有临床科室和医技科室44个，拥有一批省级临床重点专科、市级临床重点专科、市级医学重点学科，建立了以综合实验室为主体、与各省、市临床重点专科相配套的专科实验室、综合实验室、肿瘤实验室、中美现代医学实验室为市重点医学实验室。综合病房大楼的建设，将为常州市第一人民医院的重点专科、重点学科的发展提供更加现代化的基础设施平台，从而提升本地的临床医疗与科研水平。

2. 满足常州市民及周边地区人民群众对优质医疗资源的要求

综合病房大楼的建设使得整个常州市第一人民医院的医疗、教学、科研环境设施等各方面都得到极大的改善，改善了就医环境，同时将新增床位700张、30间净化手术室及其他重要医疗资源，极大改善医疗服务的基础设施，进一步发挥医院特色，扩大医院服务规模，满足常州市民及周边地区人民群众对优质医疗资源的要求。

3. 有利于优化医院规划，提高医院的运行效率

综合病房大楼的建设，可以充分整合本院的人才和医疗设备资源，利用医院的土地，改善医疗环境；使医院院区医疗大流线更趋合理、顺畅；在医患分流、洁污分流的流线设置上更为明确、通畅。同时可以使门急诊、医技、住院之间的流线关系更为密切紧凑。3号综合病房大楼的建成将大大加强了本院的建筑群体的完成性，改善医院的景观环境和人文环境，使医院的整体环境发展更为完善、和谐、统一。

因此，常州市第一人民医院综合病房大楼的建设既符合常州市卫生区域规划总体要求，满足了当地广大人民群众对优质医疗资源的需求，也符合常州市第一人民医院自身可持续发展的需要。项目的实施，具有良好的社会和经济效益，将对常州市卫生事业和常州市第一人民医院的发展起到重大的推动作用。

三、评估咨询报告篇

中国(上海)自贸试验区半年、一年度综合评估报告
The Comprehensive Evaluation Report on the Semi-annual & Annual Operational Performance of China (Shanghai) Pilot Free Trade Zone

编写单位：上海投资咨询公司
Shanghai Investment & Consulting Corporation
联系电话：021-63903366 网址：www.sicc.sh.cn
主要完成人：戴建敏 王骅 耿海玉 吕海燕 张彬 符号 杨蓓 石炜昕

【点评】

本评估报告使用了"现状、效果、问题、建议"总体论证框架，对自贸试验区的运行情况进行了递进式的论证，逻辑结构严密。以梳理"改革的逻辑"为着力点，从政府制度建设和社会响应反馈两个维度去分析制度创新，并通过指标体系构建的方式量化评价试验工作成效，是评估报告的创新和特点所在。

【项目背景】

后金融危机时代，国际国内形势发生深刻变化。国际方面，全球产业分工酝酿重新调整，国际竞争规则以一体化和自由化为导向深度重构；国内方面，中国经济发展进入"新常态"，依赖物质要素投入和低成本竞争的传统发展方式难以为继，经济结构面临调整，产业升级迫在眉睫。

鉴于新形势、新变化，党的十八届三中全会作出了全面深化改革的决定，提出了利用改革开放的重要法宝，破除各方面体制机制弊端，进一步解放思想、解放和发展社会生产力、解放和增强社会活力的要求，明确了推进国家治理体系和治理能力现代化的目标，并强调在经济这一重点领域，紧紧围绕使市场在资源配置中起决定性作用，深化经济体制改革。而建设自贸试验区正是经济领域全面深化改革从局部突破的重要尝试。

2013年9月18日，国务院发布《中国(上海)自由贸易试验区总体方案》(国发〔2013〕38号)。2013年9月29日，中国(上海)自由贸易试验区(以下简称"自贸试验区")正式挂牌成立(见图1)。

为了解自贸试验区的发展现状，总结经验，发现问题，指导下阶段制度创新的试验和探索工作，市委、市政府要求对自贸试验区的运行情况

图1 中国(上海)自贸试验区

进行综合评估。

根据市委、市政府要求，受自贸试验区推进工作领导小组办公室委托，上海投资咨询公司分别在自贸试验区挂牌运行满半年和一年时开展了综合评估工作。

【项目内容】

评估报告对自贸试验区建设的现状、成效和问题进行了评价，并在此基础上，从政府改革角度出发，提出建议。

一、发展效果方面

随着试点任务的不断滚动推进，法律文件的不断修订出台，自贸试验区制度框架基本成形，社会各界积极参与，区域运行总体良好，溢出效应不断显现。

1. 投资领域

自贸试验区以"负面清单"管理制度为基础和起点，构建了准入环节自由开放、注册环节便捷高效、建设环节透明优化、经营环节公平安全的投资管理制度体系。

2. 贸易领域

围绕通关流程优化、区内功能拓展，自贸试验区构建了以国际贸易"单一窗口"为基础，"一线放开、二线高效管住、区内自由"的贸易监管制度体系。

3. 金融领域

自贸试验区构建了以自由贸易分账核算体系为基础，以宏观审慎经营原则、"三反"监管制度和风险防范机制为保障，可叠加多项功能、容纳业务组合、承载产品创新的金融创新制度体系，实现利率市场化、汇率国际化、人民币境外使用扩大化、事前审批便利化、风险监管常态化。

4. 监管领域

自贸试验区构建了以"政府职能转变实现高效安全管理"为核心、以信息手段支撑为基础、政府自身革命和社会力量参与协同推进的事中事后监管制度体系。

总体来看自贸试验区建设在关键领域、关键路径和关键环节有所突破；政府、市场和社会关系开始转变；区域效率正在不断提高，活力正在不断提升，创新可能性正在不断加大。自贸试验区在金融等核心领域辐射效应不断强化，服务全国能力不断提升；自贸试验区在凝聚各地改革共识，带动全国改革开放，引领国家创新能力提升方面的"发动机"作用逐步凸显。

二、发展建议方面

下一阶段，要"大胆闯、大胆试、自主改"，推动自贸试验区建设向纵深发展。

1. 要协调政府、市场、社会关系

以协同思维处理政府内部关系，以底线思维平衡政府市场关系，以信任思维协调政府和社会关系。

2. 在法制领域形成重点突破

通过大力推动立法、法律调整和司法层面的改革，强化法制建设在约束政府行政权力、营造试错和容错的氛围和环境、保护巩固改革成果方面的积极作用。

3. 推进四大领域制度创新

要把握关键环节，整体、系统、全面推进投资、贸易、金融、监管四大领域改革。

【工作过程】

自贸试验区的评估工作在理解目标、勾勒现状、给出建议和实现创新方面等很多方面存在难点。为突破瓶颈困难，项目组在整个过程中开展了如下工作：

1. 在前期，全面整理和研究文献数据资料

（1）认真研读《中共中央关于全面深化改革若干重大问题的决定》和《中国（上海）自由贸易试验区总体方案》等纲领性文件。

（2）持续收集出台政策，加以归类和研究，并从境内外媒体舆论和网站等多元渠道，持续跟踪收集政策实施效果。

（3）从联合国、世界银行、美国劳工局等外国机构挖掘数据，以补充国内官方数据的不足。

（4）梳理FTA、BIT、TPP等国际通行投资贸易规则，并对鹿特丹港、汉堡港、迪拜自贸区等国际先进地区的做法开展案例研究。

2. 在过程中，充分发挥调研座谈和问卷作用

半年度评估工作中，认真听取高校、研究机构专家学者意见，与自贸试验区管委会、市发展改革委、商务委、交通委、金融办、口岸办、海关、检验检疫、海事等部门进行深入沟通，了解自贸试验区进展情况，调研区内、区外各类企业、国内外商会等社会组织，听取反馈意见。一年度评估工作在此基础上，通过市统计局对区内企业开展的试验区功能监测调查，以及委托上海进出口商会对会员企业的问卷调查，了解区内外企业对自

贸试验区制度创新的感受。

【咨询工作特点】

一、牢牢把握关键问题，结论建议针砭时弊

1. 前期大量思考研究，牢牢把握关键问题

通过前期阅读大量资料，进行大量思考、开展大量讨论，项目组准确把握了自贸试验区建设的关键问题，确保评估方向正确。

（1）准确把握了建设自贸试验区的战略意图和目标，项目组认为自贸试验区建设是一项国家战略，其战略意图、目标和作用既是确定的，又在国际、国内新的发展形势中不断丰富其内涵和外延，评估工作应正确把握该国家战略所内涵的意图、目标和作用，明确其与国际通行意义上的自由贸易区的联系与区别，重点关注"构建开放度最高的区域"和"构建现代化的经济社会治理体系"的建设目标。

（2）准确把握"制度创新"这一核心，项目组认为自贸试验区建设意在通过"制度创新"这一抓手实现其应有的国家战略，因此，"制度创新"将始终是评估工作的核心。

（3）准确把握统筹几大重要关系是根本，自贸试验区建设是一项关系多元、主体多元、目标多元的国家战略，只有坚持做到统筹"区内区外"、平衡"全国上海"、放眼"国际国内"，评估工作才能达到应有的广度、高度和深度。

2. 坚持科学客观公正，结论建议针砭时弊

项目组在评估过程中始终坚持工程咨询行业"科学、客观、公正"的要求和"多谋、慎断、敢言"的作风，做到结论有针对性、建议有操作性。

（1）以一年度评估为例，项目组以大量事实、数据和案例为支撑，在充分肯定自贸试验区"各项任务全面有序推进，制度建设工作成效初显，区域效率正在不断提高，活力正在不断提升，创新可能性正在不断加大"等成绩的基础上，客观科学地提出了自贸试验区建设存在的"思想未充分解放、理念未全面转变、利益羁绊未尽弃、改革自信未建立以及远景规划和顶层设计的缺位，直接导致改革工作缺乏整体性、系统性和协同性"等问题，做到有理有据。

（2）在建议方面，评估以"协调政府市场社会关系"的宏观叙事出发，提出以"法制领域改革形成重点突破"的策略，在投资、贸易、金融和监管四大重点领域，把握关键环节，提出相关的有高度且能落地的改革建议。

二、基础研究扎实全面，工作机制不断创新

1. 工作方法多元并重，互相支撑

在评估工作过程中，项目组注重运用多元工作方法，互相支撑形成立体论证。

在半年度评估过程中，项目组扎实地使用了资料收集与调研座谈相结合、定量分析和定性分析相结合的工作方法。通过文献整理法，项目组梳理了时间范围内国家发展的新形势，国际发展的新变化，以及国际、国内发展新趋势，对自贸试验区建设的战略意图和目标有了充分的了解；项目组在对出台的相关政策文件进行梳理和分类的基础上，从自贸试验区官网、相关媒体舆论报道、境内外企业及组织网站等多元渠道，对各项政策的实施效果进行持续跟踪收集，为评估工作的开展奠定了良好基础。通过调研座谈法，项目组与管委会等相关部门深入沟通，了解商务、海关、检验检疫、金融、工商等部门的试验进展情况；全面调研区内区外各类企业、国内外商会等社会组织，掌握了金融、贸易企业、跨国公司、外资咨询机构的意见反馈，认真听取高校、研究机构专家学者意见，获得了多元新鲜的观点。

在一年度评估工作过程中，项目组还根据发展情况变化和实际需求，使用了问卷调查法、指标评价法、情景规划法等方法。通过问卷调查法，对区内企业和上海进出口商会会员企业进行了问卷调查，了解企业主体对自贸试验区的看法及满意度、对自贸试验区的诉求和建议。通过情景规划法，对自贸试验区的未来远景（建设"构建开放度最高的区域"）进行了概括性地判断和描述，为后续发展建议的提出提供参考借鉴，为总体评价提供依据支撑。通过指标评价法，构建了涵盖政府和社会两个层面、包括9项指标的评价指标体系，对自贸试验区的发展现状及成效实现了量化评价。

2. 工作机制应需而变，不断创新

如前所述，自贸试验区运行情况综合评估覆盖多个专业领域，工作难度较大，需广泛借智借力。项目组根据自贸试验区不同的发展阶段和评估工作不同的要点重心，不断创新工作机制，实现应需而变。

对半年度评估而言，自贸试验区方才挂牌建立，处于萌芽阶段，自贸试验区建设还不为企业和社会所认知，统计数据普遍缺乏，对评估工作

而言,了解"知情者"的观点并就自贸试验区建设给出方向性的判断是重点。项目组适时采用了联合评估工作小组的工作机制,组成了上海投资咨询公司牵头、市府发展研究中心、市社科院、市发展改革研究院、市信息中心等研究机构专家共同组成的第三方评估工作小组,全面吸收真知灼见,圆满完成评估工作。

对一年度评估而言,经过一年发展,自贸试验区已步入成长阶段,各方运作已经成型并稳定,企业和公众已对自贸试验区建设情况有了一定了解,统计数据已经初步有所收集。此外,市政府采取了"多个第三方同步独立评估"的工作模式。对评估工作而言,以企业和社会感知为基础开展评价是重点。项目组适时选择与市统计局和市进出口商会等单位合作,采用了联合问卷的工作机制,获得数据,为评估工作的顺利开展奠定了坚实基础。

三、形成评估工作范式,在传承中不断完善

以大量其他政策研究和评估类项目工作为铺垫和积累,半年度评估工作时期,项目组采用了"现状、效果、问题、建议"的递进式逻辑框架,并形成了政策研究和评估类课题的工作范式。

而一年度评估工作传承和沿用了半年度评估工作的"现状、效果、问题、建议"的基本框架,并在此基础上不断升级和完善,主要包括:

① 将投资、贸易、金融和监管四大领域的工作成效,按照"制度建设、企业体验、溢出效应"三大方面实现更加科学的归类;

② 新增了"指标评价"章节,以量化形式直观反映自贸试验区的建设成效;

③ 将建议部分按照"宏观方向、切入重点和分领域细分措施"形式予以更加清楚的表现。

工作方式的形成,对于其他同类工作而言具有可复制、可推广性,为后续其他政策研究和评估类课题的开展提供了有效支撑。

【咨询效果】

半年度评估时,国务院领导讲话时原文引用了评估报告的部分内容;一年度评估时,中共中央办公厅调研组在上海调研时肯定了上海投资咨询公司的评估工作;公司领导被邀请参加新闻发布会,介绍评估工作,评估结论被新华网、东方网、《经济观察报》《东方早报》等知名媒体转载和引用。

两次评估工作得到了市领导的认可,获得了市发展改革委、自贸试验区管委会等主要职能部门的肯定;评估工作所形成的部分结论,得到了中国(上海)自由贸易试验区推进工作领导小组的采纳,并用于指导自贸试验区后续建设工作开展和政策制定。

黄浦江两岸地区规划及实施评估报告

The Assessment Report on the Planning and Implementation in the Both Shores of the Huangpu River

编写单位：上海市城市规划设计研究院
Shanghai Urban Planning & Design Research Institute

联系电话：021-62473288　　网址：www.supdri.com

主要完成人：苏功洲　王嘉漉　顾军　奚文沁　王明颖　奚东帆　王佳宁　王曙光　郑科　陈敏

【点评】

本报告总结了规划编制、规划管理和实施的过程，对规划目标、执行过程、绩效作用等方面进行系统客观的分析，构建了一个逻辑化、系统化的评价体系。评估方法中既有定性分析方法，即通过定性描述来说明规划是否为决策提供依据以及是否坚持公正与理性，也有定量分析，即通过数据分析等对实施结果与目标蓝图的契合度进行实证分析，是一份体系完整、内容翔实的技术文件，对浦江两岸新一轮综合开发和功能提升具有较强的指导和借鉴意义。

【研究背景】

黄浦江两岸是上海城市的亮点，也是未来发展的重点地区。2002年1月10日，上海市委、市政府决策对黄浦江两岸进行综合开发，旨在通过环境改造和功能重建，优化沿江空间资源、环境资源和历史文化资源配置，将两岸的生产型功能转换为服务型功能。近年来，黄浦江两岸综合开发有力有序推进，按照"百年大计、世纪精品"要求，坚持以人为本，高起点规划、高水平开发。两岸地区功能转换步伐加快，历史文脉得以延续，景观生态焕然一新。

高标准、高水平地实施黄浦江两岸的规划和开发，使它成为城市规划、城市建筑、城市功能的杰作，是上海历届市委、市政府的共同愿望和上海市民的共同心声。目前，上海正全面落实、自觉实践科学发展观，加快推进"四个率先"，全面建设"四个中心"。在充分肯定浦江综合开发取得重大成绩的同时，我们也应该认识到两岸规划实施中的不足以及科学发展观对规划实施提出的更高要求。以科学发展观为指导的城市发展必须是以人为本的全面、协调、可持续发展，通过科学的规划调控和组织实施，切实维护公众的合法权益，促进经济效益与环境效益、社会效益的综合协调。正是在这样一种时代背景下和规划建设工作者自身强烈的职业使命感的驱使下，在上海市规划和国土资源管理局和上海市黄浦江两岸开发领导小组办公室领导的关心指导下，上海市城市规划设计研究院和上海市城市规划学会共同编制《黄浦江两岸地区规划及实施评估报告》，旨在加强规划实施的跟踪分析，客观评价规划确定的发展目标、规划措施落实情况，评价判断规划实施取得的成效和存在的问题及原因，提出进一步完善规划实施的对策建议，为推动黄浦江两岸地区更好更快发展奠定基础。

【主要内容】

规划及实施评估主要针对从吴淞口至徐浦大桥的黄浦江两岸地区。按地区规划研究范围内划分为中心段、南延伸段和北延伸段3个区段共34个编制单元，涉及河道长度约41千米，总用地面积约70平方千米。评估内容主要包括对地区已编规划、城市设计内容的评估，对规划实施过程的评估以及对规划实施结果的评估。

评估报告分为总报告和评估报告两部分。

总报告对评估报告的核心内容作了概括和提炼，简述了评估的目的和方法，总结了浦江开发近十年的伟大成就，分析了规划、开发和实施中尚存不足及其原因，并提出了在创建国际化大都市和城市创新转型大背景下，对黄浦江新一轮开发的意见和建议。

评估报告是一份体系完整、内容翔实的技术文件。报告共分十章：第一章论述了两岸历史

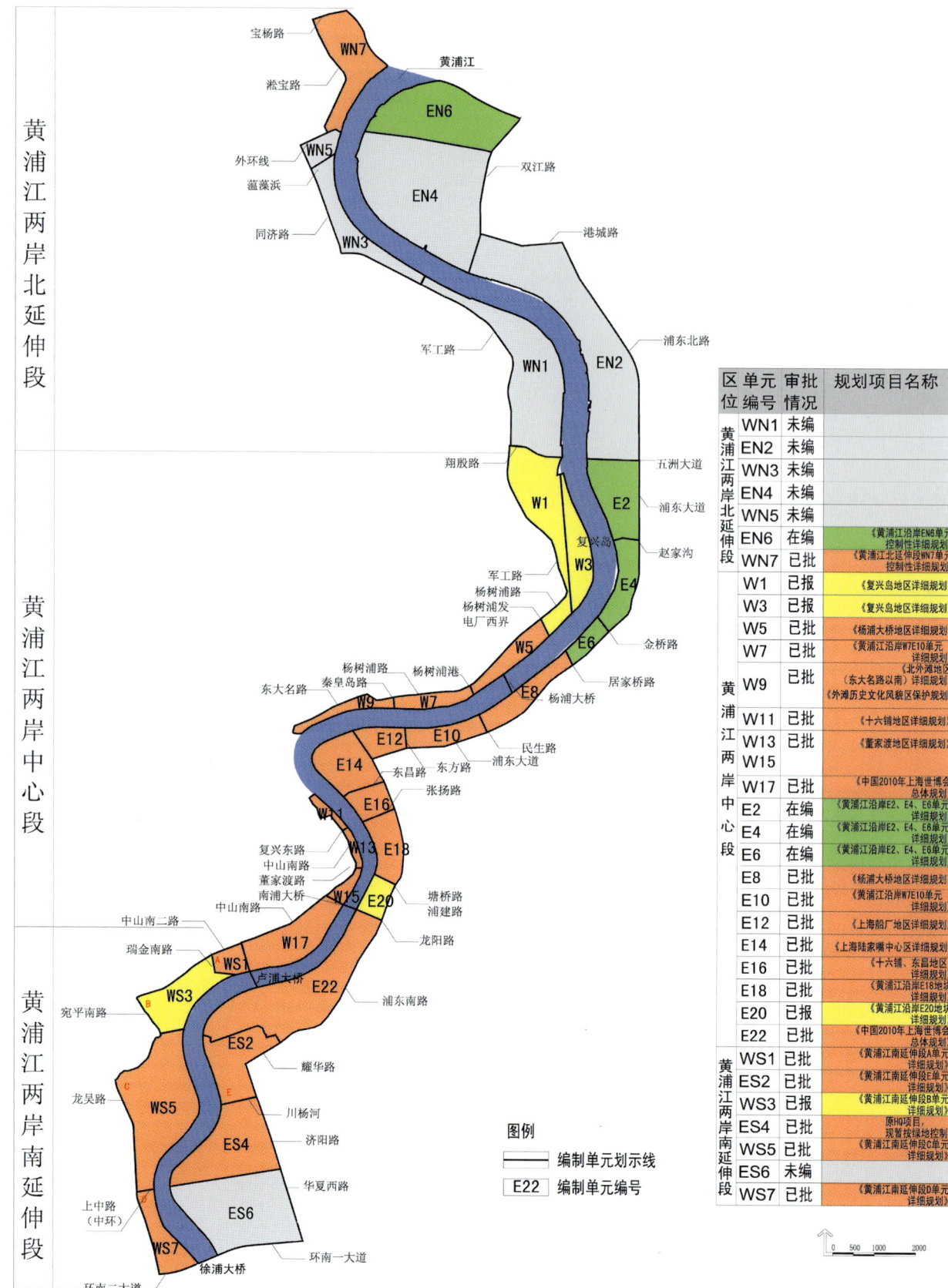

图1 编制单元详细规划审批动态图

和现状的发展概况;第二章简要介绍浦江开发8年来的规划编制、规划实施和开发管理的基本情况;第三章主要涉及原有规划目标在新形势下适用性的评判分析,建立要素化子目标的实证评价绩效指标;第四章至第八章分别对总体规划设定的两岸开发五个子目标进行解析、评判,通过典型案例分析,总结规划实施的经验并提出相应的问题和建议;第九章论述了世博会这一重大城市事件对两岸开发带来的深远影响和与之适应的对策;第十章主要针对开发机制和各项规划管理进行总结和思考。

【咨询工作特点】

1. 评估体系独特和完整

评估体系以总体规划提出的目标体系为基础,结合时代变化带来的略微调整,构建起一个逻辑化、系统化的评价体系。由于五大分目标各自包含了丰富的内涵,故在目标集内部进行进一步划分,形成了若干子目标,用以详尽解释总目标,并各司其职地衔接绩效指标。从总目标到子目标再到绩效指标的过程就是从整体要求出发至全方位衡量具体表现的落实过程,反之,也就是现实表现所产生的影响与意义的提炼过程。

分目标一:建立综合功能区,激发滨水区活力

结合体现城市发展导向、综合活化利用、满足人们最基本的居住要求和提供高效的城市配套的要求,将其划分为"积极发展现代服务业""建立充满活力的滨水混合功能区""改善滨水区住宅环境"和"完善基础设施配套"共4个子目标。用产业和人才构成、功能配置结构、开发建设强度、住宅类型和配套水平,以及详细的市政设施覆盖程度等来分别落实各个子目标。

分目标二:让绿色重返浦江,让市民接触自然

因为生态和绿化是一个不可分割的统一体系,但又有各自独立的系统,用"形成绿色生态网络"和"复育滨水区生态环境"这两个子目标来代替描述。其绩效指标可细分到相互影响却可独立衡量的多个子项,包括绿地规模质量、生境条件、水和空气等的质量、环境污染程度等。

分目标三:改善可达性与亲水性,提高城市生活环境品质

出于吸引公众接近水体,便利公众到达水岸以及保障亲水活动环境符合人性化、舒适的要求,提出"改善交通条件,提高滨水区可达性""丰富公共活动,增加滨水区吸引力"和"兼顾亲水、宜人与安全,提升滨水区环境品质"的子目标,用动、静态道路交通设施的规模和覆盖率、公共活动的内容和形式条件、功能布局以及滨水岸线宜人设计的综合特质等多样化的绩效指标进行详细考量。

分目标四:延续城市文脉,形成城市特色

从城市文脉的表现对象中提炼,把握住不同性质和不同类别的关键要素,分别提出"保护和利用历史建筑,弘扬城市文化""振兴和维护历史地

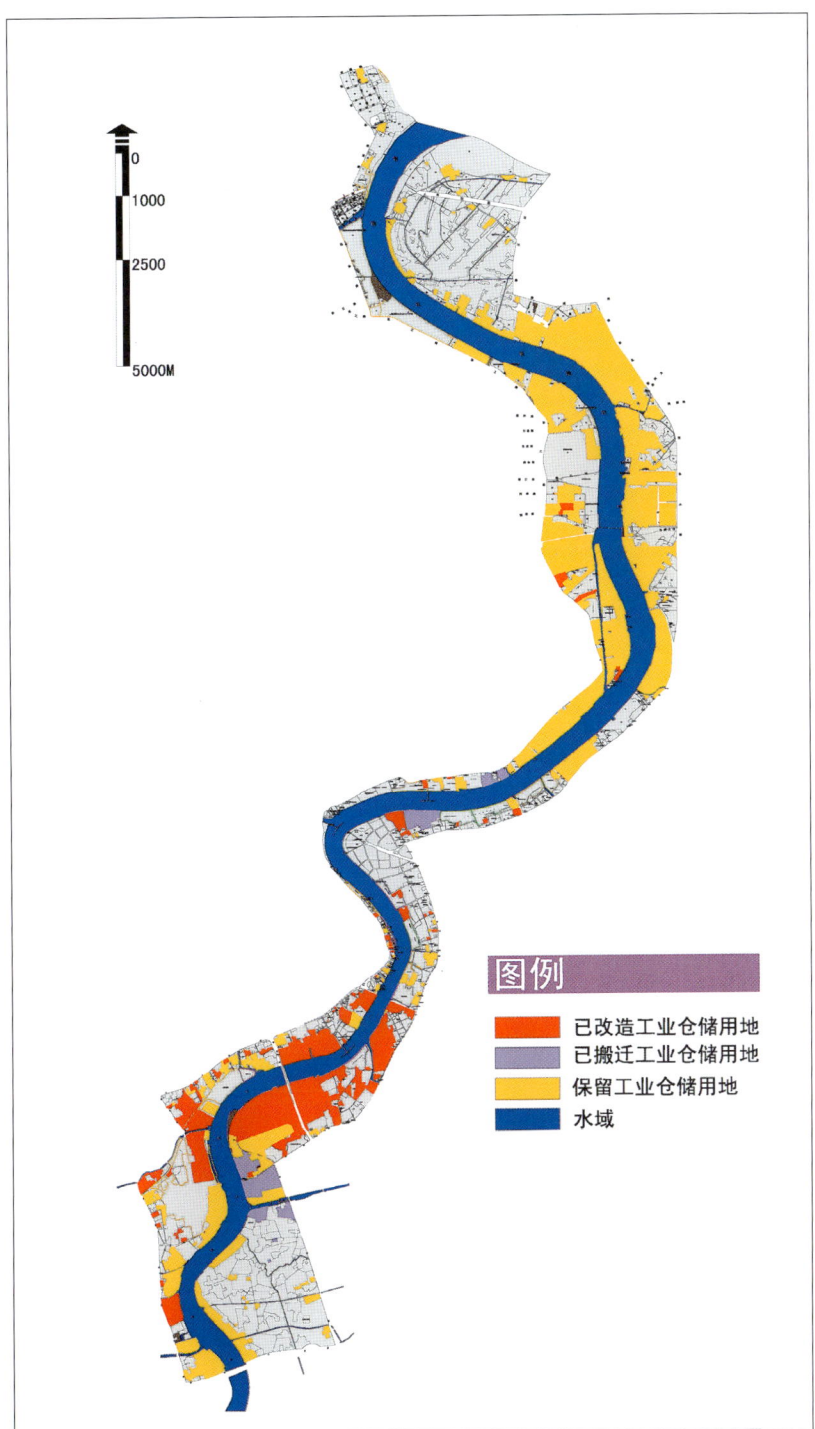

图2 工业仓储改造分析图

段,展现城市风貌"和"保留非物质要素,融入城市记忆"共3个主要子目标,从保留保护规模与类型、改造利用力度与水平、历史价值的公共发挥,以及与现代城市环境的协调等方面具体衡量。

分目标五:创造独特景观,强化都市形象

就双向景观需求而言,从水体向腹地角度强调局部景观标志性和整体协调性,从腹地向水体和水体向水体的角度考虑开放视域,因此提出"形成标志性区域""控制沿江建筑高度"和"控制视线通廊"的子目标。绩效指标围绕地标建筑外貌、建筑群体高度序列和纵横向视线廊道组织来展开。

2. 评估方法和形式多样和创新

黄浦江两岸地区规划实施评估,总结了八年来规划编制、规划管理和规划实施的历程,对规划目标、执行过程、绩效作用等方面进行系统客观的分析,通过对规划实施活动的总结和评价,确定两岸地区的预期规划目标是否达到、规划是否合理有效、规划的主要指标是否实现,通过分析评价找出规划和实施产生偏差的原因,总结经验教训,提出后续规划和实施的方向、重点和措施。

评估方法中既有定性分析方法,即通过定性描述来说明规划是否为决策提供依据以及是否坚持公正与理性,也有定量分析,如通过数据分析等对实施结果与目标蓝图的契合度进行实证分析。充分运用走访、座谈、访谈、问卷、论坛、沙龙等多种组织形式,保证评估成果的公正、客观、丰富。选取具有本地和市域外受众最具代表性的浦东新区陆家嘴街道、黄浦区半淞园街道、虹口区提篮桥街道,在现场及上海市城市规划展示馆等地开展问卷调查,问卷回收率十分理想。组织功能产业和空间景观两场沙龙,分别邀请了政府部门、高等学府、科研学术、境外机构等多方面专家和权威人士,与会专家为规划评估开拓思路,从更宽的领域、更高的视角和更深的内涵提出真知灼见。访谈活动同样精彩纷呈,通过相关单位座谈、资深人士访谈以及约稿形式,汇集了社会各方的思想资源。

3. 评估成果丰富和翔实

评估报告分为总报告和评估报告两部分。总报告对评估报告的核心内容作了概括和提炼,简述了评估的目的和方法,总结了浦江开发近十年的伟大成就,分析了规划、开发和实施中尚存的不足和存在问题,并提出了在创建国际化大都市和城市创新转型大背景下,对新一轮浦江开发的意见和建议。评估报告是一份体系完整、内容翔实的技术文件。

评估研究开展的同步,项目组完成了出版物《重塑浦江》一书的撰写,详尽收纳了浦江开发的各项规划和建设项目,总结和纪念浦江开发8年的伟大成就。

【咨询效果】

规划及实施评估是两岸开发近十年的回顾和总结,取得的成就和积累的经验为其他相关规划和建设提供了宝贵的借鉴意义;分析发现的不足有助于提高规划编制、管理和组织实施的水平;后续建议已经逐步运用到两岸地区的"十二五"发展战略和其他沿江地区的规划编制中。

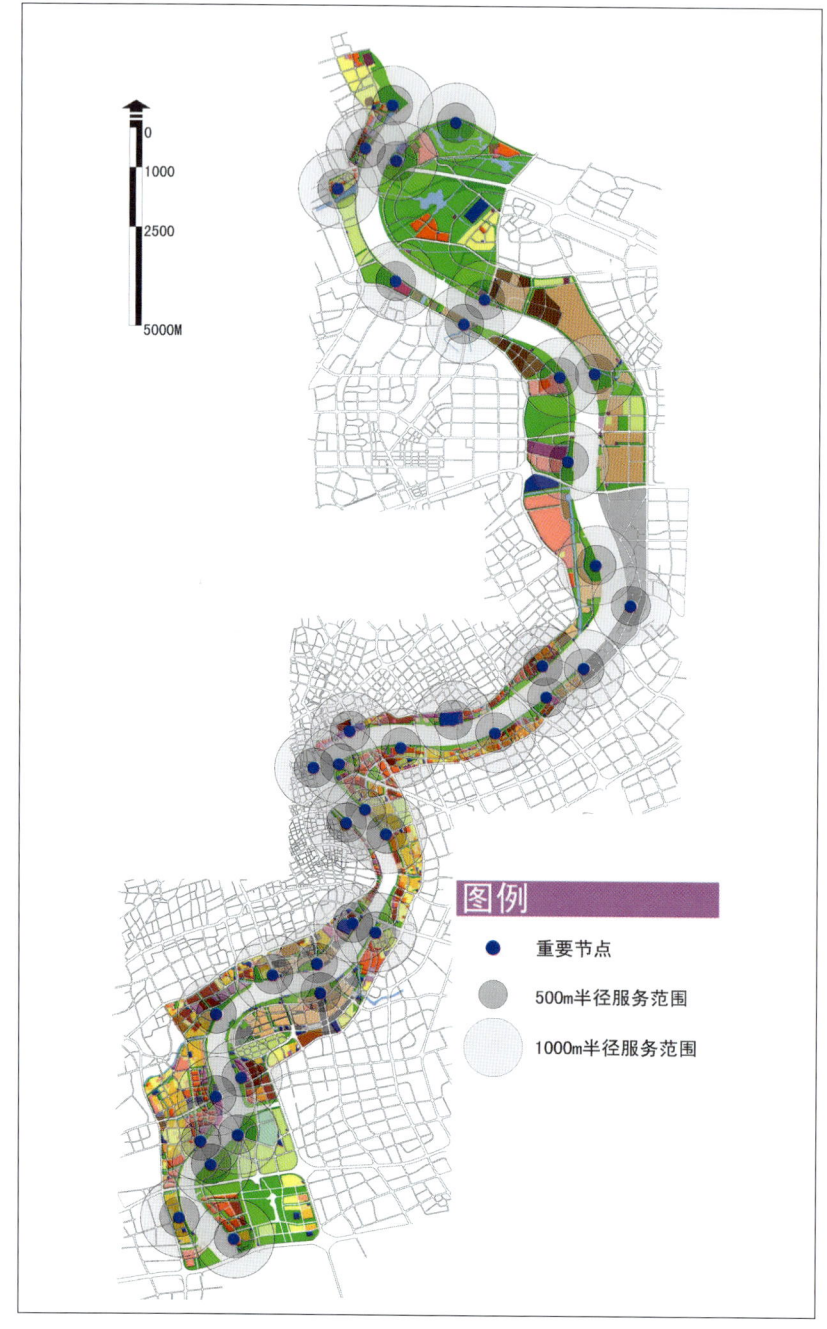

图3 公共活动节点分析图

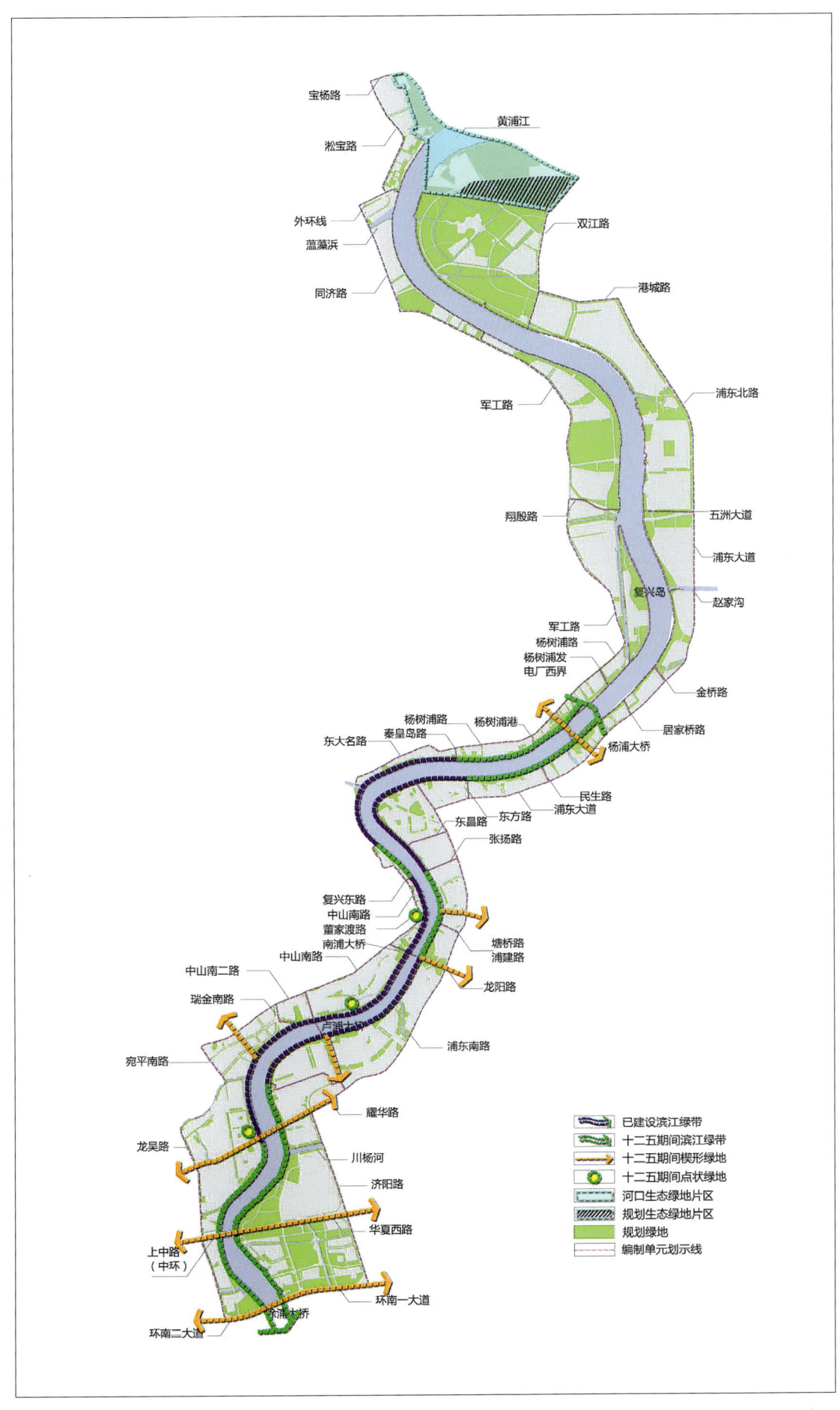

图4 绿地系统分析图

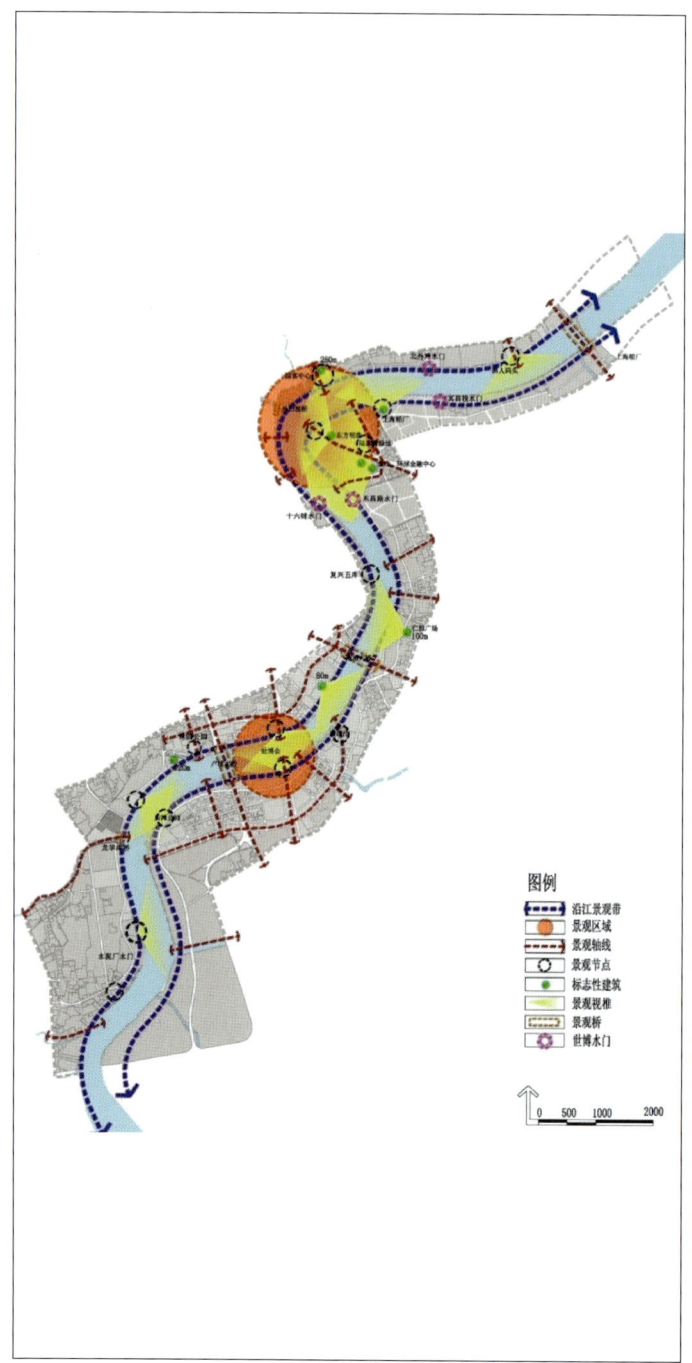

图5 视线与景观分析图

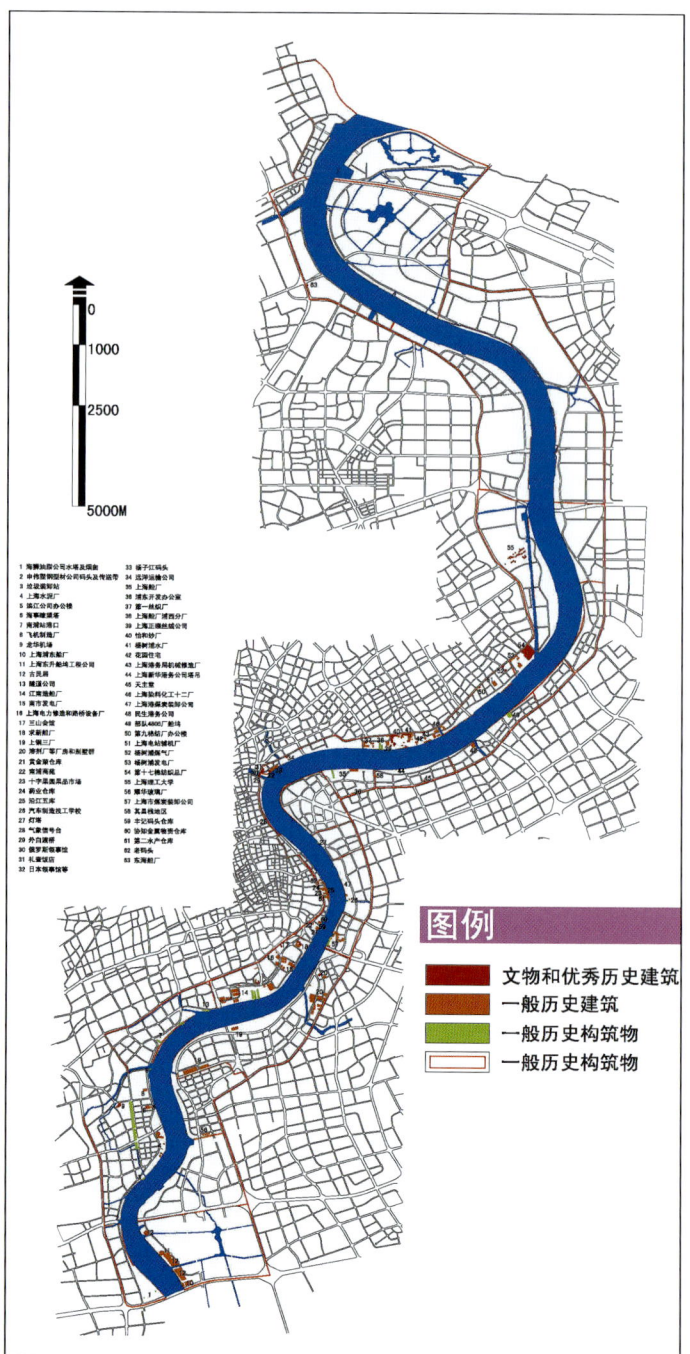

图6 保护保留历史建筑分布图

上海市对口支援新疆喀什四县综合规划（2011—2013年）中期评估报告

The Midterm Evaluation Report on the Integrated Planning (2011-2013) of Shanghai Counterpart Support Kashi's 4 Counties, Xinjiang

编写单位：上海投资咨询公司
Shanghai Investment Consulting Corporation
联系电话：021-63903366　　网址：www.sicc.sh.cn
主要完成人：王思政　张　岚　王融融　单　波　聂　磊　彭　元

【点评】

本报告对三年来上海对口支援新疆喀什四县的规划实施情况分县、分领域作出了系统评价，尤其在项目效果方面，重点围绕经济、社会、生态效益等内容开展评估，引入了满意度调查，通过当地干部、群众对具体领域和项目的满意度分析，客观反映了规划实施取得的成效。中期评估总结了规划实施以来的主要做法和经验，关于援疆规划工作的建议具有可操作性。

【项目背景】

援疆工作是党中央、国务院从"稳疆兴疆、富民固边"的战略高度作出的重大决策，事关全党全国的大局。根据党中央、国务院统一部署，2011年上海新一轮对口支援新疆地区由原来的阿克苏地区的阿克苏市、温宿县和阿瓦提县调整为喀什地区的莎车县、泽普县、叶城县和巴楚县四县。这是党中央、国务院赋予上海的光荣使命和重大任务，也是今后上海服务全国、支持西部大开发的重中之重。做好上海新一轮对口支援新疆工作，责任重大，使命光荣。为真情、务实、高效、规范地做好新一轮对口支援新疆喀什地区四县工作，实施东西联动、内外开放、城乡统筹、生态文明、合作互利战略，充分体现对口支援新疆的上海特色、上海质量、上海服务、上海水平，上海市对口支援新疆工作前方指挥部（以下简称"上海援疆指挥部"）按照党中央和国务院新疆工作座谈会精神和全国对口支援新疆工作会议总体部署以及上海市委、市政府的有关要求，根据国家发展改革委制订的对口支援新疆专项规划编制要求，结合新疆喀什地区四县国民经济和社会发展第十二个五年规划和第十三个五年规划框架，组织编制了《上海市对口支援新疆喀什四县综合规划（2011—2015年）》（以下简称《规划》），并于2010年6月启动了新一轮的援疆试点工作。

《规划》是促进新疆经济社会跨越式发展和长治久安的重要手段，也是支援省市开展援助工作的重要依据。根据国家发展改革委的要求，上海市对口支援新疆工作前方指挥部委托上海投资咨询公司对《上海市对口支援新疆喀什四县综合规划（2011—2015年）》进行中期评估。

【项目内容】

根据《规划》部署，"十二五"时期，上海援疆工作将坚持"民生为本、产业为重、规划为先、人才为要"的基本原则，建立"党委领导、政府负责、社会动员、企业参与"的体制机制，全面开展对口支援，重点推进"招商、招工、招生"三项工作，为实现喀什四县的跨越式发展和长治久安奠定坚实的基础，切实履行上海对口援疆的光荣使命。

按照中央提出的跨越式发展和长治久安的总体目标，对接喀什四县"十二五"发展规划目标，力争经过受援方、支援方和各方的努力，通过加强农牧民住房、城镇居民住房等基本民生保障，加强教育、卫生、文化等公共服务建设，扶持新型产业发展，完善城乡总体规划和布局，配合当地政府，努力促进上海对口支援喀什四县经济发展明显加快、社会事业明显进步、城乡面貌明显改观、人民生活明显提高、安定团结明显巩固，基层组织建设明显加强。推动莎车县成为喀什

图1 叶城县维吾尔医医院

南部地区的中心城市,支持泽普县率先实现跨越式发展、率先进入全面小康,协助巴楚县、叶城县依托资源,壮大特色产业,跨越发展。到2015年,为支持四县人均生产总值翻一番半、城乡居民收入显著增加、人均基本公共服务能力接近全疆平均水平、财政收入快速增长提供有力支撑,为四县到2020年基本消除绝对贫困现象、与全疆和全国同步进入全面小康、实现中央提出的跨越式发展和长治久安的目标奠定基础。

同时,按照中央《关于进一步加强和推进对口支援新疆工作的实施方案》,上海市对口支援新疆喀什四县的资金规模按地方财政一般预算收入,规划"十二五"时期上海市对口支援喀什四县总资金规模。

【工作过程】

由于援疆规划涉及经济社会发展的方方面面,项目数量多、领域覆盖广、时间跨度长,公司组建了由副总工程师总负责,社会事业部、产业科技部、城市建设部共同参与的跨部门项目组,发挥各部门专业优势。项目组在对基础资料进行研究后,结合国家发展改革委要求,拟定了《规划》中期评估的重点内容,主要包括:

1. 对《规划》执行情况的评估

围绕《规划》主要目标和重点任务,定性分析和定量分析相结合,分类统计和评估项目进展情况、完成情况和变更情况;评估资金到位及使用情况、计划投资与《规划》投资对比情况;国家和援受双方有关部门对项目资金检查、审计情况等。

2. 项目效果评估

分领域统计援助项目在促进当地经济社会发展、改善农牧民生产生活条件和城镇面貌、推进生态文明建设和社会和谐稳定等方面取得的主要成效。

3. 主要经验做法

总结《规划》实施以来的主要做法和经验,为下一阶段更好地推进工作提供参考和借鉴。

图2 富民安居点

图3　莎车县图文信息中心

4. 问题及分析

按照项目前期工作、项目审批、计划下达、组织实施、项目验收和运行管理等阶段，梳理和分析存在的主要问题。在此基础上，有针对性地提出改进建议。

项目组拟定工作重点后，于2012年12月、2013年6月两次赴新疆喀什地区及上海对口援建四县开展实地踏勘和调研工作，深入调研援疆规划项目的建设、管理、运营情况，累计开展各类座谈会20余次，实地调研了城乡住房项目（见图2）、基础设施项目、泽普县职业技能培训基地和职业高中、叶城县维吾尔医医院（见图1）、叶城公安城乡管控监控设施、莎车县图文信息综合服务中心（见图3）等80余个项目（见图4）。同时，为切实了解援疆规划项目的实施效果，项目组采用问卷调查法，向喀什四县当地干部、群众累计共发放七大领域15个典型项目问卷5 260份，有效问卷5 185份，其中莎车县1 526份；叶城县1 349份；泽普县1 025份；巴楚县1 285份，做到各县、各领域典型项目的全覆盖，对援疆规划项目的绩效进行了满意度测评。

2013年3月和10月，在上海两次组织召开援疆干部座谈会，就评估报告的中期成果和征求意见稿广泛听取上海援疆指挥部各部门的意见。在此基础上，经过充分修改完善，形成了最终报告。

图4　项目组实地调研

【咨询工作特点】

1. 数据分析与效果分析相结合，科学开展上海援疆工作的总结和评价

作为综合性规划，《规划》是总体规划和建设规划的融合。为真实、全面反映《规划》的实施情况，项目组一方面对比《规划》提出的任务和目标，从资金落实、项目进度等数据方面对规划的实现度进行分析。另一方面，通过深入调研和满意度测评，切实了解《规划》的实施效果和当地居民的实际需求。在此基础上，项目组对援疆工作机制、《规划》方向和重点，以及援疆项目的规划、设计、建设均提出了改进建议，为今后援疆

工作的更好开展提供参考。

2. 综合研究与分类研究相结合，系统分析援疆各个领域工作执行情况

2010—2013年共开展援疆规划项目涉及安居富民、社会事业、产业发展、基层政权及阵地建设、人力资源、规划编制等七大领域，而各个领域又涉及诸多子领域，如社会事业包含教育、卫生、民政、文化等子领域。为了系统分析援疆规划项目的执行情况，围绕《规划》主要目标和重点任务，项目组通过综合分析和单项分析相结合，定性分析与定量分析相结合，采用了时间、地域、领域三维分析模式，分别将三年来援疆总投资、各领域投资、各县投资与《规划》进行对比，从不同角度分析援疆规划项目的完成进度、援疆资金的年度安排、资金到位及使用情况，在完成较好的领域总结经验，在投资完成滞后、较《规划》较大调整的领域分析具体变更情况、变更依据及原因分析，为下一阶段《规划》修编提供了依据。

3. 宏观分析与微观分析相结合，综合反映援疆工作的效果、经验和不足

按照援建项目资金筹措方式不同，援建项目分为两类：以受援方为主建设项目（即交支票项目）和支援方全额投资项目（即交钥匙项目）。为此，项目组采取点面结合、宏观和微观分析相结合的咨询方法，在对各领域援疆工作开展总体评估的基础上，选取典型项目进行重点分析，通过实地踏勘、查阅相关建设程序、满意度调查等方法，对10多个典型项目的建设合理性、合规性以及效果进行分析，在此基础上，对《规划》总结了"注重规划导向""注重民生导向""注重产业导向""注重智力导向""强化管理体制""强化惠民服务""强化监督管理""强化代建机制"等八条经验，提出了"项目的配套设施建设有待完善""项目规划设计有待做到因地制宜""项目建设后的运营管理有待加强""人力资源支援的长效机制有待建立"等四个问题。全面地评价了《规划》实施三年来的效果、主要经验和存在问题，为今后更好地推进援疆工作提供了参考和借鉴。

4. 客观评价与系统阐述相结合，全面指导今后援疆工作更好开展

针对《规划》个别项目存在投资效率不高、成效低于预期、不适应当地实际需求等问题，项目有针对性地提出了"更加兼顾总量与效率并重，提升援疆资金使用效率""更加兼顾输血与造血并重，促进受援地区全面发展""更加兼顾超前与当前并重，确保援疆项目科学建设""更加兼顾建设与运营并重，实现援疆工作可持续发展"等四条建议，得到上海援疆指挥部和有关领导的充分肯定，对上海和其他省市开展下阶段援疆工作均有一定的借鉴作用。在《规划》中期评估的基础上，为了全面系统总结三年多援疆规划的成果、经验和不足，项目组采用投资白皮书的形式对三年多上海援疆工作进行系统阐述，并通过投资白皮书的出版让上海市有关领导、援疆干部、广大群众以及新疆当地干部和群众能够更加全面系统地了解援疆工作的方方面面，让各相关群体更加了解援疆工作的成效。

【咨询效果】

1. 评估结论和建议得到肯定

项目提出的主要评估结论和建议得到了上海市对口支援新疆工作前方指挥部的充分肯定，相关意见在上海对口援疆规划中期调整工作中得以采纳。

2. 投资白皮书出版

以评估报告为基础，上海市对口支援新疆工作前方指挥部与我公司联合编撰的《上海市对口支援新疆喀什四县投资白皮书（2011—2013年）》已于2014年3月由人民出版社出版。

北京地铁6号、14号及15号线一期工程可行性研究评估报告

The Evaluation Report on the Project Feasibility Study of Beijing Metro Line 6, Line 14 and the First Phase of Line 15

编写单位：上海市隧道工程轨道交通设计研究院
Shanghai Tunnel Engineering & Rail Transit Design and Research Institute
联系电话：021-54519988　　网址：www.stedi.cn
主要完成人：沈秀芳　申伟强　俞加康　胡章喜　章建庆　陈海龙　陈文艳　傅铭　朱振宇　刘平

【点评】

本报告突出项目范围、投资估算与财务评价等评估重点，在核实投资规模、评价模型与参数基础上，核减了14号线工程投资约3亿元，真实反映3个项目在全网2元优惠票价条件下累计资金缺口约953亿元，提出了加强运营期亏损补贴机制研究的评估建议，以保障资金总体平衡、化解项目财务风险。

【项目背景】

北京地铁6号、14号及15号线一期工程是经国家批复的《北京快速轨道交通建设规划（2007—2015）》（图1）项目，是北京市继成功举办奥运会后启动的轨道交通建设线路。

根据国办发〔2003〕81号文要求，拟建城市轨道交通的城市应在国家批复的城市轨道交通近期建设规划基础上，编制、上报各项目的可行性研究报告，由国家发改委委托专业单位评估后批准。2009年3月、2009年6月国家发展改革委分别以"发改办投资〔2009〕586号"、"发改办投资〔2009〕665号"、"发改办投资〔2009〕1175号"文委托上海市隧道工程轨道交通设计研究院对北京地铁6号线、14号线、15号线一期工程可行性研究报告进行评估。

【项目内容】

地铁6号线工程是贯穿北京市中心城区、连接通州新城的东西向骨干轨道交通线，并通过与S1线的衔接连接门头沟新城。线路全长42.85千米，全部为地下线，车站27座，其中12座为换乘车站，设2座车辆段、1座停车场（图2）。采用混合式供电方案，全线设13座10 kV开闭所和1座与10号线二期共享的主变电所。全线初期（2016年）、近期（2023年）、远期（2038年）全日预测客运量分别为72.58、110.48、139.1万人次/日，高峰小时单向最大断面客流量分别为2.72、3.37和4.51万人次/小时。车辆选用最高运行速度为100 km/h的B型车，列车牵引采用DC1500V接触网授电。初、近期采用6辆编组、远期采用8辆编组。一段工程（五路居至草房）计划2013年建成，二段工程（草房至东小营）2015年建成通车。投资估算313.99亿元，技术经济指标7.327 7亿元/正线千米。

地铁14号线工程是北京市线网中连接东北、西南方向的轨道交通二类骨架线。线路全长47.30 km，其中地下线42.30 km，高架及地面线5 km，共设车站36座，地下车站35座，高架车站1座，全线共有换乘车站14座。设车辆段、停车场各1座（图3）。采用分散供电方式，设14座开闭所。全线初期（2017年）、近期（2024年）、远期（2039年）全日预测客运量分别为81.95、115.65和136.28万人次/日，高峰小时单向最大断面预测客流量分别为2.32、3.22和3.82万人次/小时。车辆选用最高运行速度为80 km/h的B型车，DC1500V架空接触网授电，初、近、远期均采用7辆编组。计划2014年12月30日通车试运营。投资估算总额332.1亿元，工程经济指标7.02亿元/千米。

地铁15号线一期工程是北京市轨道交通线网中向城市东北方向放射的辅助线。一期工程线路全长约38.3 km，共设车站17座，其中地下线24.6 km，高架线13.7 km，地下车站13座，高架

车站4座；设车辆段、停车场各1座（图4）。全线初期（2016年）、近期（2023年）和远期（2038年）全日预测客运量分别为43.60、70.61和90.39万人次/日，高峰小时单向最大断面预测客流量分别为1.90、2.62和3.25万人次/小时。车辆选用最高运行速度为100 km/h的B型车，列车牵引采用DC750V三轨授电。初、近、远期均采用6辆编组。采用分散供电方式。计划2013年建成通

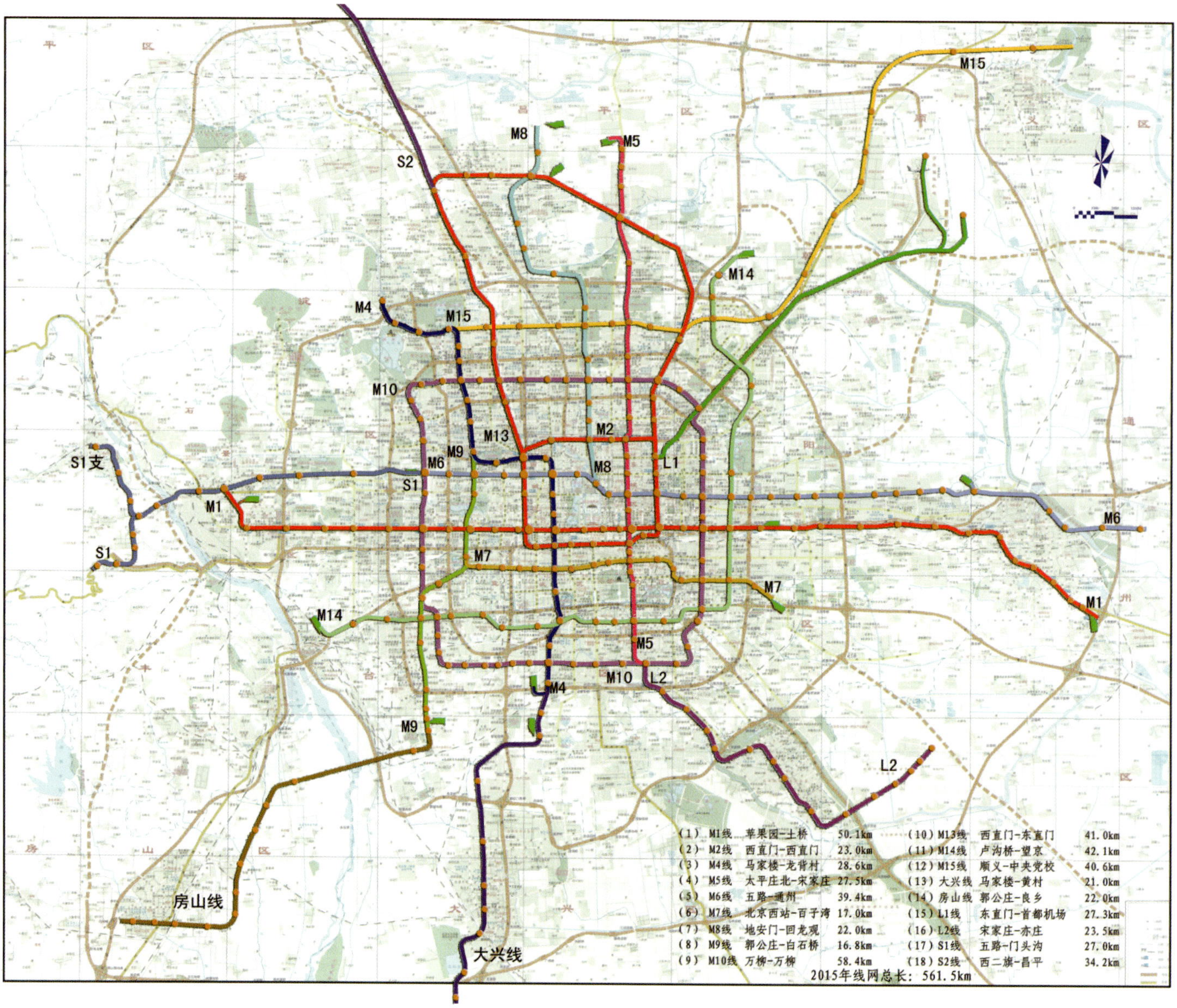

图1 北京市轨道交通线网示意图（2007—2015年）

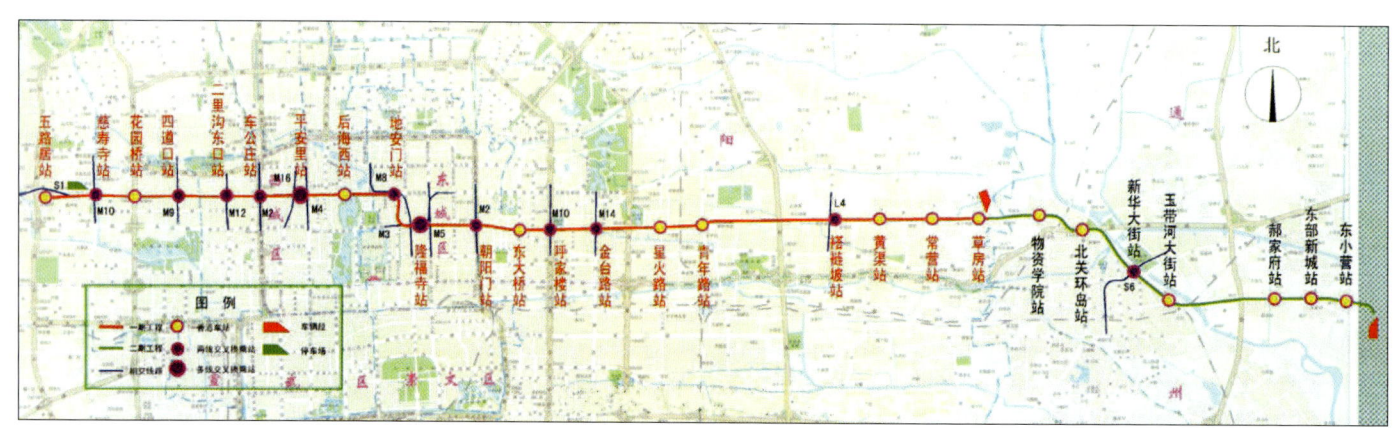

图2 北京地铁6号线工程线路走向及车站分布

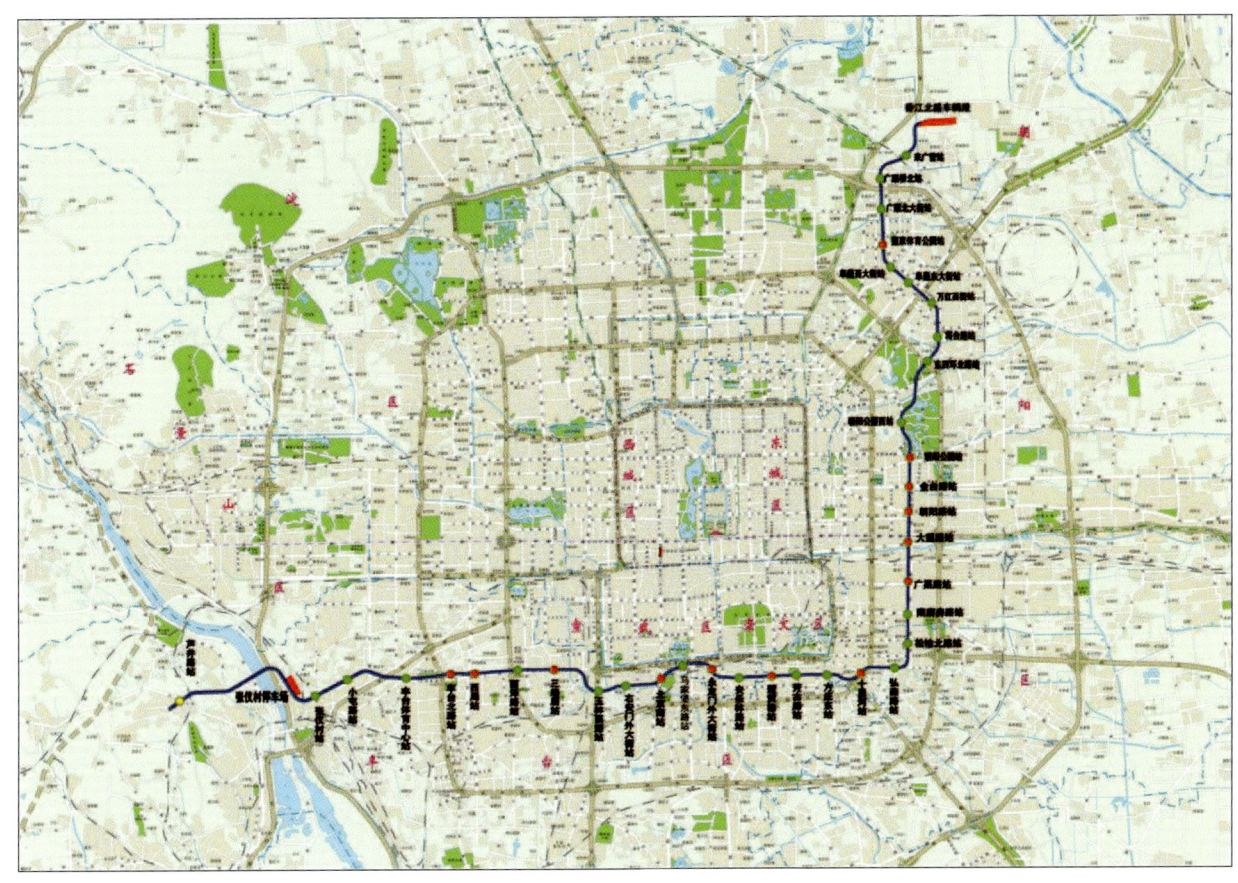

图3 北京地铁14号线工程线路走向及车站分布

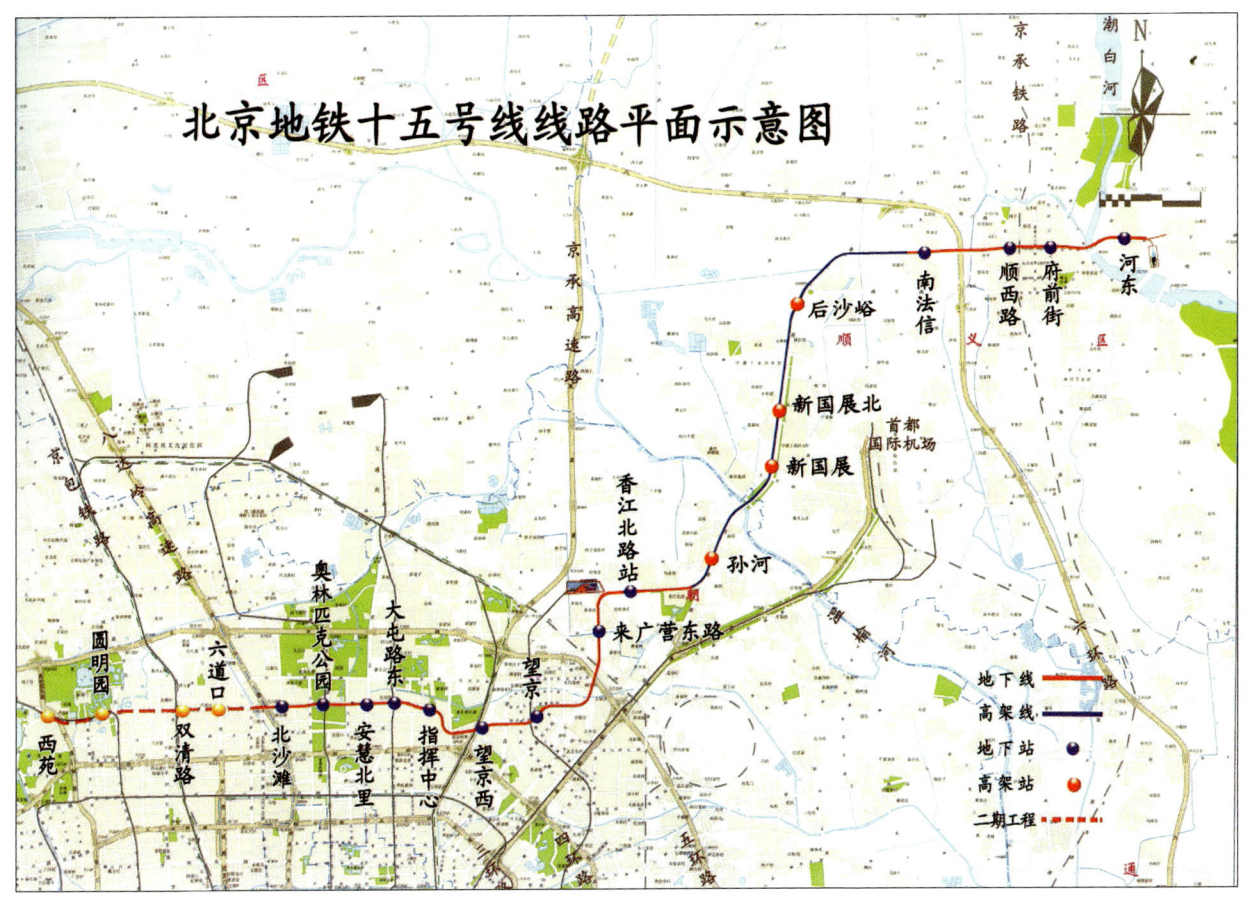

图4 北京地铁15号线工程线路走向及车站分布

车。投资估算总额为181.26亿元，技术经济指标4.7327亿元/正线千米。

【工作过程】

评估单位对本项目评估工作进行了全面策划，成立了评估领导小组和项目组，组织来自主要城市专家组成专家组，在北京市主持召开专家评估会，北京市轨道交通建设指挥部、发展改革委、交通委、规划委等近30个单位和部门的领导和代表出席会议，在听取汇报、现场踏勘、答疑、分组讨论的基础上，形成专家组评估意见。会后，北京市根据专家评估意见对可研报告进行了补充完善，提交补充资料。随后，评估项目组在专家评估意见的基础上，结合可研报告及其补充文件，编制评估报告，向国家发展改革委正式呈交评估报告。

可行性研究评估在线网规划与建设规划的基础上，通过对项目有关的资料、数据的调查研究，对项目规模、主要建设标准及主要方案从技术、经济、工程、环境、社会等论证和分析进行全面评估，贯彻人性化、网络化、一体化和可持续发展的理念，从合规性、合理性、可行性与可控性等方面提出评估意见，为项目审批决策提供全面咨询意见。并突出如下重点：

（1）项目功能定位、与线网关系及项目建设必要性。

（2）建设规模与主要标准。

（3）车辆选型与运营方案。

（4）线、站位方案与敷设方式。

（5）土建工程方案。

（6）主要机电系统与国产化方案。

（7）工程筹划、投资估算、投融资方案与财务、经济评价。

（8）项目建设条件与主要外部影响。

（9）项目风险分析与应对措施。

【咨询工作特点】

一、评估项目特点与难点

1. 北京市轨道交通实行全网2元优惠票价的财务可行性分析与补亏方案

北京市城市快速轨道交通建设规划于2007年11月获国家批复，北京市将于2007—2015年，规划建设19个轨道交通项目，其中新建项目15项，施工线路长度447.4 km。地铁6号、14号、15号线是批准的建设规划线路，北京市在成功举办奥运会后，继续大力发展公共交通，但实行轨道交通全网2元票价政策，轨道交通服务定位由以往的准公共产品提升至公益性服务，对项目的财务可行性带来重大变化。

2. 项目投资超建设规划比例高、技术复杂、影响面广，评估综合难度大

北京地铁6号、14号、15号线一期工程可行性研究报告线路长分别为42.85千米、42.1千米、38.3千米，较批准的建设规划分别增加3.45千米、5.2千米和0.8千米。可研报告项目投资分别为313.99亿元、332.1亿元、181.3亿元，较国家批复的建设规划投资增幅分别为76.7%、43.4%和266.18%。项目包括近40个专业和近20个系统，项目建设涉及规划、国土、交通、建设、环保、财政、市政、人防、水务等政府部门和沿线单位，影响面广，另外，还需要解决基于全网2元优惠票价的财务评价和亏损补贴问题，评估综合难度大。

3. 可行性研究与相关支持性文件多，评估范围广

项目可行性研究报告是在城市规划、轨道交通网络规划、近期建设规划、客流预测等基础上开展的，并进行了环境影响、地质灾害、地震、安全等专项评估和项目政府部门的协调、批复文件，项目评估涉及的主要文件90余份。

二、评估成果特色

针对上述特点和难点，评估项目组贯彻国家发改委提出的坚持原则、实事求是的评估工作要求，科学策划、充分沟通、把握重点，通过现场调查与资料分析相结合、理论分析与专家经验相结合、可行性研究报告评估与专题研究评价评估相结合等方法，提出了内容全面、重点突出的评估报告。

1. 坚持原则、实事求是

项目组本着对国家负责和对项目申报城市负责的态度，在评估过程中坚持原则、实事求是，既发扬专家组和本院的专业技术优势，对项目建设的可行性和重大工程建设方案提出深入、全面的评估意见，以指导后续工程的设计和建设，更站在政府审批项目的高度，按照现行的法律、法规和基本建设程序，对项目的必要性、建设范围、建设条件、财务可行性、项目主要风险、环境和社会影响进行客观评价，评估工作得到委托方和北

京市的充分肯定。

如评估中强调工可报告与建设规划的一致性,要求项目申报单位对工可与建设规划进行对比分析,对变化部分进行重点评估。针对6号线部分工点先行开工,提出应严格按照建设程序做好开工前的报批和准备工作,确保建设有序和工程安全。

2. 科学策划、有序组织、充分沟通

评估单位对本项目评估工作进行了全面策划,制订详细工作流程和工作计划,评估工作分为评估策划、资料落实、现场踏勘、专家审查会、沟通交流、评估报告编制、内部评审、报告交付与跟踪服务等环节。

在评估过程中十分重视与相关单位的沟通,包括与国家发改委沟通可研方案、投资估算与批准建设规划变化大等问题,与可研报告编制单位和项目业主在评估资料、可研报告和补充报告内容与方案的沟通,在专家审查会中,还专门成立了政府部门和相关单位专项审查组,听取30多个单位的意见。

3. 评估成果内容全面、重点突出

针对评估要求、内容和项目特点,从项目建设必要性、客流预测、线路与站位设置、工程方案、车辆选型与运营组织、机电设备系统、车辆与机电设备国产化、规划选址、建设用地、动拆迁与安置、招投标、环境评价等专项评估与节约资源、投资估算、经济评价与风险分析,项目法人与资金筹措等12个方面提出了全面意见,内容全面。

并突出项目范围、投资估算与财务评价等评估重点,结合北京市城市规划、近期建设重点、沿线建设条件等,对线路起讫点、敷设方式和线站位调整的合理性、采用DC1500V接触网供电方案的必要性与可行性、投资估算构成与技术经济指标合理性等进行了深入分析,核减14号线工程投资30 046万元,在核实财务分析相关参数与模型基础上,真实反映3个项目在全网2元优惠票价条件下项目财务评价期累计资金缺口953.57亿元,要求北京市研究运营期亏损补贴机制,做好资金总体平衡,并对换乘枢纽、风险控制等提出了具体意见等。

【咨询效果】

2009年10月至2010年3月,国家发改委先后批复了该3个项目,批复意见采纳和吸取了评估报告的主要意见和建议。

北京市根据评估意见和建议,组织对工程范围和重点工程方案进行了深入比选论证和优化,并按项目报批程序,补充、完善了土地预审、环境影响评估等专项审批工作,并按评估报告和国家发改委批复要求,严格按照国家基本建设程序及相关法律法规规定,推进项目前期工作和工程建设,并研究提出了长期稳定的运营补亏政策与措施,落实了运营期资金补偿方案,提高了项目财务可持续能力,降低了项目建设和运营的整体风险。目前工程全面开工建设,项目建设进展顺利。

河北沧州核电项目厂址普选评估报告
The Preliminary Siting Evaluation Report on the Nuclear Power Project in Cangzhou, Hebei Province

编写单位：上海核工程研究设计院
Shanghai Nuclear Engineering Research and Design Institute
联系电话：021-61860000　　网址：www.snerdi.com.cn
主要完成人：吴春蕾　黄程鹏　印舒蔚　蔡帅　刘健　夏祖讽　罗兰英　杜风雷　刘勇胜　崔艳艳

【点评】

本报告针对地震背景、地基岩土、取水水源和人口环境等关键技术问题，创造性地开展核电项目前期工作，尤其在业界普遍关注的地基适宜性方面作了大量的论证，是核电厂址普选报告中具有示范意义的咨询成果。本报告是中国平原地带近海区域非岩石地基厂址选择的第一次有效探索和尝试，颠覆了以往的核电项目选址思路，对中国的核电厂址资源储备具有开拓性的意义。

【项目背景】

进入21世纪初，河北省工业化和城市化进程加快，经济发展迅速，电力需求保持较快增长。虽然省内电力供需矛盾基本缓解、结构调整取得一定成效、电网建设步伐加快、电力装备制造水平不断提高，但是仍然可以看到其中面临的诸多不利因素：资源约束加大（省内煤炭资源严重短缺，2/3以上需要省外调入）；火电建设难度增大（京津冀地区属于环境敏感区域）；新能源发电仍受制约（光伏发电成本高、水力发电资源少、生物质发电规模小、核电前期工作滞后）。与此同时，全国多个沿海省份核电厂相继开工建设，而河北省境内的核电建设工作推进缓慢。直到2005年后，中广核、中核总、中电投、华电及华能才相继在省内部分地区开展核电选址工作，共同角逐河北省的核电资源市场，其中涉及的地区主要包括秦皇岛、承德、唐山和沧州等地。

沧州市地处河北省东南，冀中平原东部，区内地势低平，沿（近）海一带尤其为广袤深厚的海陆交互相、海相或陆相沉积物覆盖。多家投资方均在投入资源实施资料收集、厂址查勘、问题咨询等一定工作量后限于选址难度而逐步退出沧州辖区并转移至省内其他可能区域。

我院受华电河北分公司委托于2009年元月开始全面介入沧州核电选址工作，依托受让三代核电技术AP1000的契机，颠覆既有核电选址思路，创造性地开展核电前期选址工作，于2010年11月完成《河北沧州核电项目厂址普选报告》，并在同年12月由电力规划设计总院审查通过。

【项目内容】

1. 项目概况

厂址普选报告是核电厂址选择初步可行性研究阶段中的首个具有阶段性特征的咨询成果。

本项目建设单位为华电国际电力股份有限公司河北分公司，建设地点为河北省沧州市。

本项目建设规模为4台AP1000压水堆核电机组，一次规划，分期实施，一期工程建设2台AP1000核电机组。

2. 初步总体规划方案设想

核电厂循环水拟采用带海水冷却塔的二次循环冷却方式，黄骅港池内取水，取水距离31 km，冷却塔排水与低放废水排入渤海，排水距离26 km。核电厂进厂道路考虑从省道S302引接，从厂区南侧进入，长度约860 m；应急道路从厂区北侧引出，经原有地方公路向西接至国道G307，里程约12 km。厂址离海边较近，可采用水路+公路运输方式运输大件设备。

厂址厂坪标高暂定为5 m，无土石方开挖。核岛厂房地基拟采用复合地基或桩基，核岛朝西，常规岛朝东，固定端为南侧，由南向北扩建。核电厂循环水拟采用带海水冷却塔的二次循环冷却方式，港池内取水，取水距离25 km，冷却塔排水与低放废水排入渤海，排水距离20 km。核电厂进厂道路考虑从省道S302引接,从厂区南侧进入,长度约2.1 km;应急道路从厂区东北侧引出,向东接至省道S302,长度约1.1 km。厂址离海边较近,可采用水路+公路运输方式运输大件设备。

普选报告结论认为两个厂址均未发现影响厂址安全的颠覆性因素,可将两个厂址作为初步可行性研究的候选厂址。

【工作过程】

2009年1月,华电河北分公司邀请我院参加河北沧州核电地基适宜性专家咨询会,并就厂址普选工作进行沟通和策划。我院开始全面介入沧州核电选址工作。

2009年3月,我院正式接受华电河北分公司关于沧州核电项目普选报告的"委托书"。

2009年1—4月,我院收集了该项目大量的前期成果资料,着重进行了区域分析、图上选点和分析工作,同时依靠下游结构专业及国家级设计大师夏祖讽的技术支持和对三代核电技术AP1000机组核岛地基六类地基模型的理解,调整了对传统核电选址的固有思路。内部讨论一致认为仅仅有一个厂址无法进入厂址普选实质性工作,须在研究基础资料的前提下选择其他可能厂址。以往周边的物探以及水文地质勘察成果显示厂址南部和东部局部地段一定深度范围内存在火山岩。为核实以上基础资料并了解候选厂址岩土物理力学指标和剪切波速数据,2009年3月我院编制完成了《河北沧州核电项目岩土工程勘察(厂址普选)技术任务书》,该任务书针对三个可能厂址区域分别布置了一个勘探孔。

2009年4月,建设单位在沧州组织召开了沧州核电厂址普选工作现场协调会,会议针对现场勘察的钻孔布置合理性展开了讨论,并最终对3个拟定钻孔位置进行现场踏勘和定位。

2009年4—6月,建设单位委托中国兵器工业北方勘察设计研究院开展岩土工程勘察。经综合分析比较,我院与建设单位最终确定了普选工作的候选厂址。

2009年9月,我院依据室内外收资成果编制完成了《河北沧州核电项目厂址普选报告》。

普选报告编制完成后的一段时期内,考虑到平原地带非岩石地基近海厂址选择在中国尚无先例,且AP1000堆型也正处于消化、吸收的过程中,对其核岛地基的广泛适用性存在疑虑,审查方电力规划设计总院多次表示候选厂址的基本条件并不明朗,普选报告审查时机不成熟。鉴于审评方的想法并结合厂址现状条件,我院与业主方商议提前开展初可研阶段的若干专题以明晰关键技术问题,从而把握候选厂址的初步可行性。最终敲定普选阶段提前开展的三个初可专题分别为地震地质、岩土工程勘察和海洋水文。2010年3月,以上专题任务书编制完成。

2010年5月,初可研地震地质、岩土工程勘察和海洋水文三个外委专题工作大纲和质量保证大纲在北京通过评审。同年5月,三个外委专题成果报告也在北京通过评审。

外委专题工作开展期间,建设单位不间断地与审评方及国内核电领域各专业学者进行沟通斡旋,并邀请他们对候选厂址实地踏勘,设计院陪同介绍,以开放的姿态接纳各种意见,取得了较好的反馈。同期我院结构专业人员在夏祖讽大师的带领下也正实施关于软土厂址土—结构相互作用的分析计算。

2010年11月,我院完成本项目厂址普选报告修编工作。

2010年12月,电力规划设计总院在河北省沧州市主持召开了河北沧州核电厂厂址普选报告评审会。关于与会各方普遍担心的地基问题,夏祖讽大师在地震地质与工程地质专业组审查过程中亲自介绍了我院结构专业针对候选厂址所做的计算分析工作和可行的地基基础建议。

【咨询工作特点】

1. 突破核电选址固有思路,创造性开展核电前期工作

自进入21世纪以来,国内的核电厂址选择工作从以往的省区范围或跨地市级的大范围选址逐步过渡到小区域选址,选址区域受限必然提升选址难度。河北省境内的核电选址工作由于众所周知的地震背景、地基岩土、取水水源和人口环境等多因素制约因而在国内诸多沿海省份中起步最晚,而沧州市地处河北省东南,冀中平原东部,区内地势低平,沿(近)海一带尤其为广袤深厚的海陆交互相、海相或陆相沉积物覆盖,地基岩土问题凸显。同一时期,尽管中国核电厂址选择自1990年代中期全面铺开至21世纪初步入高潮已积累了多年的经验,但在滨海直流冷却基岩厂址和内陆滨河二次循环基岩厂址的选址固有理念上未有突破。此外,依据相关行业标准,

核电初步可行性研究工作必须有两个或两个以上独立厂址开展工作。那么作为初可研阶段最初始的工作内容——厂址普选工作必须尽可能地选择出更多的核电厂址，且要确保至少两个厂址不存在颠覆性因素，从而顺利进入后续论证工作。各大核电投资集团在沧州辖区内经历多轮次筛选，仅仅能找出一个候选核电厂址，沧州地区核电选址之难由此可见。依托受让三代核电技术AP1000的契机，上海核工程研究设计院自2009年初介入本项目前期工作伊始，集中院内核电选址优势力量重点研究比对了区域内的遥感物探、航磁、(水文)地质、钻探等资料，在圈定出可能厂址点位后随即实施了三个钻孔进行验证，终觅得另一厂址。沧州核电前期工作的推进，突破了中国核电选址的固有思路，对中国核电厂址资源储备具有开拓性意义。

2. 应对普选审查提前启动专题研究

我院自介入本项目初期，即已深刻意识到沧州地区选择两个能够成立的厂址相当艰难，而地基问题又是其中左右这一任务的成败所在。项目启动伊始，根据收集到的已有工作成果资料，仅有一个厂址进入视线。院内地质地震和岩土工程专业力量"倾巢而出"，联动下游土建结构专业，通过对基础资料的再分析，尤其是大地电磁测量测线地质解译剖面图及水文地质勘察钻孔资料，分析推断出厂址南部及东部地表以下可能存在火山岩，有作为核岛地基的可能性。为验证这一判断，随即就针对性部署开展了厂址普选岩土工程勘察专题工作。依据该成果最终筛选出了两个厂址，其中一个厂址的地基土体岩性为火山凝灰岩(软岩)，另一个厂址的地基土体岩性为粉质黏土(软土)，该厂址地表约40m以下埋藏着相当厚度的火山岩。一个厂址天然地基可行性如何？另一个厂址复合地基或桩基可行性如何？这些问题虽不必在随后的厂址普选报告中详细论证，但必然会有所涉及。尽管如此，普选初期能在沧州地区选择出两个可能厂址已属不易。

2009年9月，《河北沧州核电项目厂址普选报告》编制完成，建设单位将其提交电力规划设计总院意欲审查。但经各方面专家咨询反馈，普遍认为候选厂址的基本条件并不明朗，普选报告审查时机不成熟，需要明晰若干个技术问题以把握候选厂址的初步可行性。首先是候选厂址区的详细的岩土层分布、岩土体动、静态物理力学参数；其次是确定候选厂址的场坪标高，以了解建(构)筑物基础下部持力地基土层的大致位置；再者是候选厂址的SL-2值是否超出了AP1000标准设计的基准；还有是候选厂址的取排水方案等。

鉴于审评方的想法并结合厂址现状条件，我院内部也统一意见，认为不提前开设初可研阶段的专题，普选报告审查无法"过关"。遂携同业主敲定实施了初可研地震地质、岩土工程勘察和海洋水文三个专题工作，并将成果若干内容反映至最终出版的"普选报告"中，其关键结论之一的"一个厂址地表处和另一个厂址玄武岩顶面处计算反应谱能被AP1000标准设计反应谱包络。"彻底打消了审评方对于采用AP1000核电机组标准设计的疑虑。

而此次在普选工作时就提前开展初可研阶段的专题工作，也是由于特定厂址的复杂条件所致，在此之前未有先例。

3. 多学科综合研判，内容深度、广度全面提升

作为国内首个近海海水冷却塔二次循环非基岩核电厂址，除了地基问题摆在业内外人士面前，拟选的两厂址仍然有其他疑难问题，在设计院诸多专业人员进行现场踏勘和室内外收资分析后逐渐显现。地震SL-2高值的合理估计；取排水方案的初步设想；初拟的厂区整坪标高与厂址防洪；一个厂址位于省级火山遗迹保护区内；另一个厂址位于杨埕湿地和鸟类省级自然保护区试验区内等。为了能将上述疑难问题在普选工作期间梳理清楚，设计院方进行了多轮次的基础资料收集、验证和分析研究，最终在普选报告中将涉及的专业问题在后续工作所要面临的困难和处理方法一一列出，对明晰下阶段工作有较强的提示作用。

本项目厂址普选报告，涉及地震地质、岩土工程、工程水文、气象、总图运输、环境评价等多个专业的协作。更为突出的是，项目自始至终由于地基问题的凸显，结构专业这个后端工种也全程参与进来，以对拟选厂址采用的AP1000机组核岛地基模型进行初步验证，或者提供拟选厂址初步可行的地基处理方案。这也反映了本项目厂址普选报告的专业工作深度和难度较之以往有显著提升，相应地，报告的内容深度也大范围提高，将为后续工作的深入奠定坚实基础。

4. 国内外资料深度调研，工程实践与科研攻关紧密结合

自我院成为受让三代核电技术AP1000技术的主体设计院起，AP1000堆型对于地基的广泛适用性一直成为内、外部讨论的话题，基于国内所有已选核电厂址地基均为岩石地基的现状，我院清醒地认识到解决好非岩石地基核电厂的结构抗震问题就能突破现有核电选址思路，而从电力规划的角度上看，未来的核电厂址选择必然会更多考虑电力市场的需求和能源结构调整（环境保护）的因素。有鉴于此，我院开设了结构抗震相关的若干科研课题。

华电集团委托我院承担沧州核电选址工作，这也是我院与该集团首次业务上的合作，作为服务方的我院必然审慎对待。了解到沧州地区的选址背景后，依托我院在巴基斯坦核电项目上的结构抗震设计经验和正在推进的非基岩地基结构抗震科研攻关，我院欣然接受委托合同，这其中自然有抓住工程实践与科研攻关紧密结合的契机，更有引领国内核电选址思路变革的雄心壮志。

为应对各方面专家对沧州核电项目地基适宜性的疑问，我院充分调研收集了国际上不采用天然地基的核电厂厂址资料，并将沧州核电厂址的场地实际模型和地震输入置于结构分析软件进行试算分析。本项目厂址普选报告审查前，我院内部已针对沧州核电厂址，初步形成了关于软地基核岛桩基的初步设计方案等三个内部分析成果资料。在普选报告审查过程中，我院向与会各方介绍了国外非岩石地基核电厂基本情况和沧州核电厂址土—结构相互作用分析初步结果，获得了预期回馈。

【咨询效果】

河北沧州核电项目厂址普选报告，是我院凭借受让三代核电AP1000技术的契机在中国平原地带近海区域选择非基岩地基厂址的一次有效探索和尝试，将极大丰富中国现有的核电选址思路。普选报告紧扣拟选厂址关键技术问题，从厂址条件、核电厂运行对环境的影响、电力市场需求等方面内容进行详细论证、综合比较，通过多专业多学科的研究工作最终推荐出了可以进行初步可行性研究阶段的候选厂址。研究成果得到了投资方、地方政府和审评方高度认可。

尽管河北沧州核电项目是我院迄今为止最具难度的厂址选择工作，但我院凭借多年来经验

图1　厂址效果图

积淀、技术资料储备和持续科研创新投入，有效解决了咨询工作面临的疑难问题，并为后续工作思路引导了方向。正是因为有厂址普选工作扎实的基础工作，才有我院后续快速响应投资方，仅历时不足半年（2013年下半年），就高效完成本项目初步可行性研究报告编制及评审，这也是国内首个也是目前唯一一个初可研审查通过的非基岩地基核电前期项目。

河北省环境保护压力巨大，经济"绿色发展"转型迫切，省、市、县三级政府普遍对核电落户河北保持高度的热情。已出台的《河北省电力十二五发展规划》中提出"支持中广核、中核、华电、华能等集团公司开展承德、秦皇岛、沧州、唐山等地区核电项目前期工作，力争两个条件较好的项目开工建设。"沧州核电项目的实质性推进，极大提振了整个河北省新能源建设的信心，在预期的范围内将会成为河北省"首核"。

上海市轨道交通基本网络中期评估报告
The Midterm Evaluation Report on Shanghai Fundamental Rail Transit Network

编写单位：上海投资咨询公司
Shanghai Investment Consulting Corporation
联系电话：021-63903366　　网址：www.sicc.sh.cn
主要完成人：周鹤群　刘晖　孙霁　聂磊

【点评】

本报告重点对轨道交通规划、客流预测、建设、运营、公交配套内容进行全面系统总结和评价分析。研究提出，应适当控制换乘规模，处理好枢纽集中换乘与分散换乘的关系。研究结论为后续轨道交通规划、设计、建设及运营管理工作提供了参考依据。

【项目背景】

上海轨道交通基本网络指：至2012年由轨道交通1号线～13号线组成的"中心城十字加环，七横八纵，外围区九向辐射"的网络形态。基本网络线路总长约582千米，车站总数约361座，网络建成后中心城内轨道交通站点600米覆盖面积为34%、中心城覆盖人口为51%。2012年轨道交通基本网络具体构成见表1。

为更好地指导上海市轨道交通网络建设，上海市发展改革委牵头组织开展上海市轨道交通基本网络中期评估研究工作，项目咨询小组具体完成中期评估报告编制工作。中期评估报告研究重点为对轨道交通规划、客流预测、建设、运营、公交配套内容进行全面系统总结和评价分析，找出差别和变化，剖析存在的问题与原因，总结经验，提出合理化的建议及相关措施，以便为下一轮轨道交通规划、设计、建设及运营管理工作提供参考依据。

表1　轨道交通基本网络规划线路一览

序号	线路	工程范围	线路长度（km）	车站数（个）
1	1号线（R1）	莘庄—富锦路	37.8	28
2	2号线（R2）	徐泾—浦东机场	65.2	31
3	3号线（M3）	上海南站—江杨北路	40.7	29
4	4号线（M4）	宝山路—虹桥路	22	17
5	5号线	莘庄—闵行开发区	17	11
6	6号线（L4）	港城路—济阳路	33.1	28
7	7号线（M7）	罗店—浦东博览中心	45.3	33
8	8号线（M8）	开鲁路—航天公园	36.6	30
9	9号线（R4）	松江新城—杨高中路	46.3	23
10	10号线（M1）	虹桥综合交通枢纽—新江湾城	36.0	30
11	11号线（R3）	嘉定新城—周浦	68.8	31
12	11号线南段（21号线）	龙阳路—临港新城	59.5	11
13	12号线（M2）	顾戴路—金桥出口加工区	40	31
14	13号线（M5）	华江路—罗山路	33.9	28
	合计		582.2	361

相关工作于2008年完成。

【研究方法】

由于此项工作之前无相关参考实例,咨询小组经研究,提出了自评的方法。即:自评报告应依据预期目标(如可研中流量、线路走向、规模等)和建成状态(含预期建成可能状态)对比分析,找出偏离原因及影响因素,总结经验教训,提出对策,并指导后期规划、设计、建设及运营工作。自评流程和方法见图1。

【咨询工作特点】

1. 结合国内外轨道交通规划建设理念和国家建设标准,提出规划中"市域快线"、"枢纽锚固"等规划理念可实施性较差,同时应适当控制换乘规模,处理好枢纽集中换乘与分散换乘的关系

上海市最早的轨道交通网络规划在2000年由法国SYSTRA公司和相关单位共同编制形成,规划确定上海轨道交通网络由市域快速轨道线、市区地铁线、市区轻轨线组成。市域快线包括轨道交通1号线、2号线、11号线和9号线,各线长度均在100千米以上,属于长大线路范畴,而市域快线总长则超过400千米,构成了当时规划线网总长的半壁江山。

但市域快线运营模式研究和实际运营经验表明,由于市域快线长度长,穿越城市区域差异大,因而线路不同区段的客运强度相差较大,客流特征与乘客舒适度要求也不尽相同。在全线统一运营的情况下,单一的车辆编组与运营组织方案难以在运能安排和服务水平之间取得平衡,结果只能是顾此失彼。因此,轨道交通长大线路的全线运营,难以满足乘客多样化出行需求,同时也影响地铁运营效益。目前针对长大线问题,已提出了分段运营的概念(如11号线分南北两段分段运营),既有效发挥配属车辆的运力,又能满足不同区段乘客对"通达""畅达"和舒适度的不同要求。

在2008年7月1日实施的《城市轨道交通工程项目建设标准》中明确规定轨道交通线路长度不宜大于35千米,因此建议下阶段轨道交通建设应慎重确定轨道交通建设长度。

目前,随着上海轨道交通网络的日益完善,换乘客流增加及换乘效益的显现,各方面已充分重视了换乘的重要性,在线网规划中已考虑了一批3线、4线大型换乘枢纽。但是从人民广场、世纪大道等三线和四线集中换乘站运营情况看,大量换乘客流集聚,对客流有序、高效换乘与疏散带来挑战,如人民广场站三线换乘大三角开通后,大量换乘客流拥堵和对冲,导致客流换乘与疏散不便。因此,我们在强调换乘枢纽重要性的同时,应适当控制换乘规模,换乘枢纽在空间上应均衡分布,处理好枢纽集中换乘与分散换乘的关系。图2为集中换乘与分散换乘示意图。

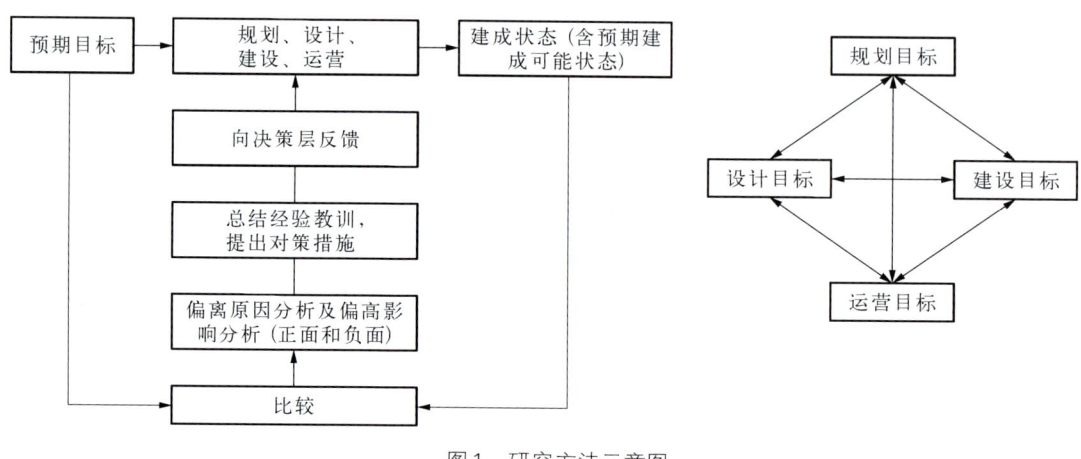

图1 研究方法示意图

图2 轨道交通换乘示意图

因此，建议针对一些当前已产生异议的规划理念，如"市域快线""换乘枢纽锚固"等，进行分析研究，认真考虑如何将引入的规划理念因地制宜地使用在本市，促进本市轨道交通网络又好又快发展。

2. 采用同类型城市类比方法，结合上海市市情，提出上海市应重新审视远郊地区轨道交通制式选择

市郊铁路是国外应用较普及的一种城市客运方式，其有助于增强市中心城市的对外辐射作用和特大城市都市圈经济的发展，能够在更大的空间范围内维持大城市的经济社会和生态环境的可持续发展。从轨道交通和市郊铁路各自特点来看，轨道交通制式智能化程度高、运营时间间隔短、建设标准高、综合造价很大，而市郊铁路运营间隔略长但所需投资较小。由于郊区至市中心客流具有出行距离长、对运营时间间隔要求较市中心相对较低等特征，因而市郊铁路在郊区运营具有很大的优势。

国外很多发达城市为我们提供了发展城郊铁极为有益的经验，诸如伦敦、巴黎、东京等城市拥有的市郊铁路营运里程均10倍于市区轨道交通线网规模，其郊区至市中心通勤客流的三至四成由市郊铁路承担，对疏解市区和郊区之间的通勤交通起着重要作用，见表2。

反观上海，2000年轨道交通网络规划将市郊铁路排除在本市轨交网络以外，即便是连接郊区的长距离线路亦采用轨道交通制式，而基本网络规划在对网络规划的深化调整中并未考虑这一问题，也就未对中心城区线路和郊区线路制式加以区别。郊区线路也同中心城区线路一样采用建地铁方式，则产生线路投资大、运营维护成本较高等问题，成为轨道交通运营部门的沉重压力。

因此，在服从支持新城开发的战略前提下，应将城郊铁路等多种交通方式纳入城市综合交通体系中，对中心城区连接新城的交通方式进行经济、技术全面综合比较；不应将思路限定在轨道交通的范畴，不仅对轨道交通走地下还是地上、地铁还是轻轨进行比选，更重要的是从线路客流特征、输送能力、综合造价等多种因素综合权衡市郊铁路、BRT（快速公交系统）等多种交通方式，以便最终提出真正技术可行、经济合理的远郊线路交通方式。

3. 通过实际数据调研，提出应重视轨道交通运营效益指标，科学指导网络建设规模和时序，避免无限制辐射、盲目拉伸

客运强度是反映轨道交通网络运营效率和经济效益最重要的评价指标之一。上海轨道交通各线路客运强度从0.14～3.03万人次/日·千米不等，目前3号、5号、6号、9号线的客运强度低于1万人次/日·千米，客运强度不足直接影响到轨道交通网络运营的社会、经济效益，也影响了对轨道交通规划总体目标的实现。因此，在轨道交通基本网络各线路建设时序决策阶段能够重视和考虑客运强度等运营指标就显得十分重要。只有在决策阶段重视轨道交通基本网络具体线路的客流量和客运强度预期情况，才能使得基本网络客运强度在一定时间内始终稳步"上台阶"，并最终保持在一个较高的水平，从而尽快实现缓解中心城道路交通压力、引导城市拓展等一系列规划目标，真正发挥轨道交通集中建设的优势。如某些线路因具体原因限制无法满足这一点，则说明该条线路建设时序应考虑适当后延，处理好近期与远期建设的关系，控制轨道交通无限制辐射、盲目拉伸。反之，对中心城区线网密度不足的区域（如浦西外滩区域），由于区域内人口密度较高且商业密集、轨道交通潜在需求

表2 国外大城市城郊铁路概况

城市名称		伦敦	巴黎	纽约	东京	大阪
人口（万人）	城区	638	215	731	278	
	都市圈	1211	1 065	1 795	1 700	
面积（平方千米）	城区	1579	105	800	212	
	都市圈	10 621	12 011	19 755	9 800	
轨道交通运营里程（千米）	城区	394	199	398	137	
	都市圈	3242	1 512	1 109	1 215	

备注：数据来源《中国大城市市郊铁路研究》。

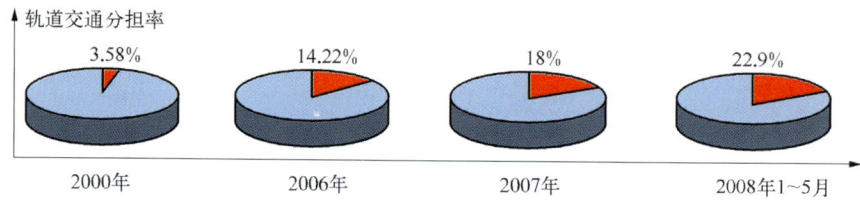

图3 上海轨道交通发展概览

大,则可考虑适当加密线路。

4. 应研究推进TOD开发理念的相关措施

公共交通为导向的城市开发模式(Transit-Oriented Development, TOD)是城市可持续发展的一种理想模式。TOD模式符合上海城市总体规划发展要求,随着上海城市规模的不断扩大,郊区新城的建设日益加快,在新城发展时实施TOD模式具备多重优势,对引导中心城人口向郊区新城疏解,支持城市由一个核心组团向多个核心组团发展起到重要作用。因此,规划上及时明确远郊线路沿线地区TOD开发的理念是相当必要的。

但在实际建设过程中,遇到了轨道交通沿线土地开发进度明显滞后于轨道交通建设的问题,因此需要加快研究具体措施,推进TOD开发理念实施。在实施TOD模式时,由于轨道交通本身并不能直接提供"点对点"的服务,需有效地提高轨道交通车站的可达性。因此,根据轨道交通的实际运能运力,同步开展地面配套公交线路的整合工作,及时调整与轨道交通平行公交线路,而在各枢纽点增加辐射状的公交线路,可提高轨道交通的换乘便利性,最终达到有效培育和提升轨道交通客流的目的。同时还应做好轨道交通沿线和站点周边地块的开发规划,采取措施促进轨道交通线路周边区域同步开发建设,从而使轨道交通与地区发展相互促进,同步发展,取得双赢。

上海市南北通道工程预可行性研究评估报告
The Evaluation Report on the Preliminary Feasibility Study of Shanghai North-south Route Project

编写单位：上海投资咨询公司
Shanghai Investment Consulting Corporation
联系电话：021-63903366　　网址：www.sicc.sh.cn
主要完成人：周鹤群　彭勇　孙霁　聂磊　赵超

【点评】

本项目从交通规划核心原则入手，从规划依据、交通功能、建设时机、可实施性等四个方面对工程进行了深入分析，提出了工程暂缓实施的意见。经上海市人民政府批复的《上海市骨干道路网深化规划》在关于南北通道的专项论述中，采用了该评估咨询报告的意见与观点。

【项目背景】

上海市南北通道工程实质为穿越城市中心区域的大容量快速通道。是否建设该通道，对上海城市交通格局影响极大；而当时的相关城市规划也未将其纳入。科学客观判断该工程上马建设的利弊得失，为市政府重大工程作好决策支持，是对项目咨询小组的压力和动力。

咨询小组从规划依据、交通功能、建设时机、可实施性等四个方面对该工程进行了深入分析，提出了该工程暂缓实施的意见。在其后的《上海市骨干道路网深化规划》中，专设了关于南北通道的专项论述，并大量参考了评估咨询报告的意见与观点，该规划随后得到上海市人民政府批复。

相关工作于2009年完成。

【项目内容】

南北通道工程位于南北高架路和内环线东段间，呈南北走向，北起中环线大柏树立交，沿曲阳路—沙泾港—临平路—公平路—（越江）—浦东南路—浦三路—杨高南路走向，向南接至中环线杨高南路立交，途经虹口区和浦东新区，线路总长16.4千米。该工程规划为城市主干路，除起终点处局部路段为高架+地面辅道外，主要为隧道主线+地面辅道形式。

【工作过程】

项目咨询小组接受该项评估任务后，即确定工作大纲，并依照前期分析研究、中期召开专家评估会、后期编制评估报告三个阶段开展评估工作。前期分析研究阶段中，咨询小组进行详细现场踏勘，了解工程沿线情况和项目对周边区域影响。中期专家评估会与后期编制评估报告阶段中，咨询小组与市发展改革委、市建交委进行持续协调沟通，并在认真听取和综合吸纳专家意见的基础上编制完成了评估报告。

评估中，我们采用了专家评价法、系统分析法和矛盾分析法。图2为系统分析法框架。

【咨询工作特点】

咨询小组从规划依据、交通功能、建设时机、可实施性等四个方面对该工程进行了深入分析，提出了该工程暂缓实施的意见。

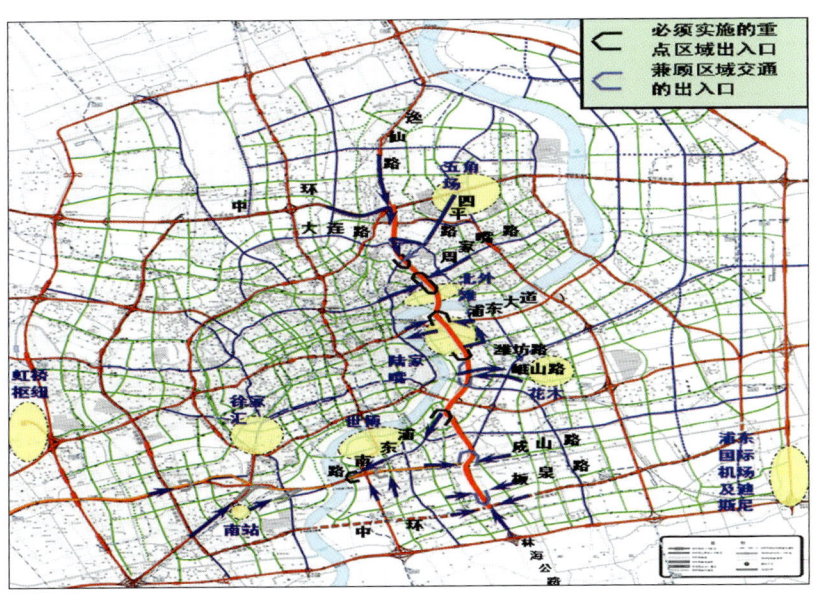

图1　南北通道工程走向图

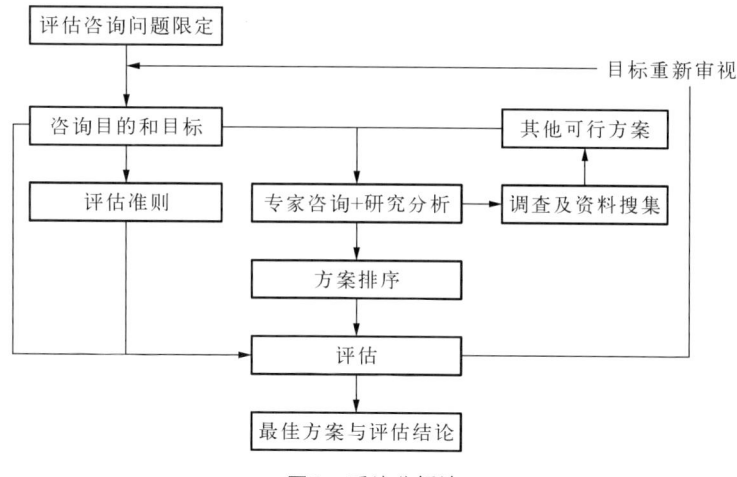

图2 系统分析法

一、关于规划依据

咨询小组认为,该工程主线采用城市主干路标准,设置模式为地下准快速路,主要服务于连续交通流,其实质就是快速路标准。但目前尚没有正式规划表明,该工程沿线相关道路需提升道路等级至快速路;根据国务院批复的上海市城市总体规划(1999—2020年),上海骨干道路系统规划中也无该通道。因而,该工程现阶段立项缺乏规划依据。

二、关于交通功能

1. 将交通矛盾引至城市核心区,违背交通基本规律

该工程直穿上海城市中心人口密集区(如曲阳、塘桥等地区)、城市CBD地区(如北外滩、陆家嘴地区)中心,线位亦选择在浦东南路这样的中心城区核心道路上,实际上形成了城市外围直接连通上海城市核心区的高等级城市快速路,在交通方向上将过境流量向内分流至城市核心区,在交通分流上明显具有方向性错误,必然将外围交通矛盾引至城市核心区。该工程将小汽车交通引至城市核心区的做法违背交通基本规律,非但不能实现《预可报告》设想的内环内区域保护壳、缓解中心路网系统压力、分流上海西南区域至东北部区域长距离交通等功能定位,反而增加了中心城区路网压力,造成很多新的交通问题。

2. 过于注重在中心城区为汽车交通创造条件,违背既定城市交通发展战略

通过长期建设,上海城市中心区的快速路系统等道路条件总体较好,但公共交通水平较低,与国外相比差距较大。根据《上海市城市交通白皮书》,上海市城市交通发展基本战略是优先发展以轨道交通作为骨干体系的公共交通,适当制约汽车交通。江湾五角场、北外滩、陆家嘴、世博等相关区域乃至整个上海中心城区的运输主体应着重依靠轨道交通网络,在人口密度极高的上海中心城区应发展以轨道交通为代表的公共交通,而非不惜代价为汽车寻求出路,这才是上海中心城区的交通可持续发展之路。

3. 提高快速系统容量无助于解决中心城区道路系统功能结构性缺陷

上海中心城区次级路网级配不合理,难以起到为高等级路网疏解流量作用,由此导致城市道路交通功能紊乱,大量短距离出行交通被迫集中于快速路和主干路,而本应担负中、长距离交通的快速路、主干路由于承担过多短距离汽车交通,主线上车辆出入过于频繁、交织干扰区段过密,其最终结果是城市快速路系统与主干路系统主线拥堵严重、通行速度普遍较低;此外,由于出入口处集散道路能力普遍较低,疏解能力有限,因而在出入口处多发交通拥堵,并经常影响主线通行。因此,单纯靠扩展快速路的数量,甚至不惜牺牲环境效益,以高昂代价修筑大型快速路、大型立交,并不能真正改善道路系统的容纳能力和运行效率,解决市中心区域拥堵瓶颈问题重点首先在于改善路网系统功能结构的合理性与完整性,在目前条件下,道路建设的重点应为市区两级通力协作,大力建设城市次级路网系统,完善路网结构,从而合理优化城市路网中快速路、主干路与次干路、支路级配组合,解决交通拥堵的真正"瓶颈"。

三、关于建设时机

目前,上海北部、东部中心城区正在经历较大规模的交通设施建设,道路设施方面有新建路越江工程、外滩通道、浦东地区的内环线闭合、中环线成环以及东西通道等重大工程在建,轨道交通方面在2012年之前也将建成连接杨浦区与浦东新区的轨道交通12号线。上述建设将对上海北部、东部中心城区发展产生深远的影响,相关区域的交通出行目的、交通方式选择和路径选择等交通基本情况将会出现较大变化,这些工程建成后会对相关区域发展产生何种影响还难以预料。因此,在上述一系列大工程建成后,对区域交通需求和承载力再进行相应研究,在此基础上再进行相关道路扩容或提高规划等级的工程研究将更为适宜。

四、关于工程可实施性

① 沿线相关疏解道路能力不足,对区域交通负面影响大。② 工程对环境影响过大、排风塔选址难以落地。③ 对已建轨道交通正常运营存在较大影响,工程社会风险较大。④ 长大车行隧道的防灾、逃生难度较大,隧道运营安全性较差。⑤ 与工程沿线区域矛盾大,工程涉及相关区政府均对该工程存在质疑。⑥ 经济可行性差。

【咨询效果】

市发展改革委收到咨询小组提出的评估报告后,高度重视,召集市建交委、市市管处与咨询小组进行了多次沟通,并基本接受了相关评估意见,暂时搁置该项目上马。

在其后上海市人民政府批复的《上海市骨干道路网深化规划》中,对南北通道项目进行了如下表述:"南北通道和南横通道在方案研究论证阶段之中,得到各方面关注的同时,分歧较大。""反对南北通道、南横通道的主要意见有:交通规划一般限制服务私人机动车的快速通道穿越城市核心区,希望引导其从城市外围绕行,而两条通道的规划与这一理论相悖;两条通道的工程难度有待进一步论证;两条通道投资巨大,其预期效益、社会经济合理性需要进一步评估;地下通道长隧道本身在安全性、交通组织方面存在局限性,世界上也没有成熟的案例可供借鉴"。

中环线浦东段（军工路越江隧道—高科中路）新建工程可行性研究评估报告

The Evaluation Report on the Feasibility Study of the New Project in Pudong Section of the Mid-ring Rd. (from Jungong Rd. Tunnel to Middle Gaoke Rd.)

编写单位：上海投资咨询公司
Shanghai Investment Consulting Corporation
联系电话：021-63903366　　网址：www.sicc.sh.cn
主要完成人：祝兆松　钟贤宾　周鹤群　刘　晖　彭　勇　聂　磊

【点评】

中环线浦东段（军工路越江隧道—高科中路）新建工程是中环线全线成环贯通的关键，对促进中环线整体交通功能和效益的发挥具有重要意义。本评估结合项目沿线城市规划、需求分析、路网结构优化等方面情况，提出的位于张家浜楔形绿地的中环线地面道路暂缓建设等优化建议，得到了采纳。

【项目背景】

中环线是上海市中心城"三环十射"城市快速路网中的一环，位于内、外环之间，是一条全封闭环形快速路。规划中环线全长约70千米，其中浦西段已于2007年建成通车，浦东段（上中路越江隧道—高科中路）于世博会前建成通车，军工路越江隧道工程也将于2011年建成。因此，中环线浦东段（军工路越江隧道—高科中路）新建工程成为打通中环线全线的关键节点。

由于工程影响较大，浦东新区发展改革委将该工程的评估重任交由上海投资咨询公司承担，这也充分体现了浦东新区对公司咨询团队能力的认可，也是对咨询团队的挑战。在前期调研中来自各方的不同意见进一步增加了评估难度。

【项目内容】

中环线浦东段（军工路越江隧道—高科中路）新建工程位于浦东新区，北起军工路越江隧道，南至高科西路与已建中环线相接，长约9.44千米（见图1、图2）。推荐的总体方案为：整幅式高架路+地面道路形式，全线按道路红线宽度

图1　地理位置图

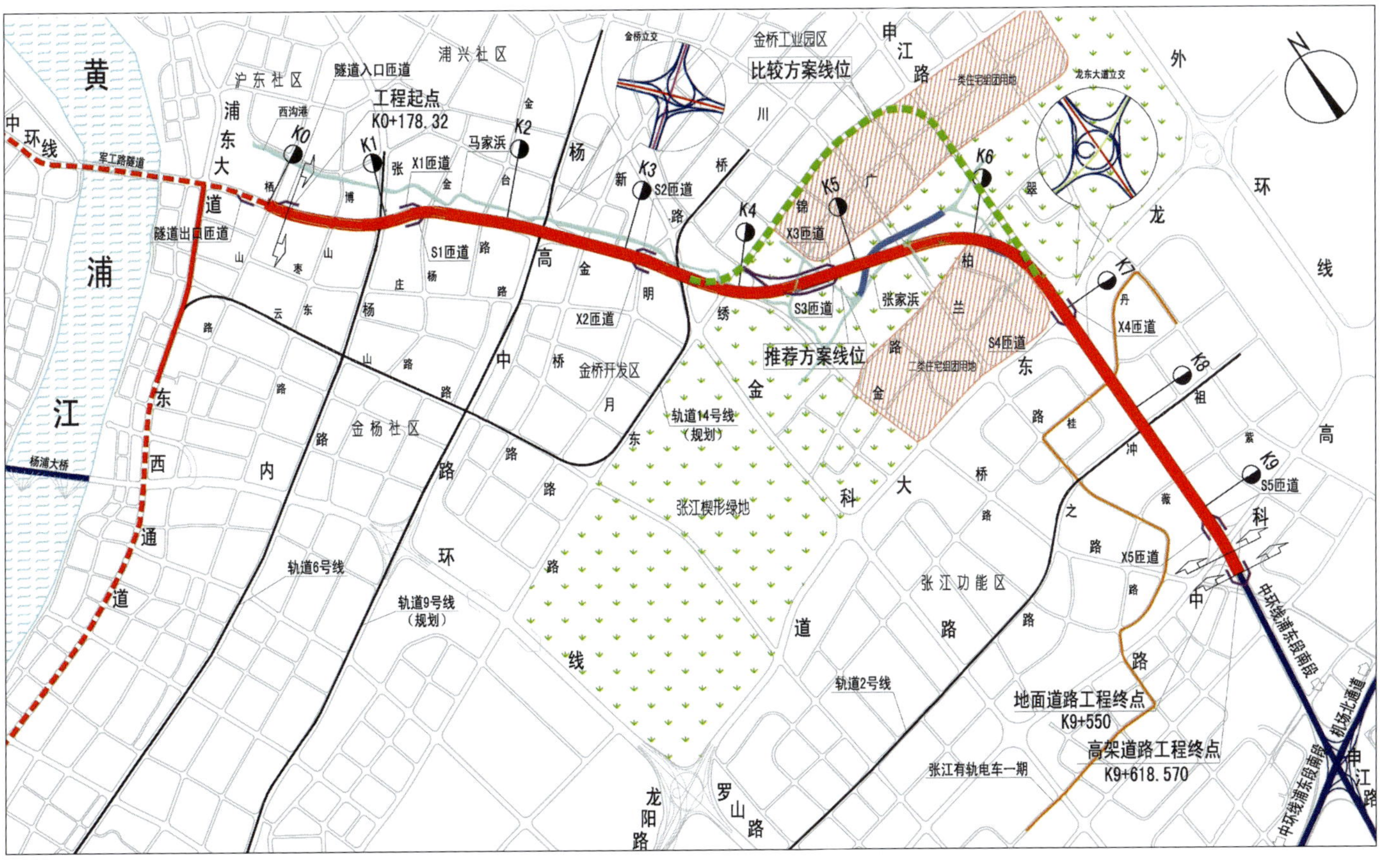

三、评估咨询报告篇

图2 线位图

70米辟筑。高架道路采用双向8车道，地面道路采用双向8快2慢。该工程设置金桥、龙东大道2座枢纽型全互通立交，在张杨路东侧、金科路西侧、锦绣东路东侧、龙东大道北侧、高科中路北侧各设置一对高架平行匝道，在博山东路西侧设置一个地面入口匝道。

【工作过程】

在接受任务后，我司成立了由公司总师、部门领导及骨干组成的咨询小组，随即确定工作大纲，并依照前期分析研究、中期召开专家评估会、后期研究沟通并编制评估报告三个阶段开展评估工作。（见图3）前期分析研究阶段中，咨询小组进行详细现场踏勘，了解工程沿线情况和项目对周边区域影响。中期专家评估会与后期编制评估报告阶段中，咨询小组结合罗山路等相关项目进行系统研究、综合平衡，多次与浦东新区发展改革委、新区建设交通委进行协调沟通，并主

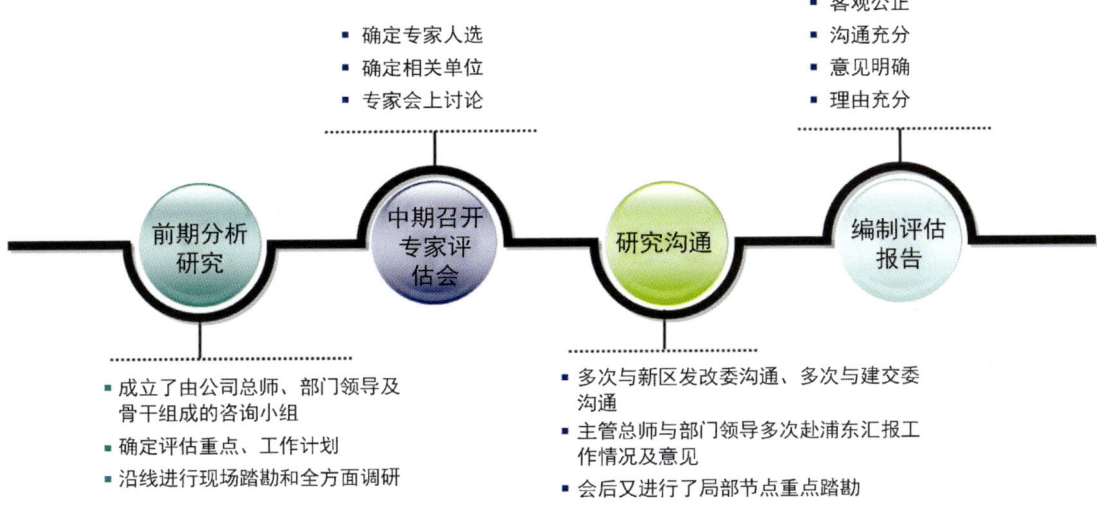

图3 评估工作过程

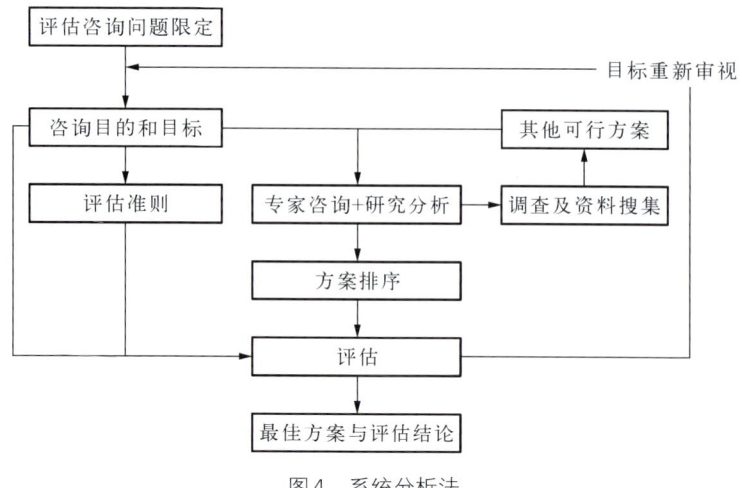

图4 系统分析法

动听取市发展改革委、市建设交通委对于该项目的意见,最终出色完成了评估工作。

评估中,我们采用了专家评价法、系统分析法和矛盾分析法。下图为系统分析法框架。(见图4)

【咨询工作特点】

鉴于该工程功能重要,投资决策需特别慎重,稍有闪失将造成不可挽回的损失。这是对咨询工作提出的高要求。我们秉承公司"多谋、敢言、慎断"的宗旨,站在全局宏观的角度,牢固树立"局部服从全局,区域性项目规划选址服从全市整体规划"的理念,依靠专家、依托多年来项目评估经验,更多的是怀揣对上海交通发展的责任心,通过调查研究、专家研讨、国内外情况对比等方式,综合项目沿线城市规划、需求分析、路网结构优化等方面情况,科学、谨慎决策,最终提出该项目张家浜绿地段地面道路暂缓实施的咨询意见,较好地起到参谋部和智囊团的作用。

评估认为可研报告提出中环线地面道路斜穿张家浜楔形绿地不妥,主要从四个维度,提出四点理由:

1. 交通需求分析

张家浜楔形绿地沿线开发较少,该段道路交通需求相对也比较小,即使是绿地沿线规划居住区也主要通过内部道路与锦绣东路、金桥路、申江路等道路进行沟通联系,对斜穿楔形绿地的中环地面道路沟通需求较少(见图5)。

2. 瓶颈节点分析

斜穿楔形绿地的中环地面道路与申江路斜

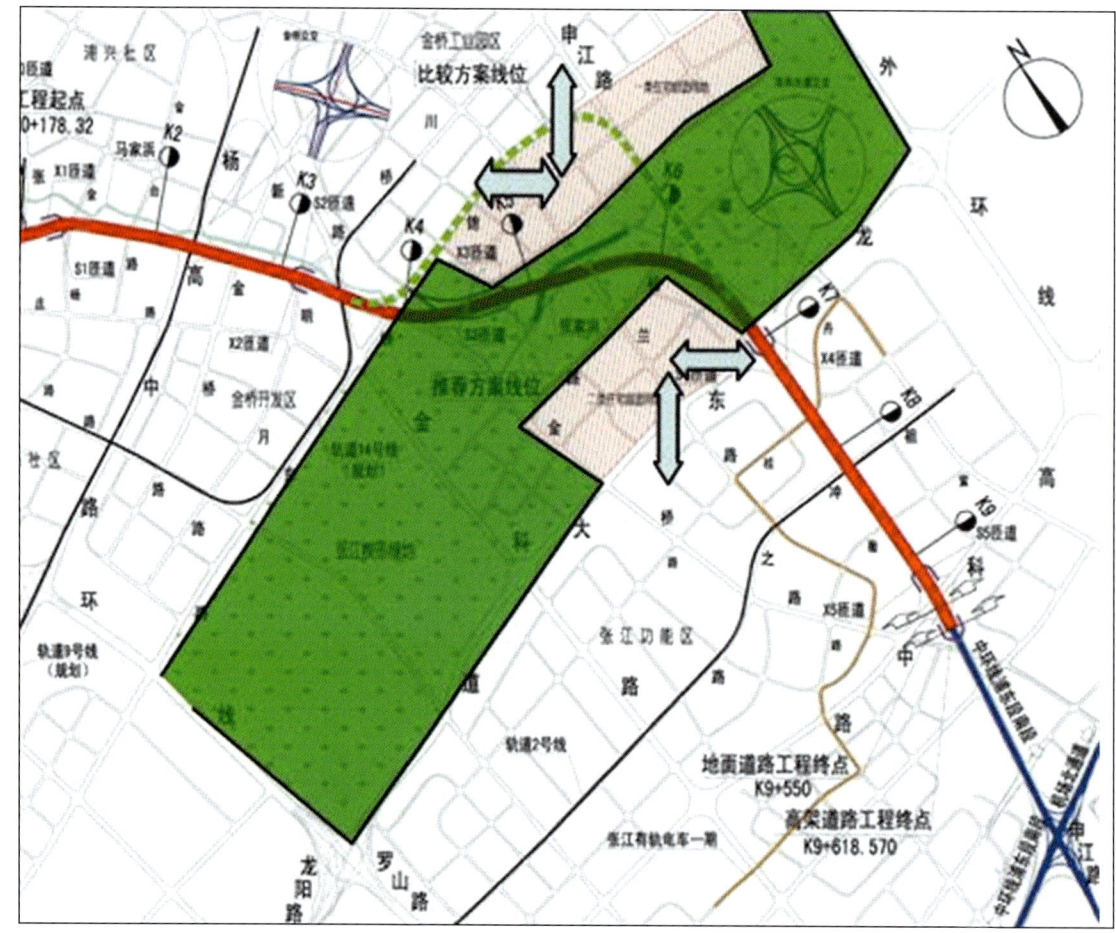

图5 张家浜节点交通示意图

交并入申江路,通行能力严重不匹配且距离龙东大道交叉口距离较近(约400米),极易造成该节点的交通拥堵和事故(见图6)。

3. 路网结构分析

同时斜穿楔形绿地的中环线地面道路需要通过锦绣东路转换才能接入金桥路中环地面道路,道路走向形成"Z"字形线路,形成错位交叉口,而且两个地面交叉口间距很小(约225米),排队和交织的空间不足,可能导致该节点严重拥堵且存在一定安全隐患,从而对地区路网产生不利影响(见图7)。

综上所述,评估认为在需求不大且容易造成地区路网结构失调的情况下宜暂缓实施,同时建议尽快辟通锦绣东路(金桥路—申江路)等相关配套路网工程,使金桥路中环地面道路与申江路中环地面道路通过锦绣东路等地区路网进行沟通联系。

4. 经济性分析

根据评估意见,扣除张家浜楔形绿地段地面道路相关道路、桥梁及附属等工程量和投资,仅此一项就为国家节约了大量的财力。

【咨询效果】

咨询小组从交通需求、路网结构、经济性等方面对该工程进行了深入分析,提出布置在张家浜楔形绿地中的中环线地面道路在需求不大且容易造成地区路网结构失调的情况下宜暂缓实施的意见。浦东新区发展改革委非常赞同我们的评估意见,并最终在工可批复中明确"有关张家浜绿地段地面道路的设置在下阶段工作中进一步研究论证",并核减了该段工程的投资。

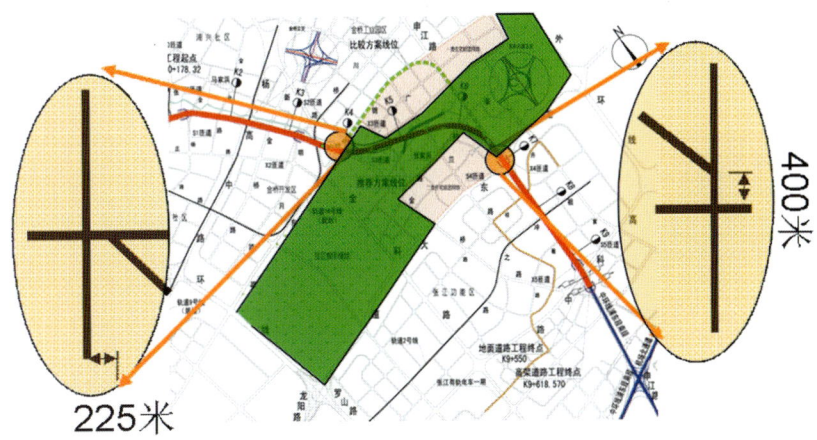

图6 张家浜节点分析图

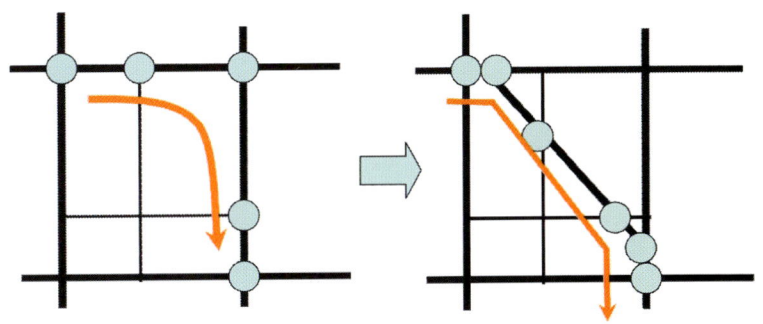

图7 路网结构分析图

松江广富林配套湖底人防车库建设项目申请报告评估报告

The Assessment Report on the Project Application Report of Guang Fulin Supporting Facility, Lakebed Air-defense Garage Construction in Songjiang District

编写单位：上海松江新城投资咨询有限公司
Shanghai Songjiang Newcity Investment Consulting Co,Ltd
联系电话：021-57743537　　网址：chengtou.songjiang.gov.cn
主要完成人：王旨　张金明　孙垒　程君　商佳玉　邵锡琪　顾义　刘雄　韩杰　庄丽中

【点评】

本报告对"项目申请报告"进行了全方位的评价。评估认为，该项目的建设完善了该地区地下交通系统，改善地面交通环境，发挥松江广富林文化展示馆的资源优势，带动周边地区经济的发展。本项目结合地下建筑的特点，利用太阳能、风能等再生能源，在保证舒适度的同时，最大限度地降低了建筑能耗。

【项目背景】

松江是上海历史文化的发祥地，是"上海之根"。5 000多年前上海先民已经在这块土地上生息，广富林古文化遗址的整理发掘更充分证明了这一点。广富林遗址，承载着数千年的历史文明，有着典型的良渚文化遗存，是衔接崧泽文化和马桥文化的重要节点。通过对广富林历来出土的文物展示，可以展现松江悠久的历史，再现先民生活场景，再现松江历史人文景观，为松江这块具有深厚文化底蕴的地方再添文化魅力。

为了更好地保护和展示这一历史文化遗产，松江区委、区政府将广富林遗址的保护开发，作为松江展示"上海之根"文化效应、构造"世博之旅"目的地城市的重大工程，规划实施了松江广富林文化展示馆项目的建设。据预测，广富林文化展示馆旅游（参观）人数为100万人/年，迫切需要与之在规模、结构上相适应的交通体系来进行承载，以满足游客停车、疏散的需要。同时根据规划，广富林文化展示馆主体建筑坐落在扩大的人工湖面上，也必须解决展示馆与城市主干道龙源路的联通问题。因此，为了进一步完善松江广富林文化展示馆的交通配套设施，健全城市综合应急和防灾体系，作为该区域基础设施项目投资开发建设主体的上海松江大学城建设发展有限公司，决定实施松江广富林配套湖底人防车库项目的建设。

【项目内容】

1. 项目名称

松江广富林配套湖底人防车库建设项目。

2. 项目建设单位

上海松江大学城建设发展有限公司。

3. 项目的建设地点及内容

建设地点：项目建设基地位于上海市松江新城北部、佘山国家旅游度假区南侧广富林风貌区2-1地块，基地西侧为建设中的广富林文化展示馆项目，东侧为龙源路。

建设内容和建设规模：项目总用地面积约75 200平方米，配套湖底人防车库总建筑面积为39 000平方米，其中：车库建筑面积约33 000平方米，避难通道及出入口建筑面积约6 000平方米。平时功能为小型车停车库，车位约900个。战时为人民防空工程，设置11个6级二等人员掩蔽部和2个人防物资库（含3个战时移动电站）。战时掩蔽人员约1.4万人，储备战备物资约5 000吨。

4. 设计方案

根据广富林文化展示馆项目及配套工程的建设规划，广富林配套湖底人防车库工程定位于景观湖湖底。毗邻水下建筑包括文化交流中心、文化演艺中心及观演平台建设。

车库的车辆由东侧龙源路、北侧商业片区、西侧公共展示片区出入。人员由在周边陆地上及毗邻的水下建筑中设置的楼梯间进出。连接城市道路的车行出入口，按交警部门要求设置顺进顺出的单向双车道，同时满足城市道路退让要求。龙源路上有河流穿过道路，车库内车道斜避开了桥梁，避免了潜在的对桥梁的不利影响。车库设有足够的人行出入口，并且紧密连接了周边建筑。

车库解决了景区大量的停车需求，同时将北片商业地块、东侧龙源路与公共展示空间中的人、车连接起来，加强了展示片区的人、车交通的聚散能力。

5. 投资估算

项目总投资为24 387.83万元，项目资金由项目法人上海松江大学城建设发展有限公司自行筹措。

6. 社会效益

广富林配套湖底人防车库是松江新城广富林风貌区重要的基础性配套设施，通过项目的实施将完善该地区地下交通系统，改善地面交通环境，使周边旅游、商业、交通设施相互连通，协同发展，同时结合车库建设人防设施，健全城市综合应急和防灾体系，加强松江新城基础设施建设，进一步促进区域经济发展，不断提高松江新城的城市现代化管理水平与城市综合功能。

【工作过程】

我公司在接受上海市松江区发展和改革委员会委托后，立即组建了符合专业性要求的评估团队。根据项目的特点，评估团队针对性地确定了前期准备初步评审，专家评审和评估报告编制三个阶段的工作计划。

1. 前期准备

前期准备阶段的主要工作包括收集项目有关材料，确定项目评估的规划设计及经济技术控制指标要求，制订评估工作方案，重点了解项目所在地有关情况，项目设计方案及工作进展、收集评估必要的基础数据和相关资料。

评估团队前期收集资料包括：

（1）项目审批意见及土地控制指标。

（2）项目规划意见及控制指标要求。

（3）项目环境影响审批意见及措施要求。

（4）地下车库设计技术规范。

（5）人民防空工程设计规范。

（6）地下工程防水技术规范。

（7）类似项目造价指标技术分析资料。

在评估前期所收集资料的基础上，评估团队对本项目的可行性进行了深入的探讨。

2. 专家评审

在资料收集和初步评审的基础上，评估团队组织造价、建筑、结构、人防设备、暖通等行业专家和相关职能部门代表对项目进行评审，通过专家论证答辩的方式对项目建设方案中各个技术方案设计的专业合理性与可行性进行客观全面的论证，并提出更优化的方案或措施，为项目审批部门决策提供技术支撑，争取最优化的经济和社会效益。评估团队则通过收集整理会议的专家意见和部门意见，为项目评估报告提供专业性的意见和建议。

3. 报告编制

在专家评审的基础上，评估团队开始着手编制项目评估报告，根据评审意见进行总结和梳理，同时优化建设方案，科学合理地校核投资，落实资金筹措办法和渠道，促进项目决策科学化、避免重复建设和盲目建设。

主要工作内容包括项目评估情况、设计方案评估、相关指标计算、投资估算及资金来源评估、评估结论。

在编制工程中，评估团队积极与立项审批部门、建设单位、编制单位进行沟通汇报，确保项目评估论证内容符合可行性、合理性要求，并最终形成科学合理的评估报告。

【咨询工作特点】

本项目评估咨询主要有以下几个特点：

一、资源利用综合评估的系统性

本项目占地面积75 200平方米，为充分发挥土地资源潜力和满足规划要求，松江广富林配套湖底人防车库建设项目定位为景观湖中央的人防车库，兼具交通、人防功能，规划建筑面积39 000平方米，项目不直接占用地面土地。评估认为本项目在用地结构布局、土地利用程度方面非常合理，实现了节约和集约利用土地资源这一目标。

评估认为本项目非资源开发类项目，不涉及资源开发，项目建设过程中用电、用水均由市政配套生活能源供应系统提供，项目所需其他建设资源充足、优厚，外部各项建设条件完善，施工过程中资源的配置和转换，不会对现有地表（下）水、大气等其他资源造成不利影响。

评估认为本项目从优化用地结构布局、优化设计节约建筑材料等方面考虑了资源节约措施，是科学合理的。

二、节能评估的前瞻性

评估指出作为地下工程,本项目的自然通风尤为重要,应合理利用室内外温度差所造成的热压或风力形成的风压来实现换气,是对自然能源的有效开发和利用;经过合理设计的自然通风,对改善室内空气质量和节约能耗都有重要意义。

本建筑平面布局决定了自然通风系统的风路组织,将直接影响自然通风效率,所以风路设计应重点考虑如何将新风引入地下建筑,与室内空气进行置换后排出室外,在布置地下建筑平面时应尽量保证风路畅通,减少死角,避免气流短路。

进风井应根据自然通风的风路组织需求,围绕作为排风井的中庭设置。进风井风口部分应该考虑周围地面环境的影响,避开有空气污染的位置,有利于清洁空气进入,可以在风口内部设置冷却装置,促使空气下沉;风口要尽量利用风压,根据需要安装进风型风帽或排风型风帽。

评估指出本项目可利用太阳能、风能等再生能源,通过建筑设计方案,利用太阳能为地下建筑提供自然照明,同时可以借鉴地上建筑利用太阳能的方式,为内部空间提供采暖所需的热量,例如在地面建筑设置太阳能集热装置,在冬季为地下建筑冬季采暖提供热量补充,在夏季可以起到除湿的作用。风能的利用主要有两方面:一是通过风压作用辅助地下建筑空间进行自然通风,二是通过风力发电装置进行发电,风力发电装置要求有较好的风力资源,常见的做法是将发电装置置于高处,因此风力发电装置可安装在地面建筑顶部,以捕获得更多的风力资源。

随着地下建筑的应用日趋广泛,能耗问题不容忽视,设计单位在方案设计阶段应该考虑节能因素,将节能设计作为方案设计的一个重要部分;评估建议通过借鉴先进的生态节能设计方法,结合地下建筑的特点,有针对性地进行研究,在保证舒适度的同时,最大限度地降低建筑能耗。

三、项目选址评估的可行性

1. 项目选址及用地方案评估

本项目位于上海市松江新城北部、佘山国家旅游度假区南侧广富林风貌区2-1地块,基地西侧为建设中的广富林文化展示馆项目,东侧为龙源路,评估认为项目选址是合适的。经评估分析项目建设符合规划用地性质要求;根据勘探结果,项目选址位置无压覆矿藏和文物,且不会产生相关不利影响交通方便。评估认为,项目选址是合适的,规划用地面积能够满足项目建设的需要。

2. 土地利用合理性评估

经评估分析项目总用地面积约75 200平方米,配套湖底人防车库总建筑面积为39 000平方米,其中:车库建筑面积约33 000平方米,避难通道及出入口建筑面积约6 000平方米。平时功能为小型车停车库,车位约900个。战时为人民防空工程,设置11个6级二等人员掩蔽部和2个人防物资库。项目在充分兼顾土地资源条件和规划要求的情况下,项目优选了布局方案,根据项目建设性质和功能要求,用地规模比较合理,基本符合集约和有效使用土地的要求。该项目地块属公共设施用地,地表上没有民房和其他用房,所以,不存在拆迁和移民安置之类的问题。

四、环境和生态影响评估的全面性

1. 生态环境影响评估

项目对环境与生态现状作了较为详细的分析,并对建设期和营运期对生态环境的影响也作了必要的排查分析,评估提出,在下阶段中建设单位与设计单位需认真响应环境影响报告表的审批意见,对生活垃圾由环卫所统一清运,施工期应执行《上海市扬尘污染防治管理办法》,按环境影响评估审批的意见落实各项环保措施。

2. 生态环境保护措施评估

评估认为,本项目所提出施工期和营运期的生态环境保护措施是可行的。因项目位置地处城区,评估指出施工期间应严格控制噪声污染,以便减少对周边居民的影响。

五、经济影响评估的严谨性

评估认为本项目经济费用效益等各项分析的依据、原则、参数和方法选择得当,分析与论述比较充分,计算基本正确。项目资源配置的经济效率可以接受。

评估认为,松江广富林配套湖底人防车库建设项目,对完善该地区地下交通系统,改善地面交通环境,使周边旅游、商业、交通设施相互连通,协同发展,同时结合车库建设人防设施,健全城市综合应急和防灾体系,加强松江新城基础设施建设,进一步促进区域经济发展,不断提高松江新城的城市现代化管理水平与城市综合功能有着积极的意义。因此,评估认为,本项目的建设对行业具有正面影响。

松江广富林配套湖底人防车库项目的实施,对项目的建设形成以交通功能为主导的地下综合活动空间,完善该地区地下交通系统,改善地面交通环境,使周边旅游、商业、交通设施相互连通,发挥松江广富林文化展示馆的资源优势,深化该地块商、旅、文、居融合,带动周边地区经济的发展,使之与松江区社会经济的高速发展相适应,与松江的城市地位相匹配。因此评估认为,本工程对区域经济的发展具有正面影响。

六、社会影响评估的合理性

评估认为本项目对社会影响区域、项目影响的群体、社会正面影响效果及噪声、扬尘等在建设过程中不可避免的社会负面影响的分析比较全面合理,评估提出,建设单位在建设过程中应采取必要的措施,尽量减小社会负面影响。

通过分析,指出本项目于当地社会环境有着良好的适应性,项目的建设可为松江区当地的社会环境产生积极的提升效应,对当地群众的生产、生活质量的改善产生积极的作用。

评估指出,本项目对地下空间的开发存在着一定的风险,主要发生在两个方面:一是项目投资控制的风险,由于项目所在地的地下情况的不确定性以及不可预见的复杂性,可能对施工的投资控制与工期控制带来风险损失;二是项目的施工技术风险,因为本项目进行深基坑施工必定对周围环境造成影响,处理不当将造成不良后果。所以评估提出,评估提出可以从以下几个方面进行风险控制:

1. 做好项目前期的各项准备工作

(1)对项目进行周密的风险分析工作,对其发生的概率进行分析,考虑降低风险发生的对策与减少风险损失的手段。

(2)对周边环境情况作详细的调查摸底工作,尤其是附近现有地面建筑的现实情况,应进行检测并留下必要的影像资料。

(3)对区域范围内现有道路的状况、各种管线的走向等清查工作,以减少因项目实施时造成不必要的损失。

(4)收集各项有关的技术资料,特别是附近的地质勘探方面的资料。

(5)做好有关的咨询和调研工作,了解类似工程的风险控制的经验。

2. 正确处理项目投资与项目安全的关系

本项目的地下建筑的建设,应尽量减少对周边环境的影响,其关键是控制新建筑的沉降对周边建筑及道路的影响与损坏,因此,基坑的围护将占很大的一块投资,在下阶段设计中,需正确处理好项目投资与项目安全的关系。

(1)从合理的经济与安全的技术两个方面对地下建筑的施工围护、桩基与结构进行多种方案的比选。

(2)在沉降可控的安全前提下,应采用成熟可靠的施工技术。

(3)在采用成熟可靠的施工技术中,采用最经济合理的方案。

(4)综合对周边的调查后发现,为减少影响应采取的措施而设置必要的技术措施费不能忽略。

在地下建筑的建设实施过程中,建设单位只要加强管理与监测,严格要求施工单位按照设计与规范进行科学施工,严密观察情况,科学实施沉降观察,防患于未然,能够将建设风险降低到最低的程度。

【咨询效果】

本次评估工作评估团队秉承独立、科学、公正的原则从各个专业角度分析评价本项目的特点和难点,同时提出了相应的解决方案和措施,使评估成为项目决策的重要组成部分;评估报告具有前瞻性和预见性,在项目实施前为客户提供了决策依据,为项目的顺利实施提供支持,评估为客户提供了优质的咨询服务,专业性受到了客户的好评。

目前本项目已经建成并投入使用,形成了良好的社会效应,很好地解决了广富林景点周边的停车问题,完善了该地区地下交通系统,改善了地面交通环境。

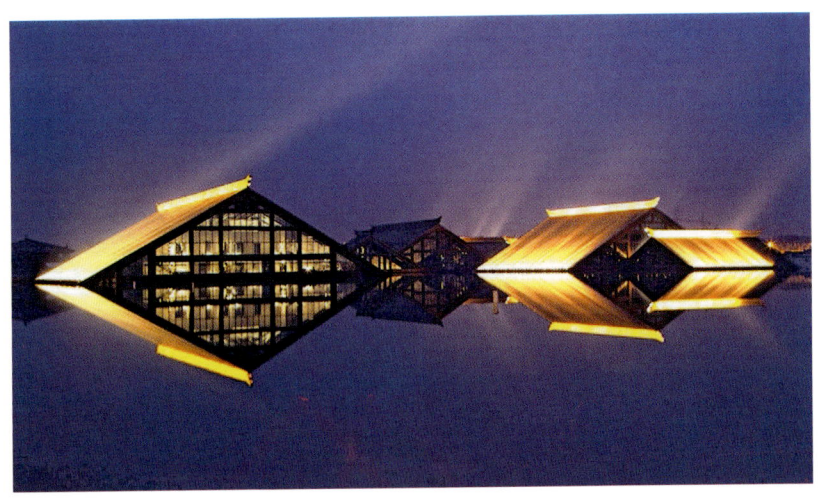

图1 广富林遗址公园效果图

松江醉白池站配套地下车库建设项目申请报告评估报告

The Assessment Report on the Project Application Report of the Supporting Facility, Underground Garage Construction in Zuibaichi Station, Songjiang District

编写单位：上海松江新城投资咨询有限公司
Shanghai Songjiang Newcity Investment Consulting Co,Ltd
联系电话：021-57743537　　网址：chengtou.songjiang.gov.cn
主要完成人：王　旨　张金明　孙　垒　程　君　商佳玉　邵锡琪　顾　义　刘　雄　张　斌　庄丽中

【点评】

本报告通过分析对地下空间开发存在的问题，提出了将太阳光引入地下空间、合理利用室内外温度差所造成的热压或风力形成的风压来实现换气，实现了对自然能源的有效开发和利用。

【项目背景】

根据松江区"十二五发展规划"，松江区将加快全区综合交通规划的实施，完成轨道交通9号线南延伸工程，加强轨道交通9号线、22号线沿线站点及配套设施建设。作为松江老城公共交通配套工程的轨道交通9号线南延伸工程，是推动松江区经济持续发展和城市建设的市级重大项目和民生工程，项目拟于2009年12月30日破土动工建设，计划2012年底开通运行。南延伸工程将轨道交通9号线从松江新城站延伸至沪杭客运专线松江南站，并实现零换乘。该延伸工程中的醉白池站设在人民南路东侧、沪杭铁路北侧。为加快松江老城区的改造，结合醉白池站的建设，松江区政府决定对人民南路东侧地块进行综合开发改造。

该区域综合开发方案拟规划建设9万平方米综合商业广场，加之醉白池站每天近万人的换乘客流，迫切需要与之相配套地下停车库，用以满足醉白池交通商用集散枢纽的停车、疏散及地下交通需要。在此基础上，上海城通轨道交通投资开发建设有限公司根据松江区委、区政府的部署，提出了"松江醉白池站配套地下车库建设项目"建设的申请。

【项目内容】

1. 项目名称

松江醉白池站配套地下车库建设项目

2. 项目建设单位

上海城通轨道交通投资开发建设有限公司

3. 项目的建设地点及内容

建设地点：松江醉白池站配套地下车库的建设地点邻近松江火车站，东侧为规划道路，西侧为醉白池地铁站，南侧为沪杭铁路，北侧为人民河；西侧邻近的人民南路西南侧为松江火车站和松江长途汽车站；项目规划用地面积24 629.9平方米。

建设内容和建设规模：本项目用地面积24 629.9平方米，配套地下车库建筑面积为23 995平方米，地下一层面积约23 785平方米，地下二层约210平方米。地下车库平时功能为小型车及非机动车停车库，车位575个；战时为人民防空工程。设置6级二等人员掩蔽部及5 000平方米防空专业队掩蔽所。

4. 设计方案

根据本地块总体建设规划，松江醉白池站配套地下车库工程上方为地上综合商业中心。

车库车行出入口有东侧规划道路、南侧规划道路出入；2个人员出入口主要由下沉广场预留开口、北侧预留开口、塔楼电梯构成。连接城市道路的车行出入口，按交警部门要求设置顺进顺出的单向双车道，同时满足城市道路退让要求。车库设有足够的其他人行出入口，并且紧密连接了周边道路。

车库解决了交通集散中心大量的停车需求，同时将综合商业广场东西向直接连接起来，加强了片区的人、车交通的聚散能力。同时也满足了战时必备的防空要求。

5. 投资估算

项目总投资为15 631.06万元，项目资金由上海城通轨道交通投资开发建设有限公司筹措。

6. 社会效益

项目建设符合松江老城建设规划要求，兼顾战备效益、社会效益和经济效益。项目定位为区域商业中心、集散中心的人防车库，不直接占用土地，有利于土地的集约利用。项目满足松江老城区建设对人防设施建设需要，健全了城市综合应急和防灾体系，为城市安全有序运行提供保障。项目实施将进一步完善城市功能，促进松江城市的建设进程，推动松江区经济社会的发展。

【工作过程】

上海松江新城投资咨询有限公司在接受上海市松江区发展和改革委员会委托后，立即组建了符合专业性要求的评估团队。根据项目的特点，评估团队针对性地确定了前期准备初步评审，专家评审和评估报告编制三个阶段的工作计划。

1. 前期准备

前期准备阶段的主要工作包括收集项目有关材料，确定项目评估的规划设计及经济技术控制指标要求，制订评估工作方案，重点了解项目所在地有关情况，项目设计方案及工作进展、收集评估必要的基础数据和相关资料。

评估团队前期收集资料包括：

（1）项目审批意见及土地控制指标。

（2）项目规划意见及控制指标要求。

（3）项目环境影响审批意见及措施要求。

（4）地下车库设计技术规范。

（5）地下轨道设计技术规范。

（6）类似项目造价指标技术分析资料。

在评估前期所收集资料的基础上，评估团队对本项目的可行性进行了深入的探讨。

评估认为，本项目作为地铁醉白池站的配套工程，可以更好地完善地铁功能，为轨道交通9号线南延伸段等重点项目的建设和功能的发挥提供保证，提高城市交通便捷化水平。

2. 专家评审

在资料收集和初步评审的基础上，评估团队组织造价、建筑、结构、暖通等行业专家和相关职能部门代表对项目进行评审，通过专家论证答辩的方式对项目建设方案中各个技术方案设计的专业合理性与可行性进行客观全面的论证，并提出更优化的方案或措施，为项目审批部门决策提供技术支撑，争取最优化的经济和社会效益。评估团队则通过收集整理会议的专家意见和部门意见，为项目评估报告提供专业性的意见和建议。

3. 报告编制

在专家评审的基础上，评估团队开始着手编制项目评估报告，根据评审意见进行总结和梳理，同时优化建设方案，科学合理地校核投资，落实资金筹措办法和渠道，促进项目决策科学化、避免重复建设和盲目建设。

主要工作内容包括项目评估情况、设计方案评估、相关指标计算、投资估算及资金来源评估、评估结论。

在编制工程中，评估团队积极与立项审批部门、建设单位、编制单位进行沟通汇报，确保项目评估论证内容符合可行性、合理性要求，并最终形成科学合理的评估报告。

【咨询工作特点】

本项目评估咨询主要有以下几个特点：

一、资源利用综合评估的系统性

醉白池站配套地下车库建设项目占地面积24 629.9平方米，总建筑面积23 995平方米，其中：地下一层面积约23 785平方米，地下二层约210平方米，车位575个。经评估分析本项目与地铁醉白池站布局合理有效相互结合，充分利用地铁用地和内部空间，节省了土地资源，完善了地铁功能。

评估认为本项目中生活和消防用水采用市政水压直接供水符合节能要求，评估指出在项目实施阶段施工现场应结合用水点位置进行输水管线线路选择和阀门预留位置的设计，管径合理、管路简捷，采取有效措施减少管网和用水器具的漏损；公共区域用水采用节水系统和节水器具，提高节水器具配置比率；施工现场宜建立雨水、中水或其他可利用水资源的收集利用系统，使水资源得到循环利用。

评估指出本项目属于地下工程，由于其围护结构的限制，一般难以通过侧窗获取阳光，评估建议采用一些特殊方法将太阳光引入地下空间，做到自然资源的合理利用，这些采光方法同样可以使地下空间获得阳光照明，主要的方法有：导光管采光、棱镜导光装置、光导纤维、光电效应间接采光等。

二、节能评估的前瞻性

评估指出，作为地下工程，本项目的自然通

风尤为重要，应合理利用室内外温度差所造成的热压或风力形成的风压来实现换气，是对自然能源的有效开发和利用；经过合理设计的自然通风，对改善室内空气质量和节约能耗都有重要意义。

本建筑平面布局决定了自然通风系统的风路组织，将直接影响自然通风效率，所以风路设计应重点考虑如何将新风引入地下建筑，与室内空气进行置换后排出室外，在布置地下建筑平面时应尽量保证风路畅通，减少死角，避免气流短路。

进风井应根据自然通风的风路组织需求，围绕作为排风井的中庭设置。进风井风口部分应该考虑周围地面环境的影响，避开有空气污染的位置，有利于清洁空气进入，可以在风口内部设置冷却装置，促使空气下沉；风口要尽量利用风压，根据需要安装进风型风帽或排风型风帽。

评估指出本项目可利用太阳能、风能等再生能源，通过建筑设计方案，利用太阳能为地下建筑提供自然照明，同时可以借鉴地上建筑利用太阳能的方式，为内部空间提供采暖所需的热量，例如在地面建筑设置太阳能集热装置，在冬季为地下建筑冬季采暖提供热量补充，在夏季可以起到除湿的作用。风能的利用主要有两方面：一是通过风压作用辅助地下建筑空间进行自然通风，二是通过风力发电装置进行发电，风力发电装置要求有较好的风力资源，常见的做法是将发电装置至于高处，因此风力发电装置可安装在地面建筑顶部，以捕获得更多的风力资源。

随着地下建筑的应用日趋广泛，能耗问题不容忽视，设计单位在方案设计阶段应该考虑节能因素，将节能设计作为方案设计的一个重要部分；评估建议通过借鉴先进的生态节能设计方法，结合地下建筑的特点，有针对性地进行研究，在保证舒适度的同时，最大限度地降低建筑能耗。

三、项目选址评估的可行性

1. 项目选址及用地方案评估

松江醉白池站配套地下车库工程建设地点邻近松江火车站，南起沪杭铁路，北至人民河，东侧为规划道路，西侧为醉白池地铁站。项目规划用地面积24 629.9平方米。经评估分析项目建设符合规划用地性质要求；项目选址根据勘探结果，项目选址位置无压覆矿藏和文物，且不会产生相关不利影响，交通方便。评估认为，项目选址是合适的，规划用地面积能够满足项目建设的需要。

2. 土地利用合理性评估

经评估分析松江醉白池站配套地下车库建设项目占地面积24 629.9平方米，总建筑面积23 995平方米，其中：地下一层面积约23 785平方米，地下二层约210平方米，车位575个。项目在充分兼顾土地资源条件和规划要求的情况下，项目优选了布局方案，根据项目建设性质和功能要求，用地规模比较合理，基本符合集约和有效使用土地的要求。该项目地块属公共设施用地，地表上没有民房和其他用房，所以，不存在拆迁和移民安置之类的问题。

四、环境和生态影响评估的全面性

1. 生态环境影响评估

项目对环境与生态现状作了较为详细的分析，并对建设期和营运期对生态环境的影响也作了必要的排查分析，评估提出，在下阶段中建设单位与设计单位需认真响应环境影响报告表的审批意见，对生活垃圾由环卫所统一清运，施工期应执行《上海市扬尘污染防治管理办法》，按环境影响评估审批的意见落实各项环保措施。

2. 生态环境保护措施评估

评估认为，本项目所提出施工期和营运期的生态环境保护措施是可行的。因项目位置地处城区，评估指出施工期间应严格控制噪声污染，以便减少对周边居民的影响。

五、经济影响评估的严谨性

评估认为本项目经济费用效益等各项分析的依据、原则、参数和方法选择得当，分析与论述比较充分，计算基本正确。《项目申请报告》认为，项目与9号线醉白池站有效合理地结合，充分利用轨道交通用地和内部空间，节省了土地资源和建设投资。《项目申请报告》计算得出，醉白池站配套地下车库车位收费每年可获收益251.85万元，项目具有一定的经济收益。

经评估分析项目的建设完善了9号线醉白池站的管理、服务功能，是轨道交通9号线南延伸段与沪杭客专对接换乘，打造醉白池站地区综合交通枢纽重要设施，项目的建设将为乘客提供完善便利的服务，节省出行的时间。因此，本项目的建设对行业具有正面影响。

本项目的建设可以促进醉白池站地区商业的发展，增加就业岗位，带动周边地区经济的发展。因此评估认为，松江醉白池站配套地下车库建设项目对区域经济的发展具有正面影响。

六、社会影响评估的合理性

经过评估分析，通过松江醉白池站配套地下车库项目的实施，为轨道交通9号线南延伸段的建设和功能发挥提供了保证。为疏导沪杭铁路客流、改造醉白池周边商业地块、建设人民南路跨线桥等重点项目提供了配套保障。松江醉白池站配地下车库房项目的实施，将提高城市交通便捷化水平，进一步增强城市实力和综合竞争力。

通过分析，指出本项目与当地社会环境有着良好的适应性，项目的建设可为松江区当地的社会环境产生积极的提升效应，对当地群众的生产、生活质量的改善产生积极的作用。

评估指出，本项目对地下空间的开发存在着一定的风险，主要发生在两个方面：一是项目投资控制的风险，由于项目所在地的地下情况的不确定性以及不可预见的复杂性，可能对施工的投资控制与工期控制带来风险损失；二是项目的施工技术风险，因为本项目进行深基坑施工必定对周围环境造成影响，处理不当将造成不良后果。所以评估提出，评估提出可以从以下几个方面进行风险控制：

1. 做好项目前期的各项准备工作

（1）对项目进行周密的风险分析工作，对其发生的概率进行分析，考虑降低风险发生的对策与减少风险损失的手段。

（2）对周边环境情况做详细的调查摸底工作，尤其是附近现有地面建筑的现实情况，应进行检测并留下必要的影像资料。

（3）对区域范围内现有道路的状况、各种管线的走向等清查工作，以减少因项目实施时造成不必要的损失。

（4）收集各项有关的技术资料，特别是附近的地质勘探方面的资料。

（5）做好有关的咨询和调研工作，了解类似

图1　总平面图

工程的风险控制的经验。

2. 正确处理项目投资与项目安全的关系

本项目的地下建筑的建设，应尽量减少对周边环境的影响，其关键是控制新建筑的沉降对周边建筑及道路的影响与损坏，因此，基坑的围护将占很大的一块投资，在下一阶段设计中，需正确处理好项目投资与项目安全的关系。

（1）从合理的经济与安全的技术两个方面对地下建筑的施工围护、桩基与结构进行多种方案的比选。

（2）在沉降可控的安全前提下，应采用成熟可靠的施工技术。

（3）在采用成熟可靠的施工技术中，采用最经济合理的方案。

（4）综合对周边的调查后发现，为减少影响应采取的措施而设置必要的技术措施费不能忽略。

在地下建筑的建设实施过程中，建设单位只要加强管理与监测，严格要求施工单位按照设计与规范进行科学施工，严密观察情况，科学实施沉降观察，防患于未然，能够将建设风险降低到最低的程度。

【咨询效果】

本次评估工作评估团队秉承独立、科学、公正的原则从各个专业角度分析评价本项目的特点和难点，同时提出了相应的解决方案和措施，使评估成为项目决策的重要组成部分；评估报告具有前瞻性和预见性，在项目实施前为客户提供了决策依据，为项目的顺利实施提供支持，评估为客户提供了优质的咨询服务，专业性受到了客户的好评。

目前本项目已经建成并投入使用，形成了良好的社会效应，很好地解决了地铁站周边的停车难问题，并为推广PR模式（停车换乘）打下了坚实的基础。

ETL维生素项目节能评估报告
The Energy-saving Assessment Report on ETL Vitamin Project

编写单位：上海同济工程咨询有限公司
Shanghai TongJi Engineering Consulting Co, Ltd.
联系电话：021-33626727　　网址：http://www.tongji-ec.com.cn/
主要完成人：韩光耀　陈　静　张　皓　方　奇　沈　翔　马会娜　张　虹　樊晓星　吴雨哲　石文燕

【点评】

本咨询工作的特点突出体现在节能潜力的深度挖掘方面。通过技术分析提出了沼气收集利用、废气焚烧炉热力利用、蒸汽冷凝水余热利用等可行的专项节能措施，在项目前期即从节能角度对建设方案进行了完善。通过本次咨询工作，切实帮助建设单位减少了项目的能源消耗量，降低了项目运行成本，为建设单位创造了附加值。

【项目背景】

维生素B_6是人体必需的维生素之一，在动物生长过程中起着关键作用，因此被广泛用于医药、食品及饲料添加剂等领域。20世纪末以来，国际市场维生素B_6需求增长强劲，销售旺盛。进入21世纪，由于中国维生素B_6质优价廉的特点，产品在国际市场竞争力不断增强，维生素B_6产量更是连年大幅上升。此外，中国养殖业正处调整发展阶段，添加各种维生素的饲料比重逐年稳步上升。综合以上因素，今后中国维生素B_6生产和出口仍将稳步增长，将成为全球主要维生素B_6生产国，发展前景长期看好。

在此背景下，ETL维生素（上海）有限公司根据自身发展规划和市场需求，计划投资约5亿元人民币在ETL基地内实施年产2 200吨维生素B_6项目。

为提高能源利用效率、促进产业结构调整、优化能源结构，完善本市固定资产投资项目节能评估和审查制度，加强节能降耗的源头管理，上海市人民政府制定了《上海市固定资产投资项目节能评估和审查暂行办法》（沪府发〔2011〕38号）。该《办法》规定，固定资产投资项目节能评估文件及其审查意见、节能登记表及其登记备案意见，作为项目审批、核准或开工建设的前置性条件以及项目设计、施工和竣工验收的重要依据。

因此，ETL维生素（上海）有限公司委托上海同济工程咨询有限公司编制了《ETL维生素（上海）有限公司维生素竹子项目节能评估报告》。

【项目内容】

1. 项目概况

项目名称：ETL维生素（上海）有限公司维生素竹子项目。

项目性质：改扩建项目。

建设地点：上海市。

行业分类：基础化学原料、化学药品原药制造。

占地面积：新增用地约1.6万平方米。磷酸氢二铵（DAP）装置设置于原茶多酚（EGCG）生产车间。

生产组织及定员：年工作8 000小时，实行四班三运转，新增定员80人。

2. 产品方案（详见表1）

3. 主要建设内容

项目主要建设内容见表2：

4. 用能汇总（见表3）

【工作过程】

上海同济工程咨询有限公司在接受ETL维生素（上海）有限公司委托后，根据本项目的特点，立即组建了符合专业性要求的评估团队。基于"ETL维生素（上海）有限公司维生素竹子项目"的特点，评估团队确定了三个阶段工作计划，即前期准备、评估文件编制和评估文件评审及文件完善（见图1）。

表1 项目产品方案

生产类别	装置名称	产品	产量(t/a)	备注	产值(万元)
基础化学原料制造	IPD装置	IPD	2 000	B_6生产中间体	44 000
	CMO装置	亚硫酸钠	2 500	副产品	
		30%盐酸	2 300	副产品	
		氯化钠	1 500	副产品	
		乙醇	1 200	副产品	
		CMO	1 000	B_6生产中间体	
		39%DAP	10 000	副产品	
	DAP装置	99%DAP	4 000	对CMO装置副产品粗品DAP提纯	
化学药品原药制造	B_6装置	醋酸	900	副产品	
		维生素B6	2 200	主产品	

表2 主要建设内容一览表

工程组成	工程名称	功能与规模	
主体工程	IPD & CMO 生产装置	布置于新建CMO车间内,该车间为三层钢混结构,总高22.4 m,占地1 620 m^2	
	维生素B_6生产装置	布置于新建B_6车间内,该车间为三层钢混结构,总高22.4 m,占地1 620 m^2	
	DAP生产装置	布置于原EGCG车间内,该车间原生产设施将全部拆除,原公用工程保留,供DAP生产使用	
辅助及公用工程	工程楼 占地约1 020 m^2,建筑面积1 560 m^2	变电站	新建一座10 kV变电站
		空压机组	新增两台螺杆空压机(24 m^3/min)
		纯化水	新增一套5 t/h纯化水制备装置
		氨低温盐水	新增两台额定制冷量500 kW氨低温盐水机组
		氨深冷盐水	新增两台额定制冷量230 kW氨深冷盐水机组
		冷冻水	新增2台冷量为220 kW的蒸汽溴化锂冷水机组和1台418 kW的热水溴化锂冷水机组
	综合楼	含办公室、操作室、更衣室、淋浴间,占地约870 m^2,建筑面积870 m^2	
	仓库	成品仓库,综合仓库	
	罐区	原料罐区、中间罐区,共新增储罐约40座	
	循环水	新建5套800 t/h冷却水塔,供应能力4 000 t/h,供回水温度:35/40℃	
	蒸汽	对原8 t/h蒸汽分配站进行改建,改建后供应能力达20 t/h,其中2 t/h供应现有项目,18 t/h供本项目使用	
	蒸汽凝液收集	新建凝液收集系统,20 t/h	
环保工程	废气处理	吸附塔、洗涤塔、蒸发结晶器、尾气热氧化炉等	
	废水处理	废水处理站综合改造,增加约600 m^3/h厌氧处理设施及配套工程	
	固体废物贮存	新增固体废弃物堆场100 m^2	

表3　项目用能汇总

主要能源种类	单位	年实物量	折标系数	折标煤量（tce）
电	kWh	18 600 000	0.122 9 kgce/kWh	
			0.30 kgce/kWh	
蒸汽（0.6~0.8MPa）	t	30 500	0.103 tce/t	
氮气	Nm³	471 000.00	0.400 kgce/Nm³	
天然气	Nm³	790 000	1.29 971 kgce/Nm³	
水	m³	113 000	0.0 857 kgce/m³	
年综合能源消费总量			当量值	6 600
			等价值	9 900

1. 前期准备

前期准备阶段的主要工作包括收集项目有关材料，确定评估文件类型，赴项目现场进行调研，制订工作方案等，重点了解项目所在地有关情况、项目建设方案及工作进展，收集和掌握项目节能评估必要的基础数据和基本参数等。

根据本项目的特点，评估团队将前期准备阶段的重点确定为资料收集及现场调研。

实际工作中，资料收集其实是一个全过程、全阶段的任务，在前期准备阶段相对较为集中。资料收集侧重于了解建设单位基本情况、项目基本情况、项目用能情况以及收集评估依据和支持性材料等。

在本项目中，评估团队在前期收集的资料包括：

（1）项目环境影响评估报告书。
（2）总平面图。
（3）各车间平面布置图（B6车间、CMO车间、DAP车间）。
（4）基础设计说明书。
（5）电气负荷一览表。
（6）DAP车间公用工程流向图。
（7）各工序能源消耗情况表等。

在评估前期所收集的部分资料的基础上，评估团队着手编制了现场调研计划并于项目启动一周后进行了数次现场调研，主要的调研内容包括项目现场调查与能源资源情况现场调查。

由于本项目属于改、扩建项目，部分公用工程依托旧有设施，加之DAP生产装置设置于原EGCG生产车间，拆除原生产设施，保留原公用工程供DAP生产使用，因此了解改扩建前能源

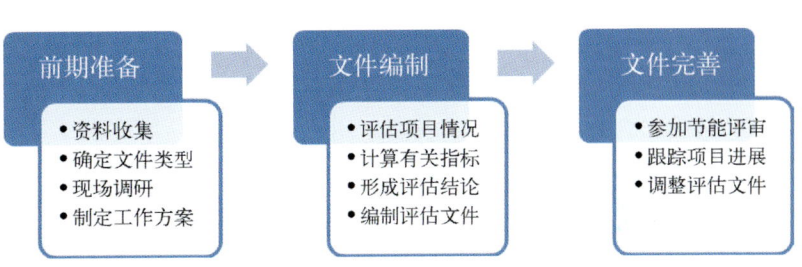

图1　ETL维生素（上海）有限公司维生素竹子项目工作流程

利用状况及存在的问题，研究利用旧有设施和设备等的可行性成为项目现场调查的重点。而项目另一部分能源来源于外购，因此能源资源情况现场调查的重点便落在能源供应条件的可行性；计划使用能源的成分构成、特性及热值分析；项目周边可用余热、余能利用的可行性之上。

2. 文件编制

在资料收集和现场调查的基础上，评估团队开始着手编制节能评估文件，主要工作包括评估项目情况、计算有关指标、形成评估结论、编制评估文件等。

评估期间，同济咨询仍然与项目建设单位保持充分沟通，继而形成节能评估文件。

经ETL方面审核确认与同济咨询内部审核确认后，由ETL维生素（上海）有限公司将节能评估文件报送节能审查。

3. 文件完善

节能评估文件报送节能审查后，同济咨询继续跟踪项目进展情况，组织各专业人员参加了节能评审，并根据节能评审和审查阶段所提的意见，对节能评估文件进行了修改和完善，确保能够反映项目实际情况。本项目具体工作计划如图2所示：

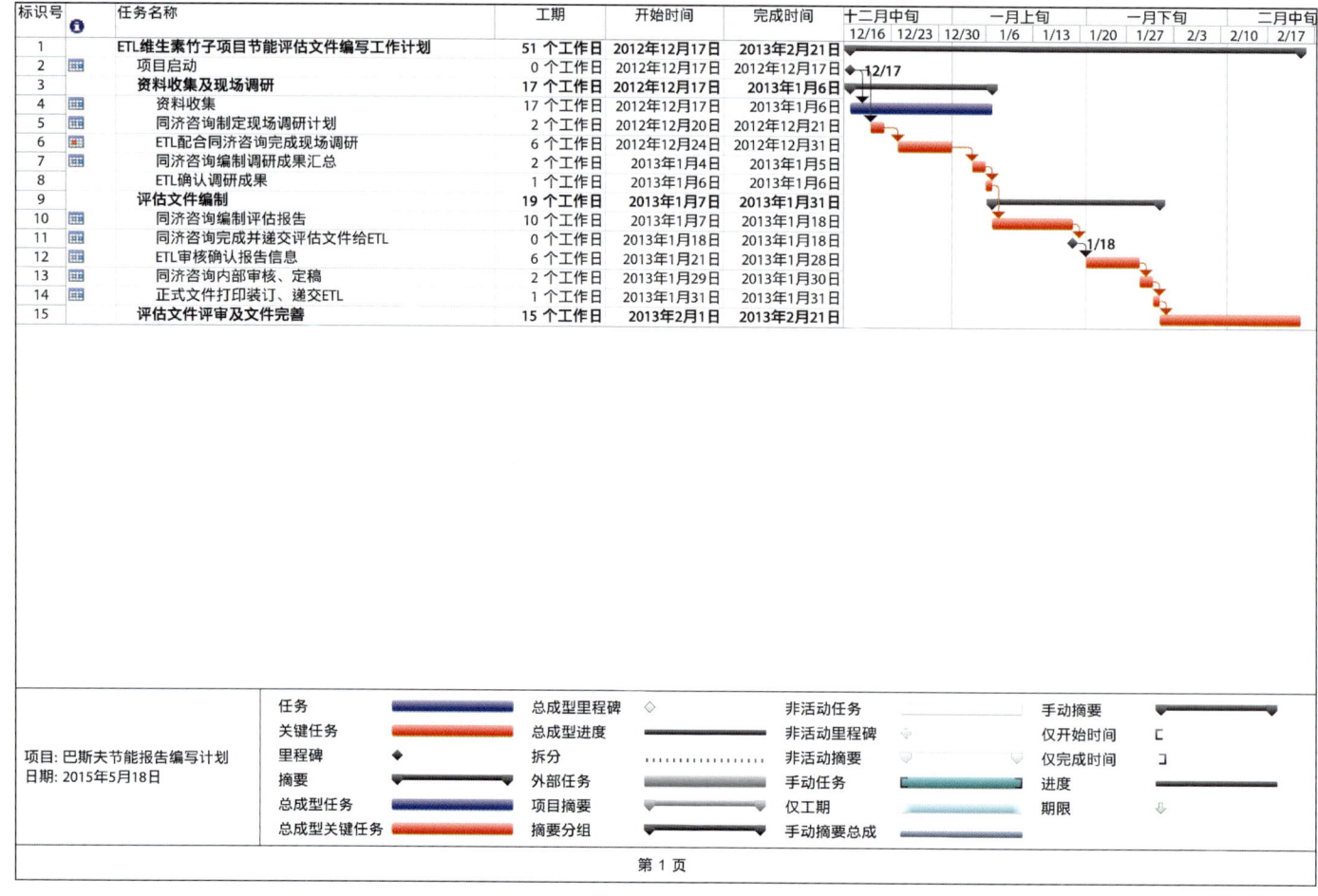

图2 ETL维生素竹子项目节能评估文件工作计划

【咨询工作特点】

本次节能评估咨询相较一般项目具有以下几个特点：着重分析对旧有设备及设施的有效利用、立足能源流向图的能源供应条件分析、立足需求量进行工序用能的分析，以及项目范围内余热、余能的挖潜利用等。

1. DAP生产车间旧有设备及设施利用分析

由于本项目DAP生产车间原为EGCG生产车间，拆除原有生产设施，保留原公用工程供DAP生产使用，因此详尽分析DAP车间利用旧有设施和设备，避免重复建设被确定为本次咨询工作的重点之一。

经过评估团队与建设单位的分析，确定可加以利用的旧有设施及设备包括：电力系统、循环冷却水系统、低温水系统、蒸汽系统、蒸汽冷凝水回收系统、软水系统、消防水系统、生活用水系统、生产用水系统、压缩空气系统、仪表空气系统和氮气系统等。

经分析评估，原EGCG车间管廊基本可以加以利用，原EGCG生产车间所采用的能源规格与DAP生产车间所需能源规格一致，除低温水外供应量也可以保证DAP生产装置的需求。

然而，根据原EGCG车间低温水的供应方案，厂区公用工程提供的7～12℃低温水循环量为45立方米/小时，而DAP生产装置所需低温水循环量为160立方米/小时，尚有115立方米/小时的需求差，因此原供应条件无法完全满足DAP生产装置需求。针对这一问题，评估团队提出了两个解决方案：

（1）由厂区公用工程站再提供约115立方米/小时的低温水，单独再设DN200的管进入原EGCG车间。

（2）在原EGCG车间再建一个低温水装置。利用原EGCG车间多余的蒸汽同时再建一个250立方米/小时循环水装置（为制冷配套），循环水约有20%的富余量。制冷过程蒸汽消耗量约为1000千克/小时，制冷量约为8×10^5千卡/小时。

最终评估团队与建设单位在综合分析节能效果及经济性的基础上，确定在原EGCG车间内新建一套制冷装置，保证DAP生产所需低温水供应。

2. 立足能源流向图的能源供应条件分析

本项目涉及的终端用能品种繁多，包括电力、0.6~0.8 MPa饱和蒸汽、1.6 MPa饱和蒸汽、冷冻水、冷却水、压缩空气、-15℃低温盐水、-29℃深冷盐水和氮气等。而各类能源的供应源又较为复杂，例如电力供应来源于两个变电站，蒸汽供应来源于热力管网、焚烧炉供热。评估团队通过前期收集的文字资料，最终转换为能源流向图的形式展现出来。

通过能源流向图可以更为清晰、直观的概括项目能源系统的全貌，描述项目能源消费结构，反映能源购入贮存、加工转换、分配输送、终端使用等平衡关系。

借助于能源流向图可以将建设单位对项目的熟悉了解以及评估团队的专业性充分结合，发挥各自所长，更为高效地完成能评工作，并且利用其挖掘节能潜力，对能源系统进行整合优化。例如，评估团队在借助于能源流向图分析过程中发现：本项目蒸汽供应依托位于工程楼321的蒸汽分配站。然而，该蒸汽分配站现有的供应能力仅为8吨/小时，无法满足现有项目及本项目建成后的蒸汽需求。因此，评估团队与建设单位就蒸汽供应方案进行了沟通，建设单位拟申请将现有8吨/小时蒸汽分配站的供应能力扩大至20吨/小时，其中约2吨/小时配额供应现有项目使用，约18吨/小时的配额供本项目使用。

3. 立足需求量进行工序用能的分析

本项目工序用能分析时立足于资源需求量，例如EACA制备环节的资源需求如表4所示：

评估团队根据上述资源需求对EACA制备环节的年资源需求量进行了测算，测算结果见表5。

这种立足于需求量对工序用能进行估算的方法可以最大程度发挥建设单位对于该行业的经验优势，同时也充分体现了评估过程中的严谨性及准确性，能够更为客观的体现该工序的用能消耗及能效水平。

4. 余热、余能的挖潜利用

结合外部条件，充分利用余热、余能是节约用能的重要手段，可以有效减少能源消耗。经过现场调研，评估团队充分挖掘了项目范围内的节能潜力，其中包括蒸汽冷凝水利用、废气焚烧炉

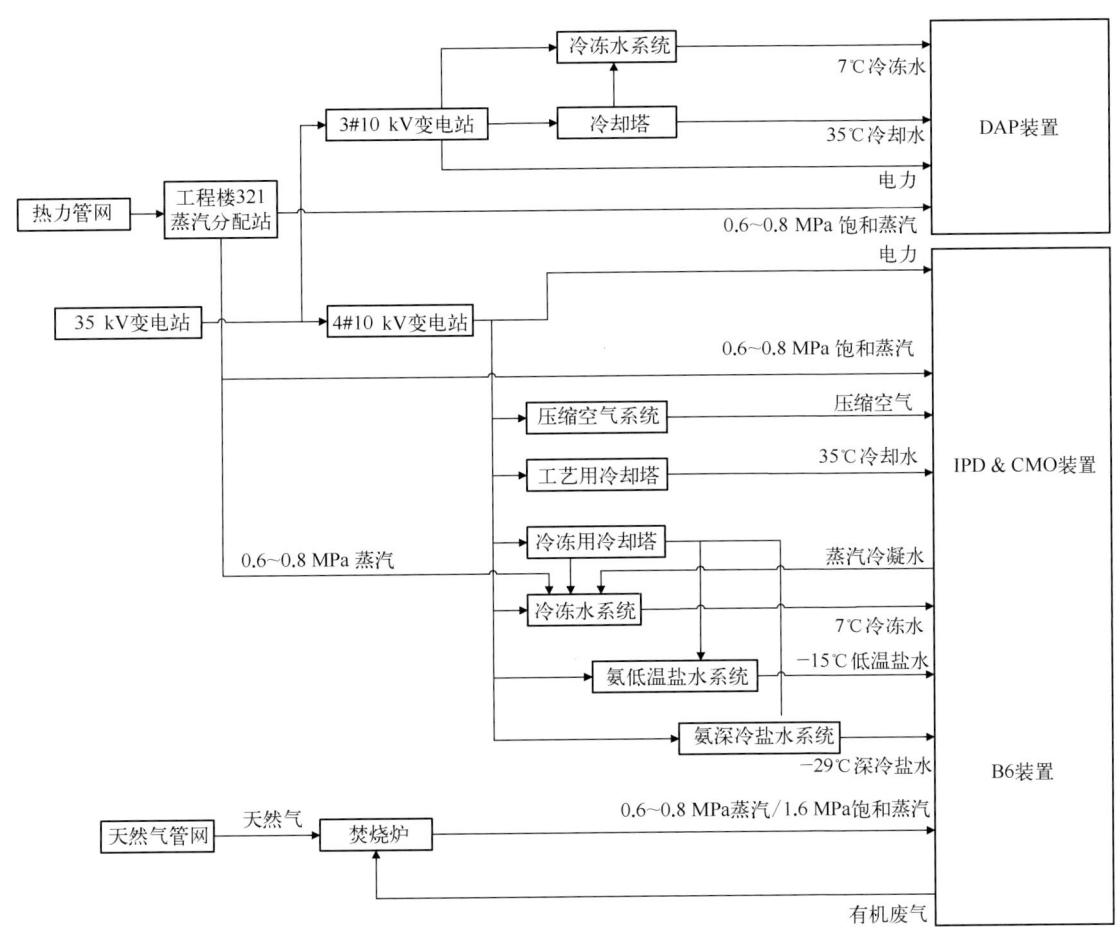

图3 项目能源流向图

表4 EACA制备环节资源需求一览表

资源类别	规格	资源来源	需求量
低压饱和蒸汽	可用热值：2 065 kJ/kg 蒸汽压力：0.6～0.8 MPa 蒸汽温度：≥160℃	工程楼（321） 20 t/h蒸汽调配站	需求量：1 950 MJ/h
冷却水	供回水温度：35/40℃ 比热容：4.19 kJ/kg·℃	循环水站（722） 新建循环冷却水系统	需求量：1 700 MJ/h
冷冻水	供回水温度：7/12℃ 比热容：4.19 kJ/kg·℃	工程楼（721） 新建冷冻水系统	需求量：950 MJ/h
氨低温盐水	供回水温度：-15/-10℃ 氯化钙水溶液比热：2.908 kJ/kg·℃ 氯化钙水溶液比重：1 220 kg/m³	工程楼（721） 新建氨低温盐水系统	需求量：540 MJ/h
电力	电压：0.4 kV	工程楼（721） 10 kV变电站	持续负荷：86 kW

表5 EACA制备环节年资源需求估算表

资源类别	计量单位		资源需求强度		年生产时数(h)	同时系数	年资源需求总量	
	能量	实物量	能量	实物量			能量	实物量
0.60～0.8 MPa饱和蒸汽	MJ	t	1 951.20	0.94	7 850	0.65	9 955 998	4 821
冷却水	MJ	m³	1 692.00	80.76	7 850	0.9	11 953 980	570 596
冷冻水	MJ	m³	948.00	45.25	7 850	0.85	6 325 530	301 935
氨低温盐水	MJ	t	536.60	36.91	7 850	0.85	3 580 464	246 249
电	MJ	kW	309.35	85.93	7 850	0.3	728 515	202 365

供热、废水处理站沼气供热等。

（1）蒸汽冷凝水回用。

根据业主前期提供的资料，本项目原蒸汽冷凝水利用方案如下：

蒸汽在用汽设备中释放潜热后，还原成同温度下的饱和水，即冷凝水。冷凝水具备可观的热能利用价值，是品质较好的蒸馏水，最适合重新作为锅炉给水。冷凝水是高温饱和水，用普通离心泵输送时，由于水泵发生汽蚀，导致水泵效率下降，严重时产生断流。采用以喷射增压原理可解决离心泵在输送高温饱和水时的汽蚀问题，直接将冷凝水站高于120℃的冷凝水送入锅炉除氧器，省去了软化水喷淋降温。让高低压用汽设备的冷凝水分别进入高压闪蒸罐和常压罐，再通过射流器将高压闪蒸罐内的闪蒸汽提升后供给低压用汽设备。这样，既解决了闪蒸汽的回收问题，又解决了低压用汽设备因背压过高造成的疏水困难问题。

经过评估团队现场调研，发现除直接用作纯水送入锅炉除氧器外，还可对冷凝水余热进行进一步利用，经过双方沟通，能评阶段蒸汽冷凝水的利用方案如下：

首先供应工艺内部分低品质的用热需求，未能被利用的部分进入热水溴化锂机组回收热能用于制冷，如有可能作为办公区冬季供暖热源进入如建筑内部供热后（尚在进行技术经济分析），再作为纯水供入焚烧炉和沼气锅炉，产出蒸汽供入工艺系统，剩余部分作为循环水补水进入新建循环水站。

由此可见，优化后的方案对于蒸汽冷凝水的余热、余能利用效率更高，进一步减少了能源浪费。

（2）利用废气焚烧炉供热。

本项目设置热氧化炉用于处理工艺过程中排出的废气，处理废气的同时可向供热系统供应1.6 MPa的饱和蒸汽。能评前废气焚烧炉供热方案如下：

热氧化炉采用天然气及有机废气作为燃料，通过废热锅炉可产生1.6 MPa的蒸汽1.14吨/小时，直接用于本项目工艺生产。本项目工艺用1.6 MPa蒸汽的平均需求为0.64吨/小时，热氧化炉废热锅炉所产蒸汽可以完全满足工艺用1.6 MPa蒸汽的需求。

评估团队认为，除去工艺用1.6 MPa蒸汽，

尚有0.80吨/小时的蒸汽余量,应予以充分利用。经过双方沟通,能评阶段的废气焚烧炉供热方案如下:

热氧化炉采用天然气及有机废气作为燃料,通过废热锅炉可产生1.6 MPa的蒸汽1.14吨/小时,其中工艺用1.6 MPa蒸汽的平均需求为0.64吨/小时,热氧化炉废热锅炉所产蒸汽可以完全满足工艺用1.6 MPa蒸汽的需求。多余的蒸汽经调压装置减温减压至0.6~0.8 MPa后供给工艺生产使用。

能评阶段的优化方案通过差级利用,进一步提高了热氧化炉所产生的余热的利用效率,有效减少了能源浪费。

(3)利用废水处理站沼气供热。

能评前,废水处理站余热并未加以利用。

评估团队提出对废水处理站沼气燃烧器增设废热锅炉的方案使其可利用沼气锅炉进行供热,能够将所产低压饱和蒸汽并入项目低压蒸汽管网后用于工艺生产。根据初步核算,项目沼气装置沼气产量约1 m³/h(热值2.5 MJ/m³),年可供应蒸汽总量5 957.6吨。

【咨询效果】

本次咨询工作通过对DAP生产车间旧有设备及设施利用的可行性进行深入详细的分析,论证了依托旧有能源系统的可能性,并发现了原系统冷冻水供应不足的问题,提出了两个备选方案,有效地解决了该问题。

在借助于能源流向图对能源供应条件进行分析过程中,评估团队发现厂区蒸汽供应能力不足的问题,继而提出了行之有效的解决方案。

评估团队立足能源需求量对各工序用能情况进行了分析,较为客观地估算出项目用能总量,给予整个项目的能效水平一个较为准确的定位。

此外,项目能评阶段提出了蒸汽冷凝水回用、废气焚烧炉供热及废水处理站沼气供热等措施对项目范围内余热、余能加以利用,有效减少了建设单位16 883吨的蒸汽外购量,不仅缓解了厂区以及所在工业区能源供应的压力,有效减少了能源浪费,也降低了建设单位的运行成本。

以上工作为本次咨询工作的一个缩影,折射出本次工作的重点与目的。在咨询工作过程中,评估团队通过科学的方法分析和评估项目能源利用状况,提出有针对性的节能措施,合理选择、核算基本参数和基础数据,计算项目综合能源消费量、能效指标和经济指标,判断项目能效水平。在出色地完成节能评估基本工作的同时,评估团队还利用自身拥有的专业技术知识帮助建设单位切实有效地解决了部分设计缺陷,采取了技术上可行、经济上合理的措施对用能方案进行了优化,帮助建设单位减少了能源消耗量,降低了运行成本,创造了一定的社会经济价值。

表6 能评阶段余热利用方案优化

余热利用方案	能评前	能评后	余热利用量
蒸汽冷凝水回用	仅作为纯化水用于锅炉除氧器	首先供应工艺内部分低品质的用热需求,未能被利用的部分进入热水溴化锂机组回收热能用于制冷,如有可能作为办公区冬季供暖热源进入如建筑内部供热后(尚在进行技术经济分析),再作为纯水供入焚烧炉和沼气锅炉	1 640吨
废气焚烧炉供热	满足1.6 MPa工艺用气	满足1.6 MPa工艺用气的基础上,多余的蒸汽经调压装置减温减压至0.6~0.8 MPa后供给工艺生产使用。	9 285.43吨
废水处理站沼气供热	无余热利用措施	对废水处理站沼气燃烧器增设废热锅炉的方案使其可利用沼气锅炉进行供热,能够将所产低压饱和蒸汽并入项目低压蒸汽管网后用于工艺生产	5 957.6吨

苏州高新区有轨电车1号线工程节能评估报告
The Energy-saving Assessment Report on the Tram L1 Project in Suzhou High-tech District

编写单位：上海市城市建设设计研究总院
Shanghai Urban Construction Design & Research Institute
联系电话：021-50891688　　网址：http://www.sucdri.com
主要完成人：余　斌　谢　波　唐贾言　钟建辉　陈　洪　马威红　蒋丽华　沈继强　柴昕一　李萍萍

【点评】

本报告为国内首次对有轨电车项目开展的节能评估，完善了城市公共交通项目的节能评估体系，初步建立了有轨电车项目节能评估准则和标准，对中国开展有轨电车节能评估工作具有引领和示范作用。

【项目背景】

2008年4月修订实施的《中华人民共和国节约能源法》明确规定"国家实行固定资产投资项目节能评估和审查制度"，"不符合强制性节能标准的项目，依法负责项目审批或核准的机关不得批准或核准建设；建设单位不得开工建设；已建成的，不得投入生产、使用"，"具体办法由国务院管理节能工作的部门会同国务院有关部门制定"。国家发展改革委于2010年发布了6号令，颁布了《固定资产投资项目节能评估和审查暂行办法》，明确对发展改革系统的节能评估和审查工作提出了要求，具体包括节能评估工作的分类管理标准、节能评估和审查操作要求以及评估报告内容深度要求等，该办法自2010年末施行。

苏州高新区有轨电车1号线工程于2010年立项，2011年开展工程可行性研究，本项目是国内第一条开展节能评估工作的有轨电车项目。

经苏州市发改委同意，受苏州市高新有轨电车有限公司委托，我院作为项目可行性研究报告的编制单位，同时承担项目的节能评估工作。江苏中信安全环境科技有限公司受苏州市发改委委托作为项目节能评审单位。

【项目内容】

苏州高新区有轨电车1号线工程规划线路全长17.8 km，初期、近期、远期分别设车站7座、11座和22座，平均站间距分别为2.9 km、1.7 km和0.8 km。线路设车辆段1座，位于太湖大道南侧、绕城高速东侧、马涧路北侧的地块内，占地约9.9 ha。全线设10座变电所，其中1座设于车辆基地内。

本工程规划初期（2016年）高峰小时断面客流2 700人次/h，全日客流量2.82万人次/日，全日周转量29.0万人次·km，平均乘距10.3 km，高断面客流0.27万人次/h；中期（2020年）高峰小时断面客流6300人次/h，全日客流量9.23万人次/日，全日周转量86.8万人次·km，平均乘距9.4 km，高断面客流0.63万人次/h；远期（2033年）高峰小时断面客流4 500人次/h，全日客流量7.49万人次/日，全日周转量60.7万人次·km，平均乘距8.1 km，高断面客流0.45万人次/h。

工程主要生产用能为有轨电车牵引用耗电；辅助生产系统用能为车站的动力、照明用电，车辆基地的维修保养的动力用电，以及车辆基地建筑工程中的给排水、制冷、采暖、通风、消防、环保和安全等用电和生产用水，还有少量用于办公车辆、应急拖车的汽油、柴油；附属生产系统能耗包括用于员工洗浴用水和员工餐厅厨房的新水。本项目建成后初期（2016年）年能耗为788吨标准煤（当量值），其中年消费电量1 248.3×10⁴千瓦时，远期（2033年）年能耗为1 307吨标准煤，其中年消费电量932.3×10⁴千瓦时。

图1为1号线用能概况。

【工作过程】

1. 主要工作流程和思路

在接受苏州高新区有轨电车公司委托后，我

院组织了能评工作组。工作组首先确立了与可行性研究同步开展工作，互为补充的工作原则，其次着手对节能评估工作的资料进行了梳理，组织研读国内节能方面的法律、法规，整理自2006年以来，地方与行业关于节能评估的若干规定、要求和办法，要求在初步技术方案完成前，作好评估框架体系和评估方法的准备。图2为有轨电车节能评估工作流程图。

在研究技术方案的同时，工作组对交通运输行业、轨道交通行业和建筑业的行业准入条件及产业政策、相关标准及规范、国家及地方的推荐产品目录、国家及地方明令淘汰的用能产品、设备、生产工艺等目录进行了深度整理，对项目所在城市、地区的总体规划、控制性详细规划、市政专项规划，以及国民经济发展历年数据和发展规划进行了调研和整理，现场调研了张江有轨电车、大连有轨电车的能耗情况，以及苏州高新区的能源供应情况。这些调研成果同步共享给方案研究团队，成为工程技术路线的基础资料。

在前期技术方案进入工程方案阶段，工作组与设计人员一起工作，将节能评估的初步研究成果，包括项目用能组成、车辆能耗限值及准入、运营组织与车辆运行能耗、交通运输行业能耗统计管理，以及交通运输行业节能效益和措施等节能要求纳入可行性研究，既做到了可研方案的研究深度充分满足节能评估的要求，也极大地提升了工程方案的节能性。

2. 建立能效水平评估指标

有轨电车项目为国内新兴的交通工程项目，尤其是钢轮钢轨制式的现代有轨电车，在本项目开展方案研究时，国内尚无投入运营的项目，项目能效水平评估需要建立评估指标及其行业先进标杆。

工作组确定了项目能效水平综合评估需要确定包括项目综合能耗指标，主要用能环节能耗指标两大类。同时采用对国内类似的轨道交通项目、公路交通运输项目进行调研，确定合理的能效水平标准。

3. 有轨电车节能评估方法运用

在取得工程初步技术方案后，能评工作组分析了有轨电车项目的用能组成。有轨电车的用能消费主要包括电力消费，少量的油气消费和水资源消费，其中电力消费部分主要分为牵引用能和站场用能两部分。工作组分析了对项目能源消费影响较大的因素，主要包括建设标准、线路

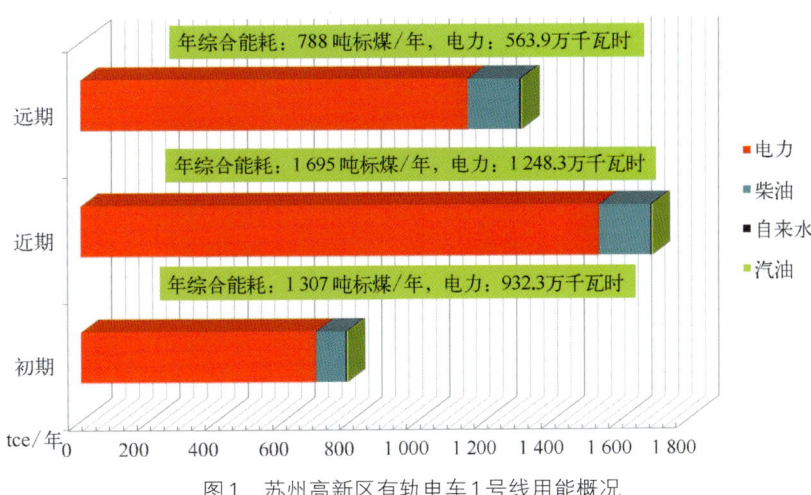

图1 苏州高新区有轨电车1号线用能概况

线形、站场选址、行车组织、车辆选型、牵引供电系统，以及站房建筑、照明、采暖制冷设备、机车车辆检修、材料和能源的选用等因素。

工作组确定了主要评估对象及其用能特点及影响因素后，主要工作就是有针对性地确定评估方法。

节能评估主要的评估方法包括标准对照法、类比分析法、专家判断法等。在实际评估工作开展过程中，需要根据项目特点选择适用的评估方法，可以采用一种评估方法，也可综合运用多种评估方法。工作组对项目各种工艺及设备用能尽可能量化，主要采用标准对照和类比分析来开展节能评估。

（1）标准对照法：有三类标准需要对照评估。第一种是建设标准，主要针对建筑工程部分建设内容；第二种是设备标准，主要针对通用设备或通用工艺条件，这些通用设备一般有能耗限值标准可供直接比照能效限值标准或水平，例如水泵、风机、空调、照明灯具，以及变压器损耗及线损；第三种是间接比较标准，这类对象主要是指运营建设工艺条件，这类条件是节能环节的影响因素，但不具备节能量化比较的标准，例如线路线形、坡度等。

（2）类比分析法：主要运用于行车组织工艺、项目能效水平分析。

（3）专家判断法：主要运用在站场总平面布置、车站布置等环节，以及控制系统和设备，节能措施等环节，例如乘客信息发布系统、交通控制系统等，以定性评估为主。

牵引能耗节能评估是有轨电车节能评估的重点，以可量化的评估为目标，综合运用了多种评估办法满足量化评估的要求。

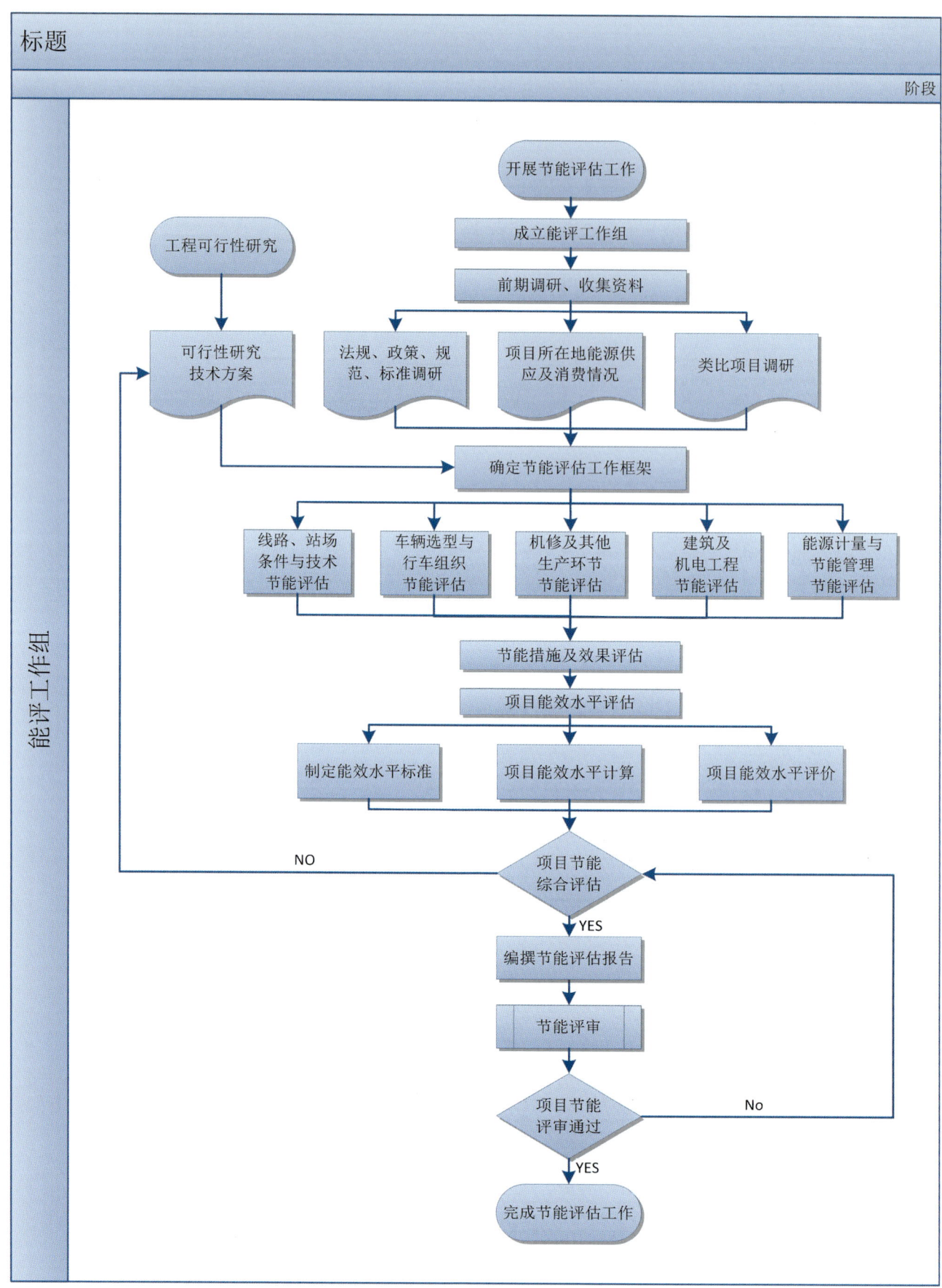

图2 有轨电车节能评估工作流程图

【咨询工作特点】

1. 项目用能评估全面具体

从能源消费品种来看,项目能源品种涉及电力消耗、汽、柴油消耗、水资源消耗,评估分析全面覆盖到项目涉及的所有用能品种。

从用能工艺及耗能设备上看,对车辆牵引能耗、机修动力设备、建筑机电设备和辅助设备能耗等各类型用能工艺和耗能设备开展了详细的标准对比分析和用能计算,并且分析了用能环节的能源转换损耗。

从评估时间上看,评估覆盖了项目投入运营后的初期、近期、远期的用能情况,能耗分析周期全面。

从评估方法来看,主要用能环节,包括车辆能耗、机修动力能耗、建筑机电设备能耗、辅助设备能耗,全面地计算了各个设备、工艺的全年能源消费量,采用可量化的评估办法,以保证评估工作具体可控。

2. 主要用能环节量化评估

经调研,类比高架线路居多的轨道交通项目,电车类项目的牵引能耗约占项目总体能耗的50%以上,是节能评估的重点。

牵引能耗的评估对象包括线路线形和坡度、车辆能耗、运营能耗等。其中线路线形和坡度属于运营建设工艺条件,采用标准对照法;车辆能耗采用标准对照法和类比分析法;运营能耗即项目实际牵引能耗,采用"项目有无分析"和"类比分析法"。

有轨电车的车辆能耗缺少诸如"乘用车燃料消耗量限值"或"运营客车燃料消耗量限值及测量方法"等行业准入标准。车辆能耗分为车载设备能耗和车辆牵引能耗。车载设备能耗是由车辆设计标准所决定的,采用标准对照法确定车辆设计标准,工作组主要参考了欧洲标准,并对比了国内轨道交通和公交客车标准。一般情况下有轨电车百人千米能耗约为公共汽车的50%,节能性是客观、确定的。但有轨电车和地铁一样由于车重较重,易受车辆载客率影响,仅评估单车能耗不足以描述有轨电车系统的牵引能耗。

运营能耗主要指有轨电车牵引能耗,其评估对象主要针对行车组织工艺。行车组织工艺是公共交通类型项目设计的核心内容,是牵引能耗的决定性因素。制定合理的行车组织计划,包括行车速度、交路设计、发车间隔、全日开行计划等工作,不仅影响车辆配置、站场设计,确定合理工

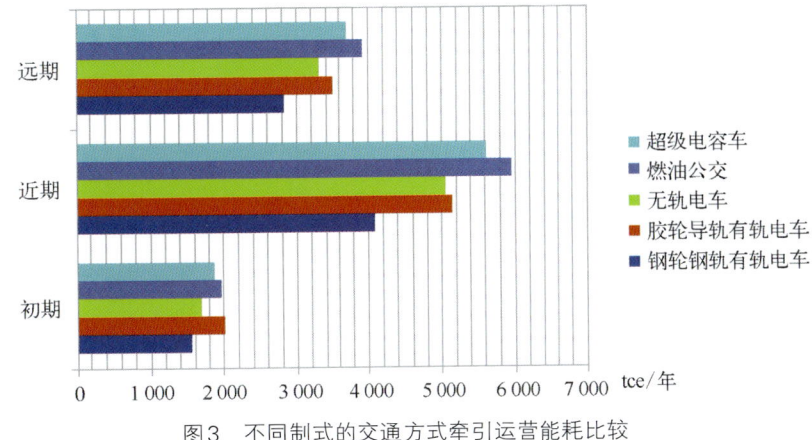

图3 不同制式的交通方式牵引运营能耗比较

程规模,也是有轨电车节能评估的关键。不同制式的交通方式牵引运营能耗比较见图3。

在对行车组织设计的节能评估中,考虑到在满载情况下,旅客质量在车辆质量中占比约30%。随着车辆满载率下降到50%,旅客质量在车辆总质量中下降到18%左右。换言之,随着满载率的下降,牵引能耗将主要用于空车牵引,对于运营来说属于无效牵引,通过合理的行车组织设计,在平衡乘客出行舒适度的情况下,提高全日平均列车满载率和高峰时段列车平均满载率是必要的评估内容和节能措施。

工作组采用了"有无项目分析",设计了同等客流条件下不同车辆制式的运载工具的运营计划,即满足同等客流需求下的运营安排,估算了不同车辆制式的全年牵引动力能耗,通过类比分析不同车辆制式运载工具对项目客流的适应性和牵引能耗,评估中低运量的有轨电车系统对本项目的适用性和节能性,这部分评估也成为项目可行性研究的重要补充。

3. 能效水平评估综合统一

有轨电车能效指标特征应符合以下特性:

(1)综合性,能效指标应具有高度概括性,能够反映项目的主要功能特征。

(2)行业性,能效指标应主要体现有轨电车作为中低运量城市轨道交通和快速公交功能的行业定位。

(3)准确性,能效指标应考虑项目的多种可比参数,确保评估准确。

(4)统一性,能效指标应体现有轨电车系统的多重性特征,使各系统制式之间能够方便的横、纵向比较。

按照上述要求,工作组初步选择以下指标作为能效水平评估指标:

（1）客流耗电指标。年"总用电量/全年总客流量"，单位：kW·h/万人次。

该指标主要反映了项目能效水平受客流规模影响，体现了项目承载率（平均载客数）对车辆单位能耗有显著影响，随着承载率的上升，各种交通方式的单位能量不断减小，并且公共交通单位运输能耗对承载率变化的灵敏度较低。

该指标受项目所属区域影响，项目区域不同，客流量变化明显，客流量的大小将间接影响项目总耗电量。

（2）单位走行千米能耗指标。年"总用电量/车辆运行总里程"，单位：kW·h/km。

该指标主要体现了不同车辆制式能耗的比较，与车辆100千米能耗的意义一致，主要依靠新技术和新能源的投入。

该指标受时间、车辆制式、以及线路线形等建设标准的影响。不同的项目运营期能耗表现明显不同，又体现了客流效应；不同的车辆制式与线路条件一同约束了建设标准，对能耗有着相当的影响，例如较多的跨线桥、地道、小半径曲线、公交优先的交通策略、牵引供电方式等都对能耗有较为显著的影响。

（3）单位周转量电耗指标。年"总耗电量/客运周转总量"，单位：kW·h/（千人次·km）。

该指标考虑人的因素的同时也考虑了运营里程，综合反映了车辆制式、建设标准及项目区域的影响，概括性更高。

其他可采用的指标还包括诸如"运输质量耗电指标"，即年"总耗电量/（车辆运行质量×里程总量）"，以及"项目动力能耗指标"，即年"总耗能/天"，前者适用于与轨道交通行业其他工程的行业统一比较，后者适用于同类型项目的制式统一比较，都属于项目规模能效指标。

通过采用相应的能效水平评价指标及其标准，工作组可以广泛类比相关公共交通工程，从多个角度综合描述项目能效水平，为评估工作提供恰当的工具。

4. 项目能源供应及消费多级分析

能评工作不仅是测算项目能耗总量、评估项目能效水平，更是为审批部门做好用能总量控制、实现碳排放目标提供预警信号，所以对项目所在地的能源供应及消费情况的影响评估是评估的重点之一。

工作组依序分析了江苏省、苏州市、高新区的三级电力消费、电力供应及能源规划发展目标和计划。将项目能源消费与省、市、地方三级能源消费情况、节能减排目标相结合，通过详细计算，分析了项目能源消费对项目所在地能源工作以及节能减排目标的影响率和节能贡献，确定本项目建成后近期（2020年）年用电量占苏州市市区2020年预测用电量的0.03%；项目远期（2033年）年用电量占高新区2030年预测用电量的0.06%。为项目决策提供了可量化的审查依据。

5. 节能措施评估支持项目节能设计

在本次节能评估中，我院既承担了工程可行性研究工作，又承担了节能评估工作，所以在评估过程中，两组人员既有工作独立性又具有专业重合性。通过节能评估，将项目多种能耗分部估算，形成的能耗分布让专业人员既了解了项目总体耗情况，又直观对比了分部分项项目能耗情况，促使专业设计人员有的放矢的研究专项节能措施，通过经济可行的节能技术及措施为项目节能减排创造条件。图4为项目远期用能品种比例。

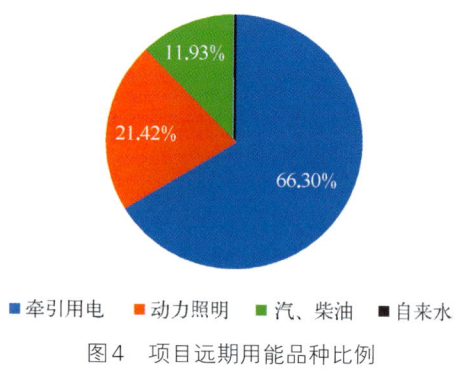

图4 项目远期用能品种比例

例如，在车辆联合检修库的能耗评估中，除了动力机修能耗外，由于厂房跨度较大，机修作业白天也需要灯光照明，电气设计人员注重动力电源配置而未重视照明能耗问题，建筑设计人员也并不以为然。经过节能评估后，工作组提供了分部分项能耗，电气设计人员意识到照明能耗较大，建筑设计人员也认真考虑通过调整厂房侧窗比例，设置侧高窗等方式，经过多专业反复讨论比较，项目工作组决定采用光导管的白天照明方式，用增加不多的光导管投资，为车辆联合检修库节约每年约$16×10^4$ kW·h用电。图5为车辆联合检修库实景图。

节能评估不仅仅是对项目用能量及其能效水平的核算和分析，更可以通过对项目能耗的详细研究，给设计人员提供节能减排的路径和技术措施，促使项目采用必要的、经济可行的节能措

图5 车辆联合检修库实景

施,达到节能减排的目标。

【咨询效果】

国内的现代有轨电车除天津泰达、上海张江两条胶轮导轨有轨电车线路,以及大连轻轨在运营外,尚无钢轮钢轨现代有轨电车的运营实例。本次评估是国内首次对有轨电车工程进行节能评估。

通过评估,初次确定了有轨电车单位运输能耗(项目综合能耗)水平在6.29 kgce/千人·km,奠定了有轨电车项目的评估基准,有利于后续有轨电车项目节能评估工作的开展。

通过评估工作,全面梳理了有轨电车项目的用能特点,进行了详细的数据调研和充分的用能分析,有针对性的开展了节能措施分析,对于开展现代有轨电车节能评估工作具有示范性价值。

本次评估经评审单位评审、评审专家审查,报告编制满足苏州市发改委开展节能审查的要求,并会同项目工程可行性研究报告与相关评估意见,以及其他审批资料,于2011年呈送国家发展改革委获得项目批复。

国泰君安证券股份有限公司办公楼项目社会稳定风险评估报告评价报告

The Assessment Report on "The Social Stability Risk Assessment Report on the Office Building Project of GUOTAI & JUNAN Securities Company"

编写单位：上海东方投资经理有限公司
Shanghai Oriental Investment Supervision Co., Ltd
联系电话：021-6266 7333　　网站：www.sois.sh.cn
主要完成人员：张建荣　徐新华　印捷欧　黄彤　周培康　许建锋　张建根　朱懿橙　周乐　钟成林

【点评】

本项目的社会稳定风险评价，是对国泰君安证券办公楼项目的社会稳定风险评估报告的再评价。该项成果为静安区提供了及时化解项目社会矛盾、妥善应对社会风险的预案，提出了各方认可的评价结论和维稳措施建议。

【项目背景】

项目建设单位国泰君安证券股份有限公司，是国内最大综合类证券公司之一，由国泰证券有限公司和君安证券有限责任公司于1999年合并后新设，注册资本47亿元。2010年底净资本173.7亿元人民币。

国泰君安证券股份有限公司办公楼项目，位于静安区石门二路街道东王居委会范围的静安区49号街坊，西临石门二路，南靠凤阳路，东、北两面为奉贤路。是集商务与办公为一体的综合商办楼。项目地上21层，地下3层。地上21层建筑，高度99.80 m，主要建筑功能为商业、商务配套、甲级写字楼、金融交流；西北侧地上1～3层为商业裙楼；东侧裙房为5层。地下1～3层为地下车库和机房。占地面积5 957平方米，总建筑面积42 738.81平方米，总投资12亿元人民币。项目建设期43个月。

根据上海市暨静安区关于建设项目社会稳定风险评估的相关规定，建设单位委托上海投资咨询公司编制了《国泰君安证券股份有限公司办公楼项目社会稳定风险评估报告》。

2012年8月5日，国泰君安证券股份有限公司委托上海东方投资监理有限公司，对《国泰君安证券股份有限公司办公楼项目社会稳定风险评估报告》（下称《报告》）进行第三方评价。评价于2012年8月30日前完成。

【项目内容】

一、评价原则

1. 独立、客观、科学的评价原则。
2. 以国家法律法规、行业规范、标准和上海市及静安区地方法规、政策为准绳的原则。
3. 以人为本、尊重事实、体恤民情的原则。
4. 以定性为主、定性与定量相结合的原则。

二、评价依据

1. 国家暨上海市关于重大建设项目社会稳定风险评估的法规、政策。
2. 国家社会稳定评估相关指南和编制规定。
3. 评价委托等。

三、评价范围

1.《评估报告》关于项目建设的合法性、合规性。
2. 工程地质条件等建设条件与工程设计方案、施工措施的合理性、可行性。
3. 对周边建筑、环境、生态、交通等的影响及周边对项目建设的意见、反应程度。
4. 建设和营运期的维稳方案和应对措施。
5. 引发社会稳定风险的可能性、主要风险、次要风险、潜在风险转化的趋势、风险程度的基本判断。
6. 评估过程的方案设计、分析方法和科学性等是否正确、合理的再评价。

四、评价内容

1. 报告编制依据评价

主要是对评估报告所采用的评估依据的时效性、准确可靠性、完全性等进行再评价,确定项目评估依据的可靠与否。

2. 报告编制内容及深度的评价

主要对《评估报告》及《修改报告》的"风险分析和评估的过程及方法""风险分析评估的内容""风险因素识别""风险等级判定""风险对策措施和建议""风险防范化解措施的可行性和有效性"等的章节完整性、规范性和基本深度,进行再评价,特别是对居民调查等社会调查的第一手资料是否齐全,有关内容及附件、附图是否齐全、是否需要进一步优化、深化和补充进行深入分析。

3. 社会调查与意见征求评价

社会稳定风险评估报告,作为社会类评估报告,评价主要分析社会调查是否直接面对利益群体进行调查和意见收集这一关键评估环节,是否符合项目及静安区的实际,是否将调查方法及收集的居民诉求、部门意见等作为评估的核心依据和维稳措施的重要前提,在报告及附件中突出体现。特别是《修改报告》中"2012年6月4日,项目评估咨询组与项目单位赴静安区石门二路街道等单位进行调研,征询了相关负责人的意见"的征询资料、"开展项目社会环境的调查,鉴别利益相关者,收集、分析相关者诉求"收集的资料及利益相关者诉求分析的调查材料等,是否作为重要附件予以附录,并切实以此作为评估结论的直接依据。

4. 风险因素识别及风险程度

《评估报告》及《修改报告》将项目的社会稳定风险因素分解、归纳成项目工程风险因素、项目与社会互适性风险因素两大类。通过核查表法,结合项目的具体情况,对《上海市重点建设项目社会稳定风险评估篇章(报告)编制指南》(下称《指南》)中工程风险因素7大类46项逐条进行对照,识别出本项目的工程风险因素19项。

评价重点,是从拟建地铁13号线区间线路从项目地块下穿而过、项目桩基工程、基坑开挖与地铁盾构设计与施工协调、主楼与地铁退界等处置恰当,以及地铁盾构注浆施工控制质量问题、地铁运营中的振动等,可能造成主楼建筑差异沉降,影响周边建筑安全,是否会引起较大的社会影响。

重要的是对《评估报告》认为,"项目与地铁13号线设计与施工协调不当引发的风险发生概率较小、影响大,属于一般风险"。这一判断,进行工程论证和社会影响重新分析,评价其是否科学合理。

5. 风险分析和评估方法

《评估报告》及《修改报告》主要运用"风险因素对照法""风险概率-影响矩阵法""风险综合评价法",评估过程综合运用了各种管理科学技术,采用定性与定量相结合、综合性与技术性相结合的方式,分析估计风险发生的概率和风险影响的程度、评判风险等级等。评价将根据相关规范和指南对此正确与否予以认定。

6. 风险等级

评价将对《修改报告》采用风险指数法,计算出本项目初始综合风险指数为0.630,属于重大风险等级指数范围(见表1)的初始评价风险指数归纳结论进行再判断。

7. 风险对策及措施后风险评价

评价将对《项目社会稳定风险评估报告》及《修改报告》的如下内容作出客观再评价:

评估将风险对策措施分为风险预防和规避措施、风险控制和处置措施两大类,并将本项目的风险对策措施建议设置为7个方面(23条措施):

(1)构建社会稳定风险防范与化解工作联动机制,制定完善的风险处置方案和应急预案。

(2)依托街道、社区组织搭建沟通平台,加大对项目建设的正面宣传力度。

(3)认真贯彻深基坑开挖与支撑的技术与组织管理措施,强化周边建筑的检测和监测工作。

(4)加强文明施工和质量安全管理,社区共建最大限度防范化解社会矛盾。

(5)坚持安全质量第一,进一步优化设计和施工组织方案。

(6)强化维修保养,严格落实各项社会矛盾防范缓解措施。

(7)开展动态评估,深化落实各项风险预防化解措施。

评估据此得出结论:在各项对策措施都落实到位的基础上,本项目最终风险指数为0.379。项目措施后的风险等级可控制在B级(接近于C级),项目风险水平有条件接受(见表2)。

五、评价结论与建议

1. 评价结论

(1)《项目社会稳定风险评估报告》及《修改报告》的章节内容和评估程序基本符合相关规

表1 初始风险指数计算表

序号	风险因素 W	风险权重 I	风险等级(P) 微小 0.04	较小 0.16	一般 0.36	较大 0.64	重大 1.0	风险指数 IG
1	规划环评公示及公众参与处置不当可能引发的风险	0.250					√	0.250
2	项目建设对周边居民日照影响引发的风险	0.214				√		0.137
3	施工期对周边群众工作和生活环境影响引发的风险	0.179				√		0.114
4	施工期深基坑和高层建筑装饰与安装不当引发的风险	0.143			√			0.051
5	审批程序与工期紧张矛盾可能引发的风险	0.107			√			0.039
6	高层建筑玻璃幕墙光污染和玻璃破裂等引发的风险	0.071			√			0.026
7	与地铁13号线设计与施工协调不当可能引发的风险	0.036			√			0.013
	总计	1.000						0.630

表2 最终风险指数计算表

序号	风险因素 W	风险权重 I	风险等级(P) 微小 0.04	较小 0.16	一般 0.36	较大 0.64	重大 1.0	风险指数 IG
1	规划环评公示及公众参与处置不当可能引发的风险	0.250				√		0.160
2	项目建设对周边居民日照影响引发的风险	0.214			√			0.077
3	施工期对周边群众工作和生活环境影响引发的风险	0.179			√			0.064
4	施工期深基坑和高层建筑装饰与安装不当引发的风险	0.143			√			0.051
5	审批程序与工期紧张矛盾可能引发的风险	0.107		√				0.017
6	高层建筑玻璃幕墙光污染和玻璃破裂等引发的风险	0.071	√					0.003
7	与地铁13号线设计与施工协调不当可能引发的风险	0.036		√				0.006
	总计	1.000						0.379

范要求,总体上达到了《指南》的编制深度要求;评估方法基本合理,风险源分析基本全面,风险对策措施基本可行。

(2)项目利益相关方的调查研究总体上比较清楚,但还不够深入、全面,针对性的维稳方案和应对措施尚欠具体,应进一步深化、完善。

(3)项目评估提出的7个方面23条风险建议措施,基本全面,应结合项目实际,在实施阶段进一步细化和量化措施的针对性和可操作性。

(4)评价原则同意《修改报告》中"本项目初始综合风险指数为0.630,引发较大影响和一般影响事件发生概率较高","在有效采取项目措施后项目社会风险等级可控制在B级(接近于C级),项目风险水平有条件接受"的判定。但同时特别提出:仍应充分估计到项目周边的复杂性,作好项目社会稳定风险可能升级的充分准备,制订切实可行的应急措施,以防不测。

(5)《修改报告》应按照项目公示前、公示中、开工前、施工中、竣工阶段,对全过程的风险因素作必要的预测判断,为项目应急预案和维稳措施,提供依据。

（6）风险因素中"公示及群众参与处置不当"说法过于含糊。根据《静安区49号街坊国泰君安大厦项目社会稳定风险评估意见咨询会议》多数政府部门代表和街道代表的预判,静安目前的实际情况是:只要有公示,就会有上访,不存在处置当与不当的问题,评价建议针对复杂社会环境,应对相应的风险因素作出准确而清晰的认知,以便决策。

（7）项目或地铁13号线施工如果对项目周边房屋造成影响或破坏,居民将风险全部或重点转移到本项目的可能性在95%以上,因此《评估报告》及《修改报告》关于"项目与地铁13号线设计与施工协调不当引发的社会风险发生概率小,影响大,等于一般风险"的结论欠当。

评价注意到《修改报告》中已补充了"目前,项目单位正在积极努力与地铁建设单位协调,对地铁13号线区间盾构穿越施工保护工程已与申通地铁公司进行协调（其中盾构穿越保护桩施工基本完成）"和"关注施工或运营中差异沉降引起地面开裂"等内容。为此提出,施工前应务必协调好项目与地铁13号线的设计与施工,加强对工程施工和周边居民房屋的检测和全程监测,从工程技术层面界定可能造成房屋影响或者破坏的直接因素。

2. 评价建议

为了进一步做好项目风险预防和控制,从源头上预防和化解项目实施可能引发的社会稳定风险,在评估提出的风险对策措施基础上,评价特别建议:

（1）细化针对性维稳方案,包括民房置换,损失补偿,住房及基坑围（支）护、加固等,明确对周边居民房屋的检测和监测方案。

（2）项目公示前,建议构建以项目建设单位为维稳工作小组的责任主体和项目风险管理联动机制及维稳工作互动平台,实现事前维稳、事中维稳、过程维稳和联合维稳。

（3）项目单位内部要组建一套有效的项目风险管理领导和工作班子,通过制订和完善工程风险的应急预案和处置方案、细化管理制度、落实维稳经费,确保各项风险预防化解措施得到真正落实。

（4）项目应依法办理动工前必需的各项行政审批手续,确保项目依法合规,对居民关注的容积率等问题,做好解释工作。

（5）设计环节,应严格按照规范及批复,严格确定施工及监理单位,共同制订科学的施工方案和措施,坚持严格的施工监理及现场管理,防止由于施工及管理不善而引发工程风险,进而引发社会风险。

（6）评估关于风险建议措施的针对性和可操作性,有待进一步细化和量化,对受影响的居民要分类、分批、分户、分阶段按节点的执行维稳方案,落实维稳措施。

（7）评估提出的风险防范化解措施,可行性和有效性不足,风险因素影响程度下降幅度的依据需要量化、细化。

（8）加强深基坑设计施工方案的评审、论证、组织和管理,协调好项目与地铁13号线的设计与施工,强化周边居民房屋的监测和检测;尽可能吸收居民代表参加维稳活动并充分参与监测单位的选择和整个监测过程,以体现监测结果的客观、科学、公正、公开,避免因公众怀疑监测机构公正性、监测结果的准确性而引发社会风险。

（9）对日照不满足规范要求居民的房屋置换方案,应在施工前落实,不能推迟到开工后进行,以免由此发酵而诱发群体事件。

（10）对项目利益相关方的调查研究尚欠深入、全面,工程和建筑物影响分析检测方案的评估不到位,如2008年12月12日的详规专家论证会、2008年11月3日的规划公示等,应提供论证结果、公示结果及修改情况等。

（11）《修改报告》虽然对地铁13号线盾构施工与本项目基坑开挖之间的处置、协调问题进行了工程分析,但经本次评价调查查明,地铁13号线规划路线穿越项目北部居民区,根据以往类似项目维稳经验,居民可能将由轨道交通施工造成的房屋安全、质量风险全部归咎于国泰君安证券股份有限公司办公楼项目,而阻挠施工或表达过激诉求。评价特别指出,《修改报告》有必要补充地铁13号线、本项目及周边居民住宅位置关系的深度工程分析,通过施工前、施工中及建成后的房屋、地震安全检测及监测工作,厘清责任,避免引发无法区分的工程风险和社会稳定风险。

（12）《评估报告》及《修改报告》在社会调查和意见征求环节还应作以下补充:

① 根据项目周边利益相关方的范围,准确确定受影响的居民户数、人数、社会背景和受影响的程度以及受影响居民的真实诉求。

② 补充说明项目周边有无历史动拆迁遗留问题。

③ 补充说明605弄居民小区、724弄51～71号、724弄50号中23户居民,因项目建设影响日

照的时间和程度,项目实施前后日照影响对比分析结论,列表确定不能满足规范要求(冬至日满窗日照连续1小时)的具体情况,以便采取分类维稳措施。

④《修改报告》应对访谈了解到的项目利益相关方的主要意见和诉求,作如下补充:

A. 了解工程方案和具体的、细化的、针对性的利益补偿计划。

B. 房屋如何补偿、补偿的具体措施方案和标准。

C. 房屋监测的具体措施。

D. 做政策法律宣传的主体、类群及针对性应具体化。

【工作过程】

2012年8月初,接受国泰君安证券股份有限公司委托,2012年9月完成评价。

上海东方投资经理有限公司十分重视项目评价工作,立即组成了由公司主管副总工程师负责的咨询团队,认真阅读研究由上海投资咨询公司提交的《项目社会稳定风险评估报告》,多次赴项目周边进行现场踏勘和调研。针对静安区区情,特别是石门二路街道历年来高度敏感的社会稳定风险态势,认为《项目社会稳定风险评估报告》的编制深度和总体结论基本准确,但是现场调查、样本设计、调查方法、风险判断、维稳措施和风险趋势预测等,仍存在明显不足,特别是对居民的代表性意见,了解不充分,需要补充调研和完善。

为此,上海东方投资经理有限公司要求上海投资咨询公司进一步修改报告,同时与静安区建交委、项目建设单位、报告编制方取得密切联系,做好沟通,重点与石门二路街道办事处联系开展项目现场调研,并外聘专家组成评审专家组,充分进行项目社会稳定风险评估的评价准备。

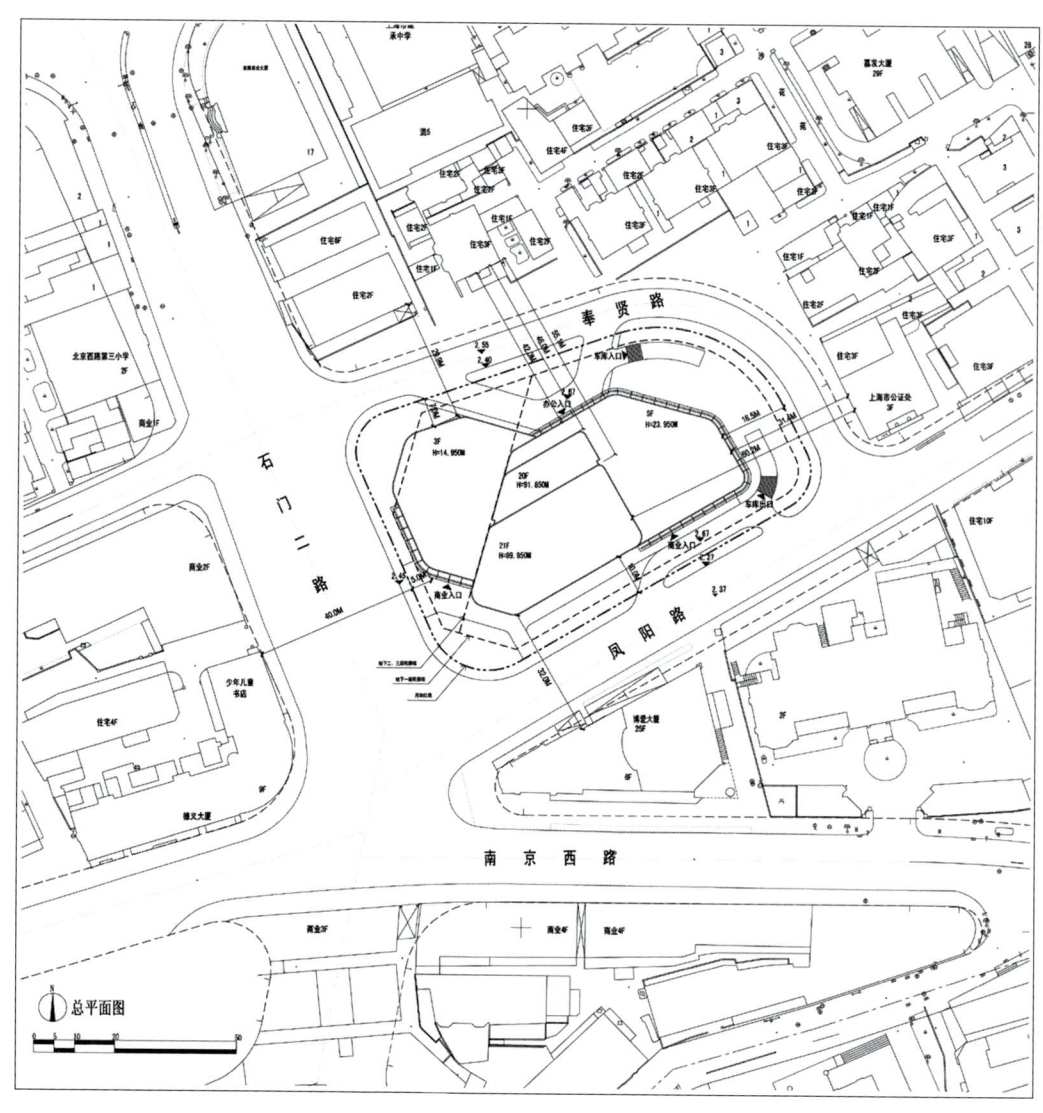

图　办公楼顶平面图

在上海市静安区建交委的指导下，上海东方投资经理有限公司了解到：石门二路街道可能是上海市最小的街道，但是群体矛盾不少，居民一听到项目建设的风声，就闻风而动，哪天公示，哪天上访，因建筑而导致的矛盾占全区矛盾总数的40%左右。本项目受影响的居民150多户，有的房子已有110年房龄，项目西侧还有历史保护建筑，矛盾很尖锐，处理不好，A级风险是不可避免的。

2012年8月14日，评审团队专门与项目所在辖区内的静安区石门二路街道及东王居委会进行了会议访谈。进一步了解到，此前项目单位已与上海申通地铁公司及地铁建设单位协调，就地铁13号线区间盾构穿越本项目地下的相关施工、保护工程等达成了共识，其中的盾构穿越保护桩施工已基本完成；项目日照分析在第一次初步分析的基础上正在进一步深化、完善，日照不满足规范要求的3户居民的房屋置换、补偿等正在沟通协商中；项目周边受影响居民的房屋检测和监测，拟于近期落实。他们建议，党的"十八大"召开在即，项目不宜在"十八大"前公示。

2012年8月15日上午，上海市静安区建设和交通委员会邀请了区重大办、区发改委、区规土局、区维稳办、石门二路街道等14个相关部门，在建交委召开了"静安区49号街坊国泰君安大厦项目社会稳定风险评估意见咨询会"，对《评估报告》作了全面评估，提出了修改意见。

8月21日，根据会议要求，上海投资咨询公司对《评估报告》进行了重新修改，提交了《国泰君安证券股份有限公司办公楼项目社会稳定风险评估报告》修改报告（下称《修改报告》）。

8月27日，国泰君安证券股份有限公司与上海投资咨询公司、上海东方投资监理有限公司举行了项目评价协调会，就《评估报告》的修改问题，进一步作了沟通。

8月31日，上海投资咨询公司再次提交了《修改报告》。上海东方投资监理有限公司通过综合现场调研、会议共识、政府和建设方意见，进一步深化论证，编制了项目社会稳定风险评价报告。

评价正式通过政府审批后，出于信赖，国泰君安证券股份有限公司又当面委托上海东方投资经理有限公司为该项目提供后续服务，委托编制了《关于进一步深化国泰君安证券股份有限公司办公楼项目的维稳预案》，作为国泰君安证券股份有限公司项目维稳的正式参考方案，意见在项目维稳中实施。

【咨询工作特点】

社会稳定风险评价是对上海某咨询公司的社会稳定风险评估项目，进一步进行第三方评审，这既是国家对重大决策项目社会稳定风险评估的审慎和要求，也是对既有评估成果科学性、可行性的再审查，难度大，要求高，极具严肃性。

该项目是在上海市居民社会稳定风险最敏感、最复杂的城市中心区建设，风险预测和防范难度大，维稳工作稍有不慎，极可能一触即发，引发重大社会稳定风险，导致区域甚至上海市的不稳定现象发生。

特别是由上海投资咨询公司完成的社会稳定风险评估，其风险预测、风险判断、风险预案及防范措施、措施后风险的推定，是否准确科学，更显得敏感和重要。

上海东方投资监理有限公司敢字当头，突出了"三个依靠"：充分依靠政府主管部门，充分依靠街道居委会一线力量，充分依靠专家团队和现场调查。体现了公正、客观、科学、独立的工程咨询行业精神，突出了实事求是的咨询风格。

克服重重障碍，项目社会稳定风险评价成果得到了静安区建交委、维稳办等主管部门很高的评价，得到了街道办事处和居委会的认同，获得了项目建设单位的信赖，成为静安区社会维稳的典型案例之一，被誉为"项目维稳的经典"。

【咨询效果】

项目社会稳定风险评价成果，有效地反映了周边居民等利益攸关方的真实诉求和政府建设方的意愿，充分体现了项目的社会复杂性和风险的客观性，提出了科学可行的社会稳定风险维稳措施和前瞻性结论，得到了项目辖区街道和居委会的认可，政府主管部门的采纳，委托单位国泰君安证券股份有限公司的信任，上海投资咨询公司的认同。为政府决策和维护社会稳定，提供了技术支持。

特别是在该项目的社会稳定风险评价完成的基础上，建设方委托上海东方投资监理有限公司进行后续深度服务，进一步制订了《项目深化维稳措施预案》，并据此聘请了第三方维稳机构，在全面开展项目社会稳定风险化解和维稳工作中取得了良好效果，在上海市的项目建设社会稳定风险维稳实践中，开创了先例，为上海市今后建设项目的社会稳定风险评估（评价）和维稳，提供了借鉴和参考。

松江区九亭医院改扩建工程社会稳定风险评估报告评价报告

The Evaluation Report on the Social Stability Risk Assessment Report on Songjiang Jiuting Hospital Reconstruction Project

编写单位：上海松江新城投资咨询有限公司
Shanghai Songjiang Newcity Investment Consulting Co,Ltd
联系电话：021-57743537　网址：chengtou.songjiang.gov.cn
主要完成人：王　旨　张金明　孙　垒　程　君　商佳玉　邵锡琪　顾　义　刘　雄　张　斌　庄丽中

【点评】

本报告通过分析、审核，完善了原报告风险因素的识别和评判，提出应增加"过渡安置引发的风险，建设施工期文明施工风险，组织管理风险"等建议；评价时，因"前期动拆迁"工作已经完成，故该项风险应予删除。

【项目背景】

位于九亭镇的上海市松江区九亭医院属于公立、非营利性医疗机构，是隶属于松江区卫生局的事业单位，是九亭区域内唯一一家二级乙等医院。随着九亭镇地区经济建设的发展，人民生活水平的提高，广大居民对于医疗卫生服务的需求也日益广泛，而九亭医院现有建筑容量已不能满足医院现实工作需求，也不能满足医院未来的发展和定位的需求，给医院服务、安全、质量带来较大问题和隐患，并已出现一定程度的医患关系紧张问题。因此，九亭医院改建工作迫在眉睫，是响应上海市加强基层医疗卫生设施建设步伐的有效举措。

同时，由于项目地块周边存在邻近居民区、工厂、河道、规划道路及道路行车堵塞等复杂因素，内部运营存在燃气锅炉，医疗功能区域临时过渡等问题，项目潜在的社会风险较为明显，有必要通过社会稳定风险评估机制进行风险程度的判别，并建立针对性的预防机制与措施。

【项目内容】

1. 项目名称

上海市松江区九亭医院改建工程。

2. 项目建设单位

上海市松江区卫生局。

3. 项目的建设地点及内容

建设地点：上海市松江区九亭医院改扩建项目位于松江区九亭镇，东靠友谊河、北临伴亭路、西面为九新公路。建设用地为L型地块，其中西南部分为原住院病房楼所在地，整块基地中只有东面区域为实际可建设用地，其南北向长约160米，东西向宽约63米。

建设内容和建设规模：本项目总建设用地面积约14 744.5平方米，总建筑面积43 859.57平方米，新建建筑总建筑面积为31 850平方米改造建筑面积12 009.57平方米。原有200张床位保留，新增240张床位，改扩建后床位数将达到440张。拟建地下1层人防停车场、地上5层门急诊楼一幢、地上8层医技综合楼一幢及地上2层感染楼一幢。

4. 投资估算

本项目总投资23 867.3万元，项目资金由上海市松江区财政资金安排解决。

5. 社会效益

本项目对提高地区医疗卫生水平，保障地区民生健康发展具有直接的作用，同时能够进一步促进地区经济增长，为地区经济发展与人民生活稳定保驾护航；改善就医条件、增加就业、减少贫困、增加地方财政收入等方面有一定的积极作用。

依据目前松江区九亭镇实际医疗卫生情况，本项目投产后，将大大缓解九亭医院目前基础设施薄弱状况；有利于改善九亭医院环境和条件以及自身发展；有利于缓解因人口不断增长给社会带来的压力；有利于九亭镇全面推行社会医疗保障，维护社会持续稳定，化解居民医疗压力，为九亭镇社会医疗卫生工作提供坚实的物质基础和良好的工作环境；有利于九亭镇及松江区国民经济、城市建设、社会保障事业和精神文明建设的发展。全面形成和完善与上海经济、社会、城市可持续发展格局相适应的医疗卫生服务体系，对九亭镇经济、社会的快速发展和城市建设起到重要作用。

【工作过程】

上海松江新城投资咨询有限公司在接受上海市松江区发展和改革委员会委托后，立即组建了符合专业性要求的评估团队。以进一步客观、全面地识别和论证项目社会稳定风险，评判风险等级，完善风险预防、化解措施，编制形成风险评价报告，为政府投资项目管理部门以及项目决策单位提供决策参考意见为目的，以坚持以人为本、坚持全面客观、坚持准确有效为要求，开展评估论证工作。根据项目的特点，评估团队针对性地确定了初步分析，调查核实，专家评审和评价报告编制四个阶段的工作计划。

1. 初步分析审查风险评估报告

包括审查风险因素识别、风险估计、风险评判、预防、化解措施以及风险等级。

2. 开展针对性的调查、核实工作

将获取的信息与风险评估报告所反映的信息进行比较分析，形成能够客观地反映实际情况的数据资料。

3. 组织职能部门和专家评审

在初步分析和针对性调查的基础上，评估团队组织各业专家和相关职能部门代表对项目进行评审，通过专家论证答辩的方式重点评审评估报告反映的评估内容和评估程序是否完备，征求意见是否广泛，风险识别是否全面，反映意见是否全面、真实，评估方法是否科学，风险预防、化解措施和应急处置预案是否可行、有效，风险等级的评估结论是否正确，各项评估内容的评估结果和风险评价结论是否科学、正确，并提出更优化的方案或措施，为项目审批部门决策提供决策支持，争取最优化的社会效益。评估团队则通过收集整理会议的专家意见和部门意见，为评价报告提供专业性的意见和建议。

4. 综合分析论证和评价、编制评价报告

在专家评审的基础上，评估团队开始着手编制项目评价报告，根据调查分析、评审形成的意见资料对项目风险进行分析和论证，对评估报告作出客观、公正的评价，编制评价报告。

主要内容包括项目概况，评价工作的相关说明，主要评价意见，结论和建议。

在编制工程中，评估团队积极与立项审批部门、建设单位、编制单位进行沟通汇报，确保项目评估论证内容符合可行性、合理性要求，并最终形成科学合理的评价报告。

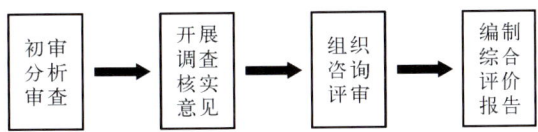

图1 评价工作的基本程序和环节

【咨询工作特点】

本项目评价工作主要包括对评估报告的总体评价，评估内容、程序和方法的评价，风险识别的评价，风险估计的评价，预防、化解措施以及风险等级的评价，以及风险防范措施的补充。本项目评估咨询主要有以下几个特点：

一、评估内容评价的系统性

本评价报告对《评估报告》所涉及的评估内容和评估程序的完备性、评估方法的科学性进行评价。主要评价内容：

1. 对评估内容的完备性进行审查和评价

《评估报告》从合法性、合理性、可行性、安全性及其他可能引发不稳定因素方面进行评价，评估报告关注到项目的工程特性及项目与社会的互适性等方面。

2. 对评估程序的完备性进行审查和评价

《评估报告》按照规定的评估程序和评估要求进行评估，经历了风险调查、风险识别、风险估计、风险评判、风险预防、化解措施等风险评估的基本程序。

3. 对评估方法的科学性进行审查和评价

《评估报告》选择了适用的标准和科学的风险评估方法，制订科学的评估方案，使风险评估的结果准确合理。

4. 对预防措施的有效性进行审查和评价

《评估报告》的预防、化解措施完整、可行、有效，责任主体落实、明确，但时间节点未予明确，评判的项目初始预警风险等级和措施后风险等级准确、科学。

二、风险识别评价的全面性

1. 重视利益相关者的意见

通过对建设项目有关社会稳定风险因素的调查分析及对风险评估报告中识别的风险因素进行审查，《评估报告》的风险调查工作是比较全面和深入的。评价认为，该项目环境影响评价公众参与和有关结论描述不够深入；周边主要敏感目标与该项目的关系、可能受到的影响分析不够全面；主要利益相关者的意见和诉求不够全面。

2. 重视过渡安置的风险

通过对建设项目有关社会稳定风险因素的调查分析及对风险评估报告中识别的风险因素进行审查，《评估报告》中风险因素，尤其是主要及重要风险因素识别是比较全面的，判断是准确的。评价认为，前期动拆迁已经完成、该风险应该删除；应增过渡安置引发的风险，增加在建设施工期文明施工、组织管理风险因素内。

3. 形成风险因素调整表

在分析的基础上，《评估报告》存在一个被遗漏的重要风险因素和一个应删除重要风险因素，评价汇总了项目的主要社会稳定风险因素，形成完整的风险因素识别调整表。

三、风险评估评价的客观性

在对风险识别评价的基础上，对《评估报告》中风险估计和风险评判的正确性进行评价。主要评价内容：

1. 通过分析、审核，《评估报告》中选用的风险估计方法、确定的单因素风险和项目整体风险的发生概率及影响程度的估计基本得当。

2. 通过分析、审核，《评估报告》存在一个被遗漏的重要风险因素和一个应删除重要风险因素。

3. 通过分析、审核，《评估报告》中选用的风险评判方法、确定的单因素风险程度和整体风险程度以及综合分析评判的项目初始预警风险等级得当。

根据风险调查复核以及专家评审会意见，对主要风险因素评价调整见表1。

4. 在上述分析评价的基础上，评价同意《评估报告》提出的B级（较大负面影响）风险等级。

四、风险预防、化解措施及风险等级评价的准确性

在对风险识别、评估评价的基础上，对《评估报告》中提出的预防、化解措施的完整性、可行性和有效性进行评价。主要评价如下：

1. 《评估报告》中提出的预防、化解措施系统、完整。

2. 《评价报告》中提出的预防、化解措施得当可行，能有效防范、减少和控制社会稳定风险。

3. 《评估报告》中提出的预防、化解措施具有明确的责任主体、职责分工、时间进度安排，提出的9个方面的风险防范化解措施建议比较全面，具有一定针对性。但各项措施的落实的责任单位和协同单位需要进一步完善，项目单位应是责任主体，最好再对措施的可行性和有效性进行分析，才能切实保证措施落实，防范、化解风险。同时需根据评价调整后的风险因素予以补充和完善。

4. 《评估报告》对项目投资建设或运营管理过程中可能存在的冲突和各种潜在的社会稳定

表1 风险因素复核调整表

序号	风险因素	《评估报告》评估的风险程度	评价调整的风险程度
1	规划选址（医院位于闹市区）	M	M
2	产业政策、发展规划（九亭地区医院缺乏）	M	M
3	拆迁过程（拆迁缓慢，至今未完成）	H	—
4	工程方案（医院规模达不到民众要求、燃气锅炉、空调的使用）	S	S
5	噪声和振动影响（施工噪声振动、运营期间的噪声振动）	M	M
6	环境风险	L	L
7	基坑开挖（地勘未进行）	M	M
8	施工对周边人群生活的影响（施工停水、停电安排和突发情况）	L	L
9	施工对周边人群出行交通的影响	L	L
10	安全、卫生和职业健康（车辆的管理、施工和运营存在的危险、天然气易爆的隐患、卫生和职业健康管理、应急处置机制）	H	H
11	火灾、洪涝灾害	M	M
12	社会治安和公共安全	L	L
13	文明施工、组织管理（过渡安置引发的风险）	—	H

风险因素,对解决相关社会问题,减轻社会稳定风险影响的措施方案等得当可行。

5.《评价报告》中采取相应预防、化解措施后的项目风险等级评判得当,评价同意评估报告提出采取防范措施后的C级(一般负面影响)风险等级。

五、补充和完善风险防范化解措施的针对性

为做好该项目维稳工作、从源头上预防化解项目建设可能引发的社会矛盾,评价在原则同意评估提出的风险防范化解措施基础上,强调和补充提出以下方面的措施:

1. 强化风险管理意识,将风险管理融入项目规划、建设和运行的全过程。

2. 构建风险管理协调联动工作机制、快速灵敏的应急处置机制和矛盾分级分责化解机制,落实风险预防化解工作职责。

3. 优化设计方案,依法合规开展设计方案规划公示,积极响应利益相关者合理诉求。

4. 尽早研究明确施工组织方案,动态调整优化落实。

5. 合理制订建设期医院内部搬迁、拆除过渡方案,确保医院在项目建设过渡期正常运营。

6. 加强基坑开挖设计和施工的组织与管理,做好周边建筑、道路和地下管线的检测和监测工作。

7. 加强施工期的组织管理,严格落实各项文明施工和质量安全管理措施。

8. 加强九亭医院运行期相关社会管理,构建和谐社区。

9. 优化产业政策和发展规划,寻求扩大用地方案,实现九亭医院扩容目标。

10. 编制统一的宣传解答材料,积极开展正面宣传和沟通协商。

11. 强化消防安全工作,提升医护人员的应急处置能力。

12. 加强对废弃物的收集管理,按规范标准处置。

【咨询效果】

风险评估和评价的目的是为项目单位和政府部门更好地从源头上预防、化解和减少社会稳定风险,有效保障公民、法人和其他组织的合法权益,有效保障建设项目的顺利实施,为经济社会健康有序发展营造和谐稳定环境。开展重点建设项目社会稳定风险评估与评价工作,对于促进项目科学民主决策,预防和化解社会矛盾,构建社会主义和谐社会具有重要意义。

本评价报告秉承独立、科学、公正的原则从各个专业角度分析评价本项目实施过程中存在的风险,针对性地提出了构建风险管理工作联动机制和应急处置机制等建议,制定了相关的风险管理措施,防范、降低、化解不稳定因素,从源头上预防和减少社会矛盾,成为项目决策的重要组成部分。本评价报告为项目单位和政府部门更好地从源头上预防、化解和减少社会稳定风险,有效保障公民、法人和其他组织的合法权益,有效保障建设项目的顺利实施,为经济社会健康有序发展营造和谐稳定环境。

图2 九亭医院改扩建项目鸟瞰图

中环线浦东段（军工路越江隧道—高科中路）新建工程交叉施工风险评估报告

The Evaluation Report on the Cross Construction Risk of the New Project in Pudong Section of the Mid-ring Rd.(from Jungong Rd. Crossriver Tunnel to Middle Gaoke Rd.)

编写单位：上海市城市建设设计研究总院
Shanghai Urban Construction Design & Research Institute
联系电话：021-50891688　　网址：http://www.sucdri.com
主要完成人：徐一峰　蒋应红　陆元春　励建全　童　毅　胡佳萍　钟小军　徐　莹　齐　芸　王　堃

【点评】

本工程沿线建设情况复杂，共有7处主要交叉施工点和10处次要交叉施工点，包括与轨道交通2号线、6号线、9号线的交叉，与高压线路的交叉，与航油管、原水管、合流污水管、燃气管等各类重要地下管线的交叉。该研究是上海市第一次对城市高等级道路交叉施工风险进行的评估，评估中邀请设计、施工和监理单位共同参与，有利于参建各方全面了解和控制施工风险。

中环线作为上海市城市快速路网的重要组成部分，规划全长约70 km。中环线浦东段（军工路越江隧道—高科中路）新建工程的建设将使中环线全线成环贯通，形成中心城区重要的交通保护壳。成环后的中环线将能满足城市迅速发展的需求，完善新区路网布局以及满足区域交通需求增长的需要，并满足迪士尼乐园等重大项目开发建设的需要，改善浦东居民出行条件，创建和谐社会提供有力保障。该工程于2010年6月

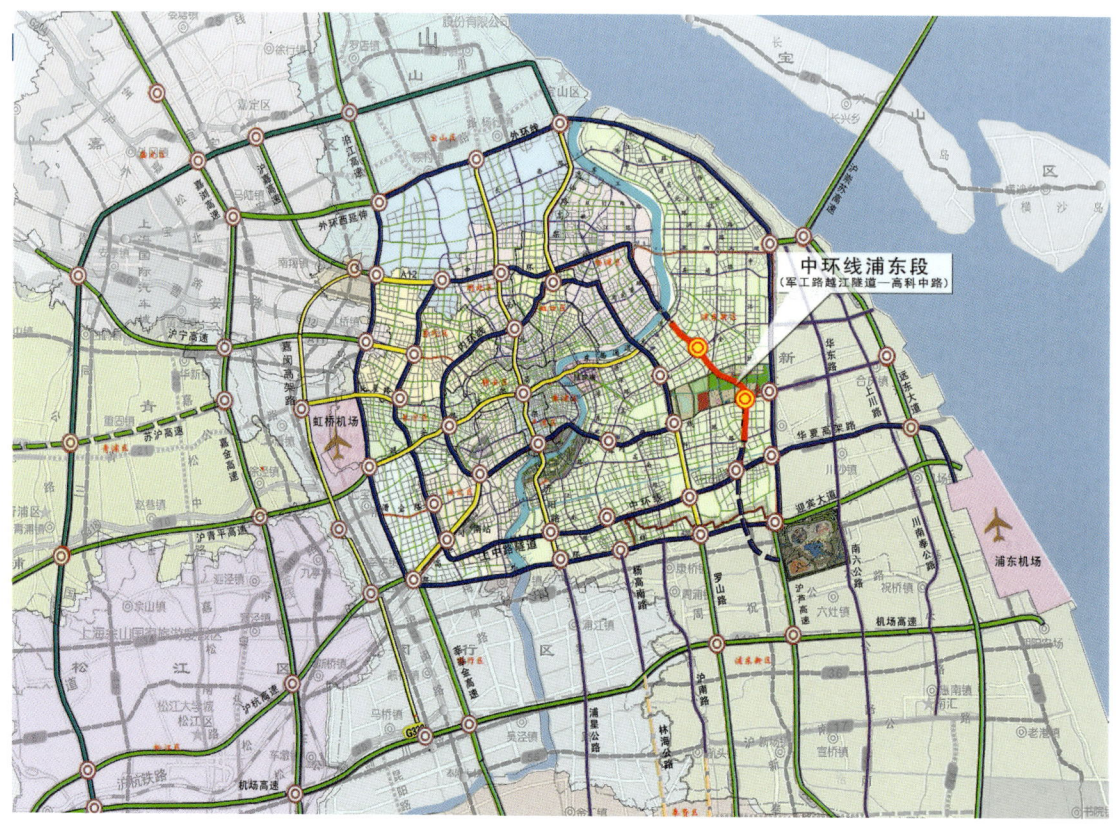

图1　工程地理位置图

立项,2010年11月完成初步设计并通过专家评审,2011年3月10日上海市浦东新区建设和交通委员会批复同意中环线浦东段(军工路越江隧道—高科中路)新建工程初步设计。图1为工程地理位置图。

2010年9月16日,为进一步规范工程风险管理过程,提高市重大工程交叉施工风险管理水平,上海市重大工程建设办公室颁布了"关于印发《上海市重大工程交叉施工风险评估管理暂行办法》的通知"(沪重建〔2010〕12号)的文件,要求所有列入上海市重大工程年度计划的正式项目、预备项目,均需编制《交叉施工风险评估报告》。

中环线浦东段(军工路越江隧道—高科中路)新建工程作为2011年度上海市重大工程年度计划的正式项目,根据沪重建〔2010〕12号的要求,需进行编制《交叉施工风险评估报告》。上海浦东工程建设管理有限公司特委托我院编制《中环线浦东段(军工路越江隧道—高科中路)新建工程交叉施工风险评估报告》。

【项目内容】

中环线浦东段(军工路越江隧道—高科中路)新建工程的建设单位为上海浦东工程建设管理有限公司,建设地点位于上海市浦东新区。本工程的建设,能够进一步完善城市路网、使中环线最终成环、促进整体路网交通功能和效益的发挥,使城市交通布局更合理。

本报告研究范围与中环线浦东段(军工路越江隧道—高科中路)新建工程一致。工程起点与军工路越江隧道终点相接,沿金桥路往南至锦绣路交叉口后,东南向斜穿张江楔形绿地接申江路,沿申江路往南至工程终点高科中路,工程线路全长约9.4 km。工程总投资123亿元。

根据流量预测分析,主线需要双向8车道,辅道需要双向6~8车道。标准横断面采用整幅式"高架快速路+地面辅道"作为推荐方案。图2为标准横断面设计图。

高架快速路的宽度按照中环线标准取值,单向4车道,车行道宽14.5 m,整幅式高架总宽为30.5 m。根据各方面综合比选结果,地面道路布置为2块板断面,标准路段道路用地宽度为58 m,在动迁无困难处,按红线宽度70 m辟筑。

全线设置2座枢纽型全互通立交(金桥立交、龙东大道立交);全线共设地面快速路1个出入口,位于博山东路(其中出口匝道位于栖山路北侧,属于军工路越江隧道工程范围);高架快速路上下匝道5对,分别位于张杨路以南、金科路以北、锦绣路以南、申江路和高科中路以北。

本报告研究内容主要包含:工程概况、工程建设条件、工程设计及施工方案、工程风险辨识、

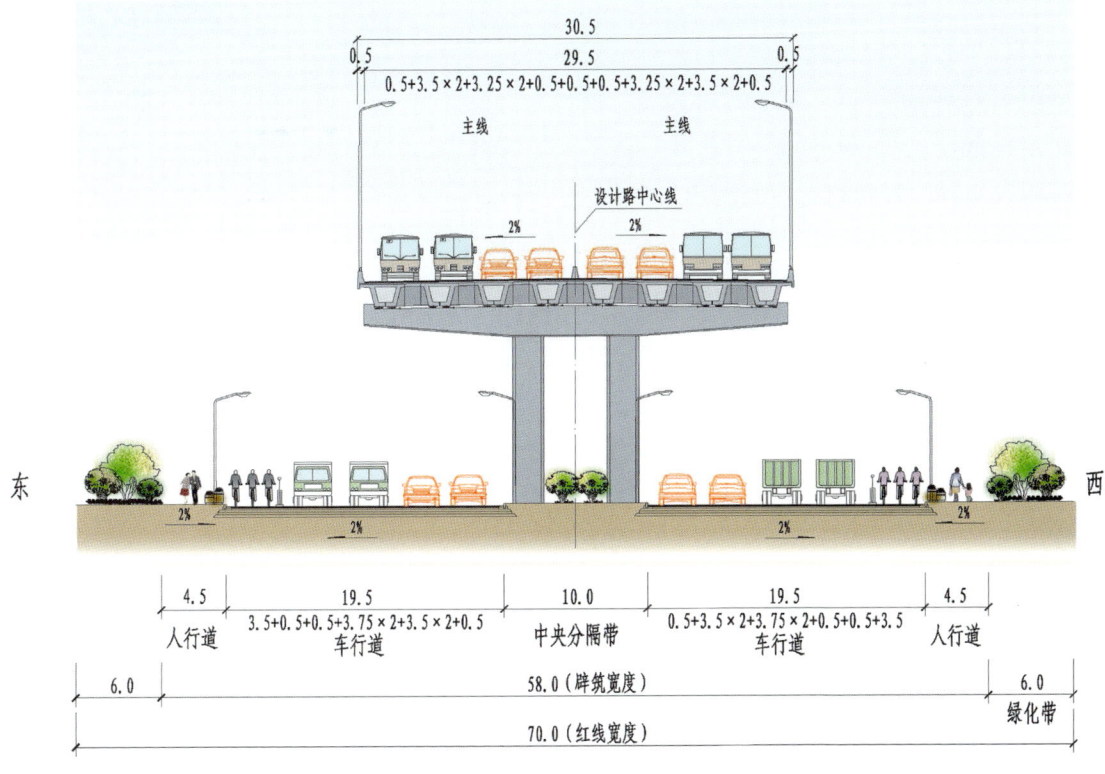

图2 标准横断面设计图

工程风险分析及评价、风险应对措施、工程风险监控及应急预案以及结论建议等。

本报告研究重点主要为：对工程沿线的交叉施工风险进行识别、对风险等级进行认定、提供交叉施工风险管理咨询意见，提出具有可操作性的应对措施，满足施工监控要求、并最终指导安全施工。

【工作过程】

2011年3月10日，上海市浦东新区建设和交通委员会批复同意中环线浦东段（军工路越江隧道—高科中路）新建工程初步设计。

2011年4月12日，上海浦东工程建设管理有限公司委托我院编制《中环线浦东段（军工路越江隧道—高科中路）新建工程交叉施工风险评估报告》。

2011年5月，我院编制完成《中环线浦东段（军工路越江隧道—高科中路）新建工程交叉施工风险评估报告》文本大纲。

2011年6月，我院与本工程的其他4家设计单位：中国市政工程中南设计研究院、中交第一公路勘察设计研究院有限公司、上海市政工程设计研究总院（集团）有限公司、上海浦东建筑设计研究院有限公司梳理工程沿线交叉施工风险点，并进行风险等级识别。

2011年7月，我院与本工程的16家施工单位：上海隧道工程股份有限公司、上海方天工程建设有限公司、上海浦东路桥建设股份有限公司、腾达建设集团股份有限公司、上海浦拓建设工程有限公司、上海市浦东新区建设（集团）有限公司、中天路桥有限公司、上海金桥市政建设发展有限公司、上海浦东北蔡市政建设有限公司、上海两港市政工程有限公司、上海市浦东新区建设（集团）有限公司、上海市第一市政工程有限公司、上海市第二建筑有限公司、上海申伸强建设有限公司、上海张江建筑安装工程有限公司、中国建筑第二工程局有限公司及5家监理单位（上海富达工程管理咨询有限公司、上海浦东新区建设监理有限公司、上海华申工程建设监理咨询有限公司、上海市政工程管理咨询有限公司、上海智达工程顾问有限公司）逐个标段讨论本工程沿线交叉施工风险点，并对风险点进行初步辨识。

2011年12月，我院与业主、本工程的16家施工单位、5家监理单位，对已识别的交叉施工风险点进一步辨识和筛选。上海浦东工程建设管理有限公司与上海市重大工程建设办公室就评估单位资质问题进行了沟通后，正式委托我院编制《中环线浦东段（军工路越江隧道—高科中路）新建工程交叉施工风险评估报告》。

2012年1月，我院与业主、本工程的16家施工单位、5家监理单位，对已识别的交叉施工风险点进行风险控制措施分析，并对重要风险点的风险等级采用专家调查法的形式，进行判定。

2012年2月，我院完成《中环线浦东段（军工路越江隧道—高科中路）新建工程交叉施工风险评估报告》。

2012年3月2日由上海市浦东新区城市建设科学技术委员会对本报告组织进行了评审，并获得了通过。

【咨询工作特点】

1. 业界首创、高度认可

工程风险评估在中国目前处于起步阶段。2007年10月，铁道部颁布了《铁路隧道风险评估与管理暂行规定》；2007年11月，建设部颁布了《地铁及地下工程建设风险管理指南》；2011年5月，交通部颁布了《公路桥梁和隧道工程设计安全风险评估指南》。相对于铁路、地铁、公路而言，市政道路建设的风险评估工作相对落后。但随着城市轨道交通、地下通道、重要管线的大量建设，城市道路工程实施过程中与这些重要的城市基础设施相互交叉情况越来越多，道路在这些交叉点的施工风险越来越大。交叉施工涉及的专业种类多，交叉施工情况复杂。

因此，本次中环线浦东段（军工路越江隧道—高科中路）新建工程交叉施工风险评估工作不但为我院所承接的第一个交叉施工风险评估项目，而且也是业界第一个城市高等级道路交叉施工风险评估项目，首开市政道路建设的风险评估的先河。我院对该项目非常重视，组成了由道路、桥梁、排水三位总院专业总工领衔的设计研究团队。项目组成员群策群力，顺利圆满地完成了本次交叉施工风险评估工作。在2012年3月2日由上海市浦东新区城市建设科学技术委员会组织进行的评审中，获得了7位与会评审专家一致的高度认可，顺利通过了评审。

2. 工程重大、风险复杂

中环线浦东段（军工路越江隧道—高科中路）新建工程是上海市和浦东新区"十二五"期间的重大工程。本工程不仅工程规模大、更是上海市重大工程,它的建设对完善城市路网、使中环线最终成环、促进整体路网交通功能和效益的发挥,具有十分重要的意义。

城市道路工程的交叉施工风险是指由于工程施工过程中与距本工程结构边线50米范围内的已建的城市重要设施或正在建设的其他工程产生交叉或平行的空间关系而产生的各类施工及安全风险。

城市重要设施主要是指轨道交通、越江隧道、地下通道、下立交、电力隧道、$\phi 300$以上或压力大于4公斤的燃气及天然气管道、$\phi 1\,600$以上的供(排)水管、$\phi 500$以上的压力水管、原水管、航油管、电力排管、信息排管、实埋军缆、110 kV以上的高压实埋电缆、城市快速路、铁路、桥梁、高速公路、通航河流、110 kV以上的架空线以及其他重要建(构)筑物等。

工程全长9.4 km,道路红线宽度70 m,高架主线双向8车道+地面道路双向6～8车道,全线设置2座枢纽型全互通立交(金桥立交、龙东大道立交)和5对高架快速路上下匝道。沿线穿越金桥、张江等浦东新区的开发重要地区。

工程沿线建设情况复杂,经分析,共有7处主要交叉施工点和10处次要交叉施工点。图3为交叉施工点位置汇总示意图。主要交叉施工风险点为目前已建成的、本工程结构位于交叉工程保护区域内的、对本工程施工提出较高施工和保护要求的点,主要为正在运营中的轨道交通和重要管线。主要有:轨道交通6号线、合流污水二期工程、南区污水干线工程、青草沙原水管(龙东大道立交)、航油管、轨道交通2号线、青草沙原水管(申江路段)。次要交叉施工风险点主要为规划待建、搬迁、拆除重建或改建的设施等。主要有:杨高中路高压线(抬升)、金桥路地下管线(搬迁)、轨道交通9号线(待建)、马家浜(拆除重建)、杨高中路DN300及DN500燃气管道(搬迁)、现状金桥立交(拆除)、金科路及锦绣路高压线(抬升)、现状地面桥梁(拆除重建)、金桥路现状污水管(搬迁)、轨道交通14号线(规划),共10个交叉点。

3. 深度调研、科学分析

项目组成员对《暂行办法》中的相关规定进行了深入的研读,了解了它的主要要求和相关规定;对于《暂行办法》中提到的参考标准文件逐一进行了学习,了解相关建设领域(铁路、地铁、公路等)中,工程风险评估工作的情况,并对相关评估研究成果进行收集、学习;对本工程沿线交叉施工点进行了详细的统计和分析后,对交叉施工风险点进行科学分类。

根据《上海市重大工程交叉施工风险评估管理暂行办法》中的相关要求,施工风险分级标准根据概率和损失,按照风险矩阵分级法,分为五级,具体见表1:

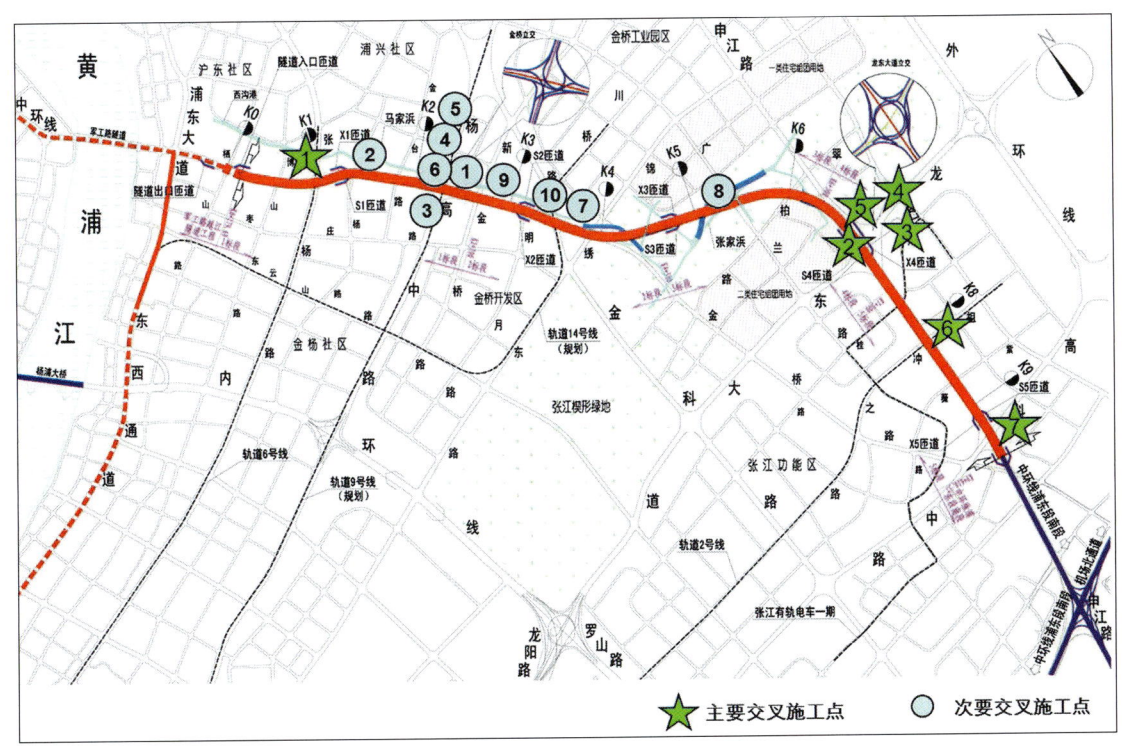

图3 交叉施工点位置汇总示意图

表1　施工风险分级标准表

概率等级 \ 损失等级	A 灾难性的	B 很严重的	C 严重的	D 较大的	E 可忽略的
1 频繁的	五级	五级	四级	三级	二级
2 可能的	五级	四级	四级	三级	二级
3 偶尔的	五级	四级	三级	二级	一级
4 罕见的	四级	三级	三级	二级	一级
5 不可能的	四级	三级	二级	一级	一级

《上海市重大工程交叉施工风险评估管理暂行办法》中，未对风险发生概率等级的判断标准以及风险损失等级的判断标准进行详细介绍和说明。为了更科学地对施工风险等级进行判定，根据本工程的工程性质和实际情况，风险发生概率等级的判断标准以及风险损失等级的判断标准，主要参考《公路桥梁和隧道工程设计安全风险评估指南》（试行）中的相关内容和要求。

4. 方法可行、依据可靠

风险评估的方法是风险评估的核心。由于《暂行办法》中，未对风险评估的办法作详细介绍和说明，仅要求参考其附录3中所列的标准文件清单。根据本工程的工程性质和实际情况，本次风险评估的方法，主要参考标准文件清单中《地铁及地下工程建设风险管理指南》（建质〔2007〕254号）、《公路桥梁和隧道工程设计安全风险评估指南》（试行）和《铁路隧道风险评估与管理暂行规定》（铁建设〔2007〕200号）三本规范中的相关内容。

评估步骤是在调查研究收集资料的基础上，采用适当的评估方法，对交叉施工点进行详细分析研究，得到交叉施工点所有风险事件及影响因素，并对各风险因素、风险事件及整个交叉施工点进行评价，给出风险等级及具体的应对措施。针对风险因素、风险事件制订风险监控及预警措施和应急预案。

目前常用的风险评估方法主要有：专家调查法、头脑风暴法、核对表法、风险矩阵法、层次分析法、模糊综合评估法、敏感性分析法、蒙特卡罗法。

根据本工程的工程性质和实际情况，本次风险评估的方法，确定为专家调查法和头脑风暴法相结合的方式。在进行风险点辨识、进一步辨识和筛选的过程中，推荐采用各参建单位头脑风暴法进行确定。在进行重要风险点风险等级判定时，推荐采用专家调查法的形式。

5. 结论明确、指导建设

在进行风险点辨识、进一步辨识和筛选的过程中，项目组采用了头脑风暴法的形式进行确定。在进行重要风险点风险等级判定时，项目组采用了专家调查法的形式。本次专家问卷调查共发出问卷15份，收回有效问卷10份。分发对象主要为具有一定工程经验的、参与本工程建设的16家施工单位、5家监理单位以及建设单位的相关负责人。项目组最终根据头脑风暴和问卷调查的结果，对每个重要风险点进行了详细的分析，对其风险等级进行了认定，并给出合理的风险管理和应对措施，以满足施工监控要求、并最终指导安全施工，对工程建设具有实质性的指导作用，为项目的顺利实施奠定了坚实的基础。

在本报告的编制过程中，采用联合业主、并邀请本工程的另4家设计单位、16家施工单位和5家监理单位共同参与风险评估的模式合理且具有推广意义，该模式有利于工程建设各单位全面了解风险，并且在施工过程中重视并管理风险，基本达到了评估目的。

【咨询效果】

一、评估结论

1. 本工程交叉施工点众多

包括与轨道交通2号线、6号线、9号线的交叉、与高压线路的交叉、与各类地下管线的交叉等。地下管线又有航油管、原水管、合流污水管、燃气管等重要管线。

2. 交叉施工风险明显

由于交叉点众多，且平面、垂直距离较近，施工中稍有不慎就会酿成事故。

3. 交叉风险可控

虽然本工程交叉施工点多量大，且风险明

显,但都在可控范围内、都是可预见的。依据我们现有的施工力量和技术水平,完全有能力规避、防范、克服风险。因此,就工程总体而言,风险评估等级并不算高,基本在Ⅱ～Ⅲ级之间。

4. 防范风险的重要和有效手段

思想重视、方法合理、措施到位、严格监控。

二、评估建议

交叉施工风险控制是一项系统工程,涉及面广、专业性强、责任重大,需要工程参建各方齐抓共管。在评估报告中,给出了以下具体建议:

1. 建立定期各方联席会议制度

特别是相关设施管理单位出席,及时沟通、磋商、协同、解决各类问题。

2. 严格审核施工方案

严格控制方案的执行,必要时要进行专家评审。实施方案要有监督执行的可靠措施,防止方案流于形式、纸上谈兵。

3. 建立健全交叉施工风险责任制

明确管理人员和施工人员的具体职责,并有问责机制,一旦出现问题必须追究有关人员的责任。

4. 施工单位在施工前应探明地下管线实际管位,并进行复核,发现问题及时联系相关单位。

5. 按照各行业相关管理规定进行方案报审,严格按照审查意见落实。

6. 重视残留风险

重视因措施落实不到位、设计变更和管位物探偏差所引起的残留风险的控制和管理。

开展城市道路交叉施工风险评估,可确保城市重要设施的安全运营,杜绝因交叉施工引起的有严重社会影响的重特大事故,因此十分必要。在施工图设计之前,开展交叉施工风险评估,不仅能在今后的施工实施过程中指导施工,更使设计者了解到了施工风险的问题,使其在开展施工图设计、施工交底等设计工作中,对其加以重视。建设单位、风险评估单位、设计单位、施工单位、监理单位均需参与到交叉施工风险评估报告的编制过程,有利于加强建设各方对于施工风险及安全管理意识上的重视程度。

轨道16号线泐马河大桥施工图设计阶段安全风险评估报告

The Security Risk Assessment Report on the Lema River Bridge Project in Construction Documents Design Phase, Rail Transit Line 16

编写单位：上海市城市建设设计研究总院
Shanghai Urban Construction Design & Research Institute
联系电话：021-50891688　　网址：http://www.sucdri.com
主要完成人：邓玮琳　朱　敏　周　良　陆元春　彭　丽　张林春　杨　昀

【点评】

本报告在施工图设计阶段，对工程的建设条件、结构方案、施工方案、运营管理等方面可能存在的安全风险进行前瞻性分析，针对重大风险明确了相应的施工方案、施工工艺、注意事项、监控要求，提出了有效的风险管理办法。

【项目背景】

在桥梁规划、设计、施工、使用、维修、拆除等和桥梁结构相关的各个过程中出现的，对相关利益团体的某种既定目标造成影响的不确定的事态，可称之为桥梁的风险事态，简称为桥梁风险。

风险理论和方法在桥梁工程中的应用目前在世界上也还处于起步阶段。桥梁工程中系统利用风险管理方法来解决和处理大型桥梁工程中的重大问题，首先始于1980年代初对丹麦大海带桥的船桥碰撞问题的研究。2001年马耳他会议、2005年里斯本IABSE年会，均将风险评估专门作为大会专题，有力推动了世界工程界对结构安全问题和风险评估的认识。

中国桥梁工程界在马耳他会议后开始关注桥梁风险评估问题。2003年同济大学范立础院士提议的《大型建筑工程风险评价与保险研究》获得中国工程院咨询项目立项。其后几年，同济大学在桥梁风险研究方向培养博士研究生，近10年来开展了相关研究和工程实践。交通部自2010年9月1日起试行《公路桥梁和隧道工程设计安全风险评估指南（试行）》（以下简称《指南》）。本报告首次对在建轨交大跨径桥梁进行安全风险评估，为工程参建各方增强安全风险意识，优化工程建设方案，提高工程建设质量和安全性提供了全面有效的建议和对策。

【项目内容】

轨交16号线是上海轨道网络中的一条连接市中心与南汇临港新城的市域快线。线路起点龙阳路站，终点临港新城站，全长58.9 km，其中高架区间总长45.2 km，地下线总长13.7 km。建设单位是上海申通（集团）16号线项目建设公司。

轨交高架线路跨越泐马河区间位于浦东新区万祥镇跨泐马河，线路的两侧为新建的临港大道，城市主干路，双向8车道，主桥采用（70.8 m + 120 m + 70.8 m）三跨变截面预应力混凝土连续梁，引桥采用22 m空心板梁，每幅主桥宽19.75 m，两幅主桥防撞护栏之间的净距为5 m。

轨交高架结构从桩号XDK43+639.883处由临港大道北侧斜跨进入临港大道中央分隔带后沿中心线布置，轨交桥墩夹在两侧地面桥之间，采用（87.5 m + 145 m + 87.5 m）的三跨V形墩连续刚构桥跨越泐马河，主桥断面成"品"字形并列，互相贴近且投影面互有重叠，互有影响和制约，设计和施工必须相互协调、协同安排、统一实施。

图1为本工程与临港大桥主桥的立面关系图。

图2为本工程与临港大桥泐马河大桥的断面关系图。

V形刚构桥在结构上兼有梁和拱的特点和优势而呈现出良好的力学性能，在同跨径条件下，比之于简支梁和连续梁，V形墩因其主干构件中存在较大的压力（免费预应力）和因斜腿减小了主梁跨度，致使杆件内力和截面尺寸大为减少，而整体性和刚度得到加强。结合本桥桥位条件和轨道交通特点，采用V形刚构桥型方案是合理可行的。

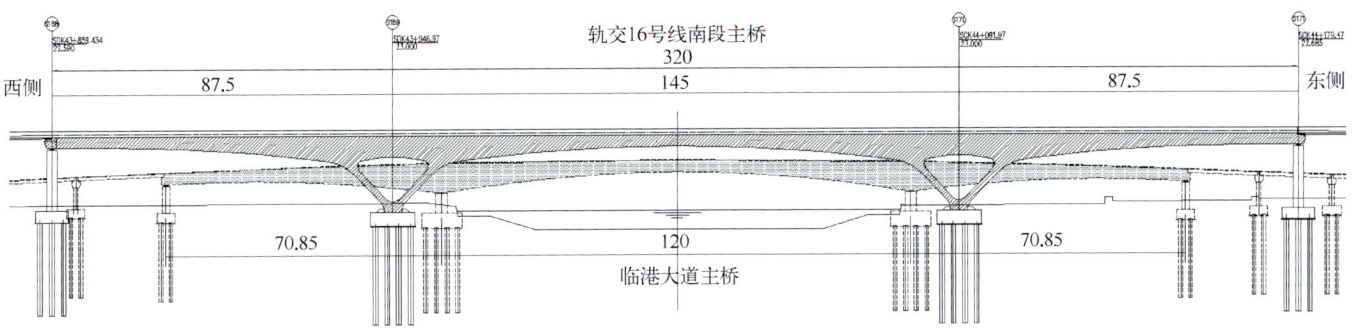

图 1 本工程与临港大桥主桥的立面关系

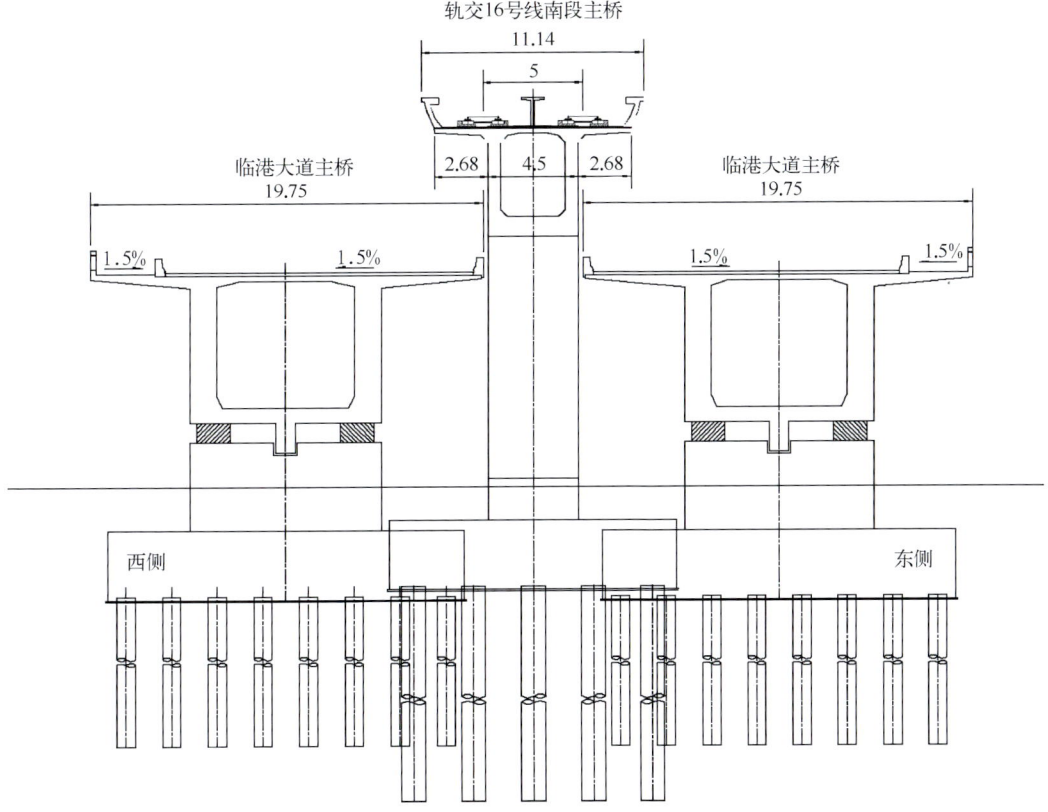

图 2 本工程与临港大桥渤马河大桥的断面关系

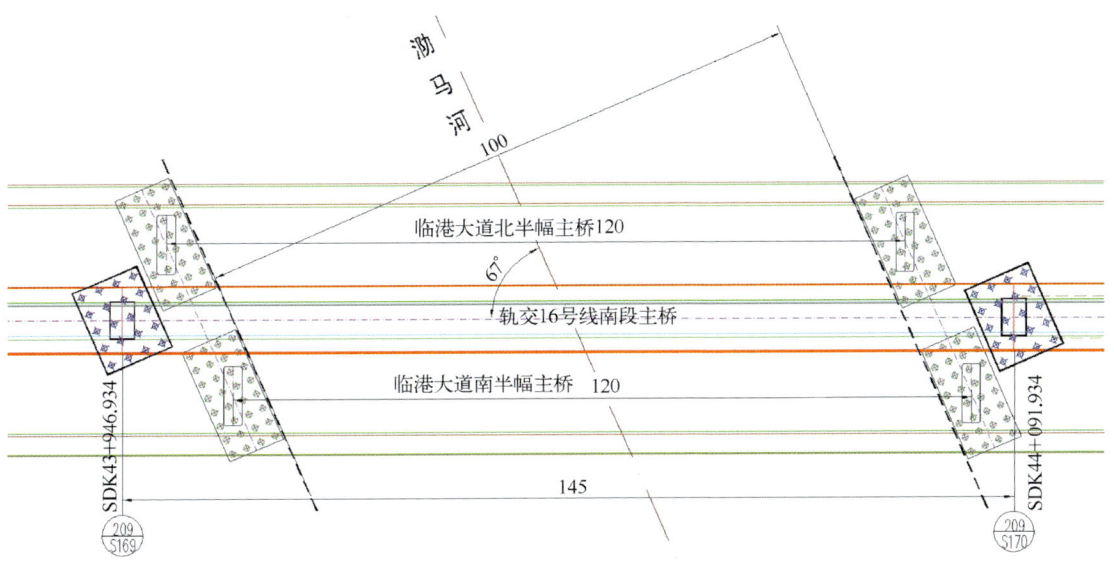

图 3 本工程与临港大桥渤马河大桥的主墩基础平面布置关系

在两幅已建桥梁之间只有5 m间距的条件下建造145 m大跨径轨道交通桥梁属于"世界首例"，在轨道交通领域采用V形墩连续刚构桥型也属于"世界首例"，并且主跨145 m成为轨道交通领域同类型桥梁的"世界第一"，专利设计的墩底构造以及墩底先铰支后固结、墩底对顶合龙的创新性体系转换思路也创造了"世界第一"。本桥技术先进，专利设计没有成功先例，施工难度大、控制要求严、安全风险高。本桥主要关键工艺和风险控制点有：V形墩斜腿及0#节段构成的三角区体量大、受力较复杂，技术难度大；全新专利设计的墩底构造在安装精度、摩擦系数、体系转换等控制要求高；主梁挂篮悬臂浇筑施工的特殊控制；全新首创的合拢顺序、墩底对顶、体系转换、线型控制等。

本桥是轨交16号线全线跨度最大、难度最高的节点，决定了全线土建工程的进度和通车时间，期间不容有任何失败和安全事故的发生。参建各方均予以最高等级的重视。

【工作过程】

本安全风险评估工作由承担本工程设计任务的上海市城市建设设计研究院负责。设计单位于2010年7月组织建立了由7名桥梁、地质、轨道等专业人员组成的风险评估小组，并由单位总工担任评估小组负责人。结合设计、施工过程实时进行"方案——评审/评估—优化—再评审/评估"的循环过程。

本工程初步设计于2009年8月11日、12日通过了市建交委组织的专家评审，并结合专家意见于2010年4月完成了施工图设计。期间，针对本工程特点和专家咨询意见，补充完善了V形墩底施工铰接构造的优化设计。

2010年7月1日，本工程项目部组织有关专家针对V形墩连续刚构桥的施工组织设计召开了专项咨询会，在肯定了施工方案的基础上，提出了一些加强安全、提高质量的建议。

结合初步设计审查意见，针对本工程的建设条件、结构方案、施工方案、施工工法技术以及运营等方面的可能存在的安全风险进行有效评估，并提出了相应的安全应对措施或降低风险的应对措施，对重大风险明确了施工方案、施工工艺、注意事项、监控要求等，并提出了有效的风险管理办法、风险监控方案。评估报告初稿提交项目法人（业主），由其组织相关专家对该评估报告进行评审，并同设计文件一并报送行政主管部门。根据专家意见修改完善报告内容后，提交建设、设计、施工、监理、监控等参建各方，分析根据安全评估提出的风险控制措施，及时对项目控制表、设计文件、施工组织方案、监理方案、监控方案等进行完善优化。

工作要点是既要全面剖析整个施工阶段的各种风险因素，又要重点研究关键技术难点和风险点，提出有针对性的技术措施，确保参建各方采取有效方案予以解决和避免各项风险。

主要工作过程为：

1. 确定风险源

通过对类似结构工程的安全风险发生情况的调查，以及专家的现场或书面调查，在研究分析设计、施工、运营阶段可能发生安全风险诱因的基础上，确定关键风险源及将要风险源，并分类完成安全风险列表。

本风险评估主要针对设计阶段和施工阶段的风险。

在设计阶段，面临设计理论、计算模型、计算分析能力、工程师素质与责任心等各种风险。尤其对于那些需要实现跨径突破、体系创新、结构创新的桥梁，设计风险更为明显。设计风险损失可能由设计单位、桥梁业主承担。

施工阶段的风险可能来自施工工艺、意外事故、自然灾害、人为灾害等多方面，施工阶段的事故往往人们最为熟悉的风险事态，也是狭义风险定义下最为主要的风险事态。施工阶段的风险损失主要由施工单位、桥梁业主承担，大多数施工阶段的风险能够通过严格管理、周密计划以及系统的风险管理方案得到很好的控制，这也成为桥梁风险评估和风险管理的最为直接的应用领域。

2. 估测风险源风险发生概率和风险损失

采用定性与定量相结合的方法，对风险源的风险发生概率及损失进行分析和评估，确定其发生的可能性及严重程度。

根据本桥技术特点及施工单位技术水平和经验，施工风险源发生概率和风险损失一般采用专家调查法、概率分析法、事故树法、模糊综合评价法等方法进行确定。

3. 确定风险源风险等级

根据已确定的风险发生概率等级和风险损失等级，按照风险等级确定的相关要求，确定安全风险等级。工程安全风险发生概率等级分为1、2、3、4级。安全风险等级分为Ⅰ级（低度风险）、Ⅱ级（中度风险）、Ⅲ级（高度风险）、Ⅳ级（极高风险）。Ⅰ、Ⅱ、Ⅲ、Ⅳ级分别以绿、黄、橙、红示出。

4. 拟定相应的风险控制措施

针对不同的安全风险等级,研究提出相应的应对措施。

【咨询工作特点】

评估小组收集了工程基础资料(包括工程区域内水文、地质、自然环境等资料、类似工程事故资料、可研报告、工程地质勘察报告、初设文件、相邻构筑物及其他相关资料)、施工图设计文件、计算分析咨询报告、施工组织设计、专家评审咨询意见,进行了现场查勘,在研究分析设计、施工、运营阶段可能发生安全风险诱因的基础上,确定关键风险源及将要风险源,并分类完成安全风险列表。

本报告首先从建设条件、结构方案、施工技术、运营管理等四个方面汇集风险源并对风险进行分类,然后由评估小组建立详细源普查表。

然后将风险源再细分为41类,从施工及运营期间桩基缺陷、基坑坍塌、基础沉降、支架倒塌、施工安全事故、构件损伤、线形外观缺陷、腐蚀老化缺陷、结构倒塌毁坏、环境及扰民、交通运营事故等11类主要风险事件中标示桥梁工程施工及运营期间风险事件与风险源检查表。

随后针对拟定的59项典型风险,标示风险源可能发生的阶段(设计、施工、运营),描述该风险源的主要原因、严重程度、注意事项等。

然后将风险源普查表结果按照评估单元划分归类、讨论论证后进行风险源筛选,建立本桥的风险事件检查表,确定各类风险的存在点、存在方式以及产生的影响。

通过相关人员咨询、评估小组讨论、专家咨询等方式,对上述风险事件筛选出关键风险源和次要风险源,编制风险源列表。

采用专家调查法、模糊综合评价法等评估风险源发生概率和风险损失,填写风险等级调查表,列明各风险点的当前状态、假定采取的缓解风险措施、风险发生概率级别、风险损失级别(从人员伤亡、经济损失、环境影响等三方面)及理由、建议进一步采取的措施。

根据以上风险等级调查表,按照风险评估矩阵方法,以彩色矩阵表的方式对上述59类风险确定风险等级。

综合上述阶段的表格,本桥风险等级情况如下:

风险等级Ⅰ(低度风险,绿色):2个,3.4%;

风险等级Ⅱ(中度风险,黄色):44个,74.6%;

风险等级Ⅲ(高度风险,橙色):13个,22%;

风险等级Ⅳ(极高风险,红色):0个,0%。

本桥最高风险等级为Ⅲ级(高度)风险,没有Ⅳ级(极高)风险。

Ⅲ级风险水平有条件接受,必须实施消减风险的应对措施,并需要准备应急计划。对Ⅲ级(高度)风险,设计和施工单位应重点关注,制定应急预案,并在施工阶段加强风险监控。

Ⅱ级风险水平有条件接受,工程有进一步实施预防措施以提升安全性的必要。

本桥大部分风险因素与一般大跨度节段悬臂施工的连续梁相同,例如气候环境、桩基施工、承台施工、支架施工、混凝土与钢筋、预应力等施工的风险产生原因、应注意和采取的措施在风险描述中已经提出,施工阶段需要根据设计要点、相关规范、类似经验等予以重视。

风险等级Ⅲ的风险源有13个,主要在V形墩部位及跨中合拢施工阶段。本报告用较大篇幅和详尽的数据对关键的高度风险因素(支架施工、V形墩底构造及施工、墩底对顶及跨中合龙体系转换施工)进行了重点分析、计算和研究,提出了各自的高风险源及相应的技术方案和风险措施。渤马河桥墩底对顶合龙工艺示意图见图4。

本咨询报告针对本工程的建设条件、结构方案、施工方案、施工工法技术以及运营等方面的可能存在的安全风险进行有效评估,并提出了相应的安全应对措施或降低风险的应对措施,对重大风险明确了施工方案、施工工艺、注意事项、监控要求等,并提出了有效的风险管理办法、风险

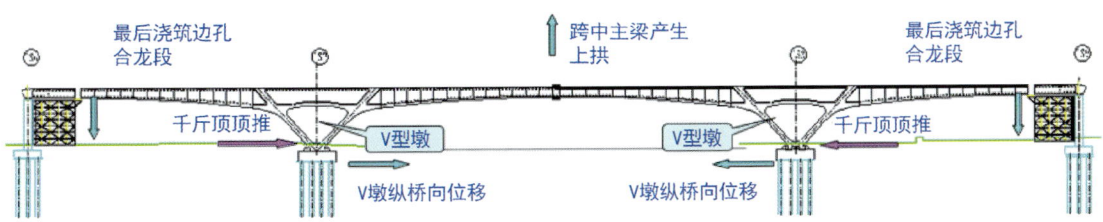

图4 渤马河大桥墩底对顶合龙工艺示意图

监控方案和安全风险预案。

桥梁工程建设过程中发生各类风险事故的情况较多,且造成的损失较大。开展桥梁工程设计安全风险评估,有利于决策科学化,减少工程安全事故和社会不良影响,有利于提高政府、项目法人(业主)、设计单位和施工单位的风险管理意识和风险管理能力,从而达到控制风险、减少损失的目的。

在国内外学术界和重大工程的推动下,桥梁工程安全风险评估日益得到重视和应用。2002年上海崇明越江通道风险评估、2004年苏通大桥施工风险评估、2009年港珠澳大桥风险评估、交通部西部交通建设科技项目《西部地区公路桥隧工程风险评估研究》等试点工程实践和研究,总结和形成了一套具有较强操作性的桥隧工程风险评估技术。本报告即根据《公路桥梁和隧道工程设计安全风险评估指南(试行)》的原则和方法,首次对轨道交通预应力混凝土V形墩连续刚构桥施工图设计阶段的安全风险进行分析评估,是一次有益的探索和试行。

本报告通过对类似结构工程的安全风险发生情况的调查,以及专家的现场或书面调查,在研究分析设计、施工、运营阶段可能发生安全风险诱因的基础上,确定关键风险源及次要风险源,并分类完成安全风险列表,并采用定性与定量相结合的方法,对风险源的风险发生概率及损失进行分析和评估,确定其发生的可能性及严重程度和安全风险等级,同时研究提出相应的应对措施,总体上具有科学性、可行性、合理性。

根据本咨询报告,对设计文件进行了修改完善,进一步优化了墩底临时铰支座构造,细化了墩顶对顶合拢工艺要求和V形墩施工顺序等,项目管理、施工、监控、监理对等项目实施单位也根据本报告制定了详细的细则,最终确保了本工程安全可靠、顺利建成。

【咨询效果】

轨道16号线渤马河大桥创造了在两幅已建桥梁之间只有5 m间距的条件下建造145 m大跨轨道交通桥梁和采用墩底先铰支后固结、墩底对顶合龙实现体系转换的"两项世界先例",以及国内轨道交通领域首次应用V形墩连续刚构桥型和轨道交通领域同类型桥梁跨度最大的"两项第一"。由于没有设计和施工先例,施工难度大、控制要求严、安全风险高,针对本工程的建设条件、结构方案、施工工法技术以及运营等方面的可能存在的安全风险进行全面评估,采用专家调查法、模糊组合评价等方法,确定了包括13个高度风险点在内的共59项风险源,判定其风险水平的程度为有条件接受是可信的,并提出了相应的安全应对措施和降低风险的应对措施,对重大风险明确了施工方案、施工工艺、注意事项、监控要求等,并提出了有效的风险管理办法、风险监控方案和安全风险预案。

本风险报告填补了上海市轨道交通特大桥安全风险评估的空白,具有很高的专业性。报告通过了市建交委组织的专项专家评审。本桥参建各方严格按照设计要求和风险评估报告提示的风险源进行管理、设计、施工、监控,确保工程于2012年5月顺利合拢,各项参数达到设计要求,期间无发生安全事故。

本桥成功采用安全风险评估的尝试可供类似桥梁工程的设计与施工提供参考和借鉴,为重大工程、重点工程和特殊结构建设开展安全风险评估提供有益的探索。图5—图7为渤马河大桥合龙后实景图。

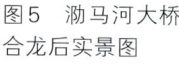
图5 渤马河大桥合龙后实景图

图6 渤马河大桥V形墩

图7 渤马河大桥全景图

山东海阳核电项目3、4号机组工程环境影响报告书（选址阶段）

The Environmental Impact Assessment Report on the Unit 3 & 4 Engineering in Haiyang NPP(Siting Stage)

编写单位：上海核工程研究设计院
Shanghai Nuclear Engineering Research & Design Institute
联系电话：021-61860000　网址：www.snerdi.com.cn
主要完成人：王茹静　王　雪　杜风雷　黄晓冬　梅其良　陈　斌　鲍文杰　黄程鹏　吴春蕾　印舒蔚

【点评】

2011年3月日本福岛核电站发生核泄漏事故后，社会公众及政府对核安全的关注空前加大。本报告通过对核电厂各工艺系统的描述，详细计算和分析了工程在施工建设过程中及运行过程中对环境的影响，并分析计算了电厂在各种可能的事故情况下对环境的影响。报告参照国外先进的核电技术，将中国现行的环保要求反馈到设计中，提出了加高安全壳烟囱高度、增加钢覆面等改进措施，以满足更高的环保要求。

【项目背景】

山东海阳核电厂厂址规划建设6台百万千瓦级压水堆核电机组。建设采用一次规划、分期建设的方式。其中一期工程采用引进的美国AP1000核电机组，其1号机组已于2009年9月浇灌第一罐混凝土，2号机组已于2010年6月浇灌第一罐混凝土。

本项目为扩建工程，在1、2号机组建设的基础上，扩建2台国产化AP1000核电机组。

山东海阳核电厂一期工程作为中国第三代核电技术自主化依托项目，担负着以我为主、中外合作、引进技术、推动国产化的重要使命。

中国坚持核电自主化发展方针，将充分依靠中国20多年来核电研发和工程建设的技术基础，结合引进国际上先进成熟的核电技术，通过消化吸收再创新，形成中国自己的新一代核电技术，并推广应用，进行批量化建设。

考虑到核岛设备设计要求高，技术难度大，目前国内核电装备技术还跟不上需要，部分核岛设备部件和原材料尚需从国外采购。山东海阳核电项目3、4号机组工程作为中国核电国产化依托项目的后续工程，在国家的统一指导下，大力推进核电设计自主化和设备制造本土化，采用公开招投标制选择国内外有资格的核电设备制造厂商，在保证质量的前提下，降低核电厂造价，将山东海阳核电厂建设成为先进、高效、安全、可靠的核电机组。

2009年3月，国家发展改革委办公厅发布《关于同意山东海阳核电项目3、4号机组开展前期工作的复函》。

受山东核电有限公司委托，上海核工程研究设计院对山东海阳核电项目3、4号机组工程开展环境影响评价工作。

【项目内容】

山东海阳核电厂地处胶东半岛的黄海之滨，为滨海核电厂，处于三面环海的岬角东端，东北有乳山湾，西南有凤城港，东部和南部面临广阔的黄海。

山东海阳核电项目3、4号机组工程由中国电力投资集团公司、山东省国际信托投资有限公司、烟台蓝天投资控股有限公司、中国国电集团公司、中国核能电力股份有限公司、华能核电开发有限公司等六家公司共同出资建设。

山东海阳核电项目3、4号机组工程的建成价为人民币314亿2 432万元，其中环保投资费用约235 202元，占总投资比例的7.48%。

山东海阳核电厂不排放二氧化硫、氮氧化物、烟尘、灰渣等污染物，以 $2\times1\,000$ MW规模核电机组代替相同容量燃煤机组，可以少排放 SO_2 和烟尘分别为3 800 t/a、1 573 t/a。本项目的建成可有效替代燃煤机组,大量减少胶东半岛的CO_2排放量,并缓解酸雨现象。

同时,本项目的建设可以缓解山东省紧张的电力供应矛盾,优化山东省电源和电网结构,保障山东省经济持续稳定高速的增长。此外,本工程投产后,可以带动当地的房地产业、零售业、通讯、教育、医疗卫生及其他市政设施和社会福利事业的发展,繁荣当地经济。核电厂职工受教育水平和文化水平较高,在融入地方的过程中,也会产生积极的影响,带动整个社会发展水平的提高。

经综合分析,从山东海阳核电厂厂址的自然条件和社会条件来看,山东海阳核电厂厂址在1、2号机组建设的基础上,能满足3、4号机组建设的要求。

【工作过程】

2009年3月,国家发展改革委办公厅发布《关于同意山东海阳核电项目3、4号机组开展前期工作的复函》。

2009年4月,山东核电有限公司委托上海核工程研究设计院开展山东海阳核电项目3、4号机组工程环境影响报告书(选址阶段)的编制工作。

2009年2月—2012年12月,山东核电有限公司委托专题承担单位开展了针对3、4号机组的海域使用论证、水土保持、环境调查等专题研究工作。

2013年1月,上海核工程研究设计院提交环境影响报告书(选址阶段)。

2013年4月,环境保护部(国家核安全局)正式受理了《山东海阳核电项目3、4号机组工程环境影响报告书(选址阶段)》。

2013年4月—2013年6月,上海核工程研究设计院先后回答了环境保护部(国家核安全局)提出的125个审评问题单和34个对话工作单。

2013年6月,上海核工程研究设计院针对环境保护部(国家核安全局)提出的问题对《山东海阳核电项目3、4号机组工程环境影响报告书(选址阶段)》进行了升版修编。

2013年7月,环境保护部(国家核安全局)在北京召开了第五次核安全与环境专家委员会会议。

2014年3月,环境保护部发布了《关于海阳核电厂3、4号机组工程环境影响报告书(选址阶段)的批复》。

【咨询工作特点】

1. 符合国家发展核电的战略方针

核电是一种安全、可靠、经济、清洁的能源。在全世界范围内,核电由于具备资源消耗少、环境影响小和供应能力强等优点,成为与火电、水电并列的世界三大电力供应支柱,在世界能源结构中有着重要的地位。核电发展在中国具有广阔的市场空间和明确的市场需求,发展核电是中国满足电力需求、优化能源结构、保障能源安全,促进经济持续发展的重大战略举措;是减少环境污染,实现经济和生态环境协调发展的有效途径;是促进核科技工业发展,保持和提高国家核威慑能力的主要手段;是促进中国装备制造产业升级的重要措施;是顺从世界能源利用趋势的必然选择。在山东沿海地区建设核电站,符合中国在沿海一次能源短缺地区发展核电的方针政策,也符合国家核电发展的总体布局,同时也使山东省电源结构及电网布局更趋合理。

2. 国内首个CAP1000核电项目

山东海阳核电项目3、4号机组工程采用CAP1000核电机组,CAP1000核电技术是以AP1000依托项目设计作为参考,满足中国现行有效核与辐射安全的法规要求,跟踪并采纳核电自主化依托项目建设过程中的设计改进和经验反馈,实现设计自主化,关键设备国产化。

由于AP1000为美国西屋的技术,其设计尚不能完全满足中国现行环保要求。在山东海阳核电项目3、4号机组的环境影响评价过程中,将中国现行的环保要求反馈到设计中,提高了安全壳烟囱的高度,从AP1000设计的69.8 m提高到75 m,以满足中国《大气污染物综合排放标准》(GB16297-1996)的要求。

此外,为进一步降低放射性液态流出物暂存箱一旦发生破裂,放射性液态流出物进入地下水的风险,在CAP1000的设计中增加了钢覆面等改进措施,以提高环保要求。

3. 重视公众参与和环境风险的评价

山东海阳核电项目3、4号机组工程早在2009年就已开展了公众参与。考虑到福岛核事故后,公众对于核的态度会有所变化,因此在本次环境影响评价工作过程中再次补充开展了公众参与工作,了解福岛事故后公众对于核电,对于本项目的态度。

此外，为进一步保护环境，切实有效防范环境风险，本次环境影响评价着重从环境风险方面分析和评价山东海阳核电项目3、4号机组工程的可接受性，并补充增加了"环境风险"章节。

4. 开展了取排水方案的多方案比较

为进一步降低核电厂温排水对附近海域的温升影响，本项目针对取排水方案开展了多方案比较。本项目针对7种取排水方案开展了温排水数模、物模专题研究，根据研究结果，方案1、2、7对取水温升影响较大；方案5明渠进口朝向西北，进口处流态复杂、进流不畅、易于淤堵；方案6的取水温升较方案3升高约0.5～1.0℃，方案3与方案4均可满足电厂取水温升要求；方案4三期排水口改造方案明渠长度有所加大，工程量有所增加。最终，确认方案3为推荐方案，并对方案3进行了进一步优化，采用将一、二期工程排水明渠合并排放、出口水深增加至-3 m～-4 m、出口离岸距离延长至200 m的新方案，三期工程排水渠出口水深由原来的-2 m增加至-3 m。调整后的排水方案有助于温排水的稀释和输运至较远水域，从而减小了温升区范围，减少温排水对环境的影响。

5. 为后续工作奠定了基础

本项目为国内首台CAP1000核电项目，本项目的环境影响报告书内容全面，对山东海阳核电项目3、4号机组工程的环境、电厂工艺、施工期环境影响、正常运行环境影响、事故的环境影响、环境监测和流出物监测、公众参与、电厂效益分析以及环境风险评价等方面进行了综合分析评价，认为其环境影响是可以接受的，为地方政府和业主决策提供了科学依据，为开展下一步初步设计阶段的工程创造有利条件，为稳步推进CAP1000工作奠定了扎实的基础。

【咨询效果】

海阳核电厂3、4号机组位于山东省烟台市辖海阳市，属于原厂址的扩建工程，拟建两台AP1000型压水堆核电机组。

海阳核电厂3、4号机组与1、2号机组位于同一厂址，报告书在海阳核电厂1、2号机组环境影响评价的基础上，针对3、4号机组扩建补充进行了环境影响评价，调查评价符合选址阶段环境影响评价相关的法规要求，提供的环境影响报告书符合《核电厂环境影响报告书格式和内容》(NEPA RG-1)的要求，从环境影响评价角度不存在影响可接受性的因素，海阳核电厂3、4号机组环境影响报告书(选址阶段)是可以接受的。

图1 山东海阳核电厂鸟瞰图

崇明三岛支撑电源（申能崇明燃气电厂）工程环境影响评估报告

The Environmental Impact Assessment Report on the Supporting Power Supply Project (Shenergy Chongming Gas Power Plant) for Chongming Three Islands (Chongming, Changxing and Hengsha Islands)

编写单位：中国电力工程顾问集团公司华东电力设计院有限公司
East China Electric Power Design Institute Co., Ltd.
联系电话：021-22015888　　网址：www.ecepdi.com
主要完成人：曹丽红　聂　峰　陆　瑛　陈　健　黄　平　沈　毅　陈建敏　童佳君　苏春丽　江　远

【点评】

本报告针对直流循环供水系统和二次供水系统在占地、节能、环境影响等方面进行了充分的对比论证分析，认为直流循环供水系统可以为环境所接受。本报告为全国范围内同类型新建和扩建燃机电厂的环境影响评价和工程设计提供了借鉴与参考。

【项目背景】

根据上海市《崇明三岛总体规划》，崇明县所属的崇明、长兴和横沙三岛将坚持功能、产业、人口、基础设施联动，依托科技创新，推行循环经济，发展生态产业，努力把崇明建成环境和谐优美、资源集约利用、经济社会协调发展的现代化生态岛区。崇明三岛支撑电源（申能崇明燃气电厂）工程在环保要求严格、环境资源有限的条件下建设，建成后将为崇明三岛社会经济的快速发展，提供安全、优质、可靠的电力保障，意义重大。

根据国家"在特大城市适度布置和有序开工建设一批燃气调峰机组，改善空气质量"的要求，为确保"十一五"后期及"十二五"前期崇明三岛用电，上海市拟在崇明三岛地区新建崇明三岛支撑电源，同时按照国家节能减排的能源战略政策以及上海市"十一五"能源规划，削减大气污染物的排放，给目前的崇明堡镇电厂和长兴第二电厂关停创造条件，上海市政府提出了在崇明新建一座天然气电厂的主张。因此，申能股份有限公司拟建设以天然气为燃料的2台400兆瓦级燃气-蒸汽联合循环电厂。本工程位于崇明岛，采用燃气-蒸汽联合循环发电机组，属清洁发电，符合国家节能减排的能源政策，有利于崇明岛实现建成国际性海上花园和国家级综合生态岛的总体规划目标。2011年12月国家能源局以国能电力〔2011〕71号文同意开展崇明三岛支撑电源（申能崇明燃气电厂）工程的前期工作。

受申能股份有限公司委托，我院开展本工程环境影响评价工作。接受委托后，环境影响评估单位通过现场踏勘、资料收集，初步了解了该电厂所在区域的特点：一是位于声环境1类功能区，声环境敏感；二是大气评价范围内涉及环境空气一类区，大气环境较敏感；三是厂址所在区域的长江口是中华鲟等一些名贵鱼类的洄游通道，水生态环境敏感程度较高。因此本工程如何采取降噪措施，如何降低大气污染物的排放，是否可采用直流循环供水系统向长江口排放冷却水，冷却水的排放对水域生态环境的影响是否可以接受，若采用冷却塔方案在占地、节能及噪声方面的影响如何等诸多问题为本工程的环境影响评价工作带来了挑战。

【项目内容】

崇明三岛支撑电源（申能崇明燃气电厂）工程由申能股份有限公司投资建设，厂址位于崇明岛南侧中部偏西的长江口岸边，西距崇明县城（城桥镇）约6公里，地属上海市崇明县城桥镇推虾港村。厂址东靠东平河与推虾港，北面约1.7公里处为崇明县主干道团城公路，约3.5公里处为陈海公路，厂址西侧为华润大东船务公司，南临长江大堤。

本工程建设规模为2台400兆瓦级（F级）燃气-蒸汽联合循环发电机组。循环冷却水系统拟采用直流供水系统，直接从长江口取水，深取浅排。本工程生活水水源拟从市政管网中接入。

本工程以天然气为燃料，在燃烧过程中，除产生较少的氮氧化合物和微量的SO_2外，几乎不产生烟尘。按照目前的技术水平，燃气轮机在燃用天然气时，采用低氮燃烧技术，将烟气中氮氧化合物的排放浓度控制在23 ppm以下，满足《火电厂大气污染物排放标准》(GB13223—2011)要求。本工程产生的工业废水经处理后尽量回收利用，无法回收利用的与生活污水一同纳入新河污水处理厂处理。电厂噪声防治主要采取隔声、消声等措施，确保电厂厂界噪声达到《工业企业厂界环境噪声排放标准》(GB12348—2008)3类标准，周边居民声环境质量达到《声环境质量标准》(GB3096—2008)1类标准。

本工程静态投资26.7亿元，其中环保投资达0.7亿元，占总投资约2.5%。

本工程利用清洁燃料天然气，符合上海市能源发展规划，有利于环境空气保护。本工程的建设还有利于贯彻节能减排的国家政策，为三岛全面实现燃煤小火电机组关停创造条件，每年可减少崇明SO_2排放量8 000多吨，环境效益显著。

【工作过程】

我院接受环境影响评估委托后，首先成立了课题组，分析工程资料，进行现场踏勘，研究国家有关法规文件，之后根据环境影响评价有关导则的要求，结合项目所在区域的环境特点，开展了大气环境、水环境、声环境等现状调查工作。在现状调查工作的基础上，课题组结合项目的特点进行环境影响评价、制定环境保护对策，编制了本工程环境影响报告书。

在本环境影响报告书的编制过程中，采用直流循环供水系统是否为环境可接受是最大难点。

根据设计资料，本工程采用直流循环供水系统，温排水排入长江口。而长江口水域水生生物种类繁多，且是中华鲟等一些名贵鱼种的洄游通道。为充分了解和认识工程水域的环境特征，科学全面地预测电厂对水生生态的影响，合理提出环境保护对策措施，本工程中由中国电力工程顾问集团华东电力设计院有限公司牵头，联合中国水产科学研究院东海水产研究所组成课题组开展环境影响评价工作。课题组于2010年11月和2011年1月对本工程所处长江段水域的水质、生态环境分两个时间段开展了状况监测，对长江口水域环境进行了系统的认识和评价。同时，通过分析国内电厂的相关资料，并利用数学模型等方法，对工程实施过程中和实施后的环境影响进行了科学的预测和模拟。在评价过程中，课题组还向水域生态环境专家进行了多次的咨询，提高了评价成果的科学性和权威性。环境影响评价工作与工程可行性研究工作同步，通过工程方案研究与环境影响评价工作的互动，实现了工程方案从环境保护角度的最优化。

2011年12月9—10日，环境保护部环境工程评估中心组织专家在上海市召开了本工程环境影响报告书的技术评估会，形成了专家评审意见。根据专家意见，环境影响评估单位对环境影响评估报告书进行了修改，环境保护部于2012年5月24日以环审〔2012〕136号对本工程环境影响报告书进行了批复。

【咨询工作特点】

一、早期介入，实现环境影响评价与工程设计互动

本次环境影响评估工作从初步可行性研究阶段直至初步设计阶段，贯穿于工程设计的全过程。突破了传统项目环境影响评估限制于已定方案的局限性，使项目在工程方案中充分考虑运行过程中的温排水对生态环境的影响、噪声对周边声环境的影响、大气污染物对大气环境的影响等关键性环境问题，有效地将资源、环境要素纳入工程设计中，保证了工程与社会、经济和环境效益的和谐统一。

本次环境影响评估工作的成果和结论已在可行性研究报告中起到了极高的指导作用，这在以往的环境影响评估和工程设计中尚不多见，对同类项目环境影响评估和设计也有较高的参考和借鉴价值。

二、深入论证分析，为工程设计最优化提供依据

本工程位于上海市崇明岛，崇明岛属于生态岛。本工程环境空气评价范围涉及环境空气质量一类功能区，所在区域声环境质量也为1类功能区，且距离周边居民较近，周围环境很敏感，因此，环境影响评估单位在污染最严重的冬季对项

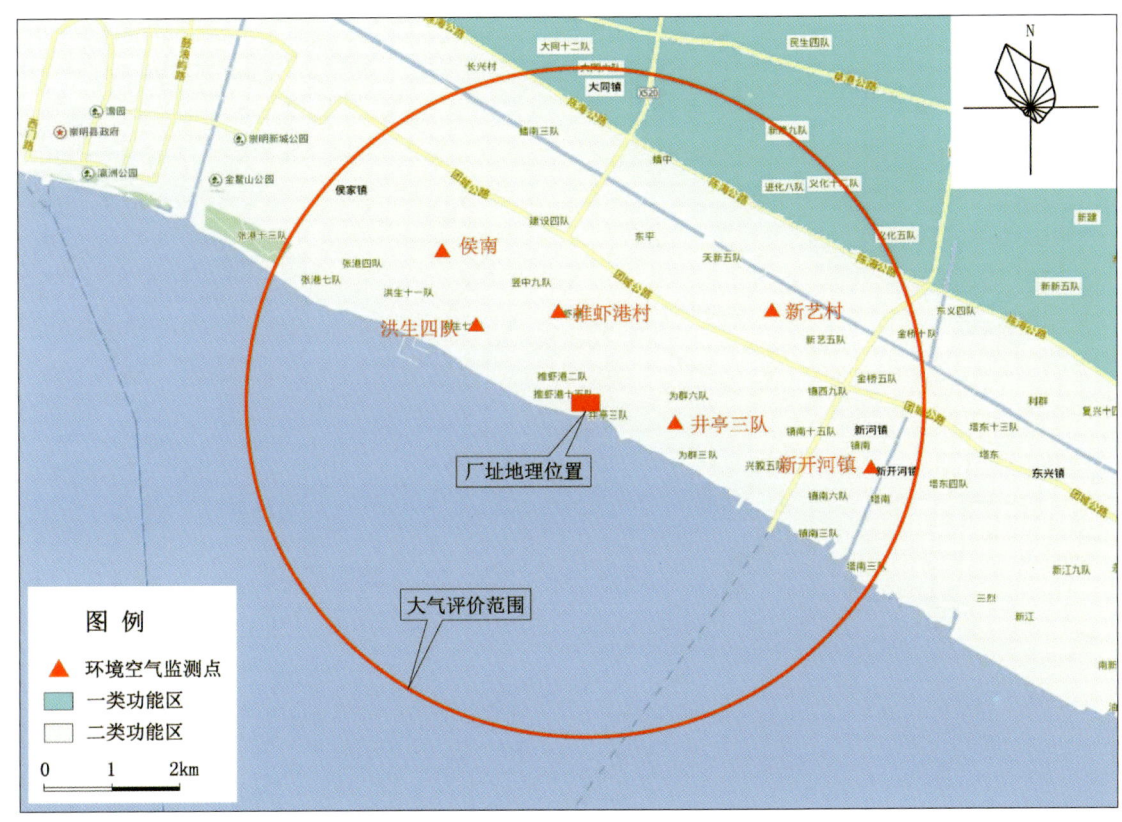

图1 环境空气状况监测点位示意图

目所在区域的环境质量状况进行了监测(见图1),同时收集崇明县历年的环境空气质量资料,对该区域的大气环境状况有了全面的掌握。在此基础上,环境影响评估单位在工程的初步可行性研究阶段、可行性研究阶段通过与设计单位和主机设备单位沟通、协调,最终确定本工程氮氧化合物浓度控制在23 ppm以下,最大限度地减少氮氧化合物对崇明生态岛环境空气质量的影响。

崇明三岛支撑电源(申能崇明燃气电厂)工程所在的长江口水域水生态环境敏感度高。根据工程区域的环境特点,评估单位在收集历史资料的基础上,对本工程所在的长江口水域的水质、沉积物、水生生态和渔业资源开展了监测和调查(见图2)。《产业结构调整指导目录》(2011年本)写明,直接向江河排放冷却水的火电机组属于限制类项目,而本工程采用直流循环冷却系统,温排水排入长江口,长江口水域扩散条件较好。针对上述特点,课题组广开思路,与设计单位有关专业沟通,在全面系统分析了电厂所在区域的水质及生态环境质量状况的基础上,通过数学模拟预测(见图3),科学合理地评估了采用直流循环供水系统对水域环境的影响。同时,环境影响评估报告书就本工程采用直流循环供水系统和二次供水系统对水域生态环境、声环境、节能、占地等方面进行了深入的研究分析,最终推荐采用直流循环供水系统。该方案也得到了环境保护部的认可。这不但降低了工程造价,也为人们在直流循环和二次循环供水系统对环境的影响上有了更深入的认识。该工程也是唯一限制类采用直流循环供水系统获得环境保护部批复的项目。另外,报告书结合预测结果,提出了切实可行的生态补偿,为全面发挥工程环境、生态效益起到了积极的作用。

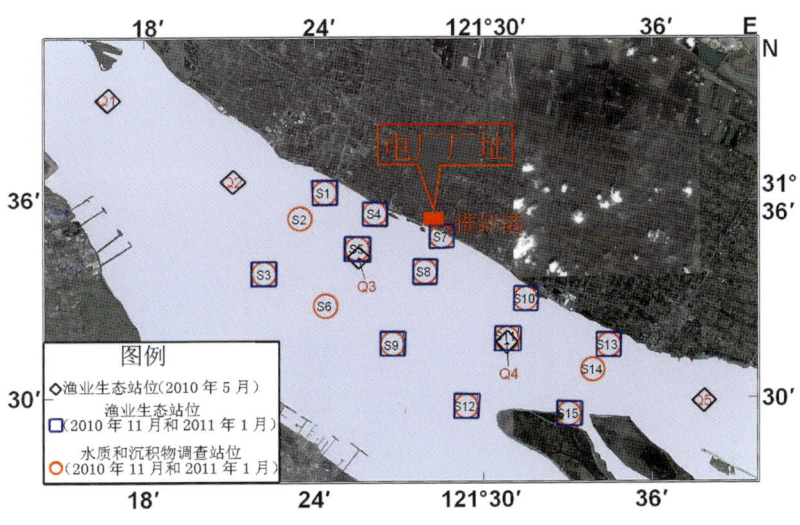

图2 水质和沉积物状况调查站点图

本工程虽然属于清洁的发电项目,大气污染物排放少,占地面积小,有利于土地资源的利用,但是燃机电厂大部分设备采用露天布置方案,其设备噪声对周围声环境影响较大,因此对于厂界噪声达标却是明显不利的,且工程位于《上海市环境噪声标准适用区划》中的1类声功能区,根据规定电厂厂界噪声和周边敏感目标声环境需执行要求较高的1类声功能区的标准。本项目调研了已投运的燃机电厂噪声污染水平及防治措施,针对本工程的特点,通过环境影响评估单位与设计单位不断沟通、协商,优化总平面布置,使主要噪声源设备尽量远离围墙;与设备厂商不断沟通、协调,首先从噪声源上进行控制,最大限度地降低主要设备的噪声;通过甄选噪声参数及多方案的噪声预测(见图4),最终确定了合理有效的噪声治理方案,提出在燃气轮机扩散段加隔声

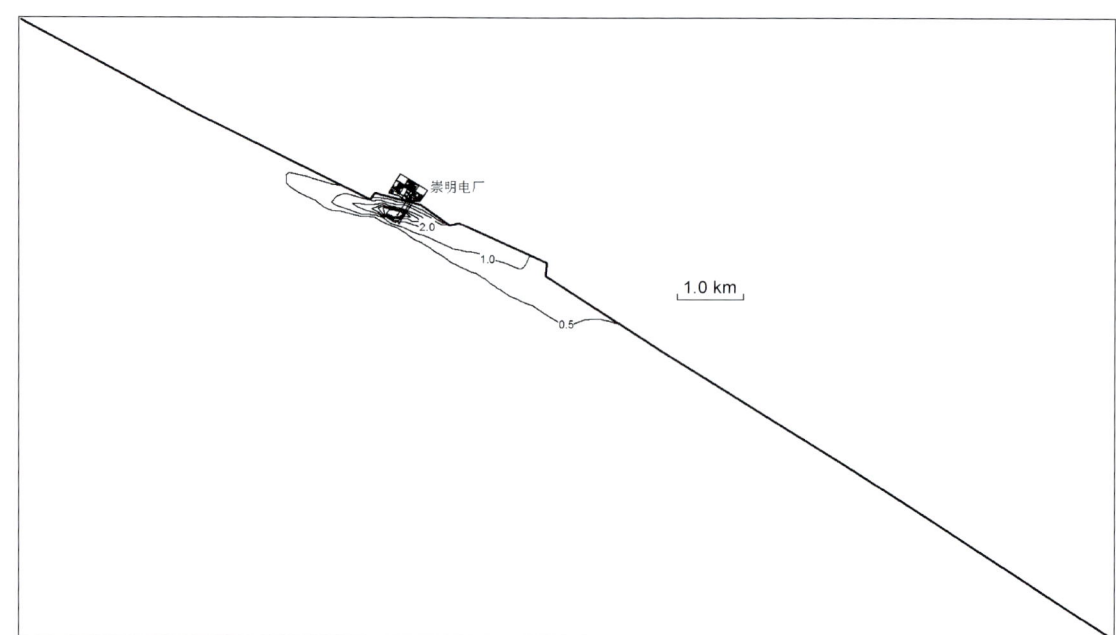

图3 数值模拟成果图

图4 本工程声贡献预测等声级曲线

屏障等措施,确保了厂界及敏感点噪声达标。

随着中国经济和社会快速发展,用电需求迅速增长,电力供应日趋紧张;而中国对环保的要求也日益提高,燃机项目以其污染物排放少、环境效益好,被当作清洁能源项目的建设也越来越多;与此同时,燃机项目在建设过程中产生的特有的环境问题也日益突出,因此本成果将对国内其他燃机电厂环境污染防治措施的设计产生很大的影响,将为全国范围内同类型新建和扩建燃机电厂的环境影响评估和工程建设提供有力的借鉴和参考。另外本报告书中对直流循环供水系统和二次供水系统在对水域生态环境、声环境、节能、占地等方面进行的深入的研究分析,也使人们对两者的环境影响有了更深入的认识。

【咨询效果】

本工程环境影响报告书在进行了环境影响预测的基础上,提出了一系列可行、经济、有效的能减少项目在建设和运行过程中产生环境污染的措施;同时也便于地方环保部门的监督和管理;在工程设计、建设和竣工验收及运行环节上均具有很强的可操作性。

"崇明三岛支撑电源(申能崇明燃气电厂)工程环境影响报告书"是唯一限制类采用直流循环供水系统获得环境保护部批复的项目。报告书中通过对直流循环供水系统和冷却塔方案在占地、节能、环境影响等方面的充分研究,为工程设计采用直流循环供水系统提供了有力的支持,使工程相比采用冷却塔方案降低了造价。

通过本次环境影响评估工作的开展,实现了工程建设环境影响的最小化,提高了工程方案的环境合理性。

本工程目前施工已基本结束,本环境影响报告书已在该项目的核准、设计、施工准备等前期工作中得到了全面的应用,为工程的顺利核准和实施创造了有利的条件,其提出的防治措施也已在工程设计中得到了较好的应用和落实。

深圳市轨道交通4号线续建工程试运营情况评估报告

The Trial Operation Evaluation Report on the Extension Project of Shenzhen Rail Transit Line 4

编写单位：上海市隧道工程轨道交通设计研究院
Shanghai Tunnel Engineering & Rail Transit Design and Research Institute
联系电话：021-54519988　　网址：www.stedi.cn
主要完成人：张伟国　单　宁　周国甫　傅　铭　付　鹏　朱利敏　马伟杰　叶玉萍　利　敏　朱蓓玲

【点评】

本评估工作参照国际上先进评估理念和方法，运用上海轨道交通网络运营管理、维护保障的经验，克服现有相关评估标准和流程缺乏的困难，研究试运营情况并建立评估体系、要素和标准，创新了深圳市轨道交通试运营情况评估的方法与工作流程，形成了较为客观、全面、科学的评估报告。

【项目背景】

2012年底，深圳市人民政府为了准备轨道交通的国家竣工验收，专门成立了深圳市轨道交通工程政府验收委员会，负责统筹协调相关工作。深圳市交通运输委员会根据深圳市轨道交通国家竣工验收工作的部署，委托上海市隧道工程轨道交通设计研究院作为独立第三方，对深圳轨道交通4号线续建工程试运营期间运营安全控制和运营管理质量进行全面评估，以判断其是否具备开展国家验收的条件。4号线续建工程是深圳市为开展轨道交通国家验收而启动的首条试运营评估线，也是国内对轨道交通试运营情况进行全面评价的第一条线，其评估工作具有较强挑战性和开创性，对未来类似工作具有较好的借鉴意义。

【项目内容】

深圳市轨道交通4号线工程，南起福田口岸（与香港东铁落马洲支线相接），北至深圳市龙华拓展区，是深圳市城市轨道交通网络中一条重要的南北干线。工程分两期建设：一期工程福田口岸站—少年宫站于2004年12月底建成投入试运营，2010年7月港铁轨道交通（深圳）有限公司接管运营。续建工程（又称"二期工程"）（少年宫站—清湖站），是国内第一条BOT建设的轨道交通项目，由港铁轨道交通（深圳）有限公司建设、运营（移交），于2011年6月16日投入试运营。续建工程与一期工程贯通运营，试运营情况

图1　深圳市4号线工程示意图

评估实际工作范围为4号线全线（见图1）。

深圳市轨道交通4号线续建工程试运营情况评估范围为：少年宫站至清湖站15.94千米线路、10座车站、龙华车辆段和综合维修基地、1座主变电站、控制中心等土建设施；车辆、供电、环控、给排水与消防（含气体灭火）、接触网、通信、信号、车站设备综合监控（含EMCS、FAS、PSCADA）、自动售检票、电动扶梯、站台屏蔽门等相关设施设备在试运营期间的运营安全、运转效率以及维护保养体系。试运营相关的组织机构、运营管理规章制度、服务质量和环境控制，以及运营、维护管理体系的落实、执行、改进等。

评估的试运营时间段为：2011年6月16日—2012年12月31日。

评估具体内容包括：运营方机构设置及其效能评价；运营从业人员配置和考核情况评价；运行服务质量评价；服务乘客质量评价；运营设备、设施运行情况评价；试运营规章制度建立和执行情况评价；安全与应急管理水平评价；行政执法情况评估；试运营基本条件评审意见整改情况的核查等。其中评估的重点为检查确认试运营验收存在问题的整改落实情况、调查评估投入试运营以来运营安全和运营服务情况等。

【工作过程】

上海市隧道工程轨道交通设计研究院作为国家发改委认定的轨道交通建设规划和工程可行性研究的评估单位，在接到深圳市交通运输委员会的委托后，立即组成评估项目组，多次赴现场与深圳市交通运输委员会、港铁轨道交通（深圳）有限公司认真讨论、反复磋商，制定了评估方案，并开展资料收集等前期工作。

2013年2月20日—24日，深圳市轨道交通4号线续建工程试运营情况评估会在深圳市召开。深圳市交通运输委员会、深圳市轨道交通建设办公室、港铁轨道交通（深圳）有限公司、上海市隧道工程轨道交通设计研究院60余人参加了会议。评估工作分综合组、安全与运营管理组、工务与土建组、供电与常规机电设备组、车辆与通号组等5个小组。各组审阅了"深圳市轨道交通4号线二期（续建）工程（少年宫站—清湖站）试运营管理工作报告"等相关评估资料；实地检查了莲花北站、上梅林站、民乐站、深圳北站、龙胜站、清湖站等6座车站以及控制中心、车辆段、主变电所；添乘了列车；夜间停运期间检查了民乐站两端地下、地面和高架的部分区间的设施、设备状况；亲历早高峰期间最拥挤的3个车站，考察了早高峰、平峰期间的运营管理和客流组织；与港铁轨道交通（深圳）有限公司高层、专业技术人员进行了多轮分组交流访谈。评估项目组从试运营期间运营安全、运转效率、服务质量和环境控制，以及运营、维护管理体系和落实、执行、改进等情况进行了全方位的评价，形成现场的评审意见。此后，在现场评审意见的基础上，形成评估报告，报送深圳市交通运输委员会。自2012年12月筹划至2013年3月提交评估报告，历时三个半月。

【咨询工作特点】

一、项目总体特点

城市轨道交通国家验收和试运营评估工作均缺少国家层面的相关法规、规范、标准指导，而且已通过国家验收的轨道交通项目很少，试运营情况评估更是基本没有可借鉴的成套经验。同时，作为深圳市政府为了完成轨道交通国家验收而开展的重要准备工作之一，4号线续建工程又是深圳市首条开展这一工作的线路，作为服务于国家验收的试运营评估必须体现其全面性、专业性、客观性、公正性和权威性。基于以上原因，评估项目组作了很多探索和尝试，经过细致安排和各方努力，最终顺利完成了评估任务，指导企业整改和提高，帮助该项目顺利通过了国家验收中的专项评估。

二、成果各大特点

1. 组建了高水平的评估团队

为了高水准地做好此次评估工作，评估单位选派了4位副总工程师、16位生产分院领导和技术骨干，会同申通地铁集团运营管理中心、维护保养中心7位运营及维护管理技术人员组成评估项目组。项目组分设综合组、安全与运营管理组、工务与土建组、供电与常规机电设备组、车辆与通号组等5个专业组。全组成员均为一线技术人员和管理人员，具有多年的轨道交通设计、建设、运营和维护经验，体现了评估项目组的全面性、先进性和专业性。

2. 确定评估的内容、要素和评价体系

本次评估任务需要对2011年6月16日—2012年12月31日之间，深圳地铁4号线的运营安全、运转效率以及运营管理、维护保养体系建立执行情况进行全面、系统的评估。目前，国家尚无轨道交通验收的管理办法，试运营情况评估方面也尚无系统性的规范，且国内尚无已完成的此类评估，基本没有可借鉴的成套经验，评估缺少标准和依据。为解决这一问题，由评估项目经理牵头成立了评估工作研究策划小组，通过对设计类、建设类、运营类等国家法规、规范、标准的研究整理，结合深圳市政府对轨道交通行业的相关要求及与运营企业签订的合同等的研究分析，开创性地提出了包括试运营基本条件评审整改落实情况评价，规章制度体系及执行评价，运营安全管理评价，运营组织与管理评价，设施、设备及维护体系评价，环境控制质量评价，突发事件处置能力评价，乘客满意度调查及改进评价等8个评价部分，共计32个检查项目、91个分项、274个检查要素的一整套评价体系，基本涵盖了城市轨道交通运营安全、运转效率以及运营管理、维护保养体系等各个方面，有力地指导了深圳4号线试运营情况评估工作。评估标准体系和评价要点在评估过程中向委托方深圳市交通运输委员会和被评估企业公开，并纳入评估报告，做到了评估标准全面、公开、透明。评价体系对今后此类工作具有较好的借鉴作用。

3. 制定了试运营评估的方法与工作流程

评估工作研究策划小组通过分析轨道交通试运营评估工作的要求和特点，对评估方法进行了认真探索和研究，对评估流程进行了细致的计划和安排，获得了委托方深圳市交通运输委员会的认可，也得到被评估运营企业的理解和配合。

评估方法总体归纳为五个结合：运营方自查与第三方评估相结合、专家评估与乘客满意度调查相结合、资料查阅与现场检查访谈相结合、定性分析与定量评价相结合、分项评估与综合评价相结合等。

根据评估方法和制定的计划，该项评估先后完成了以下工作：运营企业根据审查要求和要点通过自查评估形成"试运营管理工作报告"，委托第三方完成"顾客满意度调查报告"等文件交评估项目组审阅；评估项目组现场审阅规章制度管理体系和记录文件以及运营、维护台账等相关资料；评估项目组现场检查和抽查行车指挥、运营组织、客运服务、设备设施运行维护、运营环境等情况；评估项目组与运营企业相关负责人分组进行交流、访谈；评估项目组讨论、汇总和整理形成评估意见和评估报告等。

实践证明，以上方法和流程有利于在较短时间内全面、深入地掌握项目运营状况，发现存在的问题和薄弱环节，提高评估的全面性和深入性。

4. 成果涵盖现状、不足及解决建议

评估项目组根据审阅资料、现场检查、访谈等情况，经过讨论、汇总和整理形成了11.1万字的评估报告，全面客观地反映了深圳市轨道交通4号线运营管理状况，检查确认试运营验收中所存在问题的整改落实情况，调查评估投入试运营以来运营安全和运营服务情况，深入分析了存在的不足、问题，并提出了具体可操作的整改措施。

【评估效果】

1. 帮助运营企业提高了管理水平

报告评估结论部分主要包括15个方面的评价结论，认为4号线续建工程具备了进入正式运营阶段的基本条件，可报国家竣工验收。报告提出了10个方面存在的主要问题与整改建议，帮助企业发现自身不足，采取措施提高运营管理水平。

2. 评估成果获得多方认可

被评估单位港铁轨道交通（深圳）有限公司认为：本评估项目吸取了国际上先进的评估理念和方法，评估工作科学严谨、实事求是、客观公正，为国家竣工验收创造了条件，为确保深圳市轨道交通4号线续建工程试运营的安全和服务水平发挥了积极的作用。试运营情况评估于2013年9月通过了由深圳市发展改革委组织的国家验收专项评审。

四、工程项目管理篇

上海市第六人民医院门诊医技综合楼项目管理报告

The Project Management Report on the Outpatient & Medical Technology Building Project of Shanghai Sixth People's Hospital

编写单位：上海申康卫生基建管理有限公司
Shanghai Shenkang Health Capital Construction Administration Co., Ltd.
联系电话：021-63279000　　网址：www.shccac.com
主要完成人：张建忠　姚蓁　李俊　王慧　陈音　张优优　周国伟　陈梅　季志成　杨轶斌

【点评】

本项目是"十一五"期间上海市首个采用合作代建制模式的医院项目。在咨询服务过程中，医院方和专业的项目管理方优势互补，发挥综合协调优势，在项目建设各阶段取得了良好的效果，既实现了功能需求，又控制了项目规模和投资。该模式可以为其他代建项目提供借鉴。

【项目背景】

上海市第六人民医院（以下简称"六院"）门诊医技综合楼项目（原名"门诊医技干保综合楼、地下停车库工程"）于2007年3月取得上海市发改委立项批复，是上海申康医院发展中心卫生系统"十一五"规划第一个立项项目。作为"十一五"项目"样板"工程，根据申康医院发展中心要求，项目实施代建制，并对项目提出了控制投资、控制规模的要求。我公司受医院委托，承担该项目代建工作，并全过程参与项目的前期咨询、招标代理、专业分包采购代理、项目管理、竣工验收等工作。本工程于2010年12月6日正式投入使用，并于2013年5月完成固定资产移交。2014年1月项目进行了绩效后评价工作。相关报告显示，无论从实施内容、功能、财务管理、经济效益，还是社会效益，该项目都达到了建设初期的绩效目标，并赢得了各方较高的评价。

我公司通过编制"六院门诊医技综合楼项目管理报告"，对前期阶段、准备阶段、实施阶段、竣工验收阶段的各项工作进行回顾，总结代建过程中的经验和不足，为今后的类似项目提供宝贵的借鉴。本项目效果图及外立面图见图1、图2、图3。

图1　六院门诊医技综合楼方案效果图

图2　建成后六院门诊医技综合楼外立面

图3　门诊医技综合楼建成后的六院概貌

【项目内容】

一、工程概况

1. 工程项目名称：上海市第六人民医院门诊医技综合楼工程。

2. 工程项目建设地点：宜山路600号。

3. 医院基地总面积：85 780平方米。

4. 新建门诊医技综合楼用地面地：7 217平方米。

5. 新建门诊医技综合楼总建筑面积：83 025平方米。其中地上部分建筑面积69 993平方米；地下部分建筑面积13 032平方米。

6. 建设完成后医院地上部分总建筑面积：171 553平方米。

7. 容积率：2.0。

8. 绿化率：35%。

9. 建筑层数：地下2层，地上裙房5层，主楼20层。

10. 建筑高度：89.9米。

11. 新建病床数：300床。

12. 新增停车：90辆左右。

13. 建设工期：2007年12月—2010年10月。

14. 建设投资情况：项目调整概算为51 565.62万元，经审计后的决算金额为51 319.68万元，节约投资245.94万元，节约比率为0.48%，投资控制良好。

二、建设主要内容

1. 门诊部分：位于新建项目南侧的原4层门急诊大楼将改造成为急诊大楼，门诊部分搬至新楼。

2. 病房部分：将新增共有300张床位的病房。

3. 医技部分：本项目西侧的医技大楼的功能将局部搬至新楼，大幢大楼通过位于4层的空中连廊联系。

三、工程项目类型及规模

1. 结构及基础

本工程结构设计为现浇钢筋混凝土框架-剪力墙结构，地基基础采用钻孔灌注筏板基础，地下室设施工后浇带。主楼桩基选用Φ800钻孔灌注桩，桩长约为50米，试桩为56.9米。由于裙楼部分靠近地铁9号线，为减少新建建筑物沉降对其的影响，亦采用相同的桩基形式，并在部分位置布置有Φ600钻孔灌注桩抗拔桩，将建筑物沉降对其的影响减至最低。

2. 电气系统

由市供电系统提供两路独立的35 kV的电源直接供新增的35 kV/10 kV总降压站1座，内设置35 kV/10 kV、12.5 MVA变压器2台，10 kV/0.4 kV/0.3 kV分变电所1座，设置10 kV/0.4 kV变压器6台。电气系统设置电能管理监控系统和备用柴油发电机组。

3. 弱电系统

共设计有通信系统、电缆电视系统、公共广播系统、火灾自动报警及联动系统、安全防范系统、设备监控系统、专用医用对讲系统、电子叫号系统,以及远程医疗系统、视频视教系统及电子会务系统、触摸屏信息查询系统等。

4. 通风空调系统

一般功能用房均设置舒适性空调;对手术室、输液配置中心、重症监护中心、洁净手术部及中心供应洁净区设置不同等级的净化空调;净化手术室设恒温恒湿空调;磁共振设备机房,设分体式恒温恒湿空调机组;消防控制中心、三层PACS机房、六层信息中心均另设分体空调器。

空调热源来自燃气锅炉房,共设置2台热水锅炉;冷源采用电制冷冷水机组,设置4台冷水机组;对洁净手术部,设置小型热回收型气源热泵机组,作为独立的辅助冷源和再加热热源。

各空调场所和净化空调场所,设置排风系统,以控制正负压、实现空气量的平衡,加强通风换气;部分非空调场所及地下室设备用房,按需要设置通风系统;个别设备用房如锅炉房设置事故通风系统。所有通风空调系统均设置自动控制,由弱电系统的BAS系统进行运行管理。

5. 管道系统

共含有室内给水系统,热水系统,消防水系统,污、废水系统,雨水系统,以及燃气系统、医用气体系统。主要设备有水泵、水箱、热交换器、稳压罐等。管材主要有球墨铸铁给水管、室内冷热水紫铜管、消防喷林管。燃气管则根据管径不同分别采用内外镀锌无缝钢管和热镀锌钢管;医用气体管道氧气采用脱酸铜管,吸引管与压缩空气管采用铜管;排水管室外埋地管采用加筋排水管、室内采用塑料静音排水管。

6. 电扶梯设备

共设计有19台垂直电梯作为医用垂直交通工具使用。在建筑物公共空间的中心位置,设置了从B1层至10层剪力交叉的自动扶梯,共计有20部电扶梯。

7. 建筑节能

整体设计从结构施工及装饰的外墙、屋面、地面、地下室外墙、楼板、天窗等采用不同类型的节能材料,以提高热阻,降低传热系数,达到节能目的;从设备选型及系统设计上,充分选用能耗低、能源可再生循环使用类型及补偿技术等措施,降低电、水等的消耗,达到节能目的。

【工作过程】

一、咨询工作量大、历时长

咨询服务内容包括立项、可行性研究、招投标代理、初步设计和施工图设计阶段的造价咨询以及项目实施阶段的项目管理咨询。从2007年完成立项至2012年历时5年多的时间。目前项目处于审计阶段,我们的代建制咨询服务人员仍然在积极配合相关工作。

二、合作代建目标明确、合作双方均发挥了专业优势

1. 成立联合筹建办,优势互补

立项后,由建设单位和咨询单位成立联合筹建办,两家单位项目负责人同为筹建办主任。该项目管理组织架构见图4。

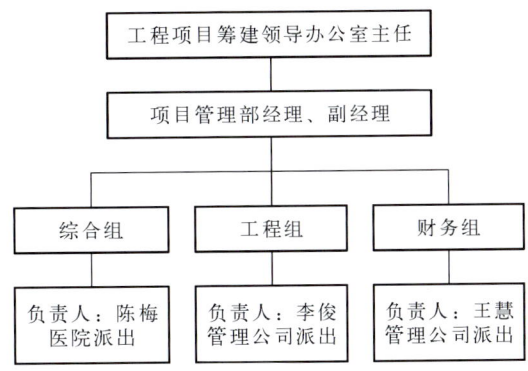

图4 合作代建制管理模式组织机构示意

筹建办作为一个整体目标明确。医院的优势在于医疗流程、功能选配方面,这使方案的功能性得到了保证;而管理公司的优势在于丰富的经验、规范的管理。双方共同挖掘丰富的公共关系和人脉资源,二者优势互补,形成合力,使项目得以顺利开展。

2. 强化管理、完善制度

遵守法律法规、规范操作程序是项目专业化管理的立足之本。在项目管理初期,筹建办针对项目特点编制了项目管理操作手册,明确了委托方、代建方各自的工作范围和职责,有效地减少了管理上的真空和矛盾。同时在操作过程中不断完善相关管理制度,具体指导项目管理工作,使各个层次、各个环节的工作都有法可依、有章可循。

3. 规范操作、事先介入

项目管理专业化,最基本的是管理人员的专

业化，人员素质的高低直接影响到管理的成效。在做好程序控制的同时，对一些可能影响功能定位以及施工图设计的问题尽可能提前消化掉，尽可能避免总包招标时的模糊，以及今后投资控制的不确定性。

4. 对投资分项细化、分别控制

最有效的投资控制方法是事前控制，将可能发生的事项均罗列出来，避免遗漏。在项目可行性研究阶段，做大量细化工作。在编制投资估算时，对今后可能发生配套费用的项目尽可能罗列详细；向有关政府配套部门进行征询，列出该相关项目预期配套费用，以避免因漏项导致投资失控，掌握控制投资的主动权。

三、项目管理面临的困难较多

1. 前期工作时间有限，工作量大

按常规速度，前期工作时间为15个月左右，但筹建办积极争取，充分发挥主观能动性，克服了时间紧，建设难度大等困难，发挥了团结协作、吃苦耐劳的精神，使项目扎实推进，仅用了9个月的时间，就完成了所有申办手续，如期顺利开工。

该项目在前期申办过程中就先后向19个部门请示汇报、联系协调、申请批复等共计320余次。

2. 施工条件复杂恶劣

本项目克服上有高压线、下有地铁线、施工场地狭小、工作任务紧等困难，制定有效的施工流程图，对场地进行合理安排，解决各方面矛盾冲突，顺利推进施工进度。

3. 桩基工程较深较大

本工程采用钻孔灌注筏板基础，主楼部分桩基选用Φ800钻孔灌注桩，桩尖持力层为基岩层，桩长约为50米。深度及孔径均较深、较大，施工难度较高。管理中重点加强了对施工方案的审核，特别是成桩的工艺过程控制。

4. 基坑施工难度极大

基坑开挖及围护结构施工和监测也是本工程的重点和难点。本工程地下二层，有地下停车库等设施，基坑面积约6700平方米，开挖深度中间大部分区域为12.6米，周边挖深13.05米到14.75米不等。场地浅层地质条件复杂，有杂填土、暗浜和地下障碍物。尤其是暗浜，最深处达6.5米。大型地下室深基坑施工，是本工程又一关键。本工程在管理中严格控制开挖段，确保土体稳定；严格监控基坑变形数据，确保基坑安全。

5. 防护屏蔽材料新颖

虽然筹建办一再建议将直线加速器放在地下二层，但医院使用部门从就医环境角度出发，仍坚持放在地下一层，因此防护屏蔽的难度极大，需要进行五面防护。筹建办组织设计院、总包单位、混凝土供应单位、监理单位多次讨论，反复论证，最后决定使用重晶石混凝土。

6. 安装设备量大面广

本项目涉及专业多、范围广、设备单体数量多、系统构成复杂、自动化程度高、接口复杂。因此设备的运行状态须采用现代化的控制系统进行监视和控制，并根据实际状况及节能要求调整运行情况，以满足各种环境状况下的技术要求。

7. 交叉作业、混同作战

本项目工作面有交叉施工作业，施工协调工作量大。在土建结构施工结束后，安装与土建装饰混同作战，交叉施工，给施工管理带来了客观上的不利，所以不仅要管理好总承包施工单位，还要协调好专业分包单位之间的关系，同时要建立成品保护意识，尊重彼此的劳动成果。

【咨询工作特点】

一、全过程参与，全方位咨询

本项目以制度建设为抓手，提供了从规划咨询、项目建议、可行性研究、方案设计到施工管理、竣工验收、工程财务监管审计、项目建成交付使用等环节的"一条龙"全过程项目管理服务，并建立了一整套规范化、专业化的管理模式。专业技术人员配备齐全，在各阶段发挥了专业技术优势，为项目的推进、方案优化、投资控制等提供了全方位、高水平的咨询服务，并取得了良好效果。

二、突出的咨询理论前瞻性和方法创新体系

传统意义上的政府项目代建制并不能完全满足医院建设项目，因为懂得工程技术的专业人员不一定懂得医院工作流程和使用需求，使代建出来的项目不符合医院运转需要；而医院医疗医护人员往往不清楚项目建设流程和工程技术，这就使医院自己搞的项目往往程序不合法，工程质量差。

六院门诊医技楼改扩建工程是上海市级医院项目合作代建制概念的先例和典范。实践证明，合作代建制是符合医疗卫生行业项目特点

的,它使代建单位与使用单位能优势互补、彼此配合,真正做到合作双赢。除了医疗卫生项目的共同特点外,各家医院因学科或特色相异,各建设项目也有着不同的特殊需求,合作代建制管理模式充分发挥项目管理人员和医院管理人员的专业特长,既有分工又有合作,大大提高了工作的效率。它是传统代建模式的创新,作为一种咨询理论和实践,其更符合医院项目的实际需求,具有一定的可操作性。

三、方案优化和投资控制相结合

由于项目基地情况较为复杂,涉及各种功能用房,为项目投资控制带来了很大难度。在项目前期准备和实施阶段,公司发挥专业技术优势,通过与相关部门积极沟通、优化方案,采取多种措施为项目节约资金千万余元。主要有以下几方面:

（1）与地铁部门沟通桩基方案,缩短改细的工程桩,节省投资约700万元。

（2）多次组织论证,确定经济科学的基坑围护方案,节省投资约600万元。

（3）优化支撑体系,减少栈桥平台面积600平方米,采用局部斜撑方式,既缩短工期,又节省费用60万元左右。

（4）低成本合理化的清障方案,使投资节约250万元左右。

（5）发挥专业优势,提出合理的施工技术方案,节约资金约70万元。

（6）争取最近端供电,节约电缆外线费用约2 450万元。

（7）通过政府采购,节约投资约1 242.55万元。

（8）通过招投标、积极比选,节约投资约379万元。

审计结果显示,经审计后的决算较项目调整概算金额节约投资245.94万元,节约比率为0.48%,投资控制良好。

新门诊医技楼建成后,医院就医环境得到明显改善,医技楼挂号处更为宽敞整洁(见图5)。六院优势学科内分泌代谢科是上海市重点学科,新建的内分泌代谢科候诊空间使原候诊条件大为改善(见图6)。

【咨询效果】

通过全过程代建管理,本工程在实施项目建设过程中,很好地执行了"可行性研究报告"、"项目扩初设计"等文件对项目建设各方面指标的规定,总体上满足建设大型三级甲等医院应达到的各方面要求,实现了建设初期设定的绩效目标。

图5　门诊医技综合楼挂号区域

图6 门诊候诊室

一、项目建设的实施情况良好

该项目实际总投资经批复同意调整,建设周期短于计划建设周期,设备安装到位完好,获市"优质工程白玉兰奖"。

二、项目在功能绩效方面的实施情况良好

项目的布局较为合理,使医疗服务流程更加便捷。人性化设施、无障碍设施和智能化等方面做得较好,各功能区域的实际功能与图纸基本符合,床均建筑面积符合建筑标准。

三、项目财务投资管理方面的实施情况良好

管理费用开支合理,财务决算报表的编制符合准确性、合规性、真实性的要求,日常财务管理规范。

四、项目的经济效益良好

虽然本项目年投资净回收比仍为负值,但业务收入较建设前逐年增长,营运费用较建设前呈下降趋势,门急诊均次费用和出院均次费用都有小幅增长。

五、项目的公共效益良好

项目投入使用后,门急诊就医人数有明显增长,病床使用率有大幅增加,通过问卷调查病人满意度达100%,职工满意度达100%,净化手术日均手术台次上升。同时各类排放标准均合格,使改建后的六院在国际国内医疗界的整体形象和地位得到进一步提高和巩固。

参与编写单位:上海市第六人民医院

深圳地铁3号线工程建设项目管理咨询及设计监理报告

The Supervision Report for the Management Consulting and Design Supervision to the Engineering Construction Project of Shenzhen Metro Line 3

编写单位：上海市隧道工程轨道交通设计研究院
Shanghai Tunnel Engineering & Rail Transit Design and Research Institute
联系电话：021-54519988　网址：www.stedi.cn
主要完成人：章建庆　黎锦雄　向恒飞　张伟　叶玉萍　刁伟轶　忻剑鸣　沈哲强　王旭东　彭北华

【点评】

本项目创新地采用了"项目管理咨询+设计监理"的顾问公司服务模式。项目设计监理服务过程中，共审查各类设计与设计管理文件4 197册，提出审查意见共计2.5万余条，完成各阶段审查报告数十本。90%以上的审查意见和建议为设计单位和业主所采纳。

【项目背景】

随着城市建设的不断发展，中国大陆已经形成了"京津冀"、"长三角"、"珠三角"三大城市发展群，城市中的人口越来越多，传统的公共交通服务已不能满足人们的出行需求。以深圳为例，深圳市早已进入汽车高速增长时期，交通形势十分严峻，必须协调土地利用与交通发展，建立起以轨道交通为主体、常规公共交通为网络的一体化的客运交通体系（见图1），促进城市的可持续发展。

深圳地铁3号线是为2011年第26界世界大学生运动会服务的"专线"工程，是连接香港特区与龙岗中心城沿东部发展轴布设的客运干线，工程跨越深圳市罗湖、布吉、横岗、龙岗四个片

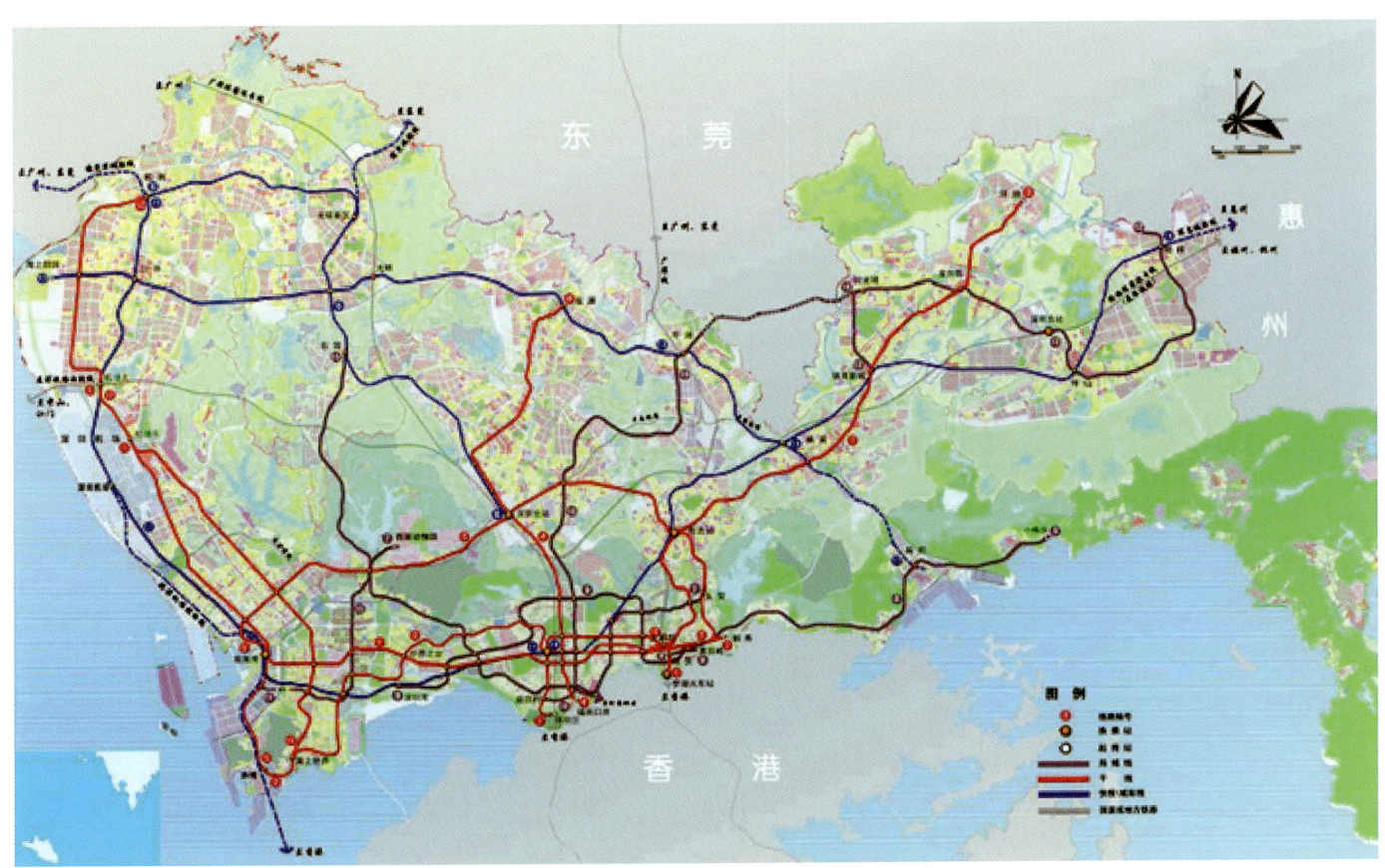

图1　深圳市轨道交通线网规划

区,与城市东部发展轴相吻合。为了保证"大运专线"工程的顺利实施,深圳市政府特别成立了深圳市地铁三号线投资有限公司,由深圳地铁集团抽调部分人员进入三号线投资有限公司,但因地铁建设周期长,业主各种资源缺乏,管理力量、建设力量薄弱,因此,"顾问公司"的想法孕育而生。引入"顾问公司"的国内、国外先进理念和经验来协助业主代行项目策划、设计监理及部分设计管理工作,由各种专业"智囊"团队参与"小业主"的管理,形成"大社会",以更好地实现"确保安全质量,推进计划进度,控制投资规模,履行合同职责,满足动态设计,积极协调落实,建成现代城市轨道交通"的项目建设目标。

【项目内容】

3号线工程起点为益田站,终点为双龙路站。线路长约41.594 km,由地下、地面及高架线组成;沿线设地下站14座,半地下站1座,高架站15座,设主变电站2座;设横岗车辆段与中心公园停车场各1座;控制中心设在横岗车辆段中。车辆采用B型车,6节编组,1 500 V三轨授电,设计最高时速100 km/h。本项目自2004年以来,历经7年的前期研究及建设工作,于2011年6月正式开通试运营。

2004年9月,通过激烈的招投标角逐,"柏诚(亚洲)+上海隧道院"联合体(顾问公司)得以承担项目管理咨询与设计监理工作;并在同年11月,深圳市地铁三号线投资有限公司(以下简称"业主")与上海市隧道工程轨道交通设计研究院等单位组成的联合体签订了"深圳市地铁3号线工程建设项目管理监理及设计监理服务合同协议书"。

设计监理工作主要包括设计咨询和配合施工图强审工作、各设计阶段的审查报告编制、各种方案的审查、各设计阶段的评估报告编制、项目完成时的设计监理总结编制,以及参加各种方案讨论会等。服务过程中,项目组本着对国家负责和业主负责的态度,坚持原则、实事求是,科学客观、严格把关,共审查各类设计与设计管理文件4 197册,提出审查意见共计2.5万余条,完成各阶段审查报告数十本,90%以上的审查意见和建议为设计单位和业主采纳。

项目管理咨询的工作内容主要包括编写项目策划、项目管理程序与制度,参与部分设计管理、合同管理工作等。

【工作过程】

深圳市地铁3号线工程开展伊始,业主的建设管理及技术力量相对薄弱,经过慎重考虑,业主决定采用"小业主、大社会"的项目管理模式,以更好地实现项目建设目标。

柏诚(亚洲)与上海隧道院承担本项目后,立即成立了包括总体、线路、运营、建筑、结构、供电、通信、信号、通风、给排水及消防、综合监控、技术经济和项目管理等项目组,立即开展了项目管理和设计监理工作。在本项目实施过程中,顾问公司与设计单位紧密配合,开展了大量调研与项目的策划工作,组织设计单位开展了各方面、多层次的工程方案讨论工作,配合业主充分征求了政府各相关部门的意见,深入扎实地开展设计咨询及配合施工图强审工作。其间,完成了多项项目策划、管理文件的编制,完成了各阶段设计文件的设计监理报告编写工作。配合业主顺利取得了国家发展改革委对该项目的批复。

原合同中约定的服务范围包括:工程可行性研究报告、总体设计文件、初步设计文件、技术管理文件、土建工程招标文件、设备招标"用户需求书"及系统施工图的设计监理。

2006年9月,业主对服务范围增加如下内容:施工图的通用图的设计监理、双层车辆段的设计监理与政府施工图审查、新增奥体新城站(大运站)方案设计至初步设计的设计监理、老街站1号线东段站台改扩建施工图设计、3号线工程地质详勘外业监理及方案变更引起的新增勘察监理工作。

【咨询工作特点】

一、严格遵守原则

1. 独立公正、实事求是

顾问公司根据合同的授权,坚持独立地行使职权,在工作中尊重科学、尊重事实,向业主提供科学、公正的意见和建议。自觉维护全局和工程整体利益,在调查研究、分析问题、作出判断和提出建议时客观、公平和公正。

2. 严格把关、热情服务

顾问公司依据国家政策、法规、规范、合同和批准的勘察、设计文件,严格把关,按规定的程序和制度,认真履行职责,建立良好的工作作风。同时,在工作中最大限度地维护业主权益,降低业主风险,重大问题及时向业主汇报。在工作过程中,不仅提出问题,严格按章办事,更提出解决问题的建议,与相关单位友好协商、密切协作。

3. 预防为主、注重实效

工作具有前瞻性,重点放在预防控制上,充分发挥顾问公司的经验和技术优势,做到以预防为主,避免因勘察、设计的重大返工而影响工程进度和工程质量。通过事先策划,提出各阶段勘察、设计监理工作要点,强化各阶段的过程监督,以达到事半功倍的效果。

工作过程中,发现问题及时与业主、总体单位沟通,力求使其对顾问公司的意见理解、接受,并就改进措施达成共识。

4. 保证质量、安全至上

质量和安全是工程建设项目的生命,在工作中我们以保证质量、安全至上为目标,发挥了顾问公司在轨道交通领域内的丰富经验,贯彻、落实了项目质量保证体系,协助业主完成一项安全、优质的轨道交通工程。

二、创新服务模式,拓展服务内容

传统意义上的顾问公司是以设计咨询与配合施工图审查工作为主,依托设计单位特定的专业技术优势和专业人才优势,提供专业化智力服务;并通过召开专家评审会、重大方案讨论会及建设各阶段的咨询会,以及各种阶段性的技术方案讨论,为业主的进一步决策提供技术支持。

1. 创新服务模式

随着中国市场经济制度的逐步完善,传统的项目管理模式也需要在新的发展模式下逐步完善和提高。规划设计是龙头,管理实施是关键。技术能否顺利应用到工程实践中,需要有良好的项目管理制度作保障。在深圳地铁3号线的实施过程中,"项目管理+设计监理"是一种创新了的顾问公司服务模式(见图2)。顾问公司运用自身长期积累下来的丰富技术经验,以及先进的方法和技能,全力协助业主对项目进行管理。工作内容不再仅包含设计监理的工作,而是将业主的部分项目管理工作也纳入到顾问公司的服务内容中,比如:定期召开设计例会,追踪设计计划完成情况,讨论解决重大设计方案实施过程中的问题,协助业主审查设计单位的设计费请款,解决管理中各环节的难点,提高项目管理的水平和效率。顾问公司以技术咨询与项目管理两者并重,不仅涵盖各阶段的设计咨询工作,新增加了编写工程的项目策划,制订业主的合同管理、信息管

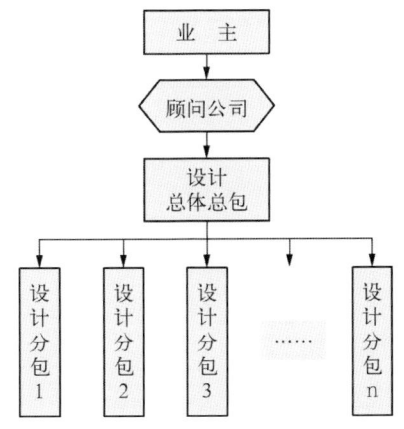

图2 项目管理与设计监理服务模式

理、计划管理及里程碑控制、质量安全管理、系统设备及接口管理制度,并协助业主完成编写招标文件及设计评估投融资方案等很多项目管理的工作。

顾问公司全过程参与设计监理工作,坚持原则、实事求是,提升了项目的整体设计质量。

本着对国家和业主负责的态度,顾问公司在设计咨询过程中坚持原则、实事求是。发扬顾问公司的专业技术优势,对项目重大工程建设方案提出深入、全面的评估意见,以指导后续工程的设计和建设,获得深圳市政府和业主的充分肯定。

2. 拓展服务内容

在项目实施过程中,顾问公司充分结合地铁3号线的现场实际情况,掌握详细的基础资料,发挥设计监理的专业技术综合优势,实事求是地提出审查意见并兼顾意见的可实施性以及可能取得的社会或经济效益,保证意见的落实。

顾问公司在各个阶段的审查内容包括:

可行性研究咨询:对工程可行性研究报告及各项专题提供咨询服务并进行评估;在此基础上提出总体设计的工作和技术建议。

总体设计审查:检查对工程可行性研究报告审查意见的落实情况,对设计原则、技术标准与项目总体方案进行审查;重点针对工程的技术难点和关键制约因素开展工作;对重大技术问题提供咨询服务;并对总体设计文件进行系统审查,为初步设计打下坚实基础。

初步设计审查:检查总体设计审查意见的落实情况,围绕方案比选和内外接口平衡等设计重点进行;审查初步设计技术要求、文件组成、文件编制规定等设计指导性文件;审查设计方案的安全性、适用性与经济性;确保初步设计文件及概

算的完整性与统一性。

招标设计审查：主要审查设计编制的招标技术文件、用户设备需求书、技术规格书等；检查与初步设计文件的一致性；招标设计文件是否达到要求的深度，工程量及设备清单是否完整，专业之间的接口是否清晰以及是否能够得到落实。

施工图设计审查：检查初步设计审查意见的落实情况；审查设计单位提交的所有施工图设计文件及变更设计文件是否依据相关法律、法规及政府有关批文进行；审查各类通用图、标准图；审查文件会审、会签，确保施工图符合国家规定并满足政府主管部门审批的要求等。

3. 科学编写项目策划，有序组织、充分沟通，指导项目实施

项目策划是项目实施的纲领性文件，项目最初的决策对项目的全面成功是有决定性的。顾问公司为地铁3号线工程的决策谋划提出方案，运用科学的策划运作程序对计划进行构思和设计，使计划切实可行，并针对项目实施环境的变化发展趋势，进行超前研究，预测可能出现的问题，提高了业主在项目实施中的主动性。根据项目建设的条件及背景，梳理了地铁3号线的重大技术方案与外部控制因素；对工程的建设管理模式与组织架构提出了建议；明确了工程建设各阶段的建设主要任务等。

4. 编制各项项目管理文件，协助业主进行设计管理，整体提升项目管理水平

项目管理文件分为三部分内容：第一部分关于项目管理模式。主要讲述工程项目管理的整体理念和框架，包括项目建设目标、组织架构及业主组成部门的职责和职能。第二部分关于项目控制程序。主要是供业主及各主要工程参与单位用于管理及控制工程项目进行的文件，从九个方面对整个工程项目有效地进行管理及监控，包括投资总控、进度总控、质量总控、安全总控、招标采购、沟通及文档信息总控、系统保证总控、风险管理总控、项目接口管理总控。第三部分关于项目管理程序。主要包括工程建造总监管理程序的编制要求、勘察设计总承包管理程序的编制要求、土建及施工图（含常规设备）设计监理管理程序的编制要求、运营管理程序的编制要求、物业开发管理程序的编制要求、设计监理管理程序、合同支付管理程序、工程变更管理程序、工程预（结）算管理程序。上述项目管理文件的制订与实施使本工程的建设有章可循，对参建各方具有指导性的作用。

图3　深圳3号线高架段开通运营

图4　深圳3号线地下线开通运营

【咨询效果】

实践证明顾问公司模式是符合深圳地铁3号线工程实际需求的，是地铁建设模式的开拓与创新。

设计监理工作对提高设计质量、协调设计接口、减少差错碰漏、控制工程投资发挥了重要作用（见图3、图4）。各专业的审查意见及审查报告内容全面，重点突出，从项目建设必要性等多个方面提出了全面意见。项目管理咨询工作针对业主和本项目的实际情况，简化流程、提高效率，全面的指导了工程的决策。

顾问公司紧密结合工程实际，全面提升了项目的设计质量与管理水平，较好地协助业主实现了本工程建设的各项目标。该模式也被证明在城市轨道交通建设管理模式改革方面具有较好的适应性。

参与编写单位：柏诚（亚洲）有限公司

五、项目后评价篇

大型国有企业战略执行与重大投资后评价研究

The Study on the Post Evaluation for the Strategic Implementation and Major Investment in Large State-owned Enterprise

编写单位：上海投资咨询公司
Shanghai Investment Consulting Corporation
联系电话：021-63903366　　网址：www.sicc.sh.cn
主要完成人：祝兆松　蔡旭初　朱明林　周鹤群　孙蔚　姚捷　郑追　田苗　彭元

【点评】

本研究依托广泛调研，对资料数据进行了详细的搜集整理工作，并走访了上海市发改委、市国资委等政府管理部门，听取了来自上海市政府研究中心、社会科学院、高校研究机构等方面专家的意见；并将这些定性的研究成果，定量地反映到后评价模型中。定性与定量相结合更加准确地界定了后评价工作的边界和内容，对促进大型国有企业战略管理与重大投资后评价具有较好的参考价值。

【项目背景】

随着社会经济的发展，中国的国有企业尤其是大型国有企业在当今中国经济体系中占有极其重要的位置，但目前大部分国有企业在管理方面与国际先进企业还存在一定差距。如：企业战略管理体系尚不完善，战略执行和投资决策科学性难以考核等。随着经济的日益全球化，市场开放程度的加强，国有企业面临的国际竞争态势也更加严峻，要求国有企业在管理方面更加科学化体系化。在国有企业管理体系中引入后评价工作将有助于提升国有企业管理水平。从相关工作试点来看，大型国有企业后评价工作重点应聚焦在企业战略执行和重大投资项目这两方面。

【项目内容】

后评价是指在战略、工程或项目完成后，对其目的、执行过程、效益、作用和影响所进行的全面、系统、客观的分析评价。后评价工作主要包括两个方面：一是对评价时点之前已完成的部分进行总结；二是对评价时点之后的工作进行预测。根据后评价工作重点不同，后评价内容可分为目标评价、实施过程评价、技术经济评价和可持续性评价等几部分。

项目后评价是一项综合性很高的工作，需要多种学科理论和丰富实践经验的支撑。系统论、反馈控制理论、可持续发展理论是项目后评价最重要的理论基础。后评价的主要方法包括逻辑框架法、比较评价法、层次分析法、网络分析法、因果分析法、成功度评价法、社会评价的调查方法等。

大型国有企业的后评价工作的重点应聚焦在企业战略执行和重大投资项目这两方面。企业发展战略是企业的核心，而重大投资是企业战略实现的主要手段，也是企业未来效益的源泉。做好这两项工作的后评价，将有利于把控企业发展方向，提升企业管控水平。

战略执行情况评价应根据不同企业集团一定时期的发展战略和企业集团特点来确定核心评价要素。从中国大型国有企业近阶段发展情况看，一般情况下企业总体战略目标推进、财务绩效、技术研发、年度措施与任务是较为关键的要素（见图1）。

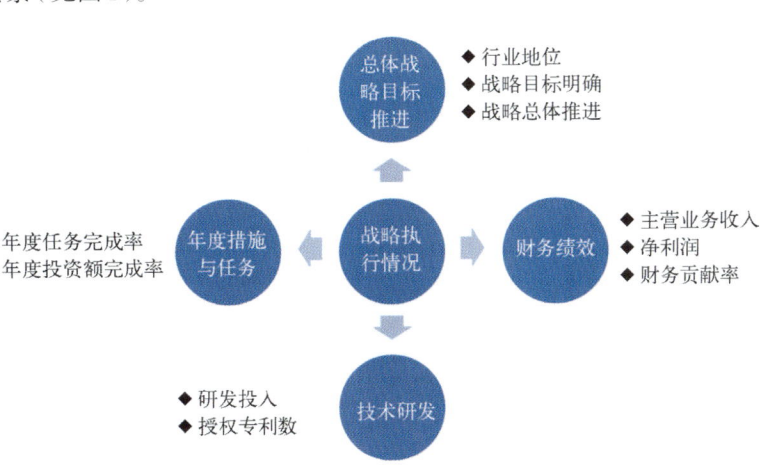

图1　战略执行情况评价要素及关键指标

战略执行情况评价模型可参照图2方式进行流程设计。

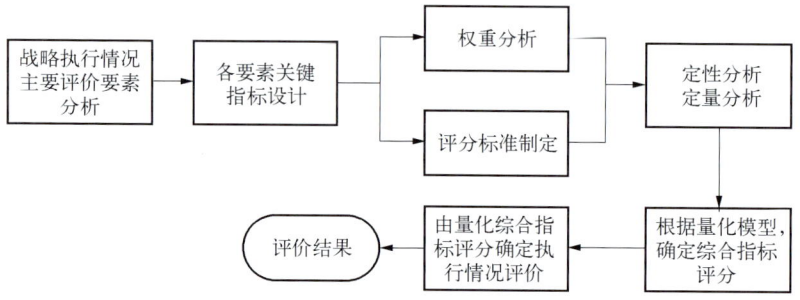

图2 战略执行情况评价流程图

大型国有企业重大投资后评价的评价工作是贯穿于投资决策、实施、产生效果、实现目标等各个阶段的。具体的评价内容为投资的规范度、完成度、实现度、吻合度和作用度。这五个维度的评价内容，也可视为分解后的具体评价指标。同时，具体操作中，除了对投资本身进行后评价，还常通过一些重大项目评价来反映投资情况，因此后评价的五个维度的具体内容还可以包括部分典型重大项目。

【工作过程】

本研究即从企业战略执行和重大投资项目两方面，依托以往后评价项目的工作经验、辅以卓有成效的走访调研和资料搜集工作，通过对工作经验的总结及资料的有效完整分析，独立而完整地对国有企业开展后评价工作的意义和作用，国内外后评价工作开展的现状及趋势进行了阐述、梳理；初步归纳了大型国有企业战略执行后评价工作的特点、理论及方法，形成了一套较为科学的研究体系；进一步构建了重大投资后评价内容、流程、要素与模型；并对后评价工作的组织实施与成果应用提出了切实可行的推进、分工等；最后还对中国开展大型国有企业后评价工作提出了相关建议。

【咨询工作特点】

1. 理论水平高，具有一定的学术研究价值

现阶段中国大部分国有企业在管理方面与国际先进企业还存在一定差距，理论研究更是尚处于起步阶段，重点集中在经济评价，而对战略评价、系统评价、社会效益评价等尚属空白。大部分企业战略管理还处于探索阶段，在战略目标的科学性、战略执行力与战略推进情况掌控、战略调整等方面还有所欠缺。在投资管理方面，存在投资规模巨大，投资效益尤其是长期效益不明显；投资失误不少；投资与企业战略的结合有待提升等问题。本研究从理论角度上在流程、要素、模型等各方面对大型国有企业后评价提出研究观点和思路，填补了该领域研究方面的空白，具有一定的学术研究价值。

2. 创新先导作用强，并具有实践意义

在国有企业管理体系中引入后评价工作，有助于提升国有企业的管理水平，更好地把握企业的发展方向和效益。它一方面可以避免宏观经济形势复杂、供需变化、竞争对手激烈等所带来的负面作用；另一方面能够以科学的预测，前瞻性地避免问题的产生，并在发生问题后及时反馈加以纠正，最快速度作出战略和投资的调整，指导大型国有企业的后续发展。本研究从大型国有企业管理体系、项目管理等方面入手，在工程咨询领域方面具有一定的创新性，并提出了大型国有企业开展后评价的实际操作指导，具有较强的实践意义。

3. 切实解决了大型国有企业后评价的症结性问题

本研究因涉及大量的大型国有企业的基本数据以及与战略执行、重大投资有关的各种要素和内容，故需要进行长期的积累，并进行有效的数据挖掘和分析，对调查、调研中非有效的数据进行剔除，优化模型，进行反复验证，才能最终完成。项目组在对以往工作经验进行总结的基础上，抓住了研究的难点，对关键问题进行重点突破，切实解决了大型国有企业后评价的症结问题，克服了阻碍大型国有企业发展的管理体系不完善问题，高质量地完成了这项高难度的研究。

【咨询效果】

此项研究提出的战略执行后评价包括对企业一段时期中的战略执行情况综合评价与评分、企业战略管理体系中的问题和不足、对于完善优化企业战略管理体系的相关建议等。它是企业经营管理水平的综合判断标尺，可帮助企业集团进一步树立战略管理理念，完善企业集团战略管理体系，提升战略规划编制的科学性，促进组织机构改革，并可作为加强人事考核的依据。

此项研究提出的重大投资后评价工作，包括重大投资执行情况综合评分、结论以及对于完善项目管理体系的相关建议。它是企业投资管理水平的综合判断标尺，有助于改变投资理念，形成自下而上、自上而下的科学决策体系；完善投资管理体系，规范优化投资决策制度；加强人事考核，提高企业效率，最终优化投资与战略。

上海大型医院管理中心合同能源管理后评估报告

The Post Evaluation Report on Energy Management Contracting (EMC) for Shanghai Large Hospital Management Center

编写单位：上海同济工程咨询有限公司
Shanghai TongJi Engineering Consulting Co., Ltd.
联系电话：021-33626727　　网址：http://www.tongji-ec.com.cn
主要完成人：陈静　韩光耀　方奇　沈翔　张皓　马会娜　孙小静　姚丽娟　周宪博　卢玲冬

【点评】

本评估覆盖了合同签订、基准能耗核定、改造技术方案与实施、节能效益计算方法及效益分享模式、运营期管理等合同能源管理全过程；指出了合同中存在的问题，修正了基准能耗的核定、指出改造技术方案的不足，修正节能效益的计算结论、完善了运营期管理模式，提出今后合同能源管理模式的推广建议。

【项目背景】

医疗卫生设施是公共建筑中一个重要而特殊的领域，它承担着保障广大民群众健康的重任。改革开放以来的30多年是中国卫生保健事业发展最快的时期，各地新建和改建了大量、各种级别的医疗卫生设施。医院建筑作为一种特殊类型的公共建筑，活动人群复杂、功能系统复杂、全年不间断运营，总体能耗高于一般公共建筑，存在较大的节能潜力，因此加强医院用能管理、提高医院能源利用效率、建设节能型医院具有重要意义。

然而医院人员配置以医生、护士及其他医疗后勤人员为主，缺乏通晓节能管理知识的专业技术人才，通常条件下不具备对医院用能系统进行持续改进和精细化管理的能力，因此引入第三方节能服务公司，以合同能源管理的模式，帮助医院推进节能管理是一种非常合理和有效的方式。

合同能源管理（EPC——Energy Performance Contracting）是一种市场化的节能机制，其实质就是以减少的能源费用来支付节能项目全部成本的节能业务开展方式。对于医院来说，采用合同能源管理方式能够充分利用社会资本和专业力量，减少医院在节能方面的财力和人力投入。

然而医院合同能源管理的实施涉及医院节能潜力评估、能耗基准测定、节能改造技术方案、节能改造实施方案、能源计量核算、节能效益分享、系统维护等诸多问题，具有很强的专业性和不确定性，因此及时总结实施经验，对医院系统有效利用合同能源管理的模式推进节能工作具有很强的现实意义。

为此，2012年7月，我司受上海大型医院管理中心委托，对上海地区三家合同能源管理试点医院的情况进行了后评估。

【项目内容】

上海大型医院发展中心合同能源管理后评估是受上海大型医院发展中心委托，对上海XK医院、上海RJ医院、上海JW医院的合同能源管理实际实施情况进行调查和研究，总结合同能源管理中的经验和教训，为大型医院发展中心进一步指导下属医院更好地开展合同能源管理工作提供帮助。

本次后评估的工作内容包括调查收集三家医院节能技术改造前后实际用能数据、核算三家医院节能技术改造前后用能情况的实际变化，核算各医院实施合同能源管理后产生的实际节能效果、节费效果，对三家医院采用的节能改造技术方案的适用性、可能存在的问题等进行深入评估，结合三家医院特点对其各自采用的合同能源管理合作模式展开分析，总结各种合作模式的适用性和优缺点等。

由此，各个医院开展合同能源管理的情况得到了全面综合的评估，咨询公司可就各医院合同能源管理的执行情况分别出具合同能源管理后评估报告。此外，后评估还综合三家医院合同能源管理实施的情况，向大型医院发展中心提供医院合同能源管理经验总结报告。报告总结各类节能技术改造方案的特点、节能潜力、适用性和其他应注意的问题；医院实施合同能源管理过程中能耗基准测定应注意的问题；医院实施合同能源管理如何选用合理的节能效益分享模式的问题；医院实施合同能源管理如何选择合适的维护保养合作模式的问题。

【工作过程】

后评估工作从2012年7月开始，首先对三家试点医院合同能源管理实施的情况进行了深入的实地调查，收集技术改造前后实际用能数据，通过核算较为准确地掌握了技术改造前后用能情况的变化。并在此基础上核算了各医院实施合同能源管理后产生的实际节能效果、节费效果，对改造技术方案的适用性、可能存在的问题等进行了深入评估。之后展开分析，总结各种合作模式的适用性和优缺点。最终在上述工作的基础上，历经三个月时间，对各个医院开展合同能源管理的情况进行了综合评估，分别出具了合同能源管理后评估报告。

除对各医院合同能源管理实施情况的评估外，后评估还综合三家医院实施情况，向上海大型医院管理中心提供了医院合同能源管理经验总结报告（详见图1、表1）。

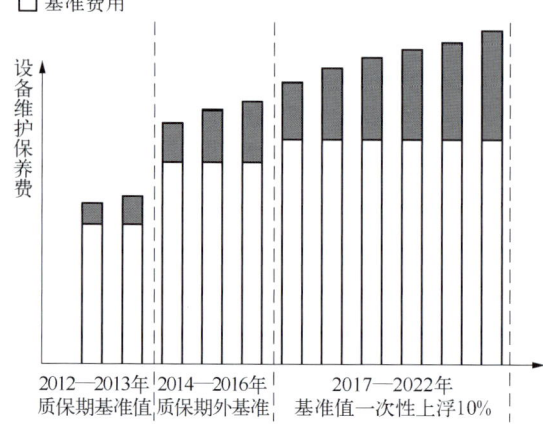

图1　RJ医院维护保养费用分析图

【咨询工作特点】

一、开展全过程评估

本次后评估是上海大型医院管理中心首次开展类似工作，主要目的在于全面评估和总结下属医院合同能源管理工作过程中的得失，总结经验教训，进一步引导、推动下属医院更好地开展合同能源管理工作。基于以上目标，后评估将评估的范围设定为合同能源管理的全过程，不仅评价合同能源管理实施的效果，而且把合同能源管理项目的洽谈、技术方案选择、合作方案形成过程、节能效益的计算确定和分享模式、项目实施后设施设备的维护保养等与合同能源管理相关的方方面面全部列入了评估中。尽管这种方式，大大增加了后评估的工作难度和广度，增加了工

表1　RJ医院维护保养措施后评价表

节能管理措施	节能原理及评价
（1）控制出水温度，合理调整系统流量，冷冻机的COP值达到7； （2）合理调整冷却塔水流分布量，确保冷却水冷却效果，提高空调主机的出力	此两项节能管理措施主要从稳定冷却水循环系统、冷冻水循环系统流量，控制冷却水循环系统和冷冻水循环系统内流体之间的温差的方式来改善冷冻水机组的工作条件，从而提高机组的制冷效率
（1）实时调整定频机组与变频机组的开机时间，以取得最佳节能效果； （2）在保障医院空调需求的前提下，采取措施确保高温时段只开一台机组； （3）确保节能机组的开启，减轻系统负荷； （4）在凌晨空调运行低负荷时段停机两小时； （5）根据负荷情况，适时调整冷冻泵的频率，减少用电量	此四项节能管理措施主要是通过主机启停控制和变频调节，调节机组出力，使机组维持在较优的负载状态，从而提高机组的运行效率
合理调整楼面支路水阀均衡空调负荷，减少能量损耗	此项节能措施主要是通过调节分水器阀门，促使分配到建筑内部各区域的冷量与需求保持相对平衡，减少冷量的奢余供应来达到节能的效果
加强对外包单位水处理效果的管理，保障水质达标，提高系统的效果	此项节能措施主要是通过保障水质，防止由于水质原因造成的换热器结垢、系统阻力增大等因素造成的系统低劣化

作量,但是通过全面评估,各项目在合同能源管理实施过程中产生的问题和经验教训得以显现,对上海大型医院管理中心下一步指导、推动相关工作更加有利。

二、从第三方角度提出问题和解决方案

在合同能源管理后评估的过程中,后评估也发现合同能源管理存在的问题,如部分项目基准能耗的计算存在偏差,部分项目对设备维护保养责任的认定存在缺失等。针对问题提出改进建议和对策,帮助合作双方纠正了合作中存在的问题,进一步明确了合作双方的权责界定,为双方合作共赢打下了更为坚实的基础。

在XK医院合同能源管理后评估过程中,后评估通过审核文件发现项目基准能耗的计算存在错误,核定的节能量和节能效益有误;项目太阳能热水系统监测系统提供的数据存在明显异常,不能正确反映系统的运行状态;项目太阳能热水系统维护保养责任和维护保养标准划分不清,后期可能对维护保养责任认定产生风险。发现问题后,项目组就发现的问题向合作双方做了针对性的报告,提出正视问题、积极沟通、有效处理、合作共赢的解决方针,并以公正客观的立场作出了"XK医院太阳能热水系统能耗基准及节能效益专项评价",对发现的问题进行了客观描述,并给出解决方案,有效地帮助合作双方就解决问题达成共识。

三、发掘节能潜力,提出改造技术路径

照明系统常见节能改造技术路径是采用LED灯具替代传统白炽灯或其他高耗能灯具。而LED的特点是采购成本高、使用成本低,且一般LED灯具显色性方面仍存在一定问题,因此这类灯具应用在灯具使用频率高、对显色性要求却不高的区域(一般是自然光源无法到达,但需要保持一定亮度的建筑区域,如走廊、楼梯间、地下车库等)是合适的,且能够获得较高的节能效益。此外鉴于灯具改造的技术并不复杂,节能改造工作可以引入节能服务公司代劳,也可以由医院自行承担。若医院自行承担照明系统的节能改造,也可以委托第三方对医院照明系统的概况进行调查并提出合理的灯具更新改造方案。医院之间也可以组团采购灯具及相关服务(相关服务包括但不限于灯具的拆除、安装、更换、废旧灯具的处理等),以降低采购成本。

关于医院开水的供应,传统方式有蒸汽开水器、容积式电加热开水器等,由于开启时间长、损耗大、能源利用效率不高,具备较大的节能潜力。实现开水供应系统节能的主要技术路径为以即热式电加热开水器替换(还可以考虑带部分热回收功能的开水器)。即热式电加热开水器的特点是设置简便、节能效果好和稳定。此外,更换开水器的技术难度小、投入少,节能改造可以引入节能服务公司,也可以由医院自行承担。若医院自行承担,可以将开水器的拆除、更换、安装、废旧设备的处理并入采购范围,同时也可以联合多家医院进行组团采购,降低采购成本。

医院建筑空调系统的设备运行及维护管理专业性较强(涉及循环水温控制、调配机组负载、冷热量合理分配、循环水质控制等),设备运行及维护管理的水平对系统运行效率的影响很大。合理高效的管理能够为机组设备创造良好的运行条件、提高机组设备寿命和运行效率,低效和粗放的管理有可能劣化机组设备的运行条件、降低机组设备寿命和运行效率。在节能改造方面,医院空调系统的节能改造虽然工程规模不大,但涉及的问题多,包括作业面受限、工期受限、施工条件复杂;涉及专业面广,包括机房内整体布局的调整以及设备选型的变化,亦牵涉消防、煤气、供配电、弱电及建筑等相关专业的调整,因此改造的难度高、专业性强。在节能技术路径方面,鉴于既有空调系统改造的复杂性,节能改造宜引入专业技术能力较强的节能服务公司参加或主导,同时要尤其注重节能改造前期策划工作,包括但不限于既有系统调查与核实、系统改造实施条件调查、实施方案制定及实施方案可行性论证。

医院供热系统一般包括蒸汽供应和生活热水供应,许多医院目前仍采用燃油锅炉供热,具有很大的节能潜力。医院供热系统的节能技术路径包括锅炉油改气,以太阳能生活热水供应系统、空气源热泵生活热水供应系统、小型蒸汽锅炉替代等。

锅炉油改气的节能方案节能降费效果主要体现在能源的购入储存和能量转换两个阶段。首先,由于实施了油改气,天然气直接由市政管网输送,省去了燃油的购入储存环节,原购入储存阶段的损耗得以避免,能源损耗减少。其次,由于天然气使用成本较燃油使用成本减少约一半,因此在能量转换阶段供热的费用成本能够大

大降低。并且在实施锅炉油改气的过程中不应仅仅关注油改气本身,而忽略对蒸汽输送分配过程的节能改造。医院应利用供热系统节能改造的契机,对医院现有蒸汽输送管网进行检查和测试,核算蒸汽输配管网的输送损耗情况,排查管网的滴、跑、漏情况,弄清原有管网保温材料的老化情况,同时针对管网的损耗制定针对性措施,在节能改造中一并予以实施。

根据XK医院的实际应用效果,太阳能生活热水供应系统的运行成本很低,供热运行成本为0.006 4元/MJ。但系统供应能力有限,即系统进出水温差在10℃左右,即自来水水温10℃时,系统只能供应20℃的温水,自来水水温达到30℃时,系统可以供应40℃的热水;节能效果受季节因素影响大,夏季使用节能率可达40%以上,冬季使用节能率仅为20%～25%,只能作为其他供热系统的辅助设备。同时太阳能热水供应系统的初期投入较大,且有一定的维护成本,节能改造的投资回收期在4～5年。总体来说,太阳能热水供应系统作为供热系统的辅助设备总体节能效果良好,对生活热水供应系统的年节能率能够达到30%左右,在节能改造资金较为充足的情况下可以采用。

根据JW医院的实际使用情况,空气源热泵生活热水供应系统的制热效率较高,但受环境温度影响较大(环境温度>10℃时,COP大于2;环境温度0～10℃时,COP介于1～2),因此冬季供热成本高,夏季供热成本低。同时空气源热泵在极端低温环境下(环境温度低于0℃)无法实现正常供热,按照规范要求夏热冬冷地区空气源热泵需要设置辅助加热系统。总体来说,空气源热泵生活热水供应系统总体节能效果良好,但为应对低温环境下制热效率下降的情况,应按规范要求增设辅助加热系统,以提高系统的供热保障能力。

根据JW医院的使用情况,小型蒸汽锅炉一般使用电或者天然气作为燃料,靠近使用终端设置,大大减少了能源购入储存阶段和蒸汽输送分配阶段的能源或能量损耗,从而减少了整个供热系统在供热过程中的损耗,起到了良好的节能效果。总体来说,以小型蒸汽锅炉局部替代能够实现节能效果的关键在于布置灵活,能够靠近使用终端设置,且小型蒸汽锅炉的维护较为简单,减少了系统维护的工作量,但其供应能力较低,较适合用于局部少量供热需求(见表2)。

【咨询效果】

本项目总结了三家医院在合同能源管理实施中的经验和教训,并提出建议,如实施简便节能改造项目有条件时可考虑采用集中采购方式开展节能改造,供热系统、太阳能热水系统、空调系统等较为复杂的节能改造项目在实施合同能源管理中要注意明确维护保养责任和维护保养标准,避免后期产生维护保养风险等。项目组最终提供了全面、综合、深入的经验总结报告,为上海大型医院管理中心进一步指导、推动下属医院更好地开展合同能源管理工作起到了总结示范作用,得到了上海大型医院管理中心的高度评价。

表2 JW医院改造前后热力供应系统能量平衡分析

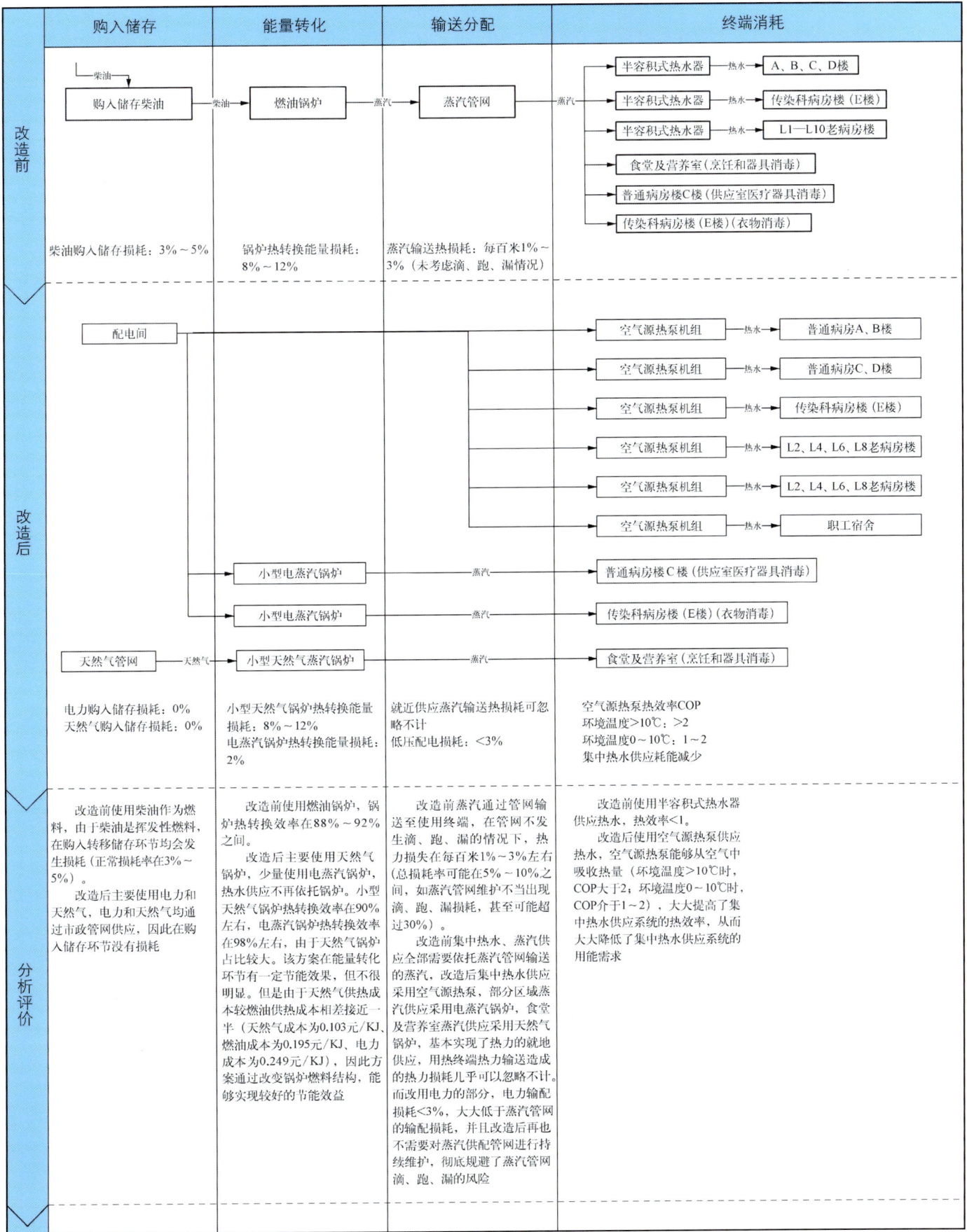

上南路（耀华路—环南一大道）拓建工程后评价报告

The Post Evaluation Report on Shangnan Rd. Extension Construction Project (from Yaohua Rd. to No.1 Huannan Ave.)

编写单位：上海市城市建设设计研究总院
Shanghai Urban Construction Design & Research Institute
联系电话：021-50891688　　网址：http://www.sucdri.com
主要完成人：陆显华　王磊　郭锦萍　伊轩轩　何晓光　郭卓明　徐莹　崔美娜　俞斌岚　刘玉喆

【点评】

本报告在评价方法创新上作了探索和研究：一是对过程评价的指标选取，将分析内容划分为"工作质量"与"管理水平"两个层次；对"工作质量"建立了评价体系，对"管理水平"进行追溯性评价。二是将国民经济评价指标体系扩充为"偏离程度指标"和"原因分析"两个层次，并将"原因分析"作为一个单独层次进行评价分析，扩展了效益后评价的功能。三是对社会影响评价，在《导则》评价内容的基础上，增加了"互适性"评价内容。

【项目背景】

上南路是一条南北走向的城市干道，位于浦东新区西南角，北至黄浦江，南接周周公路，道路全长6.5 km，是浦东新区南北向交通大动脉之一。道路穿过世博园区、周家渡、上钢新村和杨思镇、三林镇（见图1），是浦东新区对外形象展示的重要窗口。

2010年上海世博会以"和谐、创新、生态"为灵魂，旨在塑造人与自然、人与社会、历史与未来的和谐关系。世博会园区选址在卢浦大桥和南浦大桥之间（包括浦东的后滩区域）的浦江两岸

图1　上南路地理位置示意图

区域,世博会的召开将带动浦东新区进一步开发。上南路作为连接园区核心区域的重要主干道路,将承担三重功能:为世博园区场馆建设提供连通性的施工便道;满足世博会期间交通服务要求;融入世博大交通和城市交通,结合近期、远期目标,保证成为城市交通的高效通道。

作为园区会展期间的服务性通道,其建设应本着"高起点、高标准、高要求"的设计和建设原则,为世博会展提供优质服务。图2为上南路效果图。

对上海而言,举办这样大型的会展属于首次,故项目启动初期阶段,对世博建设与会展期间可能出现的需求与困难预估不足,导致项目建设过程中出现了大规模的拆迁影响及施工重大变更。2011年,浦东新区政府指定为该项目开展后评价工作。

图2 上南路效果图

【项目内容】

我院从项目过程、项目效果及可持续性三个方面对上南路(耀华路—环南一大道)拓建工程进行了后评价。

首先,对项目过程进行了评价。项目过程评价是对各个阶段在回顾的基础上,确认整体项目建设过程是否按计划实施,分析项目过程中发生的偏离和原因及其对项目实施效果产生的影响,对项目实施过程的管理水平和工作质量作出客观、公正的评价。

项目过程评价可分为项目前期决策阶段评价、项目准备阶段评价、项目建设实施阶段评价和项目运营阶段评价。

其次,对项目实施的效果作出全面分析评价,分析项目对社会、环境及经济的影响程度。项目效果评价主要从技术效果、环境效果、社会效益三方面进行综合评价。

再次,对项目可持续性进行评价。分析上南路拓建后的远期运行中,其交通功能、交通设施养护的可持续性,包括建设规模是否满足交通需求的可持续性发展,运营(保养)机制及资金来源对项目可持续性运行的支持。后评估技术路线见图3。

最后,对项目建设过程中及运营过程中存在的问题进行分析和总结,并提出针对性的意见和建议。

根据后评价指标体系综合评分,三个方面的得分分别为:项目过程,得分89.5;项目效果,得分91.7;可持续性影响,得分83.4。本项目综合评分为89.9(以上指标满分均为100),评价等级为B级,整体状况良好。具体论述如下:

(1)项目过程后评价。

本次后评价项目的过程受到世博建设及运行背景的巨大影响,影响范围包括功能定位、设计方案确定及变更、交通组织及工期控制等。该工程在工期紧张、工程量大、协调面广、建设要求多变、动迁难度大等多种不利条件下,按计划保质保量地完成工程预期建设目标,达到服务世博的要求,整体评价应给与肯定,当然过程中也有很多经验和教训可为以后同类项目起到借鉴和参考作用。

(2)项目效果后评价。

效果后评价从技术效果、环境效果及社会效益三个方面进行评价,其中技术效果是从工程专业角度,对项目运行实际效果作出全面分析评价,涉及总体服务水平、道路工程、桥梁工程、排水工程、照明工程及交通附属工程。因为本项目为世博景观服务项目,故专列出一项环境效果评价,包含景观效果、生态环境、绿化交通适应性分析三个方面。社会效果评价主要从对居民生活影响、对世博会影响、对国民经济影响三方面进行。项目整体效果较好,但也存在细节问题。

(3)项目可持续性评价。

远期上南路路段及交叉口交通适应性较好。养护人员、养护设备现状能够满足正常情况下的基本养护需求。资金到位比较及时,也基本能够满足目前养护计划的实施。

(4)主要问题及教训。

养护设备偏旧、数量偏少,对高峰期的养护需求有一定的限制作用,应及时进行养护工具更新和添置,以保证养护计划的可持续性。远期养

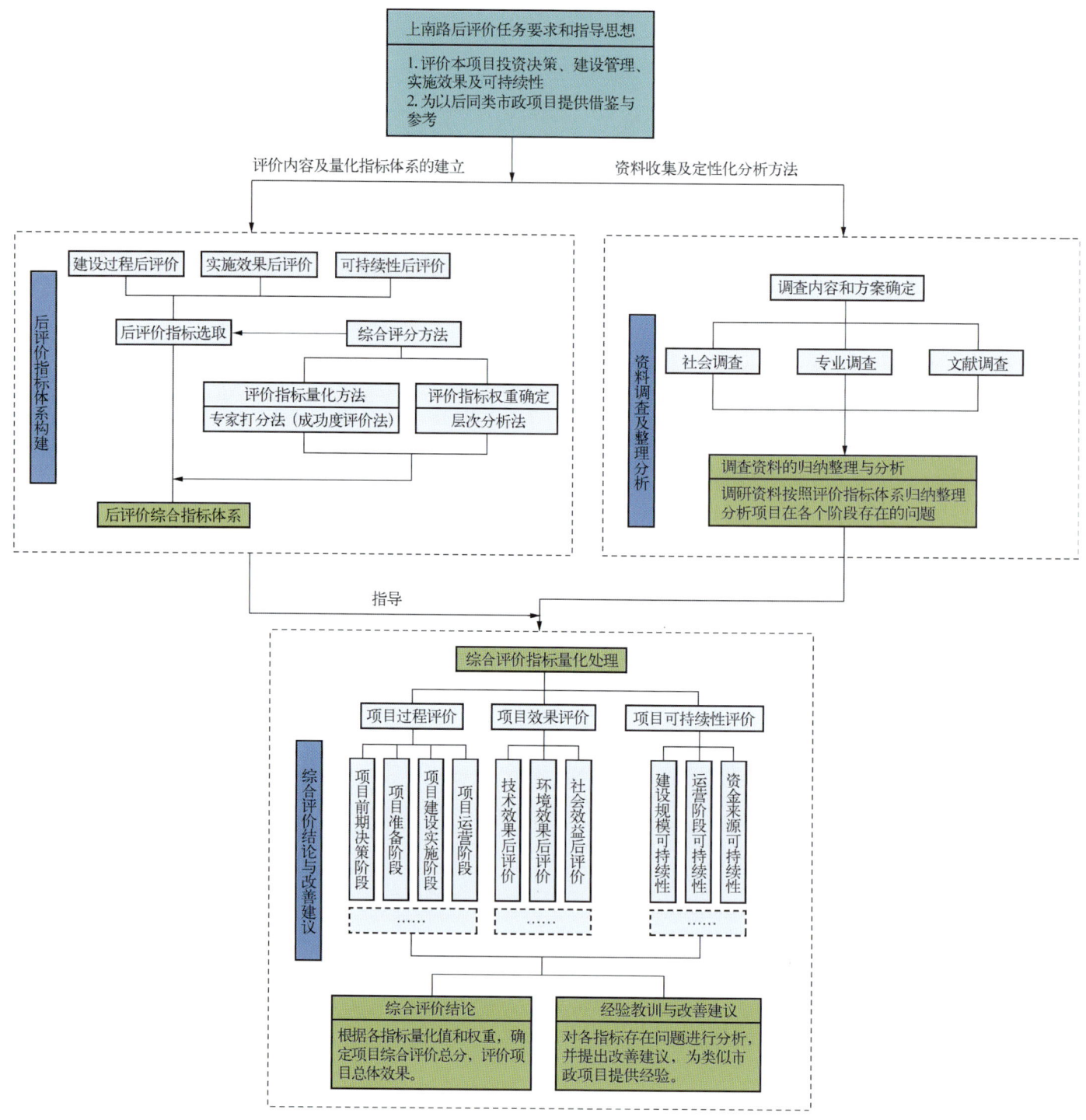

图3 后评价技术路线图

护成本的提高、养护工具的更新、设施老化等都会造成养护资金的增加,应该对以往的养护记录进行科学分析,并对远期的养护需求进行预测,以使养护资金的额度和投入方向更具合理性。

【工作过程】

一、指标体系的构建及评分方法

为量化综合评价结论,本次后评价利用"综合指标体系评价法"建立了四级后评价指标体系。将"项目过程后评价"、"项目效果后评价"以及"可持续性影响"三大主要评价内容作为第一级指标。第一级指标下又进一步细分若干级指标(详见报告),涵盖评价内容的每个环节与方面。

对单个指标的评价,是在对调查资料分析的基础上,采用"专家打分法"及"成功度评价法"作出评分与优良等级定性结论的。

每级指标均采用"层次分析法"赋予权重。在对单个指标评分的基础上，结合权重计算出项目综合评分与优良等级定性结论。

二、扣分原则

1. 项目过程评价

主要扣分原则：勘察、工程可行性研究报告、初步设计及施工图报告等主要从完整性考虑，每缺一项扣5~10分；招投标、合同按照是否违反相关程序、相关规定考虑，每有一项扣5~10分。以上扣分均以对工程质量、进度、投资等的影响确定其重要程度进行。

2. 项目效果评价

综合项目效果评价各内容进行评分，并结合权重指标，扣分原则见表1。

表1 扣分原则表

扣分范围	扣 分 原 则
1~10分	指标满足相关规范要求，存在的问题对项目效果影响甚微，在后续管理中可以完善、消除
11~20分	指标满足相关规范要求，存在的问题对项目效果有一定的影响，但不会引发其他问题，在后续管理中可以得到有效控制
21~30分	指标满足相关规范要求，存在的问题对项目效果有较大的影响，若后期控制不好会引发其他相关问题，在后续管理中需严格控制
30~40分	指标满足相关规范要求，存在的问题对项目效果有重大影响，会引发其他问题，在后续管理中无法根本消除
40分以上	指标不满足相关规范要求，存在的问题对项目效果已造成较大影响，在后续管理中无法完全消除

3. 可持续性影响

综合项目可持续性各项进行评分，并结合权重指标，扣分原则见表2。

表2 项目可持续性扣分原则

扣分范围	扣 分 原 则
1~20分	各指标满足近远期的功能需求，存在的问题可以通过相关措施得到有效改善，对项目可持续性影响不大
21~40分	各指标满足近远期功能需求，存在的问题可通过相关措施得到一定程度的缓解，对项目可持续性影响较大
40分以上	各指标不满足近远期相关需求，存在的问题无法通过相关措施得到有效改善

三、资料调查及整理分析

本次后评价工作通过项目现场实际调研、工程档案查阅、参建单位相关人员访谈、运营单位管理人员访谈、相关部门访谈、专家咨询、社会认知度问卷调查等多种方式进行。

1. 社会调查

社会调查包括实地了解完工项目的工程质量和使用情况；对项目运营单位的全体工作人员进行问卷调查，了解其对建设项目的具体感受；对本项目的使用者、行人、交警、周围居民与商户，以及司机的意见进行调查。

2. 专业调查

（1）档案调研。本次后评价共调研了项目所有的工程档案共286卷。重点包括：项目建设前期资料，如项目建议书、可行性研究报告以及相关批复文件；项目准备阶段资料，如初步设计、招标资料、开工准备资料等。项目实施阶段资料，如项目合同、工程项目控制资料、竣工验收资料等。项目运营管理资料，如运营管理单位组织、设施使用和维护状况等资料。

（2）座谈。召开项目建设和运营管理单位有关人员座谈会，了解项目设计、建设、使用情况以及相关意见和建议。并专门与运营管理单位有关人员及领导进行座谈；与有关人士、专家座谈等。

3. 文献调查

文献调查主要是通过有关职能部门和网络收集相关政策、制度和信息，尽可能了解同类项目建设和运营管理内容。

4. 资料整理与分析

对调研资料按照指标体系进行归纳、整理，并定性分析每一环节存在的问题。

四、报告的研讨、撰写和定稿

评价小组工作人员结合各方资料，利用合理的统计方法和数据处理手段对所得数据进行处理分析，提出相应的评价结论和意见，在此基础上进行报告撰写，召开后评价报告评审会，并于修改完善后提交正式报告。

【咨询工作特点】

一、成果特点

1. 指标体系分层分类，准确而合理

在对项目各阶段回顾的基础上，着重分析项

目过程中的偏离、原因及最终实施效果。对初始决策的正确性、管理过程的瑕疵以及最终目标的实现度，给予综合、准确的评价与经验总结，为今后同类项目的政府决策起到借鉴和参考作用。

本次评价将指标体系分层分类。根据项目特质，抓住影响项目成败的核心因素，促使综合评分更加合理准确；同时以"适应项目需求、提高工作质量"为目标，通过对管理水平的追溯性评价，总结该项目运作的经验与教训。评价认为，项目虽然最终具有良好的运行效果，但其过程中的违规及不足仍非常突出。如存在"前期决策阶段对项目的特殊需求认识不足，导致后期实施中方案重大变更"，"勘察、设计招投标程序不合法"，"勘察、设计合同不合规"等重大缺失及违规问题，揭示出管理体制对"前期咨询工作"的不重视，以及项目管理"特事特办"机制的不健全。

2. 体系不断拓展、深化，实用而有效

通过对评价体系及评价方法的优化与完善，深层次剖析市政道路项目管理体制、程序与工作效果之间的契合与矛盾，使反馈（给决策及管理部门）的结论与建议更加切实有效，提高了政府决策、管理水平和投资效益。

本次后评价实现了以下拓展与深化：一是对于"过程评价"的指标选取，将分析内容创新性地划分为"工作质量"与"管理水平"两个层次。对"工作质量"建立了评价体系，对"管理水平"进行追溯性评价。二是将国民经济评价指标体系，创新性地扩充为"偏离程度指标"和"原因分析"两个层次，并将"原因分析"作为一个单独层次进行评价分析，扩充了效益后评价的功能。三是对社会影响评价，在《市政公用设施建设项目后评价导则》（以下简称《导则》）评价内容的基础上，增加互适性评价内容。

3. 全过程、全方位进行评价

对项目进行"全面性"评价。体现在：贯穿建设时序的全过程、横跨项目各参与方的工作内容、追溯全因素的偏离影响分析，以及综合评价与经验总结。

评价贯穿前期决策阶段、项目准备阶段、实施阶段至运营阶段的全过程，对决策结论的科学性、工作程序的合规性、项目参与方资质、工作成果质量、目标实现度及可持续性进行综合、全面评价。详尽调研、客观评析了"管理水平"与"工作偏离"之间的影响，并从体制、管理、技术、政策等多角度全面探讨项目取得的成果与经验，以及存在的问题与教训。

二、成果创新

目前中国后评价方法仍在探索中，尤其是市政道路方面后评价还未形成一个完善的应用体系。2010年7月住建部制定了《导则》，代表了当前中国此领域项目后评价的主体研究成果，但仍未形成完整而又规范的评价体系，理论与实际有待衔接，可操作性有待增强。因此，本次后评价工作结合实际项目同时进行了评价的体系研究，其具体创新点有：

1. 兼顾全面性与针对性，增强准确度及可操作性

在全过程分析的基础上，对指标的选取进行分层分类，不片面追求指标体系的全面覆盖，而是更有针对性地进行选择。避免由于指标过多，而造成实际评价结果的失真。

对于"过程评价"的指标选取，将分析内容创新性地划分为"工作质量"与"管理水平"两个层次。对"工作质量"建立了打分体系，同时遵循"工作质量是管理水平的成果反映"的思路，对"管理水平"进行追溯性评价。此研究思路可以更加深刻地分析，在特殊项目背景或"特事特办"程序情况下，工作程序和管理体制对项目决策、实施与运营的影响，总结项目管理的经验与教训，为今后类似状况提供更有价值的参考。

2. 创新性地建立了城市道路工程综合后评价体系

本次后评价针对城市道路的建设体制与项目运作特点，进行后评价理论、方法及内容的研究，从应用角度出发，建立全新综合评价体系，并力求使其更加科学合理。

将评价内容划分为三部分：过程评价、效果评价及可持续性评价，并创新性地提出各部分的评价"目标"。过程评价以"管理（对质量的影响）评价"为目标，效果评价以"功能实现度评价"为目标，可持续性评价以"可持续性发展支持系统评价"为目标。

3. 对市政道路项目政府管理体制提出针对性建议

后评价工作根据本项目的特点，在"政府特事特办机制"、"加大对项目前期咨询的财政投入"、"加强管理招投标工作"等方面，对政府管理体制提出了针对性建议；对于项目决策阶段，依据特殊的建设背景，对工程可行性研究中需要

深化的内容也提出了相关建议,更加有利于提高政府投资的决策水平和投资效益。

【咨询效果】

本次后评价对此类工程建设过程、建设效果及可持续性建立了全面的评价体系,并根据建设背景、特点及条件针对性地选取评价指标,增强了评价工作的准确度及可操作性;同时展开了"城市干路建设工程后评价体系"的研究。从应用角度出发,对干路建设项目后评价理论、内容、指标选择及评价方法进行研究,完善市政道路行业项目后评价体系,并落实评价组织的可操作性,为后评价报告的编制提供了依据。本次后评价对"特事特办机制"等政府管理机制提出针对性建议,对前期咨询需要深化的内容也提出了相关建议,更加有利于提高政府投资的决策水平和投资效益。

本次后评价分析全面,包含了工程建设时序的全过程及各参与方的工作内容,并根据项目特质抓住影响项目成败的核心因素,综合评分合理准确;通过对评价体系及评价方法的深化与拓展,促使分析结论更具有针对性与实用性;客观评析"管理水平"与"工作偏离"之间的影响,并从体制、管理、技术、政策等多角度探讨项目取得的经验及存在的问题与教训。

本次后评价受到浦东新区重大建设和政府投资项目稽察办公室的高度评价。"结论客观、公正、合理,对今后新区类似项目的建设具有积极的指导意义",也是同年后评价项目中最优秀的一项研究工作。

A医院改扩建工程项目后评价报告
The Post Evaluation Report on the Reconstruction Project in A Hospital

编写单位：上海财瑞建设咨询有限公司
Shanghai Cai Rui Construction Consulting Co.,LTD.
联系电话：021-62267733　　网址：www.cairui.com.cn
主要完成人：王军华　谢晶　仇建宏　张盈　戚晓梅

【点评】

本项目通过对项目实施过程、实施结果及经济社会影响等方面进行调研，采用纵向、横向对比法，对建设目标、前期立项审批程序、施工过程等进行评价。评价指标合理，判分得当。在肯定成绩的同时，对存在的主要问题也进行了详细分析，提出了对策建议。

【项目背景】

一、改扩建原因

A医院在S市乃至全国享有很高声誉，运转多年后，由于医院地处人口导入区和交通事故频发区，相应的门急诊量逐年急剧上升（超过10%），病房收治人数达7 000人次/年以上，床均使用率已超过100%，导致院内医疗用房愈显紧张，门诊挂号、候诊、收费人满为患。而医院的客观条件（硬件）与患者日益提高的医疗保健需求反差较大，使得住院难矛盾显现。医院因潜力有限，在硬件配置上力不从心，远低于S市卫生局关于医院建设的有关宏观建设标准。

另外A医院每年还承担600余名学生的实习教学，另有400余名学生的课堂教学，在科研方面还承担了大量国家级及地方级的课题。2002年初，S市针灸经络研究所并入A医院，专职科研人员已发展至120余名，相应教学、科研用房更显紧张。

A医院经过几十年的努力，已逐步发展成为一所学科齐全，集医疗、科研、教学于一体的中西医结合的综合性医院，按S市中医药事业发展"十五"计划框架中在"十五"期间要建成1~2所三级甲等中西医结合医院的要求，A医院有必要对全院的医、教、研用房进行全面规划、调整，并做必要的改扩建，以适应21世纪新发展的机遇和创新。

由于A医院场地面积有限，在院内改扩建病房楼很困难，故医院在"十五"基建规划中提出总体改建工程，购置医院隔壁大厦并改造成病房楼，以期为A医院在"十五"期间成为S市现代化的示范性中西医结合医院奠定硬件基础。

二、工程概况

本工程投资人是B公司，管理人是C公司，使用人是A医院。工程管理采用"工程项目管理（代建）"的模式。

本工程建设性质为改扩建。于2003年12月16日立项，2006年8月竣工。

初步设计批复建筑占地面积2 860.0 m²，总建筑面积25 638.0 m²，设置床位378张；审计报告中建筑占地面积2 860.0 m²，总建筑面积27 259.5 m²，与初设批复相差1 621.5 m²，新增设床位386张。

改扩建主要内容有：对土建内容进行部分拆除与加固、增加；新增给排水、弱电、消防系统，电气设备、三台电梯；室内装修；空调系统溴化锂改建。

三、工程管理模式

本项目采用代建模式，根据主管部门制定的建设规划，做好项目管理工作，对拟建项目组织可行性论证，根据国家及S市的有关政策、规程规范及各种规定、标准，参与设计方案及初步设计的论证工作；代理投资人负责建设项目全过程的管理，包括前期咨询、规划设计及设计、监理、施工、造价控制（财务监理）各阶段的工作；组织工程各阶段验收，协助办理新增固定资产手续。开展卫生建设和投资研究，为领导决策提供可选方案；对基建管理中存在的热点、难点问题，组织有关人员进行专题研究并提出报告；开展对项目投资及管理的理论研究，不断加强和完善投资管理措施。

【项目内容】

一、后评估依据

后评估依据包括：《财政部关于印发〈基本建设财务管理规定〉的通知》（财建〔2002〕394号）以及其他有关财政性资金的法律法规；综合医院建设标准（2008年修订版报批稿）；前期批复；建设工程规划许可证；竣工财务决算编制说明书（审计）；财务竣工决算审核报告；超概算初步分析报告；竣工决算审计；工程招投标及相关合同资料；其他资料。

二、项目完成实施评价

（一）立项依据

根据可行性研究报告及其批复，其建设目标明确：病房楼改扩建后床位为378床，病房楼总建筑面积26 730 m^2，其中购置建筑面积22 526 m^2，扩建建筑面积4 204 m^2。投资额19 665万元（不含贷款贴息）。资金来源为市建设财力投资8 000万元，医院自筹资金11 665万元。综上所述，本项目立项手续合规，改扩建方案可行。

（二）建设目标

1. 宏观建设目标

本项目核定床位400床，加上原有床位492张，床位将接近900张。根据国家卫生部《综合医院建设标准》（2008年修订版报批稿），建设规模为900张的综合医院，急诊部、门诊部、住院部、医技科室、保障系统、行政管理和院内生活用房等七项设施的床均建筑面积指标为88 m^2/床。

2. 实际建设目标

根据"初步设计"及批复，实际建设目标为：改扩建床位为375张（按核定的床位数在医院总体规划内平衡），总建筑面积25 638 m^2，其中购置建筑面积23 264 m^2，扩建建筑面积3 090 m^2。投资额19 665万元（其中大厦购置费用为10 522万元，工程建设费用为9 143万元），资金来源为市建设财力安排8 000万元，医院自筹资金11 665万元。

（三）设计评价

该项目总体布局在满足国家有关规范和规定的前提下，进行合理改扩建，对项目原有内部分隔进行调整，做到有疏有紧、功能分区明确、流线组织清晰、清污路线分离、室内外环境优良。在大厦原有基础上增设行政部门、体检人员入口，病房出入口，污物出口，及病人、污物专用电梯，并在西北侧二层设置连廊与现有病房楼连接，作为其与院区的主要供应联系通道，从而将住院病人与体检、行政人员的出入口分离，将病人与医护人员的活动区域、垂直交通工具分离，将洁净物品供应与污物送出的路线分离，控制了楼内交叉感染发生的机率。

经市公安局交巡警总队审核，交通设施基本符合交通要求，验收合格。

（四）前期工作评价

从立项依据、宏观与实际建设目标、设计方案、初步设计概算等各环节来审视，前期准备工作较充分，前期工作和项目实施基本按照国家规定的程序执行，有立项批复、工程可行性研究报告批复及初步设计批复，且其意见基本一致。

本项目的实施，总体上符合规划部门、投资人、A医院的要求，选择合理；建设规模基本符合国家卫生局、投资人及有关综合医院建设项目建设标准的要求。

（五）施工评价

本项目的基本建设程序基本上是合理规范的，在各主要环节推行招投标制度，比较充分地体现了公平、公开、公正的市场化原则。但原财务监理中标单位在建设过程中退出，后经审计，筹建办建议并经投资人同意，由其他公司承接，此财务监理变更手续不够完善。

总承包单位通过公开招标方式确定。2005年2月1日确定中标单位。2005年3月11日，签订施工总承包合同。合同文本格式基本规范，内容约定详尽，条款基本明确且符合国家有关要求。

工程完工后，在施工单位自检合格的基础上，由项目总监组织初步验收工作，对验收过程中发现的问题及时要求施工单位进行整改，整改后监理复查，直至施工总体质量达到合格要求。在初步验收合格基础上，由建设单位组织正式竣工验收。建设单位对本项目质量、使用功能及外观效果等方面均表示满意，对工程质量表示认可，同意竣工备案验收。

本项目施工场地狭小、地处闹市区，又是改

建,施工区域与宿舍区域无法分开,但在各方共同努力配合下,文明建设基本达标。改扩建过程中安全问题基本得到整改落实,安全生产情况一直处于受控状态,从开始到竣工近一年半时间无大的安全事故发生。本项目施工质量符合设计及规范要求,满足使用功能,达到规范合格标准。

施工单位在每月的15日上报月进度款用款数,经工程监理单位审核确认后,筹建办根据形象进度,合理确定当月实际完成工程量,根据合同约定由财务监理单位审核计价和计费的准确性后,确定当月工程款,以此作为筹建办的付款依据。制定材料核价的工作程序,并由B公司、C公司、财务监理和工程监理组成核价小组。规定主要材料必须在一个档次内做到"货比三家",通过综合评定,结合价格、质量和售后服务等因素合理确定供货商和价格。财务监理以批准的总概算为工作目标,尽可能地控制结算。

本项目发生合同62份,合同总金额约21894.54万元,结算价21903.27万元,累计支付约20978.74万元,合同执行情况较规范。

本项目竣工验收工作已按验收通知、验收工作、验收证明、质量评定、固定资产移交、工程决算等各既定阶段进行,其目标均基本落实到位。财务决算报表真实可靠,竣工决算审计结果明确。

(六)项目实施中存在的主要问题、原因分析及经验、建议

1. 概算执行中的问题

本项目概算批复总投资为19627万元,经审计后实际完成总投资约为21960.94万元,超批复概算约2333.94万元。

通过审计分析可知,造成这样结果的主要原因包括:拆除加固估算偏低;空调水配管、电气配管、电线数量、给排水管道等指标估值偏低;前期设计考虑不周造成的返工;对房间布局进行部分调整造成土建增加;设计漏项、变更增加的工程费用,如大楼外墙面处理未考虑到,钢筋、混凝土、混凝土砌块等数量增加导致工程费用增加,供氧中心的安装费用、溴化锂机组等设备的检修费用,干保病房及电梯厅、护士站的精装修增加费用等。

2. 主要原因分析

一是拆除加固估算偏低。该工程是对烂尾楼进行改造,概算设计时对部分结构的拆除加固按300元/m²估算,合计676万元,实际拆除加固的造价为1346万元,较概算增加投资670万元;此外,概算设计中,空调水配管、电气配管、电线数量、给排水管道等均按指标估算,估算偏低。

二是由于前期设计考虑不周,施工过程中,从实际使用功能考虑,不断地修改设计,造成返工,不仅使工期滞后,还增加造价约351万元。如病房卫生间的隔墙按施工图施工后,发现开间偏窄,不利于对病人的护理和防护,为此将砌好的砖墙进行拆除移位。此外,在施工过程中对房间的布局进行了部分的调整,造成土建工程造价增加76万元,由此引起安装过程给排水管道、风管、电气布线的二次拆装,增加造价约275万元。

三是设计漏项、变更增加工程费用约714.94万元。如初步设计未考虑到大楼外墙面的处理,实际施工时发现外墙渗漏严重,必须进行墙面处理,发生费用约122万元。又如:实际施工的钢筋数量较概算增加305吨,混凝土数量增加362 m³,砼砌块增加2 127 m³,喷淋管、喷淋支架等也有不同程度的增加,由此增加工程费用485.94万元。此外,增加了供氧中心的安装费用和溴化锂机组等设备的检修费用等,以及增加了干保病房及电梯厅、护士站的精装修,共增加工程造价107万元。

3. 经验与建议

经审计后的总投资约为21 960.94万元,以27 259.5 m²计算,本项目的造价指标约为8 056.30元/m²,其中建筑工程安装费约3 890.6元/m²,工程建设其他费约305.6元/m²,购楼费用约3 860.1元/m²。考虑购楼费用中原结构造价1 200元/m²(根据"超概算初步分析报告"),实际建筑工程安装费约5 090.6元/m²,工程建设其他费约305.6元/m²,购楼费用约2 660.1元/m²。本项目虽比较复杂,但指标符合"S市市级医院基本医疗建设标准指导意见(试行)"中有关市级医院基本医疗综合建筑(地下一层,地上24~60米以上)总造价应控制在5 400元/m²以内的要求(不包括新建项目的征地、动拆迁、红线外配套等费用)。

建议建设单位在今后的项目实施过程中,注重完善初步设计等工作,并对未来施工期中主要材料的价格走势作出充分预判。

三、项目效益评价

(1)实施内容绩效:实施内容完成业务量,得4分;实施内容完成质量,得8分;实施内容完成进度,得0分;项目管理情况,得3.9分。

(2)功能绩效:项目适用性,得10.5分;项

目达标,得3.7分。

(3) 财务投资管理绩效:工程项目财务管理,得8.9分;项目资金投入,得0分。

(4) 经济效益绩效:运行指标,得5.9分。

(5) 公共效益绩效:效率指标,得23.5分;生态指标,得12分。

四、后评价结论

经评价,本项目参与评比的项目满分为95分,实际得分为80.4分。折合为百分制,最后得分为84.6分。

【工作过程】

根据《关于下发〈关于加强本市市级医院基本建设的指导意见〉的通知》精神,项目组按《综合医院建设标准》对A医院进行后评价,并侧重对项目绩效进行评价,另部分评价指标突出本次改扩建项目。项目绩效评估基准时点为2009年10月31日,选取建设期的2006年、运营期2007年和2008年3个全年的相关资料,滚动对比。由于本项目于2006年9月投入运营,根据需要,部分对比选用2005年的数据。

项目组先是了解工程实施过程、运营期效益;然后采用纵向、横向对比方法,对建设目标、前期立项审批程序、施工过程等进行评价;并与同行业对比,对财务效益和经济效益等进行评价;再根据委托方提供的评分标准,从实施内容、功能绩效、财务投资管理、经济效益等方面进行打分;最后,总结经验教训,供以后投资建设项目借鉴。

【咨询工作特点】

该后评价客观、公正、科学、可靠。不仅分析评价了工程实施前后、实施过程中的不足,而且给出了中肯的意见、建议。如发现以下问题:一是更换财务监理手续不完善;二是工期延误;三是超批复概算约2 333.94万元,其主要原因是部分项目估算偏低,设计考虑不周造成返工,设计漏项及变更增加费用等。

项目组对此提出如下建议:在今后的项目实施过程中,注重进一步完善初步设计的概算编制、评审工作,按既定程序规范、有序地开展工

图2　A医院病房一楼大厅

图3　A医院病房楼走道

作，从源头开始抓住项目投资控制的主动权；在工程合同条款的拟定过程中，尽可能地对未来施工期中主要材料的价格走势作出充分预判，适当合理分摊甲方因价格上涨所承担的风险。

【咨询效果】

本项目采用有无对比、前后对比等方法，全面系统地总结工程各个阶段存在的问题，分析原因；对项目的工程技术成果、财务效益、经济效益、环境影响、社会影响等进行定量、定性分析，对照可行性研究报告批复和初步设计批复的结论和主要指标，找出工程前后的变化和差别；对项目目标的实现程度及其适应性、项目的可持续发展能力及问题进行分析评价，得出后评价结论；并且总结经验教训，提出了对策建议，为同类医院项目建设提供了值得借鉴的方法和经验。

六、专题研究报告篇

中国（上海）自由贸易试验区制度创新研究

Study on System Innovation in China (Shanghai) Pilot Free Trade Zone

编写单位：上海投资咨询公司
Shanghai Investment & Consulting Corporation
联系电话：021-63903366　　网址：www.sicc.sh.cn
主要完成人：王思政　王骅　耿海玉　吕海燕　张彬　符号　杨蓓　石炜昕

【点评】

本研究围绕国家战略，对标国际高标准投资贸易规则，通过对自贸区制度创新进行深入研究，提出"要较大幅度缩减外商投资负面清单，增加透明度；深化对外贸易监管制度创新，实施更多贸易便利化措施；把完善事中事后监管体系摆在突出位置，加快构建外商投资安全审查、反垄断审查、社会信用体系、信息共享与综合执法等监管制度；加强对市场主体'宽进'以后的过程监督和后续管理，为深化改革、扩大开放提供制度保障"等相关建议，得到了中国（上海）自由贸易试验区（以下简称"自贸试验区"）推进工作领导小组的采纳，为自贸试验区的发展提供了较好的参考。

【项目背景】

建立中国（上海）自贸试验区是党中央、国务院作出的重大决策，自贸试验区承载了十八届三中全会经济领域改革的核心任务，习近平总书记、李克强总理等党和国家领导人对自贸试验区十分关注，多次作出指示和批示，习总书记在上海考察时要求自贸试验区切实把制度创新作为核心任务，形成可复制可推广的制度成果。

【项目内容】

通过研究分析，项目组最终形成了"1+9"的成果。其中，"1"为总报告，即《中国（上海）自由贸易试验区制度创新研究》；"9"代表了9个专题报告，分别为投资领域的《服务业开放制度环境研究》、《负面清单管理模式借鉴》、《影响跨国企业产业布局的因素》，贸易领域的《以贸易便利化提升上海的全球经济分工地位》，金融领域的《金融创新驱动贸易投资便利研究》，事中事后监管领域的《对外开放综合性评估研究》、《征信体系建设的国际比较与借鉴》、《探索形成社会参与市场监督的机制》，以及行政管理体制方面的《国际自由贸易园区运作模式研究》。

【工作过程】

为支撑自贸试验区的制度创新，项目组开展了两阶段的研究。

一是制度创新准备研究阶段：2013年4月至自贸试验区挂牌，配合相关政府部门开展了外资准入、贸易便利比较等基础研究。

二是制度创新调试研究阶段：在自贸试验区挂牌以后，项目组及时跟踪投资、贸易、金融、综合监管、行政管理等领域开展的试点任务，通过对标国际高标准投资贸易规则，经实证比较研究后提出若干制度创新建议。

【咨询工作特点】

一、细致调研国际案例，找准国际标杆

项目组考察了鹿特丹港、汉堡港及汉堡自贸区、迪拜自贸区等重要的国际经济、航运、贸易聚集地，按照建设具有国际水准的自由贸易试验区这一战略目标，对照国际成熟的自由贸易园区和自由港的制度体系及管理效率，找准中国（上海）自贸试验区的国际标杆。如在贸易领域，通过借鉴鹿特丹Portbase系统和汉堡的港口管理模式，新加坡贸易网（TradeNet）、香港DTTN平台等国际先进管理平台的案例，为贸易便利化涉及的制度设计、管理效率提升确立国际标杆。

二、对标国际通行规则，谋划创新试点

项目组对目前国际通行或正在自由贸易谈

判中兴起的负面清单管理模式、准入前国民待遇、竞争中立原则、透明度原则等高标准投资贸易规则进行解读,梳理和研究了新加坡－美国自由贸易协定、欧盟投资贸易协定、双边投资协定（BIT）和跨太平洋战略经济伙伴关系协议（TPP）等若干国际规则体系,通过分领域的专题研究,融合多个国际自由贸易协定的框架和条款,在投资管理、贸易监管、金融开放、综合监管、行政管理等五大领域,提出了自贸试验区与上述高标准投资贸易规则相衔接的制度创新试点建议。

三、注重实证研究,持续完善制度设计

项目组通过国际通行规则与国内现行规则的实证比较研究,持续完善制度设计。在《中国(上海)自由贸易试验区总体方案》编制阶段开展大量的国内外制度比较研究,如,在投资领域完成了八个服务领域88个项目的开放措施研究工作,理清外资领域投资管理的各种法律法规和流程与国际通行规则的差异;在自贸试验区挂牌的冲刺阶段,开展制度转化研究,如按照发改委、商务部现行外商投资管理办法,提出如何分内外资、分阶段将现行投资管理制度转化为负面清单管理模式;在自贸试验区挂牌后,及时开展制度调试研究,根据试点任务推进情况,提出政策调试判断及制度设计调整完善建议。项目组通过持续跟踪自贸试验区制度创新需要,以三步走的研究模式为自贸试验区乃至中国的投资、贸易等领域的制度创新提供了理论与实践相结合的新方式。

四、通过量化分析,找准试点核心环节

在自贸试验区信息归集体系建立前,在统计数据十分匮乏的情况下,项目组广泛引用国内外数据,包括联合国贸易与经济发展会议UNCTAD、美国劳工局DOL、美国国家统计局、国家商务部、国家外汇管理局、国家统计局等权威部门的相关数据,建立贸易竞争力指数（TC指数）、金融项目显示性比较优势指数（RCA指数）（见图1）分析模型,论证金融对于投资自由、贸

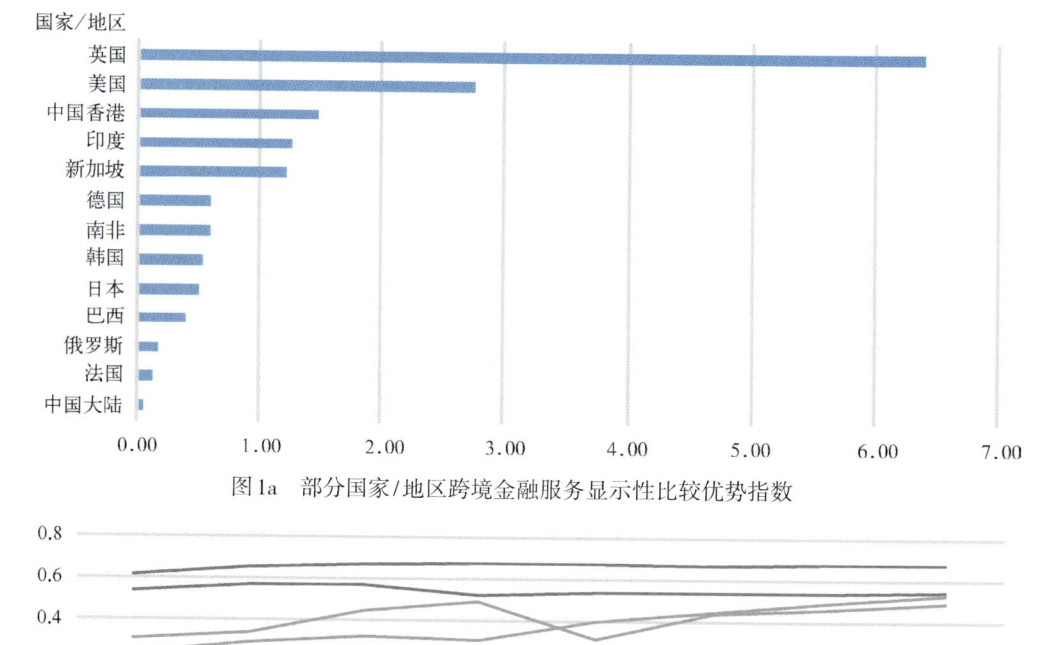

图1a 部分国家/地区跨境金融服务显示性比较优势指数

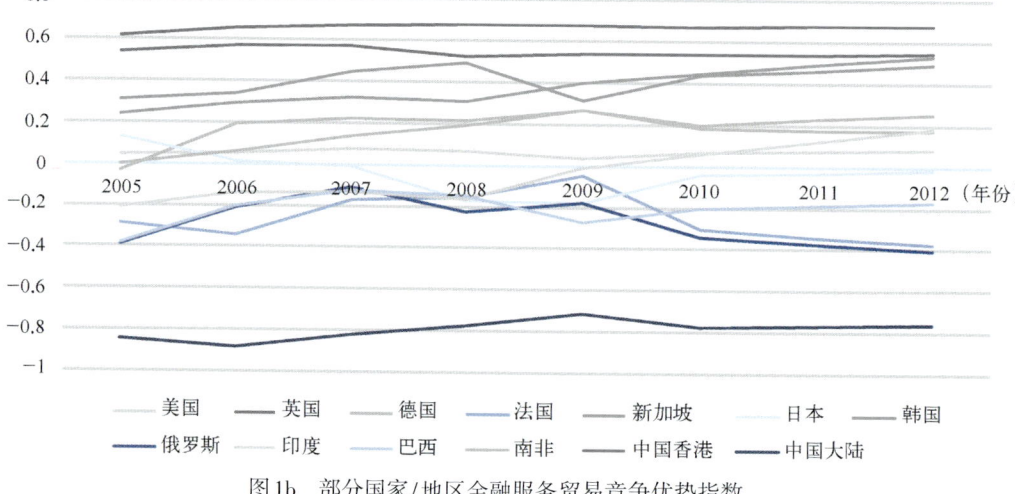

图1b 部分国家/地区金融服务贸易竞争优势指数

图1 跨境金融服务竞争力分析

易便利的基础性作用，提出金融改革是自贸试验区试点的核心环节，为加快推进金融改革具体措施落地提供了实证依据。

【咨询效果】

一、为总体方案提供研究支撑

在《中国（上海）自由贸易试验区总体方案》出台时，研究提出的部分内容已被采纳，主要体现在以下五大领域改革任务和措施中：

（1）研究提出的"对自贸试验区管理制度设计需充分授权、信息化深度应用等研究内容"在加快政府职能转变方面被采纳；

（2）研究提出的88个服务业领域开放涉及的法律法规限制及试点建议等内容，在扩大投资领域的开放方面被采纳；

（3）研究提出的降低投资贸易行政成本，吸引跨国企业主体落沪，落实"境内关外"开放政策，提高有形资产流通速度，加强知识产权保护制度，促进专业服务行业发展，提高人才专业性等内容，在推进贸易发展方式转变方面被采纳；

（4）研究提出的探索建立离岸金融市场、支持实体经济走出去、发展中国外向商业存在模式的金融服务贸易等内容，在深化金融领域的开放创新方面被采纳；

（5）研究提出的国际仲裁、征信体系建设、综合评估制度等内容，在完善法制领域的制度保障方面被采纳。

二、为创新试点提供调试建议

1. 投资领域

2013年9月29日，上海市政府正式颁布实施《中国（上海）自由贸易试验区外商投资准入特别管理措施（负面清单）》，对国民经济20个门类中的18个门类设定了190条特别管理措施。调研发现，外界期待负面清单有更高的开放程度，部分行业负面清单与现行部门规章间存在冲突，负面清单与服务业扩大开放措施清单存在交叉。

项目组研究借鉴了其他国家负面清单调整规则。目前全球77个对外商投资采用负面清单管理方式的国家（地区）中，大部分国家通过预先制定明确的负面清单退出机制，使条款的调整时机可预期，从而形成清晰的开放时间表便于市场主体进行投资决策。通过对标，项目组提出了建立投资环节统一的负面清单规则、明确负面清单与其他规范性法律文件的关系，形成可预期的负面清单调整退出机制等措施建议。

2. 贸易领域

自贸试验区积极推进"一线放开"、"二线安全高效管住"、"区内自由便捷"以及货物状态分类监管模式。试点过程中也发现一些问题。如参与试点企业数量偏少且缺少认定标准，通关未能实现"单一窗口"制度，服务贸易相关制度安排不健全，口岸单位协调配合需要进一步加强等问题。

项目组通过借鉴其他国家/地区贸易便利化案例以及"香港认可经济营运商计划"等政企新型合作伙伴关系的实践，通过对标，提出了加快建设自贸试验区"单一窗口"制度，推动参与试点企业筛选过程的制度化，优化自贸试验区查验机制，推进货物状态分类监管模式，加快发展新型贸易业态等措施建议。

3. 金融领域

总体方案在金融制度创新方面，针对人民币资本项目可兑换、金融市场利率市场化、人民币跨境使用、外汇便捷管理、金融服务与机构等五个试点领域部署了十项具体任务。创新中面临各项试点内容尚无时间表，境外人民币回流渠道有待拓宽，金融服务实体经济能力有待提高等问题。项目组结合国际机构和欧美主要国家数据，对国际国内跨境金融服务发展及金融支持实体经济进行比较。如通过金融服务贸易国际市场份额比较发现跨境金融服务长期存在逆差；通过行业内贸易指数（IIT）等进一步从国际视角衡量了中国与主要发达国家（地区）和其他金砖国家的跨境金融服务的差异，客观评价了中国金融服务业竞争力。

项目组从投资贸易角度分析金融创新提升实体经济竞争力，以国际工程承包市场为例，论证了融资能力是该领域竞争的关键因素之一，还从设立外商独资国际船舶管理企业、专业服务领域旅行社出境旅游业务、允许设立股份制外资投资性公司等方面研究金融开放对于谋求发展增量的重要意义。

项目组分析了国内金融改革创新情况，重点对比研究深圳市《全面深化金融改革创新的若干意见》所设计的开发措施的创新性和增量效应。通过对标，提出了加快落实金融领域制度创新相关细则的时间表，依托自贸试验区建设推进人民币国际化,提升自贸试验区金融创新服务实体经济能力等建议。研究针对资本密集型出口企业制定专项金融支持政策。针对服务业23项扩大开放措施,提出近两年需要加快推进的金融改革试点措施。

4. 综合监管

根据总体方案,自贸试验区在信息共享、信用体系的平台建设和市场监督、综合评估、国际通行准则的体系完善等方面推进综合监管机制等试点任务。在试点过程中,有如下问题值得关注:市场化监管力量引入不充分,安全审查、反垄断、综合评估等机制不健全。项目组借鉴了新加坡市场化监管模式。这一模式除了政府监管,相关的社会组织也承担了对企业、行业的经营行为的监管职能。这些组织甚至对政府也有一定的监督作用。还借鉴了国际上一般对特定领域的投资进行及时审查,保护经济运行安全的通行做法。如美国安全审查中的国家意志至上,主要是出于美国国家安全、经济利益,而非市场竞争秩序的考量。

通过对标,项目组提出了建立政府与市场相互补充的监管机制,以制度创新为主线,以服务企业为核心理念,扭转利益机制。推动市场化行业自律监管,培育市场主导的行业协会;推动企业自治,引入第三方评估机构。细化安全审查与反垄断手段,针对这些特定领域,逐步细化审查手段和审查流程;建立高效信息归集体系,建立及时准确的传递体系,提高信息获取的及时性;注重决策分析体系建设,为政策制定、多双边谈判等提供有价值的决策信息。完善实施综合评估机制,客观总结实施过程、政策影响、试点成效方面的经验,形成各类制度创新可复制、可推广的模式。

5. 行政管理

总体方案提出深化行政管理体制改革,加快转变政府职能,积极探索建立与国际高标准投资和贸易规则体系相适应的行政管理体系,具体涉及各政府部门管理职责一体化、透明度、竞争中立、纠纷解决机制等。在试点过程中,有如下问题值得关注:组成自贸试验区的各特殊监管区域存在政策差异,自贸试验区信息发布透明度有待提高。项目组研究了其他国家行政管理模式,如积极推动竞争中立环境、提高规则调整的透明度、通过仲裁解决商事争端、推行企业注册全流程电子化"单一窗口"制度等具体做法。

通过对标,项目组提出了统一试验区监管机构与业务监管服务系统;结合国企改革促进竞争中立;建立双向互动的政策平台;完善商事仲裁环境等具体建议。

总体而言,自贸试验区各项任务全面推进,区域效率正在不断提高,活力正在不断提升,研究成果正被自贸试验区的创新实践所验证。

超大特长盾构法隧道设计关键技术综合研究

The Integrated Study on Critical Designing Techniques of Shield Method for Super Large, Extra Long Tunnel

编写单位：上海市隧道工程轨道交通设计研究院
Shanghai Tunnel Engineering & Rail Transit Design and Research Institute
联系电话：021-54519988　　网址：www.stedi.cn
主要完成人：曹文宏　刘千伟　杨志豪　郑晋丽　季倩倩　张　旭　申伟强　陈昌祺　戴　清　陆　明

【点评】

本项研究对超大特长盾构法隧道相关设计理论与方法进行了深入、超前的研究，其主要创新研究成果如下：超大特长多功能盾构法隧道结构设计方法；超大、高水压盾构法隧道防水、耐久性设计标准；超大特长、多功能隧道通风和降温系统设计方法；公轨共管的多功能隧道防灾准则与方法。课题研究相关成果已经在上海、南京等长江隧道工程得到了推广应用，已获得13项专利授权或申请，发表论文28篇，编制了上海市标准《道路隧道设计规范》，撰写了《超大特长盾构法隧道设计》专著一本，填补了国内隧道设计规范和超大特长盾构隧道防灾设计规范的空白。

【项目背景】

21世纪将是地下空间高速开发和利用的一个世纪，由此可以推测中国大型隧道工程建设将进入高速发展阶段。同时为了满足集约型社会和可持续发展的需求，超大特长盾构法隧道的建造将成为一种趋势，其设计技术成为当今工程设计人员遇到的新挑战。由于目前传统设计手段难以满足超大特长隧道的要求，因此这些总投资可达数千亿元的宏伟工程面临着一系列技术进步的难题，这迫切需要我们提升计算理论、大断面综合利用、耐久性、通风方式、节能环保、防灾体系等各项关键技术水平。本项目属于隧道工程技术。其技术成果可为国内其他将要建造的大型越江跨海隧道工程提供技术示范和指导作用。

【项目内容】

盾构法隧道由于"量变"（直径、长度变化）会引起"质变"，需要在设计中重新选择合适的力学分析计算模型和参数进行优化设计，确定衬砌结构形式和受力性能，进行建筑横断面的合理布置。目前国内外盾构法隧道主要偏重于横向设计，而长大隧道由于纵向稳定性引起的结构、运营安全问题仍是我们需要重点研究的内容。在现在世界特大地震多发的阶段加强抗震研究和重新评价地下结构的抗震性能，同样具有重要的理论和实用价值。建设多功能如公轨共用的隧道是一项有益的工作，但对行车安全和结构的寿命提出了更高的要求。由于隧道有较高的耐久性要求，目前还缺乏对管片接缝防水性能系统的试验和理论分析，以了解和掌握超大盾构隧道接头防水性能和机理。长大隧道通风区段长，交通负荷高，其通风设计、废气排放和降温方式是必须加以重点研究的内容；目前国内在隧道逃生救援设计上受到制约条件较多，尚未形成体系，本着以人为本的原则急需进行相关系统及标准的确立。

本项目对上述关键问题开展了系统研究，首次创立了超大特长盾构法隧道完整的设计、计算体系及计算方法，进行了多功能长大隧道的耦合振动分析和非一致激励地震荷载作用下的结构响应分析数值仿真计算；率先提出了错缝拼装的衬砌环环间弯矩和轴力均有传递；在国内首创了射流风机诱导型纵向通风+重点排烟的通风模式，在国际上首先采用高压细水雾系统进行道路隧道的降温；对世界首条公轨共管的盾构法隧道进行了防灾设计控制模式研究，确立了超大特长盾构法隧道逃生救援体系标准，填补了中国此方面的设计空白。

本课题共申请了13项发明专利，其中5项专利已授权；撰写了1本专著，编制了一本上海市工程建设规范，在国内外公开发表28篇学术论文。

【工作过程】

超大特长隧道工程建设在衬砌结构设计、长大多功能隧道通风、排烟、降温、综合防灾、工程风险控制等方面都会遇到前所未有的难题,是制约整个工程安全、质量和工程造价的关键技术。

为给隧道设计提供科学的技术支撑,提升中国的隧道工程设计技术水平,形成具有自主知识产权和创新特色的核心技术群,课题组经过认真梳理、研究,将关键技术分成四大类、15个子课题,分别进行有针对性的深入研究(见表1)。

一、超大特长隧道结构分析研究

1. 正确把握设计关键技术,开展针对性研究

对超大特长的盾构法隧道设计,除涉及一般的盾构法设计要点外,还须紧扣特点来把握设计中特殊的关键技术:

(1)紧扣其超大、特长、深埋的特点,针对超大直径隧道的衬砌结构受力性能、衬砌环的挠曲刚度分析;超长隧道的通风、排烟、降温、隧道纵向不均匀沉降治理、隧道抗灾系统综合考虑以及深埋高水压下衬砌结构的防水等技术难题进行分析研究和优化设计。

(2)进行多功能长大隧道的耦合振动分析。针对双线隧道间设有多条连接通道、高速公路交通和轨道交通共管的情况,进行隧道结构、车辆荷载作用与周围土介质的动力耦合全三维数值仿真的研究,并进行非一致激励地震荷载作用下的结构响应分析数值仿真的研究。

(3)结合关键技术攻关,开展具有国内、国际领先水平的大型科研实验。如1:1衬砌整环试验和接头试验、全比例火灾试验,隧道降温、混凝土结构防火抗爆裂等一系列重大试验。通过研究成果的及时转化,优化工程设计。

2. 课题研究的技术路线科学、合理、创新、可行。

以理论分析与试验研究紧密结合的方法,确保了研究成果的针对性、可信性、前瞻性,可用于指导、拓展相关重大工程设计。

二、超大、高水压盾构法隧道防水、耐久性设计标准的研究

本项目以实际工况为依据,制备试验试件与试验设备,深入研究衬砌接缝所设的弹性橡胶密封垫在不同受力状况下的水密性;采用有限元分析方法,建立数学模型,对不同断面的弹性橡胶密封垫在受压与压缩剪切状态下显现的弹性密封性能进行分析,以判断其防水效果。以提高密封垫抗水压性能和限制密封垫闭合压缩力双重指标指导密封垫断面形式的优化,经过多层次的不断比选,最终确定弹性橡胶密封垫的断面构造

表1 关键技术研究一览表

项 目	课题名称、主要内容	报告序列
超大特长隧道结构分析研究(JG)	子课题JG1——衬砌结构横断面设计及构造研究	分报告一
	子课题JG2——衬砌结构原型试验及关键计算参数研究	分报告二
	子课题JG3——隧道纵向稳定性及接头选型研究	分报告三
	子课题JG4——双线隧道间连接通道设置研究	分报告四
	子课题JG5——隧道抗震性能的数值仿真研究	分报告五
	子课题JG6——隧道-车辆-土体耦合振动全三维数值仿真研究	分报告六
隧道结构防水与耐久性研究(FN)	子课题FN1——防水密封垫、挡水条优化设计试验研究、连接通道防水试验研究	分报告七
	子课题FN2——防水密封垫优化设计计算研究	分报告八
	子课题FN3——混凝土构件、金属构件耐久性试验研究	分报告九
长大隧道通风排烟、降温技术研究(TF)	子课题TF1——长大隧道通风排烟系统研究	分报告十
	子课题TF2——长大隧道废气排放影响研究	分报告十一
	子课题TF3——长大隧道温度及温升控制措施研究	分报告十二
长大隧道综合防灾体系设计、试验研究(FZ)	子课题FZ1——超大特长隧道防灾设计总则研究	分报告十三
	子课题FZ2——混凝土结构防火抗爆裂研究	分报告十四
	子课题FZ3——超大特长隧道全比例火灾试验及防灾联动控制	分报告十五

形式(见图1)。对弹性橡胶密封垫实样经过加速老化之后,研究其水密性能变化情况,并结合有限元分析对弹性橡胶密封垫的耐久性进行了研究,确保了隧道结构长期使用的安全性。

三、超大特长、多功能隧道通风和降温技术研究

1. 烟气控制

本次研究采用CFD分析与模型试验相结合的手段对纵向排烟、重点排烟以及二者组合排烟方式的烟气分布进行计算分析,特别针对组合式的排烟方式,研究不同纵向风速、重点排烟量、排烟口的间距、排烟口的启动方式等各种情况下烟气温度、一氧化碳浓度、热辐射强度、能见度等进行预测,并与人体维生环境标准比对,提出了纵向通风+重点排烟的技术方案,提出了排烟口的启动方案、排烟量要求以及纵向通风要求。组合形成的烟气控制方案取二者之长、避二者之短,火灾时射流风机系统可以迅速启动,温和地提供一定的纵向风速并不破坏烟层分布;同时,可能后启的重点排烟可以就地将纵向风推来的烟气尽快排离主隧道,缩小烟气在隧道内的流动范围。位于火源附近的三个排烟口启动后可以有效控制烟气在隧道的影响范围。

2. 废气排放控制

在污染源参数一定的情况下,气象条件是影响大气污染的重要因素。风速越大,湍流越强,污染物的稀释扩散速率就越快,大气污染物浓度

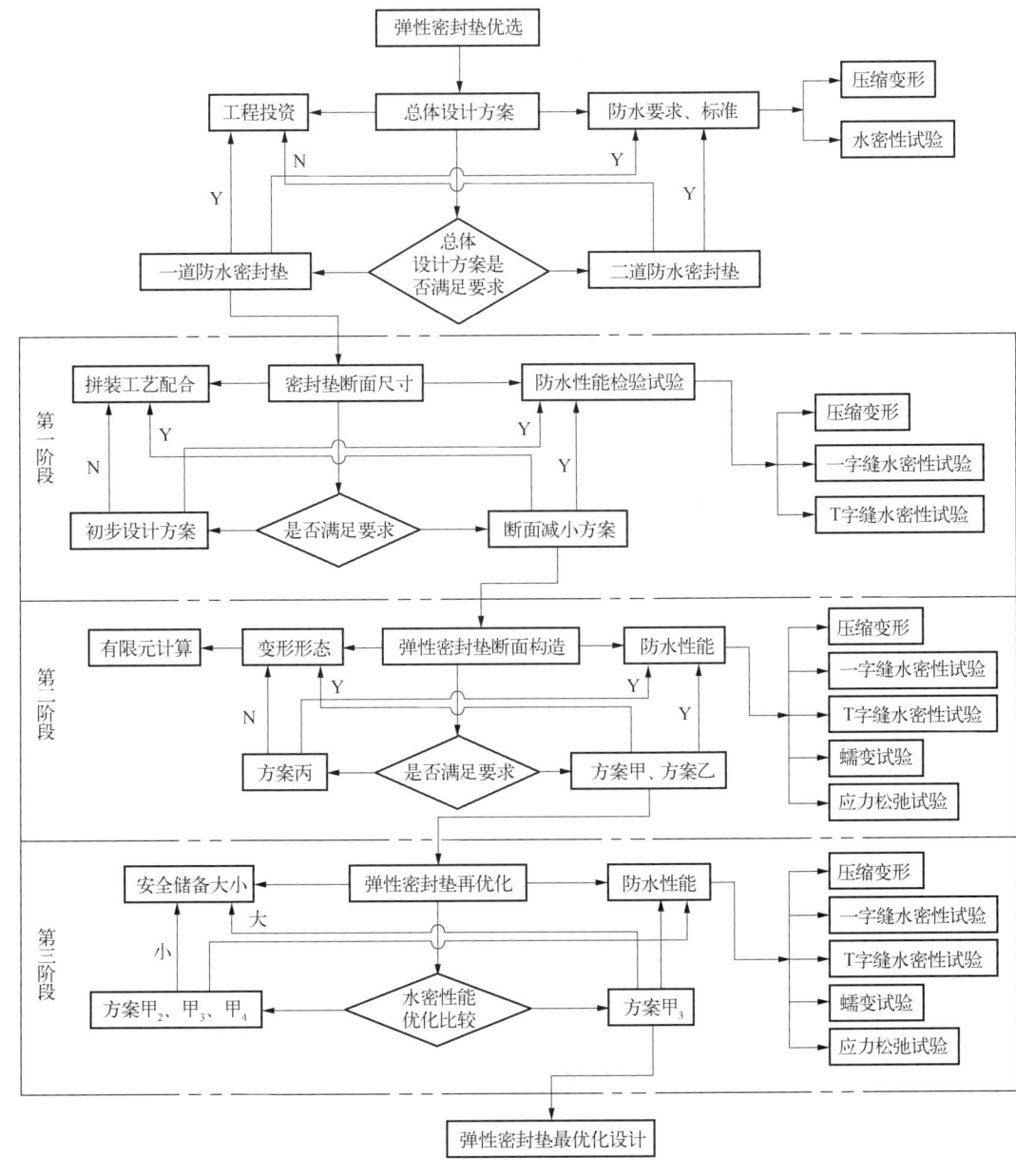

图1 弹性橡胶密封垫断面形式研究流程图

就越低。因此，风和湍流是决定污染物在大气中稀释扩散的最直接因素。本次研究采用机动车源排放因子模型确定隧道机动车污染物排放总量，在计算过程中考虑车速20 km/h怠速状态最不利情况，对风塔排风量分别为600 m³/s、450 m³/s、300 m³/s、150 m³/s；风塔几何高度分别为20 m、25 m、30 m这几种工况计算分析一氧化碳和二氧化氮的地面分布浓度。在洞口废气排放环境影响分析中采用经验模型和TOP模型进行计算。计算结果表明，废气扩散受风向的影响很大；同时在平行风、反向风以及无风情况下，隧道洞口排出的较高浓度的污染物一般均停留在路面上，不会对路面两侧的建筑物造成影响；但在横向风情况下，废气流将向隧道出口路面的两侧扩散，导致路面两侧很大范围内的污染物浓度超标。因此隧道出口废气不可直接排放，必须采取措施控制隧道出口污染物的扩散，使得废气在到达周围环境的敏感区时已经经过充分的稀释，从而满足环保要求。计算分析见图2。

【咨询工作特点】

1. 结构设计方法的创新研究与创新点

（1）首次建立了基于足尺整环、接头试验（见图3）的超大直径盾构隧道衬砌结构设计计算方法，第一次完整提供了盾构法隧道结构设计计算模型的所有力学参数取值，为衬砌结构设计提供了科学、充分的依据。

（2）首次提出了错缝拼装管片在接头部位，既有弯矩传递，又有轴力传递。根据整环试验和接头偏心试验资料，弯矩传递系数拟取为0.2～0.5，轴力传递系数拟取0.1～0.4。弯矩传递系数 ξ 随轴力传递系数 ξ_0 的增大而增大。根据轴力传递系数与弯矩传递系数的拟合公式，对于修正惯用法，在不考虑轴力传递（$\xi_0=0$）的情况下，弯矩传递系数为0.24。

（3）获得较详尽的纵缝接头转角刚度、环缝径向、切向剪切弹簧刚度等关键计算参数的变化规律。

（4）首次对超大特长隧道进行了全面的三维抗震分析，建立了工作井、隧道（含内部结构）、连接通道和土体的三维仿真模型，分为一致激励和非一致激励工况，验证了在工作井与圆隧道连接部位、主隧道与连接通道的连接部位等断面形状、结构特性及变化特性有较大差异的部位设置变形缝的必要性。变形缝处产生的错动变形及张开量相对较小，均在变形缝的变形及防水适用范围内，能够满足抗震设计的要求（见图4）。

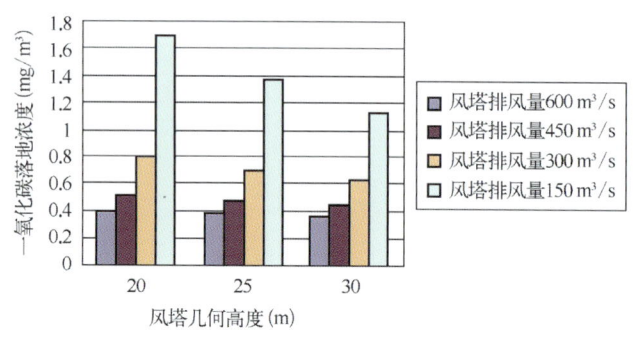
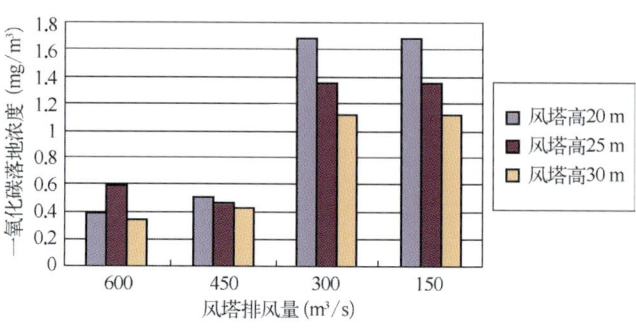

图2 污染物最大落地浓度分析图

图3 足尺整环试验和管片接头试验

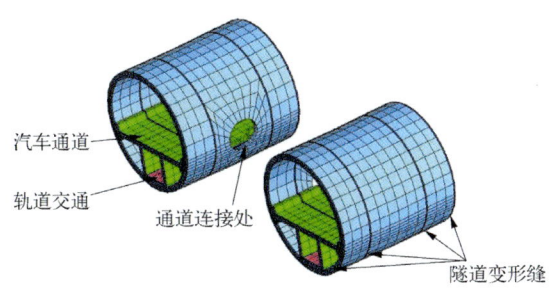

图4 三维抗震计算模型

2. 防水、耐久性设计标准的创新研究与创新点

（1）通过弹性橡胶密封垫的室内试验和有限元计算，最终选取的水下深埋超大盾构隧道衬砌接缝的密封垫断面构造形式在衬砌接缝张开8 mm、错缝6 mm，可抗1.04 MPa水压；且密封垫应力松弛较小，抗蠕变性能佳，上述指标既保证了密封垫对隧道衬砌接缝的长期防水功效，又十分科学地计算与剖析出接缝可能出现的最不利工况，克服了盲目求大（接缝张开量过大）求高（水压力超高）的密封垫设防要求。

（2）以提高密封垫抗水压性能和限制密封垫闭合压缩力双重指标指导密封垫断面形式的优化，既确保了密封垫的防水性能，又对管片拼装不产生负面影响。

（3）通过研究，摸索出弹性橡胶密封垫整套试验（如一字缝和十字缝水密性试验、应力松弛试验、蠕变试验）的试件、试模、试验设备、试验方法，为今后密封垫的检测与试验的标准化、规范化奠定了基础。

3. 通风和降温系统设计方法的创新研究与创新点

（1）提出了纵向通风与重点排烟组合的烟气控制方案。本研究在中国首次提出了纵向通风与重点排烟相结合的控烟方式，使二者有效结合，充分发挥了纵向控烟与重点排烟的优点，提高了长大隧道烟气控制能力，缩小了火灾烟气影响范围，有效降低了隧道火灾危害，提高了隧道抗灾能力。

（2）研究提高了隧道消防性能化分析和评估的能力。采用数值模拟分析、模型试验、足尺火灾试验紧密结合的方法，创建了丰富的数值模拟数据库和隧道数值分析模型，检验了排烟方案的烟气控制效果，提高了数值分析精度，为隧道消防性能化分析设计打下了基础。

（3）率先提出公路隧道细水雾降温方式是世界首创，解决了困扰当前超大特长隧道的高温难题。研究围绕工程应用的核心技术难点——喷雾不能影响能见度、行车安全，对断面喷雾量、粒径、喷雾方式、方案设计、控制方案等一系列问题进行了研究，提出了适用于隧道降温的喷雾量、雾滴粒径、喷头安装方式的关键技术指标，并借助于全比例足尺隧道试验，对研究提出的喷雾方案和喷嘴进行了大量的足尺试验，使研究成果具有很强的工程适用性。

（4）本研究还首次提出了从隧道产热、温度预测计算、喷雾降温关键技术指标和降温设计、运营控制的系统化设计计算方法。

4. 公轨共管的多功能隧道防灾准则与方法的创新

超大特长隧道逃生救援设计是一个广义的设计范畴，已从单纯的土建或设备系统的硬件设计，扩展到对既有硬件系统面对不同灾害的应对能力、硬件子系统相互的配合度和有效性、受灾与救灾人的行为模式、外部防灾资源调动等多种因素的研究。本课题从多功能隧道逃生救援系统的设计控制模式着手，对可能影响隧道整体安全的结构、建筑、消防、防排烟、照明、供电等各子系统的安全功能进行平衡和冗余设计；确定连接通道设置的技术要求；从总体设计上考虑灾害情况下人员疏散、救援的便捷与可靠（见图5）。

（1）率先明确提出超大特长隧道的逃生救援设计标准及多因素综合考虑的隧道连接通道设置要求。

（2）进行砼结构防火抗爆裂试验，为工程、衬砌结构经济有效的防火设计提供依据。

鉴于大多超大特长隧道中在拱顶部位设有排烟道，由于隧道内火灾工况时，烟道内的温度相对比较高，本项目率先提出烟道板结构采用掺聚丙纤维的钢筋砼，掺量建议取2.5 kg/m³，能确保火灾时结构不会坍塌伤人；即使有被损处，也易于更换修复。

（3）进行隧道防灾七大系统科学、合理、全面、系统、创新的综合性试验，创新地提出了系统联动控制技术和创新的设计方法。为中国长大隧道逃生救援设计、消防救援预案，运营管理章程的制订提供了宝贵的基础资料。

【咨询效果】

本课题相关研究成果在多个工程中得到推广和应用，并由此制定了相关的设计标准。

上海长江隧道是目前世界最大直径的公路与轨道交通合建隧道工程，在设计中应用了公轨合建隧道结构、车辆荷载作用与周围土介质的动力耦合

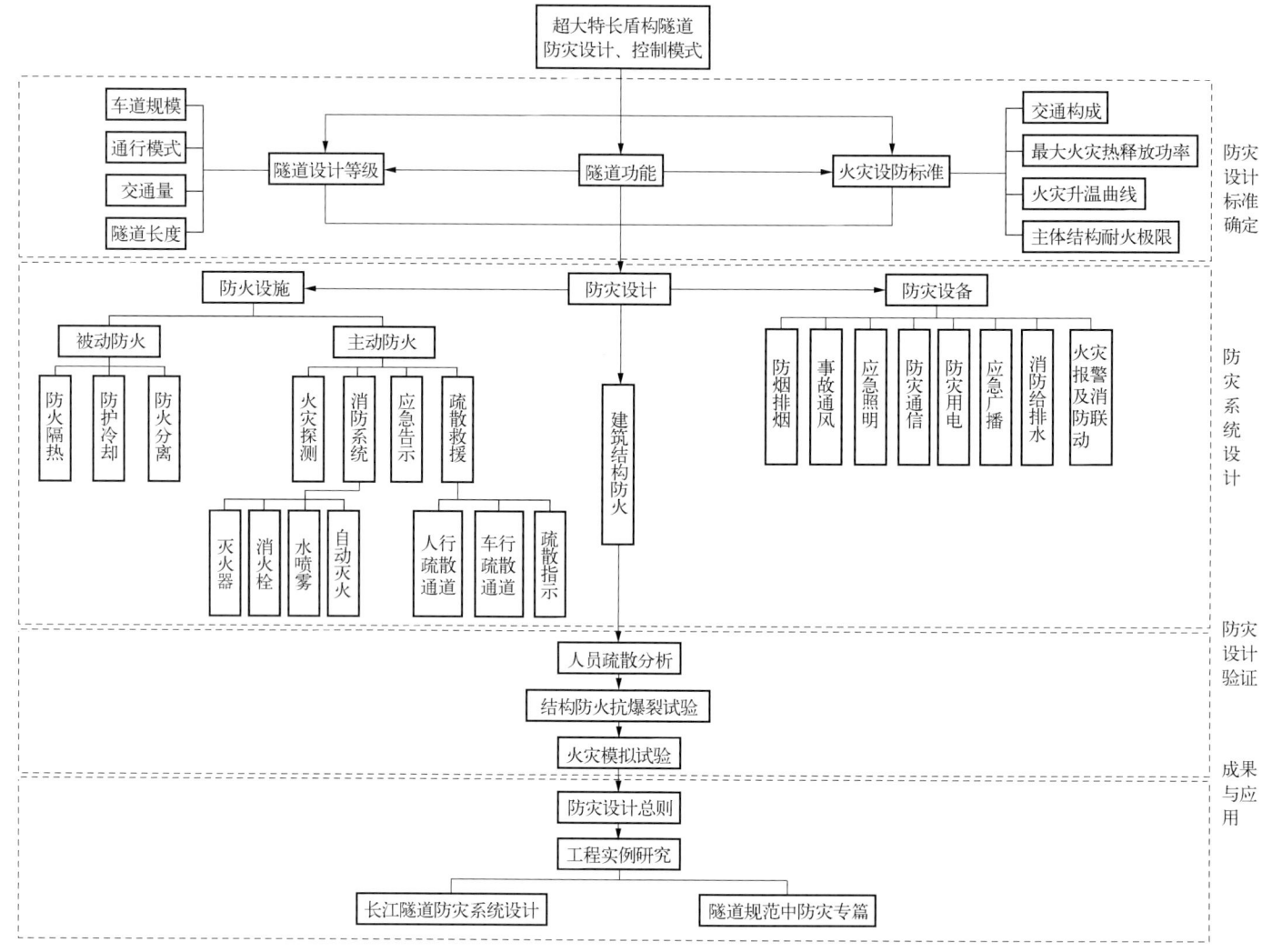

图5 多功能隧道防灾系统设计、控制模式

全三维数值仿真、非一致激励地震荷载作用下的结构响应分析数值仿真等研究成果，节省投资约20亿元；应用了"隧道结构防水和耐久性研究"成果，节约维修费约9 000万元；应用了"长大隧道通风排烟、降温技术研究"成果，采用适合的设计方案，节省投资约5.1亿元；应用了隧道综合防灾体系技术研究的成果，全面提升了隧道的防灾减灾能力。

上海上中路隧道应用了"超大特长隧道结构分析研究"中的部分成果，对提高工程质量起到了很好的作用，通车后取得了很好的社会反响。

上海长江西路隧道应用了本课题相关研究成果"衬砌结构横断面设计及构造研究"、"隧道结构防水和耐久性研究"、"长大隧道通风排烟技术研究"，对提升工程质量、加快工程进度起到了很好的效果与作用。

南京市过江通道应用了"衬砌结构横断面设计及构造研究"、"隧道结构防水和耐久性研究"等研究成果，在工程建设期间取得了良好的经济效益和社会效益。

超大特长隧道设计关键技术研究成果被用于编制了上海市标准《道路隧道设计规范》，填补了国内隧道设计规范和超大特长盾构隧道防灾设计规范的空白。项目组编制了《超大特长盾构法隧道工程设计》一书，对中国隧道设计具有参考价值和技术示范作用。

本课题研究取得的相关创新成果，对中国超大特长盾构法隧道工程设计具有推广应用价值与指导意义，首次创立形成的超大特长盾构法隧道完整的设计、计算体系及方法，填补相关设计技术标准空白，促进了中国公路隧道的相关技术的发展。

上海市建设投资项目社会稳定风险评估机制和方法研究

The Research on the Risk Assessment Mechanism and Solutions of Social Stability Risk for Shanghai Investment Projects

编写单位：上海投资咨询公司
Shanghai Investment Consulting Corporation
联系电话：021-63903366　　网址：www.sicc.sh.cn
主要完成人：祝兆松　钟贤宾　王智勇　秦春　曹祖耀　马念君　张劫怡

【点评】

本研究成果运用风险管理、社会管理和工程管理的理论，从建立风险管理机制及风险识别、风险估计、风险评价、风险处置对策等角度，明确了项目社会稳定风险分析和评估的工作目标、内容、流程和方法，逻辑框架合理，内容系统全面，技术导向性和可操作性强，形成了一套行之有效的项目社会稳定风险评估机制和方法。

【项目背景】

2008年2月召开的上海市政法工作会议暨平安建设推进大会指出，要着力保证社会大局稳定，建立和完善社会稳定风险评估制度，进一步增强维稳工作的主动性，完善维稳工作的方式方法。2009年5月，上海市政府办公厅印发了《关于建立重大事项社会稳定风险分析和评估机制的意见（试行）》，建立起社会稳定风险评估机制，组织开展建设项目社会稳定风险评估试点工作。但除了认识层面上的原因外，由于国内缺乏一套基于中国实际并行之有效的社会稳定风险评估理论方法体系，实践中面临着"哪些项目需要进行评估"、"评估的程序和内容有哪些"、"怎么进行风险评估"等实际问题，制约了评估工作的开展和评估作用的发挥。

为了做好建设投资项目社会稳定风险评估（以下简称"稳评"）工作，根据市政府文件精神和市领导关于抓紧建立重大项目社会稳定风险评估机制的要求，上海市发展改革委、上海市维稳办委托上海投资咨询公司开展"上海市建设投资项目社会稳定风险评估的探索和实践研究"，形成一套适用于上海市建设投资项目稳评实际和特点的评估机制、评估方法和相应的管理制度。

【项目内容】

本项目研究围绕建设投资项目稳评实践中面临的"哪些项目需要进行评估"、"评估的程序和内容有哪些"、"怎么进行风险评估"等实际问题，开展针对性的研究，形成了由一份研究主报告、三个附件（一个"实施办法"和两个"指南"）组成的研究成果。考虑到重点建设投资项目社会稳定风险评估工作具有较强的开拓性和探索性，"上海市建设投资项目社会稳定风险评估机制和方法研究"主报告从国外相关研究、国内对投资项目社会稳定风险评估的研究和探索着手，以剖析上海市重点投资项目推进与引发社会稳定风险关系为重点，分析研究推进上海市重点项目社会稳定风险评估的机制和方法。提出了先试点后推广；重点项目社会稳定风险分析和评估的概念和目的；政府相关部门和项目单位的责任和分工；风险评估与评价的重点内容；建立项目风险源预判、项目主管部门预审、A级风险项目退回调整和处置措施跟踪四大机制；分类指导不同项目的评估重点等方面的意见和建议，形成了一套行之有效的投资项目社会稳定风险管理制度和技术性指导文件，指导风险评估工作的进一步推进和实施。

研究报告的三个附件分别为："上海市建设投资项目社会稳定风险分析和评估试点办法（试行）"、"上海市重点项目社会稳定风险分析和评估报告编制指南（试行）"和"上海市建设投资项目社会稳定风险分析和评估报告评价指南（试行）"。"上海市建设投资项目社会稳定风险分析和评估试点办法（试行）"，进一步细化和明确项目稳评机制。"上海市重点项目社会稳定风险分析和评估报告编制指南(试行)"和"上海市建设投资项目社会稳定风险分析和评估报告评价指南(试行)"进一步明确建设项目稳评的目的、内容、程序和方法,成为项目单位、咨询机构和政府部门开展重点建设项目社会稳定风险评估工作及其篇章(报告)编制的技术指导性文件。

【工作过程】

本项目的研究过程,是一个从探索理论到指导实践,总结实践经验再将其提炼到理论的循环过程。

从2009年7月上海进行建设项目稳评试点起,上海投资咨询公司开始探索建设项目社会稳定风险评估。在本项目研究过程中,先后承接重大事项社会稳定风险评估、评价咨询任务60多项,为来自市、区政府部门和企事业单位三方面30多家机构的委托,重点项目涉及铁路、轨道交通、高速公路、高架道路、城市道路、电力、环保(垃圾处理)、水务、产业、民政(殡仪馆)、学校、医院、体育、房地产商业开发等行业领域,重大决策涉及公共产品价格调整、房屋征收补偿、环境整治居民搬迁、移民电费收缴等方面。

由于在国内缺乏一套成熟的投资建设项目社会稳定风险评估的理论和方法,项目组针对开展重点建设项目稳评工作中上述迫切需要解决的一些实际问题开展研究,按照问题导向的原则,不断地去识别问题、分析问题和解决问题。如:

结合上海建设项目维稳工作的实际,通过对承担的稳评咨询项目存在的社会稳定风险进行分析、梳理和归纳,按照"应评尽评"的要求,研究提出了易发生社会不稳定问题的交通运输、环境设施、能源、工业、社会事业、农业6个方面重点领域的建设项目,涉及土地与房屋征收、在项目规划和环境影响评估公示阶段发生社会不稳定问题且尚未化解的、在居民密集区建设且对周边群众生活生产具有一定影响的建设项目,以及凡是经预研判断可能引发社会不稳定问题的其他建设项目应当开展社会稳定风险评估工作,解决了"哪些项目需要进行评估"的问题。

通过分析研究建设项目社会稳定风险评估的要求和特点,借鉴《ISO31000:2009风险管理原则和指南》的一套风险管理理论和方法,研究提出了建设项目社会稳定风险评估的基本流程:在风险调查的基础上进行风险识别、风险分析、风险评价,提出风险防范措施建议,编写风险评估篇章(报告),接受评价审核。解决了"评估的程序有哪些"的问题(见图1)。

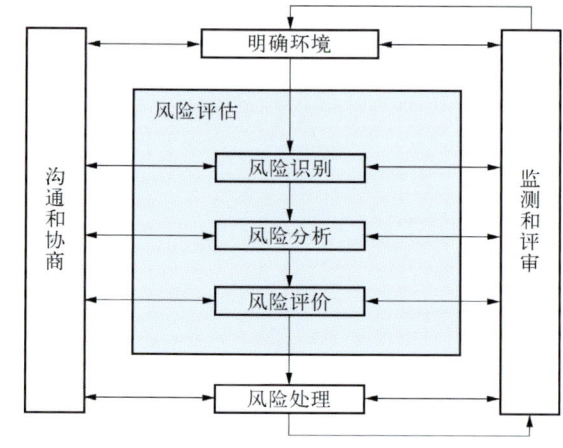

图1 稳评的主要过程示意图

通过对上海市政府办公厅印发的《关于建立重大事项社会稳定风险分析和评估机制的意见(试行)》的学习,结合建设项目稳评的实践,针对重点建设项目的规划、建设和运行可能存在的社会稳定风险,对其在合法性、合理性、可行性和安全性等方面需要重点评估的内容进行梳理和明确,解决了"评估的内容有哪些"的问题。

通过借鉴《ISO31000:2009风险管理原则和指南》中风险评估的思路和方法,结合建设项目社会稳定风险评估的不断实践,研究总结了一套简单、容易掌握的建设项目稳评操作方法,包括如何开展建设项目的稳评风险调查、风险识别、风险估计和评判,研究提出风险防范措施建议,以及篇章(报告)编制,解决了"怎么进行风险评估"的问题。

【咨询工作特点】

在国内缺乏一套基于中国实际并行之有效的社会稳定风险评估理论和方法体系的情况下,本研究运用风险管理、社会管理和工程管理的理论和方法,特别是借鉴《ISO31000:2009风险管理原则和指南》的一套风险管理理论和方法,针对建设项目社会稳定风险评估目标具有多样性和复杂性,标准具有差异性等特点,在作了许多开创性的实践与研究的基础上,形成了一套投资建设项目社会稳定风险评估理论和方法体系。其具有以下特点:

1. 理论与方法完善而实际可操作性强

建立健全重大决策事项社会稳定风险评估

机制,是全面加强社会管理、提升社会管理水平的一项重大制度创新。作为一项从源头上预防和减少社会矛盾的制度创新,该体系通过实践和研究,将"评什么"、"怎么评"、"如何对已实施的评估工作开展评价"三个有机联系的问题整合成建设项目社会稳定风险评估/评价(评审)两个"指南",解决了实践中迫切需要解决的"哪些项目需要进行评估"、"评估的程序和内容有哪些"、"怎么进行风险评估"等一些实际问题。通过开展对建设项目社会稳定风险评估咨询收费办法的研究,解决咨询服务收费问题。通过开展对建设项目社会稳定风险评估咨询单位资质管理办法的研究,解决了行业准入标准和稳评咨询人员业务知识标准问题。本项目率先在国内建立了一套比较完善的建设项目社会稳定风险评估机制和管理制度体系,有助于推进建设项目社会稳定风险评估工作走向科学化、规范化的道路,使之真正发挥稳评的实际效果,最大限度地发挥出预防和减少项目建设和运行过程中负效应的作用;有助于将"以人为本"的核心科学发展观落到实处,在项目建设和运行过程中实现好、维护好、发展好最广大人民的根本利益,真正起到从源头预防和化解社会矛盾的作用;有助于把改革力度、发展速度与社会可承受程度和谐统一起来。

2. 以"沟通协商"为基础

本项目结合上海实际,在实践探索基础上总结提炼了以"沟通协商"为基础的稳评技术模型,强调以开展投资项目稳评为契机,建立各利益相关方沟通协商的平台,并引导项目建设单位与地方政府之间,项目建设单位和政府部门与利益相关者之间,项目建设单位、政府部门和专家之间进行广泛深入的沟通和协商,在项目建设可能存在的负效应方面达成共识,并提出各利益相关方可接受的风险预防、化解措施,在项目建设和运行过程中防范社会矛盾、维护社会稳定。其率先创建的"沟通协商"风险评估模型,可操作性强,具有较大的应用价值。不仅能够用于指导风险评估主体开展风险评估工作,而且能够指导项目单位根据项目实施进程、内外部环境和利益相关者诉求变化情况动态开展风险评估和风险预防、化解工作,指导项目全生命周期的社会稳定风险的防范与化解工作。

3. 实现多方面的突破

通过实践和研究,本研究项目在理论、方法、技术模型、指标体系、评判标准和报告编制标准等方面实现了重大突破。

(1)创建了建设项目社会稳定风险评估理论体系。借鉴ISO31000国际风险管理准则和工程咨询理论,结合建设项目社会稳定风险评估的特点,经系统的归纳综合,形成了适合于国内实际的建设项目社会稳定风险评估理论体系,具有突出的创新性和方法的先进性,可操作性强,在国内同类成果中处于领先水平。

(2)创立了风险评定准则即风险等级的评判标准,作为评价风险重要性、评判风险等级的参照依据。根据上海维稳工作的目标和要求,对上海可能发生的社会稳定风险事件及风险后果进行了梳理和分类,创立了从总体评判、可能引发的风险事件、可能参与事件人数、单因素风险程度、整体风险指数等五个方面进行综合评判,以A、B、C三个等级为具体评判标准,建立了风险等级判定准则体系,为客观地判定项目风险等级提供了依据,以便于稳评工作过程中各方面对项目的风险等级形成统一的认识。

(3)将"利益相关者"概念引入稳评,创立了确定风险评估范围的方法。通过引入"利益相关者"的概念,将利益相关者所涉及(分布)的范围确定为稳评(风险管理、评估)的范围,即开展风险评估、风险调查需要考虑涉及的区域范围。提出可将环境影响评价的范围作为稳评范围的参考,但不能仅仅局限于环境影响评估确定的范围,需要根据实际情况进行调整。

(4)创立了一套系统、完整的社会稳定风险评估/评价(评审)方法体系。借鉴《ISO31000:2009风险管理原则和指南》、社会管理和工程咨询理论方法体系,综合现代咨询和决策分析方法,建立了包括文献法、访谈法、问卷法、观察法等多种具体的风险调查方法,专家调查法、核对表法和情境分析法等风险识别方法,单因素风险概率估计、影响程度和风险等级分析、概率-影响矩阵法(见图2)等风险分析方法,调查打分法、综合指数法、层次分析法等定性和定量相结合的风险评估方法,重点从合法性、完整性、可行性和有效性方面开展风险防范、化解措施研究的研究方法等,既简单实用又规范,保证评估质量,对确保风险评估的质量起到积极的作用。

(5)明确了风险调查的重点内容和主要调查方法。明确将项目建设的合法性、项目建设方

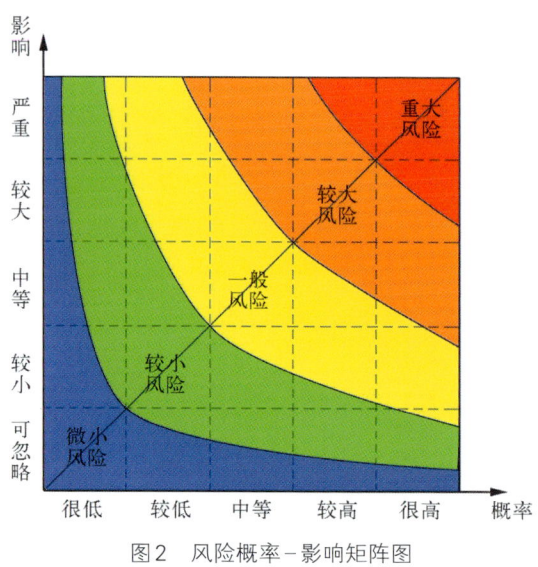

图2　风险概率－影响矩阵图

案、项目选址及其周边的自然和社会环境、利益相关者及其诉求作为调查的重点内容，特别注重对利益相关者中基层政府部门、企业、特殊群体/人员的意见诉求的调查；明确可以采用所有的现代社会调查方法开展调查，深入实际多层次、多方位、多渠道地开展调查，要避免仅仅局限于问卷调查的方法，同时要注意各种调查方法的局限性，获得的结果不可不信，也不可全信。

（6）创建了一套系统完善、操作方便的风险因素识别体系。在理论与实践中，研究提出了可以运用专家调查法、核对表法以及访谈法、实地观察法、案例参照法、项目类比法等方法及其组合进行风险识别。其中，核对表法是一种比较简单、实用的识别方法。将社会稳定风险评估的重点内容"合法性"、"合理性"、"可行性"和"安全性"分解到7大项46小项风险因素识别指标体系之中，创建了项目稳评的风险识别核对表。它结合项目与社会的互适性分析，为全面识别建设项目社会稳定风险因素提供了依据，大大提高了风险识别的工作效率。

（7）创建了一套稳评（分析和评估、评价）报告的编制标准。研究提出了编制投资建设项目社会稳定风险分析和评估、评价报告的规范，包括具体的编制要求、报告的形式、具体内容以及格式等，为确保项目稳评报告的质量打下了基础。

【咨询效果】

本研究成果应用价值大、操作性强，具有实用、高效、易推广的特点。本研究成果起到风险评估导则的作用，可用于指导建设项目的社会稳定风险评估/评价（评审）实务操作，实用性相当强，容易掌握和操作，且能确保规范性。其中，"上海市重点项目社会稳定风险分析和评估报告编制指南（试行）"和"上海市重点项目社会稳定风险分析和评估报告评价指南（试行）"、"上海市重点项目社会稳定风险评估咨询服务收费暂行规定"和"上海市重点项目社会稳定风险评估咨询服务收费暂行标准"已被上海市发展改革委和市维稳办转变为上海市建设项目社会稳定风险评估的指导性文件，被30多家咨询机构应用于300余项建设项目社会稳定风险评估/评价咨询实践，取得了良好的经济效益和社会效益。

本研究成果包括风险评估必经哪些环节、各环节的工作内容、侧重点、工作方法以及成果呈现形式，从而起到规范社会稳定风险评估业务实践的作用。它特别强调实地踏勘、调研调查和专家研讨等工作环节，使风险评估真正建立在客观、科学的基础上，确保了风险评估的可信性。

本研究成果能指导风险评估从业人员高效地进行社会稳定风险评估工作，用较少的投入确保比较全面地识别出主要风险、比较准确地评判项目风险等级并迅速提出可行有效的对策措施，能有效保证风险评估的深度和报告的质量。

本研究成果在全国产生了重要影响。其在全国率先编制的重点建设项目社会稳定风险评估报告编制/评价指南，系统地提出了开展风险评估的建设领域及其调查重点、风险评估程序和方法、风险评估指标体系及风险因素识别指标体系、风险等级判定参考标准体系等关键要素，被国内10多个省市和10多家咨询机构所学习、借鉴。

其探索形成的成果和相关的项目稳评工作实践引起国家发展改革委的高度关注，为国家发展改革委办公厅制定《关于重大固定资产投资项目社会稳定风险分析篇章和评估报告编制大纲（试行）》提供了强有力的理论基础和实践支撑。

长春市政府投资工程项目管理研究
The Research on the Management for ChangChun Municipal Government Investment Project

编写单位：上海科瑞真诚建设项目管理有限公司
Shanghai K & Z Construction Project Management Co., Ltd.
联系电话：021-65981368　021-67721178　　**网址**：http://www.kzcpm.com
主要完成人：李永奎　李健　董杰　乐云　封履宁　何清华　刘宝学　王萍　过星辰　钟云鹏

【点评】

本项目基于政府投资工程建设项目群建设管理的系统复杂性，从管理创新和技术创新层面，系统深入地提出了创新性的解决方案：创新地提出项目管控稳定度模型与评价标准；针对长春市政府投资工程建设项目群管理的具体地域特点，提出了多维矩阵组织新架构；针对政府投资工程建设项目的投资性质，基于统筹计划、形象进度计划、投资计划等方面的平衡与协调，建立了多级计划体系，创新性地开发了适用于政府投资工程建设项目群综合管控的信息化集成平台，实现了与政府相关部门、融资平台以及外部参建单位的信息共享和有机协调。

【项目背景】

2008年以来，随着长春市城市化进程、城市功能提升、城市更新和改造等建设节奏的加快，"井喷式"增加了大量基础设施建设项目，给建设管理带来了巨大压力和挑战，突出表现在项目群复杂、目标控制面临不确定性和组织管理复杂等方面。

1. 项目群规模大而类型复杂

项目群项目数量众多、规模大、类型多样、专业工种多、建设周期不同步、分布广、投资主体不同等，给综合管控带来了巨大压力和挑战。

2. 综合管控面临不确定性

复杂多变的内外部环境，是项目群计划难以综合管控的重要根源。包括：外部环境的不确定性，如国家政策的变化、项目需求的变化、拆迁的不确定性、地下管线排迁的不确定性、极端气候的不确定性等；以及内部环境的不确定性，如技术难度的不确定、参建单位能力的不确定。

3. 组织管理复杂

由于政府投资基础设施项目的特殊性，其在组织管理方面存在巨大压力，突出表现在管理系统的开放性和多层次性、利益相关者众多、组织协调工作量大、管理跨度和幅度大、管理资源匮乏、项目管理的成熟度不高、管理手段落后等。

【项目内容】

本项目的业主单位为长春市投资建设项目管理中心（简称"建管中心"），成立于2007年，为长春市城乡和建设委员会下属事业单位，主要负责长春市政府投资建设项目的建设管理工作。

长春市每年有公共建筑、党政机关等房建项目，以及交通、环境、供排水、能源等基础设施项目超过200个，分布在长春市的各个区域，总投资超过250亿元。项目类型和数量众多、投资大、分布广、牵涉部门繁杂、参建单位众多，项目群管理和协调关系极其复杂，亟须创新项目群综合管控和精细化管理的组织、方法和手段，以提高政府投资项目群管控的水平和管控绩效。

咨询团队经过四年的努力，基于上海世博会等大型复杂项目群管理经验，运用项目群管理理论和现代信息技术，对现有问题进行诊断，梳理出关键问题，进行系统性创新，形成了面向政府投资工程项目群综合管控的一整套理念、方法和工具体系，包括管理组织模式和架构创新、管理制度和管理程序创新、系统的计划管控创新、项目群综合管控平台创新等，取得了系列成果和显著的综合效果，实现了政府投资项目群综合管控的制度化、规范化和信息化，具有典型示范意义。

基础设施作为城市的一个重要载体，是城市建设与发展的重要支撑，同时，在以投资拉动经济的策略下,基础设施的投入对于经济拉动具有明显作用。因此,提高基础设施的投资效率对于投资效益的增加具有重要贡献。此外,基础设施建成后对于城市土地价值的拉动、生产活动和物流活动的推动都具有重要经济意义。综合管控关键技术的应用,对于提升以上经济效益具有重要影响。

【工作过程】

长春市政府投资建设项目群规模大、类型多、分布广,项目复杂性特征给组织管理带来的很大难度。项目群系统的开放型、管理职能部门的交叉性、参与单位众多给主动管控带来的很大难度。项目群需求的不确定性、实施过程的不确定性、外部环境的不确定性等给动态管理带来的很大难度。项目群系统和社会系统、城市运营和管理系统相互交叉、相互影响和相互干扰等给突发和应急管控带来的很大困难。项目群各建设环节交叉,要素多、彼此互动关联,以及质量、安全、进度和造价控制要求高等给精细化管理带来的很大困难。集中代建管理模式要求更为专业的管理资源、更为强大的管理力量,但长春市投资建设项目管理中心人员配备显著不足,长春市工程咨询市场尚不发达,这些阶段性特征给满足管控需求带来很大困难,且这些问题在中国甚至国际上尚无成熟的模式和方法可供借鉴。

为了解决政府投资基础设施项目群综合管控的关键问题,课题组以长春市实践为基础,进行大胆创新和探索,基于项目群管理、项目组合管理、复杂项目管理和项目总控等最新前沿理论,结合上海世博会等复杂群体工程管理经验,利用项目管理业务系统(PMIS)、项目管理总控系统(PCIS)和项目信息门户系统(PIP)等最新信息技术,针对政府投资工程的前期、征收、设计、造价、招标、施工和交工验收等项目管理全过程,技术管理、施工管理、招投标与合同管理、造价与财务管理以及档案管理等职能管理全业务条线,建委、投资建设项目管理中心、投融资平台、项目管理公司等管理组织的全层次,以及决策层、管理层和实施层等多个维度的关键内容,形成了政府投资建设项目群综合管控的关键管理创新和技术创新。主要包括:项目群综合管理集成平台、项目群结构化分解技术和多维嵌套组织架构设计与组织分工、多级多类计划集成管理体系、标准化规范化的制度设计和绩效与信用管理体系等政府投资建设项目群综合管控的"平台件、组织件、管理件、制度件"等"四件"支撑体系(见图1)。

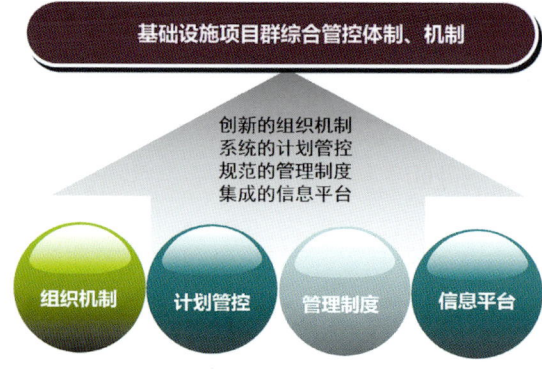

图1 基础设施项目群综合管控体制、机制框架图

1. 组织件体系

(1)面向复杂项目群综合管控,建立多维嵌套组织架构,解决针对不同项目类型、项目目标和过程控制导向的项目群和项目组合管理的组织支撑,实现综合管控平台和组织支撑的同轨。

(2)厘清任务分工、职能管理界面和归口管理关系,明确职能部门和项目部关系,有效避免责任不清、界面不清、相互推诿的组织问题,大大提高组织管理效率,为综合管控平台各职能模块的应用提供组织支撑。

(3)明确组织系统边界,以及组织系统与外部政府部门、参建单位的接口关系,以助于明晰对外沟通和协作途径,助于基于综合管控平台的外部工作协同和信息沟通,通过信息的集中共享减少沟通成本,提高沟通效率。

2. 管理件体系

(1)将不同功能的统筹计划、形象进度计划和投资计划进行关联,实现了三者之间的同步和统一,以利于工程的顺利推进、融资工作的开展以及降低融资成本和贷款利息等。

(2)以统筹计划为纲,将形象进度计划和合同管理结合起来,编制投资计划和资金支付计划,并基于此编制融资计划,协调建委计财处、投资建设项目管理中心和融资平台之间的工作。

(3)通过建立三级计划体系,形成以统筹计划为纲、以形象进度计划为抓手、以资金使用计划为保障、以二级计划为支撑的项目群计划集成管控体系,做到刚性和柔性结合的计划管控,以适于政府投资基础设施项目建设管理的现实需求。

3. 制度件体系

（1）在代建制尚未成熟的情况下，从项目操作角度制订和完善相关管理制度和信用管理办法，对于实现基础设施项目群综合管控的制度化、规范化、流程化和标准化具有重要作用，使各项工作统一流程、统一标准，为基础设施建设领域的规范化管理、阳光操作提供制度保证。

（2）以全国建筑市场诚信管理系统作为基础设施建设领域信息管理的重要落脚点，建立指标更为详细和可操作的评价办法，实现与城乡建设委员会信用管理相对接的制度体系和平台系统，以利于信用事件的记录和追踪。

（3）以制度为依据，以项目文化为导向，通过制度约束工程行为，通过项目文化倡导向上的工程行为，培育积极、健康的基础设施工程管理环境，实现可持续的基础设施项目群综合管控体制和机制，从而为综合管控平台的深入推进实施和进一步升级提供内外部体制机制保障。

4. 平台件体系

面对项目群管理对象复杂、项目群实施全过程业务相关性复杂、项目群综合集成管控复杂、项目群信息不对称影响决策等系列困难，秉持实用性和可靠性相结合，模块化设计、通用性和集成性、易用性和界面友好性、可扩展性以及安全性兼顾等原则，运用项目管理业务系统、项目管理总控系统和项目信息门户系统等前沿信息技术手段，建立了长春市政府投资基础设施项目群综合管控集成平台。

【咨询工作特点】

1. 创新管理模式和关键技术

（1）采用项目结构化多维分解技术、项目群归类归集、项目稳定评价模型和风险评价等模型与方法解决了复杂项目群对象管理问题。

（2）以统筹计划为纲，建立统筹计划、形象进度计划、投资计划和资金使用计划等多层多类的集成计划体系，实现了不同决策管理层次、不同业务条线的计划综合平衡和集成，以及投资、进度和资金使用的协调管控。

（3）以项目建设全生命期为纵线，以各管理业务为横线，基于项目群对象分解和业务流程再造，开发了项目全过程综合业务集成管控和协同工作平台，实现了项目群业务层总体管控和流程化控制。

（4）基于数据库技术、门户技术和决策支持理论等，开发了面向决策层、管理层、业务层和项目层等不同管理层次的B/S可视化决策支持面板，用于项目进展跟踪、预警、调度和决策。

（5）基于网络技术和用户功能结构化分配技术，解决了组织内部系统与外部政府主管部门、融资平台以及参建单位等信息集中共享、有机协同和信息孤岛问题。

（6）基于复杂项目组织理论、过程控制和界面管理理论和方法，结合政府投资基础设施项目群特征和管控目标要求，采用了多维嵌套矩阵组织架构，实现了项目群组织管控。

（7）基于项目治理、制度设计和信用管理理论和方法，建立了规范化、制度化、标准化和流程化的制度体系和信用管理体系，实现了政府投资建设项目群综合管控的规范化、职责明确化，为管控平台应用提供了制度保证。

2. 课题总体技术路线的优化

（1）结合当前最新管理理论和先进的平台技术，针对政府投资基础设施项目综合管控的几个关键环节和关键要求，对其中的项目对象复杂性、组织管理的复杂性问题进行结构化处理，形成项目对象结构分解和多维嵌套组织架构，作为综合集成管控的基础和保证。对管控的关键业务内容，通过构建多阶集成计划体系实现集成管控，并借助流程重组进行协同控制。对多层异质用户信息需求，采用数据集成和门户技术，实现可视化跟踪、预警、调度和决策。将管理创新和技术平台创新相结合，以避免管理和平台"两张皮"的管理信息化突出问题。

（2）结合管理实际需要和工程需求，将管理组织、管理过程、管理需求、管理资源约束、管理制度等实际问题结合到课题的理论研究、系统架构、系统开发和系统应用中，使课题成果充分应用到实践中，并在实践中得到验证、修正和提升，实现理论——实践——再理论——再实践，使工程实践和科学研究相统一。

（3）虽然本解决方案主要针对长春市投资建设项目管理中心下辖的基础设施项目群，但该方案的适应度相当广泛。既可架构至更高层面以进行政府投资建设项目的过程监控，如整个长春市、吉林省的政府投资建设项目，也可通过示范应用推广至全国，以解决当前政府投资项目管理水平较低、管理不规范、过程监控缺失等问题。

3. 综合管控平台的建立

管控平台以强大的Oracle数据库为依托，结合项目群综合管控管理需求和信息需求,首先构建了一个涵盖所有基础设施建设项目信息的"项目信息库"(项目池),通过项目稳定模型和政府决策要求,进行动态调整。并以此为基础,拓展项目管理功能以及部门业务管理功能,实现业务管理和项目管理的统一。通过对项目实施状况的跟踪和信息收集,通过对数据的集成和处理,实现不同层面的信息门户,以及对基础设施项目群建设的计划、执行、统计、分析等应用,同时通过预警机制、风险管理、异常分析和重大问题报等方式,实现项目群综合管控的智能监控、协同工作、总体调度和决策支持。平台的总体功能架构如图2所示。

长春市政府投资基础设施项目群综合管控集成平台可实现复杂项目群对象管理功能、面向业务的综合管控功能、面向总控的综合集成管控功能、面向决策的综合集成管控功能等,部分功能如图3—图6所示。

以上基于政府投资建设项目群综合管控集成平台及其应用的整体解决方案,起到了良好效果,并极具示范效应,具有广阔的应用前景。

【咨询效果】

1. 经济效益

咨询工作为长春市政府投资建设项目带来了巨大的经济效益,主要体现在贷款利息的节约、融资成本的降低、管理成本的降低以及浪费的减少等。以2010年为例,通过对项目重要等级、勘察设计、投资、动拆迁、施工难易度等多个方面进行稳定度分析优化,减少当年不必要融资20多亿元;通过计划优化降低贷款利息近10%;通过信息化应用和组织优化节约了大量人力和办公成本。

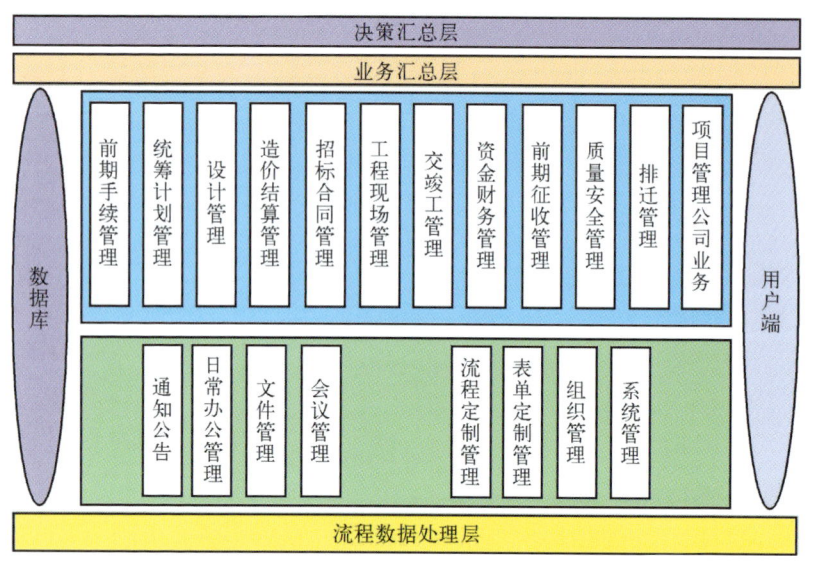

图2 政府投资基础设施项目群综合管控集成平台的功能架构

图3 复杂项目群对象管理功能平台

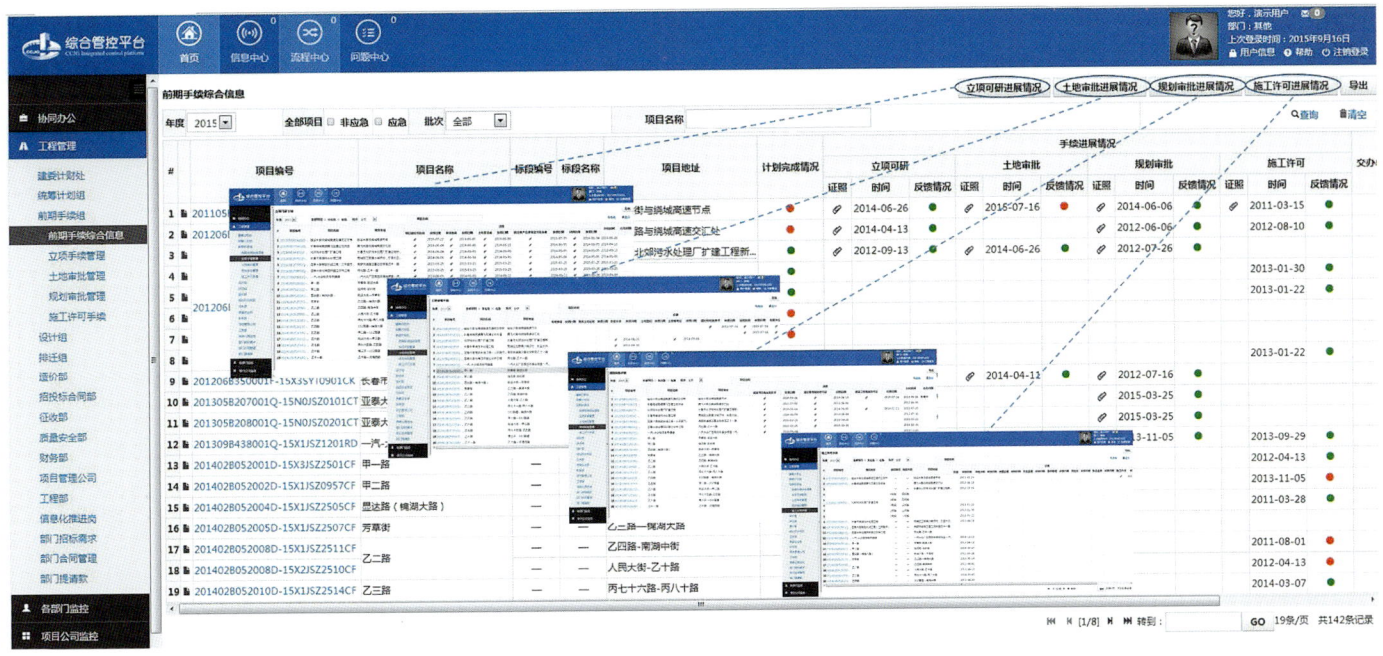

图4 项目前期业务子系统平台

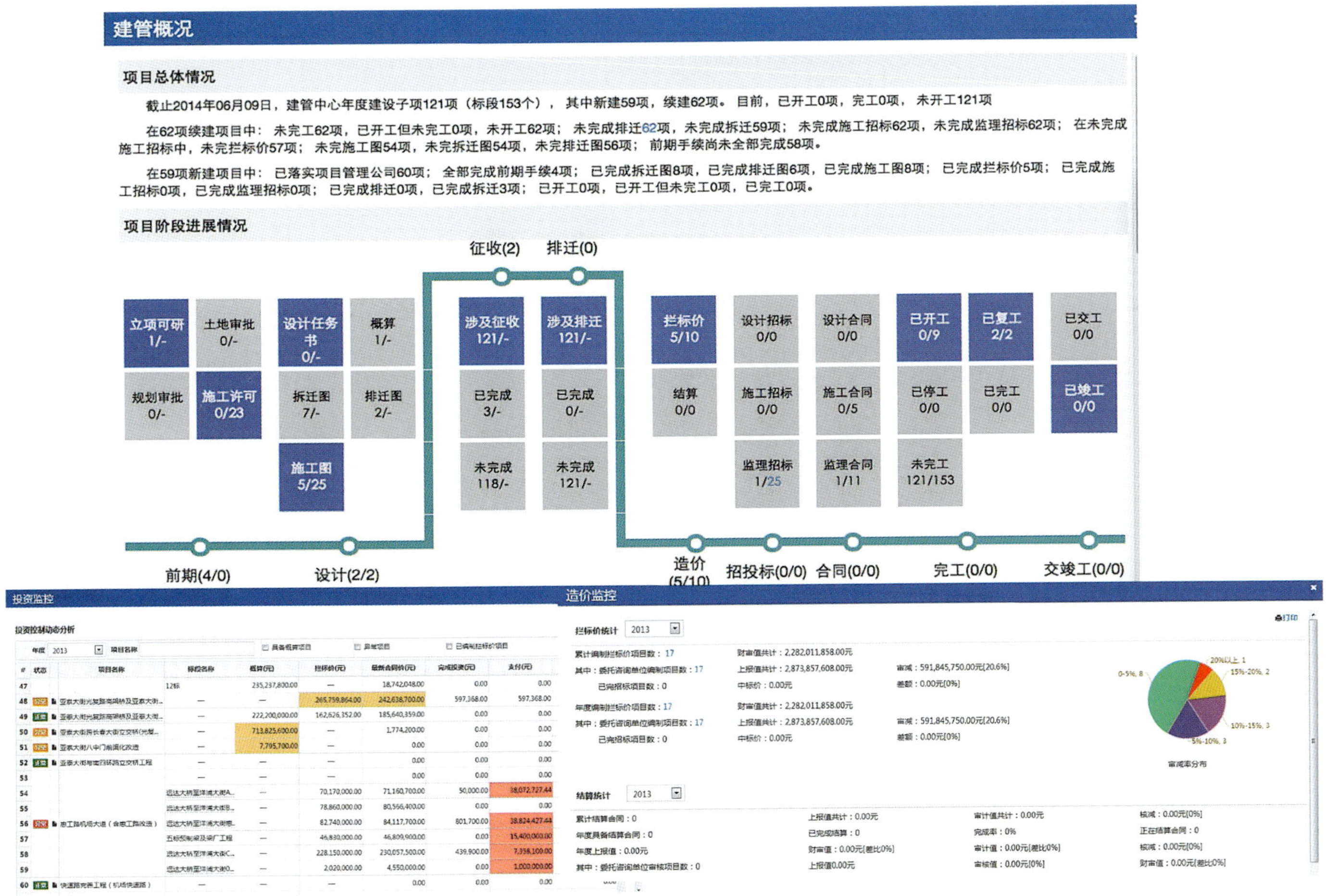

图5 面向总控的项目综合集成管控平台

图6 面向决策的项目综合集成管控平台

政府投资工程建设项目综合管控关键技术不仅具有直接的经济效益,还具有重要的管理效益和工程效益,包括管理的规范化、专业化、信息化,组织管理水平和管理效率的提高,以及创建健康的项目文化等。这些都有助于管理效率的提升、打造"阳光工程"、避免暗箱操作。同时,工程的质量和安全水平也更有保障。

2. 社会效益

咨询研究成果具有重要的社会效益,包括专业化队伍的培养、典型示范的树立、社会带动效应、代建制度的完善等方面。例如,作为项目群的集中代建单位,以投资建设项目管理中心为核心的管理机构在此方面的探索和实践,为城区和吉林省其他类似机构的管理起到了典型示范作用。同时,投资建设项目管理中心项目群综合管控模式和关键技术的采用,对于带动相关承包商、设计院和中介单位管理水平的提高具有明显推动作用。

3. 借鉴价值

长春市政府投资工程建设项目群管理咨询课题,在理念创新、组织创新、计划创新、制度创新和平台创新等方面所取得的研究成果和实践经验不仅对长春市和吉林省具有直接的实践意义,对于解决国内类似问题以及项目型组织问题也具有重要借鉴价值。目前已经在无锡新区政府投资项目群管理、南宁高铁站综合配套工程等地区工程和重大工程项目上得到应用。

参与编写单位:长春市政府投资建设项目管理中心

上海轨道交通网络大型专用检测维护与应急抢修装备体系研究

The Systematic Study on the Project of Large-sized Special Inspection and Maintenance Equipment as well as Emergency Response and Urgent Repair Equipment for Shanghai Metro Network

编写单位：上海申通轨道交通研究咨询有限公司
Shanghai Shentong Metro Research & Consultancy Co., Ltd.,
联系电话：021-54660312　　网址：www.shmetro.com
主要完成人：宋键　陈菁菁　张琦　瞿峰　周亮　王婷　许维敏　朱妍　张喻　田琳

【点评】

本研究构建了由轨道检测车、钢轨探伤车、隧道清洗车、钢轨铣磨车、移动式焊轨车、隧道结构检测车、弓网检测车、桥梁检测车以及工务抢修车、应急救援车、接触网架放线车、升降车、应急通信车、应急发电车等组成的上海轨道交通网络大型专用检测维护与应急抢修装备体系。并结合上海轨道交通网络及车辆通道规划情况，初步明确了适用于上海轨道交通的大型专用检测维护与应急抢修装备的技术选型、配置方案和投资估算，为装备的实际配置提供技术支撑。研究成果具有较强的实用性和可实施性。

【项目背景】

随着上海城市轨道交通的发展，上海轨道交通网络呈现出"枢纽数量多、站点分布密、设施集约化、运行体系化"的网络化运营格局，逐步凸显不同于以往的网络化维护与应急抢修的新特征和新需求，以及线路之间维护与应急抢修作业协调配合、统筹共享、集中管理、标准统一等新问题，对城市轨道交通各专业系统的维护与应急抢修设施设备配置和功能提出了新的要求。

借鉴国内外城市轨道交通运营维护经验，东京、香港、伦敦、巴黎等城市的轨道交通均采用了轨道检测车、钢轨探伤车、钢轨铣磨车、隧道清洗车、隧道结构检测车、牵引机车、应急抢修车、接触网架放线车等大型专用检测维护与应急抢修装备进行检测维护与应急抢修作业，并基于网络进行统一配置，明显提升维护保障与应急抢修作业的效率和质量，为网络正常运营提供有力保障。

为了适应上海轨道交通基于网络化维护保障与应急抢修需求，我们开展了"上海轨道交通网络大型专用检测维护与应急抢修装备体系"的专项研究工作。

【项目内容】

本研究针对国内外应用情况、网络大型专用检测维护装备与应急抢修装备技术方案、投资估算等内容开展研究，除成果形式略有调整外，研究成果符合项目建议书的主要考核目标。

一、国内外应用情况

通过对国内外铁路以及城市轨道交通系统应用大型专用检测维护装备的情况分析可知，大型专用检测维护装备应用广泛，效果良好，包括美国、日本、德国、法国在内的国外发达国家广泛应用轨道检测车、钢轨探伤车、应急救援车等大型专用检测维护与应急抢修装备；同时，大型专用检测维护与应急抢修装备应用对象主要为轨道、钢轨、隧道、桥梁和触网；此外，大型专用检测维护与应急抢修装备在中国铁路中应用经验较多，可为城市轨道交通系统提供借鉴。

二、网络大型专用检测维护装备技术方案

项目组借鉴国内外轨道交通网络大型专用检测维护装备的应用经验，结合上海轨道交通网络化运营维护的需求以及既有检测维护装备的适用情况，通过分析，认为需要引入轨道检测车、钢轨探伤车、隧道清洗车、钢轨铣磨车、钢

表1 网络大型专用检测维护装备配置需求表

专业	检测维护对象	作业需求	现状水平	需求满足情况	增配装备
工务	线路	轨道检测	人工＋轨道检查仪	难以满足	轨道检测车
	钢轨	钢轨探伤	人工＋探伤仪	难以满足	钢轨探伤车
		钢轨焊接	人工＋小型气压焊机	难以满足	移动式焊轨车
		钢轨修复	钢轨打磨车	难以满足	钢轨铣磨车
	隧道	隧道清洗	人工＋隧道清洗车	难以满足	隧道清洗车
		混凝土强度和缺陷检测	人工＋回弹仪等小型仪器	难以满足	—
		隧道结构表观检测	人工＋简单器具	难以满足	隧道结构表观检测设备
		隧道管径变形检测	人工＋全站仪＋电子水平尺	难以满足	
		隧道沉降检测	人工＋全站仪＋水准仪＋电子水平尺	难以满足	
	桥梁	桥梁结构检测	人工＋升降车	难以满足	桥梁检测车
供电	弓网系统	受电弓与接触网检测	人工为主	难以满足	弓网检测设备
通信信号	通信与信号系统	通信检测、信号检测	人工＋专业小型仪器	基本满足	—
车辆	车辆系统	车辆关键部件检测	人工＋车载监控检测系统	基本满足	—
机电设备	风、水、电系统及车站设备	设备检测	人工＋专业监控系统	基本满足	—
物资后勤	基地风、水、电、道路等	设备检测	人工＋专业监控系统	基本满足	—

轨焊接车、隧道结构检测装备、弓网检测装备和桥梁检测车等八类网络大型专用检测维护装备（见表1）。

1. 轨道检测车

初步推荐上海轨道交通轨道检测车采用美国ENSCO公司产品，应用惯性基准法的检测技术，并装备基本轨道几何测量系统、钢轨全断面测量系统、自动定位系统、钢轨波浪磨耗测量系统和限界测量系统等5项系统，检测作业速度为60 km/h。初步计划在2012年前配置1台在新龙华车辆基地，投资约1 945万元，配备1台基本能够满足2020年网络的轨道检测作业要求。

2. 钢轨探伤车

初步推荐上海轨道交通采用Sperry公司提供的探伤系统和宝鸡新铁养路机械有限公司制造的单节自行式车体，应用超声波探伤技术，最高探伤速度为40 km/h。初步计划在2012年前配置1台在新龙华车辆基地，投资约2 420万元，能够满足2020年网络钢轨探伤作业要求。

3. 隧道清洗车

初步推荐上海轨道交通采用中澳合作模式的TTG湿式清洗车，具备高压水冲洗、真空收集功能，最高运行速度为80 km/h，清洗作业速度为3～5 km/h。初步计划分别纳入到原规划20号线、13号线二期工程和14号线工程进行同步采购，在2016年前配置3台，投资约2 467.5万元，与既有的2台老式隧道清洗车共同进行作业，能

图1 上海轨道交通投入应用的美国ENSCO轨道检测车

图 2　奥地利林辛格公司的 SF01T-F 型钢轨铣磨车

够满足 2020 年网络隧道清洗作业要求。

4. 钢轨铣磨车

初步推荐上海轨道交通采用钢轨铣磨车，最高运行速度可达 80 km/h，铣磨作业速度可达 0.5~1.4 m/h。初步计划在 2016 年前配置 1 台，纳入到 9 号线三期工程进行同步采购，投资约 7 000 万~9 100 万元，能够满足 2020 年网络钢轨铣磨作业要求。

5. 移动式焊轨车

初步推荐上海轨道交通采用以中国南车集团戚墅堰机车车辆工艺研究所生产的 LR1200 型移动式闪光焊轨车为基础的定制化焊轨车，具备连续闪光和脉动闪光工艺，以及自动对正功能，并采用计算机控制系统进行操作，可通过调机牵引进行移动，最高运行速度可达 80 km/h，实际作业速度约 1~2 焊缝/h。初步计划在 2016 年前配置 2 台，分别纳入到原规划 20 号线和 15 号线工程进行同步采购，投资约 1 440 万元，能够满足 2020 年网络换轨焊接作业要求。

6. 隧道结构检测装备

初步推荐 GRP5000 型装备为上海轨道交通隧道结构表观检测的首选方案，主要应用于重点敏感区段。初步计划 2016 年和 2020 年分别配置 3 台和 4 台。先期配置的 1 台 GRP5000 型装备，宜纳入到 9 号线三期工程进行同步采购。同时，计划在轨道交通原规划 17 号线和 18 号线工程中再同步采购 1 台和 2 台。2016 年和 2020 年的总购置费用分别约为 2 493 万元和 3 324 万元。

7. 弓网检测装备

初步推荐采用日本明电舍的弓网检测装备，能够同时应用于专用车辆和运营列车上，实现动态在线检测，检测速度不大于 100/h。初步计划至 2016 年先期配置 1 套弓网检测装备，可应用于 11 号线运营列车，配属在赛车场车辆基地。待实际应用后，综合性能能够完全适用上海轨道交通弓网检测要求后，再结合实际需要，进行配置。

8. 桥梁检测车

初步推荐采用德国穆格公司的桁架式桥梁检测车，应用德国穆格上装检测系统和奔驰车辆底盘系统，具有公路铁路两用功能，能够适应上海轨道交通高架线路声屏障和接触网的作业要求，桥下水平作业范围可达 10 m，检测作业速度在 5 km/h 以内。初步计划至 2016 年先期配置 1 台桥梁检测车，宜纳入 20 号线工程同步采购。同时，计划在轨道交通 1 号线工程再同步采购 2 台。2016 年和 2020 年的总购置费用分别约为 1 300 万元和 2 600 万元。

图 3　德国穆格公司的桁架式桥梁检测车

三、网络大型专用应急抢修装备技术方案

上海轨道交通已配置了工务抢修车、升降车、接触网架放线车、应急救援车、牵引机车等网络大型专用应急抢修装备。但对于桥梁受损、高架线路列车倾覆、火灾、爆炸、毒气、辐射、骚乱等突发事件的大型应急抢修装备配置较为薄弱,需要增配桥梁检测车、列车起吊装备、应急通信车、防生化作业车、应急发电车等大型专用应急抢修装备,有效提升整体应急抢修水平。

其中,接触网架放线车、工务抢修车、应急救援车、升降车、牵引机车等网络大型专用应急抢修装备,宜采用自购配置的方式进行配置。

桥梁检测车、车辆起吊装备、应急通信车、防生化作业车、应急发电车等需要增配的网络大型专用应急抢修装备,宜分别与上海铁路局、通信运营商、防生化部队、市供电部门等组织机构进行合作,采取共享社会资源的方式进行配置。

四、保障水平

在通过自购和社会共享两种模式,配置网络大型专用检测维护与应急抢修装备,并与各专业系统的小型检测维护与应急抢修装备共同运作后,上海轨道交通网络的检测维护与应急抢修水平将明显提升,能够基本覆盖主要的运营风险和严重的突发事件。

目前仅隧道沉降检测与混凝土强度和缺陷检测两项检测作业,受限于技术的检测精度、检测效率、经济性和成熟可靠性等因素,需要持续跟踪技术发展,在条件合适时引入,从而进一步提升检测维护与应急抢修的水平,有力保障正常运营。

五、投资估算

为有效确保2020年网络维护保障业务的顺利开展,2020年前配置轨道检测车、钢轨探伤车、隧道清洗车、钢轨铣磨车、移动式焊轨车、隧道结构检测装备、弓网检测装备、桥梁检测车共需投资约2.42亿~2.63亿元。其中,2012年前需配置轨道检测车和钢轨探伤车,投资约4 365万元;2016年前需继续配置隧道清洗车、钢轨铣磨车、移动式焊轨车、隧道结构检测装备、弓网检测装备和桥梁检测车,投资约1.64亿~1.85亿元。

增配的上海轨道交通网络大型专用应急抢修装备,推荐采用共享社会资源的方式,进行临时调用,不存在购置费用,具体可根据合同签订情况确定。

【工作过程】

本研究工作自2011年6月开始,2012年12月完成,以"立足网络、需求导向、关注选型、明确配置"为原则,充分借鉴国内外其他城市轨道交通以及铁路系统的大型专用检测维护与应急抢修装备应用经验,结合上海网络的实际发展情况,提出了网络大型专用检测维护与应急抢修装备体系的基本构架,并对重点装备的技术选型和配置要求进行了研究。

研究成果将用于上海轨道交通未来的网络化运营与维护管理,也可向全国进行推广应用。

一、从需求入手,明确装备体系的构成

在系统梳理分析国内外城市轨道交通和铁路行业的网络大型专用检测维护与应急抢修装备的基础上,从检测维护与应急抢修作业需求入手,覆盖工务、车辆、供电、通号、车站装备、物资后勤等专业系统,结合上海轨道交通网络大型专用检测维护与应急抢修装备的配置现状与功能现状,提出网络大型专用检测维护与应急抢修装备的体系构成。

二、全面梳理各类主要网络大型专用检测维护与应急抢修装备

通过全面梳理分析,重点针对轨道、隧道、桥梁、车辆和触网等重要设施装备的检测维护与应急抢修需求,提出由轨道检测车、钢轨探伤车等八类网络大型专用检测维护装备和升降车、应急抢修车、接触网架放线车等八类网络大型专用应急抢修装备的配置方案和技术方案,基本覆盖了主要的运营风险和严重的突发事件,能够对上海轨道交通安全运营提供有力保障。

三、充分结合上海实际,并应用于具体案例之中

在借鉴国内外网络大型专用检测维护与应急抢修装备应用经验的基础上,充分结合上海轨道交通网络化运营维护与应急抢修需求,提出了网络大型专用检测维护与应急抢修装备体系的技术方案,以适用于上海轨道交通检测维护与应急抢修作业。

【咨询工作特点】

本次研究突破了技术瓶颈，解决了实际难题，具体表现为以下三个方面：

一、咨询工作量大覆盖面广

本项目涵盖近20项网络大型专用检测维护与应急抢修装备，不同装备又存在多个供应商的不同型号，且部分大型装备之间还存在共同作业、集成运作的要求，无论是装备数量的梳理，还是装备之间的关联度分析，均给研究工作明显增加了工作量带来了较大难度。

二、面临新阶段，需求分析较复杂

进入网络化运营阶段，上海轨道交通网络运营和维护都将产生出不同于线路式运营阶段的新特点和新需求，需要对于网络化的本质和内涵进行较为深入的研究和探索，方能对运营维护需求进行较为全面、清晰的分析。而现阶段，尚处于网络化运营初期阶段，立足于网络的运营维护需求分析较为复杂，研究难度较大。

三、任务紧迫，指导实施要求高

进入网络化运营阶段，由于维修工作量的快速增加，在夜间维修作业时间固定的情况下，依靠传统人工+小型专用装备的方式已经难以满足作业要求，因此尽快确定最为合适的大型装备部分代替传统人工维修作业成为当务之急。并且因为应用的大型装备必须能够发挥出预期的实用效果，因此本项目对技术方案和配置方案及其可操作性、可实施性等要求都很高，这也为研究带来了较大难度。

本研究在结合上海轨道交通网络化运营维护与应急抢修的发展要求，明确配置大型专用检测维护与应急抢修装备必要性的基础上，充分借鉴国外城市轨道交通以及中国铁路的大型专用检测维护装备的配置与应用经验，从需求出发，构建了上海轨道交通网络大型专用检测维护与应急抢修装备体系，并结合上海轨道交通网络及车辆通道规划情况，初步明确了适用于上海轨道交通的大型专用检测维护与应急抢修装备的技术选型、配置方案和投资估算，为装备的实际配置提供技术支撑。研究成果具有较强的实用性和可实施性。

同时，本研究在国内属首次如此全面系统地构建了网络大型专用检测维护与应急抢修装备体系，具有系统性强、覆盖面广、实用性强的特点。

【咨询效果】

本项目针对上海网络化运营的实际需求开展研究，通过方案的技术、经济综合比选，为上海网络化发展阶段的网络大型专用检测维护与应急抢修装备的配置、采购和实际应用提供了指导性意见和建议，能够有效提升网络整体检测维护与应急抢修水平。同时，针对全国城市轨道交通系统尚未全面、系统梳理过网络层面大型专用检测维护与应急抢修装备体系的情况，本项目成果可以向全国城市轨道交通系统进行推广，为提升全国城市轨道交通系统的检测维护与应急抢修装备标准化以及专业水平提供参考。因此，本项目成果效益明显，且推广应用前景广阔。

一、经济效益明显

本项目以满足网络化运营维护与应急抢修需求为根本，进行网络大型专用检测维护与应急抢修装备体系的研究，能够有效提升检测维护与应急抢修的专业化水平，进一步降低运营事故以及隧道结构等设施事故的发生概率，减少由于危害、事故带来的经济财产损失。同时，采用网络统筹理念，避免了线路检测维护和应急抢修单独配置采购大型专用装备造成的装备利用率低、资源浪费的情况，能够有效提升装备资源的综合利用水平，提高总体经济效益。

二、社会效益显著

在网络化发展阶段，针对网络化运营维护与应急抢修需求，配置网络层面的大型专用检测维护与应急抢修装备，被国内外轨道交通的实际运作经验所证明，具有明显提升检测维护与应急抢修专业水平、作业质量、作业效率的作用，能够提升对于正常运营的维护保障力度，降低事故发生率，从而保障城市轨道交通运营的安全、可靠、高效，支持城市发展与居民生活。

参与编写单位：上海地铁维护保障有限公司

中国2010年上海世界博览会园区运行综合管理专题研究

The Special Studies on the Operation Management in the Garden of China Shanghai Expo2010

编写单位：上海投资咨询公司
Shanghai Investment Consulting Corporation
联系电话：021-63903366　网址：www.sicc.sh.cn
主要完成人：戴建敏　祝兆松　钟贤宾　马念君　王渝　卢以华　梁思清　冯桂安　周明　王月祥

【点评】

本报告提出"条块结合，以块为主"的运行管理模式，以参观者为中心，以活动和展示为重点，确保服务、保障和支撑到位，形成了完整的中国2010年上海世界博览会（以下简称"上海世博会"）运行综合管理体系；富有特色的运作管理工作机制，如，运行指挥机制、责任保障机制、联络协调机制和应急管理机制等；以及可操作的"世博运行管理路线图"。其《中国2010年上海世界博览会园区运行综合管理手册》在184天的世博会运行过程中起到了重要的指导作用。

【项目背景】

为了保证中国2010年上海世博会的成功举办，深化落实上海世博会组委会、执委会对上海世博会运行工作的总体要求和部署，上海投资咨询公司受上海世博局综合计划部委托，开展"中国2010年上海世界博览会园区运行综合管理专题研究"（以下简称"运行综合管理专题研究"），作为上海世博会运行工作的基础，用以进一步明确各职能部门运行期主要职责、任务和要求，从而确保各项运行工作系统、科学地开展，为举办一届"成功、精彩、难忘"的上海世博会提供重要保障。

【项目内容】

中国2010年上海世博会（Expo 2010），是2010年5月1日至10月31日期间，在中国上海市举行的第53届世界博览会，也是由中国举办的首届世界博览会。上海世博会以"城市，让生活更美好"（Better City, Better Life）为主题，客流量创造了世界博览会史上最大规模纪录。

要举办一届"成功、精彩、难忘"的世博会，园区运营管理至关重要。借鉴历届世博会经验，结合中国国情和上海市情，上海世博会园区（见图1）运营确定了"以片区为基础，以场馆为重点，以条线为支撑"，实行条块结合、网格化管理模式。

从条块结合的角度，运营工作大体分为两类。一类是侧重业务管理部门专业化管理的工作，如票务、物流、交通运营、礼宾接待、新闻宣传等。业务管理部门负责制定工作方案并组织实施，涉及片区和场馆的工作事宜，相应的片区场馆部予以配合。另一类是侧重片区和场馆属地化管理的工作，如参展者服务、参观者服务、设施保障、商业管理、出入口管理等；业务管理部门负责制定工作规范和标准，并指导、监督执行，片区

图1　上海世博会园区总平面图

场馆部负责具体实施。经过梳理，上海世博会园区运营的常态任务分为六大类，375项具体任务（见图2）。

上海世博会运营时间总计184天。其中重大活动有：2010年4月30日开幕庆典、5月1日开园仪式、10月1日"中国国家馆日"活动、10月31日高峰论坛和闭园仪式。组织者和参展者举办的活动包括："国家馆日"、"国际组织荣誉日"、"省区市活动周"活动、"城市活动"，以及其他活动等。截至2009年年底，已经确定的"国家馆日"活动为168场，"国际组织荣誉日"活动为19场、"城市活动"为37场、"企业特别活动"为16场、"省区市和港澳台活动周"为34场，主题论坛6场。

【工作过程】

接受此项任务后，项目组与委托方世博局综合计划部多次讨论形成了"运行综合管理专题研究"框架；在修改拟定初稿后，与委托方多次讨论，并针对每一条任务进行梳理调整，形成中间讨论稿，再发送至世博局下属各相关部门征求意见；然后，根据各相关部门反馈意见，按每一条任务从任务内容、任务流程和任务要求三方面进行补充完善；最后，将各方意见进行归纳梳理、对研究报告优化完善，最终提交成果。

该项目研究历时约4个月，经历了形成咨询计划、报告大纲、中期成果、最终成果等几个过程，进行了多次中期汇报，委托方和项目组屡次开展专题讨论，得到了委托方的认可和好评，最终形成《中国2010年上海世博会园区运行综合管理手册》，在184天的世博运行过程中起到了重要的指导作用。

【咨询工作特点】

一、项目意义重大，对上海世博会运行有指导作用

为体现"城市，让生活更美好"的主题理念，"运行综合管理专题研究"按照"条块结合，以块为主"的运行管理模式，围绕"一个中心、两个重点、三个确保、四大机制"，即以参观者为中心，以活动和展示为重点，确保服务、保障和支撑到位，形成运行指挥机制、责任保障机制、联络协调机制和应急管理机制；运用创新、高效、节俭的科学办博法，营造无污染、无障碍、无重大责任事故的

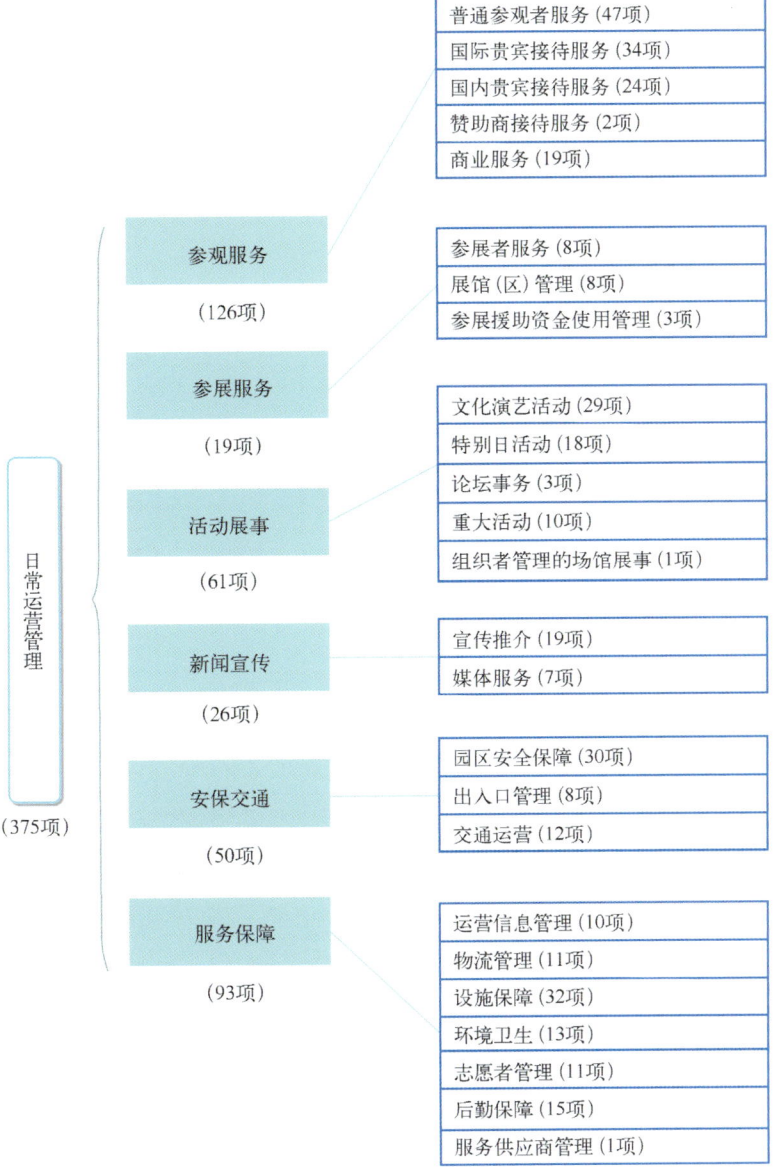

图2　世博园区日常运营任务框图

园区环境，确保举办一届"成功、精彩、难忘"的世博会。

二、实战性、挑战性、综合性并存

1. 实战性

"运行综合管理专题研究"作为上海世博会运行工作的基础，进一步明确各职能部门运行期的主要职责、任务和要求，指导各部门进一步细化、完善各自的运行手册，确保各项运行工作系统、科学地开展，为举办一届"成功、精彩、难忘"的上海世博会提供重要保障。该研究每一项成果都直接在世博会试运行的过程管理中得到应用。

2. 挑战性

上海世博局实行领导负责制，下设43个一级

管理机构,具体包括1个园区运行指挥中心、11个综合管理部门、18个业务管理部门、7个片区管理部门和6个场馆管理部门。"运行综合管理专题研究"就是要明确43个部门各自职责,确保上海世博会各项工作任务顺利完成。另外研究开始时,离上海世博会开幕仅余4个月时间,时间非常紧迫,很显然,这是一项极具挑战性的任务。

3. 综合性

上海世博会园区运行以参观者为主线,研究综合了众多场馆管理、重大活动、文化演艺活动、论坛、参展国、参展省市、国内外参展商、赞助商、服务供应商、国内外宣传媒体、交通、卫生、医疗、物流、安保、公共服务以及志愿者服务等各个方面。

三、在运行管理设计上实现了三大创新

1. 在世博会历史上,首次创建世博会运行综合管理体系

世博会为国际上规模最大最瞩目的三大活动之一,但相比世界杯足球赛和奥运会,世博会一直缺乏规范的系统化的管理体系。历届世博会运行管理均由举办国独立完成,国际展览局仅给予有限的意见和建议。本研究在总结和归纳往届世博会经验的基础上,根据中国和上海的实际情况,突破了传统的政府或非营利机构单一运作模式,创建以政府为主导、充分调动社会各方面资源的特有模式,形成本届世博会独有的运行综合管理体系。

2. 创建富有特色的运作管理工作机制

上海世博会园区运行"以片区为基础、以场馆为重点、以条线为支撑",实行条块结合、网格化的管理机制(见图3)。"条",即各运行业务的专业条线,由世博局各业务管理部门分别对各项运行任务实行专业化管理;"块",即各片区和组织者负责管理的重点场馆,由各片区场馆管理部门分别对所辖区域内的所有运行任务实行属地化管理。并由此形成运行指挥机制、责任保障机制、联络协调机制、应急管理机制,综合涵盖各条、块系统的运行管理。

3. 创建"世博运行管理路线图"

本研究全面系统地梳理了上海世博会运行过程中的各项任务、内容、要求、规范以及流程,界定每项工作的责任主体部门和协助部门,创建

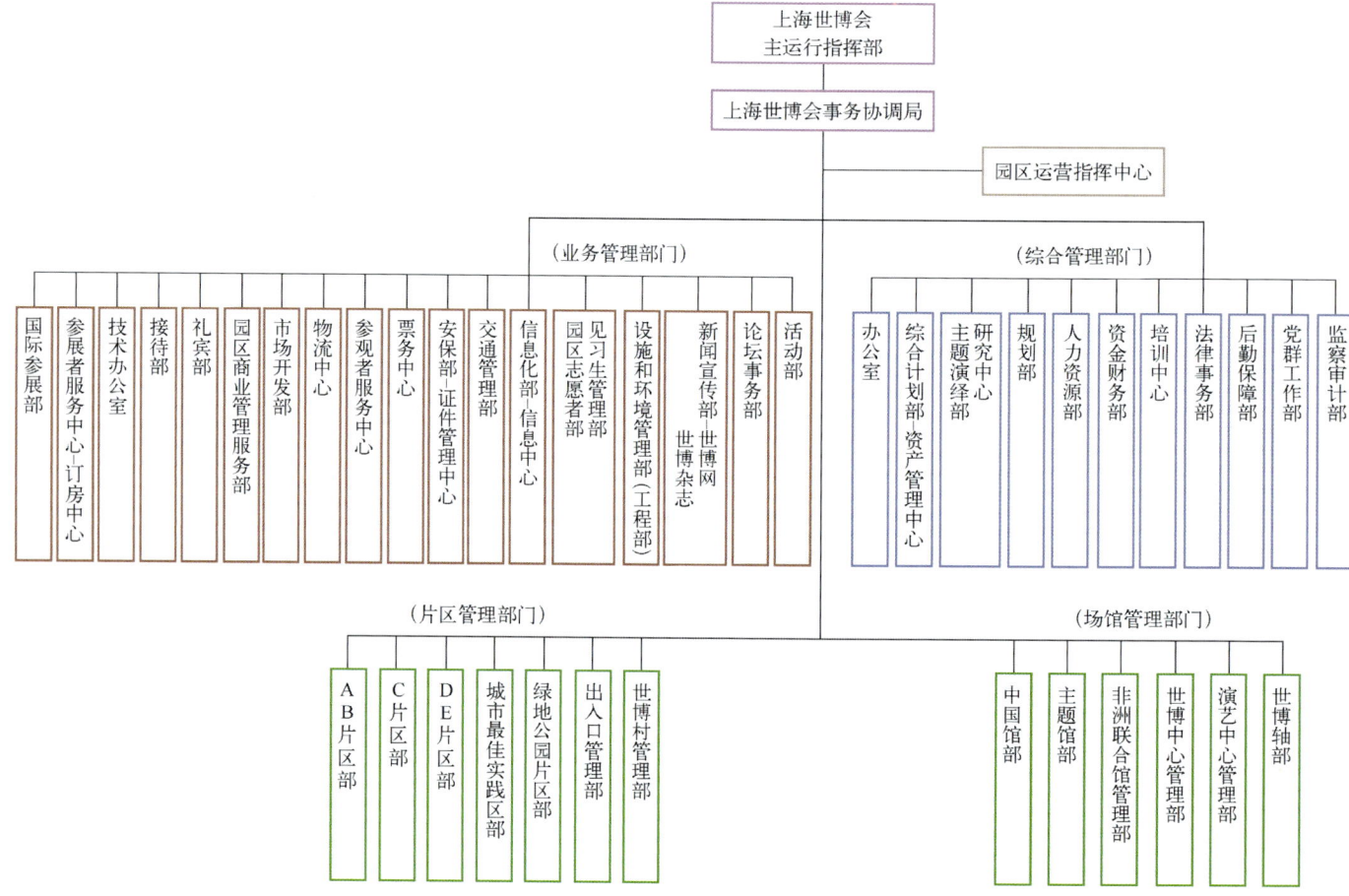

图3 运营期上海世博局组织架构

了运行管理组织构架图、运行任务图、运行重点工作任务责任矩阵表、运行日程表,将世博会的所有工作任务分解并落实到各个职能部门,是指导上海世博会安全、有序、高效运行的"世博运行管理路线图",从而达到简捷明确、无缝联结、形成合力、提高工作质量和效率的目标。研究报告成为世博局下属各有关部门的重要性指导文件,尤其在184天的园区运行中,指挥协调各部门有关事宜时发挥了积极作用。

四、运用现代咨询理论方法,破解管理技术难题

1. 以系统工程理论构建多项具体管理方案

上海世博会整个运行系统涉及:场馆建设及维护、展厅布置及维护等;新闻媒体管理,如记者证管理、危机公关、舆论监控等;安全保卫管理,如消防管理、治安管理等;交通管理,如客流组织、车辆调配等;后勤保障,如食堂管理,食品安全等;物流配送,如仓储管理,配送管理;等等。可以说上海世博会的运行堪比一个微型城市的运行管理,涉及城市管理的各个业务领域。本研究运用系统工程理论的层次分析法、结构模型化技术、系统评价、优化比选技术,梳理和确立了世博局下属43个部门和上海市各政府职能部门以及企事业单位的工作界面及其相互之间管理责任划分,优化了各项具体管理方案,破解了管理方案不落地的难题。

2. 运用任务责任分配矩阵集成各项工作任务

责任分配矩阵是用来对团队成员进行分工,明确其角色与所承担任务的有效工具。通过关系矩阵,将每个具体任务都能落实到世博团队成员身上,为项目任务的完成提供了可靠的组织保证。责任矩阵中纵向为工作单元,横向为组织成员或部门名称,纵向和横向交叉处表示项目组织成员或部门在某个工作单元中的职责。它使团队成员能够各负其责、各司其职,进行充分、有效的合作,避免职责不明、推诿扯皮现象的发生,将世博会"大运行、全覆盖"的总体战略思想落实到每项具体管理工作中,破解了纵向与横向管理诸多难题。

【咨询效果】

2010年10月31日,持续运行184天的上海世博会正式落下了帷幕。这是一届规模空前的人类盛会:共有246个国家和国际组织参展,逾7 308万人次的海内外游客参观,单日最大客流量达到103.28万人。

本研究制定的运行管理机制和管理方案,经运行实践表明,不仅克服了上海梅雨、持续高温、台风潮汛等自然因素的影响,还经受住百万人的超大客流考验。会期未发生重大责任事故和食品安全事故。各类场馆及配套设施运转良好,展示、活动和论坛顺利举行,参观者及媒体服务水平达到较高层次。

中国博览会会展综合体项目（北块）专项研究

The Special Research on the Convention and Exhibition Complex Project (North Block) of China Expo

编写单位：上海投资咨询公司
Shanghai Investment & Consulting Corporation
联系电话：021-63903366　　网址：www.sicc.sh.cn
主要完成人：祝兆松　钟贤宾　耿海玉　马念君　翁轶丛　吕海燕　朱丽蓉　梁思清　顾　晶

【点评】

本研究分析了全球会展行业的发展现状、空间格局和发展规律，以及中国会展行业发展的现状和趋势，收集了全国十多个城市会展发展的案例，重点分析了北京、上海、广州、深圳等一线城市会展行业的发展现状和典型会展场馆，对项目完成后的财务成本、收入支出、利润与利润分配、借款还本付息计划、价格利益等方面也作了详细分析论述。

【项目背景】

20世纪90年代以来，会展业以其政府监管和市场调节相结合的独特性，促进国内外贸易流通的有效性，引领创新和转型发展的先导示范作用，受到了全世界，特别是新兴市场经济体的高度关注。大型会展活动作为世界市场的开拓工具和国际贸易的有力杠杆，有助于扩大并不断深化各方利益的汇合点，成为在经济领域维护国家利益、提升国家地位、实现国家战略的最重要的形式之一。一个国家的会展实力，已经成为体现国家综合竞争力的重要方面。

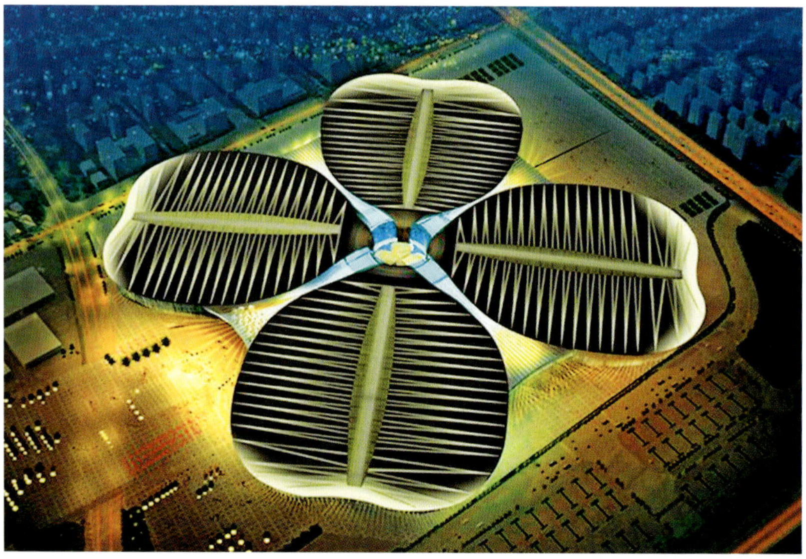

为了贯彻国家对上海率先转变经济增长方式、率先提高自主创新能力、率先推进改革开放、率先构建社会主义和谐社会的"四个率先"，以及建设"四个中心"、现代化国际大都市和推进"长三角"区域经济社会一体化的战略部署，中国对外贸易中心（集团）与上海东浩国际服务贸易（集团）有限公司合资设立上海博览会有限责任公司，在上海虹桥商务区开发建设中国博览会会展综合体项目（见图1）。

2011年1月9日，中华人民共和国商务部与上海市人民政府就共同建设中国博览会会展综合体项目（北块）签订了合作框架协议。

【项目内容】

中国博览会会展综合体项目（北块）规划占地面积为85.6公顷（约1 284亩，以实测为准），项目用地范围：北至崧泽高架路南侧红线，南至规划盈港东路（原徐泾中路），西至诸光路东侧红线，东至规划涞港路西侧红线。

该项目总建筑面积约为139万平方米，其中地上建筑面积124万平方米，地下建筑面积15万平方米。地上部分包括：展览面积41万平方米，展览辅助面积46万平方米，仓储、交通等其他面积37万平方米。建筑高度不超过43米。另外，该项目还将建设室外展览面积约10万平方米。

该项目是中国会展业战略布局和上海"十二五"规划的重点项目，是新时期中国商务发展战略布局的重要组成部分。按照"一流场馆、

图1　中国博览会会展综合体项目效果图

一流配套、一流建设"的目标,项目将立足"长三角",服务全国,面向世界,建设成为最具规模、最具水平、最具竞争力的国际一流的会展综合体,并以此带动上海、"长三角"乃至全国的会展经济实现新的发展。

该项目由展览场馆和展馆辅助设施等两部分组成。展览场馆部分是主体功能区,将承担各种类型、规模的会展、活动等,包括室内展示、室外展示设施。其中,室内展示面积约41万平方米,室外展览面积约10万平方米。展馆辅助设施部分是为参展商、观众和展览服务单位等提供各种服务的区域,有办公(会议)、商业、餐厅等设施,具备展会设计、银行、海关、邮政、物流、商业、餐饮等多种服务功能。上述部分形成有机结合的会展综合体,共同打造以展览、文化、活动为主的现代化服务业聚集区(见图2)。

总体布局上,主体建筑平面呈X形位于基地中央,将基地分成四块独立的区域,形成室外展览、绿化、停车及集散等功能区,并以此组织出入口。其中,地下车库出入口位于基地的西、东、北三侧;基地东面的场外小汽车和公交车停车场出入口位于涞港路;主要人行出入口位于基地南侧;轨道交通出入口位于主体建筑中心的圆形空间内。

项目全部投资财务内部收益率、财务净现值、投资回收期等符合股东回报的要求,具有一定的财务效益。

【工作过程】

该项目咨询工作历时8个月。从行业发展、市场需求、规划建设条件、节能、环境保护、经济效益、社会影响等七个方面对项目合理性展开深入论证,最后形成"1个申请报告+2个专题报告"的总成果。项目成果于2011年11月顺利通过专家评审,获上海市发改委的核准,确保了工程的顺利实施。

【咨询工作特点】

1. 突出功能引导,持续优化方案

本项目将建成全国乃至亚洲规模最大的会展综合体,展示面积达99万平方米。项目组立足公司深厚的项目积累,在充分吸纳迪士尼、上海新国际博览中心等一批相关项目经验的基础上,坚持从需求、功能出发,深入方案优选和深化环节,为项目定位及方案调整出谋划策帮助科学决

图2　中国博览会会展综合体项目北块效果图

策,以及推动项目前期工作的顺利开展。本研究工作系统、客观、科学地解答了该项目在行业发展、市场需求、规划建设条件、节能、环境保护、经济效益、社会影响等方面的合理性问题,支撑了会展领域首个部市合作工程的高品质建设。

2. 找准项目瓶颈,攻克交通制约

本项目选址位于虹桥商务区西侧,属未来上海城市功能开发核心区之一,集聚了虹桥商务区、虹桥国际机场、虹桥火车站等多个重大项目,它无疑将对区域交通带来巨大影响。交通条件的制约似乎成了它的"无解"难题。面对这一瓶颈,报告中并未草率定论,项目组是以科学审慎的态度主动与市交通研究所对接,开展项目交通影响分析和对策研究。经过十多轮的模型试算,发现该项目与周边交通设施建设的时空错位是交通瓶颈的症结所在,变"无解"为"可解",并找出了"调整轨道交通建设时机、完善区域路网,使之与国家会展项目的建设进度相协调"的方法,有效缓解区域交通矛盾,将项目的主要风险控制在可接受范围之内,为项目顺利获得核准奠定了重要基础。

3. 定量与定性相结合,精确项目市场定位

在会展载体集聚的上海,面对创纪录的庞然大物,如何精确定位,判断其规模合理性是一项极具挑战的工作。报告首先采用层次分析法,从市场趋势和发展需求两个维度,对全球、亚洲、中国、华东地区及上海的会展市场进行层层剖析,得出"以上海为中心的'长三角-华东'会展市场急需建设大型展览场馆"的基本判断;同时,

通过广泛的案例分析，抓住"净展示面积"这一核心要素，运用类比分析方法，推到项目建设规模；在此基础上，进一步对上海展馆、办公、商业等多种业态的市场需求进行定量预测，通过存量对比找出市场缺口，做到精确市场定位；又从上海会展载体的空间分布出发，解读其与既有载体的关系，发现该建设项目在构筑上海会展空间体系中的作用。报告从宏观到具体、从经济到空间，通过多维度多领域的系统分析，有力论证了该建设项目的必要性，以及其规模的合理性和内容的准确性。

4. 关注建设项目社会效应，精确量化带动作用

会展业具有1：9的经济拉动效应，享有"城市经济风向标"的美誉。报告在测算该建设项目自身财务效益的基础上，重点关注项目的间接经济效益和社会效应。建立数理模型，对项目促进周边土地升值、带动关联产业、增加就业岗位等社会效应进行定量预测，得出了项目建设将带来"税收贡献、土地增值、文化旅游产业增加值、就业岗位"等一系列重要结论，有力论证了项目建设的社会效应。

5. 聚焦节能与社会稳定，系统论证项目先进性

报告对项目的前期论证结合了规划、环保、土地等内容，并首次实现与节能评估、风险评价、工程安全风险评价等融合，建立了多专业领域合作的工作机制。

在节能评估中，充分运用相关项目经验，较为准确地计算了项目用能，并结合"低碳实践区"的发展理念给出了有效的节能措施，成果聚焦资源综合利用与节能分析。创新性地建立展览强度指数（单位土地的展览面积），对项目用地集约化程度进行量化研究，并通过与国内外大型展馆案例的横向对比，论证了项目先进性。

在风险评价中，通过扎实的现场调研，系统分析了项目在动迁、交通等领域的潜在风险，并给出有效对策降低项目风险，保障项目先进性。

【咨询效果】

本项目自2011年年底开工以来，进展顺利。多项咨询成果在工程中得以运用，使工程进展及工程安全得到保证。工程于2014年年底竣工。项目建成后将进一步完善区域会展空间布局，推动会展经济发展，成为上海建设国际贸易中心的核心载体。

同时，作为全国会展领域首个部市合作工程，报告的研究论证方法、方案优化机制、工程的建设与运营管理经验等，对后续类似项目的申报和建设具有重大借鉴意义。

上海迪士尼主题乐园项目申请报告及专题研究

The Project Application Report and Monographic Study on Shanghai Disneyland Theme Park Project

编写单位：上海投资咨询公司
Shanghai Investment & Consulting Corporation
联系电话：021-63903366　　网址：www.sicc.sh.cn
主要完成人：祝兆松　钟贤宾　王渝　耿海玉　马念君　金杨　陈立　朱丽蓉　张彬

【点评】

本项目是该领域的首个国家核准项目，研究报告是全国首个中外合作大型主题乐园项目的申请报告。报告考虑了城市规划、土地利用、交通组织、水系调整、市政配套、旅游服务、文化融合、社会管理等因素，重点关注了土地集约利用、征地农民安置、中外利益协同等问题，从国家规划、政策、布局层面对项目进行了必要性和合理性论证。该报告除了定性分析项目对区域宾馆、零售、餐饮、会展、娱乐、交通运输、金融保险、建筑等各行业的发展带动外，还运用国民经济乘数理论和方法，结合地区的投入产出表，建立模型，对项目的带动效应进行量化分析。

【项目背景】

为了贯彻国家对上海的定位，为广大人民群众提供更加丰富多彩的娱乐休闲方式，进一步提高人们的生活质量和水平，上海市政府与美国迪士尼公司经过长达十几年的接触和谈判，拟合作建设上海迪士尼主题乐园项目。上海投资咨询公司受上海市主题公园办公室的委托，编制上海迪士尼主题乐园项目申请报告及相关专题研究报告。

上海迪士尼乐园项目位于上海浦东新区川沙新镇，整个上海迪士尼乐园及配套设施发展规划区项目规划，将一次规划、分期实施。规划首期拟建设上海迪士尼乐园及配套设施区，其中上海迪士尼主题乐园项目占地面积约1.16平方千米（见图1）。

【项目内容】

在大量调研和案例分析的基础上，项目组根据开展该项目前期工作的要求以及与美方的谈判情况，针对项目特点和重点问题分别开展了关于旅游、文化、市场、选址用地、地质勘探、水务、建设方案、节能、环保、组织管理机构、投资、经济效益、社会影响等一系列专题研究，最后形成了"1个申请报告+10个专题报告"的总体成果。

经综合分析研究认为，迪士尼乐园落户上海，符合国家及上海相关发展规划，符合国家实施世界旅游强国战略；上海引进世界级主题公园及度假区的市场条件日益成熟，项目选址合理，符合国家及上海的土地利用规划；项目节能设计

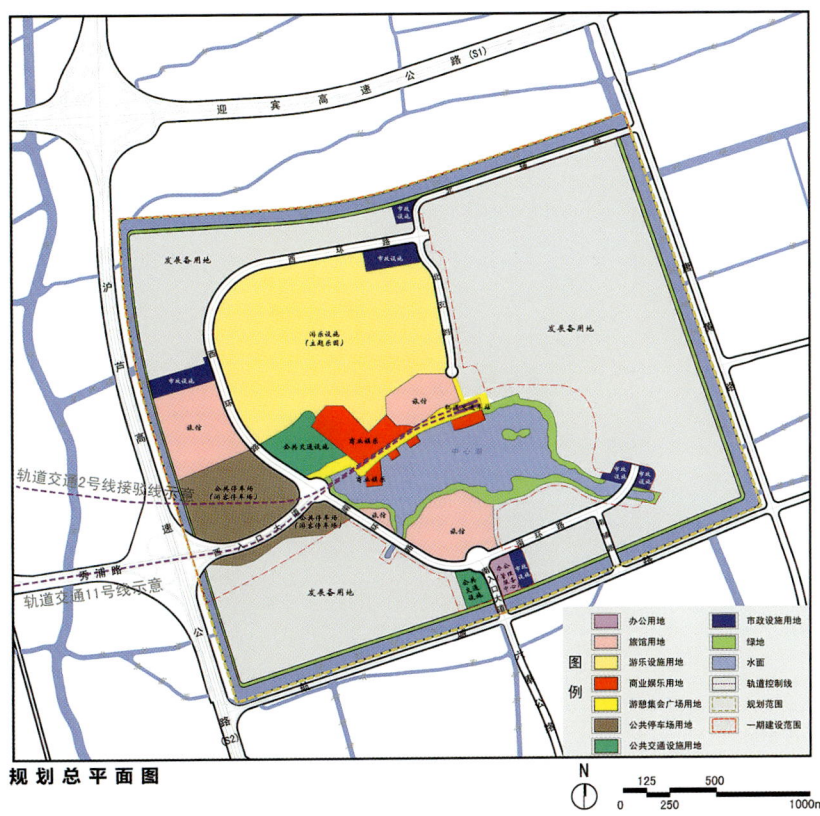

图1　上海迪士尼乐园平面图

达到同类项目国际水平；项目创新上海模式，保护中方利益；项目对区域经济有综合带动效应。

【工作过程】

本项目作为该领域的首个国家核准项目，研究报告是全国首个针对中外合作大型主题乐园项目的申请报告。项目本身具有外资投入、世界级品牌、涉及面广、带动效应大等特点，需要从国家战略、市场分析、土地利用规模、经济合理性、中外双方的权益分配及宏观社会效益等方面进行重点分析。

经过反复沟通，申请报告最终聚焦重点问题，开展了关于旅游、文化、市场、选址用地等一系列专题研究。

报告编制历时近3年，贯穿与外方的谈判全过程，在与外方进行的八轮近百次的谈判中，将国家对申请报告的编制规范及深度要求与外方的工作惯例进行衔接，为最终完成项目申请获得核准奠定基础。

【咨询工作特点】

1. 从国家规划、政策、布局层面对项目进行必要性和合理性论证

第一，基于项目是世界级品牌的大型主题乐园的事实，报告对国内主题乐园布局、相关行业带来的影响进行客观评价。此外，该项目是外资投入的文化娱乐项目，且是中国改革开放30年以来外资投入最大的文化娱乐项目，因此报告充分考虑了其与中国民族文化的融合问题。

第二，项目影响大、涉及面广、带动效应明显，论证中考虑了诸多因素，如城市规划、土地利用、交通组织、水系调整、市政配套等；除评价项目的自身财务效益之外，报告还客观评价了项目的间接经济效益和作用。

第三，项目受众面广、关注度大、敏感性强，主要服务对象将是国内13亿大众，且受到了各级领导及其他省市包括港、澳地区的关注，项目动态甚至容易引起国内外各种评论等，这些情况都在前期工作中得到了充分权衡。

第四，项目申请报告是行业首个同类项目申请报告，突出了拟建项目的特点、满足国家核准要求，对相关的规划、政策、产业、动拆迁、土地，以及中方利益保护、环境、社会影响等开展了深入论证。

2. 针对国家重点关心的问题进行充分论证和分析

第一，对土地集约利用问题。报告利用指标对比法从项目选址比选、土地利用规划、用地规模合理性、用地经济合理性等方面进行了定性与定量分析。

第二，对征地农民的安置问题。报告明确了范围和采用的征地拆迁补偿标准、数量、性质、方法、方案，以及安置基地、条件、养老惜老、再就业渠道等，以保障失地农民以及拆迁企业的利益。

第三，申请报告还对一些敏感问题，如全国主题乐园的布局、与上海欢乐谷等国内民族品牌项目的关系、文化的融合问题等，分别采取宏观、中观与微观相结合，从不同层次和不同角度进行了分析论证。

3. 对相关准入政策作深入研究

由于项目属限制类项目，项目组通过对国家、"长三角"、上海地区的相关总体规划、城市规划、产业规划、土地利用规划、专项规划及相关政策法规进行深入研究和分析，得出以下结论：

第一，项目的建设体现了国家全面建设小康社会的发展战略要求，成为中国改革开放30年后在更广领域、更高层次改革开放的新标志；是建设上海实现"四个中心"国家战略的举措之一，是中国实施世界旅游强国战略的重要步骤之一。

第二，项目符合国家对长江三角洲地区改革开放和经济社会发展指导意见，可推进长三角区域旅游一体化进程；项目有利于优化中国区域旅游产业布局，可引领中国主题乐园行业向更高的建设、管理、服务水平发展。

第三，项目通过在一些景点中融入中国元素，实现外来有益文化与中国民族优秀文化的融合创新发展，集中展示与宣传人类共同的精神与科技文明。

第四，从大型主题乐园布局的基本原则和国家引进大型主题乐园规划布局来看，该项目布局在上海具有合理性；适合中国的假日经济特征，符合中国旅游业发展的宗旨和客观需求。

第五，项目符合上海市总体发展规划，是上海实现"四个率先"的重要载体之一，是上海打造世界著名旅游城市的重要载体；项目符合国家对上海要率先转变经济发展方式的要求，有利于改善"长三角"区域产业同构化与市场竞争格局，促进区域经济社会协调发展，提高整个区域的现代服务业水平和能级，与国际接轨；项目的实施有利于缓解就业压力、促进社会的安定。

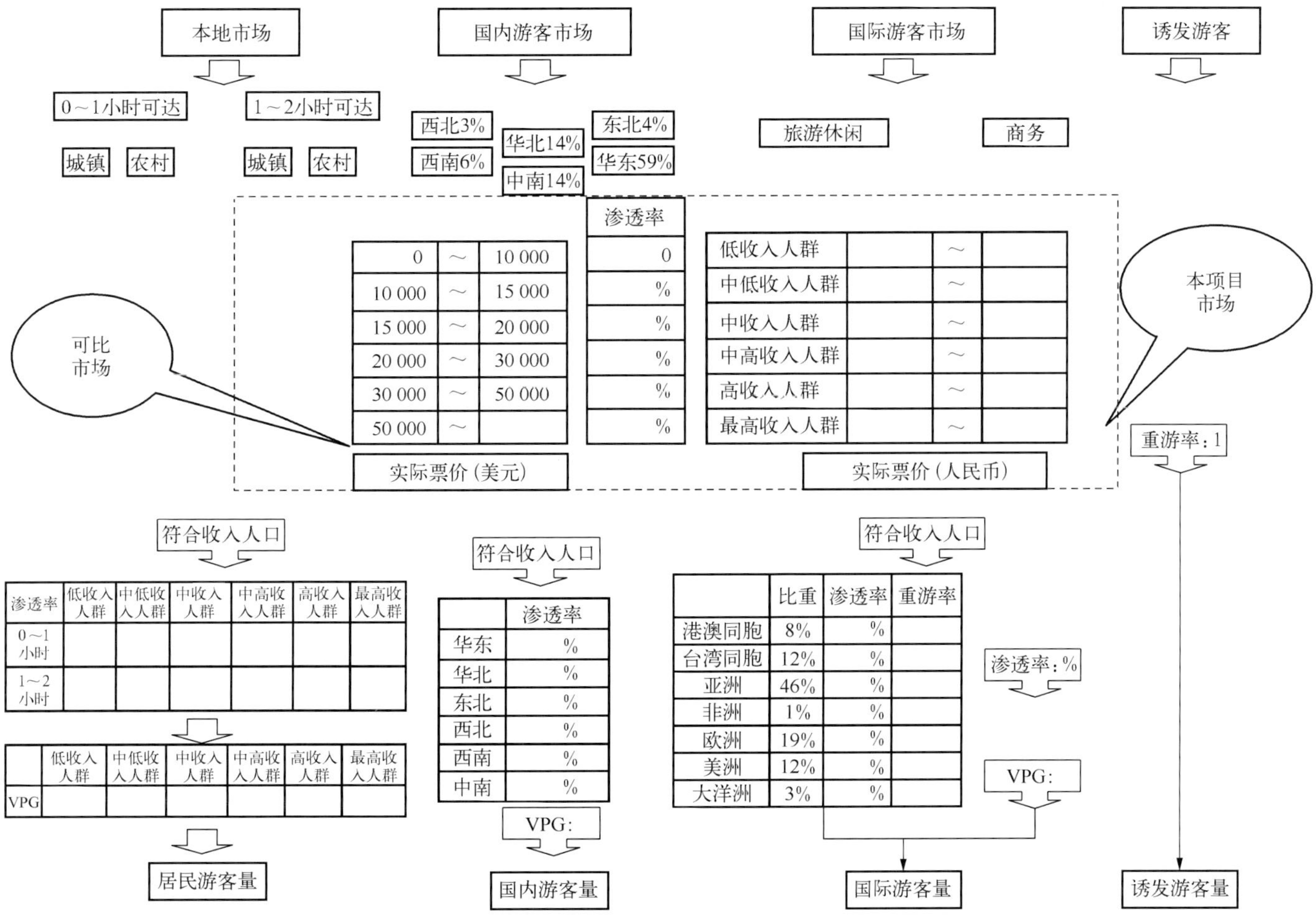

图2 市场分析

4. 项目咨询创新使用多项理论及分析方法

为了说明项目的建设利益不仅仅体现在项目本身,必须对其市场规模、带动效应进行量化分析。申请报告除了定性分析对区域宾馆、零售、餐饮、会展、娱乐、交通运输、金融保险、建筑等各行业的带动外,还运用国民经济乘数理论和方法,结合地区的投入产出表,建立模型,对项目的带动效应进行量化分析。

第一,在市场分析中采用了游客消费水平理论和渗透率概念,考虑重游率模型来进行客流量预测分析,在潜在消费市场分析中,解决了不同地域不同收入水平家庭比重的定量分析,这将在消费品市场分析中得到广泛应用(见图2)。

第二,在产业带动效应分析中,报告根据旅游经济学的投资消费和扩散效应理论,参考行业研究方法,采用回归模型分析产业的关联系数,预测项目对相关产业的直接与间接带动影响,该方法对于大型项目的经济带动研究是一次有益探索,经分析,项目对上海市旅游业有所贡献,对上海市GDP的拉动也有贡献;每年将直接或间接拉动国内休闲、娱乐、度假、教育和文化消费。项目对第三产业、第二产业的经济带动有积极影响。从产业结构的角度而言,有利于促进上海产业结构的调整优化(见图3)。

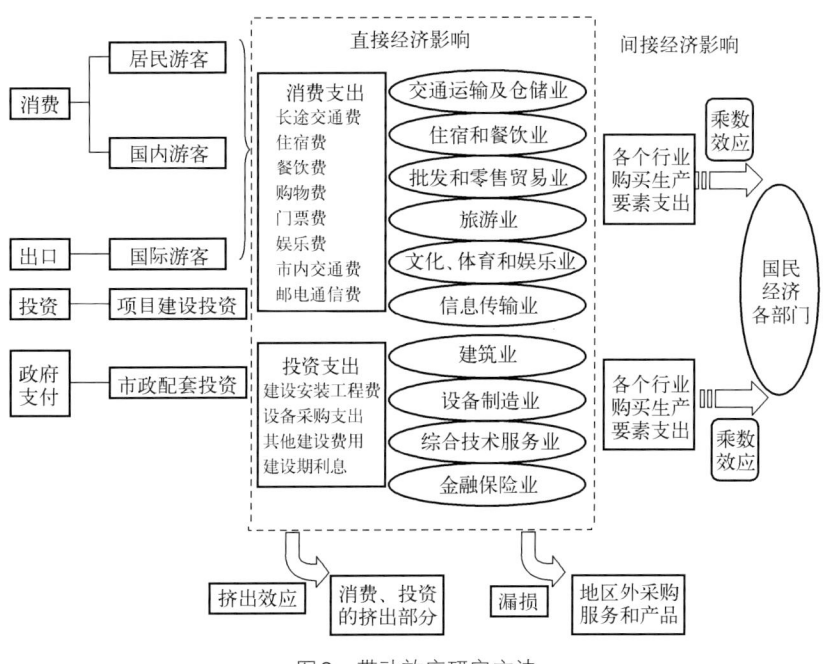

图3 带动效应研究方法

第三,在论证用地规模合理性时,导入了土地载客密度的概念,实现不同区域项目的比较。

第四,在预测项目提供的就业岗位时,通过研判地区经济的发展趋势后进行分析推导,得出每年可为上海及周边地区提供大量工作岗位。其他如对财政贡献、对优化产业结构等均进行了定量分析。

上述结论自立项以来,多次得到各类研究机构及新闻媒体的引用。

【咨询效果】

通过研究与咨询、磋商和谈判,最终本项目相比迪士尼在其他国家和地区的投资,实现了若干突破,包括项目的创意团队充分吸纳中方提出的文化元素,实现了中外文化交融。

上海民用航空产业发展策略及规划研究
Study on the Development Strategy and Plan for Shanghai Civil Aviation Industry

编写单位：上海投资咨询公司
Shanghai Investment Consulting Corporation
联系电话：021-63903366　　网址：www.sicc.sh.cn
主要完成人：王思政　祝兆松　裘文进　朱明林　周鹤群　孙　蔚　彭　元

【点评】

本研究包括航空产业发展、民用航空发动机产业发展、通用航空产业发展和大型客机总装基地配套产业空间布局等四个方面。项目结合上海市综合基础条件和近期发展通用航空的战略和重点，以及大型客机配套产业全球化的发展趋势，提出了上海发展民用航空的工作重点和策略，提出了上海大型客机总装基地产业发展的空间布局设想，为相关部门政策研究和制订提供了参考。

【项目背景】

民用航空产业是反映国家综合实力的重要战略性产业，一方面引领高端先进技术发展，另一方面具有强大产业带动作用。近年来，随着大型客机国家重大专项的启动以及国家加快培育和发展战略性新兴产业战略的实施，民用航空产业得到国家和地方各级政府的高度重视。为促进上海民用航空产业进一步发展，更好地对接国家战略、服务国家重大专项的落户和实施，更好地支撑上海"创新驱动、转型发展"、培育未来新的经济增长点和产业制高点，本研究对上海市民用航空产业的发展进行了全面深入的分析。

【项目内容】

1. 上海民用航空产业发展规划研究

全球民用飞机市场规模保持稳定增长，市场结构相对稳定，产业分工呈国际化和全球化配置，未来单通道飞机仍将是最大的细分市场，主制造商-供应商模式仍将占主导位置，复合材料应用将大幅增加。中国是全球重要的民用航空市场，中国商飞、中航工业成为民用航空产业组织的核心，机体部件制造能力明显增强，核心设备及配套服务业有待发展。

上海拥有一批航空设计、总装、系统设备骨干企业和研发机构，担负中国民用飞机整机研发、制造多项重点建设任务；在空港、海港、陆路、保税物流、大件运输、试飞空域等方面具有良好条件；以超级计算中心、研发公共服务平台、知识产权服务平台等为核心形成了科技公共服务平台；在航空制造、维修等领域拥有丰富的国际合作经验。

布局主要包括浦东机场南端的大型客机总装制造基地、浦东张江南区的民用飞机设计研发中心、宝山大场的支线飞机总装制造与试飞基地、闵行紫竹的民用飞机客户服务和发动机及航空电子系统研发中心、浦东临港的民用航空配套产业基地。

上海可围绕大型客机、ARJ21新支线飞机、商用飞机发动机等重点项目，加快推进民用飞机研发设计、总装、客户服务、机体零部件制造、动力系统、机载系统与设备、新材料、配套服务等产业发展，提升中国航空技术创新能力，将上海建设成为中国主要的民用航空产业基地和国际合作平台。

其重点可发展民用飞机设计、总装，机体部件、商用飞机发动机、机载系统与设备生产、研发，以及航空改装维修、航空金融、航空物流等配套服务业。

本研究建议紧密对接国家有关部委，集聚各方资源，完善推进机制，全面保障国家大型客机项目；加强对产业布局的规划控制，积极支持国内外民用航空企业落沪集聚发展；加快推进民用航空相关学科建设；继续推进相关公共服务平台建设，进一步完善自主创新支持体系。

2. 上海民用航空发动机产业发展规划研究

民用航空发动机产业是指从事设计、制造、装配民用航空发动机，以及提供配套服务的行业集合。全球这一市场形成了三层级的产业格局，包括发动机整机供应商、单元体和关键部件供应商、零部件供应商。中国研制单位主要集中于中航工业集团，但技术水平尚存差距，目前难以满足民用适航要求。

中航商用航空发动机有限责任公司在上海正式成立，是中国大型客机发动机项目总承担单位。上海相关单位在航空发动机材料、叶片、精密铸造等领域开展了配套合作；建立了相关科研平台和集聚近千人的航空发动机人才队伍。但产业发展尚存在瓶颈，与发达国家相比，产业基础薄弱，技术体系不完备，核心技术与标准规范欠缺，总装制造和工程管理水平不高。因此该市场增长潜力巨大，未来20年，中国发动机市场价值逾千亿美元。

本研究建议主动对接国家民用航空类重大科技专项，充分依托核心企业，联合国内外产业资源，以市场需求为导向，进一步创新体制机制，提升中国民用航空发动机产业科技创新能力。

建议提升民用航空发动机设计研发、总装集成、适航取证、关键系统部件研制，以及客户服务与维护大修等环节的能力；建立完整的民用航空发动机研发技术体系，研制拥有自主知识产权的民用航空发动机产品，建设一批国家级、市级重点实验室和研究中心；促进民用航空发动机产业配套企业集聚发展，将上海建设成为中国主要的民用航空发动机产业基地。

其重点可发展民用航空发动机设计研发和总装集成、航空发动机材料及关键系统部件制造、民用航空发动机技术基础研究、客户服务与维护大修业务。

本研究建议加强产业布局规划和基地建设，增强服务保障力度。对国家民用航空类科技重大专项予以政策性配套，对相关技术研发进行支持；促进金融机构加大信贷支持力度。领军人才应优先被列为人才重点支持对象；加快本地专业学科建设；鼓励相关单位承担各级民用航空类研究中心、实验室等建设任务，建立产学研联盟，实现资源共享。

3. 上海通用航空产业发展策略研究

通用航空通常指除军事飞行和公共航空运输飞行以外的航空活动。美国是全球最大的通用航空市场，发达的经济发展水平、较大的国土面积、完善的通用航空基础设施条件、合理的空域管理体制是其通用航空产业发展的重要因素。

中国通用航空处于高速发展前的孕育期。根据《国务院关于促进民航业发展的若干意见》（国发〔2012〕24号），预计到2020年飞行总量将达200万小时。不过仍大大低于目前美国2 500万小时的飞行总量。

空域管理体制是制约中国通用航空发展的主要因素。中国空域由军方管理，民航部门仅能在军方指导下管理民航机场和航路空域。此外，通用航空基础设施建设滞后、管理服务保障体系不健全、政策法规不完善等也是制约中国通用航空发展的重要因素。

上海通用航空以商务和公共服务飞行为主，拥有"金鹿"和"东方"两家公务机公司，2010年商务飞行架次占全国的1/3。上海通用航空制造产业基础也比较弱，仅拥有西科斯基飞机公司等少数企业。

上海通用航空应用发展具有一定潜力。预计2020年上海通用飞机保有量约230架，年飞行总量约为10万小时。预计商业和公共服务飞行仍将是主要领域；受空域条件限制，私人休闲运动飞行近期尚不具备快速增长的条件。

上海空域资源和通用航空机场是主要制约因素。上海市可用空域资源紧张，属于飞行密集区。通用机场建设条件相对较差，现有通用机场主要用于起降直升机，公务机商务飞行主要依托虹桥、浦东机场，对公共航空运输带来了较大压力。从未来布局看，仅在金山区可能还有选址建设通用航空机场的可能性。

本研究建议重点聚焦高端喷气公务机、中端涡桨通用航空飞机、中高端涡轴直升机等机型。近期聚焦对通用航空机场依赖度较低的研发设计，以及航空发动机、关键零部件及机载系统、配套地面空管和服务保障设备等高附加值产品制造，带动相关通用航空制造业及生产性服务业的发展；积极培育通用航空企业运营总部，销售与客户服务、适航、租赁、保险、维修、地面培训等通用航空专业服务业。中远期依托本市拟规划建设的通用航空机场，重点发展中高端通用飞机整机制造、试飞、飞行员培训等业务。

建议推进上海低空空域的开放、完善相关管理制度；加快多功能综合性通用航空机场、临时起降点、固定运营基地、飞行服务站、维修基地等基础设施建设的选址布局和落地；聚焦中高端通用航空飞机研发设计制造等核心环节，促进通用航空制造业及服务业发展；在现有空域条件下，大力推进作业、公共服务、政府管理、商务商业等通用航空飞行服务；研究举办具有飞行表演功能的通用航空展的可行性，积极培养航空文化，激发潜在市场需求。

4. 上海大型客机总装基地配套产业空间布局研究

经国际案例分析，机体大型结构件具有围绕总装基地集聚布局的显著特点，航空电子系统围绕总装基地有一定布局；动力系统围绕总装基地布局的特点不显著。

波音集团的两个总装工厂位于美国伦顿（Renton）和埃弗里特（Everett），受总装基地及运维部门的带动，海岸沿线形成了绵延几十千米的产业集群。两个总装基地分别负责生产双通道和单通道飞机。工厂周边集聚了机体大型结构件、零部件、内饰和基础件生产企业以及航空维修、培训、租赁等服务企业。西雅图集聚了机载系统研制和技术研发类企业，港口物流区域拥有众多物流运输企业。

借鉴波音公司总装基地发展历程以及上海机场资源条件，经分析，目前中国商飞总装基地规划土地可基本满足中国商飞公司至2025年的生产用地需求，建议应进一步为总装基地2025年之后的远期发展预留发展空间。总装基地周边适宜布局机体大型结构件、零部件、基础件等生产制造企业，以及航空维修等配套服务企业。配套物流企业宜布局于港口等交通枢纽区域（临港重装物流区、祝桥空港工业区）。基地及配套产业远期发展预留应重点向东、西侧和西南侧发展，生活配套优先考虑依托临港新城解决。

本研究建议临港新城与总装基地配套产业区错位发展，一方面积极承接国际航空转包业务，一方面主动配合大型客机重大专项，重点引进发展系统级供应商和物流企业，为大型客机提供航空电子、动力等机载系统集成和物流服务。

【咨询工作特点】

1. 首次全方位分析论证了上海民用航空产业发展基础与思路，创新性构建产业发展的目标、模式与路径

本研究针对民用航空产业的设计、制造、装配、金融、服务进行了全产业链分析，同时全面覆盖了干线、支线、通用、航空发动机、航空电子、航空材料等细分行业。对当前国际发展水平进行了系统性提炼，从市场、产业组织、配套等方面对中国及上海产业发展水平进行了全方位梳理，对产业发展关键问题进行剖析，基于产业链优势环节，完成产业发展重点筛选，并结合面临的形势，提出了促进产业发展的建议。

建议遵循"统筹、聚焦、服务、开放"原则，主动对接大型客机、新支线飞机、发动机等国家重大专项；充分依托核心企业，以市场需求为导向，推进产学研用合作，加快形成包括民用飞机研发设计、总装、关键部件研制、配套服务的全产业链能力；提升中国民用航空技术创新能力，将上海建设成为中国主要的民用航空产业基地。

2. 借鉴欧美经验，结合上海实际，提出民用航空产业总体布局规划

在产业布局规划中，本研究一方面考虑充分发挥上海各重点区县和区域的产业基础及优势；另一方面，也高度重视上海土地资源的稀缺性，使相关布局更为高效集聚。产业布局聚焦五大区域，包括浦东机场的大型客机总装制造基地，浦东张江南区的民用飞机设计研发中心，宝山大场的支线飞机总装制造与试飞基地，闵行紫竹的民用飞机客户服务及发动机、航空电子系统研发中心，浦东临港的民用航空配套产业基地。针对总装基地，根据国际案例对比分析，考虑未来20年产业发展需求及上海机场资源条件，本研究规划布局了总装基地建设，预留了远期发展空间。

3. 首次提出民用航空发动机产业发展规划，填补国内空白

上海民用航空发动机产业近年来发展势头较好，但存在产业基础薄弱，技术体系不完备，工程管理水平不高等问题。本研究针对性提出以产品研制及适航取证、技术能力提升、基地建设、配套产业培育为抓手，构建完整产业链，形成核心技术体系，研制自主知识产权产品，建设国家级和市级研发中心，促进配套企业集聚发展，实现中国民用航空发动机"零"的突破。

4. 全产业链剖析通用航空产业特点，第一次科学论证并提出上海通用航空产业发展重点和方向

在国家出台《关于深化中国低空空域管理改革的意见》（国发〔2010〕25号）的背景下，本研究通过对国内外通用航空产业发展的梳理，首次全面系统地分析了上海发展通用航空产业的潜力优势，以及空域、场地、技术、管理等方面的制约因素。科学地提出产业发展原则，首创性地提出上海发展通用航空的工作重点和策略为：推进低空空域开放；加快通用航空机场、起降点、运营基地、服务站等基础设施建设的论证、选址和布局；聚焦中高端通用航空飞机研发设计制造等核

心环节,促进通用航空服务业发展;推进作业、公共服务、政府管理、商务等通用航空飞行服务,强化通用航空业管理。同时依据相关发展原则对拟来沪发展的通用航空项目提出了针对性的建议和措施。

5. 提出具有前瞻性和可操作性的产业发展对策与建议

(1)本研究提出面向全球化进行大型客机配套产业体系发展的理念,吸引集聚设计、总装、系统设备骨干企业。

(2)提出发挥上海空港、海港、陆路、保税物流、试飞、维修等方面的优势,成为综合利用国内外民用航空产业资源的高端产业平台。

(3)提出上海民用航空产业发展重点为民用飞机设计、总装,机体部件、民用航空发动机、机载系统与设备生产,以及航空改装维修、航空金融、航空物流、高端通用航空设计服务等配套服务业。

(4)提出上海大型客机总装基地配套产业发展和空间合理布局规划。

(5)提出配套专项资金、加大金融机构信贷力度、推进学科建设、引进扶持领军人才、建设公共服务平台等全方位产业配套政策。

6. 注重方法创新,灵活运用多种研究方式

研究组全面调研了上海产业科技人才基础条件以及哈尔滨、沈阳、西安、北京、天津、珠海等市情况,详尽收集了波音公司和空客公司全球产业布局和总装基地资料。在此基础上,本研究针对课题覆盖面广、内容复杂、专业性强等特点,综合运用理论分析、实证分析、案例分析、标杆对照、SWOT分析、模型分析等多种研究方法。如利用产业发展路径理论、产业带动理论提出上海民用航空产业发展模式和路径,采用产业筛选模型和SWOT分析确定民用航空、航空发动机、通用航空产业发展重点。

【咨询效果】

1. 研究成果核心内容已由上海市政府相关部门正式印发产业规划,成为中国第一个民用航空发动机产业规划

基于本研究成果,上海市发展改革委、市经济信息化委、市科委于2012年11月6日正式印发《上海市民用航空发动机产业中长期发展规划(2012—2030年)》。该规划为国内首个制定和发布的航空发动机产业规划,将在全国范围内确立上海在民用航空发动机领域的行业地位,有助于上海集聚相关产业资源,占领民用航空产业技术制高点,促进民用航空发动机产业快速发展。

2. 研究成果形成工作专报,获得上海市主要领导批示认可

基于本课题研究成果,上海市发展改革委于2012年8月向市领导报送了,获得上海市主要领导的批示认可。

3. 研究成果有助于上海争取国家航空发动机和燃气轮机重大科技专项落户

本研究对于上海市的民用航空及航空发动机产业的科学论证和规划,引起了国家相关领导和部门的高度重视,有助于上海争取国家航空发动机和燃气轮机重大专项任务。2013年年初,国务院主要领导来沪考察时初步同意对于上海航空发动机和燃气轮机相关专项的重点项目给予大力支持。

4. 研究成果可为相关单位开展政策研究与制定提供借鉴和参考

本研究对上海民用航空产业进行了系统性的梳理和客观分析,结合高投入、高风险、高附加值的产业特征,及上海的基础条件,提出了包括重点领域、布局和保障措施等方面的发展策略建议,可为相关单位进一步的政策研究与制定提供借鉴和参考,为推动上海科技创新、经济转型发展等发挥一定作用。

上海大型客机效果图

中国-马来西亚钦州产业园发展规划及可行性研究

The Development Planning and the Feasibility Study for the China-Malaysia Qinzhou Industrial Park

编写单位：上海投资咨询公司
Shanghai Investment & Consulting Corporation
联系电话：021-63903366   网址：www.sicc.sh.cn
主要完成人：祝兆松 钟贤宾 耿海玉 吕海燕 梁思清 窦义粟 沈源 顾晶 符号

【点评】

中国-马来西亚钦州产业园（以下简称"中马钦州产业园"）是中国西南部最大的产业园区之一，由两国政府共同推动。本研究重点运用国际前沿的"产业筛选模型"，层层论证和筛选适合园区发展的产业，定位准确，方法新颖，推动了中马钦州产业园建设和招商工作的顺利进行。

【项目背景】

钦州位于广西北部湾经济区，是中国面向东盟合作的重要门户和前沿地带。钦州拥有大西南最便捷的出海通道钦州港，钦州保税港区是西部沿海唯一、距东盟最近的保税港区，被列为全国第五个沿海整车进口口岸。钦州区位条件、自然资源、产业基础等综合优势明显，在推动中国-东盟务实深化合作中具有重要地位。

中马钦州产业园区是中国与马来西亚政府合作的第一个园区，是继中新苏州工业园区、中新天津生态城之后中国第三个中外两国政府合作的园区，是中国-东盟合作的新平台、新动力、新亮点。

中马钦州产业园总规划面积55平方千米，一期开发建设15平方千米，其中启动区7.87平方千米（见图1）。为了更好推进中马钦州产业园区的开发，受马来西亚投资方Qinzhou Devlopment (Malaysia) Consortium Sdn Bhd的委托，上海投资

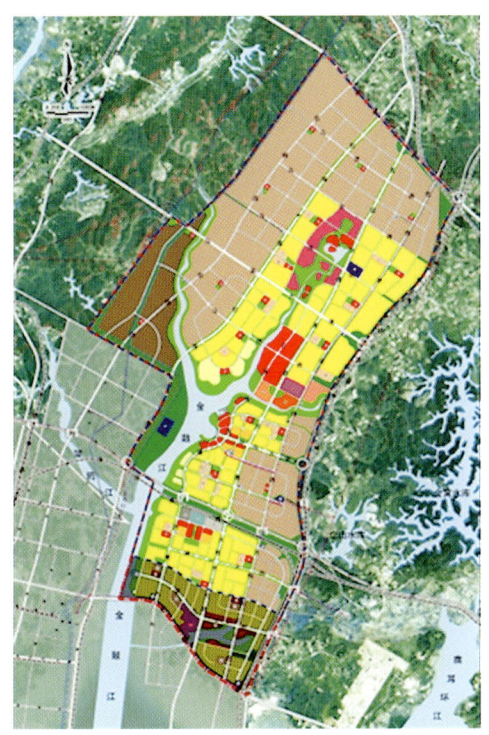 

图1 中马产业园区总体规划图（左）和一期启动区规划图（右）

咨询公司主要从工程可行性研究、产业发展定位研究、海关特殊监管区前期研究、园区管理机制与配套政策等四个方面，详细论证了园区前期建设的可行性。

【项目内容】

该研究项目主要包括工程可行性研究、产业发展定位研究、海关特殊监管区前期研究、园区管理机制与配套政策等四方面的工作。

1. 工程可行性研究

中马钦州产业园区一期启动区位于整个园区中南部，规划总用地面积为7.87平方千米，建设期约为3年，由钦州金谷投资有限公司和Qinzhou Devlopment (Malaysia) Consortium Sdn Bhd共同出资建立的中马钦州产业园区投资开发有限公司负责开发建设。项目实施有利于加快推进中马产业园的建设，促进地方就业和产业升级，提升钦州经济发展能级；进而拉动区域经济发展，促进北部湾经济区的进一步开发开放，深化中马国际合作，增进中国-东盟区域经贸交流，具有显著的社会效益。

2. 产业发展定位研究

本研究运用国际前沿的产业筛选模型（见图2），提出重点发展装备制造及零部件、电子信息及数字多媒体、材料及新材料、保健与清真食品、棕榈油加工、生物技术等六大主导产业，培育发展海洋产业和节能环保战略性新兴产业，统筹发展仓储物流、商务服务、房地产业、住宿餐饮、商贸流通、文体娱乐等配套产业。

3. 海关特殊监管区前期研究

经过研究，项目组认为"钦州保税港区扩区"是最为可行的方案，并提出建立以"保税物流服务和保税加工制造"为主要功能，以"国际贸易服务、商品展示、期货交割、国际金融服务"为辅助功能的"2+4"发展的海关特殊监管区分区（见图3）。

4. 园区管理机制与配套政策研究

本研究在管理机制方面，提出按照"政企分开，市场运作"的原则，建立"管委会+合资公司"管理模式。其中，中马协调理事会为决策层，联合工作委员会为联系层，中马钦州产业园管理委员会和中马钦州产业园区投资开发有限公司为执行层。

在配套政策方面，提出依托国际合作，争取财政、金融、土地、外汇、产业、审批、人力资源和社会保障、外事、海关特殊监管区等多方面的优惠政策。

【工作过程】

1. 广泛收集资料

项目组在前期研究了亚洲和中国经济发展的现状及未来，中国经济和产业发展的趋势和规律，收集了西部大开发、北部湾经济区、中国东盟自贸区以及全国五十多个国家级开发区的案例。重点分析了中国-新加坡苏州工业园区、中国-新加坡天津生态城、中国-新加坡广州知识城、新疆霍尔果斯经济区、珠海横琴新区、深圳前海开发区等重点园区的政策及建设过程。

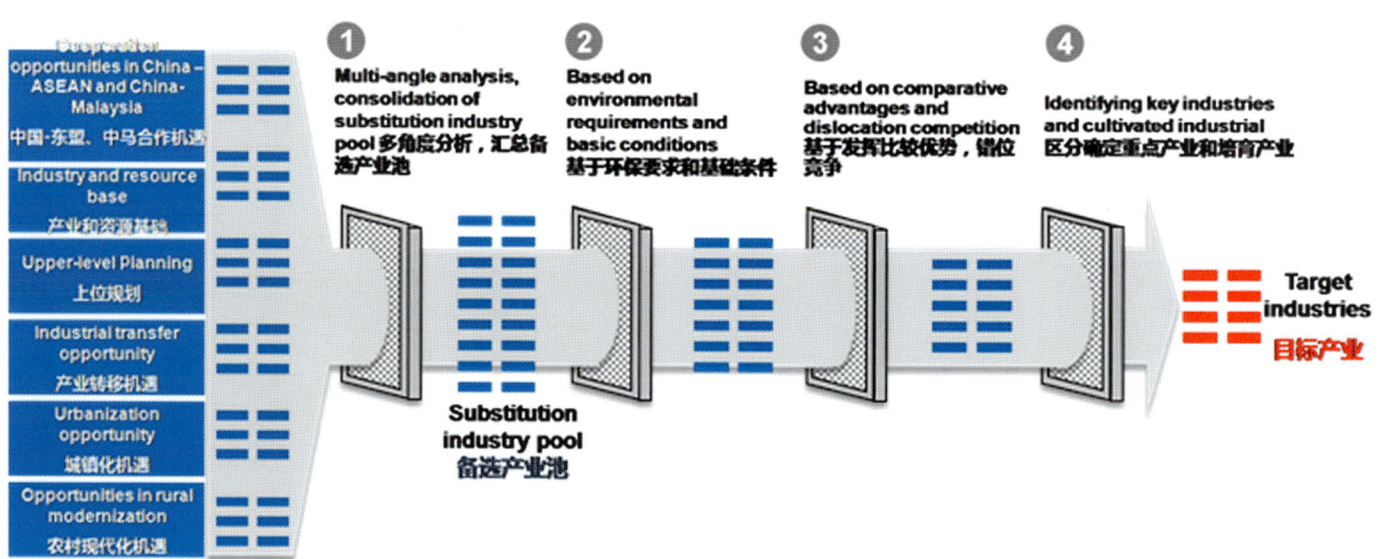

图2　产业定位过程中所应用的产业筛选模型

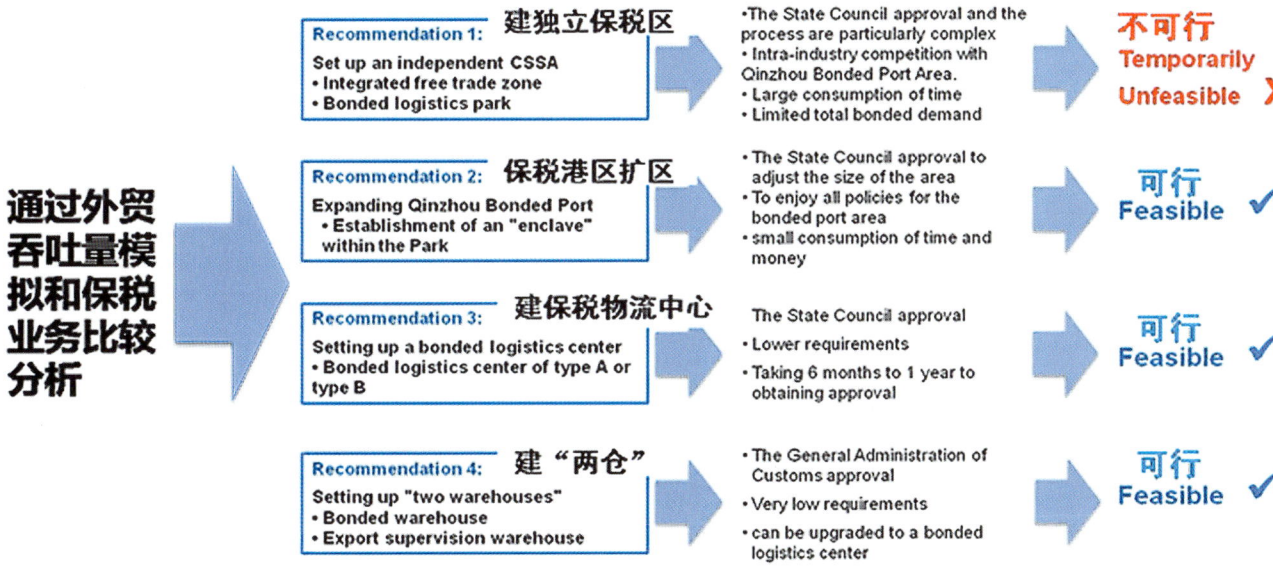

图3 海关特殊监管区设立的可行性路径图

2. 充分开展调研

调研了钦州市发改委、经信委、商务委、规划和国土资源管理局等十余个委办局,实地踏勘钦州市全部的大型经济开发区,并召开现场研讨会;还与广西壮族自治区发展改革委、商务委、北部湾办等相关部门进行深度访谈,所有调研都在一个调研周期完成。

3. 紧凑安排研究工作

项目组合理分工,充分沟通和研讨,根据项目组成员的专长,合理安排工作,在两个月的时间内完成了四个专题报告的主要研究工作,并提交汇报稿。

4. 成果汇报顺利、高效

研究成果虽然包含四个专题报告,涉及中外两方,但是成果汇报和沟通非常有效,省去很多不必要的协调环节。其中,向中方汇报,一次性通过了钦州市市委的审议,得到市委领导高度评价;向马方汇报,马方董事会也是一次性审议通过了该研究成果。

【咨询工作特点】

1. 充分体现国家战略

2011年以来,菲律宾持续在中国南海制造事端,双方对峙不断升级,直接影响到了两国关系,也影响到了2010年1月1日启动的中国-东盟自由贸易区的顺利推进。基于此,中国迫切需要与东盟十国的其他国家加强合作,改善关系。

2. 咨询内容全面深入

中马钦州产业园是国内第二个两国政府合作的工业区。国内第一个两国政府合作的开发区是"苏州工业园区",由中国政府和新加坡政府于1994年合作开发。中马钦州产业园建设是约二十年后,中国政府再次与外国政府合作开发工业区,而且园区位于中国西部,意义重大。

本次合作还带来了政府间合作的新突破,中马两国政府还将在马来西亚合作开发工业园区——马中关丹产业园,作为中马钦州产业园的姐妹园,这是中国第一次通过国家间合作在国外开发建设工业区。

3. 研究达到国际水准

该项目采用原创的四轮产业筛选模型确定产业定位,解决了确定产业定位的核心问题,得到了中马双方的一致认可。钦州市市委领导指出:"上海投资咨询公司的产业筛选方法很科学,与英国博安咨询公司的研究逻辑很一致。"

4. 多个方面实现突破

服务国际市场主体。以往的园区规划项目主要是为政府、管理委员会、国企或部分中外合资企业服务,本次服务的对象是外资企业,即两家马方投资者:一是世界500强的马来西亚常青集团(RIMBUNAN HIJAU GROUP),经营范围涉及农林、文化传媒、生物制药、能源矿产、电信、纺织、旅游、基础设施等众多领域;二是马来西亚最大的房地产开发商实达集团(SP Setia Bhd Group)。

提供系列全套咨询。本项目为客户提供工程可行性研究、产业发展定位研究、海关特殊监管区前期研究、园区管理机制与配套政策等四个方面工作。提供全套、系列和打包服务。

后续服务全面衔接。本项目在终期成果汇报后,2012年年底,钦州市发改委继续邀请中国帮助编制《钦州市战略性新兴产业发展规划》,目前该项工作已经完成,并获得钦州市委、市政府的高度认可。

【咨询效果】

1. 咨询成果超过预期

项目最终汇报安排在马来西亚首都吉隆坡,项目组向委托方进行了深入汇报,获得了一致认可,超过了委托方的预期。研究成果也得到了钦州市政府的充分肯定。并于不久后,在人民大会堂的新闻发布会上,钦州领导对本研究确定的产业定位进行了新闻发布。

2. 更切实际和更加可行

本研究的产业定位与其正在洽谈的项目吻合。钦州市发改委领导指出,该产业规划专业,数据分析充分,逻辑性强。

上海市机构养老设施"十二五"建设规划研究

The Research on the Construction Plan of Shanghai Institutional Care for the Elderly Project during "The Twelfth Five-year Plan"

编写单位：上海投资咨询公司
Shanghai Investment Consulting Corporation
联系电话：021-63903366   网址：www.sicc.sh.cn
主要完成人：祝兆松 钟贤宾 王昊 耿海玉 刘晖 吕海燕 杨靖波 赵世英 胡晶焱 章淑萍

【点评】

本规划是全国范围内第一个省市级的机构养老设施专项规划，具有前瞻性。本规划在综合分析上海市机构养老设施"十一五"末建设现状的基础上，明晰上海市养老设施发展的外部环境；明确机构养老设施的发展需求；借鉴国内外机构养老发展经验，提出了"十二五"期间上海机构养老床位的量化发展目标；从体制、资金、规划、土地、建设等角度，制定保障措施，为上海"十二五"期间机构养老设施规划实施提供科学依据。

【项目背景】

上海是国内人口老龄化程度最高的城市，当前人口老龄化、高龄化、少子化、空巢化特征明显。为适应人口老龄化快速发展的需要，"十一五"期间，在上海市委、市政府的大力支持下，在市发展改革委、市财政局的积极推动下，上海市机构养老设施作为社会养老服务体系的重要支撑，实现了跨越式的建设发展，养老床位总量实现了翻番式增长。到"十一五"末，全市以家庭自我照顾为基础、社区居家养老服务为主、机构养老为支撑的"9073"养老服务格局基本形成。但仍存在着总量不足、结构不合理、基本公共服务界限不清、服务质量不高、机构服务不可持续、产业化发展不足等突出矛盾和问题。

为此，上海市政府提出了对上海机构养老设施建设发展进行规划研究的要求，要求对现状进行客观分析、预判需求、在新的起点上谋划上海机构养老设施建设，在加大投入力度的同时，更要明确具有战略性、全局性、可操作性的发展目标和建设思路，以增强机构养老设施建设发展的科学性、可持续性，更好地满足日益增多的老人对机构养老服务的需要。

【项目内容】

本项目的目标是适应上海人口快速老龄化、高龄化的趋势和需求，坚持"政府主导、保障基本、社会参与"，在"十二五"期间，基本建立起与人口结构变化趋势相适应、与经济社会发展水平相协调、满足不同需求的机构养老体系，实现"关注弱势，保障基本，结构合理"的总体目标。

"十二五"期间上海机构养老体系发展目标如下：上海将持续保持并争取超越每千名老人拥有养老床位数30张的国家"十二五"规划指标。"十二五"期间上海机构养老床位将在"十一五"的基础上新增约3.7万张，新增养老床位以提供基本公共服务为主，同时，提供部分非基本公共服务或市场化养老服务。到2015年，上海市机构养老设施床位总数达到13.5万张。远期，逐步考虑将服务对象扩展到常住人口。"十二五"期间，本市养老机构床位的建设目标为服务新增户籍老年人口的3%。其中2%的养老床位提供基本公共服务，1%作为非基本公共服务或市场化养老服务。

"十二五"期间上海机构养老发展的主要任务如下：一是增加总量，加大投入。增加机构养老设施土地供给，完善相关配套政策，整合现有存量资源，结合大型社区、郊区新城建设，继续增加全市机构养老设施及床位的总量供给，以适应上海人口老龄化、高龄化、空巢化加速态势。二是改造存量。改造存量不达标机构养老设施，从消防安全、建筑面积、设备设施、无障碍设施、医疗设施、康复设施、活动场所等方面对存量机构养老设施实施全面改造。三是均衡布局。针对不同区域人口、资源、环境特点，明确中心城区、非中心城区、人口导入区、人口导出区机构养老设施发展要求，优化全市机构养老设施空间布局。四是优化结构。在护理功能结构上，优先发展养护型床位，提升全市护理床位比例；在建设运营结构上，仍然以政府建设并运营的机构养老设施为主，逐步探索其他建设运营模式；在产权结构上，减少租赁类型机构养老设施比例，提高形成产权的养老床位比例。五是提高质量。加强管理规范、建设标准、服务标准、专业队伍、监督机制等方面的研究和建设，以提高机构养老设施建设运营质量。

"十二五"期间上海机构养老发展框架设计如下：上海将结合本市机构养老服务需求和供给特点，建立"保障基本、满足需求"的服务体系，"政府主导、社会合力"的投入体系，"分工明确、形式多样"的管理体系。在空间结构方面，根据规划要求，"十二五"末上海市机构养老床位数达60周岁以上户籍老人人口数达3%以上。上海将建立与各区（县）户籍老人人口基本相适应的机构养老床位空间布局体系。考虑中心城区、非中心城区特点，中心城区床位密度约为2.5%，非中心城市床位密度约为3.5%。结构规划方面，"十二五"期间，新增养老床位中，租赁性质的应控制在28%以内，政府投资建设的占70%；专护、一级护理的应占70%以上。在新增建筑规模、用地与投资需求方面，"十二五"新增机构养老设施总建筑规模约为148万平方米，新增用地需求158.2万平方米（折合约2 373亩，含租赁形式建设的机构养老设施），"十二五"新增机构养老设施建设投资约为52.1亿元（不含土地费、外配套费）。

"十二五"期间上海机构养老规划重点项目如下：规划重点建设项目共计51个（其中新建项目44个，改扩建项目7个），涉及新增养老床位数16 555张（其中新建项目床位14 590张，改扩建项目床位1 965张）。

【工作过程】

对现状的充分把握和了解是规划未来的前提和基础。2010年4月，项目组启动了"上海养老机构总体情况专题调查"工作，以对上海养老机构建设现状进行系统的摸底和分析总结，研究和梳理其建设经营中的难点和薄弱环节。

2010年5月开始发放问卷，到2010年10月30日止，回收调查表和问卷共计12 087份，覆盖了全市18个区县。其间，针对回收的问卷进行了完整性甄别，并对部分问卷进行了真实性甄别，最终确认了有效问卷的数量，以此形成了一个包含近40万个数据的上海养老机构阶段性信息数据库。此外，项目组实地走访了25家有代表性养老机构和4家日间照料中心，进行了深入访谈，进一步了解养老机构建设和运营的实际情况。整个调研工作历时近八个月。于2010年12月形成了"上海养老机构总体情况调研专题报告"。

随后，2011年3月，项目组启动了上海市机构养老设施"十二五"建设规划研究工作，并协同市民政局面向全市开展了上海"十二五"机构养老设施重点项目征集工作，对部分养老机构开展了进一步深入调研。无论是开展调研，还是重点项目征集，项目组都十分注重保持与各区县、各级民政部门的密切联系，并就存在的问题进行充分的沟通协调，使得整个研究工作的开展保持高效。由于规划研究对战略性、全局性、可操作性要求较高，在研究过程中，项目组走访了该领域内相关单位，与规划、土地、税收、民政等领域相关专家进行咨询、沟通，并于2011年4月、7月，聘请相关专家，就上海机构养老服务设施建设发展战略与对策、建设与运营机制进行了研讨。这些工作为项目组对机构养老设施发展框架设计、发展目标及任务进行多轮调整和优化提供了科学支撑。并于2011年12月形成了"上海市机构养老设施'十二五'建设规划研究报告"。

【咨询工作特点】

1. 综合运用多种咨询方法有效化解研究难点

本研究运用逻辑框架法，确立了上海机构养老设施建设发展研究基本框架，并深化了研究需求，尤其是其量化测算需求，进而采取措施化解研究难点；运用问卷调查法、实地访谈法，获取关于上海机构养老设施建设发展情况的基础数据，作为研究的基本前提；运用文献查阅、实地调研，系统了解国外部分国家或地区机构养老设施建设发展情况，作为研究的重要支撑；运用头脑风暴、因素分析、预测分析，研究上海机构养老设施建设发展外部环境、挑战和机遇、总体需求，进而确定将上海机构养老设施建设发展框架设计，作为研究的关键组成；运用层次筛选法，科学构建"十二五"机构养老设施建设分类及其重点项目体系，作为研究的实施依据。

2. 建立了最新的上海养老机构阶段性信息数据库

尽管"十一五"期间上海养老机构建设总体上取得了显著的成绩,但截至本次调研之前,上海尚未对全市养老机构建设情况进行过类似的全面调研,在市级层面上,尚缺乏较为全面的信息资料。本次调研具有以下特征:

(1)数据搜集广泛。调研工作覆盖全市,范围和力度前所未有。调研范围除市级养老机构外的全部18个区县的所有养老机构,涉及近600家养老机构;调研对象包括养老机构、入住老人、排队老人,涉及近1万名老人;调研内容囊括了养老机构硬件建设、运营情况、服务水平、老人需求等。这是首次对上海养老机构进行全面普查,包括养老机构建设、运营情况,以及入住老人和排队老人人口经济特征和需求情况等。

(2)数据处理严谨。由于调研的范围广,涉及人员多,同时每一调研问卷中也包含了相当丰富的调研信息,因此最终调研所获得的信息量是非常庞大的。而在庞大的信息量中,又存在多方面的影响信息可靠度的因素,对确定信息可靠性提出了挑战。为此,项目组在问卷甄别方面作了大量工作,花费近3个月时间,通过剔除无效问卷、电话核实等方式仔细确认有效问卷,尽可能保证调研数据的可靠性。

(3)数据内容丰富。通过调研,形成了一个包含近40万个数据的上海养老机构阶段性信息数据库,从总量、结构、需求、运营等方面对养老机构建设基本情况进行了一次较为准确的统计,较为全面而完整地反映了上海养老机构建设和运营现状。其中包括:对目前上海养老机构的机构数量、床位数量及其分布等有了更为精确的数字;对全市养老机构的建设质量、服务水平,全市养老床位的使用、变化,全市各区县有入住养老院需求的老人的意见和反响等作了普遍意义上的了解和统计;对"十二五"期间养老机构建设的制约因素进行了分析,并提出了相关建议。这些为规划编制过程中科学把握全市机构养老设施未来发展思路,并进行上海机构养老设施需要的发展框架设计,提供了十分有效的支撑。

3. 系统分析了上海机构养老设施建设现状和基础

项目组充分利用前期问卷调查和重点调研访谈数据信息,对本市"十一五"末机构养老设施建设现状(成绩、问题)进行了多角度系统分析,从而对目前建设的实际效果有了更加清醒的认识,尤其是对当前上海机构养老设施建设发展存在的瓶颈以及面临的挑战有了更加准确的把握,为后期研究方向、重点和思路的确定奠定了坚实基础。

对"十一五"期间上海机构养老设施建设成绩,研究经分析认为:养老床位总量呈现快速增长;建设资金投入总额逐年增加;机构养老设施建设运营方式趋于多样;机构养老设施运营成效总体较好;社会办机构养老设施呈现多层次发展趋势;机构养老设施管理政策不断完善。

对"十一五"期间上海机构养老设施建设存在的问题,研究分析认为:机构养老设施建设落地困难,养老床位区域分布不均衡,以租赁形式设立的机构养老设施存在流失的风险,规划保障有待加强;监督管理体系有待完善,各区(县)存在重建设、轻管理的情况,信息系统有待完善;部分存量设施条件较差,部分机构床均建筑面积不达标,建设标准有待提高。

4. 前瞻性地明晰了上海机构养老设施未来发展思路

研究聚焦供需矛盾,采用因素分析法,总体把握未来上海机构养老设施建设发展整体态势。研究认为:从供给方面来说,养老机构(床位)功能布局、服务质量水平、收费标准是影响上海机构养老设施供给能力的主要因素,机构养老服务供给能力仍然不足;从需求方面来说,人口老龄化的加速、家庭结构继续核心化是影响机构养老需求最重要的因素,老人收入增长(养老金水平)、社会养老观念的更新、机构条件的改善及其丰富性、舒适性,都将影响老人的机构养老需求,机构养老服务需求尚未得到充分满足。

由此,研究提出,"人口老龄化"是社会发展的必然趋势,而不仅仅是负担,缓解供需矛盾,机构养老设施的建设发展规划需要拓展思路:从供给方面来说,要注重完善机构养老服务供给机制、优化机构养老服务供给结构、丰富机构养老服务供给内容、提高机构养老服务供给质量;从需求方面来说,要充分认识到养老服务需求是发展养老服务的出发点和落脚点,机构养老服务建设发展规划需要通过更加科学有效的制度安排,在更好地满足日益增长的老年人多元化、层次化养老需求的同时,优先关注最有照料需求的老人的机构养老服务需求。这为明晰未来上海机构养老设施建设发展方向与思路奠定了基础。

5. 创新性地构建了上海机构养老设施发展框架设计

这是上海首次编制机构养老服务规划,其设计的机构养老设施发展框架必须具有较强的创新性、探索性、前瞻性,同时要能够契合上海机构养老设施"十二五"期间实际发展需要,具有较强的实证性、可操作性。

为此,本研究运用头脑风暴法,就上海机构养老服务设施建设发展战略与对策、建设与运营机制进行了研讨,创新性地提出了上海机构养老设施发展框架设计(见图1)。首先是"保障基本、满足需求"的服务体系。上海市机构养老服务将主要保障需要机构长期护理的失能老人,重点建设"基本保障型"的机构养老设施,优先保障"特殊困难"、"特殊贡献"的失能、高龄老人的养老服务需要,确保真正有机构养老需求的老年人能够享受到达标的"基本服务";其次是"政府主导、社会合力"的投入体系。上海市机构养老投入体系应以政府为主导,并积极鼓励社会各方参与。最后是"分工明确、形式多样"的管理体系。明确市、区(县)、街(镇)各级政府分工,建立形式多样的机构养老建设运营管理体系。

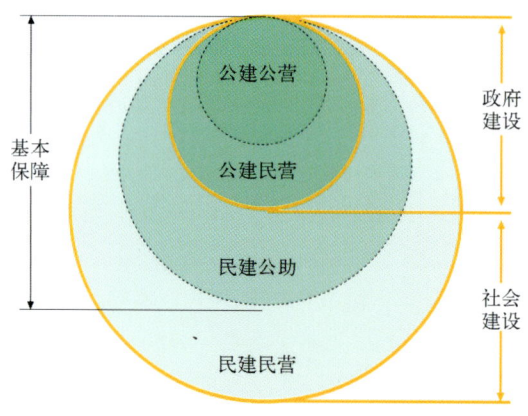

图1 上海机构养老设施发展框架示意图

6. 探索性地提出了上海机构养老设施发展方向指引

国外部分更早进入人口老龄化阶段的发达国家或地区,其机构养老设施建设发展经验能够为上海未来机构养老设施发展提供有益借鉴。本研究采用文献检索法,对国内外部分地区或城市养老服务体系建设实践进行比较分析,将机构养老服务模式概括为集中型政府主导模式、统一型社会保险模式、分散型市场主导模式三种类型,进而通过标杆分析法,结合上海机构养老设施建设发展实际,提炼可供借鉴的经验,为提出与上海人口结构变化趋势相适应、与经济社会发展水平相协调、可满足不同需要的机构养老体系提供决策参考。

7. 科学构建了机构养老设施建设分类重点项目体系

研究中,项目组会同上海市民政局开展了"十二五"机构养老设施建设项目的排摸工作后,在明确了重点项目的落地导向的基础上,立足公共服务均等化原则,充分考虑了目前全市机构养老设施建设中存在的部分条件较差的存量机构养老设施亟须改造、全市机构养老设施结构布局不均衡等现实问题,将重点建设项目分为新建项目、改扩建项目,科学构建了"十二五"机构养老设施建设分类重点项目体系,并获得了市民政及其他相关部门的认可和赞同。

8. 综合提出了机构养老设施建设若干保障措施建议

为保证规划的顺利实施,本研究从体制、资金、规划、土地、建设等角度,提出保障措施的可操作性建议。体制方面,建议建立市、区(县)、街(镇)联合的协调工作机制,形成强大的合力,全面提升规划的执行能力,同时切实加强民政、财政、卫生等部门的协调合作,实现政府服务的整体效应;资金方面,建议机构养老设施建设投资以地方财政资金投入为主,做到"投基本(以设施建设投入为主的基本补贴标准)、保基本(以护理老人床位为主的基本床位保障)、超基本(保持并争取超过国家规定的千名老人基本床位数比例)";规划方面,建议抓紧编制全市机构养老设施专项规划,并协调推进各区(县)项目控制性详细规划的调整工作,以锁定土地用途,强化机构养老设施规划监管;土地方面,建议明确用地需求,落实用地指标,加强存量土地监管,制定用地优惠政策;建设方面,建议通过建设指标纳入绩效考核、健全补助机制、健全和完善财税及工商政策、加强机构养老设施建设运营监督等措施为机构养老设施建设提供保障。

【咨询效果】

咨询成果多次向上海市领导、市发展改革委、市民政汇报,并获得认可。且本研究报告为《上海市人民政府关于推进本市"十二五"期间养老机构建设的若干意见》(沪府〔2012〕105号文)的出台奠定了基础。为《上海市养老设施布局专项规划(2013—2020年)》的编制奠定了基础,该规划已于2014年10月获上海市人民政府批复。

文登市养老产业发展实施规划策划研究

The Plan Research on the Implementary Plan for Aged Industrial Development in Wendeng City

编写单位：同济大学建筑设计研究院（集团）有限公司
Tongji Architectural Design (GROUP) Co.,Ltd.(TJAD)
联系电话：021-35377649　　网址：http://www.tjadri.com
主要完成人：翁晓虹　熊跃华　周茂刚　徐春芳　张　继　邱华慧　王　莉　陈笑月　郦　恒　郑荔丽

【点评】

本项目研究了文登市如何从全国众多"长寿之乡"中脱颖而出，如何充分挖掘现有的养生养老资源，政府层面应该给予养老产业什么样的支持等问题；进而结合文登养生养老资源，合理布局空间，策划打造"一条轴线"、"两个中心"、"三大区域"的文登"山海泉养生养老体系"，为后续养老产业发展规划的制定提供了依据。

【项目背景】

"文登市养老产业发展实施规划策划"是由山东省文登市政府委托同济大学建筑设计研究院（集团）有限公司负责的项目。本次策划的内容是对文登市发展养生养老产业提出切实可行的实施规划建议。

文登致力于打造"中国长寿之乡·滨海养生之都"，然而文登的养老产业还处于起步阶段，没有形成优质的养老品牌，也不能有效带动一、二、三产业的发展。为此本策划通过对文登养老资源和养老产业如何发展的研究，理清文登市发展养老产业的思路，提出做强文登养老产业的对策方案，来带动文登经济社会迈上新台阶并持续发展。表现为针对文登养老产业的环境制订养老产业的发展规划，确定城市定位，合理建设养老产业体系控制开发节奏；制订全面的政府行动方案，以从政策、基础建设、人文环境三方面入手为发展养老产业提供有力的支撑，并落实到各个政府部门。

【项目内容】

本次策划的主要任务是给文登养老产业定方向、找出路、提出规划建议、制定政府行动计划，为文登发展养老产业制订一个详细的路线图。

文登市拥有优质的山、海、泉、森林、空气等养老资源，具备发展养老产业得天独厚的条件。2013年文登获得"中国老年人宜居宜游城市"的荣誉。中国已进入老龄化社会，养老产业是中国新兴产业，发展前景广阔，发展养老产业可以成为文登经济社会发展的新增长点。

本次策划首先对文登养老资源进行评价。以理清文登养老资源优劣势，判断文登养老产业竞争力水平。其次，对文登养老市场进行分析。推导文登养老目标客户，测算文登养老客户规模。再次，对文登养老产业体系进行策划。确立文登养老城市发展总领思路，构建文登养老产业体系。然后，对文登养老产品体系进行策划。明确文登养老产品发展方向，确定养老产品的城市空间布局。最后，对政府行动方案进行策划。勾勒文登养老政策方向，规划文登养老基建举措，确立文登养老主题活动方向（见图1）。

【工作过程】

本策划报告从2013年9月开始，于2013年12月完成，整个策划过程分六个步骤：

（1）与业主方进行充分交流，了解意图和成果规格要求。

（2）进行调研工作，调研分网上资料收集和实地调研两部分。实地调研主要是围绕文登市发展养老产业的基础资源和周边城市竞争展开的。其中基础资源包括城市发展情况的了解和养老相关资源的实地考察；周边城市竞争主要考察威海市、荣成市的养老产业发展情况和重点项目。

（3）在系统分析和消化相关资料的基础上，提出总体设计框架和路线图并组织专家论证。

（4）制定报告进度计划，撰写初稿，组织专

主体框架	研究内容	研究方法	研究目的
文登养老资源评价	• 城市概况 • 养老城市特征及要素 • 城市养老资源评价 • 竞争城市量化分析	• 资源梳理法 • 定量测算法	• 厘清文登养老资源优劣势 • 判断文登养老竞争力水平
文登养老市场分析	• 文登养老产业客户分析 • 文登养老客户规模预测	• 客户目的分类法 • 客户来源分类法 • 定量测算法	• 推导文登养老目标客户 • 测算文登养老客户规模
文登养老产业体系策划	• 城市整体定位 • 养老发展原则 • 养老发展战略 • 养老产业体系 • 分阶段发展计划	• 战略导向分析法 • 产业分析法	• 确立文登养老城市发展总领思路 • 构建文登养老产业体系
文登养老产品体系策划	• 空间布局策划 • 推荐地块 • 养老产品体系策划 • 重点产品策划	• 重点产品构想 • 城市空间布局	• 明确文登养老产品发展方向 • 确定养老产品的城市空间布局
政府行动方案策划	• 政府行动方针 • 部门行动计划 • 阶段行动发展计划	• 分类政策具化建议 • 养老基建具化建议 • 活动策划具化建议	• 勾勒文登养老政策方向 • 规划文登养老基建举措 • 确立文登养老主题活动方向

图1 咨询成果研究路径及方法

家对初稿进行研讨。根据专家的意见对初稿进行修改。

（5）与业主方进行交流，根据与业主的交流成果，对策划报告进行修改，完成中期成果。

（6）与业主进行第二次交流汇报，根据汇报交流情况对报告进行最终的修改，提交最终成果，并完成整个策划服务。

【咨询工作特点】

一、综合评价，理清优劣势，判断文登养老竞争力水平

文登经济在北方处于领先水平，基本满足养老产业的发展。2012年全市人口人均GDP为85 337元，折合13 944美元，基本具备发展养老产业的经济条件。

文登优势资源在北方地区比较突出。全国有41个长寿村，5大长寿带。仅文登一市在全国范围不具备优势，但如果它与乳山、荣成等周边地区联合，可形成北方地区唯一一个长寿带。

文登优质养生养老文化资源有待开发。李龙文化作为华夏龙文化组成部分之一，目前尚未开发。道家养生别有特色，全真道家文化，目前虽有开发，但效果还未突显。

文登养老基础设施和政策环境不够突出，建议进一步加大力度。文登城市基础设施发展与其他城市雷同，政策环境对于养老产业方面的扶持也无明显差异，养老产业方面与其他同类城市处于同一起跑线。如若在城市基础设施建设方面出台老年人专项规划，政策方面大力扶持养老产业，比较容易脱颖而出（见图2）。

二、分析客源，预测市场规模，确保养老产业的有序发展

就文登现有资源来看，未来养老客户来文登的目的可分为三类：常住、分时度假/旅游和养

图2 文登养老十大优势

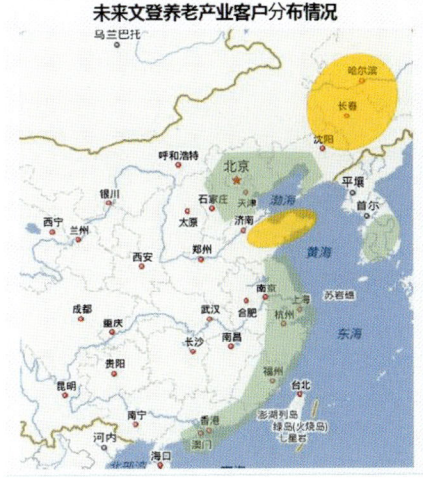

图3 文登养老产业目标客群分布

生医疗。

从文登现有航班信息、房地产客户情况和旅游客户情况来看,未来文登养老产业的主要客户来自文登本地、山东省内其他城市、沿海发达地区、东北地区和韩国地区。其中本地客户和山东省内其他城市客户为核心客群,东北地区客户、沿海发达地区客户和韩国地区客户为重要客户(见图3)。

通过测算可知文登市的养老产业产值规模可达到80亿元,可带动4.8万人就业;潜在的养老地产规模为82万平方米。文登市可以将养老产业发展成为支柱型产业。

三、提出整体定位和六大发展战略,构建"文化+服务+地产"的养老产业体系

本策划提出"智慧养老新标杆,旅游养生节点城"的理念。它是在文登市原有"中国长寿之乡,滨海养生之都"城市品牌的基础上延伸出来的,是对文登养老产业的全面定义。养老产业起源于欧美,但是,从全球范围来看,能站在城市发展的角度上来做养老产业的城市并不多。而文登却抢抓机遇,充分利用优势资源,从打造智慧政府、智慧城市、智慧服务三方面全面开启了智慧养老模式,以建设国际老年人友好城市为目标,制定出符合中小城市的养老产业发展实施规划。

但控制体量,合理利用资源,切勿制造空城;重视配套服务的建设和产业的导入;合理安排开发节奏,严禁一拥而上是文登市养老产业的发展原则。

策划组还提出升级优势资源、整合周边资源、完善产业体系、打造智慧养老城、贯穿文化活动和创新地产配建等文登市发展养老产业的六大发展战略。为文登市实现近期发展成北方地区知名养老城市,中期发展成国内重要养老城市,远期发展成国际级养老城市的目标指明了发展方向(见图4、图5)。

四、合理布局,打造"一条轴线"、"两个中心"、"三大区域"的文登"山海泉养生养老体系"

一条轴线:文登养老金融中心与养老服务中心——温泉之都养生养老度假区——南海养生养老度假区——山林道家养心养老度假区。

两个中心:依托城区成熟配套,引入知名养老金融机构,发展文登养老金融中心;为文登老年人提供完善的医疗、家政、文娱、学习、购物、咨询等养老服务的文登养老服务中心。

三大区域:温泉之都养生养老度假区、南海养生养老度假区和山林道家养心养老度假区(见图6)。

五、从三大方面入手,打造幸福养老环境

制订了政府行动体系,并落实到政府各个行政部门,具有非常强的可操作性。以政府引导,政策扶持,社会兴办,市场推动为原则,建立优质文登养老产业系统,激活市场为养老相关企业提供保姆式服务,为老年人打造幸福的养老环境。

1. 政策环境

建立健全生活保障体系,着力提高养老服务水平,保证老人的生活基本所需。主要政策有生活保障政策、医疗保障政策、老年福利政策、企业机构政策和房地产政策等。

文登城市定位
智慧养老新标杆　旅游养生节点城
“中国长寿之乡　滨海养生之都”

图4　文登城市定位

文化	尊老文化	政府进一步继承和发扬文登尊老文化传统，定期开展尊老教育、活动
	养生文化	政府持续宣传和推广文登养生资源，追溯文登养生历史，打造文登养生节日和招牌景点
服务	老年基建服务业	政府加强专为老年人服务的基础设施建设，如老年人绿色通道、老年公交环线、老年大学等
	老年医疗保健业	政府为老年人常用的药品、保健品、医疗器具、辅助医疗设备等产品的生产与服务创造条件
	老年家政护理业	政府大力培育和发展家政护理行业，主要以家庭护理、日常家庭照顾、心灵慰藉等服务为主
	老年生活用品业	政府鼓励和设立手杖、服装鞋帽、防滑器具、助听器、轮椅等老人用品的专卖交易场所
	老年绿色食品业	政府推动和发展文登绿色食品业，为在文登的老年人提供绿色健康食品保障机制
	老年金融保险业	政府鼓励和支持专为老年人提供的保险、理财咨询服务，推动养老金融制度改革创新
	老年信息服务业	政府建立贯通“市、区、街、居”四级的养老信息系统服务平台，创立养老服务响应机制
	老年文娱服务业	政府推动老年人的书画、体育、歌舞、才艺等竞赛活动，丰富老年人的文娱生活
	老年旅游服务业	政府建立老年人旅游服务的优惠政策和保障措施，吸引老年人来文登旅游、居住
地产	养老旅游地产	企业利用文登独特的山、海、泉资源，打造适合养老养生的文登经典旅游项目
	养老住宅地产	企业建设养老社区、养老公寓、养老院等老年人居住场所

图5　文登养老产业体系

利用文登养生养老资源，合理布局，打造一条轴线、两个中心、三大区域的文登“山海泉养生养老体系”
“一条轴线”＋“两个中心”＋“三大区域”
◆ 文登养生养老度假轴线
➢文登养老金融中心与养老服务中心——温泉之都养生养老度假区——南海养生养老度假区——山林道家养心养老度假区
◆ 文登养老金融中心
➢依托城区成熟配套，引入知名养老金融机构，发展养老金融业
◆ 文登养老服务中心
➢依托城区成熟配套，为文登老年人提供完善的医疗、家政、文娱、学习、购物、咨询等养老服务
◆ 温泉之都养生养老度假区
➢该区域拥有天沐、呼雷汤两大开发成熟的温泉景点，利用其优质的温泉资源打造以温泉养生、温泉养老、温泉理疗为主的养生养老度假区
◆ 南海养生养老度假区
➢南海新区依托优质的海滨资源，发展国际分时养老度假、养生休闲、养老康疗，将城市打造成国际重要的滨海养生养老度假节点城市
◆ 山林道家养心养老度假区
➢依托文登悠久的道家文化，利用山体，发展独特的道家养心养老度假区
山林道家养心
养老度假区
养老金融中心
养老服务中心
威海国际机场
温泉之都
养生养老度假区
南海养生养老度假区
文登养生养老度假轴线
用地指标：

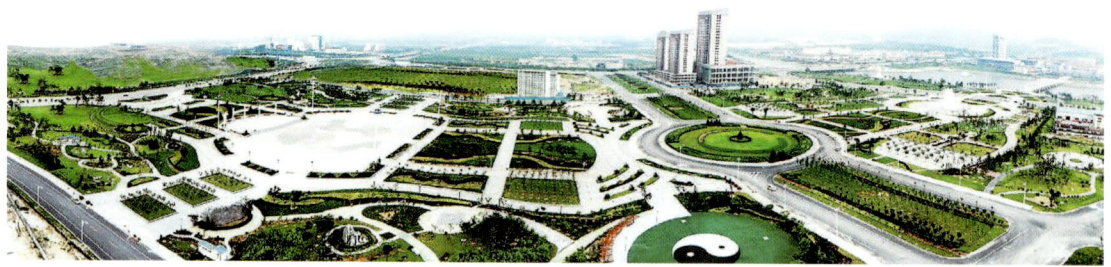

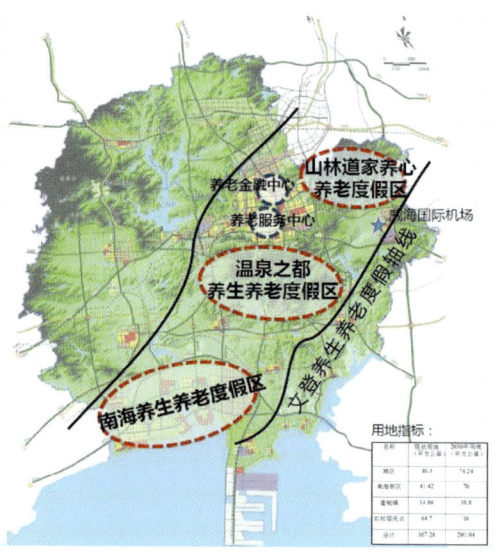

图6　文登“山海泉养生养老体系”

2. 基础环境

积极推进城市老年基础设施建设、老年公共交通系统搭建、公共银发信息平台搭建、生态宜居城市环境保护和老年医疗服务系统升级。

3. 人文环境

策划文登老人精神人文特色活动，加强文登市的"尊礼重孝"社会风气，打造文登的养老城市文化。开设老年大学，将其作为"空巢"老人的温馨家园，给老人们提供丰富多彩的活动，带来不一样的生活乐趣，更给老年人带来精神上的满足与享受（见图7）。

六、为其他城市发展养老产业提供了有效的借鉴

中国正迈入老龄化社会，生育率低、人口结构老化、社保制度滞后已成未来发展的重大隐患。由政府主导对区域性养老产业进行规划，在全国尚属首例。本策划建议文登市以政府引导、政策扶持、社会兴办、市场推动为原则，建立优质养老产业系统，激活市场，为养老相关企业提供保姆式服务，为老年人打造幸福的养老环境。

【咨询效果】

本策划对文登养老产业的全面定义，在原有"中国长寿之乡·滨海养生之都"城市品牌的基础上延伸出"智慧养老新标杆·旅游养生节点城"新的城市养老品牌。站在城市发展的角度上来做养老产业，充分利用优势资源，从打造智慧政府、智慧城市、智慧服务三方面全面开启了智慧养老模式，以建设国际老年人友好城市为目标，制定出了符合中小城市的养老产业发展实施规划；定位准确，具有相当的深度和广度，建议切实可行，多次获得业主的赞誉和好评。文登市政府以及规划局、建设局等部门的领导对本次咨询研究基本持一致认可的态度，认为策划体系完整、工作细致、分析到位。

本次策划研究报告得以在"2013威海（文登）温泉节暨养老地产论坛"上与社会公众及企业分享，向国内外来宾呈现了一幅全新的"智慧养老新标杆·旅游养生节点城"的产业发展蓝图，让在场的每个人切切实实地感受到了文登市养老产业发展前景，得到广泛的认同和好评，为文登市的招商引资提供了扎实的基础。在随后的签约仪式上，文登市与多家从事养老产业开发的知名企业签订了项目合作协议。

		发改局	民政局	建设局	旅游局	卫生局	教育局	交通局	经信局	科技局	财政局	审计局	国土资源局	环保局	文化局	体育局	经济合作局	中小企业局	信息产业办	社保局
政策环境	生活保障政策	√	√																	√
	医疗保障政策	√				√					√	√								√
	老年福利政策	√	√								√	√								
	企业机构政策	√	√						√								√	√		
	房地产政策	√		√	√						√		√		√					
基础环境	城市老年基础设施建设	√		√				√												
	老年公共交通系统搭建	√			√			√												
	公共银发信息平台搭建	√							√	√									√	
	生态宜居城市环境保护	√		√									√	√						
	老年医疗服务系统升级	√					√													
人文环境	尊老爱老特色活动		√												√	√				
	老年大学		√				√													

图7　政府部门行动计划

特大城市节约集约利用土地战略规划研究

The Strategy Planning Research on Economical and Intensive Land Utilization in Mega-cities

单位名称：上海市城市规划设计研究院
Shanghai Urban Planning & Design Research Institute
联系电话：021-62473288　　网址：www.supdri.com
主要完成人：俞斯佳　金忠民　林伟明　沈果毅　徐闻闻　孙忆敏　熊鲁霞　黄吉铭　彭　晖　倪　嘉

【点评】

本研究内容翔实，形成了包括一个课题研究总报告、四个专题研究报告和一个上海实证研究报告在内的成果体系；从城市规划角度科学界定节约集约用地的概念与内涵；从不同层面研究提出特大城市节约集约用地的城市规划策略；从上海实证角度探索特大城市节约集约土地规划战略的可行性。

【项目背景】

改革开放以来，中国经济快速发展，人民生活水平日益提高。但同时，经济发展与土地紧缺的矛盾日益突出，城市建设用地超出相应的土地利用规划指标已成为普遍现象。在迅速城市化和土地紧缺的双重压力下，城市土地资源的节约集约利用已越来越引起城市管理者的重视。特大城市是国家和地区的政治、经济和文化中心，人口稠密、产业集中、用地紧缺，率先遇到土地资源瓶颈和发展难题，城市发展已经进入一个需要全面转型的阶段。及时开展特大城市节约集约利用土地战略规划研究，是城市规划落实科学发展观的客观需求。

由此，上海市规划设计研究院于2009年启动本项研究。

【项目内容】

研究成果包括一个课题研究总报告、四个专题研究报告和一个上海实证研究报告。

一、课题研究总报告

1. 界定节约集约用地的内涵

通过对国家土地政策和上海等特大城市土地政策的解读、相关文献的综合、国外案例的总结，明确提出"节约集约利用土地"的内涵（见图1）。

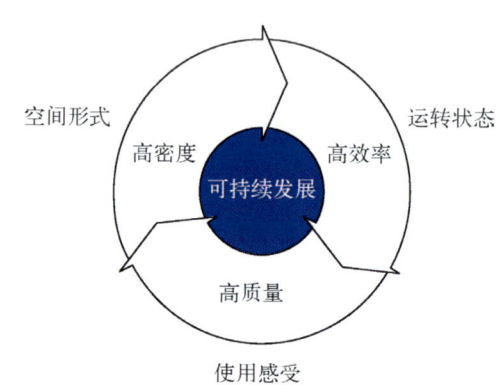

图1　节约集约用地的核心要素

2. 综述相关理论和国外特大城市案例

相关理论包括区位论和土地报酬递减理论、集聚和分散理论，以及紧凑城市、精明增长等规划理念。国外案例涉及日本、新加坡、英国、荷兰等国家。其中既有与中国同样面临人多地少问题的亚洲国家，也有经济转型后关注紧凑发展的欧洲国家。

3. 对国内特大城市土地使用现状进行评价

以中国东部、中部、西部等代表性特大城市为对象，分析总结国内重要特大城市在节约集约土地资源方面存在的主要问题，包括建设用地总量失控、空间布局绩效偏低、建设用地结构失衡以及用地效益低下等。

4. 贯彻原则，想出策略

在客观认识节约集约用地与城市规划的关系基础上，提出进一步贯彻节约集约利用土地要求的规划编制指导思想和基本原则，在宏观、中观和微观各层面，研究提出相应的规划策略。

5. 紧密结合上海实践

研究过程中紧密结合上海实践，以上海土地和规划机构调整为契机，总结归纳上海落实节约集约土地战略要求的规划与管理经验，为国内其他特大城市提供参考。

6. 建立指标体系框架

根据建设部《关于贯彻城市总体规划指标体系的指导意见》，结合《上海市城市总体规划指标体系研究》、《北京市城市建设节约用地标准》、《武汉市城镇土地集约利用评价要点》及相关政策文件、标准规范，研究提出包括城市总体评价、功能区评价和地块标准设置三个层次的指标体系框架。

7. 提出战略实施保障机制

造成特大城市土地资源紧缺的原因包括规划编制、规划实施管理和体制环境三方面的问题。为确保各项节约集约用地的规划策略得以落实，从规划引领、土地储备、部门协同、财税调控和多方参与等方面，提出节约集约用地规划战略实施保障机制的建议。

二、专题研究报告

1. 基础理论研究

本专题对节约集约利用土地的政策背景进行阐述；对国内外相关理论、研究与实践进行小结，包括紧凑城市、精明增长、新城市主义等理论及英国、荷兰等西方国家的规划实践；对于节约集约利用土地的概念进行研究，提出"高密度、高效率、高质量"是节约集约用地的核心内涵。

2. 国内外案例研究

本专题在明确案例城市的选择条件及空间分布基础上，通过对存在土地资源约束的东京、新加坡、香港、北京、上海、深圳、广州、重庆、天津、无锡等国内外典型城市的案例研究，明确节约集约利用土地对于城市可持续发展的重要性和必要性，总结应对土地资源紧缺的对策及措施。

3. 评价框架和指标体系研究

本专题在明确构建节约集约利用土地的评价框架的基础上，从城市规划视角提出评价指标选取原则、指标体系构建的基本方法，并分别从城市整体层面、功能区层面及街坊地块层面提出了评价指标体系、分析内容、评价程序及技术方法。

4. 节约集约土地利用保障机制研究

本专题对国内外节约集约用地的相关保障机制进行综述，提出中国特大城市在节约集约利用土地的保障机制方面存在的问题及其成因，并在此基础上进一步明确节约集约利用土地保障机制的构成，从规划引领、部门协同、土地储备、财税调控和多方参与等多元化机制方面提出了对策和建议。

三、上海实证研究报告

"上海节约集约用地战略的规划研究"以上海为研究对象，通过对上海的土地约束情况的阐述和已有规划实践的总结，探索特大城市土地节约集约利用的有效途径和规划策略。实证研究通过对不同时期上海土地使用情况和主要指标的分析评估，提出上海城市土地使用面临的主要挑战，通过对上海市城市总体规划、土地利用总体规划、空间发展战略规划、近期建设规划、"两规合一"、住房发展规划等规划实践，以及上海世博会、漕河泾高新技术园区等案例的规划建设分析，提出了节约集约利用土地的思路，以保护赖以生存的土地资源和生态空间。

【工作过程】

本研究以相关理论和国外经验为基础，以统一内涵认识为前提，以国内特大城市普遍问题和主要成因为导向，以规划视角的思路和方法为核心，以上海工作实践为实证，以指标体系为突破，以建议机制为保障，在特大城市节约集约利用土地的国家战略的指导下，系统全面、重点突出地提出具有可操作性的规划策略、技术方法和协同机制。

【咨询工作特点】

一、顺应了政策与时代发展的需要

在迅速城市化和土地紧缺的双重压力下，城市土地资源的节约集约利用已越来越引起城市管理者的重视。2005年9月中央领导在以"国外城市化发展模式和中国特色城镇化道路"为主题的集体学习会上，提出要按照循序渐进、节约土地、集约发展、合理布局的原则，努力形成资源节约、环境友好、经济高效、社会和谐的城镇发展新格局。要通过全国城镇体系规划、城市总体规划、村庄和集镇规划以及土地利用规划等，合理引导城镇化发展的规模、速度、节奏，优化结构和布局。

从战略意义上看，提高城市节约集约利用水平已经成为树立和落实科学发展观，调整经济结构和转变经济增长方式的根本要求；是贯彻中央关于土地问题的重大决策部署，加强和改善宏观调控的重大举措；是破解中国土地供需矛盾，促进经济社会可持续发展的必然选择。

因此，在此背景下开展本项课题研究，顺应了政策与时代发展的需要。

二、理念先进、方法创新

本研究以相关理论和国外经验为基础，以统一内涵认识为前提，以规划视角的思路和方法为核心，以建议机制为保障，等等，在特大城市节约集约利用土地的国家战略的指导下，系统全面、重点突出地提出了具有可操作性的规划策略、技术方法和协同机制。

三、解决了三大关键技术

本研究内容翔实，形成了"1+4+1"的成果体系，包括一个课题研究总报告、四个专题研究报告和一个上海实证研究报告。解决了三大关键技术：从城市规划角度科学界定节约集约用地的概念与内涵；从不同层面研究提出特大城市节约集约用地的城市规划策略；从上海实证角度探索特大城市节约集约土地规划战略的可行性。具有先进性和原创性。

【咨询效果】

"特大城市节约集约利用土地战略规划研究"是建设部立项开展的研究项目，属于战略性研究，成果将可以指导特大城市总体规划、土地利用总体规划的优化，为特大城市总体规划编制工作提供参考，为修编城市总体规划提供技术支撑；也可用于分区规划和控制性详细规划的编制，为土地、规划管理部门实施土地管理提供参考。

本研究有助于引导特大城市土地的节约集约利用，从而促进土地资源充分发挥作用，具有重要的经济效益和社会效益，对保障城市实现可持续发展目标具有重要的意义。

全球大都市基础设施比较研究

The Comparative Study on the Infrastructure of Global Metropolis

编写单位：上海投资咨询公司
Shanghai Investment Consulting Corporation
联系电话：021-63903366　　网址：www.sicc.sh.cn
主要完成人：周鹤群　刘　晖　彭　勇　孙　霁　聂　磊　朱　俊　顾燕平　应善之　陈　宇

【点评】

本研究从城市基础设施规划决策、建设运营管理、投融资等三方面，研究了纽约、伦敦、东京、香港、新加坡等国内外大都市的基础设施建设历程和现状，采用"实证对比"的方法，通过基础数据对比分析，明确上海与上述五大城市相比，在基础设施建设方面的优劣势，总结基础设施运营管理九大模式和投融资四大模式，对上海基础设施重点建设具有指导意义。

【项目背景】

"十一五"期间，上海城市建设和管理发展成绩突出，但在城市基础设施项目的决策、法规、建设、运营和管理、投融资等方面还存在许多有待完善之处。鉴于城市基础设施安全、高效管理及运行的重要性越来越显著，为进一步提高政府公共管理的能力和水平，上海市建设交通委提出开展大都市基础设施比较研究，系统研究国内外其他大都市基础设施提供服务、法规、投融资、建设、运行管理等方面的体制机制，借鉴成功经验，对上海基础设施发展方向与对策提出建设性意见和建议。

【项目内容】

本研究主要内容为通过对纽约、伦敦、香港、新加坡、东京五大国际性都市的基础设施资料进行整理分析，重点针对自来水生产和供应系统、排水与污水处理系统、固体废物处理系统、道路交通系统、城市绿化系统五大基础设施在城市基础设施决策、规划、建设、运营及投融资等方面与上海进行对比、研究，对上海基础设施发展提出建议。

研究报告按照大都市及基础设施发展比较研究、大都市规划与项目决策比较研究、大都市基础设施建设比较研究、大都市基础设施投融资研究、大都市基础设施运营管理比较研究等五个专题分别进行论述。此外，本研究项目还对伦敦进行了专题研究。

【工作过程】

当前，上海正处在实现"四个率先"、加快建设"四个中心"的关键时期，也处在城市功能提升、发展转型的关键阶段。上海要想打造成为具有较强国际竞争力的世界级城市群核心城市，实现经济全球化、区域一体化和新型城镇化，必然会对其基础设施建设和发展提出更高、更新的要求。研究组第一次考察了世界范围具有代表性的大都市圈，全景式地研究了大都市基础设施。

基础设施是为社会生产和居民生活提供公共服务的物质工程设施，是保证国家或地区社会经济活动正常进行的公共服务系统。它具有规模大、系统复杂、影响面大、投资大、长期性和综合性的特点。世界各大都市的形成条件和发展模式是不同的，因而在城市基础设施的建设、运营和管理方面也存在各自的特色。研究小组综合比较世界范围各大都市，根据"具有行政设置与连续的统计资料"、"地理范围上基本具有可比性"两个界定原则，最终确定将纽约、伦敦、东京、香港、新加坡等国际大都市作为研究对象（见表1）。

在深入考察和分析了纽约、东京、香港、新加坡等国际大都市的情况，并对伦敦进行了专题研究之后，研究组联系上海实际，采用"实证对比"的方法，对上海未来基础设施的发展，从规划决策、建设运营管理、投融资等三方面提出了对策建议。

相关工作于2011年完成。

表1 全球大都市概况

都市名称	课题所指对象	面积（平方千米）	主 要 情 况
上海	上海市	6 340	全市辖17个区、1个县，常住人口1 921.32万人（2009年统计数据）
香港	香港特别行政区	1 104	香港由三大部分组成：香港岛约81平方千米，九龙半岛约47平方千米，新界及262个离岛约共976平方千米；总人口约700万人（2008年统计数据）
新加坡	新加坡岛	710	新加坡是一个城市国家，由新加坡岛及附近63个小岛组成，其中新加坡岛占全国面积的88.5%；总人口约500万人（2008年统计数据）
东京	东京都	2 187.96	东京都包括23个特别区、26个市、5个町和8个村，总人口约1 290万人（2008年统计数据）
伦敦	大伦敦地区	1 594.72	大伦敦地区一共被分为伦敦市与32个自治市镇（Borough），总人口约770万人（2008年统计数据）
纽约	纽约市	828.8	纽约市处于纽约州东南部，是美国最大城市及第一大港，纽约市分曼哈顿区、皇后区、布鲁克林区、布朗克斯区、斯塔滕岛区等五个区。总人口约800万人（2008年统计数据）

【咨询工作特点】

1. 新视角——从城市起源、生长的空间变迁历程分析城市基础设施

在经济快速发展及大规模城市化推动下，当代中国城市土地开发总量巨大，大城市在功能迅速扩散的驱动下，空间日益向边缘扩展，城市功能的组织已不再局限于传统的主城区范围，并转而在都市区空间层面上进行。通观国外类似大城市，伦敦、巴黎、东京等大城市也都已基本经历了长期的城市空间发展历程。其包括基础设施在内的城市影响和作用范围早已超越传统中心城范围并拓展至都市区范围。因此，对城市发展及城市基础设施的研究应定位在大都市地理空间尺度上。了解大都市基本概念、国际大都市及上海的发展与城市空间变迁历程是开展本研究的基础和前提条件（见图1、图2）。

研究小组以城市空间增长机制理论为基础，通过对国际大都市工业化早期的城市蔓延与规

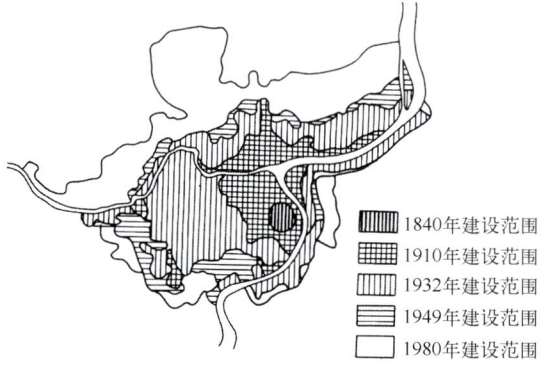

图2 上海城区生长历程

划引导、现代城市空间结构等各城市发展历程的研究提炼，提出上海基础设施发展方向：下阶段城市基础设施发展重要方向应为重点建设郊区各项基础设施，不仅要消除城乡基础设施差异，更应发挥郊区基础设施建设后发优势，满足以公共交通为导向、生态环境可持续与宜人的郊区新城，以及新社区建设对基础设施发展的需要，帮助新城实现自平衡功能。

2. 全过程——对城市基础设施"规划决策、建设、运营管理、投融资"全过程分析

城市基础设施研究视角繁多，研究组抓住"全过程分析"这一关键词，从规划、建设、运营管理、投融资四个方面分析，在掌握大量基础资料的前提下将各大都市基础设施建设工作抽丝剥茧、细致分析，提炼出共性的可供上海参考的具体特点。

例如，通过对各大都市规划决策体系研究，明确其前期研究过程较长，项目评估、公众参与等方式被较多采用，项目有决策、执行和监督分开又协调的特点，为上海优化规划决策体系提供了具体依

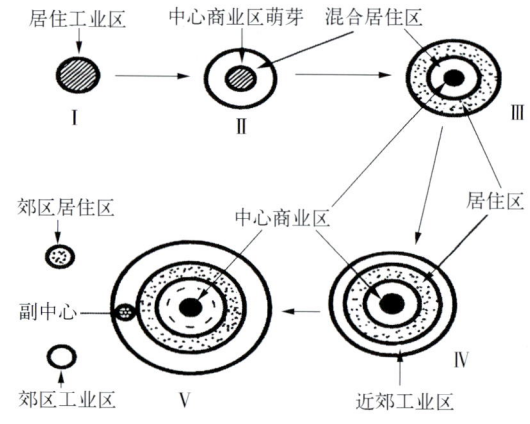

图1 都市生长历程

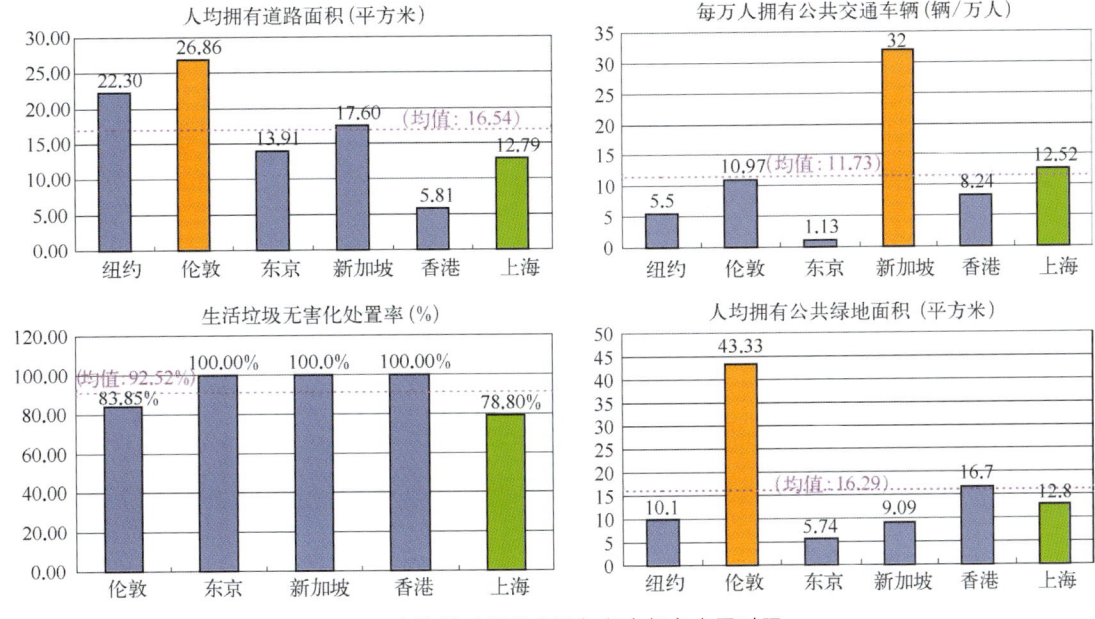

图3 上海基础设施水平与各大都市水平对照

据。在项目建设上,通过定量化的基础数据对比分析,客观展示了上海与全球大都市在自来水、排污水系统、固体废物处理系统、交通系统、城市环境系统等方面的比较劣势与优势,对上海未来基础设施重点建设方向具有指向性意义(见图3)。

本次研究还完整地总结了国际大都市基础设施运营管理九大模式:即完全公有化管理模式、企业化事业单位管理模式、公有有限公司、服务合同模式、管理合同模式、租赁合同模式、BOT合同模式、特许经营合同(整体服务/零散服务)模式、完全私有化(零散服务)模式。同时以基础设施所有权、管理权公有化程度的不同将上述九大模式创新为如下的"国外典型基础设施管理模式图"并对其进行了SWOT分析,为管理部门采用管理模式提供了扎实的分析资料(见图4)。

对基础设施的投融资研究,是本次研究的一大亮点,研究小组结合上海的融资实践,总结了四大融资模式:政府直接投资、股权融资、政府发行债券和

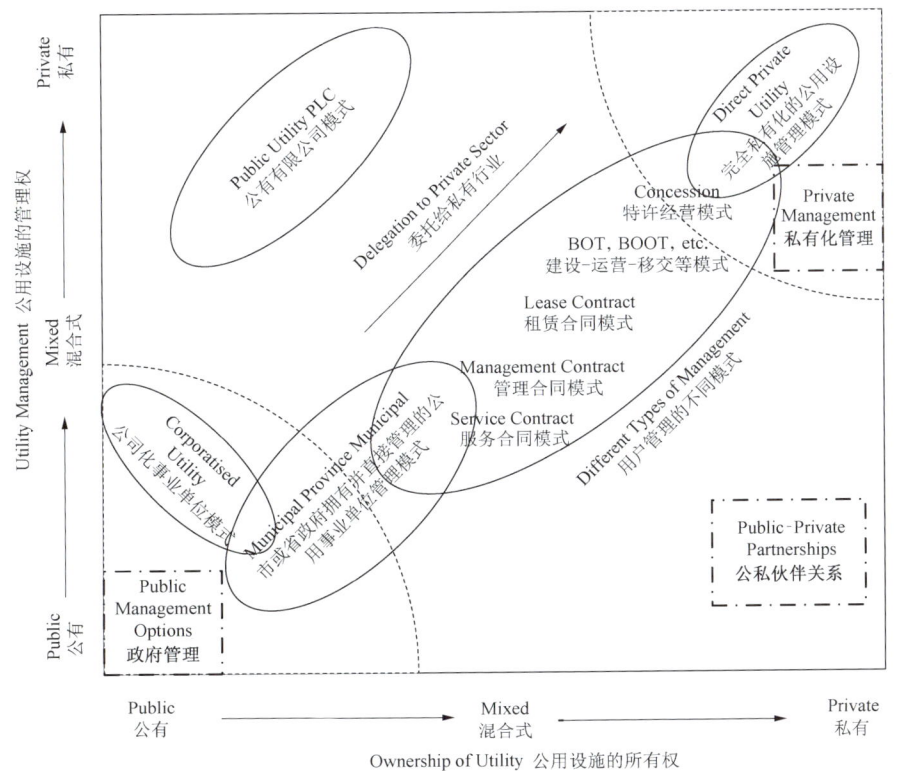

图4 国际大都市基础设施运营管理模式要素分析

准政府债券、项目融资方式。并对以上融资模式在各大都市的基础设施投融资案例进行了实证分析。

3. 全覆盖——大量的完整案例全面覆盖城市基础设施类型

研究小组对城市自来水的生产和供应系统、排水与污水处理系统、固体废物处理系统、道路交通系统、城市环境（自然生态）系统等主要城市基础设施进行了全覆盖式的研究，并通过案例的形式基本囊括了纽约、伦敦、香港、新加坡、东京五大国际性都市各种较为成功的城市基础设施项目（见图5）。

4. 新理念——针对上海实际，提出多项有亮点的对策建议

在规划方面，形成了兼顾效率优先和社会公平的规划思路；建立了基于系统规划理念的规划管理模式；确立以公共交通为核心的城市总体发展框架；进行满足可持续发展要求的基础设施规划。

在建设方面，注重基础设施数量发展，同时更加注重基础设施质量和功能提升，增强基础设施"精细化、以人为本"的设计和建设水平；基础设施建设适度超前，注重设施运行安全和保障；在注重基础设施经济效益的同时更加注重设施的环境和生态效益；基础设施建设更加注重资源的综合利用、低碳建设、循环经济等可持续发展的理念；重视开放空间具有生态价值的城市绿化系统。

在运营管理方面，形成"建管并举、管理为重"的管理理念；建立功能一体化的引导型、服务型政府职能部门；创造公平的市场环境，推进市场化的管理模式；建立理念创新为先、制度创新和科技创新为基础的管理体系；形成城市基础设施运营管理方面的长效机制。

在投融资方面，融资方式决策中考虑基础设施可经营性；以成本节约和价值发现为目标引入社会资本；建立基于行业绩效评价的公共服务经济监管体系；以制度设计精细化实现对社会资本的引导和约束；以资产证券化等多种方式拓宽融资渠道。

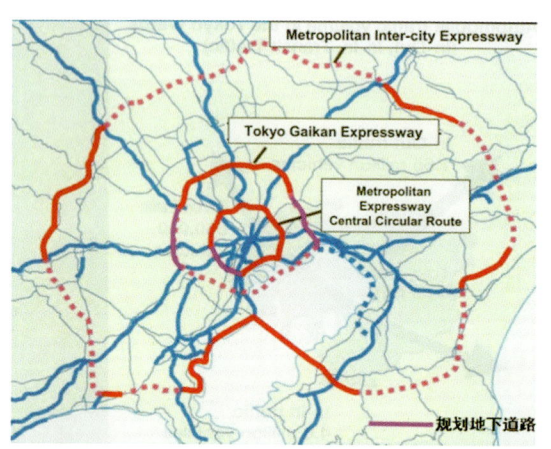

图5　地下空间、绿化、垃圾基础设施案例

上海国际航运中心货运集疏运系统集成优化研究

Study on the Integrated Optimization of Freight Transportation System of Shanghai International Shipping Center

编写单位：上海市城市规划设计研究院
Shanghai Urban Planning & Design Research Institute
联系电话：021-62473288　　网址：www.supdri.com
主要完成人：张　雁　董洁霜　周　翔　许俭俭　夏晓梅　谢靖怡　李广钊　范炳全　朱春节　胡莉莉

【点评】

本研究采用定量定性相结合的方法对城市产业发展、综合交通系统、区域货运系统开展关联分析。创新性地对上海国际航运中心的集疏运网络开展了综合性和集成化的建模研究，并结合实际进行优化完善，使之符合上海国际航运中心集疏运的实际情况。本研究可作为港口、集疏运系统等后续相关规划研究的重要工具。

【项目背景】

2008年11月，由上海市城市规划设计研究院与上海理工大学区域规划与交通运输系统研究所组成的联合团队竞标获得上海市科委重点科技攻关课题"上海国际航运中心货运集疏运系统集成优化研究"。课题明确以具有重要战略地位的上海国际航运中心为研究对象，针对以上海港为核心的上海国际航运中心货运集疏运系统进行开拓性的深入研究，在建立基于广义费用最小化的港口集疏运集成网络优化模型基础上，对上海国际航运中心及其货运集疏运系统进行集成优化，并在理论和模型应用上实现创新。

【项目内容】

一、总体思路

本课题秉持区域统筹、推动"长三角"地区联动发展、促进全面可持续创新型发展的指导思想，以科学发展观为指导，从上海国际航运中心的实际发展需要出发，从城市布局、产业发展和交通系统分析等不同视角切入，对港口资源、经济腹地及其集疏运网络进行深入分析，建立了以"长三角"地区产业发展与空间布局为依据、综合运输系统最优为目标、基于广义费用最小化的港口集疏运综合平衡模型。并结合上海城市总体产业布局，提出适合上海国际航运中心发展的战略和策略。

二、技术路线

本课题在对上海市乃至"长三角"区域港口、空间和产业布局以及货运交通系统基本分析的基础上，对上海国际航运中心的港口资源、经济腹地及其集疏运网络进行深入分析，建立以"长三角"地区的产业发展与空间布局为依据、综合运输系统最优为目标、基于广义费用最小化的多货种、多模式的港口集疏运网络综合平衡优化模型。在此基础上，结合"长三角"城市产业布局，提出适合上海国际航运中心发展的战略和策略，用以指导其集疏运系统的设施布局规划，并为上海货运系统的整体规划发展提供科学依据（见图1）。

三、研究内容

（一）上海国际航运中心港口货源分析

1. 港口经济腹地及其产业布局系统分析

在上海国际航运中心主要港口布局分析的基础上，研究主要港口与"长三角"乃至长江流域地区的综合关联度，分析经济腹地范围及产业布局与发展趋势。

2. 港口货源生成与扩展机制分析

在对上海国际航运中心的腹地经济及其产业布局系统分析的基础上，深入港口货源的生成与扩展机制，进行集疏运需求分析与预测。

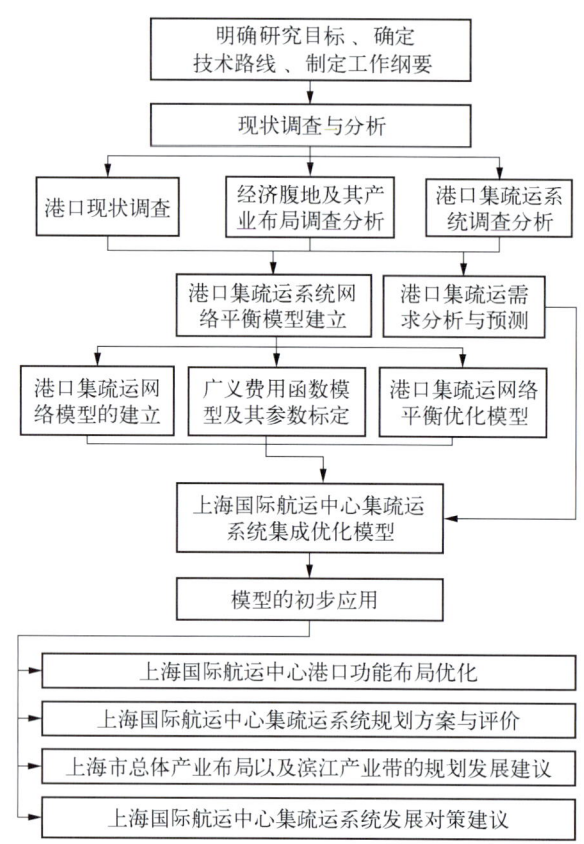

图 1 技术路线图

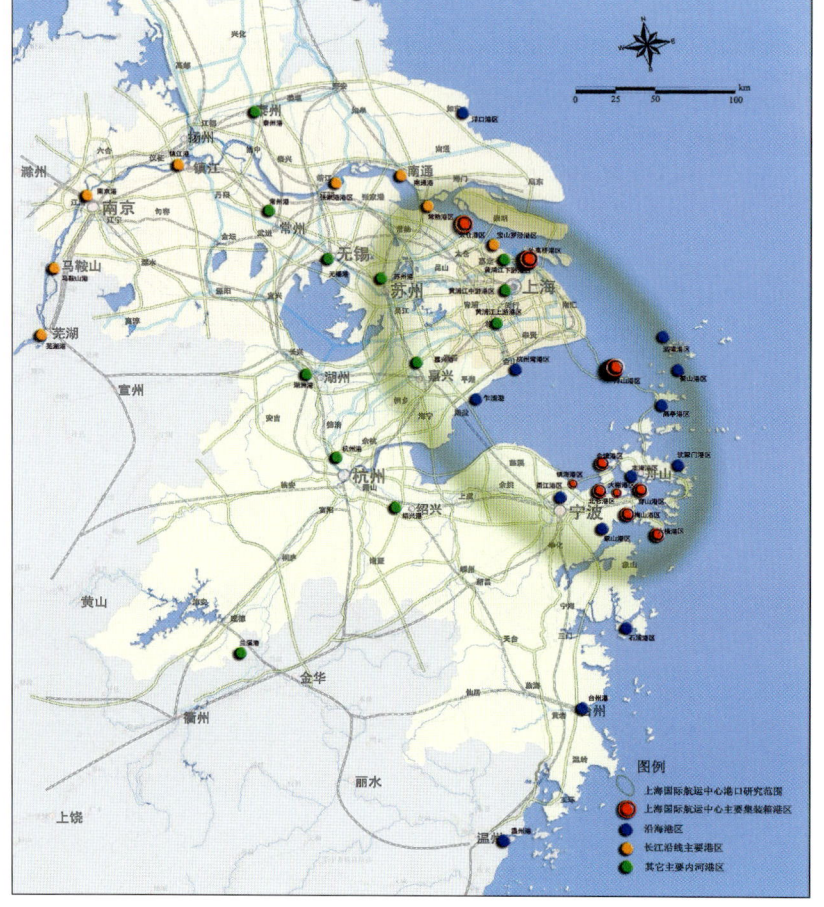

图 2 上海国际航运中心主要枢纽港布局图

(二)上海国际航运中心集疏运系统集成优化建模

1. 以上海港为核心的上海国际航运中心港口集疏运网络模型的建立

对港口集疏运系统进行物理描述,定义节点、路段和网络,并运用节点扩展的方法对转运枢纽进行描述与定义。在此基础上,建立主要港口腹地范围内的公路、铁路、内河、海运等多方式及其转运枢纽的港口集疏运网络模型,重点是上海市域及其对外运输网络模型。

2. 港口集疏运广义费用函数模型及其参数标定

分析港口货物运输使用广义费用的必要性,确定广义费用函数中的各项指标及选择依据,研究反映公路、铁路和水路不同特性的路段及转运点费用函数,标定广义费用函数各指标的权重因子及其他系数。

3. 基于广义费用最小化的港口集疏运网络平衡优化模型的建立

分析上海国际航运中心的港口集疏运系统作为区域货运子系统的特性,以系统最优为目标,广义费用函数为基础,构建多方式多货种的港口集疏运网络的平衡优化模型。

(三)模型的初步应用与规划方案建议

建议包括上海国际航运中心主要港区功能布局优化设想;上海国际航运中心集疏运系统规划方案与评价,包括分方式集疏运通道和转运枢纽,港区直通联络通道,重要集疏运设施的建设安排;上海市产业布局及滨江产业带的规划建议;上海国际航运中心港口及其集疏运系统发展对策。

四、成果结论

上海国际航运中心(见图2)内部将由单核向多核化发展,呈现以区域港口资源服务腹地经济的趋势。2020年上海国际航运中心主要港口的集装箱吞吐总量将达到8 530万TEU(见图3),增量主要在宁波-舟山港和苏州港。在其内部,上海港、宁波-舟山港表现为腹地型枢纽港,苏州港成为枢纽港转运接驳港。上海港的腹地中转能力将逐步凸显,随着上海国际航运中心集装箱吞吐规模的集聚发展,其腹地不断向本地、本省市以外的中西部内陆延伸拓展。

上海国际航运中心将以2020年建成第三

代国际航运中心——综合资源配置中心为规划发展目标;以提升区域港口综合效能为优化目标;以集疏运方式结构合理化和降低广义费用作为评价指标。按系统协调、内外衔接和港城融合的优化原则,提出四个优化策略及相应方案:积极推进内陆腹地发展以江海联运为主、以内河支流和近洋中转为辅的水路集疏运体系;充分发挥区域统筹优势,以完善的集装箱转运枢纽体系促进公路集疏运集约化发展;着力打通海铁联运瓶颈环节,多模式实现铁路与港区无缝衔接;及早开辟港区之间直通快捷通道,形成多中心、高效益、低风险的航运中心运营模式(见图4)。

本研究提出加快港口及其集疏运系统建设步伐,完善公路集疏运系统与大力发展水铁集疏运并举,以区域统筹与系统协调的建设思路发展水铁集疏运系统。针对上海市域发展,建议适当提高部分公路集装箱运输主通道的车道规模;优化内河航运系统,建议暂缓建设芦潮港内河港区,打通赵家沟内河港区与外港联络通道,考虑在杭州湾港区新增喂给港,并以黄浦江、赵家沟、龙泉港、大芦线构成市域主要内河航道,实现内外一体的水路集疏运系统;加强对新建码头作业区铁路进港的预研究。

上海国际航运中心必须以区域资源优势迎接挑战。建议上海按国家战略要求,积极整合"长三角"港口资源,形成高效有序、主辅协作的区域化港口群(见图5),使集装箱吞吐量处于世界领先水平,国际以及长江内河、近洋集装箱中转比重达到50%以上。在未来10年中,2011—2015年将处于跨越发展期;而2015—2020年将进入效能升级期。

【工作过程】

研究工作自2009年3月正式开始,于2010年12月完成报告编制;并于2011年3月评审通过并完成最终成果的修订。在为期两年的研究工作中,课题组成员本着严谨笃实的态度,扎实开展总体研究框架设计、赴江浙沪港口调研、建立综合运输模型、开展系统分析、制定优化策略和方案等工作,课题组多次召开专题会议进行讨论,并根据阶段成果推进需要不定期地集中办公、封闭攻坚。研究过程中反复修改、仔细求证,确保模型的精度和策略方向的正确性。

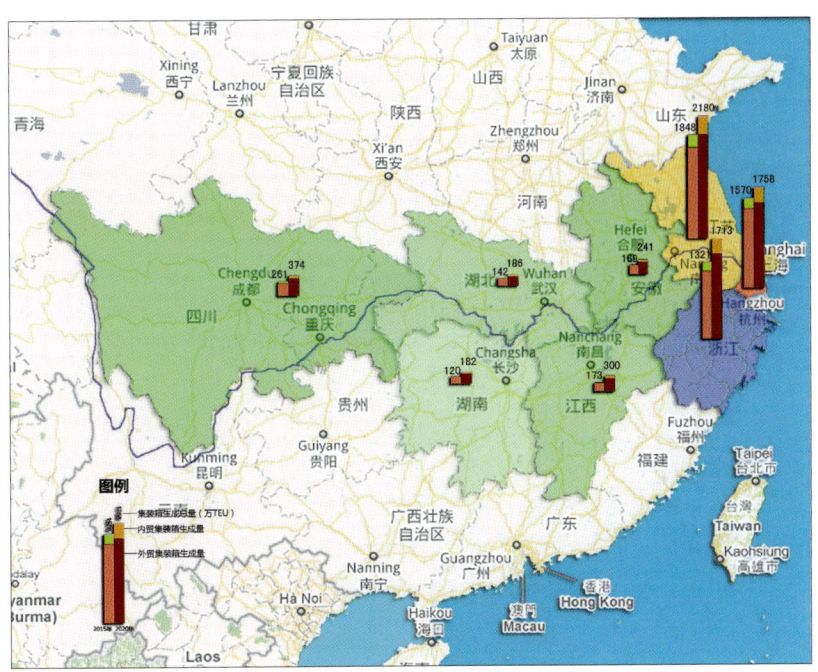

图3　上海国际航运中心腹地集装箱生成量分布图

图4　上海国际航运中心2020年集疏运量分布图

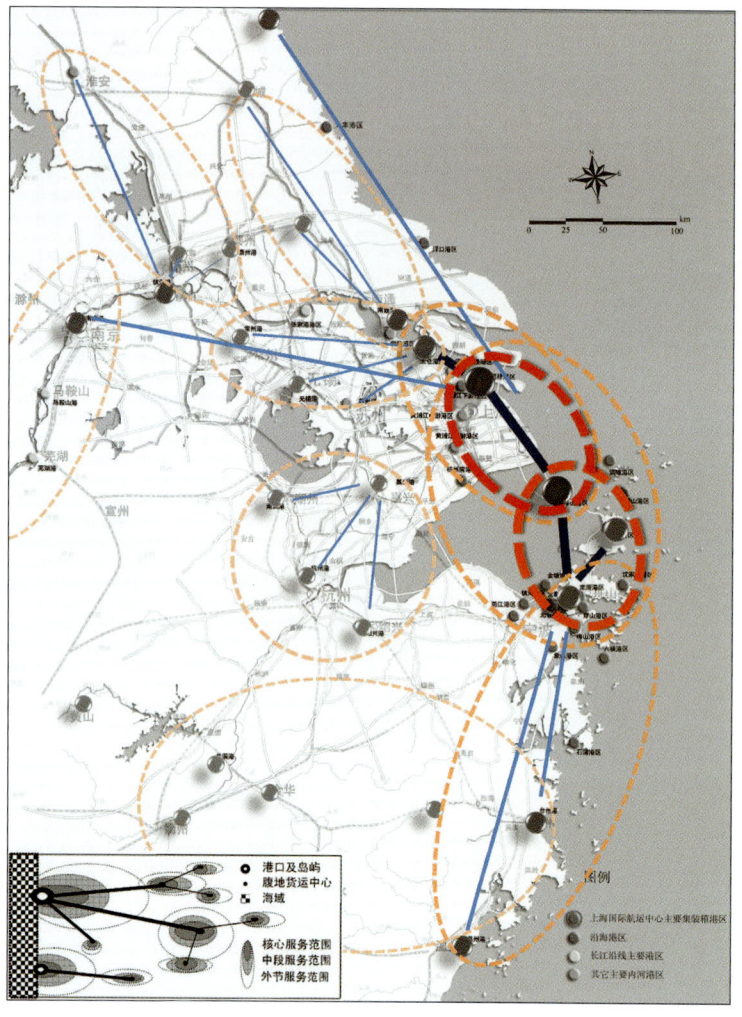

图5 上海国际航运中心簇状港口发展模式

【咨询工作特点】

本研究首次创新性地对上海国际航运中心的集疏运网络开展了综合性和集成化的建模研究,并结合实际进行优化完善,使之符合上海国际航运中心集疏运的实际情况和分析研究要求,并可作为港口、集疏运系统等后续相关规划研究的重要工具。

开创性地采用定量定性相结合的方法对城市产业发展、综合交通系统、区域货运系统开展关联分析。

【咨询效果】

本课题的研究方法和相关数据应用于上海港航运系统规划、上海国际航运中心集疏运系统规划和外高桥港区整合规划研究及其相应层面的跟踪和评估,把握了上海港航运系统规划建设的动态,为相关部门对于港航运系统的规划以及相关设施的建造布设提供了理论依据和数据支撑。是进一步深化完善国际航运中心货运集疏运系统规划及其相关研究的重要技术支撑。为上海市相关部门决策提供了支撑,为今后延伸、拓展的相关规划的编制奠定了基础。

参与编写单位:上海理工大学

上海市综合交通体系规划（2010—2020）之常规公共交通系统规划研究

Study on the Conventional Public Transportation System Planning, the Subplan of Shanghai Comprehensive Traffic System Planning (2010-2020)

编写单位：上海城市交通设计院有限公司
Shanghai Urban Transportation Design Institute Co., Ltd.

联系电话：021-63867310　　**网址**：http://www.shjiaotong.com

主要完成人：董明峰、朱鲤、李永、陆磊、许佳、陈琛、黄夏飞、张品立、於瑞松、姚瑶

【点评】

本规划根据上海经济社会发展趋势及城市空间布局结构，结合轨道交通的发展，首次在人口突破总体规划的背景下，结合轨道交通、地面公交、出租汽车、水上客运等多种业态，对未来上海公共交通的发展需求进行了预测，提出了城市公共交通的发展目标、战略任务、支撑体系和保障措施。

【项目背景】

根据国家住房和城乡建设部《关于印发〈城市综合交通体系规划编制办法〉的通知》的要求，上海市政府以城乡建设和交通委员会及上海市规划和国土资源管理局牵头组织编制"上海市综合交通体系规划"。

常规公交系统是上海公共交通的主要组成部分，也是上海综合交通体系的主要组成部分之一。"上海市公共交通发展白皮书"、"上海市公共交通优先三年行动计划后评估"、"上海市'十二五'综合交通规划"等项目已经为常规公交系统规划提供了很好的研究基础，本轮规划要在现有公共交通相关规划的基础上开展研究。

本规划的目的为明确上海常规公交系统的发展战略、发展目标，规划公共汽（电）车、出租车、轮渡等各类交通基础设施布局和规模，提出促进上海常规公交系统科学发展的政策措施，并明确近期建设计划。

【项目内容】

一、公共交通系统总体发展现状及问题

2010年，全市完成公共交通客运总量约59.23亿乘次，比2005年增长30.7%，日均客运量1 623万乘次。轨道交通形成网络化运营格局，轨道客运量持续增长；客运交通枢纽共建成82个公交停保场，泊位总数约1.3万个，近80%的公交车辆可进场停放；公交专用道建成161.8 km，形成"三纵三横"格局，公交平均车速提高到15.3 km，平均提高16%；出租车客运总量缓步增长，市域出租车辆基本持平，区域性出租车5 009辆，较2005年增长57.7%；随着黄浦江多条越江设施和三岛对外桥路的建成开通，黄浦江及三岛轮渡客运量总体呈下降趋势（见图1）。

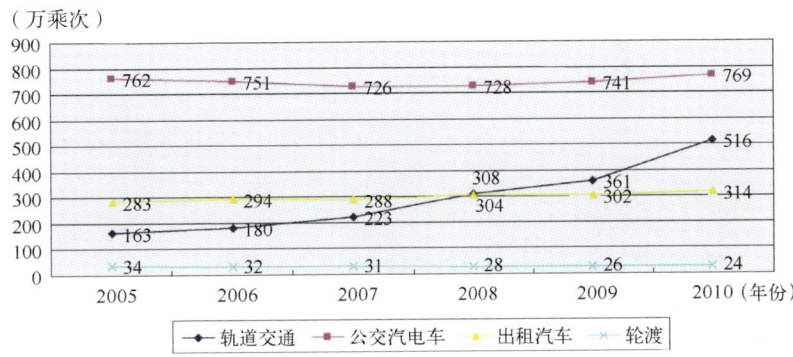

图1a　2005—2010年公共交通日均客运量

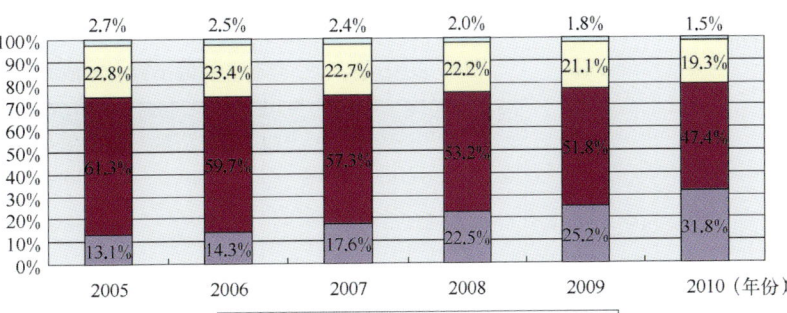

图1b　2005—2010年公共交通客运量结构

图1　2005—2010年上海市公共交通客运情况

常规公共交通系统主要问题分析如下：

（1）公共交通吸引力不足，整体服务水平不能完全满足社会发展和市民出行要求，出行比重偏低；

（2）基础设施用地紧张，选址落地难，动迁成本高，设施能力仍不能满足需求的快速增长；

（3）各种公共交通方式之间未形成良好衔接，城市公共交通网络的整体效率需要进一步提高；

（4）地面公交的服务能力和服务水平不能完全满足市民要求，运营服务可靠性较差，市民出行"最后一公里"的问题尚需探索多种解决方式；

（5）郊区地面公交服务水平和服务能力整体偏低；

（6）出租车功能定位不明确，服务形式以扬招为主，空驶率难以降低，郊区非法运营现象严重；

（7）轮渡航线分布不均匀，码头与公共交通联系薄弱。

二、公共交通系统规划目标

1. 公共交通系统总体发展目标

公共交通出行分担比得到进一步提高；轨道交通继续发挥骨干作用；地面公交吸引力增强；出租车受规模控制的影响，客运量缓慢增长。

2. 常规公共交通系统发展战略目标

形成以轨道交通为骨干、地面公交为基础、出租汽车为补充、水上公共渡运为辅助、信息系统为手段、交通枢纽为锚固点的一体化的城市公共交通体系。其中包括：

（1）两网整合：形成两网合一，与多种交通方式有效衔接，提升服务水平。

（2）提升比重：2015年中心城公共交通占使用交通工具出行比重的50%；2020年全市通勤交通中，公共交通出行占使用交通工具比重的50%（见表1）。

表1 2015年、2020年公共交通出行占比预测

范围	2010年	2015年	2020年
全市	30.9%	35%	40%
全市通勤	32.7%	40%	50%
中心城	47.3%	50%	55%

（3）优质服务：提升地面公交的六大服务水平指标——安全性、舒适性、方便性、准点性、快速性、可达性。

三、常规公共交通系统线网发展规划

常规公共交通系统发展战略目标为从源头上把握公交出行需求的变化，及时、准确、全面地掌握公交客流信息，为建立高效合理的城市公共交通系统提供支撑。

1. 各区域规划思路

（1）中心区"减负"，逐步实现居民出行以"步行+公共交通"为主；

（2）拓展区"搭桥"，居民出行以"公交接驳+轨道交通、公交骨干线"为主；

（3）远郊区"扩网"，形成"公交骨干线+星形辐射线"组成的公交线网，进一步提高服务水平。

2. 线网功能及运营模式

本项目根据公交线路的功能、速度、运力等因素将公交网络划分为三个层次。

（1）骨干线：公交网络中的骨架性线路，快速直达，相对稳定。是常规公共交通网络中的"动脉"，轨道交通等大容量公交方式的补充，也可为大容量公交方式培育客流，包括公交快线和常规公交骨干线。其中公交快线包括快速公交系统（BRT）等中运量交通模式，以及大容量公交车+公交专用道/高速路/快速路等模式。中心城布设在客流走廊，与轨道交通形成互补，外环外依托高速公路和干线公路形成新城与中心城、郊区新城之间的点到点快线。

（2）区域线：介于骨干线与驳运线之间，加密网络，扩大覆盖。区域线占常规公交线网的80%，是最主要的普通地面公交形式。一方面作为骨干线的辅助，服务于城市次要客流走廊；一方面作为骨干线往周围地区发散的辐射线路。

（3）驳运线：常规公交网络中的"毛细血管"，短途接驳、便捷灵活。它可填补"最后一公里"的空白，扩大轨道线、骨干线的服务范围；主要连接住宅区、学校、医院、大型商场、轨道、公交枢纽等客流集散点。

四、公交专用道发展规划

完善中心城公交专用道网络，适时发展郊区公交专用道建设，部分客运走廊将试点实施路中式公交专用道，在适当区域发展研究快速公交系统。规划中心城公交专用道网络规模约为498 km。近期全市形成约300公里公交专用道网络（见图2）。

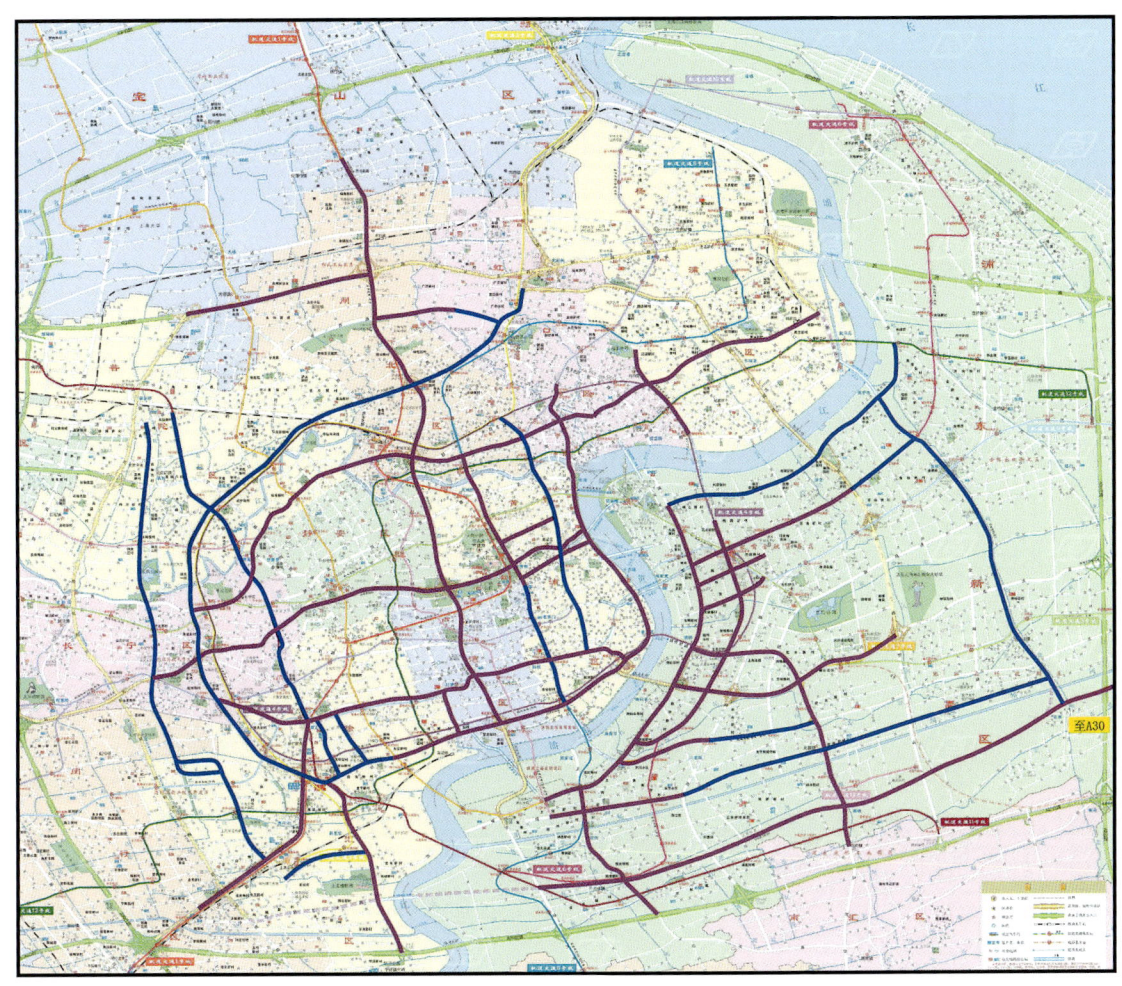

图2 上海市近期中心城公交专用道规划图

五、公共汽（电）车车辆发展规划

项目组认为，为提高车辆节能环保水平，应根据实际客流量、线路的特定功能、线路定位及其特定目的，推广车辆多样化运营模式。

预测上海市2015年公共汽（电）车规模为19 000～20 900辆，较2010年增长1 700～3 600辆；2020年全市公共汽（电）车规模为21 500～23 800辆，较2010年增长4 200～6 500辆。中心城区公共汽（电）车规模基本维持现状，中心城拓展区和郊区的规模有较大增长。

六、公交枢纽及场站规划

公共交通枢纽是建设综合交通运输体系、提升公共交通服务能力和服务水平的重要基础设施，起着"锚固"线网以及中心城内"组网"、外环以外"扩网"的作用。

中心城继续推进市级客运交通枢纽建设，郊区推进一批区县级客运枢纽建设，基本形成覆盖全市、多层次、多方式的有机衔接和换乘便捷的综合客运交通枢纽体系，实现对外交通与城市交通之间，轨道交通与地面公交之间，公共交通与个体交通之间的高效换乘。

规划远期公共汽电车车辆进场率为80%，提高郊区公交车进场率。中心城现有公交车停保场布局保持稳定，通过改扩建，适度增加停车能力；郊区停保场建设持续推进，实现"高保集中、低保停车分散"；新市镇建议"一镇一场（站）"，满足公共汽（电）车停放要求。

七、出租车发展规划

控制中心城出租车运力总量，规划2015年、2020年市域出租车规模仍保持在现在的4.5万辆左右。2015年区域出租车规模约0.85万辆，2020年约1.05万辆。

中心城区以巡游扬招模式为主，适度发展候客站和电话调度的作用。巡游扬招模式中，应从道路交通管理和乘客方便角度，对于禁止上下客区域进行管理。推广电调模式，建立全市统一的电话调度平台，提高电调的服务能力和服务质量。合理布设出租车候客站点,在客流集聚地设置出租车候客站点。

八、轮渡及三岛客运规划

本项目结合水上客运需求发展趋势,充分利用已有水上交通,合理规划布局设施和线路,与轨道交通、公共汽车、出租车等陆路公共交通方式有效衔接,发挥其作为特色水上公共交通方式的作用。规划保留现有承担交通功能的轮渡线路,在部分线路或班次上采用水上巴士船舶替换已有轮渡船舶,以提高乘客乘坐舒适性,满足往来通勤人员和游客的不同需求。

使用非机动车过江的人群为轮渡的主要使用者,同时为提高越江轮渡对其他群体的吸引力,减轻越江公交的压力,建议将轮渡正式纳入公共交通范畴,享受财政补贴和减免政策,缩小与地面公交的比价劣势。

九、政策保障

为保障常规公共交通系统规划的顺利实施,本项目在行业政策、设施建设、管理政策、财政力度方面提出以下几点保障政策:

1. 行业保障政策

公共交通优先政策、公共交通公益性扶持政策、公共交通行业规范化政策、从业人员队伍建设政策、公共交通应急保障机制、公共交通行业的公众参与政策等。

2. 设施保障政策

公共交通设施与所建设项目主体工程实行规划、设计、建设、竣工"四同步"。建立健全公共交通基础设施运营管理和维护机制,明确设施管理、维护等职责界面。按照决策、执行、监督三分离的原则,条块结合、以区为主,政府主导、市场运作,实现公共交通设施维护常态长效管理,提高维护水平和服务质量,落实维护资金来源并建立长效拨付机制。

3. 财政力度保障

将公共交通投入纳入公共财政预算体系,在现有公共交通政府投入体系下,研究完善政府长期扶持机制和政府购买服务制度。合理界定企业的公益性服务项目,促进公共交通行业可持续发展。通过各种渠道加大政府财政资金对公交行业科技创新的投入力度,集中有限的政府资金解决公交建设和发展中的重大科技问题。

【工作过程】

该项目的立项时间为2011年6月,在2012年1月完成报告编制,并根据专家意见进行修改完善,2012年11月终期成果通过评审。工作过程主要分为三个阶段。

一、完成开题,组织专家论证

项目立项以后,规划组首先完成了资料收集与现状调查,并走访了相关的规划管理部门,了解情况。通过梳理已有研究成果,明确重点难点、研究方向、预期成果、技术路线、详细的工作计划和工作机制,形成开题报告。2011年8月15日组织开题报告咨询会,征询市交通协会、市交通委、市建设委、市城乡建设和交通发展研究院的专家意见。

二、完成中期成果,组织专家论证

2011年10月,项目组完成中间成果,分析了上海公共汽(电)车系统现状问题,提出上海公共汽(电)车系统发展战略和发展目标,形成上海公共汽(电)车、出租车、轮渡及三岛客运等的中间成果。

随后,上海城市交通设计院组织召开了"上海市综合交通体系规划之常规公共交通系统规划"中期成果评审会,上海市城乡建设和交通委员会、规划与土地管理局、上海市交通委(原上海市交通运输和港口管理局)、交通发展研究院等单位的5位专家参加会议。会后,项目组根据专家的意见,对中期成果进行了修改。

三、完成最终成果,组织例会审核

2012年1月,在完成终期成果前,项目组组织了专家咨询会,向上海市交通委规划处、科技处、客运处、运管处、原市城乡建设和交通委员会综合规划处、综合交通处,市规划与土地管理局总规划处的专家征询了意见,并根据意见对成果进行了修改,形成了最终成果初稿。

后又经过多次修改以及与上海市综合交通体系规划其他专项规划项目组的沟通交流,形成了最终成果。2012年11月,终期成果通过评审。

"上海市综合交通体系规划(2010—2020)之常规公共交通系统规划"是"上海市综合交通体系规划(2010—2020)"中的一个重要专题,需要与体系规划中其他专项规划内容相衔接。项目组根据专家和委托方的意见对规划成果进行了修改完善,最终达到了委托方的要求,并能与体系规划中其他专项规划内容衔接。2012年11月,通过了委托方的验收。

【咨询工作特点】

一、内容覆盖面广,资料翔实

规划既涉及轨道交通、地面公交、出租汽车、水上客运等多种业态,又涉及硬件设施、技术装备、信息化、行业管理等支撑体系和保障措施,总体难度较大。由于规划涉及业态较多,因此牵涉主体也较多,资料对接和协调难度较大。

常规公共交通系统规划首先借助长期的资料积累,对各个行业的运营现状及问题进行了梳理。有针对性地走访了许多部门,获得了珍贵的一手资料和数据。并了解了政府部门在实际工作中的经验和问题,为后期的规划方案提供了强有力的支撑。

二、首次对全市的公交基础设施进行了完整梳理

规划文本借助已完成的上海市首次公交客流大调查的数据(2010年),第一次对全市的公交出行结构、出行量、基础设施规模及布局进行了完整梳理。理清了全市各区域的公共交通基础设施的供需缺口。

三、全面分析论证上海市的现状和发展

规划研究了上海市2005—2010年的公共交通客运量及客运结构发展趋势,分析了轨道交通、公共汽(电)车、出租汽车、轮渡等客运量变化的原因以及客运量变化的关联性。从公共交通系统总体角度以及各交通方式的角度出发,解析了常规公共交通当前的瓶颈及其产生的原因。

四、首次在人口突破总体规划的背景下,对常规公共交通规划目标作出调整

根据第六次人口普查的数据,上海市常住人口已达2 300万人,突破了总体规划人口。本项目根据以上数据,预测了规划年的常住人口规模、人员出行量、中心城人员出行量、机动车规模等,以及全市总体和分区域的公交出行占比,并首次根据上海市各区的公交现状特征和发展规模将其分成了三类,分别提出每个区域的公交分担比推荐值,以指导其他相关规划。

五、提出公交发展重点向服务水平的转移,首次细化服务水平指标

公共汽(电)车系统服务水平与公共汽(电)车系统对居民的吸引力成正比。根据公共交通发展目标,未来10年内公共汽(电)车的客运量较2010年有大幅提升。随着公共交通基础设施的不断建设和完善,以及人们生活水平的提高,居民对公共汽(电)车系统的服务水平期望值也在不断提升。配合新一轮中心区地面公交线网优化撤并与郊区的线网拓展加密,公共汽(电)车服务水平也要进一步提升。规划首次提出并量化细化了公交服务水平的六大指标:安全性、舒适性、方便性、准点性、快速性、可达性。六大指标分别被切分为多个具体指标,并提出了不同区域、不同类型线路、不同时间段的各类指标的量化值。

六、提出新的公交三级线网的理念并将中运量公交纳入了公共汽(电)车系统

在公共汽(电)车系统规划中对"三层线网结构"进行了新的补充和说明,提出"快线、普线、支线"的理念,确定了线网的功能,并提出了三层线网的运营模式。

中运量公共交通包括快速公交系统、有轨电车等多种方式,填补了目前公共交通在部分走廊的运能缺口,完善了公共交通的网络结构。规划首次将中运量公共交通纳入公共汽(电)车系统,有助于推动中运量公交的发展。

七、首次提出分区域线网、车辆发展规划

通过对上海市各区的现状分析及发展预测,提出了各区的公交发展规划,以及针对各区特征的发展重点。如中心城区重点为通过优化撤并方式整合公交资源;宝山区的重点为增强区域内横向联系的快速通道;松江区的重点为扩大公交线网通达率和覆盖率等。根据各区现状及规划年人口规模预测了全市及各区的公共汽(电)车车辆发展规模,并首次提出了车辆多样化的运营模式。

【咨询效果】

常规公交系统是上海公共交通的主要组成部分,也是上海综合交通体系的主要组成部分

之一。贯彻落实公交优先战略,构筑与城市社会经济发展相适应的,与城市产业布局相协调的,可持续的常规公共交通系统是下一个十年乃至更长一段时间的重要任务。随着城市规模的扩大、城市空间结构的变化、轨道网络的加密、社会经济水平的发展,常规公交系统发展所面临的环境和趋势在不断变化,因此亟须通过规划引导,促进常规公交系统与城市社会经济的协调发展。

常规公共交通系统规划作为上海市综合交通体系规划中的一个重要专题,以公共交通优先发展为导向,以分析研究现状及问题为基础,以"调查分析——需求预测——确定战略目标——制定分项发展规划——提出政策保障"为主线,规划公共汽(电)车、出租车、轮渡等各类交通基础设施的布局和规模,形成了既务实可行,又适度前瞻的规划方案,支撑并引导城市发展。

本项目明确上海市常规公共交通系统的发展战略和发展目标,为"公交十二五"、"公交十三五"规划的编制奠定了基础,指导了上海市常规公共交通系统的发展思路和工作。

项目组制定了公共汽(电)车线网布局原则,形成与其他交通方式有机结合,合理衔接居住区、新城以及重点区域、重点项目的公共交通网络,以提高公交出行效率。优化完善线网,最终形成高度整合的"公交+轨道"网,方便灵活的穿梭巴士网,以及无缝对接的临沪区域公交化班线网,使它们共同构筑了互为补充、有机衔接的公共客运交通网络,为上海市公共交通系统"两网融合"工作作出了指导。

本项目还提出了公共汽(电)车、出租车、轮渡、公交停保场、公交枢纽、公交专用道等各类交通设施的布局和规模,能够有效推进交通基础设施建设工作,支撑并促进城市发展。

轨道交通站点"最后一公里"出行模式和保障机制研究

The Research on "The Last Kilometer" Commuting Patterns and Guarantee Mechanism for the Setting-up of Rail Transit Station

编写单位：上海投资咨询公司
Shanghai Investment Consulting Corporation
联系电话：021-63903366　　网址：www.sicc.sh.cn
主要完成人：戴建敏　王骅　周鹤群　聂磊　庄诚炯　孙森泉　孔洁　蔡大勃　吴卓立　王磊

【点评】

本研究针对轨道交通"最后一公里"问题，在步行和自行车换乘轨道交通、地面公交换乘轨道交通、出租车换乘轨道交通、小区拼车（合乘车）换乘轨道交通、私人小汽车换乘轨道交通适应性分析的基础上，得出各种交通方式的运输特性及其适用性。从城市规划、投资建设、运行管理、政策法规和综合管理等层面进行剖析，并提出有效的落实方案。

【项目背景】

交通范畴的"最后一公里"一般指末端交通，特别是大运量的公共交通与其他交通方式的衔接。城市轨道交通能够提供快速准点的"站到站"的服务，站点"最后一公里"——"站到门"的服务必须通过其他交通方式的衔接才能完成。但是，随着轨道交通快速发展，重心向郊区转移，站点"最后一公里"出行问题日渐突出。

目前，上海城市人口、用地规模、汽车保有量持续增长使城市交通面临严峻挑战。

1. 上海城市交通面临严峻挑战

上海市常住人口目前已突破2 350万人。城市规模不断拓展，2003—2008年间城市建设用地增加超过50%。经济持续增长，空间结构不断调整，小汽车普及步伐持续加快，全市私人机动车已超过170万辆。城市交通设施已难以适应交通需求的不断增长，面临严峻挑战。

今后，随着经济的持续增长，城市交通运行将面临机动车增长和土地资源约束的双重压力。一方面，城市居民出行的机动化水平迅猛增长。预计到2020年，中心城的小汽车拥有率将从目前的80辆/千人增加到150辆/千人；郊区小汽车拥有率从目前的80辆/千人增加到180辆/千人。机动车出行总量将达到660亿车千米/年。另一方面，中心城土地资源紧缺，可用于新建道路和停车设施的空间越来越少，无法满足快速增长的需求。

2. "最后一公里"出行问题日渐突出

为落实公交优先发展战略，保障世博交通，"十一五"期间上海进行了大规模的轨道交通建设，建成线路总长约300千米，形成了425千米的轨道交通网络，轨道交通站点超过280个。"十二五"期间，为服务郊区新城和大型居住社区，上海还将继续推进轨道交通建设，建设重心将进一步向郊区转移。

从通达郊区的轨道交通线运营情况来看，郊区线网密度低，站点服务半径大，站点地面公交等配套设施不够完善，"最后一公里"出行难的问题更加突出。在设施供给方面，轨道交通大运量的优势不能有效发挥，客流强度低，客流效益差；在出行需求方面，原本可使用轨道交通出行的市民转向使用小汽车出行，导致城郊结合部地面道路高峰时段严重拥堵。

3. "最后一公里"出行模式缺乏整合

轨道交通站点"最后一公里"出行缺乏便捷、安全、有效的交通系统支撑，配套设施的设置存在较大随意性，缺乏规划和建设层面的统筹协调。运行管理涉及市政道路、公交运行、市容市貌、轨道交通等多个政府管理部门，缺乏有效的协调机制。部分站点周边黑车猖獗，给市民出行安全、城市管理等带来较大隐患。

【项目内容】

基于上述背景和出现的问题，围绕本市

"十二五"综合交通发展规划提出的发展目标,本研究针对新一轮郊区轨道交通线网规划建设的特点,通过对本市浦东、闵行等区典型案例的分析,按照"服务区域不同,出行特征不同,选择出行方式不同"的总体思路,对"最后一公里"概念、多种出行方式的适应性、对策措施和保障机制等进行分析,探讨上海郊区轨道交通站点"最后一公里"的解决思路,提出具有可操作性的意见和政策建议。本研究的研究思路和技术路线见图1。

【咨询工作特点】

本研究围绕轨道交通站点"最后一公里"换乘方式与特征,从城市规划层面、投资建设层面、运行管理层面、政策法规层面、综合管理层面提出解决轨道交通"最后一公里"出行问题的全面建议与对策。

1. 城市规划层面的研究特点

一是落实TOD发展模式。构建与轨道交通网规划相衔接的城市空间布局,推进以轨道交通为导向的TOD(Transit-oriented Development)发展模式——以轨道交通车站为中心、以800米步行距离为半径建立集工作、商业、文化、教育、居住等为一体的城市发展区域,并实施高强度、多功能综合开发。新建轨道交通站点用地的地上、地下空间,按照市场化原则实施土地综合开发。其收益用于公共交通基础设施建设和弥补运营亏损。轨道交通站点TOD模式示意见图2。

二是鼓励公共交通设施用地综合开发。结合上海土地资源稀缺的实际情况,对轨道交通站点、自行车停车设施、P+R设施等公交设施用地的地上、地下空间实施综合开发,并适当提高容积率。P+R设施的规划应与轨道交通发展规划和社区发展规划紧密衔接,完善相关配套政策,确保健康有序发展。

三是加强轨道交通与站点配套设施规划衔接。在规划阶段将轨道交通建设和配套设施作为整体考虑,确保站点公交、非机动车停车点、出租车候车点等换乘设施用地,实现同步规划、同步设计、同步建设、同步运营。

2. 投资建设层面的研究特点

一是聚焦配套建设。研究制定站点配套设施建设标准,推进换乘枢纽、公交车站、步行道、自行车道、公共停车场等配套设施建设,完善站点周边慢行系统。轨道交通站点出入口布置要与人流分布相匹配。视条件设置行人立体过街设施,加强人行道管理,减少商业设施占用人行空间,重视无障碍设施和雨棚等人性化设施建设,打造舒适、安全、便捷、绿色的步行环境。站点应配套非机动车停车设施,安排专人管理,加强城市道路非机动车道的路权管理,改善自行车出行环境。研究建立全市统一的公共自行车技术标准和运营模式,重点在郊区轨道站点为通勤提供接驳服务。

二是鼓励综合开发。研究制定支持政策和投融资机制,按照市场化原则实施站点及周边配套设施综合开发,收益用于公交设施建设和弥补运营亏损。

三是拓宽投资渠道。研究扶持政策,通过特许经营等方式,吸引和鼓励社会资金参与站点及配套设施的建设和运营。

3. 运行管理层面的研究特点

一是完善配套公交线网。突出公交(含社区公交)在"最后一公里"中的主体作用,根据轨道交通运营客流的情况,开设并及时调整配套公交线路。将开通"最后一公里"穿梭巴士线路与调整撤并原公交线网相挂钩,研究撤并时机,逐步推进公交线路调整。加快推进穿梭巴士线路。

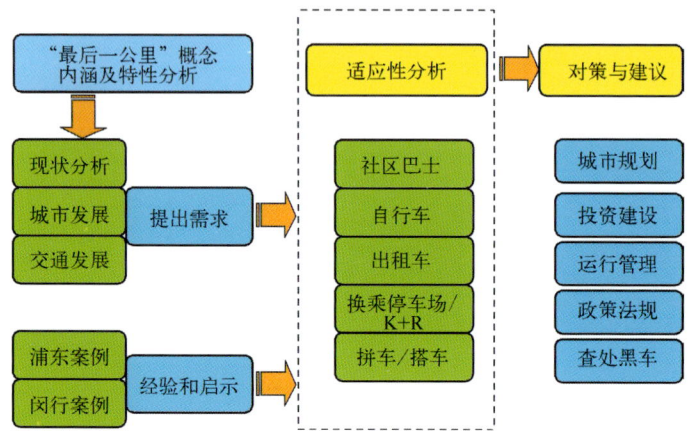

图1 研究思路和技术路线

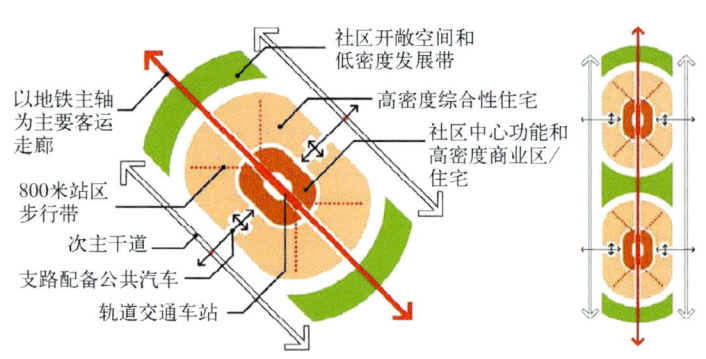

图2 轨道交通站点TOD模式示意图

二是提高换乘优惠力度。研究提高地面公交、P+R、自行车等与轨道交通优惠换乘的力度,降低市民使用轨道交通出行成本。研究适当降低郊区出租车起步价(如1千米7元,2千米10元,3千米12元),鼓励拼车,发挥郊区出租车在轨道交通站点"最后一公里"中的作用。

三是加强站点综合管理。实现轨道交通与地面公交信息共享、运行管理联动,提升整体运行效率。加强交通组织管理,保障公交专用道、慢行交通的路权。正确引导电动自行车的发展,引导居民合理使用符合国家标准的电动自行车。

4. 政策法规层面的研究特点

一是研究完善补贴办法,推进实施试行公交成本规制,选取轨道交通站点"最后一公里"公交线路开展试点,合理核定成本,加强绩效考核,建立财政支持的长效机制。

二是研究综合开发供地政策。研究按市场化原则实施分层供地,选取轨道交通站点综合开发项目进行试点。

三是实行税收优惠政策。对公交企业实行水价、电价、所得税、营业税等方面的优惠政策,继续做好成品油价格补贴和公交购车补贴。

5. 综合管理层面的研究特点

一是继续推进集中整治。按照"目标清晰、措施具体、可操作、可考核"的要求,注重宣传与教育相结合,聚焦整治重点,创新监管手段,强化联勤联动、加强源头管控,进一步规范站点周边交通秩序。

二是进一步完善法律法规。研究取证方式,将黑车营运列入违法制度层面,提高非法客运行为的违法成本,提高整治效率。

三是优化完善交通换乘系统。以常规公交、穿梭巴士为骨干,以自行车和P+R为补充,进一步完善轨道交通站点综合交通服务体系,压缩黑车生存空间。

【咨询效果】

本课题是上海市首次对轨道交通站点"最后一公里"问题进行较为系统性、综合性的研究,涉及规划、建设、运营、管理、收费等各方面内容,研究的交通方式多样,结合调研数据对步行、自行车(含公共租赁自行车)、公共汽车(含常规公交、穿梭巴士)、小汽车(含出租车和合乘车)等方式的特征、适用性、对策和保障机制等进行了分析。课题形成了一份总报告和两份案例专题报告即"浦东穿梭巴士案例分析报告"和"闵行公共租赁自行车案例分析报告",并得到领导和专家的高度评价,获得上海市发展改革委青年课题二等奖。

城市轨道交通列车运行控制系统的运行能力分析模型建模研究及软件开发

The Operation Capacity Analysis Model-building Study and Software Development for Urban Rail Transit Train Operation Control System

编写单位：上海申通轨道交通研究咨询有限公司
Shanghai Shentong Metro Research & Consultancy Co., Ltd.,
联系电话：021-54660312　　网址：www.shmetro.com
主要完成人：张琼燕　毕艳祥　刘循　赵霞　王潇骁　牛振宇　洪海珠　丁建中　周巧莲　邓奇

【点评】

本研究属城市轨道交通列车运行控制系统技术领域，是多学科、多专业的综合研究项目，涉及城市轨道交通列车运行控制系统算法研究、软件设计、产品研制和核心技术创新等，项目研究综合技术达到国际先进水平。本项目完成列车运行控制系统仿真实验原型系统构建，主要取得了五项关键创新成果，其中轨道交通ATP运行曲线的普适化计算方法、轨道交通列车运行策略的普适化制定方法获得了发明专利；列车运行控制系统仿真分析系统软件弥补了国外相关平台产品的功能局限。为城市轨道交通网络化总体技术方案和设计能力评估提供了核心决策依据，对推动行业科技进步、网络化跨越式发展起到了关键性作用，经济和社会效益显著。

【项目背景】

列车运行控制系统作为城市轨道交通运行控制的大脑，其核心技术长期由国外供货商掌控。由于项目前期建设缺乏国外供货商的积极参与，在线路配线设计、线路瓶颈分析、初步方案审核、运营方案组织、改造方案比选、运能评估、闭塞优化设计等关键方面缺乏量化运能仿真数据，会导致线路建成后局部区段存在运能瓶颈，无法满足全线客流运输需求，并严重制约新线前期设计、旧线改造的效用经验积累和决策水平提升，因此，本项目与相关科研设计单位联合开展研究，构建实验原型系统，为城市轨道交通网络化总体技术方案和设计能力评估提供核心决策依据，为推动行业科技进步、网络化跨越式发展奠定基础。

【项目内容】

本项目立足处于国际前列的上海城市轨道交通网络，解决制约城市轨道交通列车运行控制系统设计、升级、改造、后评估等方面的运能分析瓶颈，提高线路配线设计、线路瓶颈分析、初步方案审核、运营方案组织、改造方案比选、运能评估、闭塞优化设计等方面的辅助决策质量与水平。综合列车运行控制、车辆、线路、智能控制、计算机、软件工程等多学科基础理论和多专业设计特点，根据各类列车运行控制系统制式原理，采用理论多维映射法、算法横向对比法和模型分析类比法，突破列车超速防护系统（ATP，Automatic Train Protection System）、闭塞设计等核心技术封锁，创建具有自主知识产权的列车运行控制系统的ATP运行曲线、双红灯防护闭塞设计及检验、点式目标-距离闭塞设计及检验、运能分析等谱系化仿真实验算法；以系统产品差异性、应用需求多样性、用户操作便捷性为研发设计重点，研发城市轨道交通列车运行控制系统运行能力仿真分析系统软件（以下简称"仿真分析系统软件"），并通过实际工程案例对本项目研究成果进行了综合验证、优化与应用。

本项目主要研究内容包括：

一、算法研究

（一）列车牵引计算算法

根据列车安全运行控制原则和列车运行精确计算需求，构建列车计算模型，综合考虑线路条件、列车性能、停站位置、列车运行控制系统性能等因素对列车运行过程的影响，融合离散的各

种列车运行控制过程计算算法特点,研究提出列车运行控制系统的ATP运行曲线通用计算算法,具体算法主要包括:

1. 轨道交通列车运行策略的普适化制定方法

轨道交通最高运行效率的列车运行策略(以下简称"列车运行策略")是列车运行计算和线路配线设计能力验证的基础,是闭塞分区设计、运行能力分析、运营组织管理等工作的重要参考依据,是轨道交通运营综合服务水平的关键影响因素之一。现有的列车运行策略制定方法有人工处理法和国外专业软件自动处理法。为突破国外核心技术封锁,形成自主知识产权的核心算法,克服国内列车运行策略制定精度低、需大量人工修正、依赖技术人员工程经验等缺陷,本项目结合国内复杂多样的轨道交通应用需求,提出一种轨道交通列车运行策略的普适化制定方法,避免多次人工处理方式所带来的设计误差,有效提高了列车旅行速度和线路运行效率。

2. 轨道交通ATP运行曲线的普适化计算方法

轨道交通最高运行效率的列车运行曲线(以下简称"列车运行曲线")是列车运行控制系统闭塞设计和运能分析的依据。现有的列车运行曲线计算方法不仅计算误差大、数据处理海量,而且存在未考虑列车制动失效风险、列车无法精确停站风险和导致列车运行控制系统工程设计风险等应用安全问题。为克服现有方法存在的缺陷,以安全性、可靠性为基本设计原则,项目组综合考虑列车实际运行过程中的各类影响因素和限制条件,提出一种轨道交通最高运行效率的ATP运行曲线的普适化计算方法,通过调整部分计算函数,可有效控制列车停站精度、列车运行计算逼近精度和列车运行计算效率,实现与列车实际运行全过程的紧密贴合精确计算。

(二)双红灯防护系统闭塞设计算法

项目组以双红灯防护方式的固定闭塞系统控制原理为基础,通过对正线无岔区段、正线车站、正线岔区、折返区域等固定闭塞设计规则和安全防护区段长度设置需求的系统化研究,提出闭塞分区划分方法。

(三)点式目标-距离系统闭塞设计算法

本项目以点式目标-距离方式的固定闭塞系统控制原理为基础,通过对正线无岔区段、正线车站、正线岔区、折返区域等固定闭塞设计规则、安全防护区段长度设置需求的系统化研究,提出闭塞分区和计轴区段划分方法。

(四)固定闭塞系统运能分析算法

依据固定闭塞设计结果,通过对固定编组列车追踪运行全过程的运行间隔控制规则的系统化研究,本项目提出:有岔站列车折返能力的普适化计算方法。

有岔站(含折返站)的列车折返能力通常是城市轨道交通线路运营能力、运营组织应急方案实施的瓶颈,现有的列车折返能力分析方法有人工分析法和国外专业软件自动分析法,为弥补国外专业软件仅能对固定线路固定折返路径进行自动分析的应用局限,克服人工分析效率低、计算误差大等缺陷,填补国内有岔站折返能力自动分析与计算算法的空白,本项目提出有岔站列车折返能力的普适化计算方法,可实现有岔站各种折返路径的折返能力自动计算。

(五)移动闭塞系统运能分析算法

本项目以移动闭塞系统原理为基础,通过对安全保护包络长度设置需求、站台安全防护距离设置需求、列车追踪运行过程的间隔控制规则的系统化研究,提出移动闭塞系统追踪运行能力的精确计算方法。

移动闭塞系统追踪运行能力计算是轨道交通新线建设、既有线改造、运营方案制定的重要参考依据,现有的移动闭塞系统运行能力计算方法主要为近似求解类方法,即在前、后车追踪运行的过程中,不能根据前车所处的位置精确得出后车可位于的极限线路位置,只能通过近似求解的方式,大致得出后车可位于的极限线路位置,进而结合后车的实际运行位置,得出近似的列车追踪运行间隔。为消除国外仿真系统中的近似求解类算法所产生的计算误差,填补国内移动闭塞系统追踪运行间隔分析算法研究的空白,本项目提出移动闭塞系统列车追踪运行能力的精确计算算法,可精确得出移动闭塞系统下的轨道交通线路极限运行能力。

二、软件设计与开发

根据城市轨道交通线路项目的实际应用需求,本项目针对仿真分析系统软件的总体架构进行了详细的层级划分,并对软件模块功能、软件实现流程等方面进行了科学论证。结合各类算法研究成果、软件功能设计划分和软件操作应用需求,在通用化的软件开发环境下,采用先进的编程语言和数据库管理软件,完成软件设计、开

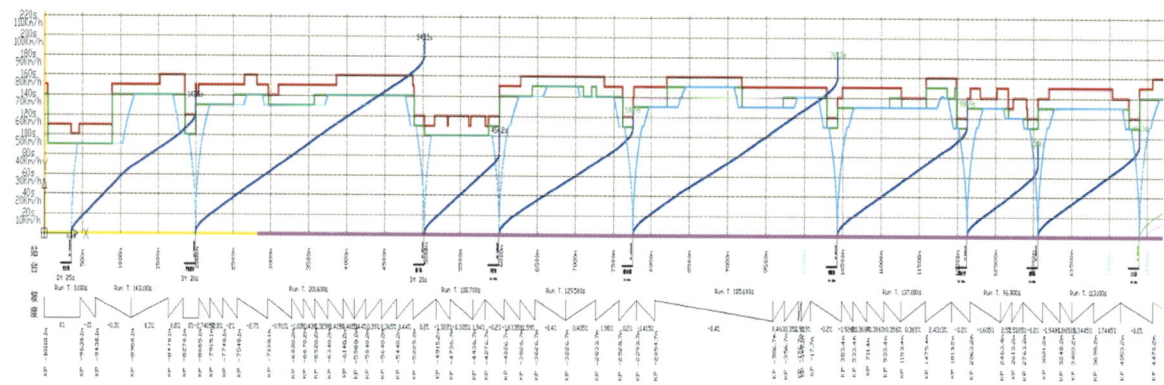

图1 列车运行曲线计算结果图

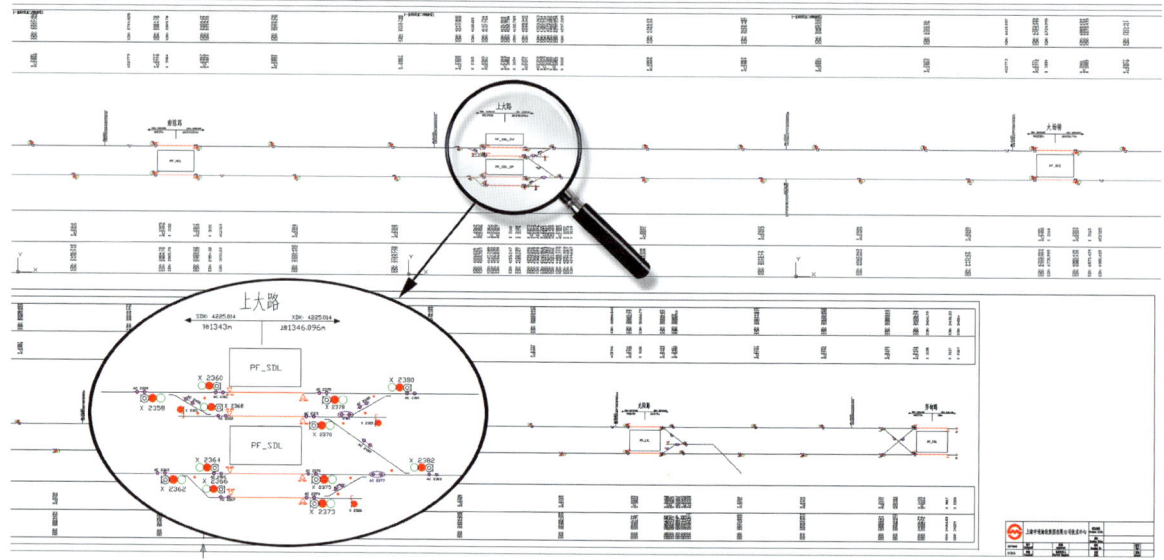

图2 闭塞设计图

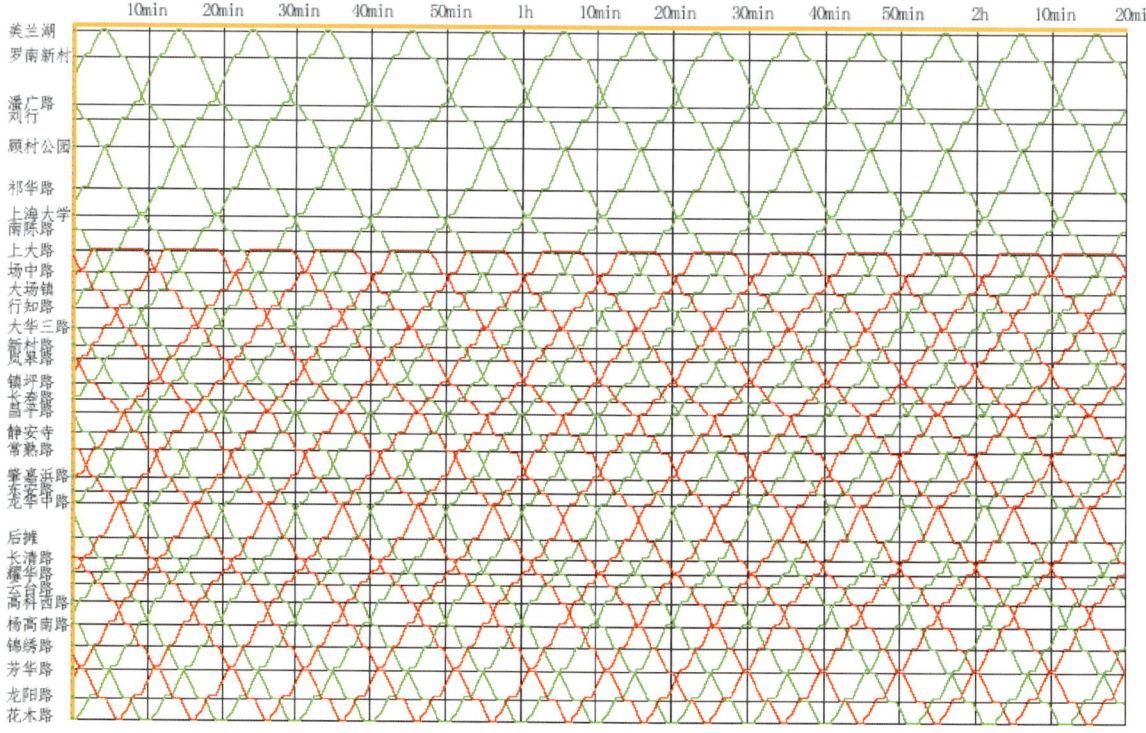

图3 列车运行铺图

发、集成、测试、调优等体系化研发工作，并实现仿真分析系统软件的各项功能设计。部分仿真结果见图1—图3。

项目组以上海轨道交通7号线为工程验证实例，在上、下行全线牵引计算、基于固定闭塞系统的折返站折返能力、基于移动闭塞系统的折返站折返能力和移动闭塞系统正线运行间隔等方面，本项目开发软件与系统供货商的仿真分析结果贴合度满足工程应用需求，为本项目研究成果的准确性、可用性提供了有效验证。

三、工程实例应用

以上海轨道交通2号线改造方案的可行性研究为示范案例，本研究成果开展了先期综合应用，并在方案设计、验证、对比、分析等方面起到了关键辅助决策作用。

采用本研究成果，考虑包括不同停站时2号线徐泾东站、淞虹路站、龙阳路站、广兰路站、创新中路站、浦东国际机场站等折返能力，不同运营交路组织方案的开行能力，本项目开展了2号线不同编组列车、固定编组列车的多种开行比例、多种运行交路的56种改造设计方案仿真计算与分析。提出了各种方案的量化分析数据，并结合改造成本、运营影响以及客流增长趋势，对各种方案进行了对比论证，在方案设计、验证、对比、分析等方面中起到了关键辅助决策作用。最终决策全线按8节编组列车运行要求一次性改造、叠加创新中路站小交路过渡改造方案。最终方案在实际应用过程中，可以根据实际需要，灵活地设计和改变运行交路与开行比例，有效提高运能满足客流组织需要，同时不造成运能浪费。

【工作过程】

本项目自2010年3月开始，于2012年10月完成，共分四个阶段。

第一阶段：确立项目研究范围与软件功能需求，分析城市轨道交通列车运行控制系统原理及工程实现技术。

第二阶段：创建具有自主知识产权的列车运行控制系统的牵引计算、辅助闭塞设计、运能分析等谱系化仿真实验算法。

第三阶段：开展仿真分析系统软件设计开发、系统测试和上海轨道交通7号线工程实例量比验证。

第四阶段：开展研究成果转化，先期综合应用于上海轨道交通2号线改造方案的可行性验证，证明研究成果的可行性和国际先进性。

【咨询工作特点】

一、研究方法先进，创新成果达到国际先进水平

（一）研究方法先进

采用理论多维映射法、算法横向对比法和模型分析类比法，针对项目开展了横向、纵向、局部、关联性、瓶颈点专项研究。

（二）创新成果达到国际先进水平

项目研究综合技术达到国际先进水平。主要取得了五项关键创新成果：

（1）创新提出轨道交通ATP运行曲线的普适化计算方法，并获发明专利。

（2）创新提出轨道交通列车运行策略的普适化制定方法，并获发明专利。

（3）创新提出移动闭塞系统追踪运行能力的精确计算方法。

（4）创新提出有岔站列车折返能力的普适化计算方法。

（5）创新研制了城市轨道交通列车运行控制系统运行能力仿真分析系统，并获软件著作权。

二、需突破国外技术封锁，研究工作量和难度很大

本项目是多学科、多专业的综合型项目，涉及列车运行控制、车辆、线路、智能控制、软件工程等多学科基础理论和多专业设计特点。由于城市轨道交通列车运行控制系统核心技术受到国外供货商的封锁，国内缺乏对列车运行控制系统微观层面的全面分析，需对列车超速防护系统、闭塞设计等核心技术、关键模块运行机理、设计规则逐一开展专项攻关；并且同一系统制式，不同国外供货商的运行控制原理和系统实现技术局部差异较大，需研究探索一种具有自主知识产权的列车运行控制系统仿真实验算法，并设计开发一套普适性仿真分析系统软件，实现仿真精确、工程实用，因此研究的工作量和难度很大。

三、对城市轨道交通建设决策影响深远

对于城市轨道交通正线线路，本研究成果结合线路客流运输需求和远期客流预测，可综合考

虑土建、线路、限界、列车运行控制等多专业技术特点,消除线路、车站配线、运能和列车运行控制设计等多专业间不匹配而导致的无法满足客流运输需求的潜在设计风险;避免新建线路建成并实际运营验证后,由于运能不足而导致的数千万乃至数亿元改造费用。对建设决策影响深远,强有力地推动了行业综合设计技术的跨越式发展。

四、应用转化成果可操作性强、应用范围广

以系统产品差异性、应用需求多样性为研发设计重点,所开发的仿真分析系统功能丰富、通用性强,填补了国内多项运能分析领域的研发空白,弥补了国外相关系统产品的功能局限。

通过工程实例量比验证,仿真分析结果满足工程设计应用需求,已应用于上海轨道交通2号线改造方案的可行性研究,在方案设计、验证、对比、分析等方面起到了辅助决策作用。本研究成果已被上海轨道交通网络广泛采用,包括1、2、5、12、13、18号线及网络19个车辆基地。

五、经济效益巨大,社会效益显著

(一)仿真分析成本的节约

与国外供货商关于既有线改造方案运能分析费用相比,本研究成果可节省约73%成本,节约开支约220万元。若用于上海轨道交通网络,预计节约开支约3 080万元,经济效益巨大。

此外,与国外供货商关于城市轨道交通全线运能综合分析时间相比,本研究成果可提前2~3个月为建设方案提供关键决策依据,促进城市轨道交通尽早投建,发挥交通引导发展的产业聚合效用,经济效益显著。

(二)城市轨道交通建设成本的节约

本研究成果对于新线建设,可提高城市轨道交通综合设计水平,避免线路建成后由于局部区段存在运能瓶颈而导致的数千万乃至数亿元改造费用;对于既有线改造,可为改造方案提供仿真验证和优化建议,提高改造工程效用,避免盲目建设投资,经济效益巨大。

(三)社会效益

本研究成果具有发挥城市轨道交通线路运营最大效能、提升方案决策与网络化运营服务水平、提高城市轨道交通运营组织应急决策能力、促进城市轨道交通学科建设发展与成果应用转化、减少能源消耗、便捷市民出行、缓解城市交通运输压力等重大社会效益,为节约环保型城市的形成和发展创造条件。

【咨询效果】

本项目研究成果先期已综合应用于上海轨道交通2号线改造方案的可行性研究,所提供的量化决策依据在方案设计、验证、对比、分析等方面起到了辅助决策作用。

本项目所确立的列车运行控制系统仿真实验算法在上海轨道交通多个新线建设、既有线改造项目中已得到广泛采用,所提供的量化决策依据对提高城市轨道交通建设、决策水平与效率起到了关键支撑作用。所涉及项目应用主要包括:1号线运营能力仿真,1号线莘庄站改造方案的折返能力仿真,1号线通河新村小交路折返站信号系统改造方案的折返能力仿真,2号线北翟路车辆段改造方案的出入段能力仿真,2号线4、6、8节编组列车混跑的多种开行比例、多种运行交路的56种改造设计方案仿真,5号线南延伸段4、6节编组列车混跑改造方案的折返能力仿真,7号线开行交路方案仿真,12号线、13号线分段运营方案仿真,13号线2期工程可行性设计方案仿真,18号线工程可行性设计方案仿真,上海轨道交通网络19个车辆基地出入段/场能力仿真等。

参加编写单位:上海交通大学

市域轨道交通建设关键技术研究
The Study on the Key Technologies for Urban Metro Line Construction

编写单位：上海申通轨道交通研究咨询有限公司
Shanghai Shentong Metro Research & Consultancy Co., Ltd.
联系电话：021-54660312　　网址：www.shmetro.com
主要完成人：俞光耀　谢炯　张中杰　王庆国　毕艳祥　杨流　赵强　李江莉　陈立生　皇甫小燕

【点评】

本研究依托上海市轨道交通16号线工程，吸取上海已建网路中市域轨道交通的经验，运用"系统研究、综合提升"的理念，以设计时速120 km车型作为攻关目标，通过设计优化和技术创新，解决了长距离、大运能、高速度下的一系列工程技术难题，其中设计时速120 km的DC1500V三轨授电的舒适型城市轨道交通A型车达到国际领先水平。

【项目背景】

市域轨道交通在线路特征、规划功能定位、客流分布特征、运营组织模式等方面与其他轨道交通线路相比有其特殊性，研究工作需要根据市域轨道交通线路特点和客流出行特征，确定适当的时间目标，选择合理的最高运行速度，充分体现轨道交通对新城地区发展的引导功能。它对市域轨道交通自身的运营效益也具有十分重要的意义。

本项目依托上海市轨道交通16号线（见图1），在市域轨道交通线路设计、建设中运用"系统研究、综合提升"的理念，以设计时速120 km作为攻关目标，通过设计优化和技术创新，解决了长距离、大运能、高速度下的一系列工程技术难题，在新系统、新技术、新工艺、新设备等方面开展研究并形成系列创新成果，保证了工程安全顺利实施，有效控制了工程投资。

【项目内容】

一、运营模式

项目研究针对市域线的客流特征，创新性提出"初期开行3辆小编组、近期采用3+3灵活编组、远期采用6辆编组"、"在三个组团中开行直达车和大站车"、"车厢内设置横向座椅增加坐席数提高舒适度"等可行的灵活编组和快慢车组合

图1　16号线工程走向示意图

运营方案。

二、车辆系统

项目针对"设计时速120 km车型"的目标,在满足运营模式和授流方式的技术条件下,在车辆选型中着重研究灵活编组方式、动力配置模式、列车控制方式、高速度大电流侧向受流、轴重、车门和座位布置方案以及车辆限界的重新制定,成功研制了设计时速120 km的DC1500V三轨授电的舒适型城市轨道交通A型车。

(一)供电系统

项目针对"设计时速120 km车型"的目标,综合考虑市域线线路应急救援及维护成本等因素,提出了研究"设计时速120 km的DC1500V三轨供电"这一创新性的供电系统方式。在靴轨授流系统理论、动态特征、工程实施关键技术、系统安全防护以及安装配套零部件等方面借鉴国内外相似技术,消化吸收、立足自主研发和创新,提出了"设计时速120 km的DC1500V三轨供电"完整性的系统设计理论和国产化设备。

(二)轨道技术

项目将高速铁路轨道施工与测量的先进理念应用在"设计时速120 km"城市轨道交通市域线上,提出了CPIII测量、板式道岔铺设、长轨厂焊及铺设一体化等多项创新技术,创新性地改进了工艺,更新了设备及技术手段,大大提高了线路轨道精度和平顺性,保障了施工建设质量,展现出高稳定性、高平顺性、运营维修量少等良好的应用效果。另一方面,新型轨道减震降噪技术措施的应用大大提高了减震降噪效果,满足了"设计时速120 km"城市轨道交通市域线环境影响评估报告的要求。

(三)土建结构

在列车时速达120 km的条件下,地下区间隧道列车的活塞风效应引起了地铁系统空气的非稳定流动,并产生了列车内外的压力变化。项目深入研究列车高速运行的空气压力学效应、压力变化所带来的不利影响,以及控制压力变化所采取的措施,提出了合理的列车运行所需隧道断面积,从而确定了合理的盾构规模、限界及结构断面型式。

市域轨道交通一般线型条件较好、高架线路长且占比大。当列车时速达120 km时,运行对高架桥梁结构提出更高要求。项目从高架桥梁结构整体刚度、动力性能、耐久性、工程投资、建设工期、城市景观等方面深入研究,在国内城市轨道交通工程中首次大规模采用先张法工厂化预制U形梁薄壁结构。

【工作过程】

本项目研究依托上海市轨道交通16号线,在市域轨道交通线路设计、建设中运用"系统研究、综合提升"的理念,以设计时速120 km车型作为攻关目标,在快慢车组合及灵活编组的运营模式的总体思路指导下,结合上海市轨道交通16号线工程建设的难点和风险点,通过运营模式、车辆系统、供电方式、轨道技术、土建结构等设计优化和技术创新,解决了长距离、大运能、高速度下的一系列工程技术难题,在新系统、新技术、新工艺、新设备等方面开展研究并形成系列创新成果,形成新的设计计算方法和施工规程。保证了16号线工程安全顺利实施,有效控制了工程投资。

【咨询工作特点】

一、国内首创大客流、高速、直流1500 V接触轨授流的市域轨道交通新系统

(一)国内首次研究在长大市域轨道交通快线上采用快慢车组合及灵活编组运营模式

市域线客流具有强度较低、平均乘距长,高峰和平峰客流差异较大,呈现潮汐现象的特征,主要以组团客流交换为主,直达客流占全线客流的比例达到32%,具有开行快车的需求(见图2)。

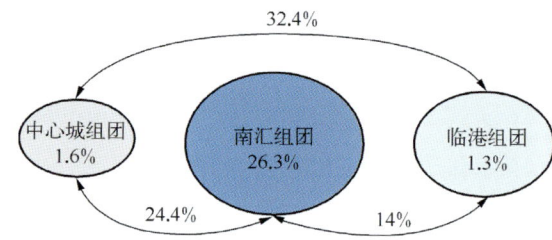

图2 16号线远期组团OD比例图

开行直达车、大站车和普通车的快慢车组合运营的模式,有效地节省了乘客总的出行时间,也减少了车辆的配置数量,使上海地铁平均旅行速度提升40%,可实现临港新城至龙阳路33 min直达并与已有轨道交通网络换乘。车辆选型在初、近、远期分别按3节和3+3节的灵活编组(见图3),远期高峰时开行6节编组,平峰时开行3节编组车辆,提高了运营服务水平和运营效益,达到降低综合成本的效果。

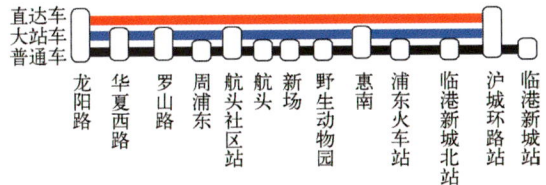

图3 三种列车停站示意图

（二）研制了直流1500 V接触轨授电设计时速120 km的轨道交通A型车，属国际首创

1. 动力配置与性能

采用WTB+MVB全冗余分布式总线控制方式，国内首次实现在线灵活编组需求；牵引系统采用转向架控制和国内首创半动车（2-B0）动力配置模式，在有效控制车辆轴重≤16 t的同时，整体提高3节编组列车正线故障运营能力和救援效率。通过研发"城轨车辆牵引供电系统"新技术，实现车辆牵引受流能力的提升，辅以基础制动选用盘式制动，成功实现A型地铁列车最高运营速度等级提升20%的目标。

2. 高速、大电流接触轨授流

针对DC1500V接触轨授流的大电流、高冲击的世界级难题，通过对气动受流器及其检测和监测方法的研究，在国际上首次成功解决了时速120 km A型车的DC1500V接触轨授流的技术难题。

3. 复合型牵引方式

通过研发"城轨车辆的蓄电池与受电弓牵引供电系统"和"城轨车辆的蓄电池与受流器牵引供电系统"，国内外首创集电靴及受电弓受流和蓄电池应急牵引三种牵引方式的集成，满足正线、段场、无电区等线路条件下无缝切换的供电模式，充分提高列车在郊县运营的供电问题和维修保养的安全性。

4. 安全性与舒适性

通过研发新型ZMA120型转向架以及新型轮盘制动转向架（见图4），并对构架侧梁上盖板结构进行优化，配置车辆走行部故障诊断装置和

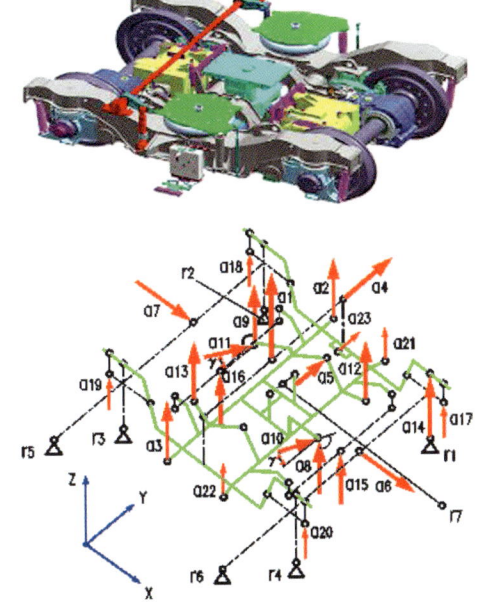

图4 动力转向架三维图及构架强度计算模型

系统，确保列车在120 km/h条件下安全运营，且运行平稳性指标≤2.5，达到速度等级80 km/h同等水平（见图5）。通过"车门安全回路"的研发，使得市域轨道交通列车车门在确保安全的前提下可由乘客自行开关。

（三）解决多种技术难题，制定的标准填补了行业空白

本项目为国内首次研发设计时速120 km/h直流1500 V钢铝复合接触轨授电成套设计施工技术，解决了在高速条件下轨靴良好的受流匹配、多样式轨道类型接触轨安装、高速端部弯头与车辆集电靴受流匹配等难题。靴轨良好授流是安全运营的关键。本项目在靴轨授流系统理论、动态特征系统分析、工程实施关键技术、系统安全防护以及安装配套零部件等方面借鉴国内外相似技术，消化吸收，再自主研发和创新，提出了"设计时速120 km的DC1500V三轨供电"完整性的系统设计

图5 车辆运行实景

理论和国产化设备。在细节设计上,对端部弯头坡度、膨胀接头及中心锚节安装型式进行改良和更新(见图6)。并形成行业规范"120 km/h接触轨设计规范及施工验收标准"。

二、研发了时速120 km市域轨道交通设计新技术

(一)解决了单洞双线隧道运营风压的难题

在国内大直径盾构隧道中,本项目首次应用高精度定位技术安装的中隔墙及其连接构造设计,同时提高了隧道结构适应长期变形的能力。与传统的地铁区间隧道相比,新的结构形式在隧道通风方面,活塞风量的增加有利于有效排除列车运行余热而使隧道温度降低;在压力控制方面,消除区间进出洞处、过中间风井处最不利错车工况下的压力变化叠加带来的舒适度影响;在安全疏散方面,在纵向应急通道宽度较小的约束条件下,每隔300 m设置一组相邻区间的旁通门,增强系统的安全性,且无须设置众多的中间逃生井或辅助隧道(见图7)。

(二)在国内设计领域,首次大规模采用先张法工厂化预制U形梁

16号线高架线全长45.268千米,标准跨径约占全长85%,标准跨比例高,沿线现场制梁条件困难。在此工程中设计首次大规模采用先张法U形梁工厂化预制薄壁结构,具有提高结构耐久性、优化结构受力、节省造价、缩短工期等特点(见图8)。对设计、施工关键技术进行专题科学试验研究,采用两根足尺实梁进行了各关键工况的静力试验及1 000万次的疲劳试验,结合试验梁制作形成了"先张法U梁施工指南"、"先张法U梁监理工作指南"等企业标准,对长距离、大运能、高速度的城市轨道交通高架区间桥梁设计起到指导和借鉴作用。

(三)成功解决既有桥梁之大跨度城市轨道交通桥梁建设难题

泐马河桥布置在临港大道两幅地面桥之间仅5 m净距之内,三座桥成"品"字形并列。受两侧地面桥之间净距及地面桥承台位置的限制,设计通过对预应力连续梁、薄壁墩连续刚构及V形刚构等桥型方案的研究对比分析,创新性采用主桥87.5 m+145 m+87.5 m的预应力混凝土V形刚构桥。提出"墩底顶推跨中合龙"的设计思想,研发设计了墩底先铰支后固结的全新构造,成功解决了既有桥梁之5 m净距的狭窄空间下145 m大跨度城市轨道交通桥梁建设难题。规避了约9 802万元临港大道公路桥拆改费用(见图9—图11)。

图6 改良和更新的中心锚结、膨胀接头、端部弯头

图7 "单洞双线"盾构法区间新构造

图8　先张法工厂化预制U形梁

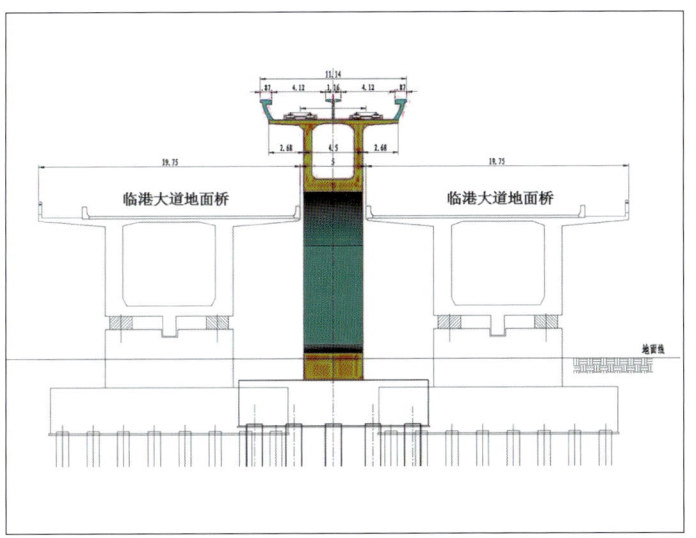

图9　渤马河桥与临港大道桥位置示意

图10　渤马河桥实景

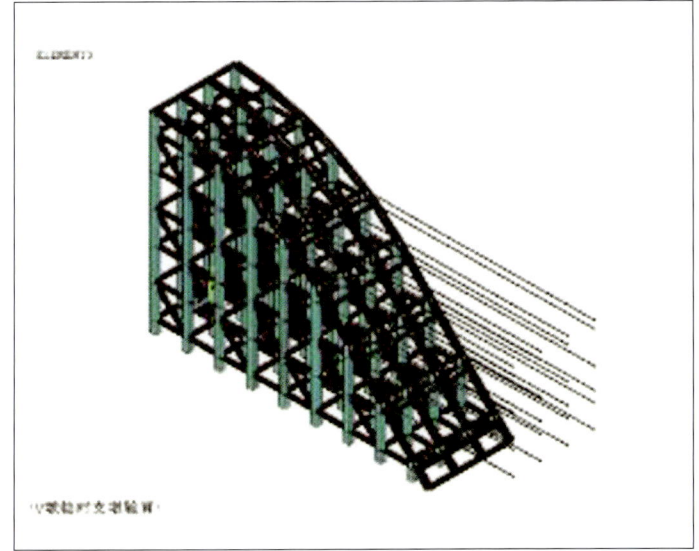
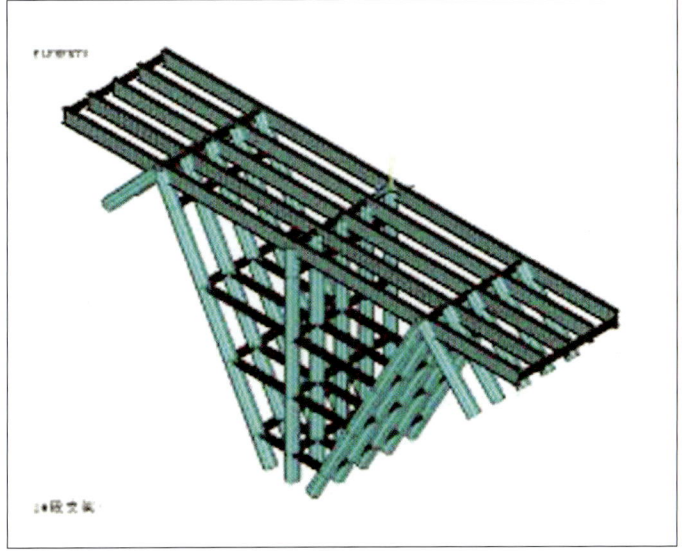

图11　V墩支架结构和0#块支架结构单元离散图

（四）展现出高稳定性、高平顺性、运营维修量少等良好的应用效果

本项目以"工厂预制道岔板、现场精调施工、机械化作业"替代传统的"轨排法"现场人工作业，提高道岔地段的铺设质量和整体性能，可以明显降低道岔失表的运营风险。研制了专用机具设备，形成了城市轨道交通板式道床自密实混凝土充填层施工技术和道岔板式道床施工工艺，道岔地段的绝对精度和相对精度提高2倍以上，尖轨及辙叉等重点部位的施工偏差均不大于1 mm，有效减少了道岔地段的精调作业量及运营后的养护维修工作量（见图12）。

在环境影响评估要求高的敏感点地段，首次在上海地铁高架线上应用"纵向轨枕、弹簧浮置板、迷宫式阻尼板"高等级减振降噪措施，减振效果约12～18 dB左右，为城市轨道交通高架桥提供了一种新型的减振降噪技术（见图13—图15）。

本项目针对WJ-2型减震扣件在上海地铁既有高架线上运营过程中暴露的"抵抗横向荷载不足、绝缘较差"的问题优化设计，采用WJ-2A型减震扣件，大幅提高了扣件抵抗横向力的能力和绝缘性能，减振效果较一般扣件提高5～8 dB左右（见图16）。

图12 预制板式道岔试铺、吊装及完工成品

图13 纵向轨枕道床　　图14 弹簧浮置板道床　　图15 迷宫式阻尼板道床

 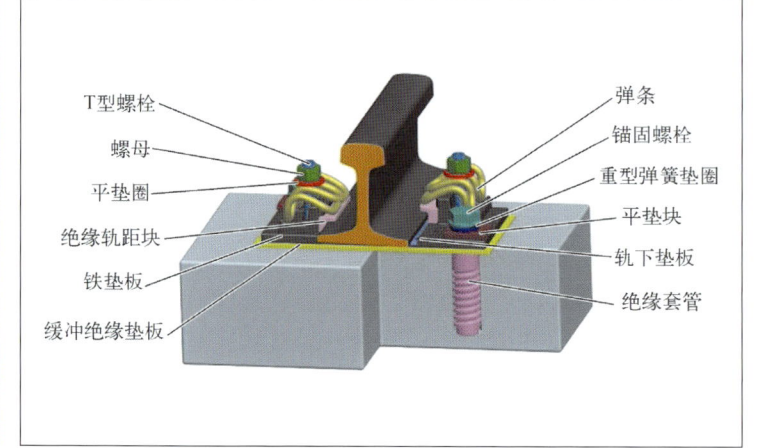

图16 WJ-2A型轨道减振器扣件

三、研制了系列施工新工艺和新设备

（一）首次自主研发高精度轨道测控新工艺，显著提高了轨道铺设的精度和平顺性

市域轨道交通由于其设计时速的提高，需大幅提高轨道精度和平顺性，它对保障高速运营时乘客舒适度尤为重要。本项目以"布设基础控制网、轨检小车自动采集"替代传统的"布设导线铺轨基标、人工道尺弦线"，配套开发了轨道控制网数据采集与处理系统，实现了轨道铺设高精度和高平顺性，为今后线路运营后的高质量和少维护奠定了良好的基础（见图17）。通过本项新工艺，使轨道测量误差由原来的 ±5 mm 降低至 ±1 mm，轨道调整精度误差由原来的 ±2 mm 降低至 ±0.1 mm，根本性地提高了建设阶段的轨道测量及铺设的技术水平（见图18）。

（二）首次自主研发并应用中隔墙安装新工艺和新设备，解决了受限空间内大型砼构件精确拼装的难题

通过对中隔墙整体浇筑、整体预制拼装以及预制+现浇三种方案的比选与优化，最终确定了预制+现浇的总体方案。围绕该方案自主研制了六自由度高精度中隔墙拼装机器人，解决了受限空间内精确拼装大型砼构件的问题。开发了"单洞双线"中隔墙施工管片高精度定位技术，解决了盾构机转角、推进轴线偏差、隧道上浮等影响管片精确定位的问题（见图19）。通过解决杯形基础现浇、中隔墙预制块拼装、后浇带施工、逃生平台施工、上部接驳器连接施工一系列施工技术难题，形成了"单洞双线"大盾构地铁隧道中隔墙"预制+拼装"的施工工法及"大盾构验评标准"、"中隔墙验评标准"企业标准。此技术已在16号线地下区间范围成功应用，结果表明

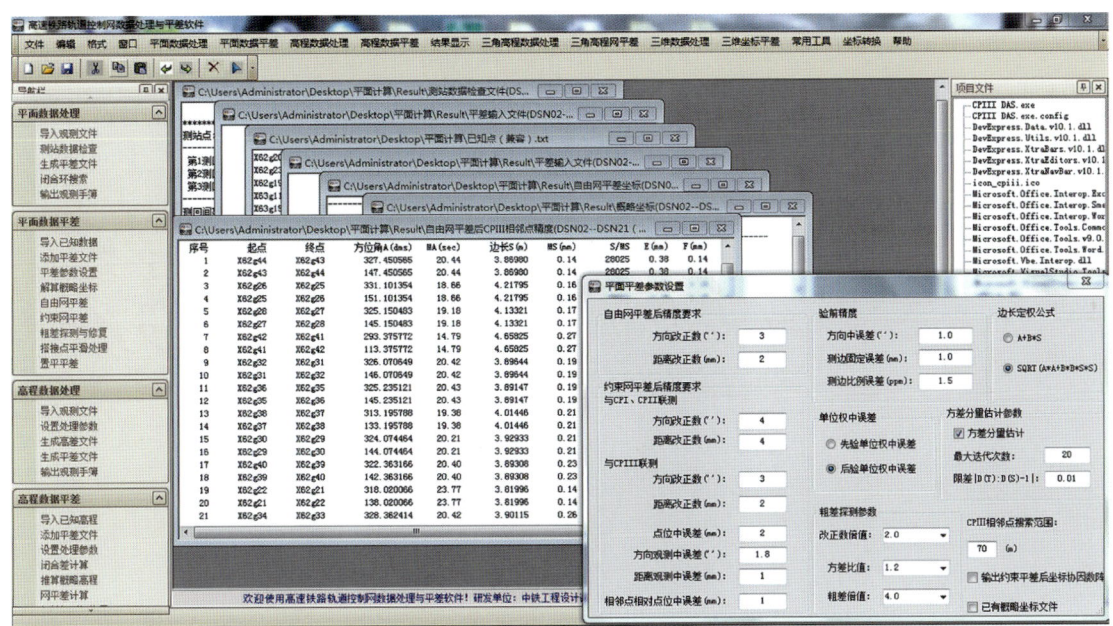

图17 轨道控制网数据采集与处理软件界面

图18 CPIII测量设备

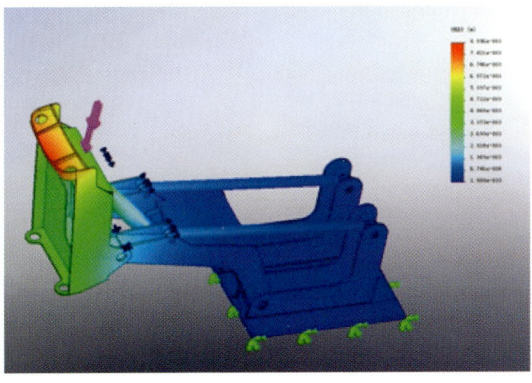

图19 机械臂应力分析云图

中隔墙的垂直度达到1/300,最高安装速度达到45 m/天(见图20)。

(三)首次研发应用时速120 km DC1500V接触轨系统施工新设备,解决接触轨系统多项技术难题

本项目由传统的轨道基桩控制网进行轨道交通接触网、轨的测量方法,自主研制了"时速120 km的直流1500 V接触轨系统"配套施工新设备(见图21)。包括:"接触轨综合测量仪",将接触轨的导高和拉出值误差不大于±5 mm降低到不大于±3 mm;"多功能限界检测车",自动合成直线、曲线等不同结构断面下的设备限界检查;"模拟钢轨模具",在线路尚未铺轨的条件下,模拟钢轨定位从而达到接触轨测量定位的目的;"拉轨工具",使接触轨对接缝间隙从原来1 mm减小到0.5 mm(见图22)。运营实践证明,时速120 km直流1500 V接触轨授流将轨道交通供电系统运营维护成本降低了70%。

(四)首次自主研发并应用先张法预应力U形梁施工新工艺,高效、节能、环保

先张法预应力U形梁在16号线工程上得到大量应用,项目组就其生产线布置方式、模具的设计、预应力施工方案、混凝土浇筑工艺以及蒸汽养护等方面对传统工艺进行集成创新,研究出了一套适合城市轨道交通高架工程的先进预制施工工艺。

独创的"长线穿心式"预应力施工工艺,配套研制的牵引式预应力承力台座与自主开发的"预应力同步控制系统"相结合,有效解决了"顶推式"传统工艺的移动距离小导致的频繁重复张拉的低效、高耗的矛盾;完美实现了长线"应力"、"应变"的"电脑智能化双控"工艺,提高了预应力施工精度,减少人为因素影响,比传统作业效率提高约3倍。

配套研制的U形梁预绑胎具、后装式预埋锚栓固定装置、"升降式"滴水槽成形功能件,组成预制施工质量保障工装系统,不仅有效解决了U形梁滴水槽成形施工过程中易掉角开裂或变形的质量缺陷,而且在钢筋、埋件等隐蔽工程施工质量控制方面达到质的飞跃,并一次性节约传统塑料成形模具85 500余米,有效降低了成本。

自主开发的多元化、通用性、多模数的液压

图20 工作中的拼装机器人

图21 集电靴现场试验

图22 接触轨测量仪、检测车、模拟钢轨模具

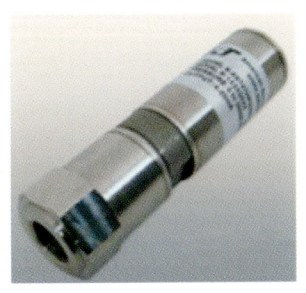   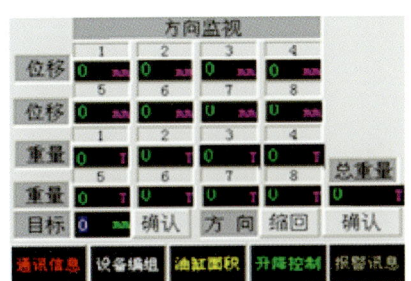

压力传感器　　　　　　位移传感器　　　　　　同步控制系统　　　　　　自动控制界面

图23　U形梁施工新工艺设备

自动模板设计和与之配套的"辐射式"蒸汽养护系统,整合形成预制U形梁浇筑成形装备系统,有效解决了百余种梁形的复杂多变与模板资源配置有限的矛盾和蒸汽养护能耗过大的问题。实现资源节约最大化,该方案减少模具配置量达40%,节约燃油达50%。达到节能减排的环保效果(见图23)。

"市域轨道交通建设关键技术研究"结合上海轨道交通16号线工程的规划设计、施工安装、机电设备、运营管理,采用自主研发、集成创新、新技术应用等技术路线方法,开发应用30余项"四新技术"、形成技术专利42项(授权发明专利5项)、软件著作权1项、规范标准3本。该项目综合技术总体达到了国际先进水平,其中直流1500 V三轨授电设计时速120 km的轨道交通A型车系统达到国际领先水平。技术成果已成功应用于工程,取得了显著的经济、社会和环境效益。

参与编写单位:上海黄浦江大桥建设有限公司、上海市城市建设设计研究总院、上海隧道工程股份有限公司、上海城建市政工程(集团)有限公司

软土隧道工程运营期结构安全关键技术研究

The Study on the Key Technologies regarding the Structures Safety during Operation Stages in Soft-soil Tunnel Projects

编写单位：上海申通轨道交通研究咨询有限公司
Shanghai Shentong Metro Research & Consultancy Co., Ltd.
联系电话：021-54660312　网址：www.shmetro.com
主要完成人：毕湘利　王秀志　鲁亮　李刚　柳献　姚旭朋　李家平　刘朝明　刘洪波　黄小平

【点评】

本研究主要研究软土地区地铁隧道网络化运营条件下，如何及时发现隧道结构安全问题，并有效识别其级别和程度，采取合理的应对措施。研究了具有自主知识产权的多功能综合快速检测装备，研究了隧道多向注浆堵漏和内张圈加固新工艺，首创设计和制造了隧道结构修复专用机械手及设备平台，研发了"轨道交通结构工程建养一体化管理系统"，为隧道结构修复维护和管理提供了技术支撑，研究成果已在上海地铁数条线路中得到应用。

【项目背景】

目前，全国开通地铁的城市共有27个，运营线路超90条，运营里程超2 700千米。截至2014年年底，上海轨道交通全网运营线路总长增至567千米、331个车站投入运营，运营规模已跃居世界前列。与此同时，日均出行量457万人次，日均客运量774万乘次，最高日均出行量610万人次，最高日均客运量1 029万乘次，公共交通分担率42.94%，是上海公共交通的重要支柱。未来5年内，上海将形成超过800千米的运营网络，承担50%以上的公共交通客运量。

很多城市地铁隧道建于敏感性高的软土地区。地面堆载、周边施工等外界工程活动易导致软土地层中的隧道产生结构渗漏、大变形乃至破损等病害，这些结构病害的发展直接影响到隧道全寿命周期的安全。在诸多影响地铁运营安全的因素中，结构安全是基础，因结构安全问题造成的影响更大、修复更难、历时更长，是地铁运营安全的重中之重。地铁安全运行不仅是城市交通的安全问题，而且已经成为城市运行安全的重要保障，是城市正常运行的重要基础设施，其结构一旦受损，将会产生重大的经济损失和社会影响。国内外先后有多个城市和地区由于地铁隧道结构安全事故造成重大社会影响。如圣彼得堡地铁隧道结构破损事故导致地铁事故区段中断运营长达8年之久，修复费用巨大；国内上海、南京、广州等城市也先后发生多起由于结构安全对地铁运营产生长时间影响的事故。

然而，隧道维护工作的"窗口时间"短，隧道内空间狭小并受管线等设施限制，人工作业效率低，缺乏针对运营地铁隧道的检测、结构整治专用装备；另外，隧道堵漏和结构加固等病害治理时机仍以经验为主，缺乏针对结构安全状态的评定标准；同时，缺乏运营维护所需的地质资料以及监测检测、病害整治、结构加固等大数据，缺乏先进可靠的运维管理系统，难以合理调配有限的维护保养资源。

因此，亟须研发隧道结构安全保障的相关技术与装备，制定隧道结构状态的安全等级和危害程度的评判标准，建立高效的信息化运维管理系统，以及时发现隧道结构的安全隐患，采取相应的技术措施，实现运营地铁隧道的高效管理，保障地铁安全运行。

【项目内容】

本项目针对软土地区地铁隧道运营管理中所面临的诸多难题，从运营地铁隧道结构安全状态的检测、评估、治理和信息化运维全过程出发，首次研发了运营地铁隧道结构安全性能保障工艺和装备，创建了系统的运营地铁隧道结构服役性能评估标准，自主研发了运营地铁隧道结构安全状态检测装备，构建了地铁隧道全寿命周期综合运维管理系统,并成功应用于上海、广州、南京、杭州、宁波、昆明、武汉等城市的地铁运营中。

一、首次开展原型衬砌结构极限承载性能和内张钢圈加固后极限承载性能试验

上海轨道交通区间隧道因地面堆载、周边施工等因素引起隧道结构的渗漏或破损,已影响到结构的运营安全。但对盾构隧道衬砌结构的破坏机理和极限承载能力的研究尚属空白;对应用内张圈修复后隧道结构的承载机理及其对运营安全的影响也缺少理论计算依据。

1. 地铁盾构隧道原型衬砌结构的极限破坏试验

本研究在国内外首次实施了地铁盾构隧道原型衬砌结构的极限破坏试验(见图1),分析了隧道衬砌结构从加载至破坏全过程的力学性能及破坏形态(见图2),明确了衬砌结构组成构件间的相互作用效应、传力机制和破坏模式,揭示了盾构隧道衬砌结构失效全过程中的性能演化规律及结构整体破坏机制;建立了考虑盾构隧道结构失效全过程和破坏形态的力学模型和分析方法;探明了复杂条件下地铁盾构隧道衬砌结构的破坏机理和极限承载性能;制定了运营地铁隧道结构安全预警和维护评估标准,为隧道结构的维修加固提供了理论依据和方法指导。该标准已在上海、杭州、南京和宁波等城市运营地铁隧道结构安全评估中得到了全面应用。

2. 内张钢圈加固盾构隧道衬砌结构极限承载能力的足尺试验

本项目在国内外首次开展了内张钢圈加固盾构隧道衬砌结构极限承载能力的足尺试验(见图3),建立了考虑二次受力影响的内张钢圈加固隧道叠合结构的非线性分析模型,系统阐述了内张钢圈加固盾构隧道的整体力学特性,探明了加固结构的失效机理及其极限承载能力;研究了加固时机、黏结材料力学性能、钢板性能及其组合等因素对内张钢圈加固盾构隧道受力性能的影响规律(见图4),系统地提出了内张钢圈加固盾构隧道衬砌结构的新方法。

二、自主研发了运营地铁隧道结构安全状态检测装备

当前运营地铁隧道结构表观病害和隧道断面变形检测主要采用以人工为主、以仪器设备为辅的方法,存在着工作时间窗口窄、检测效率低、

图1 原型衬砌结构破坏试验

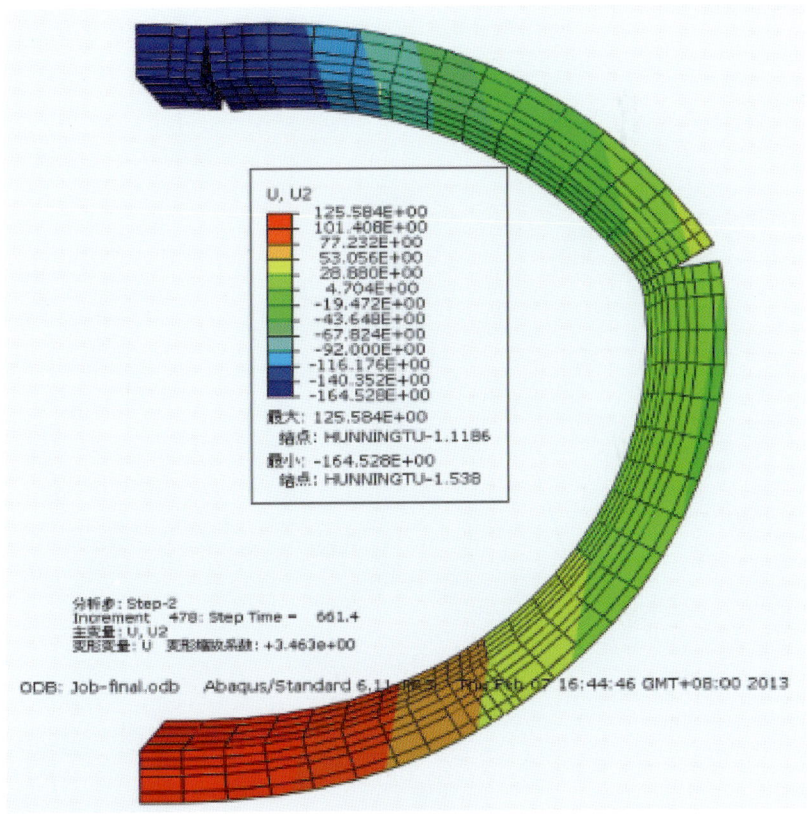

图2 衬砌结构非线性分析

判定结果差异大和信息反馈周期长等不足,在一定程度上影响了运营盾构隧道结构安全隐患的及时探测和治理。

项目组研发了运营地铁隧道结构安全状态移动式综合检测装备,可用于隧道表观病害、收敛变形的现场采集、提取、识别和分析。自主研发了工业相机配合专业照明配光设计的隧道表观病害信息采集系统,开发了根据隧道结构管片

衬砌图像特征差异识别表观病害（如结构渗漏水、混凝土破损等）的算法，提出了一种基于图像处理的隧道表观病害检测方法。根据摄影测量原理，开发了结构光源配合工业定焦相机实现运动中快速获取隧道横断面数据的车载量测装置和相关系统、地铁隧道断面变形检测电器柜控制装置。将上述车载测量系统的图像采集触发与检测车定位联动控制（轨道车与编码器的柔性连接装置、触发定位装置），实现了结构病害的车载快速检测与定位。配套开发了"隧道表观病害及断面变形图像采集系统V1.0"、"隧道沉降测量及分析系统V1.0"。根据地铁隧道的工作特点，本项目以集成化、小型化、轻量化为基本目标，通过专业设计，创新研制了具有模块集成、滑槽装配、电路统筹、结构紧凑、快速采集、自动处理以及统计分析功能特点的综合快速检测装备（见图5）。设备现场测试工作速度达5 km/h（见图6），工作效率较人工检测提高200倍以上，危险结构变形捕获率和识别率均为100%，主要表观病害捕获率和识别率均在95%以上，断面收敛变形测量精度为1.5‰。

三、开发了内张钢圈加固和多向注浆堵漏新工艺

受周边环境、结构受力等因素的影响，运营地铁隧道中存在环、纵缝渗漏，或不同程度的大变形问题，影响列车和隧道的运营安全。传统的渗漏整治技术易造成施工后的二次渗漏及部分渗漏位置无法整治的难题，若控制不力还将加剧隧道结构的变形；已有结构加固方法在施工工效和质量保障措施等方面仍有待深化。由于地铁隧道空间狭小，隧道内壁内分布着众多的地铁营运管线，为了不影响地铁的正常运营，隧道结构的加固修复需要在列车停运阶段进行施工，所有的修复施工在隧道内进行，所以隧道修复施工需要考虑狭小施工空间和有限施工时间等条件的限制。项目组针对运营地铁隧道内多向注浆和内张圈加固技术与工艺开展了深入研究，并结合

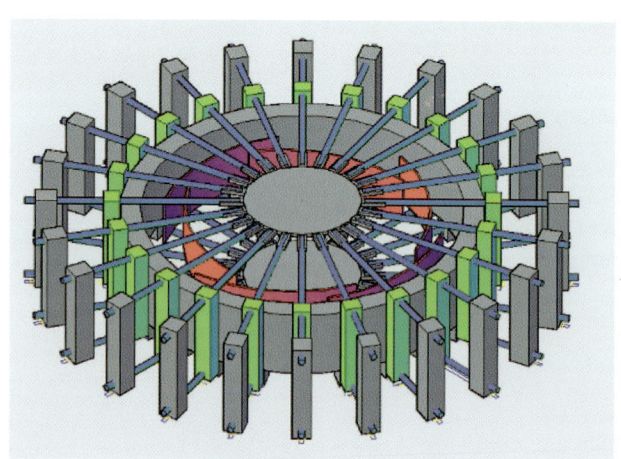

图3　内张圈加固结构破坏试验模拟图

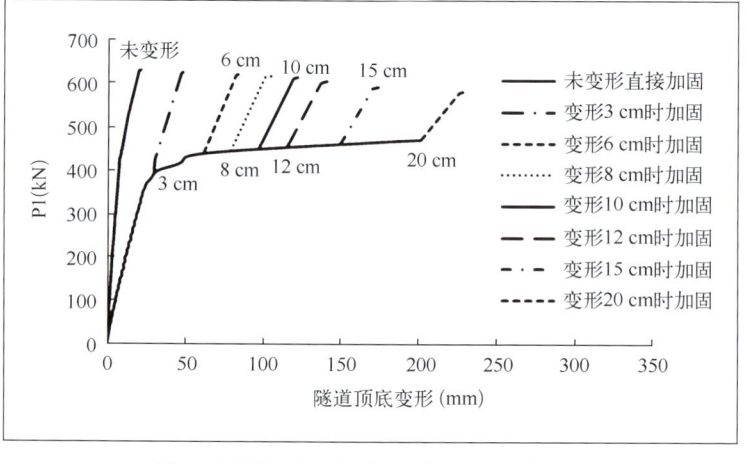

图4　不同加固时机对加固效果的影响分析

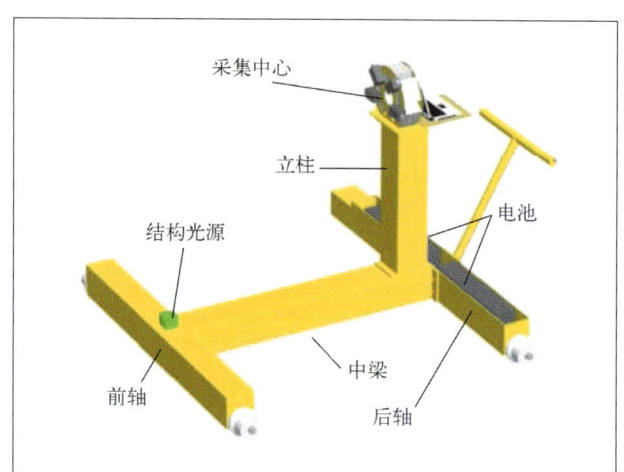

图5　综合检测车模型部件示意图

图6　综合检测车实物工作图

实际工程进行优化完善，形成了运营地铁隧道内张钢圈加固和多向注浆堵漏新工艺。

1. 运营隧道注浆加固堵漏新工艺

新工艺需采用底部管片内钻孔至壁后注浆的方式进行渗漏治理，使浆液及其固结体充填邻近接缝橡胶密封垫外沿的接缝缝隙，从而达到止水目的，工艺流程见图7。

2. 运营隧道内张圈加固新工艺

在隧道内运用钢板形成钢圈加固整环管片，并在钢圈和管片之间的缝隙中充填环氧树脂，使管片和后加固的钢圈连接成一个整体，共同承受外部的荷载作用（见图8、图9）。该新工艺需要解决运营隧道内作业空间有限，需解决管线改排、钢圈分块等问题；钢板重量大、拼装要求高，需设计专用设备实施机械化作业；钢圈安装过程中，需解决拼装程序、钢圈固定、充填固化等工艺难题。

3. 内张钢圈安装专用机械手及其设备平台

针对隧道结构加固作业所面临的隧道内部空间狭小、管线众多、加固结构重量大、拼装要求高等难题，采取内张钢圈安装工艺，应用多自由度、电气控制、液压驱动等技术，成功研制了隧道结构加固作业机械人及作业平台，形成了发明专利"隧道加固机器人"（见图10、图11）。"加固作业机械人"可从作业平台上自取钢圈板，完成钢圈板安装需要的拼装动作，并能准确、快速定位于隧道管片的内壁上，大大提高了内张钢圈加固的安装精度和效率。全套工艺有效控制了受损隧道收敛变形，增加了隧道结构的强度和刚度，显著提高了隧道结构的安全度。修复后的隧道横径增量不大于0.2%，沉降增量不大于10 mm，保障了地铁的安全运营。

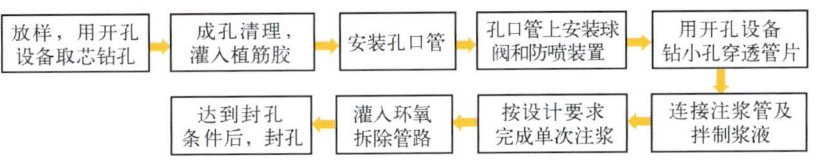

图7　运营隧道多向注浆堵漏新工艺流程

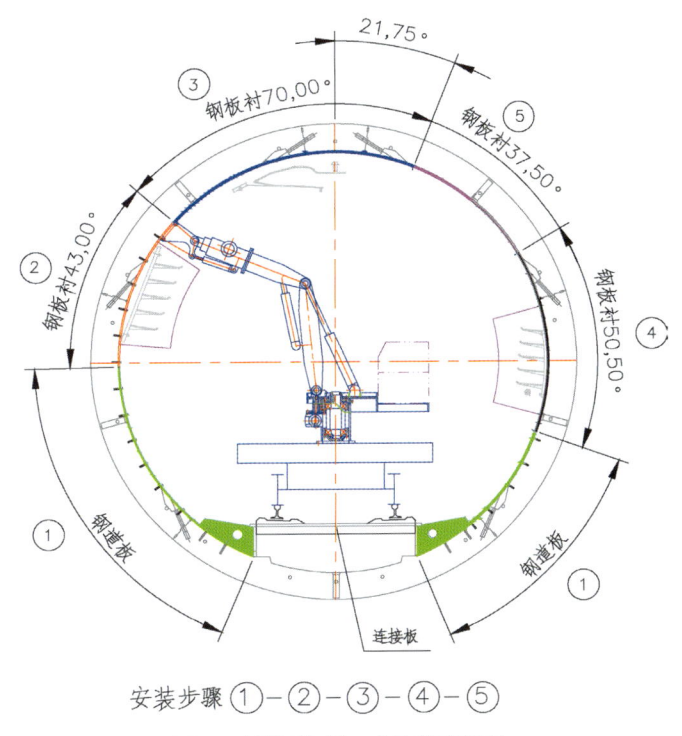

图8　内张圈加固工艺安装流程图

四、建立了地铁隧道全寿命周期综合运维管理系统

本项目研发了基于建养一体化需求的数据集成技术，解决了多学科、海量数据整合的难题。形成了基于三维数据建模的隧道病害虚拟现实技术（见图12），通过ID、线路信息、里程信息、位

图9　隧道内张圈加固照片

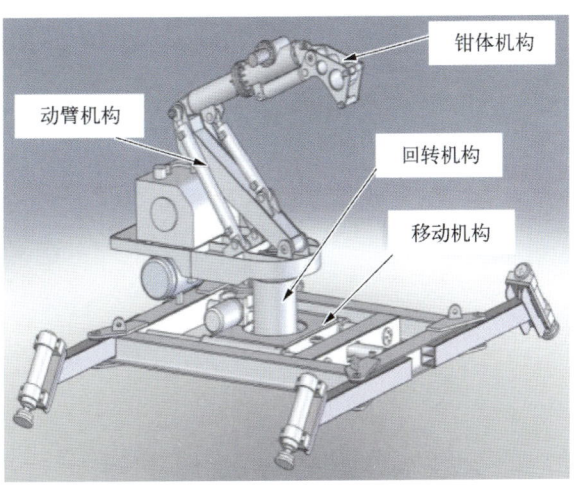

图10　机械手结构示意图

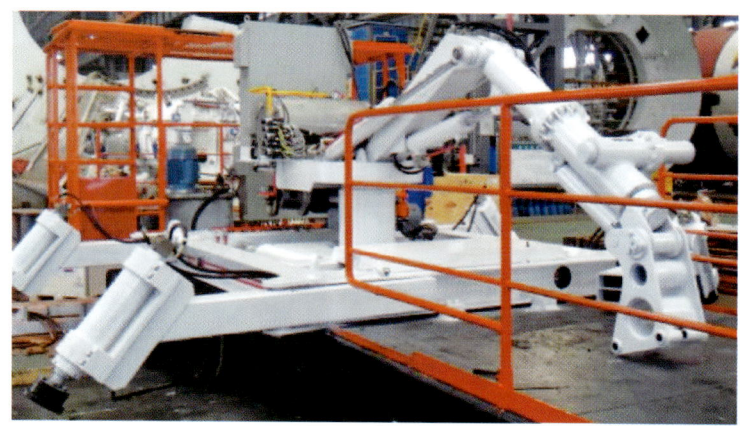

图11 隧道内钢圈机械手及作业平台样机

三维场景预览

基本信息查阅

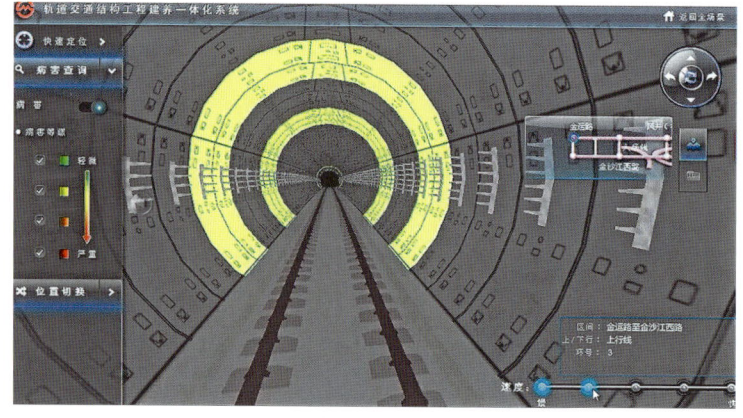

病害快速定位

图12 三维虚拟现实系统功能

置信息等对隧道断面及病害进行定位和治理,形成了地铁结构工程养护动态筹划技术。提出了"基于轨道交通结构工程状态的维修策略动态判断方法",可快速有效获取结构实际状态,并根据养护装备的配置情况,动态指导实际维修工作有序开展。研发了"轨道交通结构工程建养一体化软件V1.0",解决海量数据的数据清洗、筛选、保存和有效利用的难题。

【工作过程】

项目组在召开立项论证会后,根据项目攻关内容,制定项目技术路线,成立四个专项研究小组(数字化信息系统研究小组、检测技术与装备研究小组、整环足尺试验研究小组和运营隧道结构安全修复技术研究小组),各研究小组由专人负责,落实责任到人制,由上海申通地铁集团负责总体协调。项目有不定期专题会制度,子项目定期交流会制度,制定项目研究阶段任务,落实任务分解和定期考核。

本项目研究主要采用基础理论分析、工程试验研究、数值模拟计算和示范工程应用相结合的方式进行,研究工作历时两年之久。

【咨询工作特点】

一、通过"产、学、研、用"结合的模式,充分发挥各方优势

项目充分利用高等院校在理论分析、室内试验和数值模拟等方面的优势,发挥设计、施工单位和地铁维护保障单位长期积累的宝贵经验,调动社会各方力量,"产、学、研、用"相结合,成立由申通地铁集团牵头,同济大学、上海隧道工程股份有限公司、上海地铁维护保障有限公司工务公司组成的联合攻关课题组,同时,根据研究内容和方向成立了四个专项研究小组。

二、研究方法科学,研究内容全面,研究成果系统

为全面了解上海运营地铁隧道结构现状,项目组深入区间隧道,对存在影响运营安全的隧道结构病害进行了现场观察和调研,同时,梳理运营地铁历年检测和监测的数据资料,为项目开展提供了可靠的依据。项目通过前期理论分析和数值模拟的分析成果,有效指导原型衬砌结构试验的设计和实施。通过试验研究,提出了隧道结

构极限承载力与极限变形指标,建立了隧道结构安全预警和维护评估标准,从而为修复治理运营隧道结构大变形提供依据,指导修复设计。

项目采用资料调研、理论分析、试验研究、工程应用等多种研究手段相结合,相辅相成,彼此指导,通过全过程的信息反馈机制,不断优化和完善。对运营地铁隧道结构安全状态的检测、评估、治理和信息化运维开展了全面系统的研究,为软土地区运营地铁隧道结构安全和保护提供了成套技术。

三、多项研究内容在国内尚属首次开展,研究成果具有创新性和先进性

地面堆载、周边施工等外界工程活动易导致软土地层中的隧道产生结构渗漏、大变形乃至破损等病害,这些结构病害的发展直接影响到隧道安全。本项目紧密结合地铁网络化运营安全需求,开发了多项创新技术与装备,在国内外首次开展原型衬砌结构极限承载性能和内张钢圈加固后极限承载性能试验,自主研发了运营地铁隧道结构安全状态检测装备,首创设计和制造了内张钢圈安装专用机械手及其设备平台,首次研发了"轨道交通结构工程建养一体化管理系统"。经查新和检索:本项目研发的隧道工程运营期结构安全关键技术具有新颖性,项目综合技术水平达到了国内领先和国际先进水平,项目研究成果有序推动了城市轨道交通工程隧道结构病害治理工作,系统化解决了城市轨道交通工程隧道结构病害治理的难点。

四、项目立足上海轨道交通,辐射全国软土地区,研究成果应用范围广

上海地处长江三角洲入海口,为冲积平原,是典型的软土地质,上海地区的软土具有高压缩性、高含水量、高孔隙比、低渗透性以及低抗剪强度的"三高两低"的特征。除上海外,全国很多城市的地铁隧道也修建于敏感性高的软土地区。项目研究立足于上海地铁,研究成果已在上海多条地铁线路得到推广运用,部分研究成果已在宁波、杭州、南京等软土地区得到示范应用。除软土地区外,内张钢圈修复技术也已在广州、昆明、武汉等地得到示范应用。此外,研究成果除用于轨道交通外,还可推广到城市道路隧道、输排水、电力等公用事业的隧道工程中,对于城市其他地下工程也有一定的参考意义,具有重大的发展前景。

【咨询效果】

本项目通过"产、学、研、用"结合的模式,申请专利14项(其中发明专利8项),发表论文15篇,形成上海市地方标准1项,企业标准3项,编制工法1项,研制新装备2套。

项目成果转化程度高,所形成的多种专项工艺、技术、软件系统和装备等已在上海、广州、南京、杭州、武汉、昆明、宁波等多个城市的数十条地铁隧道结构安全修复及隧道安全运营检测中得到应用,项目研究成果有效防范了重大事故的发生,保障了地铁运营安全。

本项目建立了软土地区地铁隧道结构安全成套技术和装备,形成了多项国家、地方和行业标准以及国家工法,促进了城市轨道交通学科和行业的科技进步,填补了中国在软土地区运营地铁隧道结构安全保障领域的空白,提升了中国在该领域的技术水平、管理能力和国际地位。

这些研究成果可有效减少运营地铁隧道大修费用,降低运营地铁隧道突发险情并导致长时间停运的概率,为延长运营地铁隧道使用寿命提供了有力的技术支撑,其间接经济效益显著。

参与编写单位:同济大学、上海隧道工程股份有限公司、上海地铁维护保障有限公司工务公司

钢弹簧浮置板设计施工一体化研究

The Study on the Integration of Design & Construction for Steel-spring Floating Slab Tracks

编写单位：上海申通轨道交通研究咨询有限公司
Shanghai Shentong Metro Research & Consultancy Co., Ltd.
联系电话：021-54660312　　网址：www.shmetro.com
主要完成人：白廷辉　宋　键　平　轶　刘加华　王建立　刘　扬　郑　强　尹学军　张　明　何永春

【点评】

本研究在钢弹簧浮置板设计施工一体化研究中，首次提出了旋转基底创新的设计方法，采用多项新设计，攻克了曲线地段配筋和减振器型号非标而带来的设计、产品、施工难题；建立并验证理论仿真分析体系，形成了浮置板设计、产品、施工、工装等成套技术；编制完成了"钢弹簧浮置板标准化设计指导意见"等多项技术文件；获得了四项工装设备专利。该研究成果达到国际领先水平，已在上海市多条线路和国内多个城市应用。

【项目背景】

城市轨道交通具有运量大、安全、舒适、快速、准时等特点，是一种低能耗、少污染的"绿色"交通方式，逐渐成为国内外大中型城市发展公共交通和缓解城市交通拥堵的主流趋势。城市轨道交通在解决人口密集区交通拥挤问题的同时，也引起沿线周边环境振动噪声问题。

为有效控制轨道交通对环境的振动和噪声影响，大多新建线路广泛采用了包括钢弹簧浮置板在内的各种减振降噪技术。浮置板技术采用质量-弹簧的隔振体系，其基本原理是将轨道结构与隔振器组成一个固有频率较低的质量-弹簧自由振动系统，即将道床板置于弹簧上，通过质量-弹簧系统的惯性运动，把列车运行产生的振动进行隔离衰减，以达到减振的目的。特别是在轨道交通线路穿越居住区以及环保要求较高区域的路段，浮置板技术得到了广泛采用。

然而，传统的浮置板设计和施工环节复杂、周期较长，已不能满足目前城市轨道交通建设规模和进度的需求。在传统的浮置板设计中，曲线地段的断面要求是通过调整浮置板的断面型式来实现的。因此，浮置板的断面、配筋等相关设计都较为复杂，无法进行通用设计，影响了设计的工作效率。传统的浮置板轨道大多采用现场浇注施工，由于浮置板结构体量大，配筋复杂，且受隧道内施工作业空间的限制，施工精度和作业效率都较低，施工速度5～7 m/天，大大影响了施工进度，已无法适应城市轨道交通工程进度的要求。

当前急需对钢弹簧浮置板设计、施工进行优化和改进，研究和完善目前轨道设计和施工工艺，形成一整套浮置板设计和施工的新方法、新工艺，以大幅度缩短浮置板设计周期，提高施工速度，满足当前城市轨道交通的建设需求。

本项目的研究可以进一步完善浮置板的设计和施工工艺，在确保行车安全和乘客舒适的前提下，有效控制轨道交通运营所产生的振动和噪声，最大限度地缩短工程建设周期、节省投资成本，为上海城市轨道交通的建设提供技术支持。

【项目内容】

一、断面优化

在传统设计中，浮置板的超高是通过板的表面调整来实现的，板的底面始终保持水平。这使得在曲线和缓和曲线地段的板横断面的变化较大，相应的隔振器规格增多，加大了生产成本，延长了生产周期。另外，设计的计算分析和出图量很大，影响设计的工作效率。本项目以圆形盾构为例，在经过反复对比分析优化设计后，确定将超高通过基底实现，而放置在基底上的浮置板保持相对不变，从而大大减少板的类型，简化和统一浮置板结构的横断面形式(见图1)。

二、结构设计

在传统浮置板设计模式下,基底在横向始终是水平的,隔振器是垂直于基底的,这样在板的自重作用下,隔振器在横向不受水平力作用。只有在列车经过时,曲线地段的隔振器在横向才受到水平力作用。而在优化设计模式下,由于基底不再保持水平,隔振器始终与基底垂直,隔振器所承受板块的重力在曲线地段就不与基底垂直,荷载作用到隔振器上的力就会有水平方向的分量,这就对隔振器与基底之间的连接和隔振器本身的受力提出了新的要求,同时这种变化必然引起浮置板结构的受力和变形、配筋设计、剪力铰、钢轨受力和变形,以及附属设施的一系列变化,需要进行认真而详细的分析研究,因此,本项目在各种工况下按照相关规范重新对设计进行了计算、分析和验算,使设计后的各项指标均满足规范要求和原有标准。

三、施工工艺

传统浮置板的施工全部都是直接在轨道铺设现场进行的,所有的材料都需先运送到施工现场,再进行现场的安装和绑扎。而且,传统浮置板的施工无法使用现场龙门吊,使得所有材料运送都需使用人力。所有的工作都集中在轨道铺设现场工作面,而盾构隧道的狭小空间使得工作面非常紧张。同时,浮置板系统的多道工序也需要一道接一道地进行,这进一步加剧了工作面的紧张状况。本项目施工优化方案采用先在铺轨基地绑扎钢筋笼,做成钢筋笼轨排再运到轨道铺设现场拼装,然后整体浇筑混凝土,其主要优点是通过将传统的现场绑扎钢筋改为基地绑扎钢筋,其施工流程可与现场铺轨同时进行,节省了在现场绑扎钢筋的时间;同时突破了在隧道内现场绑扎钢筋受工作面狭小的限制,可以使用现场龙门吊,实现机械化运送,为后续施工赢得了时间。为适应新工艺的要求,本项目也对铺轨车和起道支架进行了改进,大大提高了施工效率。

四、动力学仿真分析

通过建立车辆-轨道耦合动力学模型(见图2),在三个方面对不同长度(3.6 m、6 m、7.2 m、25 m)浮置板轨道的动态特性进行了仿真计算分析研究。

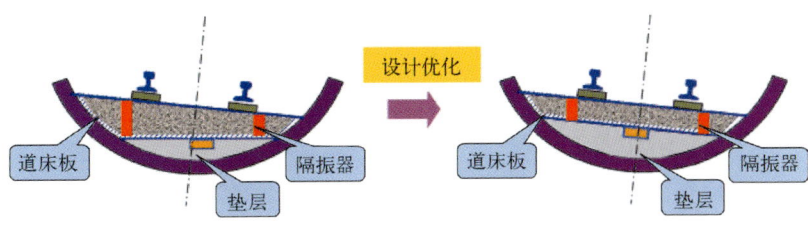

图1 断面优化

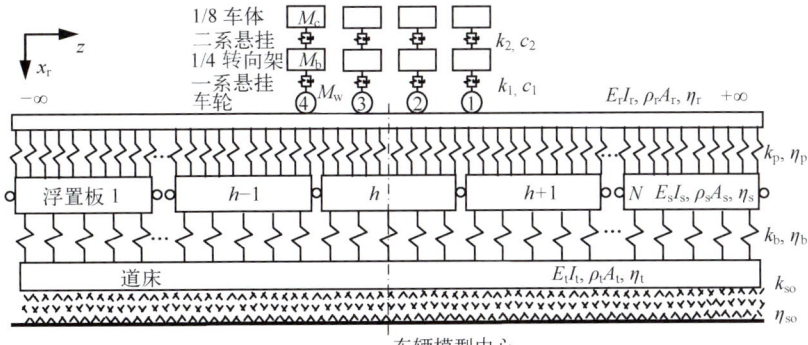

图2 车辆-轨道耦合动力学模型

分析表明:浮置板轨道隔振性能主要由其固有频率决定,与浮置板长度关联不明显。板长3.6 m的预制浮置板按设计参数计算的固有频率约为13 Hz,隔振效果无论用力传递率还是加速度比值衡量,在高于50 Hz频段都能达到15 dB以上;长浮置板的弯曲振动模态比短浮置板振动模态多,因此在固有频率相同的条件下,短浮置板轨道的隔振性能略优于长浮置板轨道;浮置板之间的剪力铰受力比较小,对浮置板轨道的隔振性能基本没有影响,对浮置板轨道的受力、变形和位移的影响也不显著。

五、预制龙骨整体吊装方案

本项目从设计角度研究实现该方案的技术条件,并进行结构仿真计算和受力分析;从施工角度对龙骨整体吊装和运输、基底施工、龙骨就位和轨道精调等关键环节进行研究(见图3),同时研究相应的工机具。

与现浇浮置板相比,预制龙骨整体吊装方案的钢筋绑扎作业由隧道洞内移至铺轨基地内,改善了工人的施工作业环境。由于增加了钢筋绑扎和基底浇筑的平行作业,绑扎钢筋笼这一工序不再单独占用作业时间和空间,从而缩短了整个工程施工周期。机械化运送模式的应用进一步提高了施工效率。

通过本方案的研究,在满足功能、确保质量的前提下,缩短了设计周期,改善了浮置板的施

工工艺,将浮置板的施工速度提高5倍以上,即日平均施工35 m以上,大大节约建设时间和成本,最大限度地满足了中国当前城市轨道交通的发展需求。

六、预制短板节段拼装方案

由于本项目采用预制短板方案(见图5),因此除在结构设计上对短板进行受力分析及隔振器的布置外,重点解决以下问题:

1. 短板之间的变形协调问题

本次设计板体端部增设外置侧式隔振器,同步支撑相邻板体的方法,使得相邻板体变形平顺、协调。结构上采用悬臂式设计,并预留检修与更换空间(见图5)。

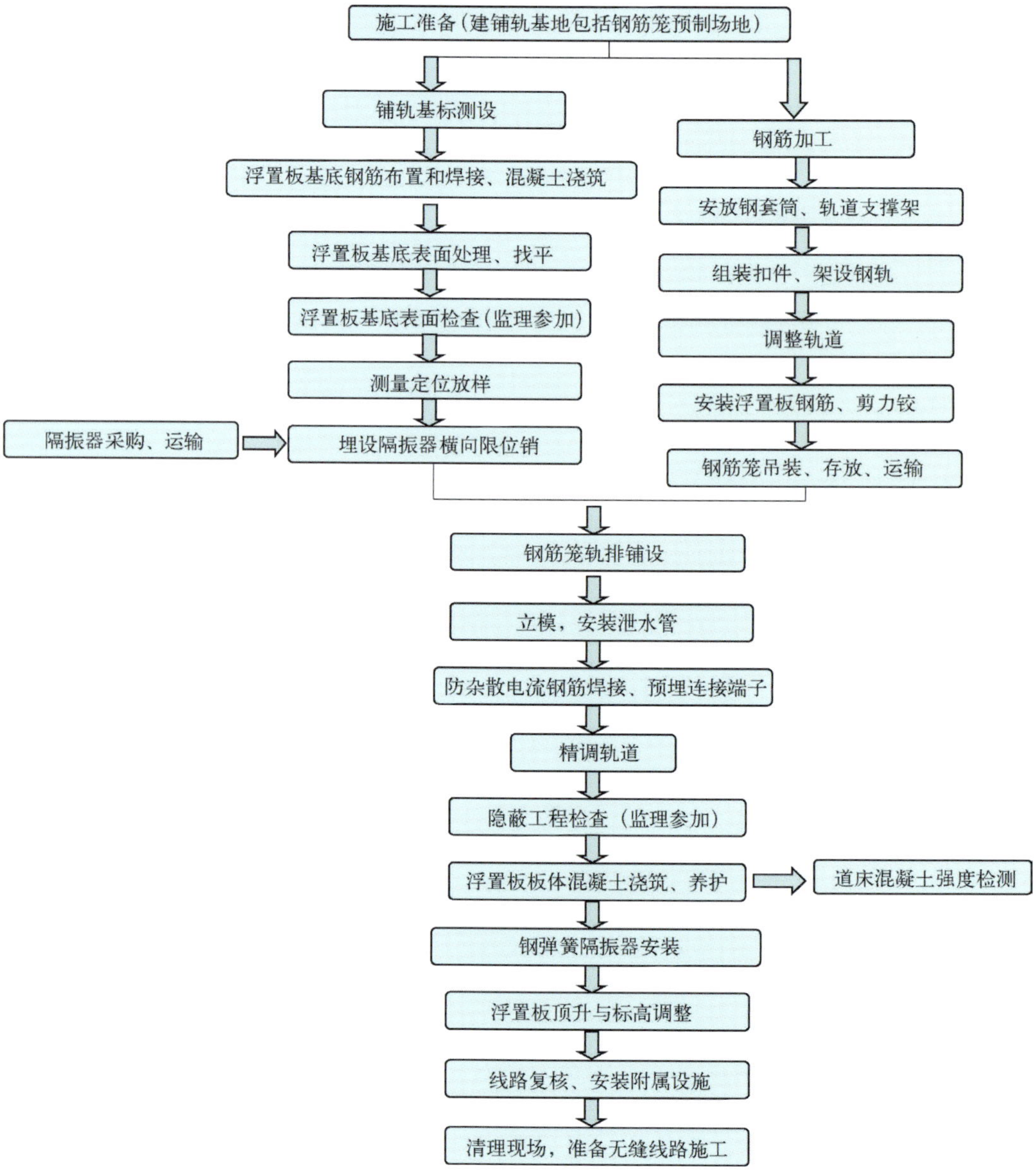

图3 预制龙骨方案

图4

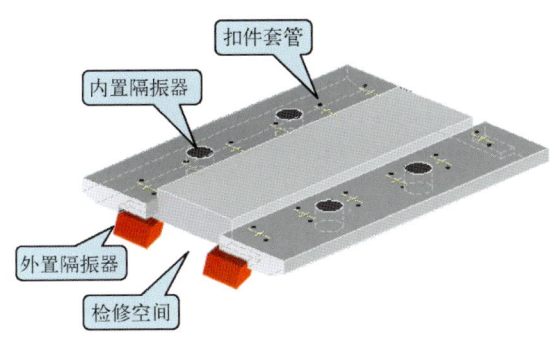

图5 预制短板方案

2. 曲线地段短板中心与线路中心偏离问题

曲线地段存在曲线矢距，其上下股钢轨中心线与按直线制作的道床板存在偏离，本次采用1/2矢距的方法进行设计，即钢轨中心线与预制板的中心线最大为1/2矢距。经计算，即使半径300 m的曲线，3.6 m长弦的矢距为6 mm，取1/2矢距为3 mm，对目前扣件而言可以满足这样的调整能力。

3. 缓和曲线超高在短板上的实现问题

缓和曲线地段的外股钢轨为变超高的空间曲线，而预制板为一个刚性平面，如何实现缓和曲线超高也是本方案重点解决的问题。经研究，本次采用无级充填式板下调高垫板来实现。按最大超高顺坡率3‰考虑，3.6 m板内的最大高差为11 mm，在扣件设计调高范围内，安全性有保障。

预制短板节段拼装的新型施工工艺研究与应用，突破了以往散铺法施工进度缓慢的难题，施工进度由5～7 m/天提高至70 m/天，进度提高了7～10倍。同时提高了该施工工艺，提高了浮置板施工的质量，减少了现场劳动力，改善了现场人员作业环境。

七、安全性与平稳性实测分析

项目组通过现场测试，对预制短板节段拼装浮置板的横向位移和脱轨系数等安全性指标进行评价；通过车辆平稳性测试，间接评价浮置板的轨道铺设质量：在标准轴重荷载160 kN作用下，混凝土受到的最大压应力为2.4 MPa（标准限值为33.4 MPa），钢筋受到的最大压应力为9.66 MPa（标准限值为235 MPa），最大拉应力为10.7 MPa（标准限值为235 MPa）；在2.5倍标准轴重荷载作用下，浮置板端部支座区混凝土开始出现竖向裂缝，说明预制短板的强度满足设计要求并有足够的富裕度。经过300万次疲劳加载后，预制短板混凝土表面未发现裂纹，疲劳强度满足要求；单个隔振器的竖向静刚度值为3.9～4.7 kN/mm，较加载前（4.1～5.7 kN/mm）有所减小。

预制短板列车安全性及平稳性测试分析表明：列车以不同速度在轨道上行驶时脱轨系数、轮重减载率、轮轨横向最大值分别为0.4、0.54和17.86 kN；拆除剪力铰前后，上述两指标变化甚微。列车以不同车速行驶在预制短板节段拼装方案浮置板上时，最大车体加速度和车辆运行平稳性指标分别达到Ⅰ级（保养）标准和优秀标准；拆除剪力铰前后，上述两指标变化甚微。车体加速度指标最大差值分别为0.011 g（垂向）和0.007 g（横向），运行平稳性的最大差值分别为0.28（垂向）和0.13（横向），车体振动加速度的主频没有发生变化，说明剪力铰的拆除对车辆振动特性影响不大；拆除剪力铰后钢轨位移、预制短板位移、钢轨剪应力都略微有所增加，钢轨剪应力增大4.7 MPa，说明剪力铰具有提高板端钢轨的抗剪切能力。

八、减振效果的实测分析

项目组通过对普通道床、预制龙骨整体吊装长浮置板、预制短板节段拼装浮置板进行现场类比测试，对新设计的浮置板减振效果进行评价：激振试验分析系统的谐振频率约为11 Hz，隔振器的阻尼比约在0.16左右；浮置板振动响应与激励力之间的相干函数在大部分频率点接近于1，说明浮置板振动的测试结果相当可靠。列车试验表明预制短板节段拼装方案浮置板系统的谐振频率为12～13 Hz；类比试验隧道壁测试结果表明预制短板浮置板在17～18 Hz（1.4倍谐振频率）以上，具有良好的隔振效果，在20～100 Hz内浮置板轨道的隔振效果为6～20 dB，在100 Hz以上浮置板轨道的隔振效果平均大于20 dB。通过综合测试分析与仿真计算，可以认为板长3.6 m浮置板轨道的动态特性良好，达到预期的隔振效果。

【工作过程】

首先，通过分析钢弹簧浮置板的传统现浇施工工艺流程的不足，借鉴国内外先进的无砟轨道施工经验，提出实现研究目标的总体思路。

接着，在对现有钢弹簧浮置板的断面形状、结构设计进行优化的基础上，对浮置板的现浇施工工艺进行优化。

随后,进行动力学仿真分析。这是设计施工一体化能否成功的验证,其有几个内容:

首先,研究浮置板轨道的隔振性能,了解和掌握浮置板轨道自身,以及车辆-轨道耦合条件下的隔振效果;通过计算分析比较浮置板长度对隔振性能的影响,以及连接浮置板的剪力铰对隔振性能的影响,考察短浮置板轨道是否具有与长浮置板轨道相同的隔振性能。

其次,分析车辆通过浮置板轨道-整体道床交界处的动态响应。由于浮置板轨道的刚度比较小,而整体道床的刚度比较大,车辆驶过两种轨道交界处时经历不同的刚度变化,将引起轮轨之间的动载荷。对车辆经过浮置板轨道与整体道床轨道交界处的动态过程进行仿真,估算采用不同长度的浮置板产生的轮轨动载荷,轨道位移和车辆加速度,以及隔振器、剪力铰与钢轨扣件的动载荷等。为后继的结构、部件设计提供依据。

然后,对浮置板轨道进行静力分析,计算不同长度的浮置板轨道在车辆轮压和自重作用下,不同载荷组合工况下钢轨和浮置板的变形与位移,浮置板剪力铰和隔振器的受载情况,以及钢轨的应力等。

最后,分析表明浮置板隔振性能由其固有频率决定,与其长度关联不明显。

在动力学仿真分析的基础上,项目组还对预制龙骨整体吊装和预制短板节段拼装方案进行深入研究分析,并从综合设计、施工和减振效果等角度提出合理板长,针对板端变形协调、曲线几何形位的实现等关键技术进行研究,通过室内静载和疲劳试验验证其结构安全性、现场激振试验验证其减振性能;从施工角度对模板设计、精度控制、基底施工、短板就位和轨道精调等关键环节进行研究,同时研究相应的工机具,从而确保工程的安全性。

【咨询效果】

通过与传统浮置板的对比可知预制龙骨整体吊装和预制短板节段拼装浮置板的经济和社会效益。

两种新工法与传统散铺法对比请见表1。

预制短板节段拼装方案同传统散铺浮置板对比请见表2。

表1　预制龙骨整体吊装方案同传统散铺浮置板对比表

项　目	传统浮置板施工工艺	预制龙骨整体吊装方案	对比
进度	平均5～7米/天,施工进度缓慢,浮置板施工完毕后1个月进行顶升	平均40～50米/天,	浮置板施工工效提高5倍,缩短了浮置板预制龙骨绑扎的时间,缩短了建设工期
质量	现场散铺施工质量控制难	洞外绑扎预制龙骨	钢筋绑扎质量得以保证,减少了现场绑扎钢筋施工中环境因素对工程质量的影响,有效地提高了浮置板轨道的施工质量
施工环境	在隧道内进行预制龙骨绑扎及轨排拼装作业,场地狭小,洞内进行混凝土浇筑,作业环境差	仅洞内进行混凝土浇筑	整体上施工环境有所改善
降低现场劳动强度	大量材料散件基本靠人工运输至作业面,现场进行混凝土作业	洞内的大量作业移至洞外	极大减少了繁重、复杂的手工绑扎钢筋劳动,降低了劳动者的现场作业强度
成本	高	低	大大减少了人工和机具费用,提高了机具的使用效率
施工组织	传统散铺法施工进度缓慢,当进行浮置板段施工时,采用提前预铺或临时过渡方案,需间断跳跃组织正常的施工	仍需采用提前预铺或临时过渡方案,需间断跳跃组织正常的施工	两者相当

表2 预制短板节段拼装方案同传统散铺浮置板对比

项　目	传统浮置板施工工艺	预制短板节段拼装方案浮置板	对比
进度	平均7～10米,施工进度缓慢,浮置板施工完毕后1个月进行顶升	平均60～70米/天,预制短板一次铺设到位	浮置板施工工效提高5倍以上,并节省了浮置板现场养生时间,缩短建设工期
质量	现场散铺施工质量控制难	设计标准化,预制短板工厂化、专业化预制	减少了现场施工中人的因素、技术因素、环境因素对工程质量的影响,有效提高了浮置板轨道的施工质量
施工环境	在隧道内进行预制龙骨绑扎及轨排拼装作业,场地狭小,洞内进行混凝土浇筑,作业环境差	预制厂进行预制短板的预制,现场装配式施工	短板施工具有工厂化、机械化的特点
降低现场劳动强度	大量材料散件基本靠人工运输至作业面,现场进行混凝土作业	洞内的大量作业移至工厂进行机械化施工	极大减少了繁重、复杂的手工劳动和现场混凝土作业,降低了劳动者的现场作业强度
综合成本	低	目前试验段略高	若工厂化批量预制,可进一步降低成本
施工组织	传统散铺法施工进度缓慢,当进行浮置板段施工时,采用提前预铺,或临时过渡方案,需间断跳跃组织正常的施工	可连续组织施工	同普通道床施工匹配,可连续组织施工

上海市能源中长期发展规划研究

The Research on the Medium and Long-term Energy Development Plan of Shanghai

编写单位：中国电力工程顾问集团华东电力设计院有限公司
East China Electric Power Design Institute Co., Ltd.
联系电话：021-22015888　　网址：www.ecepdi.com
主要完成人：叶幼君　虞瑄　史大军　夏凯　周晓　曹敏敏　徐逸清

【点评】

本研究总结了上海市能源发展的历史成就、有利条件和制约因素，系统分析了国内外能源发展形势及其对上海的影响；运用多种方法对上海市中长期能源需求进行了预测，在此基础上提出了上海市能源中长期发展的战略目标、思路、方针和任务；并分别研究提出了电力、石油、燃气、煤炭、新能源等主要能源领域的战略发展目标、布局和任务。

【项目背景】

能源是经济社会发展的基础和动力。改革开放以来，上海能源发展取得了显著成绩，尤其是20世纪90年代以来，以能源消费量增长翻一番实现了经济增长翻两番，保障了社会经济持续较快发展和人民生活水平快速提高的需要。上海作为中国经济中心城市，近年来经济发展一直呈现了持续稳定增长的良好状况，人均GDP已达到中上发达国家和地区的水平。按照上海市的总体发展目标，上海将在10～20年里基本建成国际化大都市，成为国际经济、金融、贸易、航运中心。

上海所需的能源资源基本依靠外省市调入或国外进口，能源资源供应是上海经济社会发展的重要瓶颈之一。同时，能源消费也给大气环境、交通运输带来压力。根据国家资源节约的基本国策和能源发展方针，上海需要制定相应的能源政策和规划，指导能源投资、开发、节约、管理工作，通过全社会的共同努力，建设多元、安全、清洁、高效的能源体系，为上海建设"四个中心"和成功举办世博会提供良好的能源保障。

本规划研究将协助地方政府编制能源中长期规划。

【项目内容】

本研究总结了上海市能源发展存在的问题，通过中长期能源需求预测，提出了上海市能源中长期发展的战略目标和主要任务。

1. 能源发展战略

战略着眼于2020年上海基本建成"四个中心"和社会主义现代化大都市的目标，立足于增强城市国际竞争力，实现上海能源可持续发展，形成多元、安全、清洁、高效的能源供应和消费体系。

（1）多元：利用好国际国内两种资源、两个市场，实现能源来源多渠道。实现用能结构多品种，减轻对单一能源品种的依赖。

（2）安全：建成较完备的能源安全保障体系，一次能源储备具备抵御市场波动和突发事件影响的能力。

（3）清洁：大力扩大天然气、可再生能源以及外来电等清洁能源，降低煤炭在一次能源消费中的比例。

（4）高效：进一步提高能源利用效率，降低单位GDP能耗。

2. 能源发展目标

2030年，上海市一次能源总消费量达到16 092万吨标准煤，能耗从2007年的0.67吨标准煤/万元下降到0.4吨标准煤/万元。其中，全市煤炭消费总量控制在6 000万吨，占一次能源消费总量的比重下降到30%；全市成品油消耗总量达到3 600万吨，占一次能源消费总量的比重维持在33%；全市的天然气消费总量将达到180亿立方米，占一次能源消费总量的比重增加到

14%；外来电总量达到1 148亿千瓦时，占一次能源消费总量的比重增加至23%。届时，市内发电装机总容量约为3 000万千瓦，其中燃煤机组比例下降到65%，天然气机组比例上升到30%，可再生发电比例上升到5%。基本建成多元、安全、清洁、高效的现代能源体系。

3. 能源发展任务

着力提高能源利用效率，降低经济发展对能源消耗的依赖；着力增加能源供应能力，保障经济社会发展需要；着力加强能源"输、配、储"体系，确保安全稳定智能供应；着力发展新能源和清洁能源，优化能源结构；着力推进能源行业节能减排，促进与环境协调发展；着力提升能源科技创新水平，提高产业能级。

【工作过程】

本研究历时一年，经多次调研收资、组织专家研讨，广泛听取政府及各能源行业企业的意见建议，保证了研究成果的科学性、系统性、公正性及前瞻性。

2008年6月，接受设计任务，确定研究的边界条件，总体要求和工作进度。

2008年7—12月，整理现有资料，并从煤、油、气、电多个角度向上海市发展改革研究院、上海市燃气设计院、上海市电力公司等相关单位咨询、调研。

2009年1—2月，开展分析研究工作，形成中间汇报稿，进行中期评审。广泛听取上海市发改委、各能源企业及高校的专家和代表的意见建议。

2009年6月，完善研究报告，完成并出版报告的正式稿。

2009年6月18日，委托方组织有关部门专家对研究报告进行正式评审，并出具评审意见。

【咨询工作特点】

1. 结合上海自身特点，分析总结上海能源发展面临的主要问题

上海基本没有一次能源资源，因此要在国内外能源供应形势趋紧的情况下，获得稳定可靠的能源资源，保障经济发展需要，是十分艰巨的任务。上海土地资源紧缺，能源基础设施的选址困难，缺少建设大型能源基地的深水岸线，能够建设电厂及能源接卸存贮设施的码头岸线资源有限。上海地处长江三角洲的端口，市外来电通道建设受到限制且不利于电网结构的坚固。大量使用煤炭和机动车数量的增加，给大气环境保护造成不利影响。在能源消费不断增加的情况下，上海大幅削减污染物排放量的压力较大。

2. 详细分析煤、油、气、电供需平衡，提出上海能源发展目标及布局规划

（1）能源消费总量控制。到2030年，全年能源消费总量力争控制在1.6亿吨标准煤以内，主要任务包括加快产业结构调整、加强重点用能领域节能、合理限制耗能企业和耗能项目、强化总量控制制度建设。

（2）石油。到2030年，全市成品油消费总量控制在3 600万吨，主要任务包括积极参与油气田开发、增加本地成品油供应能力、完善成品油储配体系、推进石油市场建设。

（3）煤炭。到2030年，全市煤炭消费总量控制在6 000万吨以内，主要任务包括加强本市煤炭应急储备能力、积极推进煤炭清洁利用。

（4）燃气。到2030年，全市天然气消费量达到180亿立方米，主要任务包括积极拓展上游资源、完善主干管网建设、增强调峰应急储备能力、深化管理模式、加深行业监管、推进科技创新、提升产业水平。

（5）电力。到2030年，全市最高用电负荷控制在5 000万千瓦以内，年用电量控制在2 280亿千瓦时以内，主要任务包括明确职责，建立电力供应保障机制；加强电力战略合作，争取长期稳定可靠的市外资源；加强规划管理，确保建设用地；推动电力科技进步，提升电力重大装备科技水平；强化电力节能管理，提高能源利用的效率与效益。

3. 为保证能源供应，提出能源输送通道规划

上海发展所需的能源基本全部需要从市外调入。为保证供应，上海将形成一个"东西联动、南北贯通、辐射全市"的多气源供气主干管网络。主干管网的总长度将达到777 km左右：其中6.0 MPa管道约338 km，4.0 MPa管道约80 km，2.5 MPa管道约100 km，1.6 MPa管道约259 km，为更好地接收气源、发展天然气市场提供了良好的设施基础。至远景，上海电网将建成两个特高压变电站，并通过四回直流从主网受电，上海电网的受电能力将大大提高，其中交流受电能力将超过15 000 MW，直流受电容量也将达到15 400 MW。

4. 深入研究上海市发电环境空间，充分评估未来能源发展的环境承载能力

到2010年年底，本市现有电厂（含自备电厂）

完成脱硫改造和结构调整,新建机组全部实施脱硫,大约可削减19万吨的二氧化硫排放量,使全市电力行业"十一五"期末二氧化硫排放总量控制在11万吨左右,还可预留2万吨左右容量用于今后新建电厂排放。

通过对燃煤机组进行"上打压小"及脱硫改造,电力行业的二氧化硫排放总量和单位装机容量的二氧化硫排放率都有了大幅度的下降,2010年预计9.65万吨,低于11万吨的原估算排放量,也满足13.4万吨的控制目标要求,占总量控制指标的72%。从全市范围来看,在其他行业完成预定的减排目标的前提下,2010年全市二氧化硫排放总量可控制在34.25万吨,将使全市二氧化硫的环境质量有所改善,可为上海市及电力行业腾出较大的二氧化硫环境容量:一方面使"十二五"及其后远景规划中新增的燃煤机组有了足够的二氧化硫排放指标;另一方面也将使上海电力行业能够适应今后一定时期内环保指标可能会进一步严格的形势,从而为上海市更新一轮的电源点的建设(特别是其中的燃煤电厂的建设)创造了必要的环境条件。

5. 提出上海市能源发展近期工作重点

(1)落实市外气源供应:2009年建成投产进口液化天然气项目一期工程,形成西气、川气、进口LNG和东海气多气源供应格局;2009年建成五号沟液化天然气应急备用站扩建工程,并在应急情况下发挥过渡气源作用。

(2)加快电源建设,改善能源结构,提高电力供应能力:2009年争取申能长江口电厂、石洞口二厂扩建和临港天然气电厂等项目的核准;2010年前建成漕泾、吴泾扩建等电源项目。

(3)保证煤炭运输渠道畅通:2010年建成沪宁城际铁路;2012年建成京沪高铁。

(4)加快受电通道建设,提高区外受电能力:加强与华东、华中、西南电网联系,实现多渠道、多方向受电的目标;2010年前完成葛沪直流综合改造工程、±800 kV向家坝—上海直流输电线路和奉贤直流站项目;尽快取得淮南—上海西特高压交流线路和上海(沪西)特高压站项目核准;尽快取得锡盟—上海西特高压交流线路的项目核准。

(5)推进节能减排,保护城市环境。

(6)加快发展可再生能源。规划"十一五"末可再生能源装机总量将达36.6万千瓦,其中风力发电装机将达29.8万千瓦,太阳能光伏发电装机0.8万千瓦,生物质能发电6万千瓦。"十二五"末可再生能源装机总量将达134万千瓦,其中风力发电装机将达120万千瓦,太阳能光伏发电装机3万千瓦,生物质能发电11万千瓦。

【咨询效果】

本规划研究全面总结了上海市能源发展的历史成就、制约因素和有利条件,系统分析了国内外能源发展形势及对上海的影响,运用多种方法对上海市中长期能源需求进行了预测,在此基础上提出了上海市能源中长期发展的战略目标、思路、方针和任务,并分别研究提出了电力、石油、燃气、煤炭、新能源等主要能源领域的战略发展目标、布局和任务。研究方法科学严谨,研究内容立足于本市用能的实际情况和对未来趋势的预判,研究成果有较高的实际可行性,对本市今后能源发展和能源管理工作中具有重要的指导意义。

本规划研究已通过委托方组织的评审,并取得高度的评价。规划研究中提出的重要能源保障工程在"十二五"期间已陆续投产,在保障上海能源安全,经济社会可持续发展中起到了至关重要的作用。

上海市合理控制能源总量分解落实方案研究

The Research on Shanghai Scheme of Keeping a Reasonable Control on the Total Energy Consumption and Disaggregated into Specific Tasks

编写单位：上海投资咨询公司
Shanghai Investment Consulting Corporation
联系电话：021-63903366　　网址：www.sicc.sh.cn
主要完成人：祝兆松　王昊　王融融　金扬　牛刚　齐康　陈诚知

【点评】

本研究在咨询方法上，创新性地提出了"条块结合、行业为主"的分解思路，并利用长期能源选择计划系统模型（LEAP）等分析工具，将全市能源消费总量控制目标分解至各个行业、区县，且前瞻性地提出了上海能源消费总量控制的关键领域和主要影响因素，为本市能耗指标分解工作提供了重要指导。

【项目背景】

一、国家下达能源消费总量控制目标

为深入贯彻落实科学发展观，应对国际气候变化问题，切实扭转依靠透支资源、能源的粗放发展方式，中共十七届五中全会和国家"十二五"规划纲要均提出了"合理控制能源消费总量"的要求。根据国家能源局提出的初步分解方案，国家"十二五"期末能耗总量控制目标为40亿吨标准煤，并向各省市分解下达能源消费目标。上海市出台合理控制能源总量分解落实方案，是落实国家能耗总量控制的需要，也是与国家节能工作要求的有效衔接。

二、上海能耗增速快，对外依存度高

21世纪以来，上海市能源消费总量加速增长，从1990—2000年的年均增长5.6%提升至2000—2010年的年均增长7.4%，能源弹性系数从十年平均0.54上升到0.68。截至2010年，上海能源消费总量已突破1.1亿吨标准煤，成为全国人均能耗和地均能耗最高的城市之一。同时，上海能源消费高度依赖外部供给，一次能源外部供给率高于99%。巨大的能源消费总量和极高的对外依存度使上海能源安全保障面临严峻挑战，合理控制能源消费总量能够有效缓解上述压力。

三、能耗总量控制工作缺乏抓手，难以落实

上海市能源发展"十一五"规划结合全市"十一五"GDP增长目标和万元产值能耗下降目标，提出了2010年全市能源消费总量要控制在1亿吨标准煤左右的目标。然而，由于未能以总量目标为基础形成覆盖主要领域和全部区县的综合目标体系，行业主管部门和各区县各自为政，全市层面难以及时发现能源消费量超标的主要环节并及时做出调整。最终，在万元产值能耗下降目标实现的情况下，"十一五"能源消费总量突破了1亿吨标准煤的控制目标。此次能源消费总量分解落实方案的提出有助于上述问题的解决。

【项目内容】

一、能源消费总量分解原则

北京、浙江等省市先行公布的能耗总量分解方案均将总量目标分解至各条线主管部门。本研究创新地提出"条块结合，行业为主"的分解原则，将全市能耗总量控制目标分解至11个行业主管部门和17个区县，在确保可操作性的同时，扩大了责任主体和控制范围，真正实现在横向和纵向两个维度全面掌控全市能源消费量。

二、能源消费总量分解方案

分解框架（见图1）将全市能耗总量控制目标分解至行业用能、区县用能、生活用能三块。其

市级分解

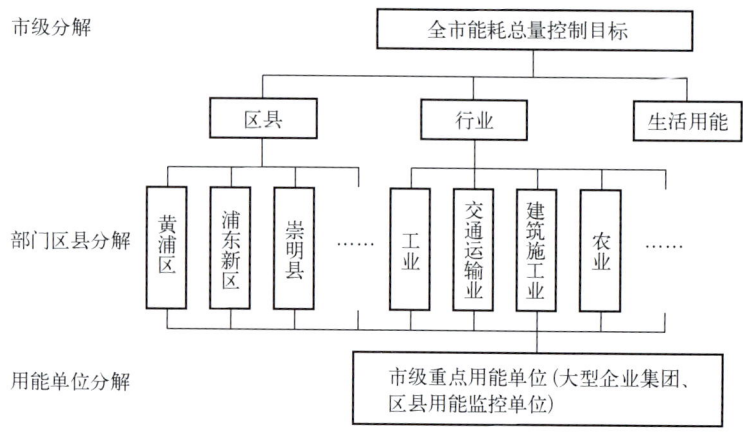

部门区县分解

用能单位分解

图1 全市能源消费总量分解框架

中生活用能考虑其刚性增长趋势,参照"十一五"基数及"十五"、"十一五"人口和人均生活能耗增长趋势,确定其"十二五"期末分解目标。

（一）行业用能分解方案

行业主要分为工业、交通运输业、建筑施工业、卫生、教育、公共机构（卫生、教育以外的公共机构）、旅游、商业、金融、电信、农业等11个行业。根据差别化控制的原则,上述11个行业将根据各行业特点,采用不同的分解方法。

1. 工业、交通运输业、建筑施工业分解方案

工业能耗控制目标用"弹性系数法"、"趋势外推法"和"项目清单法"三种方法平行分析；交通运输业能耗控制目标采用"国际对标法"和"趋势外推法"两种方法进行分析；建筑施工业能耗控制目标采用"弹性系数法"和"趋势外推法"两种方法进行分析。

2. 旅游、商业、金融、电信、教育、卫生分解方案

在全市节能规划明确"十二五"各行业单位建筑面积能耗下降率目标的基础上,通过大型项目梳理、历史趋势外推等方式合理估计上述各领域"十二五"建筑面积增速,最终得出各领域能耗控制目标。其中,考虑到教育、卫生等公共服务领域的重要性,还基于人均教育资源、医疗资源占有量进行了国际对标分析,为上述两个领域保留了充分的增长空间。

3. 市级机关等其他公共机构分解方案

主要考虑市级机关等其他公共机构的节能示范效应,提出了最为严格的能耗零增长目标。

（二）区县用能分解方案

研究参照国家能源局分解各省市目标方案,通过专家打分法,选取五项指标并分别赋予权重,建立能耗综合评价指标体系（见表1）,对各区县进行能耗控制方面的综合评价。

按照各区县的能耗综合评价指数,同时兼顾各区县的实际情况（例如原南汇区并入浦东新区、青浦区兼顾上海水源地保护等）,将各区县按序排列分为五类（见图2）。其中,区县排序越高,其综合能源消费增速越快。

【工作过程】

一、工作流程

2011年7月,项目组受市发展改革委委托,启动课题研究工作；7—8月,开展重点用能单位、行业和区县调研,讨论确定研究框架；9月,项目组编

表1 能耗综合评价指标及其权重

指标名称	指标说明	权重	指标性质
"十二五"发展定位	反映总体经济社会发展水平和阶段	25%	正向指标
"十一五"单位增加值能耗	反映综合节能潜力	10%	正向指标
"十一五"单位工业增加值能耗	反映经济结构调整潜力和难度	15%	正向指标
"十一五"第三产业增加值占比	反映产业结构水平	20%	逆向指标
"十一五"能源消费增速	反映能源消费趋势	30%	正向指标

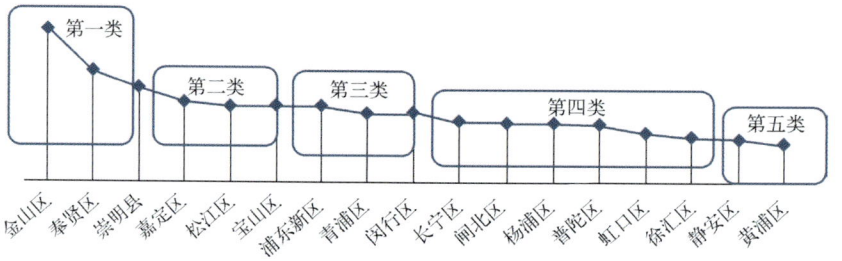

图2 基于能耗综合评价指数的区县分类

写初稿,与市发展改革委能源处、环资处和市统计局进行研讨;10月,向市发改委领导汇报初稿,并根据相关意见对方案进行调整完善;11月,就能耗分解初步结果多次征求各行业、区县意见,经充分沟通衔接,完成研究报告上报稿;12月22日,市政府主要领导听取研究报告,对研究成果表示认可。

二、破解关键难点问题

1. 条块结合,克服中小企业能耗控制管理落地难题

原有的主管部门条线管理模式有效降低了大型企业和建筑的能耗强度,控制了能源消费总量。随着规模以上企业的节能潜力逐渐下降,节能工作必须更多地转向中小企业,以挖掘潜力,但中小企业在空间上更为分散且数量庞大,市级主管部门难以覆盖。基于此,项目组提出了"条块结合"的新分解原则,以此充分调动区县政府的力量,从而实现更大范围、更多企业能耗控制管理的落地问题。

2. 运用多种分析方法规避单一"趋势外推法"的不合理性

"十五"以来,上海经济高速发展,整体增速几乎保持线性。考虑到"十一五"末国际金融危机的影响仍在发酵,上海亦进入后工业化阶段,"十二五"各领域目标设定不宜再单纯依赖趋势外推。因此,本研究在分析过程中引入了"弹性系数法"、"项目清单法"、"国际对标法"等多元化分析方法,从多个角度对"趋势外推法"进行修正。

3. 设计全新体系合理确定区县责任分担

确定各区县在全市能耗控制中分担的责任是本课题的最大难点。上海中心城区和郊区县的产业结构、经济发展阶段差异较大,其节能潜力和潜在用能需求也有显著差异,一刀切地规定相同的能耗强度下降目标缺乏科学性。因此,项目组选取了五个核心发展指标,邀请本市相关领域权威专家通过专家打分的形式对各区县进行了综合评价。随后,就评价结果与区县进行了多轮沟通,最终确定了五种不同的能耗强度下降目标,并得到了区县的认可。

【咨询工作特点】

一、创新提出"条块结合"的总量控制目标分解模式

考虑到大型工商企业的节能潜力逐年下降,仅仅依靠行业主管部门的节能管理模式遭遇瓶颈,本项目创新地提出"条块结合"的总量控制目标分解模式,行业主管部门承担各自所辖领域用能大户能耗总量控制的责任,其余用能指标均由区县承担。在不打破原有节能管理模式的前提下,将区县政府纳入节能考核体系,充分发挥基层政府的作用,更多地从规模以下企业中挖掘节能潜力。

二、运用多种现代咨询方法,对各行业、区县能耗需求及控制指标进行综合分析

(一)行业分析

考虑到各行业用能特点的不可比性,针对工业、交通运输业、建筑业、商业等各行业的行业用能特点,项目组分别运用多方案比选法、专题座谈法、现场调查法、趋势外推法等多种咨询方法,分析全市11个行业的综合能源消费发展趋势,并基于差异性对各行业采用相应的控制方法,研究提出各行业"十二五"期间综合能源消费增速及能源消费总量控制目标。

针对工业,综合采用"弹性系数法"、"项目清单法"和"趋势外推法"三种方法平行分析,并基于适度从紧的原则,确定"十二五"工业能源消费总量控制目标。

在确定交通运输业能耗控制目标时采用"国际对标法"和"趋势外推法"两种方法进行分析。其中,"国际对标法"的采用主要是考虑到在现有统计口径下,上海的交通运输业能耗(主要是民航和水运能耗)很大程度上受全球航空运输业、国际海运业景气程度的影响。因此,项目组基于对相关专业机构研究报告(如船级社相关预测报告)和世界主要交通枢纽城市发展历程的梳理总结,提出了上海市交通运输业能耗控制目标。

在确定建筑施工业能耗控制目标时采用"弹性系数法"和"趋势外推法"两种方法进行分析。其中,"弹性系数法"主要考虑了建筑施工业能耗增速与固定资产投资增速之间的关系,基于对"十二五"固定资产投资增速的判断,确定建筑施工业能耗增速。

旅游、商业、金融、电信、教育、卫生行业能耗以建筑能耗为主。本研究在全市节能规划明确"十二五"各行业单位建筑面积能耗下降率目标的基础上,通过梳理、分析,合理估计了上述各领域"十二五"建筑面积增速,最终得出各领域能耗控制目标。对于教育、卫生等公共服务领域,还基于人均教育资源、医疗资源占有量进行了国际对标分析,为上述两个领域保留了充分的增长空间。

（二）区县分析

考虑各区县能耗的可比性，综合运用专家打分法、因果分析法等多种咨询方法，选取综合能源消费评价指标，按照产业结构、能耗结构、能效水平等因素研究建立区县能耗综合评价指标体系，对各区县进行能耗控制方面的综合评价，在此基础上计算提出各区县"十二五"期间综合能源消费增速及能源消费总量控制目标。

黄浦区、静安区等中心城区，第三产业增加值比重在90%左右；金山区、奉贤区等郊区的工业增加值比重达到90%；宝山区、崇明县等区县的工业增加值和第三产业增加值则相当。不同的产业结构，代表了不同的发展阶段和不同的节能潜力，在全市单位增加值能耗下降18%的总体目标的指导下，各区县须承担的单耗下降任务应当加以区别。

按照上述思路，项目组邀请相关专家进行集中讨论，并最终确定"十一五""单位增加值能耗"、"单位工业增加值能耗"、"第三产业增加值占比"、"能源消费增速"和"'十二五'发展定位"五项指标作为评价依据，并由专家打分。随后，课题组与全市各区县相关部门对接，深入了解各区县"十二五"发展目标、重大项目规划和节能降耗工作思路，在兼顾各区县实际情况的基础上进一步对专家打分结果进行微调，形成了各方认可的最终方案。

三、基于大量调研和模型分析

为深入了解本市"十二五"节能形势，了解重点用能单位和用能大户的能耗需求特点和控制潜力，项目组组织了对工业领域宝钢、金山石化、高桥石化、上海化工区、华谊等重点集团，交通领域的"东航"、"中海"、"中远"等重点用能单位以及部分区县的现场调研，并应用长期能源选择计划模型系统定量分析工具，对工业、交通等主要用能领域能源消费需求进行预测分析，为方案研究奠定了基础。

上海主要钢铁、石化化工、水运民航企业能耗占全市能耗的60%以上，"十二五"期间上海市主要节能潜力亦集中于上述企业。项目组采用实地走访和座谈会相结合的形式与上述企业开展了全面的交流，获得的重大项目信息和发展目标均被纳入考虑范畴，尤其是重大工业项目上马，购买船舶、飞机等规划事项，为研究提供了重要支撑。

长期能源选择计划模型是由美国劳伦斯-伯克利国家实验室研究开发的能源-环境情景分析模型。它包括能源供应、能源加工转换、终端能源需求等环节。该模型主要可用于国家和城市中长期能源环境规划，可以用来预测在不同驱动因素的影响下，全社会中长期的能源供应与需求，并计算能源在流通和消费过程中的大气污染物以及温室气体排放量。本研究为了确定"十二五"本市能源需求的边界范围运用了该模型，在不同的人口、GDP增速，不同的产业结构等情景模拟下，最终明确了上海市"十二五"能源需求上限及合理值，为分解工作框定了范围。

【咨询效果】

基于本研究成果，上海市政府印发了《本市"十二五"能源消费总量控制及提高能效等节能降耗目标分解方案》（沪府发〔2012〕18号）。

各行业主管部门和区县依据分解方案提出的目标，扎实推进能源消费总量控制工作，上海市得以提前一年超额完成国家下达的能耗强度下降目标，能源消费总量稳定在国家下达的总量控制目标以下。截至2014年年底，上海市单位GDP能耗较2010年下降约22.4%，超过了国家下达的"十二五"期间单位GDP能耗下降18%的目标。区县层面，除了金山区和松江区外，其他区县均在2014年完成了"十二五"单耗下降目标（见表2）。

表2　2014年上海各区县"十二五"单位增加值能耗下降率

区县	截至2014年单位增加值能耗下降率（%）	"十二五"单位增加值能耗下降目标（%）
黄浦区	17.25	15
徐汇区	17.91	17
长宁区	17.63	17
静安区	20.92	15
普陀区	21.29	17
闸北区	19.27	17
虹口区	19.33	17
杨浦区	21.2	17
闵行区	21.4	17
宝山区	24.89	18
嘉定区	21.33	18
浦东新区	19.12	18
金山区	13.22	16
奉贤区	18.75	16
松江区	11.22	18
青浦区	18.74	17
崇明县	21.01	16

上海市加快分散燃煤治理实施方案研究

The Research on the Implementary Scheme of Stepping up Scattered Coal-fired Control in Shanghai

编写单位：上海市节能减排中心有限公司
Shanghai Center for Energy-Saving and Emission-Reduction
联系电话：021-63903366　　网址：www.eser.sh.cn
主要完成人：牛　刚　齐　康　金　颖　朱寅康　潘　艳

【点评】

本研究基于国家和上海市对环境治理、控制煤炭消费总量及治理分散燃煤的要求，充分考虑企业和区县的实际情况，研究提出了加快分散燃煤治理的工作思路和总体目标，并进行了分阶段、分区县的目标分解。同时，在现有分散燃煤治理工作体系的基础上，通过多方案比较，提出了科学合理、实际可行的组织分工、配套补贴政策、保障措施和操作方案，对上海市加快分散燃煤治理工作具有较强的指导作用，也为上海市节能减排、污染治理等相关领域的工作提供了借鉴。

【项目背景】

一、国家加强大气污染防治以建设生态文明的要求

中国大气污染形势严峻，以可吸入颗粒物（PM10）、细颗粒物（PM2.5）污染为特征的区域性大气环境问题日益突出，损害人民群众身体健康，影响社会和谐稳定。随着中国工业化、城镇化的深入推进，能源资源消耗持续增加，大气污染防治压力继续加大。2013年9月，国务院办公厅发布了《大气污染防治行动计划》，要求加快推进集中供热、"煤改气"、"煤改电"工程建设，京津冀、"长三角"、"珠三角"等区域要加快现有工业企业燃煤设施的天然气替代步伐，于2015年年底前基本完成燃煤电厂、燃煤锅炉和工业窑炉的污染治理设施建设与改造。上海全市分布着众多的燃煤小锅炉，加大对其清洁能源改造成为上海响应国家控制污染号召的重要举措。

二、上海市建设生态友好型城市以提升城市竞争力的要求

上海作为一个国际大都市，市民对环境质量的要求越来越高，推进分散燃煤治理，对煤炭消费进行控制，将极大减少在煤炭运输、储存及燃烧使用过程中产生的各种污染，降低温室气体的排放，减少雾霾天气，提高全市环境质量。它已成为满足市民越来越高的大气质量要求、建设"美丽宜居上海"、提升城市竞争力的重要措施。

三、上海市控制煤炭总量以完成国家下达任务的要求

2010年以来，上海市的煤炭消费量经历了2011年的大幅增加和2012年的大幅下降，从5 876万吨降至5 703万吨，总削减量约150万吨。近两年以来，国家给上海下达了更加严格的总量削减目标。为此，上海将围绕该目标开展煤炭总量的控制工作，包括控制体系、技术路线和举措，以及配套政策等。为保障上海市的电力供应安全，发电用煤以提高能效、适当控制为主，而其余部分受钢铁、化工生产的影响较大，控制空间和控制手段不强。因此，最为有效的煤炭总量控制手段即为分散燃煤的治理和控制。

四、上海市提高能源利用效率，促进转型发展的要求

"十二五"期间，上海提出了"创新驱动，转型发展"的指导方针和发展原则。"创新驱动、转型发展"成为上海抓住战略机遇推进"四个率先"、建设"四个中心"的迫切要求，成为在更高起点上推动科学发展的必由之路。目前，本市

多数分散燃煤企业设备能耗高、产品附加值低,加快推动分散燃煤的清洁能源替代,将进一步提高全市的能源使用效率。同时,此工作还可加速全市的产业结构优化调整,促成产品全面升级。

【项目内容】

一、上海市分散燃煤情况

全市煤炭主要用于发电、供热、炼焦、制气等中间转换环节,以及作为工业原料和用于终端消费。用于终端消费的煤炭量占全市煤炭消费总量的20%左右。在煤炭终端消费的直接燃烧中,除宝钢的大型工业窑炉(用煤量约占直接燃烧的50%)外,其余的直接燃烧用煤量分散在3 000台左右的工商业锅炉和炉窑中。

全市分散燃煤锅炉在规模、燃料消耗、炉龄、区域及行业分布方面呈五个特点:一是小锅炉台数多、总容量低,大锅炉台数较少、总容量高;二是以煤炭为主要燃料,以木材为燃料的比例亦不容小觑;三是现役燃煤(重油)锅炉炉龄基本在20年以下;四是郊区县锅炉数量多,布局分散,将是下一步推进工作的重点和难点;五是行业分布范围广、用途多样。

2011—2012年,上海市共完成449台燃煤(重油)锅炉的清洁能源替代,基本完成原定计划。其中,关停288台,清洁能源替代161台。但在实施过程中,仍存在较大的困难和阻力,经多方调研,主要存在五方面问题:一是以燃气为主的清洁能源与燃煤相比,能源价格高,企业普遍难以承受;二是一次性改造投入大,尤其是天然气管网敷设等配套费用高,给企业带了较大的资金压力;三是部分地区天然气管网尚未到达,不具备替换管输天然气的外部条件;四是缺少强制性约束手段,区县工作推进困难;五是原有政策还有待进一步完善,如补贴流程复杂、补贴上限过低、替代形式不明确等。

二、加快分散燃煤治理工作实施方案

(一)总体思路

1. 引逼结合,强化标准和执法

本研究考虑以国家实施《大气污染防治行动计划》为契机,结合全市煤炭总量控制要求,按照"引逼结合,以逼为主"的原则,以提高环保标准和严格执法为主要手段,加以政策引导和资金技术扶持,加快燃煤(重油)锅炉和窑炉实施清洁能源替代,以此对分散燃煤污染进行全面治理。

2. 因地制宜,分类指导和推进

根据燃煤设施的功能、规模、排放水平,制定分阶段目标和工作计划。各区县根据企业分布情况和外部配套条件,指导企业采取多种形式进行替代,降低企业的改造成本和运行费用。

3. 鼓励先行,实施差别化政策

为确保按时完成计划,鼓励企业提前改造,按照"先改多得、后改少得"的原则,给予不同程度的资金补贴。

(二)主要目标

力争在2017年年底前基本完成全市近3 000台分散燃煤锅炉和窑炉的清洁能源替代工作。结合国家和本市相关要求,以及锅炉用途和能效污染等情况,分两阶段实施。第一阶段:到2015年年底,完成全市2 898台燃煤(重油)锅炉和窑炉的清洁能源替代(不含集中供热、热电联产锅炉);第二阶段:到2017年年底,完成全市集中供热和热电联产锅炉的清洁能源替代,包括桃浦热力、莘庄热力等。

(三)组织机构和职责分工

1. 强化推进工作小组及市级相关部门职责

根据《上海市燃煤(重油)锅炉清洁能源替代工作方案和专项资金扶持办法》(沪府办发〔2012〕36号,以下简称"36号文"),上海市建立由市发展改革委、市经济信息化委、市环保局、市财政局、市质量技术监督局等部门组成的"上海市燃煤(重油)锅炉清洁能源替代推进工作小组",总体负责该项工作。推进小组办公室(以下简称"推进办")设在市经济信息化委。在目前的推进工作架构下,结合本次工作特点和要求,建议进一步强化各相关部门职责。

2. 明确实施责任主体

各区县政府是工作的责任主体,应按照"在地原则"推进此项工作。此外,对于市属企业和园区,以及中央在沪企业,考虑到区县对其无管理权限,建议由市经济信息化委、市国资委以及相关行业主管部门协助所在区县协调推进。

3. 落实燃气和电力企业责任

市燃气集团、区县燃气公司和市电力公司等,作为本工作的技术配套服务和能源供应企业,应全力配合推进全市该项工作的实施,承担其相应的社会责任。

（四）目标分解和考核

根据各区县的统计数据，将第一阶段任务按年度进行分解。其中，2013年基本完成中心城区燃煤（重油）锅炉和窑炉全部清洁能源替代；郊区县未来三年按年度完成现有总量的35%、40%和25%，分别为1 005台、1 167台和726台。鼓励重点用能单位和集中供热企业提前实施清洁能源替代。

将燃煤（重油）锅炉和窑炉清洁能源替代目标完成情况明确纳入上海市区县政府节能目标责任评价考核体系中，设置定性和定量指标，并逐年加大该项工作在考核体系中的权重。结合现有节能管理体系，将企业对其燃煤（重油）锅炉和窑炉清洁能源替代工作纳入市相关部门和区县政府对其所属重点用能单位的节能考核中。

（五）技术路线

1. 位于集中供热企业或分布式能源项目附近、具有热力管网条件的企业，在外购热力能满足工艺要求的情况下（如温度、压力、负荷等），采取集中供热的方式替代锅炉等设备。

2. 小于1蒸吨容量的锅炉企业，可考虑采用电锅炉或电热水器替代。对于可享受峰谷电价、夜间低谷电时段有较大富裕的配电容量、夜间无供热负荷或供热负荷较小的企业，可考虑采用电蓄热锅炉。

3. 中等容量或大容量锅炉，或者对产品品质要求较高的窑炉，以天然气为主要替代能源品种。若天然气管网已到达企业附近或者距离天然气管网较近，采用管输天然气方式；若天然气管网尚未到达，且企业具有一定的场地空间放置相关设施，可使用液化天然气或压缩天然气等非管输天然气形式。

（六）保障措施

扩大无燃煤区域到全市范围、制定更为严格的环保排放标准；制定和完善管网规划，加快相关配套工程建设；推动能源供应企业、合同能源服务公司等为清洁能源替代工作提供技术服务和价格、费用等方面的政策优惠；加强能源供应价格指导和工程监督管理，加大宣传和技术指导力度。

（七）配套政策

1. 扩大资金补贴范围

进一步明确和扩大政策扶持范围和对象：对使用煤炭、重油、水煤浆、木材等高污染燃料的锅炉及窑炉等燃烧设施，在2015年以前采用天然气、电力、太阳能、热泵、热力（含集中供热）等清洁能源替代（含非锅炉形式）的企业均给予相应扶持。

2. 加大资金扶持力度

对支持范围内的企业，在"36号文"中规定的补贴标准上调整如下：2013年和2014年上调20%，2015年保持不变，增量部分全部由市级财政承担（见表1）。

此外，针对部分大容量锅炉企业提出补贴上限过低的问题。为推动部分锅炉数量多、容量大的企业加快改造，建议将同一个独立法人单位享受的市级补贴最高限额相应提高，即市级补贴上限提至1 000万元，增量部分由市级财政承担。

3. 简化资金申报审批流程

优化原审核流程，并简化有关证明材料，以加快审批进度和资金拨付。

表1 补贴标准表

单位：万元/蒸吨

项目	原支持标准	2013年	2014年	2015年	区县
市级	8	12	12	8	黄浦、徐汇、长宁、普陀、闸北、虹口、杨浦
区县级	12	12	12	12	
合计	20	24	24	20	
市级	12	16	16	12	浦东、宝山、闵行、嘉定、松江
区县级	12	12	12	12	
合计	24	28	28	24	
市级	20	26	26	20	金山、青浦、奉贤、崇明
区县级	10	10	10	10	
合计	30	36	36	30	

4. 加大配套扶持力度

在燃气管网配套费用上,建议给予进一步优惠,将"36号文"中企业原需承担的50%天然气外管(市政管网到企业红线外管道)敷设费用改为由区县政府和企业分担,其中企业最高承担不超过25%。鼓励有条件的区县政府完善燃气管网的建设,并为企业提供更多的服务和支持。

电力配套上,根据《上海市电力公司电锅炉推广项目供电配套优惠政策》(上电司销〔2013〕1234号),进一步细化实施方案,确保政策落实。

能源价格上,进一步给予天然气、电力等能源供应优惠。

三、减排效益分析

到2015年,全市可减少分散燃煤285万吨、重油10万吨、木材30万吨、焦炭6万吨,折合约238万吨标准煤,减少因此产生的二氧化碳、二氧化硫和氮氧化物排放分别约628万吨、2.1万吨和2万吨。按照天然气:电力:热力(燃煤集中供热)=50:25:25的清洁能源替代比例测算(不考虑电力消耗部分的发电排放),替代后二氧化碳、二氧化硫和氮氧化物排放分别为340万吨、0.53万吨和0.79万吨,较替代前分别减少288万吨、1.57万吨和1.21万吨。

到2017年目标实现后,预计每年可进一步减少分散燃煤105万吨,折合约75万吨标准煤,减少因此产生的二氧化碳、二氧化硫和氮氧化物约为198万吨、0.3万吨和0.4万吨。按照全部采用天然气替代测算,替代后二氧化碳、二氧化硫和氮氧化物排放分别为115万吨、0万吨、0.12万吨,较替代前分别减少83、0.3、0.28万吨。

【工作过程】

一、接受任务及收集资料阶段

2013年6月,中心成立了项目组,正式开展研究工作。项目组对全市分散燃煤情况进行了深入的研究和分析,并根据初步了解的资料,制定了有针对性的调研计划。

二、广泛调研阶段

2013年6—7月,项目组分四个小组,赴本市九个郊区县开展调研,深入了解区县分散燃煤总体情况及清洁能源替代情况。听取企业、推进主体对该项工作的意见和建议。

三、方案制定和意见征询阶段

2013年7—8月,在资料收集和调研基础上,研究制定实施方案初稿,并广泛征询意见。

四、提交研究成果阶段

2013年9月,项目组完成研究报告编制工作,并提交了"上海市关于进一步加大力度推进燃煤(重油)锅炉和窑炉清洁能源替代工作的实施意见(代拟稿)"。

【咨询工作特点】

一、透彻分析了加快分散燃煤治理的必要性及重要意义

1. 项目组经透彻分析认为:从环境现状及市民呼声来看,由于分散燃煤设施效率低、运行管理水平参差不齐、煤炭清洁利用化程度不高、对污染物的处理要求不严格,是低架源污染的主要来源之一。进一步加快分散燃煤治理是改善上海大气环境质量、减少雾霾天气、降低PM2.5等污染指标的重要手段。

2. 从上海煤炭消费特点来看,加快分散燃煤治理是上海市控制煤炭总耗量、完成国家任务的最有效的手段。

3. 从上海的能效和产业结构角度看,由于多数分散燃煤企业设备能耗高、产品附加值低,加快推动其治理,将进一步提高全市的能源使用效率。同时,也有利于加速全市的产业结构调整,促成产品全面升级。

二、高度提炼和总结了上海市分散燃煤的特点和问题

1. 本研究经过大量的数据统计和分析,从锅炉容量、燃料消耗、炉龄、地域分布、行业分布等多角度高度提炼了上海市分散燃煤设施的特点。

2. 通过赴9个郊区县现场调研和多轮次座谈,总结了目前上海市实施分散燃煤清洁能源替代工作的成效和存在五大问题。主要包括:清洁能源价格高;一次性改造投入大;天然气管网尚未到达;缺乏强制推进手段;补贴等政策有待完善。

三、提出合理可行的实施方案

项目组在对现状分析的基础上,结合能源、环保等要求,对加快分散燃煤治理工作提出了有

针对性、合理可行的实施方案。

（一）设定合理的目标

将治理对象明确为燃煤锅炉和窑炉，将治理范围扩大到全市近3000台，将完成时间明确为2017年。并结合国家和本市相关要求，以及锅炉用途和能效污染等情况，提出了分阶段目标。

（二）制定全面、科学、可操作的实施方案

课题组在原"36号文"的基础上，结合问题分析和新的目标，制定了全面、科学、可操作的实施方案：提出了"引逼结合，强化标准和执法；因地制宜，分类指导和推进；鼓励先行，实施差别化政策"的实施原则。进一步强化了推进工作小组及市级相关部门职责，明确实施责任主体，落实燃气和电力企业责任。提出了区县及重点用能单位的考核方案，使之更具有可操作性。针对企业不同设施、产品、基础条件等情况，提出有针对性的技术方案。

（三）提出更为有效的配套保障措施和建议

课题研究基于总体思路，提出了具有较为有效的配套保障措施和建议。保障措施包括环保排放标准制定、加快天然气等配套工程建设等。在配套政策方面，提出了扩大资金补贴范围、简化流程、加大配套扶持力度、进一步给予能源优惠等建议。在资金扶持力度方面，本研究通过方案比选，综合各部门意见，提出差别化的补贴标准和补贴上限调整方案。

四、分析了加快分散燃煤治理工作对相关领域的影响

本研究从设备改造、配套建设等方面测算了改造成本和资金补贴；基于目前上海市各种能源品种价格，结合锅炉效率测算了运行费用；同时也分析了加快分散燃煤治理工作的节能减排效益（见图1—图4）。

【咨询效果】

基于多方面研究和分析，项目组提出"上海市关于进一步加大力度推进燃煤（重油）锅炉和窑炉清洁能源替代工作的实施意见（代拟稿）"，并经过市政府专题会议讨论，于2013年9月通过市政府常务会议。2013年11月，上海市政府印发了《关于进一步加大力度推进燃煤（重油）锅炉和窑炉清洁能源替代工作的实施意见》（沪府办发〔2013〕66号）。

图1 燃煤锅炉改造前污染多、设备庞大

图2 燃煤锅炉改造后清洁设备占地面积小

图3 改造前的锅炉房

图4 改造后的锅炉房

崇明生态岛建设纲要（2010—2020）研究

The Research on Chongming Ecological Island Development Platform (2010-2020)

编写单位：上海投资咨询公司
Shanghai Investment & Consulting Corporation
联系电话：021-63903366　　网址：www.sicc.sh.cn
主要完成人：祝兆松　钟贤宾　耿海玉　鲁文龙　顾晶

【点评】

本项目在充分调研的基础上，按照建设世界级生态岛的总体目标，参考国际生态岛建设标准，科学确定崇明生态岛建设指标体系，明确了可考核的生态岛建设指标值，针对每个生态建设领域，提出具体实施行动，同时根据生态岛建设的执行现状，从机制、资金、人口等方面制定支撑保障政策和措施。

【项目背景】

上海建设国际经济、金融、航运、贸易中心和社会主义现代化国际大都市，是一项重大的国家战略部署。占上海近1/5市域面积的崇明岛，具有较好的生态环境、丰富的土地空间、多样化的自然生物资源，是上海可持续发展的重要战略空间。积极推进崇明现代化生态岛建设，将为上海更好地实施国家战略，进一步提升城市综合功能、综合竞争力，实现"四个率先"创造条件。

受地缘因素和历史成因等影响，崇明岛长期以来城乡二元结构特征明显，经济和社会发展水平滞后于上海市其他地区。随着崇明生态岛建设的不断推进，特别是上海长江隧桥工程的正式通车以及越江设施的加快完善，崇明岛面临巨大发展机遇，但也给其生态环境保护、发展方式转变等带来新的考验。崇明岛如何实现生态岛定位，保持人口、经济、社会、环境、资源的协调可持续发展，是它面临的重大挑战，迫切需要有一套科学合理的纲领性文件来指导生态岛建设。只有按照现代化生态岛的战略目标要求，建立科学的评价指标体系，在资源、环境、产业、基础设施、公共服务等重点领域，合理规范生态岛建设行为，有效把握生态岛建设进程，才能实现崇明经济和社会的全面、协调、可持续发展。

【项目内容】

本项目按照建设世界级生态岛的总体目标，以科学的指标评价体系为指导，力图推进资源、环境、产业、基础设施和社会服务等领域的协调发展，把生态保护和环境建设放在更加突出的位置，加强项目建设、措施管理和政策配套，力争到2020年形成崇明现代化生态岛建设的初步框架。

1. 完善崇明生态岛的功能布局

本项目拟在崇中分区建设以森林度假、休闲居住为主的中央森林区，崇东分区建设以生态居住、休闲运动、国际教育为主的科教研创区和门户景观区，崇南分区建设人口集聚的田园式新城和新市镇区，崇北分区建设以生态农业为主的规模农业区和战略储备区，崇西分区建设以国际会议、滨湖度假为特色的生态休闲区。

2. 构筑崇明生态岛建设的指标评价体系

按照生态更加文明、环境更加友好、经济更加健康、社会更加和谐、管理更加科学的总体思路，接轨国际生态理念，结合崇明发展实际，本项目建立了一套强化生态保障、加强环境保护、优化产业结构、改善民生质量、提升管理水平的指标评价体系（见表1），有计划、有步骤地系统推进崇明生态岛的建设。

在强化生态保障方面，注重自然资源的可持续开发和利用，发展可再生能源和循环经济；在加强环境保护方面，注重水、大气、噪声、固体废弃物及环境综合治理，促进节能减排；在优化产业结构方面，注重发展现代服务业和生态型产业；在改善民生质量方面，注重完善以人为本的社会公共服务体系，推进基础设施建设；在提升管理水平方面，注重公众参与和社会评价。

表1 崇明生态岛建设主要评价指标一览表

指　　标	2008年	2020年
饮用水水源地水质达标率(%)	84	96
建设用地比重(%)	12.6	13.1
占全球种群数量1%以上的水鸟物种数(种)	10	10
森林覆盖率(%)	18.7	28
人均公共绿地面积(平方米)	9.05	15
生态保护地面积比例(%)	61.4	83.1
自然湿地保有率(%)	42.8	43
生活垃圾资源化利用率(%)	10	80
畜禽粪便资源化利用率(%)	71	>95
农作物秸秆资源化利用率(%)	76	>95
可再生能源发电装机容量(万千瓦)	<2	20～30
单位GDP综合能耗(吨标准煤/万元)	0.75	0.6
骨干河道水质达到Ⅲ类水域比例(%)	86	95
城镇污水集中处理率(%)	34.9	90
空气API指数达到一级天数(天)	140	>145
区域环境噪声达标率(%)	100	100
COD/氨氮排放量(万吨)	5.28/0.35	4.30/0.17
实绩考核环保绩效权重(%)	16	25
公众对环境满意率(%)	95	>95
农产品中有机、绿色和无公害种植面积比重(%)	14.01	80
化肥施用强度(公斤/公顷)	487.6	250
农田土壤内梅罗指数	0.77	0.7
园区外污染行业工业企业占比(%)	10.9	<1
园区单位面积产出率(万元/亩)	379.91	1 200
第三产业增加值占GDP比重(%)	37.8	60
风景旅游区空气负氧离子浓度(个/立方厘米)	—	1 000—1 500
人均社会事业发展财政支出(万元)	0.45	1.5

项目拟按照崇明生态岛建设的战略目标和总体部署，远近结合、分步实施，明确具体行动领域，制定2010—2012年的工作目标，完善推进措施，将崇明生态岛建设的各项任务落到实处。

图1　崇明生态岛东滩黄昏景致

3. 进一步完善崇明生态岛建设体制机制

本项目统筹协调、精心组织，加强政策配套，形成可落实、可评价、可持续的支撑保障体系。

【工作过程】

本项目从启动到完成先后历时四个月。项目组两次赴崇明县实地调研生态岛建设情况，两次征询上海市建交委、经信委、环保局、农委、旅游局等相关部门意见，三次听取有关领导的意见。形成征求意见稿后，又分别通过了内部质量评审、发改委主任办公会和市政府专题讨论会讨论。在做进一步修改后，又听取了市政协和市、县人大的意见，并在网上公示，广泛听取市民意见。最后才确定方案。

【咨询工作特点】

1. 不懈追寻发展需求，采取多元咨询方法

该项目充分运用了头脑风暴法、区域比较法、专家会议法等科学的咨询方法。在提纲阶段，项目组就运用头脑风暴法，听取了发改委各处室和上海市建交委、经信委、环保局、农委、旅游局等各相关部门的建议。在报告撰写过程中，运用区域比较法科学确定了生态岛建设的2020年指标值。报告形成征求意见稿后，又运用专家会议法，进一步听取发改委各处室和市相关部门，以及崇明县各相关部门的建议，科学地完成了编制工作。

2. 明确界定发展边界，合理规划发展路径

本项目凸显"三个更加注重"。即更加注重处理好保护与发展的关系，更加注重科学界定生态岛的发展边界，更加注重合理规划生态岛的发展路径。认为要把生态保护、恢复和重建放在优

先突出位置，积极保护是为未来的发展留足生态空间，为实现人口、经济、社会、资源、环境的协调发展提供保障。

项目还立足"三个坚持"。即坚持系统性的协调观，坚持低碳型的发展观，坚持全方位的合作观。项目组认为，要在协调推进崇明、长兴、横沙三岛联动发展的基础上，把崇明本岛的生态保护、恢复和重建放在优先突出位置，要建立低碳型的经济发展和社会消费模式，要加强市、县联动，政府、企业、社会共同参与。

3. 指标设计借鉴国际标准，科学设定指标数值

在上海科委、市环保局研究成果的基础上，项目组分析、鉴别、归纳、整理出饮用水水源地水质达标率、建设用地比重、森林覆盖率、人均公共绿地面积、生态保护地面积比例、自然湿地保有率、生活垃圾资源化利用率、畜禽粪便资源化利用率、农作物秸秆资源化利用率等27个指标。并围绕资源、环境、产业、基础设施和公共服务等具体行动领域，提出了农田节水灌溉工程覆盖率、建设用地总量、生活垃圾分类收集覆盖率、农田薄膜回收率、工业固废综合利用率、建筑垃圾再生利用率、污泥资源化率、生活垃圾密闭化运输率、生活垃圾无害化处置率等二十多项二级指标和四十多项工作目标。科学界定了建设世界水平的生态岛所需的系统有效的指标体系。

在所形成的指标体系基础上，进一步明确了具有可操作性、可考核的生态岛建设指标值，如饮用水水源地水质达标率2020年应达到96%，建设用地比重2020年控制在13.1%，森林覆盖率应达到28%，人均公共绿地面积应达到15平方米。实现了生态岛建设责任的落实。

4. 聚焦六大行动领域，确保方案可操作可落地

本项目明确聚焦自然资源保护利用，循环经济与废弃物综合利用、能源利用与节能减排、环境污染治理与生态环境建设、生态型产业发展、基础设施和公共服务等"六大行动领域"。并针对行动领域提出了八十多项具体的实施行动和工程建设项目，确保各项指标的如期达成。如对"加强生态岛自然湿地、林地、绿地的保护与建设"领域的具体行动为编制生态岛湿地资源监测计划，建立湿地资源信息数据库，优化崇明东滩鸟类自然保护区水鸟栖息环境，加快推进崇明东滩岛类自然保护区受损湿地的修复与维护工程，建立崇明岛水鸟补充栖息地和季节性栖息地。

图2　崇明东平国家森林公园景致

内容翔实具体,具有很强的操作性。

5. 把握建设关键环节,科学设定保障措施

在机制建设方面,本项目提出要加强生态岛建设统筹协调,形成可持续的滚动发展机制,加强生态岛建设绩效管理,形成全社会参与的发展格局,依法推进和实施生态岛建设。

在资金保障方面,本项目提出,统筹平衡市级层面对崇明生态岛的政策资金支持,探索设立崇明生态岛建设的专项资金,形成稳定的财政支持机制,重点支持生态保护和环境建设项目及工作任务。

在人口发展方面,项目提出要远近结合,稳定人口总量,岛内外人口发展联动,提升人口素质,优化人口结构,改善人口空间分布;加强保障和改善结构相结合,应对人口老龄化,保持人口与经济、社会、资源、环境协调发展。

6. 论证过程科学细致,广泛听取各界意见

项目成果在征求意见阶段分别征询了上海市各相关部门、市发改委各处室、崇明县委和各相关部门的意见,经过内部质量评审会、发改委主任办公会、市政府专题讨论会并做进一步修改完善后,又听取了市政协和市人大的意见。在网上公示后又听取了广大市民的意见。论证过程科学细致。

项目成果经市政府常务会议通过后,于2010年1月20日正式发布,成为其后指导崇明生态岛建设工作的纲领性文件。为下一步制定崇明生态岛"三年行动计划"和"十二五"崇明发展规划打下良好基础。

【咨询效果】

"崇明生态岛建设纲要"的编制,引起了政府、企业和社会对生态岛建设工作的重视。2009年11月24日,上海市领导带队赴崇明岛,与市政府相关部门和崇明县四套班子进行专题讨论,并提出要认真学习贯彻"崇明生态岛建设纲要"。本项目成果编制完成后,崇明县四套班子组织县相关部门主要负责人连续开展了三次以上的深入学习研讨,县各责任部门也将学习精神层层传达、确保贯彻落实,为今后工作的开展打下坚实的理论基础,在每个干部思想中树立了生态岛建设规范。并通过广播、报纸、网络等多种媒体多方宣传,也起到了教育群众的作用。

本项目进一步提高了崇明生态岛的知名度,提升崇明生态岛建设的品牌效应,有利于规范崇明本岛的生态建设,通过对生态指标的责任落实和绩效考核,使崇明生态岛建设目标更为明确、可达、可测。

上海市郊野公园布局选址和试点基地概念规划研究

The Research on the Conceptual Planning of Layout-location and Pilot Base for Shanghai Country Parks

编写单位：上海市城市规划设计研究院
Shanghai Urban Planning & Design Research Institute
联系电话：021-62473288　　网址：www.supdri.com
主要完成人：殷玮　凌莉　吴双　徐丹　张彬　钟骅　邹玉　杨秋惠　胡红梅　吴沅箐

【点评】

本规划以保护生态环境为首要目标，分"核心要素、基本要素、提升要素"三项对各比选基地进行功能要素分析，并开展湿地生态、植物配置、功能业态、特色农业、村落风貌等多项专题研究，对"田、水、路、林、村和人文"六大要素进行系统设计，体现了自然野趣、生态涵养、水源保护和原生态的郊野特色，推动城乡生态文明建设。

【规划背景】

中共十八大报告提出，把生态文明建设放在突出地位，"五位一体"地建设中国特色社会主义。按照国家与区域宏观发展战略的总体要求，根据上海市委、市政府对推进上海现代化国际大都市建设的具体部署以及上海"创新驱动、转型发展"的核心任务，集中推进以郊野公园为重点的大型游憩空间和生态环境建设，是促进城市科学发展、满足日益增长的社会需求、提升生态文明的重大战略举措；也是解决"三农问题"、推动地区发展、优化城乡发展战略转变、推进新型城镇化的有效途径。

从都市需求角度分析，上海作为一个拥有2 400万常住人口的国际大都市，在快速城镇化的发展中，面临着环境、安全等一系列问题和挑战。同时，市民对于回归自然、舒缓都市压力的需求迫切。

据此，本规划借鉴国内外经验，结合土地整治规划、郊野单元规划等专项工作，开展全市郊野公园选址、概念规划和相关实施机制研究工作。

【项目内容】

1. 发展要求

本项目提出的基地发展需求包括：生态优先，注重郊区功能发展，切实推进城乡发展战略转变；以人为本，聚焦都市游憩需求，塑造上海特色郊野活动空间；有机发展，稳定城市增长边界，优化城市总体空间结构布局；整合资源，发挥综合效应，加快实现城乡土地使用方式转变。

2. 多方借鉴

本项目借鉴伦敦、巴黎、东京、芝加哥、香港等国际大都市建设郊野空间的成功经验，提出以生态保育、自然保护、休闲游乐、健康身心等为主导功能的郊野公园是向市民提供游憩的重要场所，是提升城市空间品质、满足市民活动需求、优化大都市空间结构的重要资源。

3. 规划设想

上海将遵循"聚焦游憩功能、彰显郊野特色、优化空间结构、提升环境品质"的规划理念，在郊区布局一批具有一定规模、自然条件较好、公共交通便利的郊野公园，逐步形成与城市发展相适应的大都市游憩空间，作为市民休闲游乐的"好去处"、"后花园"。

以《上海市基本生态网络规划》为基础，并兼顾自然资源条件、生态功能影响、公共交通便捷性、毗邻郊区新城和大型居住社区等因素，全市选址布局了21个郊野公园，总面积约400平方千米。规划市域若干条郊野步道，作为市民徒步、远足、健身的自然路径。近期重点规划建设闵行浦江、嘉定嘉北、青浦青西、松江松南、崇明长兴五个试点郊野公园，总面积约103平方千米（见图1）。

4. 概念方案

本项目按照"自然要素提升、游憩活动组织、空间景观塑造、设施配套完善、实施建设保障"五个基本要求，对五个试点基地进行概念方案设计。

（1）青西郊野公园突出江南水乡湿地特点，

图1　上海市郊野公园选址规划示意图

建成上海西部以密集的河、湖、塘、湾、滩等水要素为重点,以湿地、生态、自然、休憩为特色的远郊湿地型郊野公园(见图2)。

(2)松南郊野公园体现黄浦江上游乡野田林特色,结合黄浦江水源生态涵养林,规划建设林水相依、林田相间、林村相融的滨江生态森林型郊野公园(见图3)。

(3)浦江郊野公园强调毗邻中心城的都市森林特色,建设以生态片林为特色,以森林游憩、滨水休闲为主要功能的近郊都市森林型郊野公园(见图4)。

(4)嘉北郊野公园强调原生态和水乡文化特色,以五彩花田、都市森林为特色,建设以体育运动、健康养生为主要功能的近郊休闲型郊野公园(见图5)。

(5)长兴郊野公园凸显水源地的江心岛屿特色,形成以生态涵养为根本,以水网杉林为特色,融合休闲健身、生态体验、景观旅游、农家观光等游憩功能的远郊生态涵养型郊野公园(见图6)。

【咨询工作特色】

1. 尊重自然特色,突出生态优先

对于面临资源环境紧迫压力的上海而言,郊野公园应注重生态优先、尊重自然、顺应自然、保护自然。本项目在现状踏勘基础上,充分挖掘基地现状特色(见图7),总结"田、水、路、林、村"各要素自然特色及用地构成。秉持保持农田林网、河湖水系、自然村落自然肌理,多自然、少人工的理念原则,尽量避免集中成片、以城市功能为主的

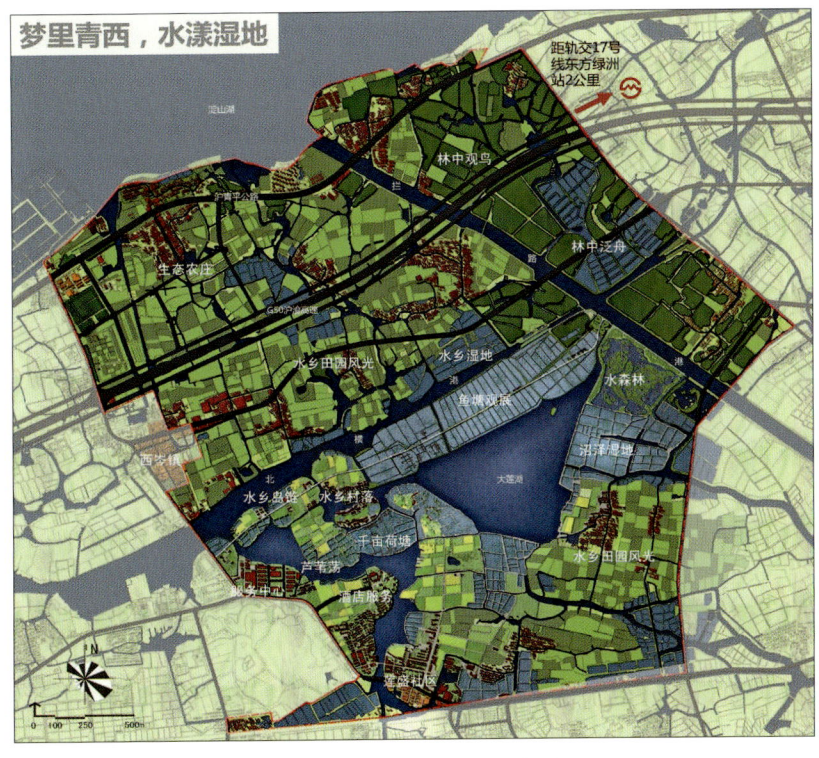

图2　青西郊野公园概念方案总图

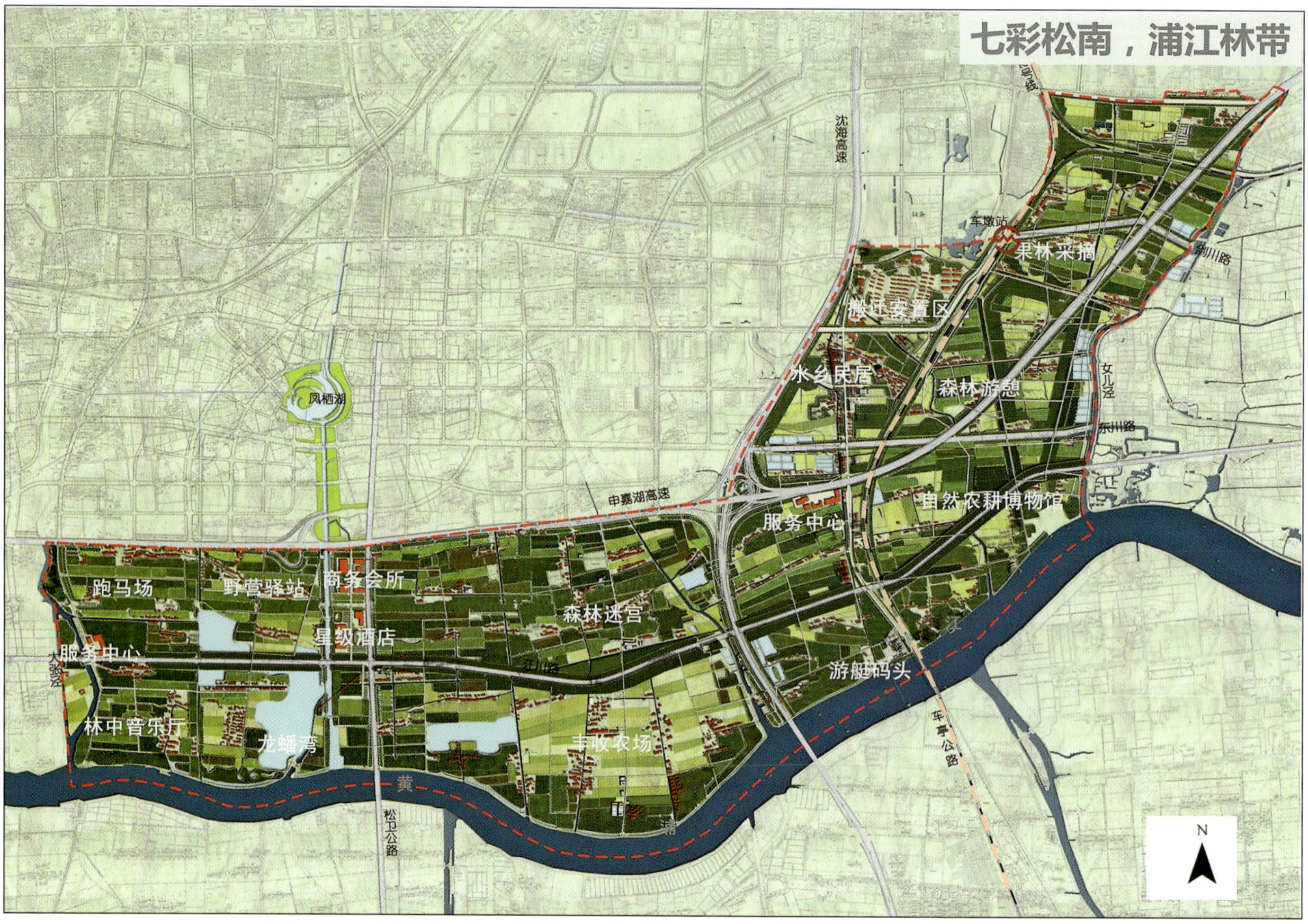

图3 松南郊野公园概念方案总图

图4 浦江郊野公园概念方案总图

图5 嘉北郊野公园概念方案总图

图6 长兴郊野公园概念方案总图

图7 各基地郊野公园现状

区域和特征,从而体现自然野趣、原生态的郊野特色。比如,青西郊野公园现状以"湖、滩、荡、堤、圩、岛"等水环境为主要特色,概念设计则以"水"要素为重点,主体打造水漾湿地生态区,将水体保护、湿地生态放在首位(见图8);长兴郊野公园毗邻青草沙水库,现状以人工密林、橘园农田为主,杉林水网密布,水田林肌理特征明显,概念设计则将水源保护、生态涵养作为主题(见图9)。

2. 充分尊重历史文化,体现地域特点

项目组针对各基地整合地区物质与非物质文化资源,深入调查研究民俗活动、农耕文化、宗教等特色历史人文,设计功能分区、主要轴线和重要节点,尊重历史,传承文化。比如,嘉北郊野公园:拥有上海古外滩、教化之邦的文化底蕴,可形成盐铁历史轴、练祁变迁轴,冈身博物馆等重要节点。浦江郊野公园:拥有8棵百年古树、长寿禅寺、百花公主传说和滨江工业遗存,结合古树、百花公主传说等文化元素形成百花村节点,项目组结合长寿禅寺和三百年古树等特色要素,充分挖掘古镇文化,形成充满历史底蕴的游憩空间。松南郊野公园:拥有千年米市渡口、丝网版画等深厚文化底蕴,依托千年米市渡口文化和既有村落改造形成米市文化小镇。

3. 关注市民需求,注重游憩活动组织

本规划在容量适度的前提下,科学组织包括休闲、体育、健身、科普、艺术在内的多样化户外活动。各基地可结合自身自然、人文特点,形成自然科普径、人文游览径、水上休闲径、森林徒步径、滨江漫步径、田园体验径等多元多样的景观游憩组织线路,满足市民多种多样的游憩与活动需求。

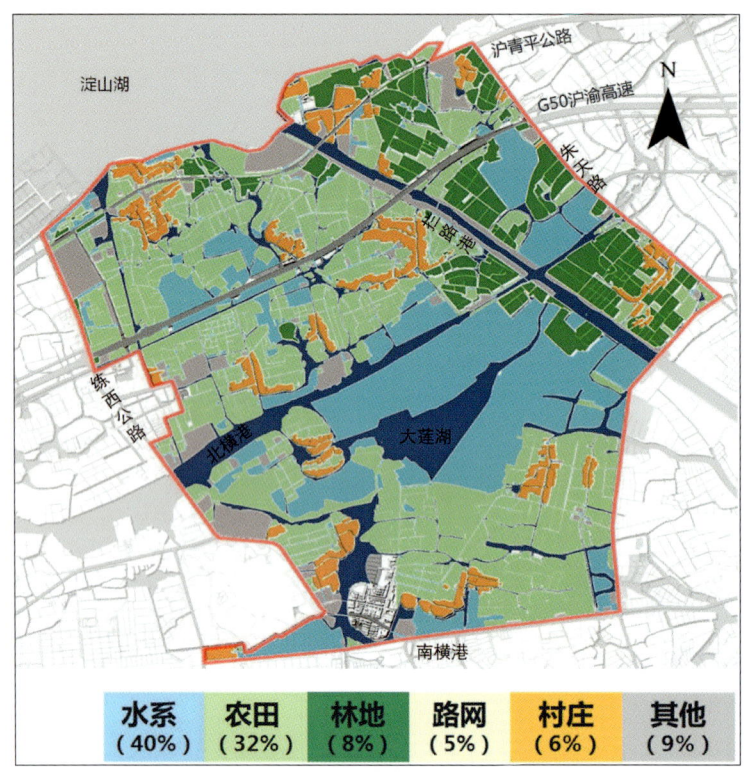

图8 青西郊野公园自然肌理及用地构成

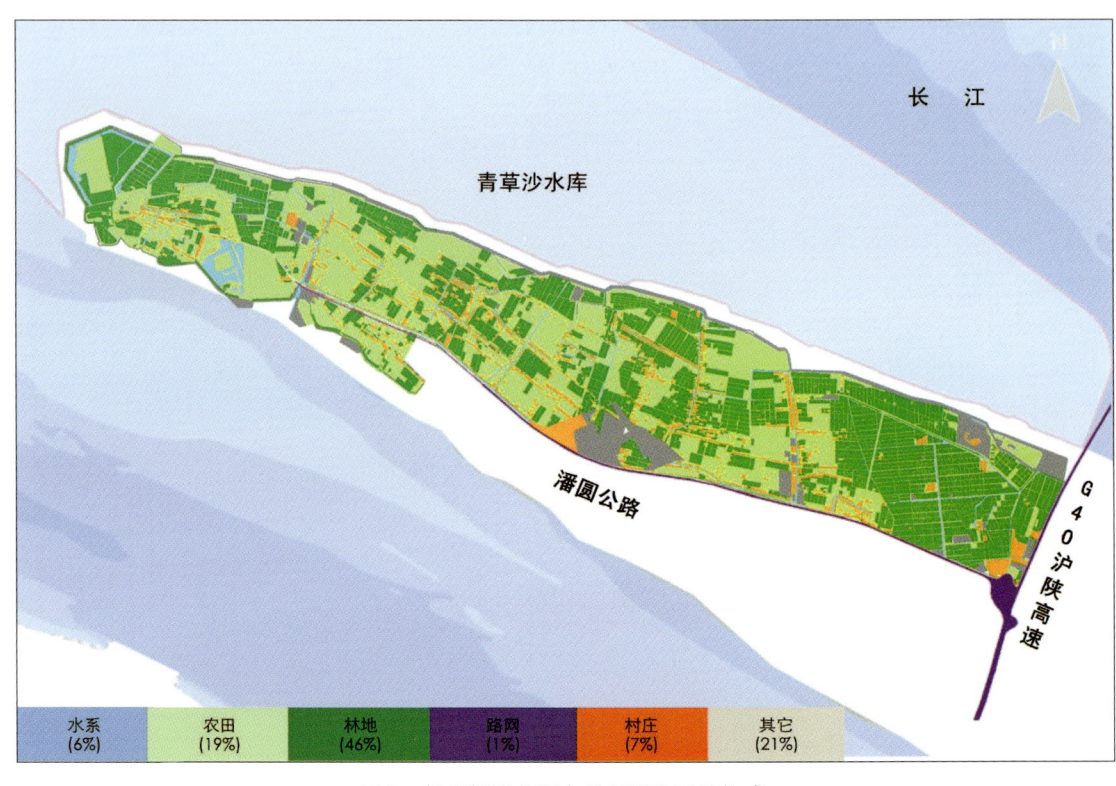

图9 长兴郊野公园自然肌理及用地构成

4. 关注三农问题,推动地区发展

规划方案结合土地整治规划、郊野单元规划的探索研究与创新编制,落实全市生态网络建设。推进建设用地减量、生态用地增量,优化集建区外空间布局和用地结构,提升郊野地区生态环境水平。通过集建区外现状建设用地减量化,提升土地利用效率、地区发展水平和农民经济收入;促进城乡一体发展,推动新型城镇化和新农村建设;实现农业转型、提升农村环境、提高农民生活水平。通过土地整治,在提升农地数量质量、优化农地布局、促进农业生产的同时,推进特色生态景观建设、生态环境修复和生态环境保护。重点落实田、水、路、林、村等农用地和未利用地的综合整理,明确集建区外现状建设用地的减量化用地分布和类集建区的规模、选址及相应联动、激活规则(见图10—图15)。

5. 设计专题研究要素,有序指导方案

本规划按照"核心要素、基本要素、提升要素"对各基地进行功能要素研究,并开展湿地生态、植物配置、功能业态、特色农业、村落风貌等十项专题研究,对"田、水、路、林、村和人文"六大要素进行系统设计。

6. 整合有效资金,创新土地政策

郊野公园建设需要统一认识、聚焦政策,市区联手、以区为主,整合资源、共同推动。其相关配套支持政策的制定有以下四点原则:用足用好土地专项资金,推动建设快速启动;聚焦相关政策,多方筹措资金,满足后续建设需求;建立造血机制,保障后期管护;创新土地管理政策。

【咨询效果】

2012年12月6日,上海市政府专题会议听取市规划和国土资源管理局关于本项规划工作的汇报,对工作的意义和成果水平给予肯定。在2013年市政府工作报告中,将郊野公园建设列入当年的市府重点工作。2013年2月8日,市规划和国土资源管理局已经正式批复选址及概念规划成果。

工作组后续开展了郊野公园国际方案征集、规划方案深化和郊野单元规划编制,规划成果已正式报审,嘉北、浦江、松南的郊野单元规划已经批复。五个试点公园均同步开展一期范围内的土地整治可行性研究报告编制及规划设计,并基本编制完成。根据各区县郊野公园建设指挥部反馈,浦江、嘉北和松南3个郊野公园已启动签约搬迁和减量复垦工作。

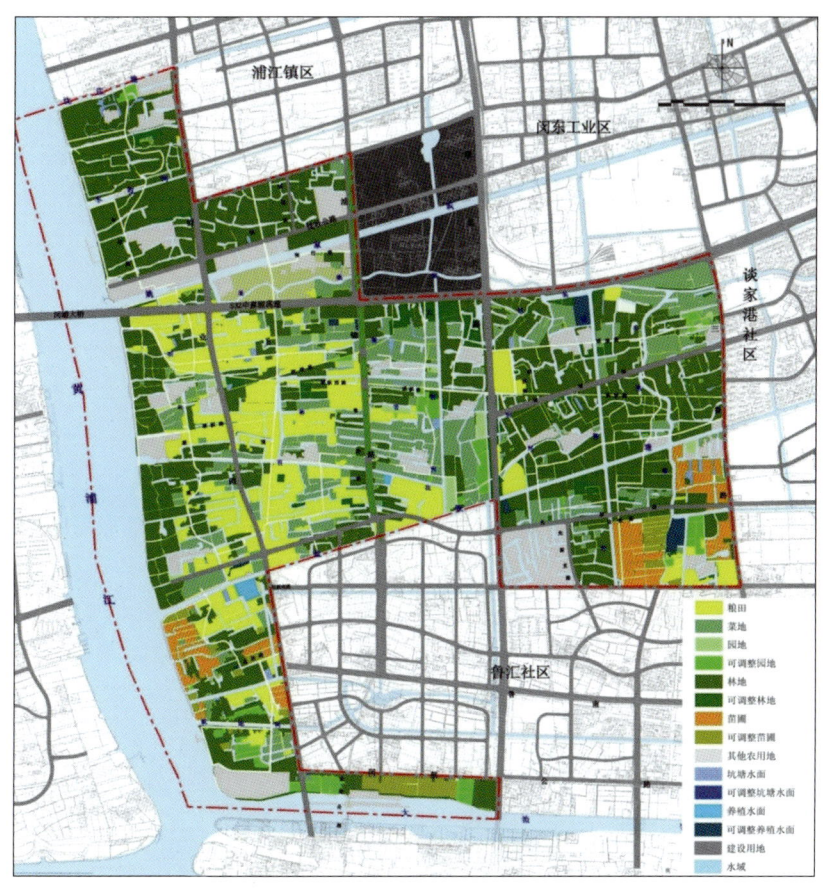

图10 浦江农业生产布局规划图

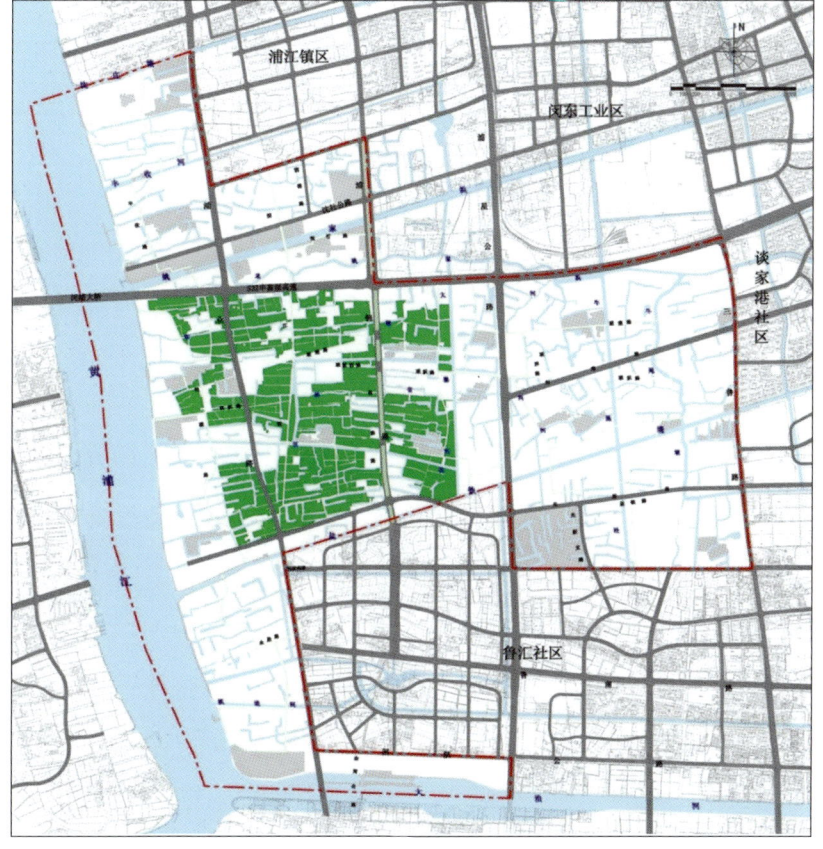

图11 浦江高标准基本农田规划图

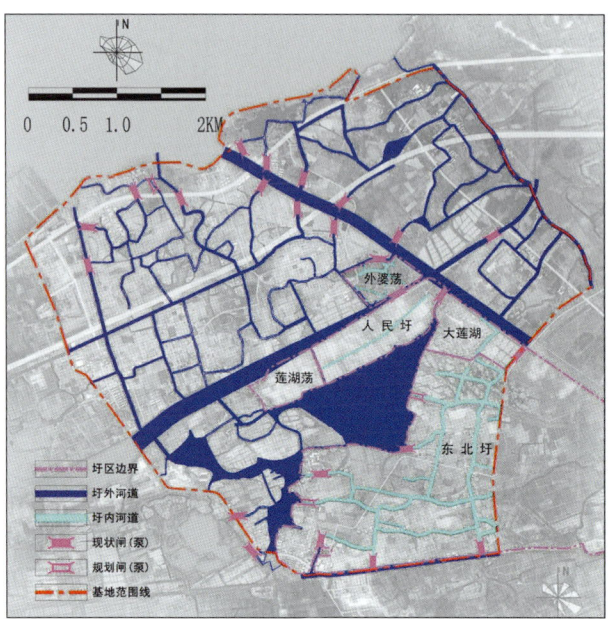

图12 青西农田水利系统规划图

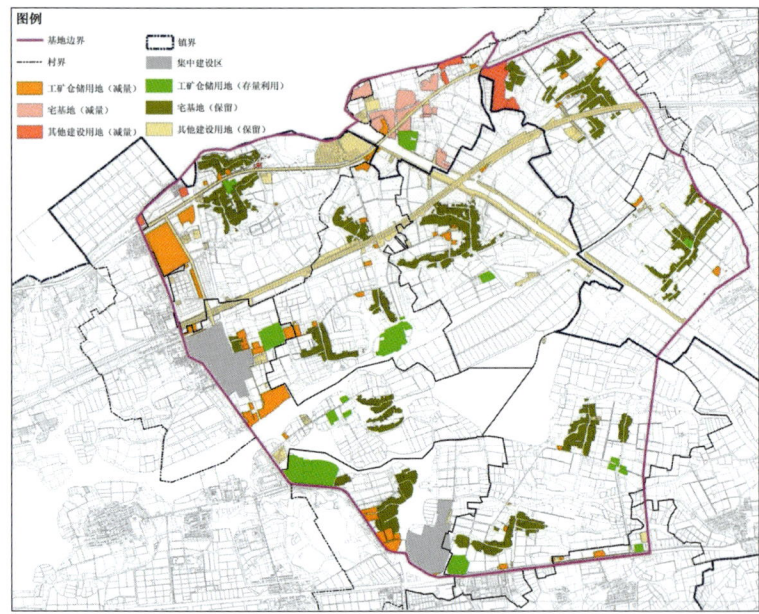

图13 青西田间道路系统规划图

图14 浦江设施农用地规划图

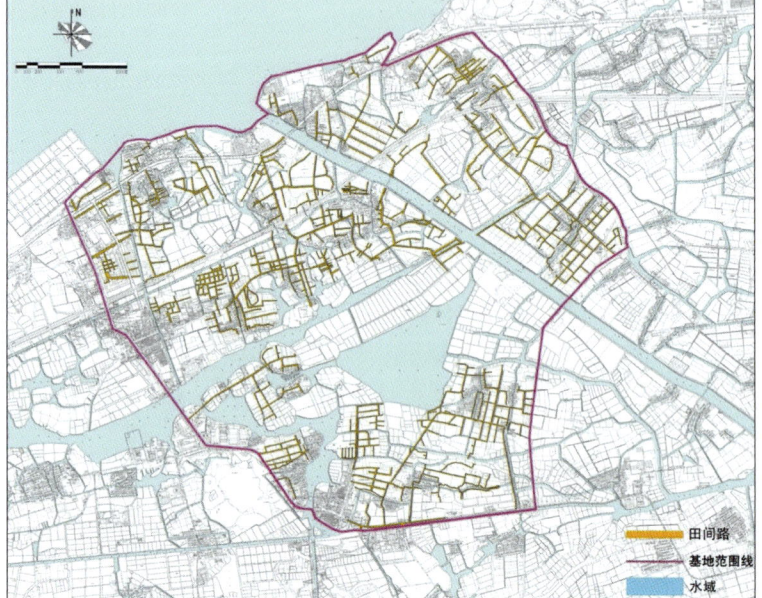

图15 青西建设用地整治规划图

全国饮用水水源安全保障体制与预警机制研究

The Study on the Security System and Early Warning Mechanism of the Nationwide Drinking Water Source

编写单位：上海市水务规划设计研究院
Shanghai Water Planning and Design Research Institute
联系电话：021-34760606　　网址：www.shwaterplan.com
主要完成人：王如琦　彭丽娜

【点评】

本研究分析了饮用水安全管理法律法规及配套政策、管理保障措施，初步建立了地方饮用水安全管理监管体系，完成了饮用水水源地环境安全战略评估初步报告，建立了水源保护区经济补偿定价方法。研究成果在2011年世界大学生运动会主场馆区应用，获得认可。

【项目背景】

水是生命之源。饮用水水源安全直接关系到人民生命与健康，关系到国家和地方的社会稳定与发展。当前，中国经济社会迅速发展，随着工业化、城镇化速度的加快，重大突发性水污染事件频频发生，对城市饮用水水源造成严重威胁。一些突发水污染事件在全国造成严重反响。如2005年，中石油吉林石化分公司苯胺车间发生剧烈爆炸，造成松花江水体重大污染；2006年，湘江株洲霞湾港至长沙江段发生的镉重大污染；2007年无锡太湖梅梁湾水域蓝藻暴发事件等。

由于全国各地目前还缺乏完善的饮用水水源安全保障体制和预警机制，往往是突发水污染事件发生后，启动由环保、水务（利）、城建部门主要负责，交通、海事、卫生、公安等其他部门通力合作的应急抢险机制。虽然这种安全保障管理体制和机制具有简单、经济、易行等优点，与目前各部门日常管理紧密联系，但也暴露出一些突出问题亟待解决，如饮用水水源地安全保障主体不明确、缺乏社会公众参与的饮用水水源地保障机制、饮用水水源安全保障信息平台不完善、饮用水水源安全保障预警不及时等。

为此，国家有关部门要求在总结国内外饮用水水源安全保障经验的基础上，结合中国的国情特点和各地实际，提出具有前瞻性的、可操作的饮用水水源安全保障体制机制改革方案以及相应的措施，并在试点示范的基础上加以完善，为饮用水安全管理保障机制与政策示范研究提供支撑。

【项目内容】

1. 国内外饮用水水源安全保障体制机制比较研究

通过国内外文献调研、国内考察和座谈等形式，摸清中国饮用水水源安全保障体制机制的现状、存在的主要问题，分析面临的主要形势，系统梳理和总结国外饮用水水源安全保障的主要做法、经验和可借鉴之处；通过比较研究，提出中国饮用水水源安全保障体制机制的发展方向、可借鉴的国际经验和教训及今后改进的政策建议。

2. 饮用水水源安全保障行为主体的作用机制研究

从政府部门、水源管理单位、自来水企业及社会公众四个方面探讨和分析饮用水水源保护管理中行为主体的作用机制。在总结和分析中国现有饮用水水源保护管理中政府部门运作体制机制的基础上，结合建设现代高效、透明政府的要求，提出政府及其各个组成部门在水源地保护管理的行为机制；在分析现代水源公司和自来水企业发展的基础上，结合现代企业承担企业社会责任的要求，提出不同企业在饮用水水源保护管理中的行为机制；从加大公众参与，发动全社会力量的角度，研究社会公众和非政府组织在饮用水水源保护管理中的行为机制，提出相应的政策措施；进而研究各类行为主体在水源保护管理中的行为整合机制。

3. 饮用水水源污染防治责任机制研究

根据《中华人民共和国水法》和《中华人民共和国水污染防治法》的相关要求，研究和探讨环保、水务（利）、海事、卫生、公安、农业和土地等部门在固定和移动污染源控制、面源控制、水资源调度、突发污染事件应急管理、污染物就地应急处理、原水厂和水厂应急运行管理和调度、信息发布等方面的责任机制和分工合作机制，探讨和提出企业和社会公众在饮用水水源污染防治中可能发挥的积极作用，提出适当的责任机制。

4. 饮用水水源监管责任机制研究

以统一的饮用水水源安全保障信息沟通平台为基础，研究和提出饮用水水源安全的监管责任机制。探讨水源管理单位和自来水企业在水源安全监管中的责任和社会公众可能发挥的积极作用，提出鼓励和促进自来水企业和社会公众参与水源监管的政策措施，尝试提出相应的体制和机制保障。

5. 饮用水水源安全保障协调机制研究

从不同政府部门之间、不同地区（流域）政府间合作的角度，提出饮用水水源安全保障协调机制。以上海市黄浦江上游水源地为例，探讨上海市、江苏省和浙江省在太湖流域跨边界水源地安全事件的应急联动和协调机制。

6. 饮用水水源安全预警机制研究

针对目前中国饮用水水源安全保障工作中，由于信息通报不及时、不充分的问题，研究提出构建一个统一的信息沟通平台，以此为基础创建完善高效的饮用水水源安全保障预警机制。研究由一个统一的饮用水水源决策指挥部应用各种风险防范预案，在统一的信息沟通平台上进行指挥并决策。

【工作过程】

"饮用水水源安全保障体制与预警机制研究"隶属于国家重大水专项"水体污染控制与治理战略和政策"主题、"水环境管理体制机制创新与示范研究"项目、"饮用水安全管理保障机制与政策示范研究"课题。主要通过文献调研法、案例分析比较法、专家和政府官员座谈法和实地考察等方法进行研究。

2009年7月，饮用水安全管理保障机制与政策示范研究课题实施方案专家咨询论证会在北京召开。由水专项办公室邀请国家环保部、住建部、科技部和财政部等部委专家组成专家组进行审查，专家组审查通过了实施方案，并认为"实施方案基本明确、可行；课题的内容极为重要，任务量很大，建议给予足够的经费支持并尽快实施"。

2009年8月，饮用水水源安全保障体制与预警机制研究课题组正式成立，旋即按照实施方案确立了研究目标、考核指标和预期成果，细化和分解了课题研究内容，为研究工作奠定了基础。

2010年，为准确把握研究方向，明晰研究内容，课题组在资料调研的同时参加了一系列学术研讨会议。7月，参加了由深圳市水务（集团）召开的饮用水安全管理保障机制与政策示范研究课题交流会。11月初，参加了环保部环境规划院在北京召开的环境规划与政策模拟模型与方法学术研讨会。12月，参加了中国环境科学学会环境经济学分会与水专项水污染控制战略与政策研究主题秘书处、环境保护部环境规划院、南京大学、江苏省环境科学研究院等单位在南京召开的中国水污染控制战略与政策研讨会，在与全国各地专家学者进行技术交流的同时，提升了研究水平。

经过近两年的努力，饮用水安全管理保障机制与政策示范研究初步成果出台。为提升成果质量，课题组分别邀请上海市及外省市的专家和官员召开咨询会。2011年7月，课题组邀请了上海市政府发展研究中心、上海市环境保护局、上海市水务局的多位专家，召开了咨询会。与会专家在充分肯定已有成果的基础上，建议课题组进一步化繁为简、总结提炼，围绕研究目标，修改完善研究报告，并结合中国的具体国情，提出更有针对性和可行性的政策建议。8月，在深圳邀请了中国城镇供水排水协会、中科院科技政策与管理科学研究所、深圳市水务局等部门的领导和专家进行讨论。专家建议本课题在监管政策方面加强研究，分析水源安全责任和监管机制方面存在的问题，借鉴国内外先进做法，提出解决问题的可能途径。

2012年，课题组认真汲取了两次专家咨询会的相关意见和建议，对报告进行了修改和完善，并于10月底提交了最终成果。

2013年4月，国家水体污染控制与治理重大专项办公室在北京组织召开了水专项战略与政策主题下"饮用水安全管理保障机制与政策示范研究"课题验收会，本课题作为重要的组成部分被一并验收。

【咨询工作特点】

中国幅员辽阔,各地水资源情况差别很大。在此基础上发展起来的饮用水水源类型丰富,既有地表水河流型、湖库型水源,也有地下水深井水源等。其中,在中国北方和西部地区主要以湖库型和地下水水源为主,南方(东部沿海地区)主要以河流型、湖库型水源为主。基于不同类型的水源,在政府行政管理体制框架内,全国形成了国家、流域和地方等三个层面的饮用水水源安全保障体制和各种复杂的机制。因此,本次研究主要体现了以下特点:

1. 牢牢把握一条工作主线和两个核心内容

一条工作主线是:根据研究目标,按照问题导向制定技术路线,分门别类开展研究工作,避免重复(见图1)。

两个核心内容如下:一是在饮用水水源安全保障体制和机制中,将行为主体划分为政府部门、水源管理单位、自来水企业和公众四大类,通过对四类行为主体在饮用水水源保护管理和预警工作中的利益分析,研究各行为主体的利益损益和利益诉求,探讨各行为主体的行为选择,提出相应的行为调控机制,建立政府、企业和社会公众共同参与、职责明确、现代高效的饮用水水源地保护管理和预警的行为整合机制。并以此为基础,提出了水源安全保障管理模式,供政府选择。

二是在饮用水水源预警机制研究中,课题组提出基于3S技术、计算机辅助决策系统、数据库系统,构建包括监测、信息传输、预警、应急处理、信息发布和运行管理等六个系统在内的一个统一的信息沟通平台,由各级政府在饮用水水源决策指挥部应用统一的信息沟通平台进行指挥并决策,从而进一步完善饮用水水源安全保障预警机制,有效应对中国饮用水水源安全保障工作中因信息通报不及时、不充分而导致工作失误和增加风险的问题。

2. 深刻分析中国饮用水水源管理体制机制现状和存在的主要问题

《中华人民共和国水法》和《中华人民共和国水污染防治法》两部法律明确中国的饮用水水源安全保障主要负责部门是国务院水行政主管部门和环境保护行政主管部门,并在纵向上对地方水行政主管部门和环境保护主管部门进行业务指导。但目前全国各地饮用水水源所在地区条件差别很大,安全保障涉及的部门和单位众多,如环保、水务、建设、规划、国土、卫生、交通、海事等政府部门,水源管理单位,受水企业(自来水公司)和污染企业,用户(公众)等。从中国政府部门的行为职责来看,水行政主管部门与环境保护行政主管部门之间对水源的安全保障呈现"我中有你,你中有我"的局面。水资源的开发、利用和保护是水行政主管部门的主体行为;水污染的防治以及水环境的保护是环境保护行政主管部门的主体行为。由此产生了问题:一是容易产生权责交叉,出现短暂的无人负责或各行其是的情况;二是缺乏统一的指挥中心,缺乏有效联合其他部门的能力和权力,信息流动和决策过程容易出现杂乱无序状况;三是一旦发生突发事件,且其严重程度超出三个主要负责部门应急能力和范围时,易出现推诿扯皮,贻误最佳处置时机的情况。图2反映了政府部门在饮用水水源安全保障中的关系。

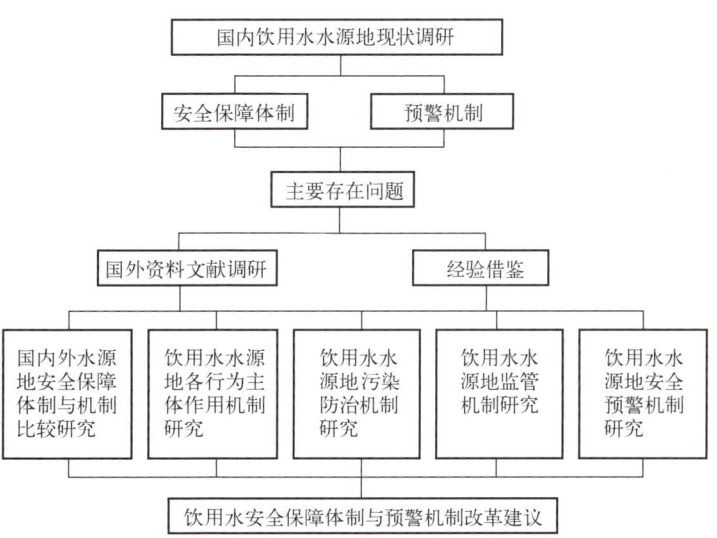

图1 饮用水水源安全保障体制与预警机制研究技术路线

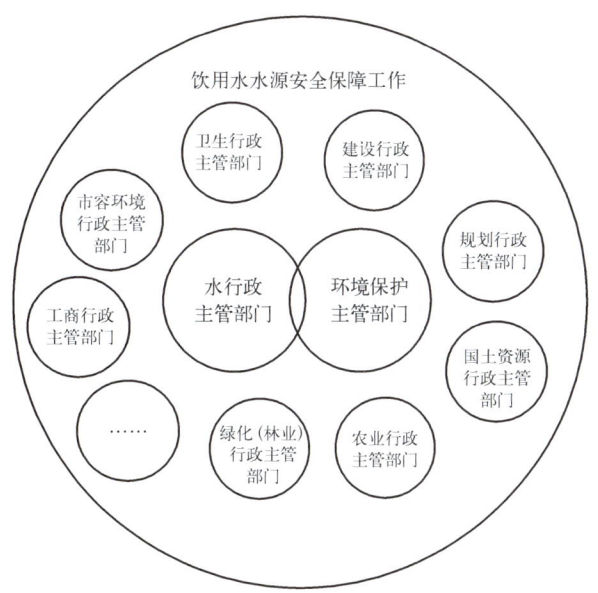

图2 水源安全保障行为主体关系

3. 提炼、借鉴国外饮用水水源安全保障管理方面的有益经验

本次研究收集了美国、日本、法国、德国等国家在饮用水水源管理制度和管理方面的资料，发现各国饮用水水源安全保障体制和机制不存在最佳的模式和标准。由于世界各国的历史文化传统、政治经济制度以及水源具体情况不同，各国的饮用水水源管理体制也呈现不同的特色：美国在对水源安全保护的同时，还重视对水源地周边土地利用格局和土地开发强度的控制。加拿大在保护地表饮用水水源方面所采用的生态系统管理与集水区管理方法使饮用水管理重心前移，集水区保护策略拓展、水源保护与土地规划结合、各级政府及当地社区的积极参与、政策实施费用与风险平衡等也是其饮用水源保护的趋势及方向。法国对饮用水源的管理以流域为基本单位，并成立流域管理机构，流域管理机构由有关利益团体和政府部门等按一定比例选出的代表和官员组成，主要包括流域内各省的代表、工农业和渔业以及其他用户的代表、有关部门的代表以及流域内各省的官员等。研究发现，各国的饮用水水源管理在某些措施方面也正逐步趋同。这对中国建立新型的饮用水水源安全保障体制机制具有较强的借鉴意义，如充分利用市场机制实施水源安全保障、充分发挥利益相关方对水源进行治理和保护等。

4. 提出两个水源安全保障管理模式

本次研究深刻揭示了涉及饮用水水源安全保障的政府部门、企业及社会公众等行为主体的利益和诉求。饮用水水源地管理的利益相关方主要为：政府（上游地区政府、所在地政府、服务地区政府、流域管理机构）、公众（上游地区公众、所在地公众、服务地区公众）、流域内企业、从该水源地取水的供水企业、相关研究机构及研究者、非政府组织以及媒体等。其中，政府偏好政绩、公众偏好个人利益、企业偏好利润、非政府组织和媒体偏好社会环境效益，从而导致不同利益相关方在水源地管理中的利益要求不同。同时，由于占有的资源不同，各利益相关方对水源地的影响力（权力）也存在差异（见表1）。

表1 饮用水水源安全保障主要利益相关方诉求

利益相关方		权 力	利 益
政府	上游地区政府	通过影响水源地上游来水，影响水源水质和水量安全	关心当地经济发展；良好的水环境有可能提高对投资的吸引力，但并不直接关心输出的水质
	饮用水源所在地政府	负责饮用水水源地管理；本区域公众活动对水源地干扰最大	关心当地经济发展；获得优质的饮用水水源、更好的环境质量；获得一定的财政拨款
	服务地区政府	通过投资、补偿的方式，参与水源保护	获得优质饮用水
	流域管理机构	全流域水资源管理；流域上下游协调	保障流域水资源有效调度
受影响公众	上游地区公众	影响水源地上游来水水质、水量	获得更好的水环境质量，并不直接关心下游水源的水质
	所在地区公众	直接影响水源水质、水生态健康	获得良好的环境质量；获得优质饮用水
	服务地区公众	支付水费要求获得优质饮用水	获得优质饮用水
流域内企业		所在地和上游企业污染排放影响水源水质；水资源消耗影响水源水量	获得利润，也希望获得良好的投资环境
供水企业		影响水源地管理机构决策	控制饮用水生产成本，出售饮用水获得利润
研究机构及研究者		积极探索水源地保护方法，对水源地管理提出建议	科研经费、科研成果、本单位发展
非政府组织		提高公众对水源保护的认识；促进改善水源地管理效率	更好的环境质量；实现组织的目标
媒 体		提高公众对水源保护的认识；促进改善水源地管理效率	提高自身的形象；实现社会责任

基于各类行为主体在水源地安全保障中的行为整合机制极为必要,本研究创新性地提出以下两种整合模式。一是在政府监管下建立以国资企业为主体的水源公司全面负责水源安全保障的企业管理模式;二是在国家、流域和地方等三个层面提出建立饮用水水源安全管理委员会,由各级委员会对水源安全提供保障的分级垂直管理模式。

建议在中国东部沿海经济发达地区成立以国有资本为主体,以水源保护、开发和利用为主要责任的水源公司,在特定区域内行使水源安全保障职责;在中西部经济发展相对落后的地区,成立地方政府饮用水水源安全管理委员会,承担统筹协调、统一监督本地饮用水水源安全保障管理职责。

5. 提出建立从中央到地方统一的信息沟通平台

本研究认为,在目前中国饮用水水源管理"你中有我、我中有你"的体制下,进一步加强饮用水水源安全预警机制十分重要。以3S技术、计算机辅助决策系统、数据库系统为应用手段,构建统一的信息沟通平台,由各级政府统一的饮用水水源决策指挥部应用统一的信息沟通平台进行指挥并决策,从而进一步完善饮用水水源安全保障预警机制,可以有效应对中国饮用水水源安全保障工作中因信息通报不及时、不充分而导致工作失误和增加风险的问题。研究提出构建包括水源监测——信息传输——预警预报——应急处理——信息发布——运行管理六个系统在内的一个统一的信息沟通平台,提出构建完善和高效的饮用水水源安全保障预警机制的方法和措施。

【咨询效果】

课题组历时三年,在对国内外饮用水水源安全保障体制机制比较研究的基础上,通过对饮用水水源保护管理中行为主体的作用机制研究、饮用水水源污染防治责任机制研究、饮用水水源监管责任机制研究,提出了适合中国国情的集中式饮用水水源安全保障管理体制。

1. 要充分发挥利益相关方对水源安全保障的作用

由于水源安全保障涉及众多的利益主体,是一项复杂的工程。为了提高水源安全保障的科学性和民主性,统筹兼顾各方的利益,需要十分注重发挥利益相关方的作用,以减少因政府集权管理导致的地方和公众参与积极性降低,难以有效响应利益相关方的需求。因此,借鉴发达国家的经验,中国的水源管理机构中除了相关专业的专家外,还应包括居民、用水者、社会组织代表。在作出重大决策的时候,建立科学论证制度和听证制度,广泛听取各方的意见,实现信息互通、规划和决策过程透明,以提高决策的科学性和民主性。

2. 要充分利用市场机制实施水源安全保障

由于河流、湖泊、地下水等水资源属于典型的公共物品,应遵循由政府提供或负责保障,并符合公共利益原则。由于现阶段,中国社会主义市场经济的发展对水资源存在明显外部性,因此,必须有效解决和消除这些外部性。发达国家在强调政府对水统一规划、宏观管理的同时,注重利用市场手段实施水源安全保障工作的经验值得借鉴。如确立水交易政策、水权市场等,还有用基金会的组织方式对流域进行管理等。这样不仅能依靠政府的投入,也可依靠社会的支持来保护水源区的生态环境。

课题组在广泛调研3S技术、计算机仿真技术等现代化技术的基础上,提出对环保、水务(水利)、海事、卫生等各部门资源信息进行整合,针对水源污染特征及水质变化情况,研究和建立饮用水水源风险预警工具包,构建统一的信息交流互动发布平台,使各部门共享水质评估和突发性污染预警信息,提高应对饮用水水源突发事件的紧急处置能力,形成及时准确的信息公开和快速反应机制,保证水源安全保障信息的一致性和权威性,为实现饮用水水源安全预警机制创造条件。

蓄排协同提高城市雨水治理系统防汛标准关键技术研究

The Key Technology Research on the Flood Control Standard Improving of Urban Rainwater management System by the Synergy between Water Storage and Drainage

编写单位：上海市城市建设设计研究总院
Shanghai Urban Construction Design & Research Institute
联系电话：021-50891688　　网址：http://www.sucdri.com
主要完成人：张善发　胡 龙　李 兵　徐连军　高 原　林 琳　房国良　王红武　朱砂砾

【点评】

本研究的创新性主要体现在以下方面：一是提出"蓄、排"协同理念，提高城市已建排水系统防汛标准，集成低影响开发与地下调蓄技术，构建了"蓄排系统提高城市雨水治理系统防汛标准关键技术体系"；二是提出了"基于理论计算与计算机模型校核"的雨水调蓄设施容积计算方法，具有较强的工程应用价值；三是开发了可用于排水系统提标改造的地下浅层调蓄系统，获得了发明专利。

【项目背景】

近年来，受城市化进程加快和全球气候变暖的影响，国内大部分城市相继遭受灾害性降雨袭击，发生城市内涝积水，造成不同程度的灾害损失，引起公众和政府高度关注。

以上海为例，上海作为国际化大都市，人口密集，社会财富集中，应对城市水灾害、提高防洪减灾水平、保障人员安全和城市运行安全的任务十分艰巨。特别是近年来上海地下空间利用与开发速度很快，城市公共轨道交通网络、地下商场、车库、人防设施、地下变配电设施等，已经成为城市赖以运转的关键基础设施，一旦发生雨洪灾害，其造成的损失比过去要大得多。"十二五"时期，是上海加快推进"四个率先"、加快建设"四个中心"的重要时期，对保障本市防汛排水安全，适应上海经济社会发展提出了新的要求。中共上海市委在《关于制定上海市国民经济和社会发展第十二个五年规划的建议》中指出，"十二五"时期，要努力使上海成为最安全的大都市之一。要坚持以人为本、管建并举、管理为重、安全为先，把世博会经验转化为城市管理长效机制，着力增强预防和应对极端性灾害能力，提高应对突发事件的预警响应、民众防护和救援保障能力，建成城市科技备灾、灾情评估、社区综合防灾和减灾体系。城市排水设施是城市防汛的重要组成部分，是确保城市安全有序运行的重要一环。

在此背景下，本研究针对上海市中心城区尤其是建成区防汛标准提高的问题，开展科技攻关与应用研究，重点研究蓄排协同提高城市雨水排水系统防汛标准关键技术，提出因地制宜、技术可行、经济合理的提高防汛标准集成技术体系，为上海市雨水排水系统专业规划修编提供技术支撑，提高上海市防汛减灾能力。

【项目内容】

1. 统计分析城市降雨情况资料

收集上海市最近40年的降雨情况资料，研究分析中心城区降雨的分布特征，包括时间分布、空间分布特征，不同降雨的等级分布；变化特征，包括年际变化、年内变化、降雨变周期分析；暴雨特征分析，包括暴雨出现频率、暴雨年际变化分析、暴雨年内变化、典型事件分析等内容。探讨上海市新编暴雨强度计算公式的适应性，以及与上海市发展定位和社会经济发展水平相适应的排水系统设计标准。

2. 分析评估雨水排水系统现状

针对上海市雨水排水系统的建设和运行现状，研究分析雨水排水系统在规划建设方面存在的典型共性问题，为完善雨水排水系统的规划设计、建设提供技术支撑。

3. 研究城市排水系统蓄排结合关键技术

研究低影响开发工程措施、地下浅层分散式预成型调蓄系统、大型深层地下调蓄管涵等调蓄设施对雨水径流的滞蓄效应和削峰作用，重点研究了以下内容。

一是分析低影响开发技术在上海地区的适应性，研究地表调蓄技术对地表径流的调蓄削峰效果，研究低影响开发技术与城市雨水管网系统衔接的计算方法与关键技术（见图1、图2）。

二是研发埋深较浅的分散式预成型滞流调蓄系统，设置于城市绿地、道路两侧、居民小区等区域，研究工程设计方法及雨洪的调蓄削峰效果（见图3）。

三是研究大型地下调蓄池、地下线型管涵与雨水强排系统协同作用，提高雨水排水系统防汛标准的技术，重点研究地下调蓄池、地下线型管涵与在雨水排水系统中的布局、规划设计方法、调蓄削峰效果预测、工艺设计技术要求等。

四是研究分析《室外排水设计规范》推荐的雨水管道系统设计计算方法（暴雨强度计算公式与均匀流计算方法相结合）和采用地表径流模型与圣维南方程相结合的设计计算方法的差异，提出适合蓄排结合雨水排水系统的规划设计计算方法；研究综合径流系数、管道调蓄容量折减系数的取值对防汛标准的敏感性分析。

图1　调研选取的位于复兴岛公园的雨水花园、卵石沟及植草沟

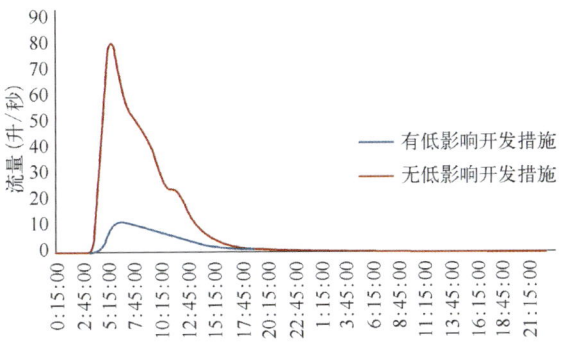

图2　复兴岛公园低影响开发技术措施效果计算机模拟图

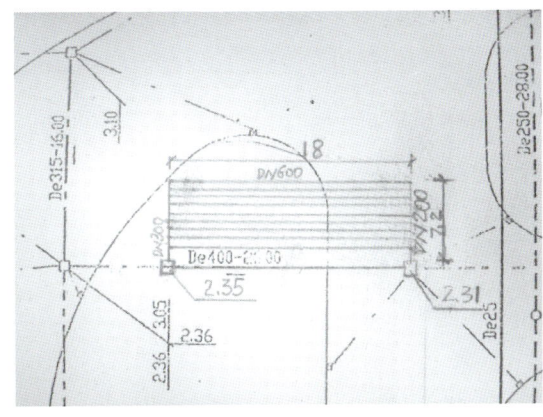

图3　位于上海某公司内的浅层调蓄系统实验装置

五是建立大型蓄排结合雨水排水系统计算机模型,研究雨水管道自身调蓄容量的利用。

形成"源头削减、过程调蓄、蓄排结合"集成技术体系,建立大型城市雨水排水系统与滞留调蓄设施协同作用的计算机模型,选择合适评价参数,建立防汛标准,提高评价方法。

4. 建立城市积涝早期预警模型

基于气象部门统计资料和数据,建立1:2 000上海精细化地理基础数据库,以及历史与实时降水信息和定量降水预报的平台,可进行数据处理和传输。在此基础上,引进天津暴雨灾害数学模型研究成果,根据上海城市的情况,建立适合上海的城市积涝数学模型,可模拟出预报和监测的城市积涝过程(见图4、图5)。

【工作过程】

本课题2010年6月立项,2012年9月结题。在历时两年的研究期内,课题组以"提高城市雨水排水系统防汛标准"为目标,在分析气象降雨和排水系统现状的基础上,采用物理模型试验和计算机模型相结合的方法,开展低影响开发技术、地下浅层调蓄技术以及大型地下深层调蓄管涵技术,对提高城市雨水排水系统尤其是建成区雨水排水系统防汛标准的研究,提出了蓄排协同提高城市雨水排水系统防汛标准的技术体系和规划设计方法,初步开发了城市积涝早期预警模型,对优化排水设施运行管理进行了开拓性的研究。

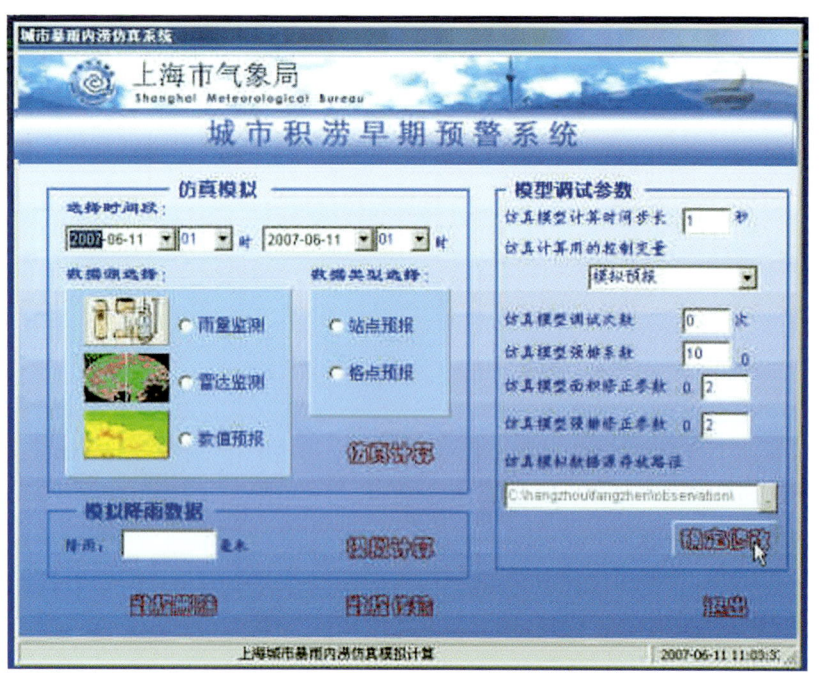

图4 城市积涝早期预警系统界面

图5 城市积涝早期预警系统模拟界面

【咨询工作特点】

1. 目标明确、内容全面、数据翔实、成果丰富

本研究立足于上海市发展建设的实际需求，以"提高城市排水系统防汛标准"为目标，研究了上海市近40年气象水文变化情况，分析了中心城区排水系统现状及其存在的问题；开展了低影响开发技术、地下浅层调蓄技术、地下深层调蓄技术对提高城市排水系统尤其是已建排水系统防汛标准的适应性和效用研究；还初步开发了基于气象数据、城市地形、积涝模型的城市积涝早期预警系统。其中，研究组以上海市复兴岛公园为研究对象，开展了低影响开发技术对地表雨水径流滞留效应研究；以上海市清源管业公司厂区为研究对象，开展了地下浅层调蓄管涵对提高排水系统防汛标准效应的研究；结合上海市初期雨水治理规划成果，以苏州河大型地下调蓄管涵为对象，研究了地下深层调蓄管涵对提高已建排水系统防汛标准的作用，获取了大量的实验数据。

2. 技术路线合理，研究手段先进

本研究分别采用物理模型试验和计算机模型验证的研究方法，结合上海市目前的实际情况，从地表调蓄/分流、地下调蓄方面研究了"蓄排协同"提高中心城区排水系统防汛标准的可行性和关键技术；构建了"蓄排系统提高城市雨水治理系统防汛标准关键技术体系"，提出了"基于理论计算与计算机模型校核"的雨水调蓄设施容积计算方法，可用于指导类似工程项目的规划设计。

3. 技术领先，成果创新程度高

项目组对已建区域防汛标准提高的问题，提出采用"蓄排协同"技术措施提高已建雨水治理系统防汛标准。即在已建雨水治理系统中综合采用低影响基础措施，源头消减雨水径流量；采用与雨水口或雨水支管相结合的地下浅层分散调蓄系统提高雨水治理系统支管服务区域防汛标准；采用大型地下调蓄池/管分流或调蓄雨水径流提高区域防汛标准。技术水平国内领先。

其成果的创新性体现在以下方面：

一是提出"蓄排协同"理念提高城市已建排水系统防汛标准，集成低影响开发与地下调蓄技术。

二是提出了"基于理论计算与计算机模型校核"的雨水调蓄设施容积计算方法，计算结果表明：针对上海地区，防汛标准由 $P = 1a$ 提高至 $P = 3a$ 所需调蓄容积约为 $80\ m^3/ha$，由 $P = 1a$ 提高至 $P = 5a$ 所需调蓄容积约 $110\ m^3/ha$。具有较强的指导工程应用价值。

三是开发了可用于排水系统提标改造的地下浅层调蓄系统，获得发明专利。

4. 研究成果具有较高的实用价值和指导意义，已在实际工程中推广应用

本研究提出的"蓄、排"协同理念及集成技术体系，不但适用于已建排水系统的提标改造，也适用于新建排水系统，已在上海迪士尼工程中进行了实际应用。图6为某园区高标准雨水治理系统构建的技术路线图。

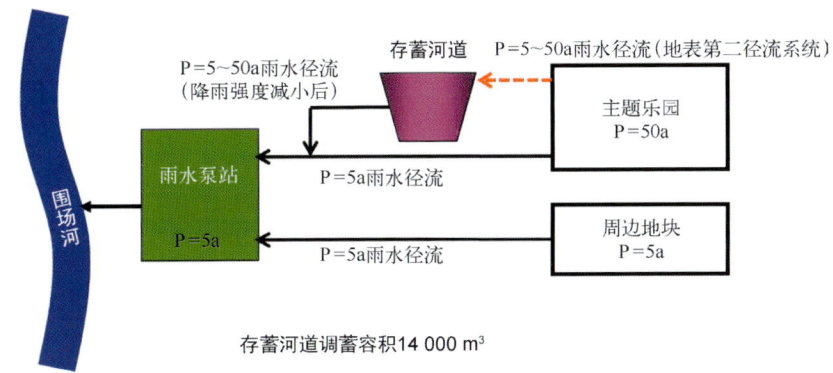

图6　某园区高标准雨水治理系统构建技术路线

【咨询效果】

本研究对上海市近40年气象水文资料进行了系统的分析研究，分析了其演变趋势和规律，获得了汛期/非汛期降雨分布特征、降雨强度、降雨历时间隔等特征参数。

研究证明了低影响开发技术在上海的适应性，不但对雨水滞蓄效应明显，且对污染物的去除效率也较高。

研究了地下调蓄系统在实际工程中应用的可行性，初步构建了"蓄排系统提高城市雨水治理系统防汛标准关键技术体系"，提出了"基于理论计算与计算机模型校核"的雨水调蓄设施容积计算方法，可用于指导类似工程项目的规划设计。

初步开发了基于气象数据、城市地形、积涝模型的城市积涝早期预警系统，在优化排水设施运行管理方面进行了开拓性的研究。

编制技术指南2份：《蓄排协同提高城市雨水治理系统防汛标准技术指南》及《上海城市低影响开发技术应用指南》，获得发明专利1项，发表论文4篇。

参与编写单位：上海虹云气象信息技术有限公司、同济大学

上海市感潮河网纳污能力及限制排污总量研究

The Study on the Assimilative Capacity and Quantity Control of Pollutant Discharge of Shanghai Tidal Rivers Network

编写单位：上海市水务规划设计研究院
Shanghai Water Planning and Design Research Institute
联系电话：021-34760606　网址：www.shwaterplan.com
主要完成人：徐贵泉　陈庆江　陈长太　周建国　张建频　蔡伟娜　唐迎洲　张海燕　贾卫红

【点评】

本项目结合上海市感潮河网地区水情和工情特点，应用感潮河网水环境、水载能力的理论和感潮网水量水质模型，研究建立了感潮河网纳污能力模型，为科学制定感潮河网纳污能力及限制排污总量提供了关键的技术支撑。研究成果已应用于《上海市骨干河道布局规划》《上海市水资源综合规划》《长江、太湖流域上海地区综合规划修编》等规划中，为开展综合治水环境提供了重要技术依据。

【项目背景】

上海市人民政府于2004年12月20日以沪府〔2004〕80号文批复并颁布实施《上海市水（环境）功能区划》。根据《中华人民共和国水法》规定，水行政主管部门应在水功能区划的基础上，按照水功能区对水质的要求和水体的自然净化能力，核定该水域的纳污能力，向环境保护行政主管部门提出该水域的限制排污总量意见。2011年中央1号文件《关于加快水利改革发展的决定》也明确指出，实行最严格的水资源管理制度重点之一是要建立水功能区限制纳污制度。因此，上海市水务局于2006年设立本项目，由我院作为承担单位开展专题研究工作。开展本项研究是实行最严格的水资源管理制度的重要举措，也是上海执行"三条红线"重点需要解决的科技问题，对保障城乡居民饮水安全、经济社会用水安全和生态安全，促进人水和谐，保障水资源的可持续利用，提升水资源综合管理水平，具有重要的意义和实用价值。

【项目内容】

本项目以《上海市水（环境）功能区划》为依据，以保护水源、改善水质、满足用水、维系水资源的可持续利用和水生态的良性循环为目标，以纳污能力模型为技术依托，对现状实测和理想水质边界条件下的全市河网、水功能区COD_{Cr}和NH_3-N纳污能力进行计算与分析，并结合现状点源调查和面源估算，提出各行政区的限制排污总量建议。

一、一维河网纳污能力模型研究

开发一套适合上海感潮、人工调控、平原河网地区的一维河网纳污能力模型，建立黄浦江水系、崇明岛、长兴岛和横沙岛一维河网纳污能力模型。

二、水文设计条件研究

通过长系列的降雨资料分析，确定枯水典型年以及相应的代表月份，收集整理代表月份江浙省际边界和长江口、杭州湾的相应同步实测潮位过程水文设计条件。

三、水质边界条件的选定分析

收集整理上海市水务局、市环保局和太湖局等不同部门近年对黄浦江上游来水的水质监测资料，综合分析提出省际边界现状实测水质边界条件和理想水质边界条件。

四、河网水功能区纳污能力计算与分析

以上海市水（环境）功能区划为依据，对现状实测和理想水质边界条件下的全市河网、水功能区COD_{Cr}和NH_3-N纳污能力进行计算；以河网、水功能区所在流域、行政区和水利片为研究对象，分别分析得到相应的纳污能力；分析研究在不同黄浦江来水水质边界条件下和不同工况下纳污能力变化。

五、提出限制排污总量建议

在现状污染源调查和纳污能力计算的基础上,根据不同水功能区水质要求和水环境保护的重要性,提出各行政区的限制排污总量建议。

【工作过程】

本项目研究的重点和难点主要包括:基于数字河网纳污能力计算模型研究开发、上海市河网水系和水功能区划河湖纳污能力研究、上海市河网的限排总量意见和污染物削减量的确定等。

一、基于纳污能力计算模型研究开发

本项目以我院研发的感潮河网水量水质模型为基础,采用一维和零维水量水质耦合模型来模拟计算河网水流的运动、水质以及纳污能力变化规律。即对计算概化河网,采用一维水量水质模型进行数值模拟;对未列入计算河网的调蓄支河采用零维水量水质模型进行数值模拟。

在一维水量水质模型的基础上,本项目进一步研发了平原感潮河网纳污能力模型。该模型基本原理是:根据水(环境)功能区划,将河网的水质控制标准作为已知条件,基于感潮河网水量水质模型,应用水环境承载能力的理论和方法,建立感潮河网水环境纳污能力模型,力求各河段的水质浓度始终等于相应的水质控制标准值,反推河网能承受的污染物最大允许排放量。项目在计算模型开发完成后,通过基础资料的收集、更新和补充调查,建立了黄浦江水系、崇明三岛纳污能力模型。

二、河网纳污能力研究

项目根据河网纳污能力核算相关技术规程,结合上海实际水情和工情特点,对全市河网纳污能力计算综合采用以下两种方法:对概化河网及其相应的水功能区使用模型法计算;对淀山湖、元荡及商塌片河道等未列入概化河网的湖泊及河道使用公式法计算,最后通过合理性分析综合确定上海感潮河网及其相应水功能区的纳污能力。项目对现状实测和理想水质边界条件下的全市概化河网、水功能区COD_{Cr}和NH_3-N纳污能力进行计算分析,并按适应不同管理目标的需求,分别按流域分区、水利分片、行政分区的概化河网及水功能区划河湖进行纳污能力的统计分析。

三、河网限排总量研究

污染物限排总量控制,首先要弄清现状水污染源的分布及其排放量。为此,本项目利用上海市水务局对现状点污染源的最新调查结果和上海市环境科学研究院对面源估算成果,进行了现状污染物排放量、入河量的全面统计分析。其中,调查成果主要包括居民生活、企事业单位、宾馆餐饮、规模畜禽牧场、污水处理厂等污染源,面源包括:城镇地表径流、散养畜禽、农业面源和水产养殖等。

根据"从严控制污染物、高要求水功能区优先达标"的要求,对不同类型水功能区分类提出了污染物限排的基本原则,即饮用水水源区、保护区、保留区和缓冲区的污染物从严控制,限制排污总量取纳污能力与现状污染负荷量中的较小者。非饮用水开发利用区以能满足生产用水需要为原则,限制排污总量取纳污能力值。据此并结合现状点源调查和面源估算成果,本项目提出各行政区、水功能区的限制排污总量意见,并进一步提出了各行政区相应的污染物削减量,为各行政区的污染源治理目标的制定提供了技术依据。

【咨询工作特点】

一、首次建立基于数字河网的纳污能力计算模型

河网纳污能力的数值计算须建立在河网水量水质模型的基础上,并从水量水质模型出发,推导求解河段纳污能力,分析河网纳污能力的影响因素及其所受的影响程度。本项目以上海市水务规划设计研究院的水量水质模型为基础,采用一维和零维水量水质耦合模型来模拟计算水流的运动、水质以及纳污能力变化规律,研发了与水功能过渡区相适应的符合实际、有实用推广价值的感潮河网纳污能力数学模型,该模型符合感潮河网地区河道纵横交错、流态不稳定、流向多变的特点,不仅能够真实合理地反映水功能过渡区范围、浓度分布变化及其对纳污能力的影响,而且能够全面正确地反映感潮河网纳污能力受边界水质变化、河段水质目标不同、调蓄水量多少、水利工程调控等多种因素影响下的时空变

化规律,使纳污能力模拟计算结果更符合实际,经实例计算验证,方法正确可靠。

该模型对于水流运动复杂的感潮河网地区的纳污能力的系统研究还处于探索研究阶段。本研究开发的上海市感潮河网纳污能力模型系统,在感潮河网水功能过渡区定量计算、模型与GIS集成方面有一定创新。它能够全面、正确、合理地反映感潮河网纳污能力受边界水质等多种因素的影响变化,为科学制定感潮河网纳污能力及限制排污总量提供了关键技术支撑,为正确处理好水环境的质量、容量和污染物排放之间的关系提供了科学依据。

为了提高基础资料的精度,结合河道整治现状和相关专业规划的最新成果,更新完善水系布局、河道断面、下垫面组成、水务工程等数据库,分片概化加密河网,生成河网节点、河段、分块面积等图层及其相应属性数据,建立基于GIS的数字河网编码信息、河道布局、断面参数、控制工程等模型计算条件相关数据库。并分别构建了基于数字河网的崇明岛、长兴岛、横沙岛纳污能力模型和上海黄浦江水系纳污能力模型。概化河网共计概化河段4 813条段,节点3 732个,水闸(泵站)控制建筑物499座,调蓄湖泊14个,降雨蒸发分区51个,水系分区57个。其中,大陆区域黄浦江水系概化河段4 072条段,节点3 188个,水闸(泵站)控制建筑物447座;长江口崇明县三岛概化河段741条段,节点544个,水闸(泵站)控制建筑物52座(见图1)。

二、首次系统研究了上海市概化河网和水功能区河湖的纳污能力

考虑适应不同管理目标要求,研究分别提出了流域分区、水利分片、行政分区的概化河网及水功能区划河湖的纳污能力;在现状点源调查和面源估算基础上,提出上海市概化河网的限制排污总量和污染物入河削减量,为健全完善省际边界

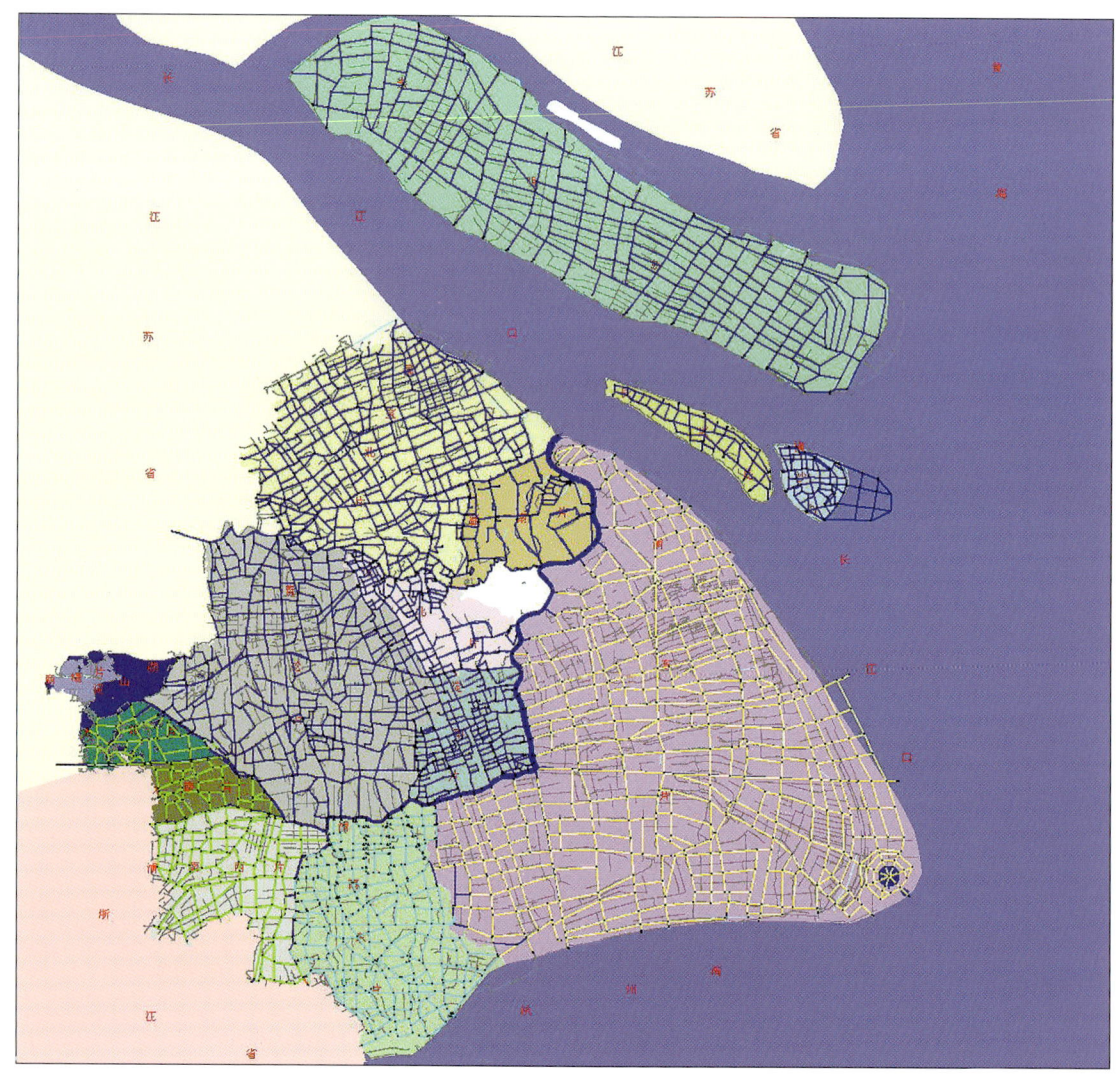

图1 上海河网水系纳污能力计算模型概化河网示意

地区水质达标考核的管理机制提供了科技支撑，结合现状点源调查分析与面源估算分析，提出了各行政区的限制排污总量建议和入河削减量；为科学制定水域纳污能力总量控制目标，加强水环境综合治理和水资源综合管理提供了科学依据。

1. 提出了河网水系纳污能力

在现状实测水质边界条件下，全市河网水系的COD_{Cr}和NH_3-N纳污能力分别为24.08万t/a和1.313万t/a。其中，所属太湖流域部分分别为23.02万t/a和1.235万t/a，分别占全市95.6%和94.0%；所属长江流域部分分别为1.06万t/a和0.078万t/a，分别占全市4.4%和6.0%。

在理想水质边界条件下，全市河网水系的COD_{Cr}和NH_3-N纳污能力分别为30.75万t/a和1.715万t/a（见图2）。所属太湖流域部分分别为29.69万t/a和1.637万t/a，分别占全市96.5%和95.4%；所属长江流域部分分别为1.06万t/a和0.078万t/a，分别占全市3.5%和4.6%。

2. 提出了水功能区河湖的纳污能力

在现状实测水质边界条件下，上海市水（环境）功能区划中的59条河流（湖泊）的COD_{Cr}和NH_3-N纳污能力总量分别为11.65万t/a和0.585万t/a，分别占全市48.4%和44.6%。所属太湖流域部分分别为11.52万t/a和0.576万t/a，分别占全市50.0%和46.6%；所属长江流域部分分别为0.13万t/a和0.009万t/a，分别占全市12.1%和11.7%。

在理想水质边界条件下，59条水功能区河流（湖泊）的COD_{Cr}和NH_3-N纳污能力总量分别为15.06万t/a和0.931万t/a，分别占全市49.0%和54.3%。其中，所属太湖流域部分分别为14.93万t/a和0.922万t/a，分别占全市50.3%和56.3%；所属长江流域部分保持不变。现状工况下上海河网水功能区纳污能力见图3。

3. 提出了河网水系及水功能区限制排污总量

在现状实测水质边界条件下，全市水功能

图2 各行政区河网水系COD_{Cr}纳污能力示意（单位：t/a）

区（除长江口、杭州湾水功能区外）的COD_{Cr}和NH_3-N限排总量分别为11.63万t/a和0.58万t/a；全市河网水系（除长江口、杭州湾水域外）的COD_{Cr}和NH_3-N限排总量分别为24.06万t/a和1.31万t/a。当省际边界上游来水均达到水功能区的水质标准要求时，全市水功能区（除长江口、杭州湾水功能区外）的COD_{Cr}和NH_3-N限排总量分别为13.85万t/a和0.88万t/a；全市河网水系（除长江口、杭州湾水域外）的COD_{Cr}和NH_3-N限排总量分别为29.54万t/a和1.67万t/a。各行政区的河网水系COD_{Cr}限排总量示意见图4。

4. 提出了河网水系和水功能区入河削减量

综合考虑点源和面污染源影响，当省际边界上游来水维持现状水质时，上海市河网水系的COD_{Cr}和NH_3-N入河削减量分别为35.06万t/a和2.223万t/a，削减率分别为59.6%和70.1%。当省际边界上游来水水质均达到水功能区的控制标准要求时，全市河网水系的COD_{Cr}和NH_3-N入河削减量分别为30.99万t/a和1.95万t/a，削减率分别为52.7%和61.4%。

三、分析研究了工情、水情变化对纳污能力的影响

河网纳污能力是水域一定条件下的承纳污染物的能力，来水水质的变化和河网工况的动态

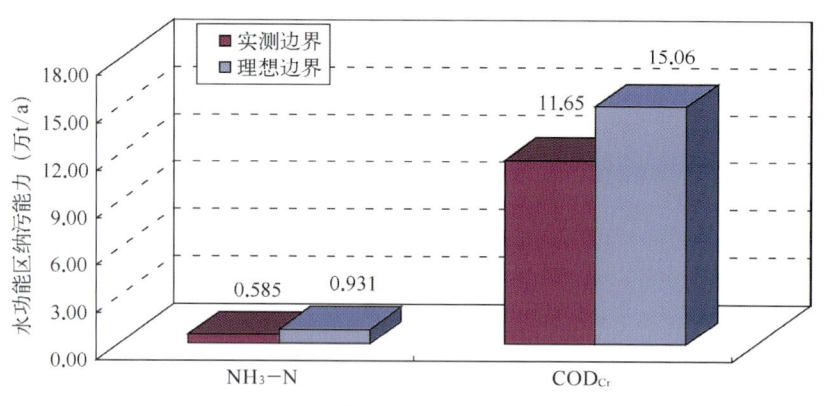

图3 现状工况下上海河网水功能区纳污能力

图4 各行政区的河网水系COD_{Cr}限排总量示意（单位：t/a）

变化对纳污能力有十分重要的影响。因此,本项目详细分析了黄浦江上游来水边界来水分别为Ⅱ、Ⅲ、Ⅳ和Ⅴ类水四种水质情况下以及河网水系在现状工况和规划工况下对纳污能力的影响。

1. 黄浦江上游边界来水水质对纳污能力的影响

黄浦江上游边界来水水质变化对上海河网纳污能力影响较大,来水水质越好,河网的纳污能力越大;来水水质越差,河网的纳污能力越小。当黄浦江上游边界来水水质从Ⅱ类变化到Ⅴ类时,与现状实测水质边界条件下相比,全市河网COD_{Cr}纳污能力分别增加50.8%、23.2%、7.4%和-1.0%,NH_3-N纳污能力分别增加72.2%、28.0%、12.7%和4.6%;全市水功能区COD_{Cr}纳污能力分别增加69.4%、25.9%、13.1%和5.75%,NH_3-N纳污能力分别增加114.4%、32.7%、18.1%和9.4%。

2. 工况条件变化对纳污能力的影响

当黄浦江上游边界来水水质从Ⅱ类变化到Ⅴ类时,与相应的现状河网水系纳污能力相比,全市规划河网水系的COD_{Cr}纳污能力分别增加了26.8%、30.6%、33.9%和34.2%,全市水功能区纳污能力分别增加了24.1%、27.5%、26.9%和25.3%;全市规划河网水系的NH_3-N纳污能力分别增加了25.2%、30.7%、33.3%和33.8%,全市水功能区纳污能力分别增加了20.2%、23.1%、23.1%和22.6%。边界来水不同水质及工况变化对河网COD_{Cr}纳污能力的影响见图5。

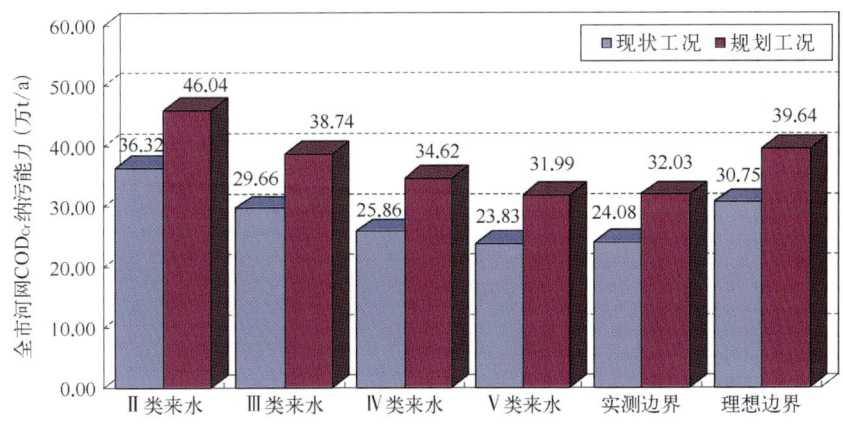

图5 边界来水不同水质及工况变化对河网COD_{Cr}纳污能力的影响

【咨询效果】

项目成果为水(环境)功能区的科学管理以及正确控制好水环境的质量、容量和污染物控制总量提供了关键技术支撑,并为有关部门进一步完善水功能区管理制度、落实水域纳污能力总量控制目标、加强本市河网水(环境)功能区管理提供重要技术依据。

项目成果已用于多项相关规划及课题研究:

一是用于《上海市骨干河道布局规划》中骨干河湖纳污能力占比计算,针对上海市骨干河湖布局规划提出的主干河湖71条、次干河湖155条方案,应用上述纳污能力模型,分别计算规划河网、规划骨干河湖的纳污能力。得出骨干河湖纳污能力占全市河网纳污能力的比例分别为,COD_{Cr}占比58.6%,NH_3-N占比57.2%。其中主干河湖COD_{Cr}纳污能力占比为48.0%,主干河湖NH_3-N纳污能力占比为45.8%;次干河湖COD_{Cr}纳污能力占比为10.6%,次干河湖NH_3-N纳污能力占比为11.4%。测定出的纳污能力反映了骨干河湖所起的作用。

二是用于《上海城镇污水COD减排关键技术研究与应用示范》,为制定上海城镇污水COD减排控制目标提供了关键技术支撑和科学依据。

三是用于《上海市水资源综合规划》、《长江、太湖流域上海地区综合规划修编》等规划项目中,为有关部门开展综合整治水环境、合理利用和有效保护水资源、促进水资源可持续利用等提供了重要技术依据。

四是用于《上海市江河湖泊水功能区纳污能力核定及分阶段限排总量控制方案》,为水功能区纳污红线的制定和限排总量方案的提出提供了技术依据,上海市水务局已根据《中华人民共和国水法》要求以"沪水务〔2013〕1250号文"向市环保局行文提出了水功能区限排总量意见。

上海市中心城区初期雨水治理规划标准研究

The Research on the Initial Planning of Rainwater Management Standards for Shanghai Central City

编写单位：上海市水务规划设计研究院
Shanghai Water Planning and Design Research Institute
联系电话：021-34760606　　网址：www.shwaterplan.com
主要完成人：朱石清　张建频　时珍宝　马丽　谭琼

【点评】

本研究以水功能区划为目标，通过分析上海三十多年的降雨特征，筛选出费用效益较为合理的初期雨水治理截流标准，并统筹兼顾排水系统防汛能力提高的要求。在全要素考量（费效比、污染特征、降雨特征）和多目标统筹（环境目标与防汛目标）方面的研究特色鲜明，为上海市未来水环境的进一步改善和城市防汛能力的提高奠定了技术基础。

【项目背景】

本项目属能源与环境技术领域，市政环境工程学科。经过三十多年的截污治污工程，上海中心城区污水收集率已达到87%以上，水环境面貌得到了明显改善。但进一步持续改善遭遇瓶颈，究其原因在于初期雨水已超过点源成为水环境污染的主要因素。且因降雨具有集中性、偶然性和短时性，由此带来的污染冲击负荷很大，常常造成"一夜回到治理前"的窘况。为贯彻2011年中央一号文件，落实水功能区限制纳污控制红线，改善水环境，上海市中心城区亟须从点源治理拓展至面源（初期雨水）治理。该项工作在国内尚无经验可循，首要需要解决的就是治理标准。

【项目内容】

城市面源污染控制在国内几乎是个全新课题，首要的问题就是初期雨水治理的相关技术标准，这决定了初期雨水治理的规模与方式，并最终影响决策与未来治理的效益。初期雨水治理标准是上海市中心城区初期雨水治理的核心问题与技术关键。

上海在经济水平、水环境现状、面源污染特征、降雨特征、土地利用现状等诸多方面与欧美日等国有着显著差异，并无模式可以参照。项目组从初期地表径流污染规律、降雨规律研究入手，对不同截流雨量下的污染物削减效率、排水标准可提高程度、水环境容量复核、欧美日等发达国家标准横向对比等四个方面进行了研究，最终确立了符合上海实际情况的初期雨水治理标准，成果经鉴定属国内首创。

【工作过程】

一、上海市中心城区面源污染现状

改革开放后的三十多年来，上海市政府投入了巨资，先后建成了合流污水治理一期工程和污水治理二、三期工程、苏州河综合整治等工程，通过截污治污等手段，使全市水环境面貌有了明显的改善，目前中心城区河道已基本消除黑臭，中心城区污水收集率已达到87%以上。在点源得到较好控制的情况下，面源污染已日益成为制约上海水环境改善的主要因素。

对于上海市中心城区，大部分的地表径流都是由合流制或分流制雨水治理系统收集后通过泵站排放进入河道。根据相关研究成果，目前中心城区内入河污水量主要以泵站放江形式为主，约占到60.8%左右；集中式污水处理厂尾水排放居次，仅占约27.7%。入河COD污染主要以排水泵站放江为主，COD占到了入河污染源的86.6%；入河氨氮污染也以泵站放江污贡献最大，氨氮占到了入河污染源的69.45%（见图1）。由此可见，泵站放江目前已经成为中心城区河道污染的主要因素。降雨放江污水中不仅含有大

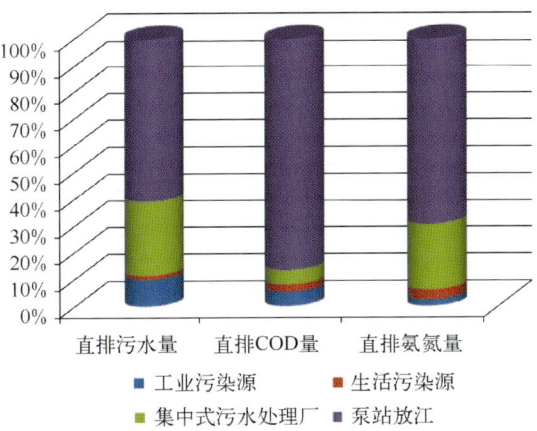

图1 不同污染源对中心城区水体污染物贡献率

量污染严重的地表径流,还包括雨水冲刷起的管道沉积物,并且为短时间内集中式放江,对受纳水体的冲击负荷更加严重。

二、中心城区初期雨水水质特性分析

(一)屋面径流水质特性分析

项目组对同济大学部分屋面、浦东新区源深体育中心屋面径流水质进行了研究,总体来讲屋面雨水水质较好。小雨对屋面的冲刷作用较弱,并且径流量小,到降雨结束屋面仍然未被冲刷干净,使得降雨过程中污染物浓度变化不显著,降雨过程结束时浓度仍然较高。中到大雨时,降雨初期降雨强度较小,少量的雨水中溶解了屋面大量的沉积物,径流初期水质较差,污染严重,随着降雨强度的增大,径流量增加,加之屋面上沉积的污染物减少,屋面雨水径流水质明显改善,污染物浓度大幅度降低。在降雨量约为7~9 mm时,径流污染物浓度趋于平缓。

(二)中心城区道路径流水质特征分析

项目组对上海市不同区域的19个路面监测点进行了历时三年的径流水质调查,共获得22次降雨事件的56组径流水质过程线以及相关的降雨特征数据,样品数累计492个。分析得知,在雨量、降雨强度较小的情况下,整个径流过程污染物的浓度没有明显下降,这说明地表污染物直至降雨结束尚未被冲刷干净。而在中到大雨的情况下,污染物出流浓度趋于稳定时降雨量约为8~10 mm。

(三)合流制系统雨天溢流污染特性分析

对苏州河沿岸及两港区域的典型合流制系统数十次溢流事件水质进行研究后得知,合流制系统由于管道沉积物以及汇流面积大的影响,其出流过程与屋面及地表径流出流规律有些差别。

在小到中雨情况下,由于沉积物的影响,出流污染物浓度峰可能后移或出现多个峰值,初期效应不明显,且到排江末期水质没有明显改善。只有在大到暴雨排江的情况下,其初期效应比较明显,在降雨量大约为11~13 mm时,污染物浓度趋于稳定。

(四)分流制系统雨天排江污染特性分析

对苏州河沿岸和浦东新区典型分流制排水系统数十次溢流事件水质进行研究得知,混接程度较严重的分流制系统在小到中雨情况下排江,初期雨污水污染物浓度较高,尤其是由于混接造成排江雨污水中有机物COD及主要存在于生活污水的NH_3-N浓度较高。分流制系统尤其是混接程度较轻的分流制系统,雨天排江污染物浓度较合流制低,控制5~7 mm降雨量,可达到较好的污染物削减效果(见表1)。

表1 不同径流阶段排江水质COD平均浓度统计值

合流制系统溢流污水COD平均浓度		分流制系统雨水径流COD平均浓度	
降雨量(mm)	COD平均浓度(mg/L)	降雨量(mm)	COD平均浓度(mg/L)
0~10	328~360	0~5	250
10~20	215~240	5~10	150
>20	105~138	10~20	100
—	—	>20	50

三、上海市中心城初期雨水治理规划标准

除增加截流外,调蓄是现阶段上海市初期雨水治理见效最快、实施可能性最好的治理手段。初期雨水调蓄成本是相当高的,这就需要根据排水系统溢流污染特性和降雨特征分析,在调蓄量与污染削减效率之间寻求合理区间,实现既能减少污染负荷满足水环境功能区划要求,又能将治理成本控制在一定限度之内,同时兼顾防汛标准的提高。

(一)截流雨量与污染物削减效率分析

1. 上海市中心城区近30年降雨特征分析

通过对最近30年上海市中心城降雨数据进行统计分析,得到以下三个方面特征:

(1)年降雨天数规律性较强,年降雨量变化幅度较大。从徐家汇站近30年的降雨数据的统计结果来看,1979—2008年每年有雨天数在103~134天,平均为119天(如图2),总体变化幅度较小,规律性较强。年降雨总量变化幅度较大,近10年年降雨量有明显增加趋势,且年际降

序列号	1	2	3	4	5	6	7	8	9	10	11	12	13	14	15	16	17	18	19	20	21	22	23	24	25	26	27	28	29	30
年份	1979	1980	1981	1982	1983	1984	1985	1986	1987	1988	1989	1990	1991	1992	1993	1994	1995	1996	1997	1998	1999	2000	2001	2002	2003	2004	2005	2006	2007	2008
单场降雨量	666	791	758	466	695	426	1090	1060	580	1226	957	1152	1526	744	936	649	1099	972	1114	1087	1773	775	2506	592	859	768	759	2078	691	1155	1571
	439	639	730	427	681	368	1050	622	513	582	513	607	1123	682	655	414	1009	935	795	571	1385	624	1178	570	516	1212	499	2054	495	557	975
	332	563	368	414	561	328	679	451	504	390	495	586	821	537	637	397	963	627	410	477	1023	621	520	404	516	532	643	463	574	418	557
	329	548	360	412	552	250	676	367	460	381	475	463	777	496	622	357	664	459	378	393	633	495	474	400	410	389	556	360	633	418	460
	308	548	331	393	489	237	607	361	438	367	465	389	670	471	568	321	568	360	363	389	549	434	460	346	382	417	337	474	332	418	432
	294	439	329	357	464	219	587	346	409	258	388	379	544	299	524	275	428	352	283	347	506	410	398	358	299	210	341	316	343	415	427
	289	361	323	335	395	201	421	346	383	202	354	327	515	279	515	273	391	323	268	317	505	405	374	355	318	194	311	271	342	377	423
	231	327	296	330	388	178	406	289	358	202	353	262	523	241	391	233	380	326	263	315	472	327	346	344	188	297	261	296	314	377
	230	287	292	314	372	172	382	275	342	181	308	249	327	223	239	190	355	288	229	274	368	294	338	340	269	243	279	314	309	375
	223	272	261	309	347	156	381	247	329	169	283	244	303	209	335	175	311	286	222	219	348	277	278	324	277	263	233	284	302	364
	207	254	245	305	315	145	346	245	310	164	280	223	243	190	434	166	332	256	219	219	340	271	247	290	272	251	215	255	269	331
	206	250	245	273	276	139	334	240	291	158	234	216	239	173	332	166	324	256	210	215	324	265	266	298	162	231	242	256	256	327
	190	242	234	271	255	138	312	204	283	158	237	235	231	161	325	153	312	234	197	210	315	255	266	276	158	227	216	235	258	282
	174	231	228	257	254	129	299	201	270	147	206	219	156	311	141	282	229	187	197	303	252	260	264	146	223	212	234	253	273
	171	224	226	231	249	128	299	201	264	146	207	204	217	154	304	139	216	206	168	184	300	248	260	264	144	214	196	212	236	250
	168	210	196	228	239	127	294	197	257	145	192	185	200	152	302	137	216	205	164	173	286	238	250	260	140	207	194	210	233	250

注：红色标识，＞100 mm；绿色标识，＞70 mm；蓝色标识，＞50 mm；黄色标识，＞30 mm。

图2 徐家汇站1979—2008年单场降雨量按年排列图谱

雨量变化幅度也明显增加。降雨场次的相对稳定有利于一定截流标准时的初期雨水截流效益的稳定发挥；极端暴雨出现频次的增加，则使得城市排水防洪面临更大的压力，使得提高排水标准越来越有必要和紧迫。1979—2008年总降雨量变化情况及不同雨量场次分布如图3和图4所示。

（2）近十年雨量不均匀性增大，暴雨频次不断增加。对徐家汇气象站1979—2008的数据每十年为一组，基本分为20世纪80年代、20世纪90年代和21世纪前十年三组，对各组降雨雨量进行了统计分析，得到单场大于100 mm的强暴雨的场次，三个年代分别为4次、7次和10次，可见强暴雨频率近30年有较为明显的增加趋势。除100 mm以上降雨外，70~100 mm、50~70 mm、30~50 mm的雨量频次也呈增加趋势（见图5）。

（3）小雨场次所占比重高，污染物负荷贡献大。从徐家汇气象站近30年的雨量数据统计情况来看，一方面，上海市中心城小于10 mm的降雨场次每年为72~104场，平均为84.4场，所占降雨场次比例在70%以上。这些场次的雨所产生的地表径流污染物浓度一般都很高，基本全部为初期雨水。又因为地表水体未能得到降雨的有效补充，导致比大雨时更加严重的地表水体受到污染的状况；另一方面，大于10 mm的较大降雨比重相对较少且总体场次较为稳定（见图6）。

2. 截流雨量与污染物削减效率分析

对于合流制排水系统，小雨被完全截流的程度，以及中到大雨初期雨水被截流比例是城市初期雨水治理效益分析的两个关键。为了准确把握上海市中心城各种雨量的分布特征，找到合适的降雨截流量区间，实现"小雨完全截流、中到大雨合理截流"的目标，项目组根据中心城XJH气象站近30年的降雨历史数据，对不同初期雨水截流量下，溢流放江频次削减率和溢流污水量削减率分别进行了计算，计算拓扑图见图7。

据此制作了溢流放江频次削减-雨水截流量效率曲线和溢流污水量削减-雨水截流量效率曲线（见图8—图10）。

从上述图形可以判断，截流量在10~15 mm区间是溢流场次削减效率和雨量削减效率的高效区，也就是截留10~15 mm初期雨水时截流调蓄设施具有较好的环境-经济效益比。

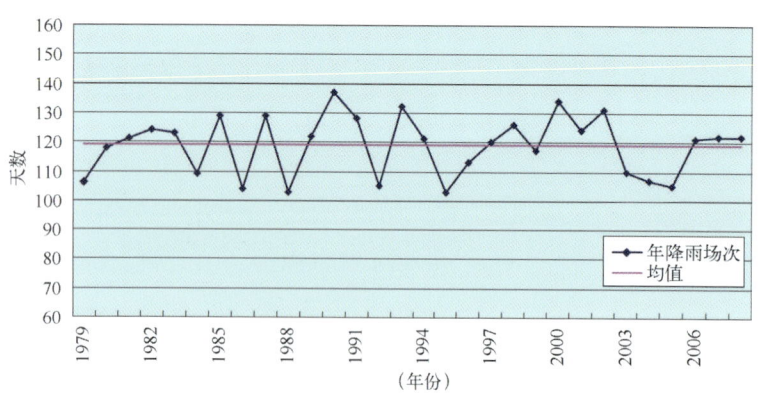

图3 上海市中心城近30年降雨天数及平均值

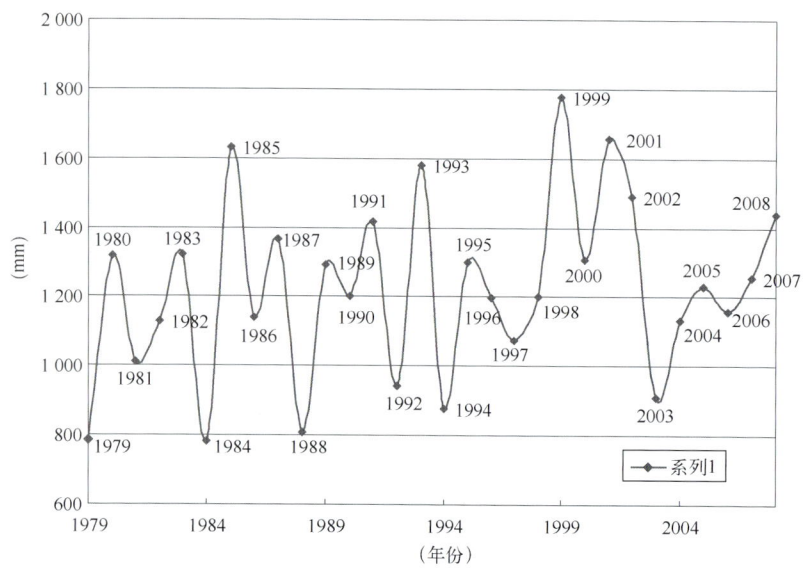

图4 徐家汇地区1979—2008年总降雨量变化曲线

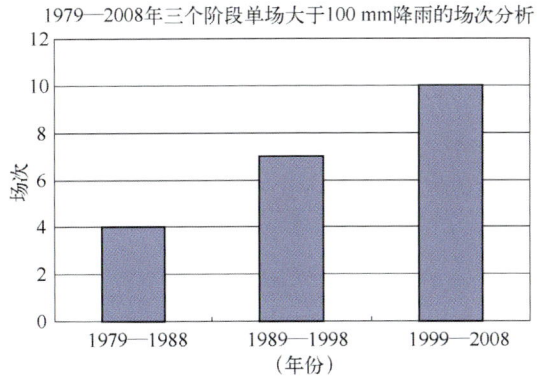

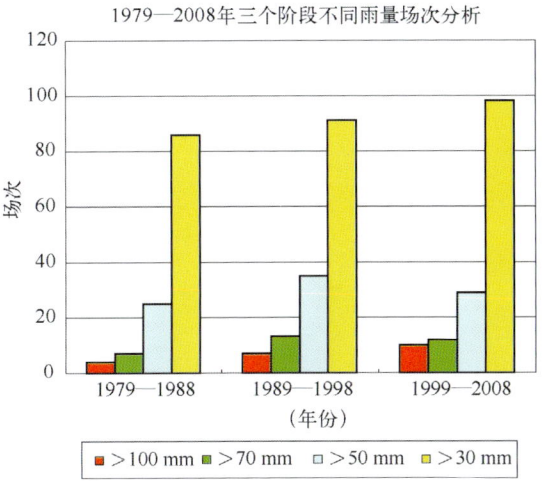

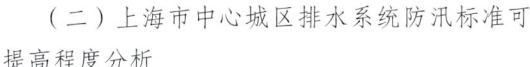

图5 徐家汇地区1979—2008年三个阶段不同雨量场次分析(每十年为一阶段)

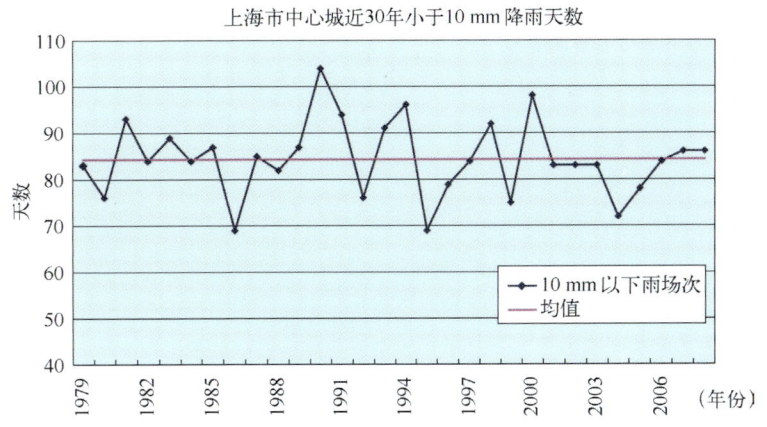

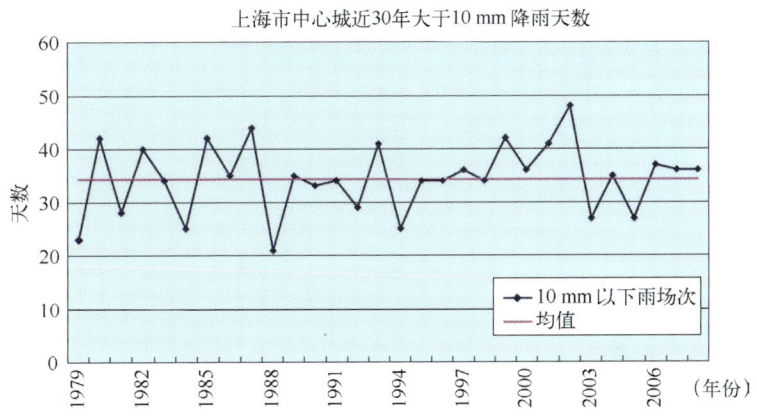

图6 上海市中心城近30年小于和大于10 mm降雨天数及平均值(徐家汇站)

(二)上海市中心城区排水系统防汛标准可提高程度分析

城市排水系统防汛标准的提高受制于经济、技术和社会因素,难以通过大规模开路施工来实现,采用调蓄的方式是提高排水系统防汛标准比较可行的方式之一。然而,排水标准的提高不是无限的,原因在于排水系统的防汛标准总体上受制于整个系统的设计能力。调蓄截流量过大将发挥不了作用,调蓄设施量过小则提高防汛标准的程度有限。课题组在上海市中心城区选取了浦东金桥新村排水系统,利用Infoworks CS排水管网模型对其防汛标准可提高程度进行了分析。

浦东金桥新村排水系统(见图11)服务面积2.42 km²,为分流制排水系统,雨水主干管管径为2 200～3 000。通过Infoworks CS排水模型研究,该系统现状排水能力满足一年一遇设计标准,通过在系统主干管中间适当位置设置雨峰调蓄池,可基本实现两年一遇排水标准(见图12),再继续提高将受制于支管系统的输送能力而不能实现。也就是说,通过在排水系统适当位置设置调蓄设施,可将排水标准提高7 mm。

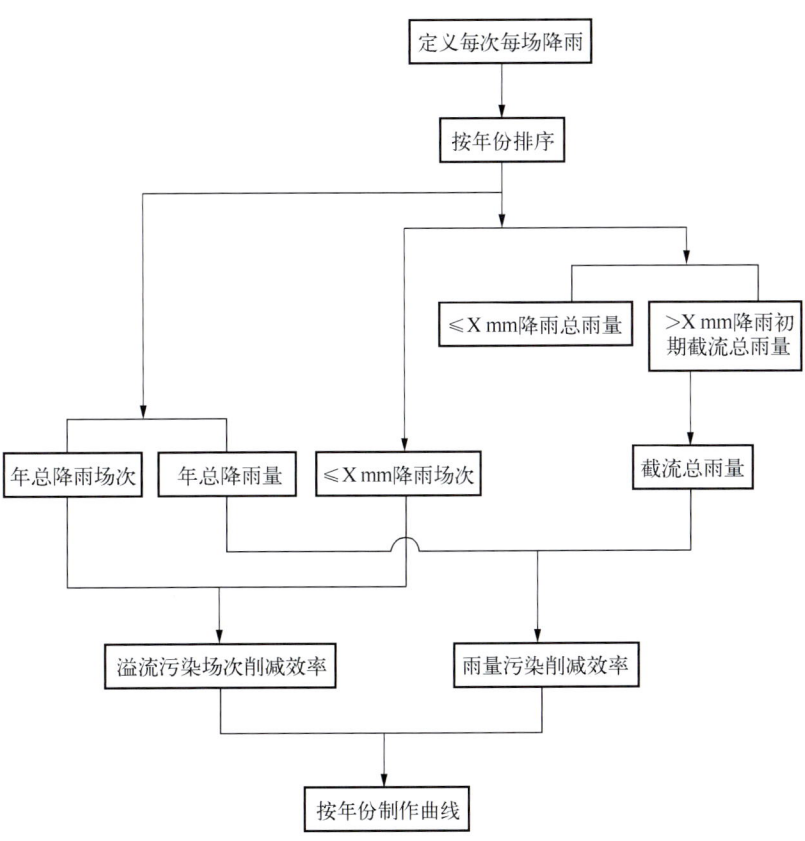

图7 不同降雨场次与雨量削减效率曲线制作框图

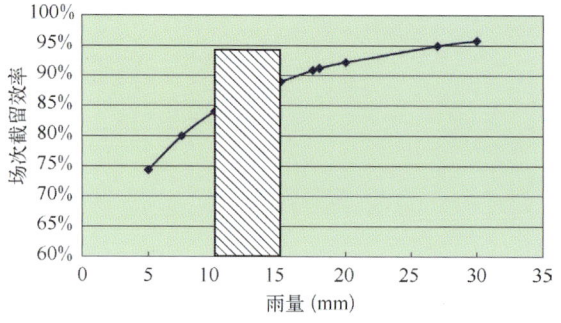

图8 不同截流量下溢流场次削减效率曲线

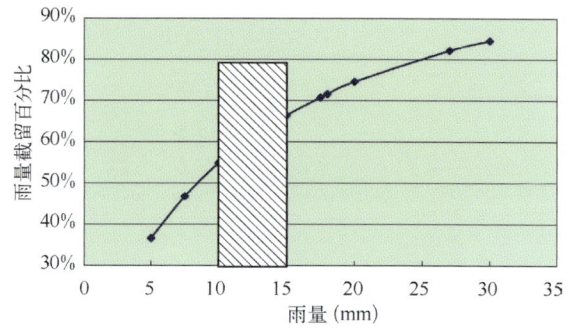

图9 不同截流量下雨量削减效率曲线

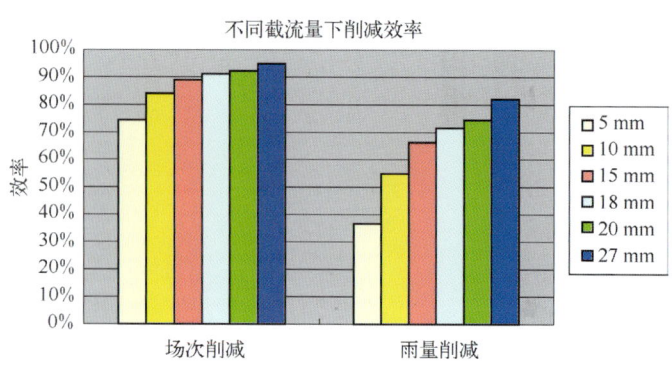

图10 不同截流量下消减效率

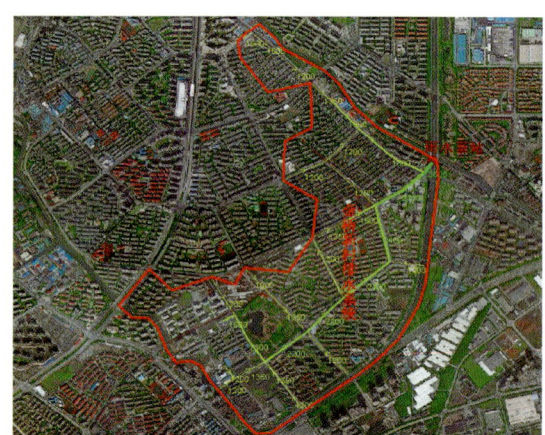

图11 金桥新村排水系统

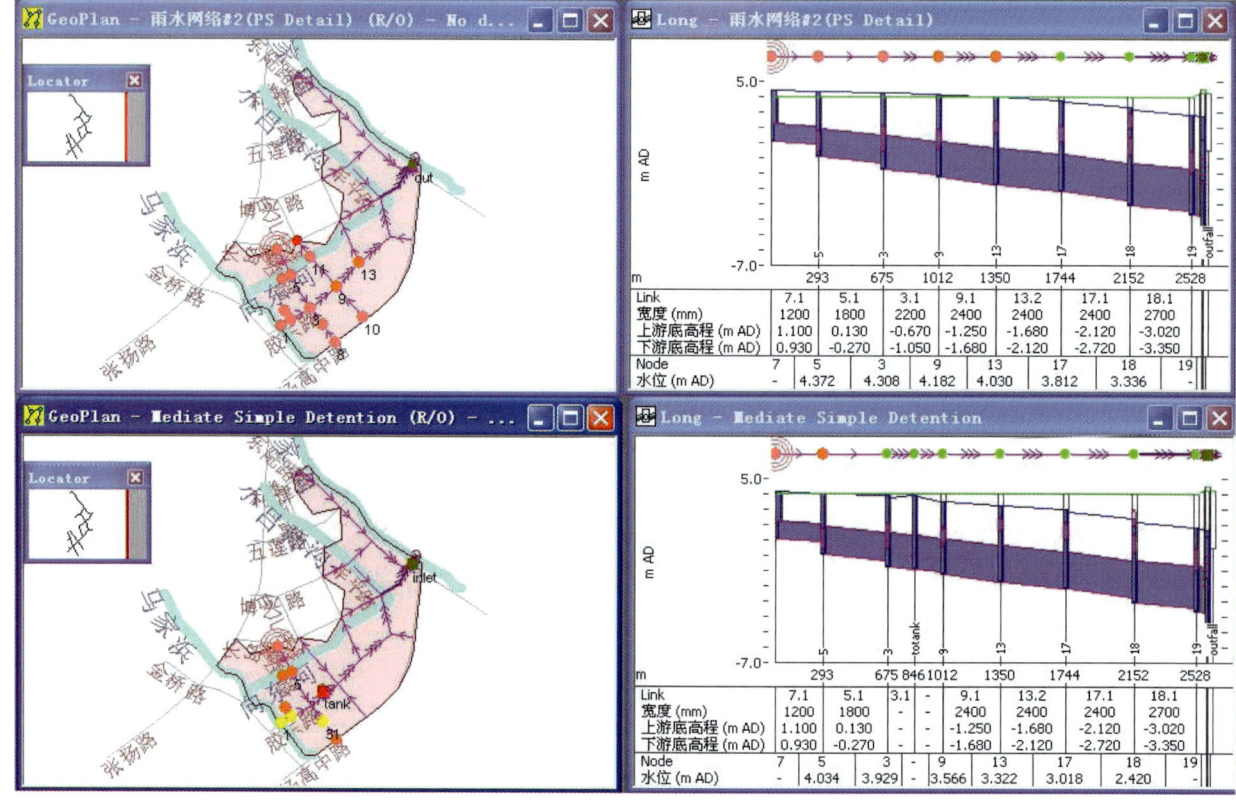

图12 两年一遇设计暴雨调蓄前后模拟结果对比

（三）上海市中心城区初期雨水截流标准推荐值

初期雨水治理主要是调蓄降雨初期的地表径流，而防汛标准提高则需调蓄降雨峰值流量，两者兼顾则需要叠加考虑。再考虑到上海市中心城区内环以内与内外环间在水环境与防汛标准需求上的差异，初步制定初期雨水治理标准，用于水环境容量复核。

（四）初期雨水截流量的环境容量复核分析

项目组经过严谨测算，上海市中心城区理想边界下（即省际边界上游来水水质均达到水功能区划的水质标准）的水环境容量为5.58万t/d，不考虑黄浦江水环境容量的利用，则中心城可利用的水环境容量为3.56万t/d。

经过点源与面源治理，最后进入地表水体的污染物有以下几类：一是未被完全收集处理的点源污水，二是就地污水处理厂尾水排放，三是后段地表径流污染。根据上海市污水处理系统专业规划和水务"十二五"规划，到2015年上海市中心城区点源治理率按95%考虑，据测算，上海市中心城区（除排黄浦江排水系统）地表径流污染物入河负荷为2.14万t/a，污水处理率95%情况下的剩余入河点源0.72万t/a（未包括黄浦江排水系统），中心城区分散污水处理厂尾水排放污染物负荷0.55万t/a，合计入河污染物负荷为3.41万t/a（见图13）。

可见前述初期雨水治理标准能够满足中心城区入河污染物负荷要求，说明本研究推荐的初期雨水治理标准能够满足上海市中心城区水环境容量的要求。

（五）发达国家经验借鉴

通过调研，日本对合流制排水系统初期溢流污染的控制，其指标主要为非汛期BOD削减率达到95%，汛期BOD削减率达到65%，对应的初期雨水调蓄标准则为9.5～16 mm的降雨量。德国对分流制排水系统初期地表径流污染的控制，其治理标准为1.8～6 mm的降雨量。

上述两个国家在初期雨水治理领域起步较早，通过工程应用其治理标准已较为成熟。因上海在雨型、污染负荷与水环境容量等方面存在的差异，本研究推荐的初期雨水治理标准处于上述两个国家标准的较高区段。

（六）上海市中心城区面源污染负荷组成

根据测算，在上述治理标准下，上海市中心城区初期雨水COD污染负荷削减量可达3.9万t/a，其中合流制排水系统削减初期雨水COD污染负荷1.35万t/a，分流制排水系统削减初期雨水COD污染负荷2.55万t/a。上海市中心城区按截流标准截流后的地表径流COD污染物入河量为2.14万t/a，其中合流制排水系统削减初期雨水COD污染负荷0.36万t/a，分流制排水系统削减初期雨水COD污染负荷1.78万t/a；剩余点源和污水厂尾水排放COD污染负荷1.4万t/a；上海市中心城区总面源污染负荷为8.61万t/a（见图14）。

（七）结论

上海市中心城区内环以内合流制排水系统截流18 mm、分流制排水系统截流12 mm；内外环间合流制排水系统截流11 mm、分流制排水系统截流5 mm的组合截流标准可满足上海市水功能区的要求（见表2），具有较好的工程规模-环境效益比，可实现内河减排COD3.90万t/a，并可将内环以内地区防汛标准从一年一遇提升到两年一遇。

表2 上海市中心城区初期雨水治理拟定标准

调蓄标准 (mm)	内环		内外环间	
	合流制	分流制	合流制	分流制
水质改善	11	5	11	5
防汛标准提高	7	7	—	—
合计	18	12	11	5

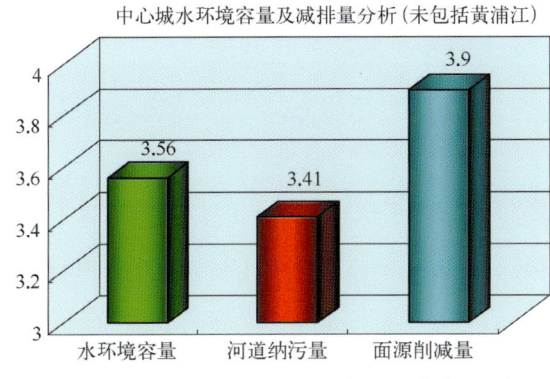

图13 上海市中心城面源削减与水环境容量分析

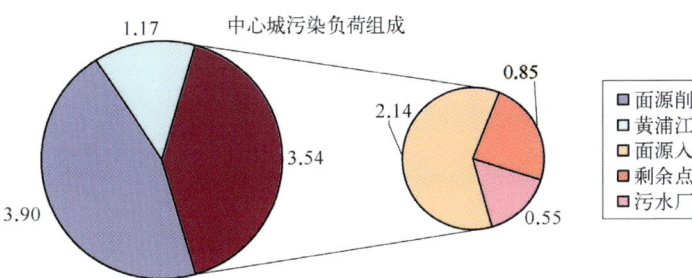

图14 上海市中心城区COD污染物负荷组成分析

【咨询工作特点】

一是积极贯彻中央与市政府要求,开创了上海水环境治理的新领域。对初期雨水进行治理是有效减少入河污染物总量的新途径,成为上海落实中央水污染治理的重要抓手,完善了现有的水环境治理体系。

二是解决了上海市初期雨水治理规模与效益这两大核心问题与关键技术。城市面源污染控制基本属于新课题,其首先要解决的就是确定初期雨水治理的相关技术标准,因为它决定了初期雨水治理的规模与方式,并最终影响决策与未来治理的效益。

三是课题从上海的实际情况出发,因地制宜,在注重差异性的同时借鉴国外经验。上海在经济水平、水环境现状、面源污染特征等诸多方面与欧美日等国有着显著差异,因此不能照搬别人的模式。本研究从初期地表径流污染规律、降雨规律研究入手,对不同截流雨量下的污染物削减效率等四个方面进行了研究,最终确立了符合上海实际情况的初期雨水治理标准。

四是利用模型技术实现了初期雨水治理与城市防汛能力提高两方面功能的耦合,一举两得,且方法具有普适性。本研究以大量的初期地表径流水质水量监测数据和近30年降雨记录数据为支撑,除了国外通常考虑的合流制溢流污染控制外,还考虑了分流制初期地表径流污染控制、防汛标准同步提高以及现有污水系统运行方式的革新等需求,并运用排水管网模型技术进行了仿真计算。研究思路与方法可为国内其他大中型城市初期雨水治理提供模式参考,具有广泛的推广价值。

【咨询效果】

初期雨水治理标准的科学确定既确保了水环境治理效果又兼顾了投资额度,可根本改善水环境质量和明显降低道路积水频率,是改善民生的重大举措,具有显著的社会效益。

本研究成果已应用于上海市中心城区初期雨水治理规划的编制和上海市排水防涝规划的编制,将为下阶段上海市中心城区水环境治理和排水防涝能力的提高发挥重要的指导作用。其提出的截流标准已作为上海市中心城区新建调蓄设施建设规模的测算依据,也将作为调蓄设施用地控制、末端初雨处理厂规模控制指标的科学依据。

目前上海市水务局依托该研究成果和相关规划,正在组织推进排水防涝与初期雨水治理苏州河段示范工程建设,直接投资120亿元。

促进上海重点开发地区加快发展的体制机制研究

The Institutional Mechanisms Study on the Promotion for the Accelerating Development in Shanghai Key Development Areas

编写单位：上海投资咨询公司
Shanghai Investment Consulting Corporation
联系电话：021-63903366　　网址：www.sicc.sh.cn
主要完成人：王骅　耿海玉　吕海燕　张彬　周明　窦义粟　石炜昕　赵超

【点评】

本研究通过对上海市"十二五"六大重点开发地区进行聚类分析，找出其开发建设与运营过程中存在的共性问题，并通过上海与国内其他城市重点地区之间的横向比较，探索重点开发地区的发展规律，提出了重点开发地区突破体制机制瓶颈的政策建议。

【项目背景】

黄浦江两岸地区、世博会地区、虹桥国际商务区（见图1）、上海国际旅游度假区、前滩地区（见图2）、临港地区是上海"十二五"时期六大重点发展地区，是上海贯彻国家战略，建设"四个中心"和现代化国际大都市，推动"创新驱动、转型发展"的重要载体。六个重点地区的开发管理体制各不相同，在土地开发及功能开发等方面呈现不同模式特点。由于它们处于不同的发展阶段，遇到的难点问题也各异。

上海市委、市政府主要领导高度重视重点地区的开发建设，上海投资咨询公司连续多年跟踪上海重点地区投资建设、开发体制和运营管理等问题。项目组以重点地区体制机制为研究对象，选取了对标案例，从时间和空间两个维度，聚焦土地、资金、功能三要素，发现各重点地区发展中存在的问题，揭示其体制机制运行的共性问题及其内在规律，并就上海今后如何促进重点地区加快发展提出对策建议。

图1　虹桥商务区规划示意图

图2 前滩地区规划示意图

【项目内容】

黄浦江两岸地区、临港地区、世博会地区、虹桥商务区、国际旅游度假区、前滩地区等六个重点地区均肩负着优化市域空间布局、带动周边区域发展、推动经济转型升级的重任。六个重点地区在开发过程中,区域开发管理体制经历了若干次的被动调整,形成了目前各种管理体制并存的局面。本项目重点围绕政府派出机构和开发机构设置开展分析,汇总了六大重点地区的管理体制(见表1)。

项目组通过调研发现,六大重点地区中前滩地区开发三要素最为集中,开发推进效率较高,其他地区不同程度存在开发要素分离的状况。重点地区开发机制要点见表2。

【工作过程】

本项目于2013年6月开始,至2013年12月完成。

2013年6—7月,项目组在对全市"十二五"六大重点地区全面摸底的基础上,以问题为导向,先后实地调研了天津东疆保税区、深圳前海新区、珠海横琴新区、天津滨海新区和苏州-新加坡工业园区(见图3—图6),掌握了国内同类重点

表1 六大重点地区管理体制汇总

重点地区	机构设置			机构间关系		
	指挥部/领导小组	管委会	开发公司(投融资平台)	指挥部/领导小组与管委会关系	指挥部/领导小组与开发公司关系	管委会与开发公司关系
黄浦江两岸	上海市黄浦江两岸开发工作领导小组	无	上海市申江两岸开发建设投资(集团)有限公司、各区属开发公司	无	办公室设在开发公司	无
临港地区	无	上海临港地区开发建设管委会(市级管)	上海临港经济发展(集团)有限公司、上海港城开发(集团)有限公司或多家成片开发公司	无	无	非管辖,相对独立
世博会地区	"世博后续发展领导小组"(非常设机构)	无	世博发展集团(无土地储备职能)	无	办公室设在开发公司	无
虹桥商务区	虹桥商务区开发建设指挥部	虹桥商务区管委会(市级)	上海申虹投资发展有限公司(受委托开展土地储备)	办公室设在管委会	开发公司是指挥部的组成部分	非管辖,以开发指挥部的形式进行协调
国际旅游度假区	上海国际旅游度假区建设工程指挥部	上海国际旅游度假区管理委员会(市属区管)	上海申迪(集团)有限公司(无土地储备职能)	无	办公室设在开发公司	非管辖,相对独立
前滩地区	无	无	上海前滩国际商务区投资(集团)有限公司(一二级联动开发)	无	无	无

图3　天津东疆保税区

图4　天津滨海新区

表2　重点地区开发机制要点汇总

地区	黄浦江两岸地区	临港地区	世博会地区	虹桥商务区	国际旅游度假区	前滩地区
核心功能	黄浦江现代服务业集聚带	产城融合理念下的国家新型工业化产业示范基地	国际文化交流功能，市级标志性公共活动中心	国际贸易中心的承载平台虹桥枢纽	以国际标准谋划的世界著名旅游目的地	集体育休闲、总部商务、国际社区功能为一体的城市副中心
土地储备	部分由申江集团开发之外由所在区级土地储备机构承担	上海临港经济发展（集团）承担产业区开发，上海港城开发（集团）承担主城区开发，其他多家公司参与成片开发	由所在区的土地储备中心收储	核心区内申虹公司之外由所在区级土地储备机构承担	土地储备由市、区两级联合储备，主要由浦东土地储备中心操作	浦东土地储备中心
资金运作	申江集团参与部分土地开发，代表市政府开展公益性项目建设；各区县设立区级投资平台公司	土地出让金除国家、市级计提部分，其他返还给开发主体，经营性用地结余部分可通过项目报销，在产业区和主城区之间可适度平移	土地出让资金的报销内容与额度统一平衡；市土地储备中心为了缓解世博发展集团的资金压力，允许其采用缴纳土地租金的形式分40年缴纳土地出让金	市发改委"大平衡"；管委会"中平衡"；申虹公司"小平衡"	土地出让资金的报销内容与额度由市发改委统一平衡	按照相关规定返还成本
项目审批	规划统一报市规土局审核	临港事临港办	按照政府投资项目权限，由市、区两级政府审批	列入土地出让收支范围项目由管委会审批，其他项目谁出资、谁审批	成本项目、支出类（申迪集团立项）报市发改委审批；由新区立项项目，新区发改委审批报市发改委备案；管委会负责企业投资类项目审批	按照区投资项目管理办法审批
招商政策	无特殊政策；部分区县设置招商门槛	"双特政策"	无特殊政策	无特殊政策	无特殊政策	无特殊政策
专项产业基金	无	设立了上海临港产业基金，区级存量税收及增量的50%	无	拟申请	拟申请	无

图5 上海外高桥保税区

图6 苏州-新加坡工业区

地区开发建设和运营管理的第一手资料,听取了他们在发展过程中碰到的难题与瓶颈,并就全市"十二五"时期重点地区体制机制层面存在的问题与相关方进行了充分的沟通,进一步明确了重点地区体制机制存在的共性问题与规律,为项目组在后期提出针对性建议和措施提供了条件。

2013年8—9月,项目组编制形成初稿,先后组织数轮专家研讨会。一方面邀请重点地区开发单位的代表畅谈各重点地区发展中存在的问题及其成因,并就下一步发展提出建议;一方面邀请市发改委等政府主管部门,进一步总结各重点地区发展中存在的共性规律,并从各自角度提出发展建议。

2013年12月,项目组邀请政府部门、重点地区、区域规划设计和运营开发各方面权威人士组成专家组,对该项目成果进行了评审和验收。会后,项目组根据专家组修改意见,进一步对项目成果进行了修改、完善,于2013年12月底完成最终成果,并提交市发改委供决策参考。

【咨询工作特点】

一、问题剖析深入——重点把握共性问题

上海市"十二五"时期六大重点地区发展基础、方向和政策环境等不尽相同,项目组通过大量的走访调研和全面梳理,提炼出六大重点地区面临的共性问题。

1. 配套政策粗放,功能与空间不匹配

从上海市级层面看,一般基于功能突出、错位发展、辐射带动等因素确定重点地区范围和功能定位,并考虑功能与空间的匹配程度,但配套政策、功能谋划、空间范围的确定存在诸多不足。政策主要集中在土地、资金、审批程序放权等方面,这些同质化的政策往往较少直接服务地区的核心产业招商和功能建设。对比类似区域,功能与空间不匹配。临港地区、国际旅游度假区在这方面的问题表现尤为突出。

2. 系统谋划偏弱,体制机制被动调整

对如何充分发挥政府和市场的作用,顶层设计重点地区开发区域及其管理体制机制思考偏弱,对如何有目的、有计划地及时调整体制,平稳完成重点地区向城市建成区转换和管理体制衔接考虑不足。

3. 平衡机制模糊,投入产出缺乏控制

重点地区开发需要考虑好功能需要的增量投入及增量产出的平衡,做好投入及产出的过程平衡,及早谋划区域功能的维护及运营与区域税收之间的中长期平衡,并对全过程的投入进行科学控制。

4. 开发要素分离,多元利益较难平衡

由于目前重点地区除前滩地区外均很难做到开发要素三元合一,多元主体利益交织在一起。核心功能要求高,资金投入被迫增加。土地与功能分离,平衡难度不断升级。土地资金长远考虑少,属地地区积极性低。

二、研究方法新颖——聚类分析,揭示规律

项目组在全面梳理上海市六大重点地区的管理体制的演进过程基础上,遴选外高桥保税区、苏州-新加坡工业园区、东疆保税区等地区,与上海市六大重点地区进行聚类分析(见图7),把握重点地区体制机制设计,研究提出重点地区体制机制设计应把握三点规律:

1. 合理界定政府与市场分工

伴随着时间转移与中心城区扩张,重点地区在区位上向城区靠拢,功能上趋向于城市建成区,其体制机制设计总体上应由政府为主向市场为主转变,具体应结合其发展阶段与功能实现

度,分段设计并有序衔接。

2. 力争区域规模与功能效应相匹配

一般而言,10平方千米(数量级)开发区域对应为约40亿元税收、100亿元土地增值效应、5万人就业岗位。因此,临港地区功能略显不足,外高桥随着自贸试验区的落地将自然产生扩区需求,国际旅游度假区随着二、三期乐园启动建设,其功能区面积亦显偏小。

3. 把握三要素"合"与"分"的节奏

从发展阶段看,越是初期越需做到三要素集中,中后期则应引入多元开发主体以实现功能。目前,市级功能区推进过程中三要素集中存在先天困难,应建立相应机制予以解决。

三、展望"十三五"——为未来发展科学献策

为进一步促进重点地块加快发展,项目组在问题剖析与规律揭示的基础上,展望"十三五",为重点地区体制机制改进出谋划策。

1. 聚焦城市边缘,科学确定选址规模

建议重点地区最好选址在城市边缘,尽快在全市层面形成确定重点地区的标准与程序,根据土地溢价和税收确定重点地区的合理开发规模。

2. 构建管理模块,动态调整开发体制

建议重点地区应主动微调体制机制。开发初期,采取"政企合一"或"合署办公"的开发模式,必要时可考虑行政区划调整;开发中期,应委托开发公司主导地区开发;进入运营阶段,进行属地化管理。

3. 算清存量、增量收益,实现市场配置要素

建议明确重点地区开发前后的受益主体,估算重点地区有无两种情形下各地区的存量收益与增量收益,存量收益反哺区,增量收益用于功

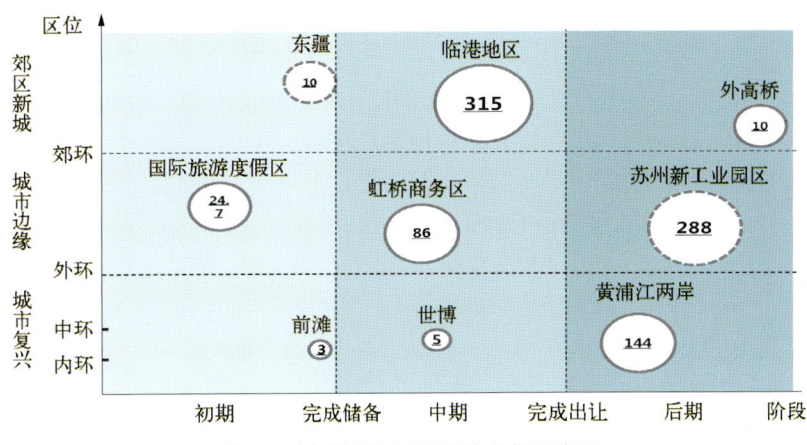

图7 重点地区与园区聚类分析示意图

能实现。通过增量改革,调动各利益相关方的积极性。

4. 量化考核指标,激发开发主体潜力

建议以核心功能实现为主线,建立与相关市级规划相衔的量化考核指标体系。运用市场竞争手段,确定开发团队,激发开发主体潜能。

【咨询效果】

每个重点地区的开发对周边地区都具有不同程度的辐射带动作用。它为更好地提升城市形象、拉动固定资产投资、带动周边开发建设与房地产市场增值,以及推动城市更新与产业结构升级调整做出贡献,是城市发展的重要平台和着力点。

通过开展重点地区体制机制的研究工作,项目组不仅找准了上海市"十二五"重点地区开发建设与运营过程中存在的共性问题,更是系统总结了重点地区发展存在的规律,并为重点地区突破体制机制瓶颈提出了针对性的政策建议,不仅得到了各重点地区管理者的认同,同时为政府更好指导重点地区发展提供了参考依据。

2012年静安区商务楼宇员工午餐项目运行专题研究

The Special Research on the Operation of Commercial Building Employee Lunch Program in Jingan District, 2012

编写单位：上海沪港建设咨询有限公司
Shanghai Hu Gang Construction and Consult Co.Ltd.

联系电话：021-62893366　　网址：www.hugang.net.cn

主要完成人员：郭康玺　叶素鸣　郭纯青　李雪莲　王云飞　邹渊　张慧　陈爱民　王婕　瞿辰吉

【点评】

本研究构建了绩效评价指标体系，通过内部管理的符合性测试、对受益方及管理方进行调查，运用相应的财务指标，通过打分，对商务楼宇员工午餐项目取得的成绩和存在的不足进行了分析和研究，为主管部门提供合理化建议。

【项目背景】

静安区作为上海中心城区商业商务发展迅速（见图1），目前约有20万白领在200余座商务楼宇中工作。为了解决在静安工作的白领中午就餐价格偏高、路程较远、品种单调的情况，静安区商务委员会特设立静安区商务楼宇员工午餐项目，又称"白领午餐"项目。

两年以来，静安区商务委员会按照"政府引导、市场运作、整合资源、加强监管"的原则，通过多形式、多渠道，多层次提供了价廉物美的午餐。因效果良好，静安区商务楼宇员工午餐项目被亲切地称为"白领午餐"项目。该项目获得区域内白领的普遍认可，受到了上海市委、市政府的肯定。

2012年，该项目形成基本覆盖全区重点商务楼宇的150家"白领午餐"网点（主要包括中式、欧美、日式、韩式、泰式等东南亚各式料理，有拼餐、自选、套餐、自助各种形式），并对其中60家单位授牌（其中中餐占57%，其他各国美食占43%），供应品种达500余种。

为进一步规范和加强对专项资金的管理水平，提高政府资金的使用效益，本调研组接受委托对2012年静安区商务楼宇员工午餐项目运行进行绩效评估。通过建立评价指标体系，对项目的实施效果和社会反响进行综合评价。

【项目内容】

一、项目范围

本次评价对象为2012年度白领午餐项目，实施部门为静安区"白领午餐"联席会议办公室。2012年度共涉及150家"白领午餐"网点（主要包括中式、欧美、日式、韩式、泰式等东南亚各式料理，有拼餐、自选、套餐、自助各种形式），并对其中60家单位授牌（其中中餐占57%，其他各国美食占43%），供应品种达500余种（见图2、图3）。

二、对项目资金预算和拨付流程的评价

1. 项目资金预算

2012年上海静安区商务委员会收到该项目财政预算350万元。

2. 拨付流程

（1）先由相关企业递交"白领午餐"专项补

图1　静安区商业楼宇

图2　静安白领午餐点

图3　静安白领午餐指南

贴资金申请表与每月供餐客数统计清单等材料至所在地街道初审。

（2）由街道会同相关部门负责对相关餐饮单位提出的申请材料和供餐数量进行核定，形成初审意见，以书面形式上报静安区"白领午餐"联席会议办公室（由区委宣传部、区社建办、区商务委、区财政局、食药监静安分局、各街道组成）。

（3）该办公室委托第三方社会组织对企业进行年终考评，并出具书面报告。

（4）食药监静安分局定期对相关餐饮单位进行食品安全专项检查，并出具书面报告。

（5）静安区"白领午餐"联席会议办公室汇总各方评估及反馈意见，报区"白领午餐"联席会议讨论达成审批意见。

（6）根据评审结果，静安区"白领午餐"联席会议将专项资金经区商务委拨付给相关企业。

3. 项目绩效目标

项目绩效目标包括：参与企业达到150家，示范企业达到30家；白领满意率达到90%；对社会经济有一定带动作用。

【工作过程】

根据本次绩效评价的要求和评价项目的特点，本公司组成了评价小组，按工作方案开展了各项工作，并针对该项目制定了"2012年静安区商务楼宇员工午餐项目运行专题研究报告"，其过程共分五个阶段。

一、准备阶段（2013年1月1日—15日）

联络项目单位召开评价工作协调会，确定评价（自评）工作小组成员；根据项目情况确定各相关部门的联络人员，并调整工作计划；听取项目单位对项目实施情况的介绍，获取项目立项申报、合同制度、计划安排以及项目历史资料等基本素材，以便对项目作更深入的了解。

二、方案制定阶段（2013年1月16日—31日）

根据项目实际情况修改和完善评价工作方案，包括评价指标体系和调查问卷，以符合实际情况和满足取数需求；召开评估指标体系论证会，在听取专家和各方面意见后对指标体系进行二次修改。根据既定的评价目标，评价工作需充分揭示白领午餐这一项目的社会效益以及项目在达到预期效果方面存在的问题，因此调研组在与静安区"白领午餐"联席会议办公室充分沟通的基础上，将调研的工作重点定位在对受益的白领个人以及相关楼宇管理单位进行满意度调查上，并将样本量定为500份白领消费者问卷、50份楼宇管理者问卷。问卷发放样本量较大。

三、绩效评价工作执行阶段（2013年2月1日—28日）

根据新调整的绩效评价指标体系修改和完善"工作底稿"；根据工作底稿内容，完成各层次调研、相关数据的收集工作，包括原始数据采集、核实资金投入和使用情况、开展问卷调查和实地调研等。在具体实施过程中，为保证评价工作的质量，调研组陆续对上海市静安区商务委员会、静安区静安寺街道办事处、静安区石门二路街道办事处、静安区江宁街道办事处、静安区曹家渡街道办事处、静安区南京西路街道办事处以及相关34家餐饮企业进行实地调研，与楼宇管理层、白领及相关人员进行交流等，以多种形式进行了数据收集及分析。

四、撰写报告阶段（2013年3月1日—15日）

根据前期分析、数据汇总，撰写绩效评价专题研究报告初稿。

五、征求意见阶段（2013年3月16日—4月7日）

于3月16日开始就绩效评价专题研究报告初稿征求静安区"白领午餐"联席会议办公室意见，听取相关单位意见和评审意见，进一步修改报告，4月7日前完成绩效评价正式报告，提交静安区"白领午餐"联席会议办公室。

【咨询工作特点】

一、调研涉及范围广，单位数量多

静安区白领午餐项目所涉及的相关方较多，包括上海市静安区商务委员会、静安区静安寺街道办事处、静安区石门二路街道办事处、静安区江宁街道办事处、静安区曹家渡街道办事处、静安区南京西路街道办事处以及相关34家餐饮企业。本次调研组用大量时间对这些相关方进行了一一走访，在调阅和检查与评价指标有关的资料文件和记录的同时对相关负责人进行访谈，保证了调研结果的全面和准确。

如评价该项目对企业的影响方面，调研人员通过一周多的走访，在与每家餐饮企业沟通与取证时，发现大多示范单位从菜品、价位、卫生、管理、服务甚至是对企业的未来规划，都有较好的表现。在与企业领导沟通时，基本所有企业领导对该项目都表示认可，认为虽然企业让出了部分利益，但白领得到了实惠，企业也得到了推广，为企业带来了正面形象和极佳的社会影响。

满意度调查方面，调研人员针对该项目发放500份白领消费者问卷，50份楼宇管理者问卷，共计550份。回收有效问卷452份。白领消费者和楼宇管理者平均满意度为87分。经对问卷调查结果的统计分析得出了满意度方面的相关结论，具体包括：白领消费者对就餐便利方面满意度最高；认为午餐价格尚存在一定的下行空间；白领对静安小南国、凯迪克大厦楼宇食堂、品川川菜恒隆广场店、绿捷快餐有限公司、食昇餐饮企业的满意度最高；绝大部分白领消费者及楼宇管理单位认为该项目具有推广至其他区县的意义。

二、调研充分，发现不足，提出建议

经对项目全面、充分的调研后，调研组发现白领午餐项目在参与企业对项目的宣传程度、降低白领就餐成本的力度以及各示范点间的沟通交流方面尚存不足。对于参与企业对项目的宣传程度不足的问题，调研组向主管部门提出加大宣传力度，通过让参与企业设置白领午餐套餐宣传台牌、易拉宝、组织参与体验互动活动等多样化的形式，使白领午餐项目得到更有效的宣传。对于降低白领就餐成本的力度不足方面，调研组了解到由于现在物资成本较高或其他客观因素，各餐饮企业已经尽力提供相对较低的价格，调研人员提出可加大餐饮企业间学习交流力度，及时了解行业情况，以尽可能降低价格。调研组还提出在参与企业中，有许多不错的企业有值得其他餐饮企业学习、参考的优点，比如梅园村酒家和东方海外楼宇食堂会主动在客户太过集中的时候分流客户给对方或周边的餐饮。品川川菜恒隆广场店会定期拜访客户、组织客户活动，了解白领的需求及反馈。还有很多企业拥有自己的微博、微信、会员中心，随时将新的菜品、特价套餐告诉白领们。对此，调研人员建议主管部门可以组织白领午餐参与企业互动沟通，将这些优点由点及面，让静安区白领午餐项目越做越好。调研报告为该项目的进一步开展起到了有效的参考作用。

三、细化评估细则，评估工作有理有据

在本次制定评估调研方案时，调研组在初步研究白领午餐项目立项目的、长期规划、相关政策的基础上，制定了一套详细的评估细则，对项目评估指标体系中各指标的评价方法、评价依据及评分标准进行了明确规定（见表1）。

此指标体系经专家评审会审议一致通过。调研组在此基础上正式开展调研工作，为规范、科学、合理地开展绩效调研奠定了坚实的基础。

四、咨询成果得到市政府部门的关注

本次调研项目在市委市政府领导的关注下，受到东方电视台等媒体的报道，调研报告相关内容被静安区商务委发布在相关报纸中。

【咨询效果】

调研组在大量数据调研及实地走访工作的基础上对该项目实施的主要经验进行了提炼，对存在的问题进行了揭示，并提出了可行、合理的建议。

一、主要经验及做法

1. 参与的示范企业起到了引领作用

此次评选出的示范单位在餐饮企业各方面都

表1 指标体系

一级指标	权重	二级指标	三级指标	权重	指标解释	评价标准
A 项目决策	15	A1 战略目标适应性	A1-1 立项依据是否充分	3	项目提供了充分的立项所需材料	有国家文件依据得3分，有市级文件依据得2分，有区级文件依据得1分（只记最高级次的文件）
			A1-2 项目与部门战略目标关联度	3	项目与部门发展政策和主要职责的关联度	关联度较高得3分，一般得2分，较低不得分
			A1-3 政府和社会对项目的关注度	4	政府和社会（如政府领导、上级部门、媒体、消费者等）对项目的关注程度	关注度较高得4分，一般得2分，较低不得分
		A2 立项合理性	A2-1 项目目标的清晰度	2	项目拟解决问题是否清楚，内容是否明确	清晰度较高得2分，一般得1分，较低不得分
			A2-2 绩效目标的合理性及挑战性	3	合理性是指是否符合政府对项目的定位，是否符合财力和社会发展水平；挑战性是指是否在现有的工作基础上有突破	绩效目标制定合理得2分，不合理不得分；具有挑战性得1分，否则不得分
B 项目管理	25	B1 投入管理	B1-2 预算资金到位率	5	到位率＝实际到位/计划到位	预算执行率100%得5分，98%得4分，95%得1分，低于90%不得分
		B2 财务管理	B2-1 资金用途与预算相符性	2	资金用途说明项目与预算一致，符合有关标准	资金用途100%符合规定得2分，不符合预算的支出占总支出比重每1%扣1分，直至扣完为止
			B2-2 财务管理制度健全性	2	项目预算、收支审批、资产管理等重要财会制度规范是否完善，不得分者需说明理由	制度规范完善得2分，否则不得分
			B2-3 拨付严谨性	6	项目资金是否按照相关制度及文件拨付，拨付之前是否进行了严格的审核	有严格审核者得4分，拨付于审核之后得2分，否则不得分
		B3 项目实施	B3-1 管理机制健全性	2	保证项目实施的管理机制是否健全，不得分者需说明理由	文件资料齐全得2分，否则不得分
B 项目管理	25	B3 项目实施	B3-2 项目执行监督情况	8	按照规定检查白领午餐授牌企业的菜品及价格是否符合要求，并了解卫生状况是否符合食药监局规定	违反任意一项酌情扣1～4分

（续表）

一级指标	权重	二级指标	三级指标		权重	指标解释	评价标准
C 项目绩效	60	C1 项目产出及效果	C1-1	参与企业数增长量	3	参与企业的增长量是否符合预期	指标共3分，每下降1%，扣1分，直至扣完为止
			C1-2	项目覆盖合理性	6	是否覆盖各办公楼所在街道，且兼顾重点	指标共6分，重点地区覆盖率每下降1%扣1分，扣完为止
			C1-3	政策对企业的影响	20	现有政策对项目的可持续发展的意义，企业的实际执行情况	对企业扶持力度大，企业认可度高的得10分，有扶持，企业相对认可的得6分，扶持力不大，企业不认可的不得分；根据走访和沟通，企业实际执行中符合"静安区商务楼宇员工午餐专项资金使用管理办法"得10分，有1处不符合扣1分，直至10分扣完为止
			C1-4	服务对象满意度	20	通过随机抽样的方式，以问卷调查的形式对服务对象进行满意度调查，从而掌握本项目服务对象的满意度情况	得分计算公式=根据社会公众（消费者）及附近商务楼宇对项目、餐饮企业的满意度的问卷调查得出满意度比率×本指标权重（6∶4）
			C1-5	区域经济带动作用	6	2012年度新增企业数目，区域餐饮税收增幅、区域餐饮营收增幅对比2011年，是否起到了带动作用	新增企业数目，区域餐饮税收增幅、区域餐饮营收增幅有上升的得2分
		C2 社会影响	C2-1	对其他区县的示范作用	5	是否起到了从试点推广的作用	指标共5分，相关政策具有可操作性、先进性的得5分，影响不大的不得分
小计	100				100		

758

具备一定的典型性和示范性,涵盖了楼宇食堂、推荐单位和特色单位。无论是参与该项目的特价套餐,企业本身的管理、卫生、服务等,都达到了餐饮企业的较高水平,起到了示范与引领的作用。

2. 安商聚能功能明显

白领午餐综合功能不断延伸,带动同类餐饮业发展,餐饮业增长率高于同期社会零售指标,为区级税收及财政稳步增长作出了贡献;楼宇商务配套功能也日趋完善;同时也促进一批中小企业转型发展。安商留商附加功能明显。

3. 参与企业积极自主拓展相关延伸业务

在推广白领午餐的过程中,参与企业更是积极主动拓展相关的延伸业务。调研组在走访时发现,有12家餐饮企业主动将业务拓展延伸至了"白领早餐",近30家餐饮提供了"白领下午茶"服务,更好地服务了区域白领,使"白领午餐"项目更多元,更人性化。

二、合理化建议

1. 参与企业对项目的宣传程度有一定提升空间

在走访各个参与企业时,发现部分企业在相关套餐菜单中,没有独立的"白领午餐"的标识。有部分企业是将白领午餐和特价套餐放在一起;部分企业是担心标识出白领午餐会让客户在点餐时具有一定局限性。建议企业从自身提高对项目的宣传力度,如设置"白领午餐"套餐宣传牌、易拉宝,组织参与体验互动活动。

2. 加大力度降低白领就餐支出

在满意度调查中,发现白领对就餐支出方面感觉还有降低的余地。在走访沟通过程中了解到,由于现在物资成本较高或其他客观因素,各餐饮企业已经尽力提供相对较低的价格;但白领仍然希望得到价格实惠,丰富菜式品种。调研组建议加大餐饮企业间学习交流力度,及时了解行业情况,尽可能降低价格。

3. 组织白领午餐参与企业的内部互动沟通

在参与企业中,有好多优秀企业有值得其他餐饮企业学习、参考的闪光点。比如梅园村酒家和东方海外楼宇食堂会主动在客户太过集中的时候分流客户给对方或周边的餐饮等。静安区商务委员会可以组织"白领午餐"企业彼此沟通,将这些闪光点由点及面,让静安区白领午餐项目越做越好。

11所地方高校内涵建设（分类指导、分类管理改革）中期绩效审计的专题研究

The Special Research on the Medium-term Performance Audit for Connotation Construction (Classification Guidance, Classification Management Reform) of 11 Local Universities

编写名称：上海沪港建设咨询有限公司
Shanghai Hu Gang Construction and Consult Co.Ltd.
联系电话：021-62893366　　网址：www.hugang.net.cn
主要完成人员：郭康玺　叶素鸣　郭纯青　郑喜雅　李雪莲　王云飞　于琼　徐玉英　孙红梅　邹燕虹

【点评】

本研究创新地将评价与审计相结合，结合财政部对财政资金进行评价的规定，从项目决策、项目管理到项目绩效对资金运用进行全面的绩效评价，构建了绩效审计评价指标体系。通过内部的符合性测试，对受益方及管理方进行调查，运用相应的财务指标，对专项资金取得的成绩和存在的不足进行了分析和研究。

【项目背景】

"十二五"高等教育内涵建设市级教育专项资金（以下简称"085专项资金"），主要用于支持上海教育规划纲要提出的十项"教育综合改革重点试验项目"、十项"重点发展项目"和国家批准上海开展的二十七项国家教育体制改革试点项目中与高等教育内涵建设相关的项目。

【项目内容】

本次评价对象共涉及11所学校（见图1—图3）的085专项资金，资金拨付总额为86 455万元，评价时段为2011年1月1日至2013年5月31日。在评价工作实施过程中，研究组紧紧围绕以结果为导向的评价原则，重点关注11所高校085专项资金的执行情况，以及"十二五"内涵建设项目绩效目标完成情况。

一、预算执行情况

1. 预算总体执行情况

经对11所高校085专项资金预算执行情况的调查，11所高校085专项资金1—4期共收到拨款86 455万元，至2013年5月31日财务账面专款支出45 432.82万元，预算资金执行率平均为52.55%（见表1）。

图1　上海高校

图2 上海高校

图3 上海高校

表1 11所高校专项资金预算执行情况表

单位：万元

学　　校	下拨金额	实际支付金额	结余数	执行率
A大学	10 250.00	7 169.76	3 080.24	69.95%
B大学	4 500.00	3 092.84	1 407.16	68.73%
C大学	6 480.00	4 129.31	2 350.69	63.72%
D大学	10 810.00	6 700.90	4 109.10	61.99%
E大学	4 520.00	2 782.17	1 737.83	61.55%
F大学	10 635.00	5 854.33	4 780.67	55.05%
G大学	6 595.00	3 410.36	3 184.64	51.71%
H大学	7 190.00	3 264.51	3 925.49	45.40%
I大学	6 595.00	2 965.11	3 629.89	44.96%
J大学	10 500.00	4 530.64	5 969.36	43.15%
K大学	8 380.00	1 532.89	6 847.11	18.29%
合计	86 455.00	45 432.82	41 022.18	52.55%

2. 经调查确认的预算执行情况

包括已签合同未付款的情况后，至2013年5月31日共执行51 879.09万元，平均预算执行率为60.01%（见表2、表3）。

二、绩效目标完成情况

11所高校085项目建设目标共1 786项，其中892项目标已完成，142项目标基本完成，116项目标部分完成，407项目标已开展并取得部分成果，229项目标未完成。完成及基本完成占总目标的比例为57.89%，其中K大学、B大学、J大学、F大学和A大学等5所大学目标完成率高于平均水平，其余6所学校目标完成率低于平均水平。I大学目标完成率为40.95%、H大学目标完成率为37.69%，需加快完成速度。经过抽查，各所学校项目目标与实际建设内容基本对接，目标对接情况良好（见表4）。

【工作过程】

根据本次绩效评价的要求和评价项目的特点，研究组针对该项目制定了专题研究工作方案，并按工作方案开展了各项工作，共分五个阶段进行。

一、准备阶段（2013年5月20日—31日）

联络项目单位召开评价工作协调会，确定评价（自评）工作小组成员；根据项目情况确定各相关部门的联络人员，并调整工作计划；听取项目单位对项目实施情况的介绍，获取项目立项申报资料、合同、制度、计划安排表以及项目历史资料等基本素材，以便对项目作更深入的了解。

二、指标体系调整阶段（2013年6月1日—10日）

根据项目实际情况修改和完善评价工作方

表2 调查确认的11所高校专项资金预算执行情况表

单位:万元

学 校	下拨金额	实际支付金额	结余数	执行率
A大学	10 250.00	7 318.96	2 931.04	71.40%
K大学	8 380.00	5 810.99	2 569.01	69.34%
D大学	10 810.00	7 356.93	3 453.07	68.06%
C大学	6 480.00	4 285.32	2 194.68	66.13%
E大学	4 520.00	2 782.17	1 737.83	61.55%
B大学	4 500.00	2 649.07	1 850.93	58.87%
F大学	10 635.00	5 992.58	4 642.42	56.35%
G大学	6 595.00	3 564.98	3 030.02	54.06%
J大学	10 500.00	5 429.95	5 070.05	51.71%
H大学	7 190.00	3 541.03	3 648.97	49.25%
I大学	6 595.00	3 147.11	3 447.89	47.72%
合计	86 455.00	51 879.09	34 575.91	60.01%

表3 11所高校四期资金分期执行情况表

单位:万元

期 数	下拨金额	实际支付金额	结余数	执行率
一期	18 710.00	18 181.38	528.62	97.17%
其中:D大学	2 300.00	2 300.00	0	100.00%
A大学	3 000.00	3 000.00	0	100.00%
E大学	1 000.00	1 000.00	0	100.00%
J大学	1 200.00	1 200.00	0	100.00%
K大学	2 300.00	2 295.16	4.84	99.79%
H大学	610.00	604.97	5.03	99.17%
F大学	2 300.00	2 278.35	21.65	99.06%
C大学	1 500.00	1 468.13	31.87	97.88%
B大学	1 000.00	949.62	50.38	94.96%
G大学	2 000.00	1 870.27	129.73	93.51%
I大学	1 500.00	1 214.88	285.12	81.00%
二期	28 250.00	23 293.25	4 956.75	82.45%
其中:E大学	1 580.00	1 579.49	0.51	99.97%
D大学	3 200.00	3 180.72	19.28	99.40%
F大学	3 180.00	3 145.30	34.7	98.91%
A大学	2 900.00	2 639.69	260.31	91.02%
C大学	2 080.00	1 889.72	190.28	90.85%
G大学	1 600.00	1 370.61	229.39	85.66%
K大学	2 280.00	1 878.25	401.75	82.37%
B大学	1 560.00	1 170.74	389.26	75.05%
J大学	4 300.00	2 927.38	1 372.62	68.08%
H大学	3 470.00	2 242.46	1 227.54	64.62%
I大学	2 100.00	1 268.89	831.11	60.42%
三期	13 200.00	5 455.40	7 744.60	41.33%

（续表）

期　数	下拨金额	实际支付金额	结余数	执行率
其中：A大学	1 700.00	1 375.97	324.03	80.94%
D大学	1 400.00	924.66	475.34	66.05%
B大学	800	429.85	370.15	53.73%
C大学	1 100.00	582.38	517.62	52.94%
K大学	1 000.00	482.58	517.42	48.47%
F大学	1 400.00	458.15	941.85	32.73%
I大学	1 100.00	322.58	777.42	29.33%
J大学	1 400.00	309.42	1 090.58	22.10%
G大学	1 100.00	221.85	878.15	20.17%
E大学	800	149.82	650.18	18.73%
H大学	1 400.00	198.14	1 201.86	14.15%
四期	26 295.00	4 949.06	21 345.94	18.82%
其中：K大学	2 800.00	1 154.99	1 645.01	41.25%
H大学	1 710.00	495.46	1 214.54	28.97%
J大学	3 600.00	993.15	2 606.85	27.67%
D大学	3 910.00	951.56	2 958.44	24.34%
C大学	1 800.00	345.09	1 454.91	19.17%
I大学	1 895.00	340.76	1 554.24	17.98%
A大学	2 650.00	303.3	2 346.70	11.45%
B大学	1 140.00	98.86	1 041.14	8.67%
G大学	1 895.00	102.25	1 792.75	5.40%
E大学	1 140.00	52.86	1 087.14	4.64%
F大学	3 755.00	110.78	3 644.22	2.95%
合计	86 455.00	51 879.09	34 575.91	60.01%

表4　11所高校目标完成情况表

学校名称	目标总数（项）	目标完成情况			预算执行率（%）	未完成目标情况分析			目标抽查比例（%）
		完成数（项）	基本完成（项）	目标完成率（%）		部分完成（项）	已开展目前未完成（项）	未完成（项）	
K大学	105	83	0	79.05	69.34	0	22	0	70.31
B大学	62	7	35	67.74	58.87	8	4	8	40
J大学	147	49	48	65.99	51.71	0	46	4	80.27
F大学	181	119	0	65.75	56.35	17	45	0	51.38
A大学	143	88	0	61.54	71.40	33	0	22	40.97
G大学	439	251	3	57.86	54.06	0	145	40	52.85
C大学	255	130	13	56.08	66.13	0	57	55	49
E大学	141	75	0	53.19	61.55	58	0	8	21.27
D大学	78	34	7	52.56	68.06	0	30	7	46.15
I大学	105	43	0	40.95	47.72	0	1	61	63.81
H大学	130	13	36	37.69	49.25	0	57	24	54.62
合计	1786	892	142	57.89	60.01	116	407	229	52.02

案,包括评价指标体系和调查问卷,以符合实际情况和满足取数需求;召开评估指标体系论证会,在听取专家和各方面意见后对指标体系进行二次修改。在本阶段,由于内涵建设项目与一般政府投资项目不同,属于软实力建设,大多缺乏硬性指标,因此在设计指标过程中,研究组充分与市教委及各学校进行沟通,将内涵建设的宏观目标不断细化分解,最终确定了岗位津贴资助人数、学术会议召开次数、本科生实训计划开展次数、科研奖励完成情况等具体指标,使得评价工作具有可操作性。

三、绩效评价工作执行阶段(2013年6月11日—20日)

根据新调整的绩效评价指标体系修改和完善"工作底稿";根据工作底稿内容,完成各层次相关数据的收集、调研工作,包括原始数据采集、核实资金投入和使用情况、开展问卷调查和实地调研等。由于本项目涉及项目单位共有11所学校,且各校资金规模都很大,因此,研究组共派出5个项目组同时开展评价工作,最终保质保量地完成了实地数据调研工作;并将取得的资料、信息数据进行整理、统计、分析,完成工作底稿的编制。

四、撰写报告阶段(2013年6月21日—30日)

根据前期分析、数据汇总,撰写绩效评价专题研究报告初稿。

五、征求意见阶段(2013年7月1日—10日)

绩效评价专题研究报告初稿于7月1日开始征求各学校意见;其后研究组与各学校讨论和修改绩效评价专题研究报告;再根据项目单位意见修改绩效评价专题研究报告;最后出具正式报告。

【咨询工作特点】

一、克服软实力建设项目评价缺乏硬性指标的难点,对085内涵建设项目制定了可操作的评价指标

本项目的评价对象为学校内涵建设项目,属于软实力建设项目,该类项目与政府投资建设项目存在很大区别。在评价建设类项目时,可以采用建设完成率、验收合格率、设备安装到位率、建设面积等大量硬性指标实施评价,但内涵建设项目相对缺乏这样的硬性指标。为此,研究组在设计评价指标时与市教委及各学校进行了充分的沟通,将内涵建设的宏观目标(如师资成长、教育质量提升、科研实力提升等)不断细化分解。如师资培养投入方面建立了岗位津贴资助人数等指标;教育质量提升方面建立了本科生实训计划开展次数等指标;在科研实力提升方面建立了学术交流会召开次数、科研项目投入金额等指标,使得评价工作具有可操作性。

二、在共性指标评价之外,重点评析各校内涵建设方面的特色成果

在设计了085内涵建设专项资金评价体系的基础上,研究组评价人员针对各所学校在内涵建设方面的突出成果进行了充分展现。如在对C大学进行充分的调查评估后,评价组对该校开展085项目的重点成果作了充分的展现。包括在教育部公布的第三轮学科评估结果中,某一级学科取得了排名第五的好成绩,提前完成了一项重点观测指标;科学研究实现了"高原"与"高峰"的双重突破,2011和2012年,各有1项重大课题立项,某学科类课题连续3年立项数蝉联全国第一;人才培养模式创新取得新进展,已有3个基地入选教育部相关人才教育培养基地,2个基地入选上海市教委相关人才培养基地;国际化水平持续提升,新增海外合作院校26所;公共服务平台建设为学科建设提供了有力支撑,相关数据库在全国同类院校中名列第一。使主管部门充分了解到C大学内涵建设的成果。

三、对学校的内部控制情况进行深入审计调查,提出了学校项目管理中存在的问题

在调研过程中,研究组重点关注学校的内控管理情况及绩效情况,包括保证085项目开展的相关制度建设及制度执行情况,在使用了内控测试、访谈调查、满意度调研等方法后,揭示出了一些学校在085项目内控管理及实施进度方面尚存的不足。经过与校方沟通,研究组的建议得到了校方的充分认可,促进学校及时分析项目进度,提高绩效目标完成的及时性;指导和规范了高校专项经费制度建设,堵塞了财务管理漏洞,进一步提高了高校经费的管理水平。

四、采用多种方法进行评价,充分体现了085项目的绩效完成情况

在评价085项目的绩效时,研究组对涉及项

目工作的各责任人进行访谈,初步了解了项目开展的现状,取得的成果及与计划存在的偏差。在有针对性地进行数据采集、资料收集后,通过与项目原定计划及其他学校085项目开展成果进行比较分析,得出了更全面的评价,充分地体现了085项目的绩效水平。

【咨询效果】

经过对11所高校085专项资金的绩效评价,研究组提出了各学校在内涵建设项目实施过程中存在的问题,以及具有操作性的合理化建议,最终提交给市教委,得到了市教委的充分认可。

一、评价发现的主要问题

1. 预算管理方面

一是个别学校预算不够细化,与财务核算科目无法匹配。调查发现,个别学校预算未列明各类明细支出的项目和金额,无法与财务核算的分类进行匹配。

二是个别三级项目的预算调整未报送审批,三级项目列支内容与预算不符,但未经过规范的报批调整程序。

2. 支出管理方面

一是个别学校原始发票报销不符合规范。调查发现,个别学校报销的发票存在抬头为"个人"、无抬头或者将个人修改成单位的情况。

二是部分学校085专项经费报销餐费不符合规范。调查发现,个别学校在085专项经费中报销了餐费,与只允许开支"国际交流与合作的招待费"的规定不符。

三是个别学校劳务费支出不规范。某大学劳务费支出占项目预算的比例大于40%的有37个子项目,占总项目数的10.16%,不符合该校085专项资金管理办法中"专项资金中属于按课题制管理要求管理的项目资金,劳务费支出比例不得超过项目经费总额的40%"的规定。

四是部分学校085专项资金采购图书未计入学校资产。调查发现,部分学校使用085专项资金采购的图书未按《高等学校财务制度》的要求计入固定资产。

五是部分学校项目支出存在不规范、审批不严格的情况。调查发现,部分学校085专项资金使用中存在凭证后附原始依据不完整、原始依据不合理、原始依据与支出内容不一致等问题。

六是违反规定列支工资性津贴。调查发现,部分学校存在用085专项资金列支工资性津贴的情况。

七是其他项目挤占085内涵建设的科研启动资金。调查发现,个别学校存在085专项资金中列支不属于专项资金开支范围的支出的情况。

3. 内部控制方面

一是存在部分合同签订不符合规定。调查发现,个别高校存在以"个人"、下属二级学院等非独立法人的名义对外签订合同的情况。

二是工程建设及设备采购管理方面。调查发现,部分学校在工程建设及设备采购管理方面存在合同签订的条款与投标文件不一致、未按照合同规定执行、提前支付款项、单一来源采购无批准文件、部分设备采购项目评标专家为学校员工、未按规定进行招投标等问题。

三是个别学校资产验收入库手续不严。调查发现,个别学校资产购置凭证后附依据缺少验收、入库和领用的相关凭据。

四是部分学校上报教委项目名称、级次与立项核算不一致。调查发现,个别学校资产购置凭证后附依据缺少未见验收、入库和领用的相关凭据。

五是全部学校预算资金执行的网上申报数据与财务数据存在差异。调查发现,所有学校预算资金执行的网上申报数据与财务数据均存在差异。主要原因是各项目负责人按照分管项目的台账各自上报,未与财务处进行核对,上报数据的确认口径与财务记账依据、记账时间存在差异。

六是个别学校档案管理不完善。调查发现,某大学085工程项目每年采购涉及金额较大,项目较多,涉及招标资料和合同较多。虽然合同及招标文件等资料已按文书档案的要求进行了归档,但对招标文件及合同未进行详细的台账管理,未记录招标文件和合同的采购厂家、购买标的、验收时间,及已付、未付款等主要内容。资产管理部门对货物和服务采购的相关资料未进行详细的分类统计台账管理,建议完善合同台账管理制度,设专人进行登记。

二、评价建议

一是建议学校进一步规范合同管理、招标管理的内部控制制度,满足学校迅速发展的内控要求,避免合同签订、履行过程中的风险,按照法律规定进行招标、签订合同;积极聘请优质代理机构,及时指导招标过程中出现的各类问题。进一步梳理采购、基建与合同签订的衔接程序,乃至085办公室、财务部及相关职能部门之间的沟通衔接,确保085专项资金的制度、规定能够有效发挥监督和指导功能,促进085专项资金发挥最大效益。

二是建议学校进一步规范085工程专项立项的项目名称、级次的设置,立项核算应当与上报教委的备案内容一致;清晰反映预算执行的变动情况。学校各相关职能部门应当进一步梳理项目的预算编制、预算调整和预算分析的流程,使085项目的建设合理有序。

三是建议学校对资金执行进度的上报保持口径统一,网上申报前应加强与财务数据的核对,各项目组相关人员在上报时也应做到细致、不疏漏,保证上报数据准确无误,真实反映085资金执行情况。

四是建议学校深入了解085专项建设的相关法律规定,理解经费中业务费允许开支的内容,对餐费的报销应当符合上级文件规定。同时应加强发票报销、经费开支的审核,所附凭证内容应填写清晰、完整,依据充足。进一步规范资产采购的验收、入库、领用手续,完善内部控制。

五是建议学校加快预算执行的进度,组织人力、物力全力进行085内涵建设工作,并及时完成计划目标任务。

佘山国家旅游度假区旅游集散中心课题研究

The Subject Study on the Tourist Distribution Centre of Sheshan National Tourism Resort

编写单位：上海科瑞真诚建设项目管理有限公司
Shanghai K & Z Construction Project Management Co., Ltd.
联系电话：021-67721178；021-65981368　　网址：http://www.kzcpm.com
主要完成人：封履宁　李萌　王春华　宁文彤　郑敏　张晋荣　张雷　包安静

【点评】

本研究通过深入考察、调研，充分采集信息，客观分析建设项目定位，分析客源市场；从盘活松江旅游资源角度出发，深化调研成果，拓展服务功能，引入房车、直升机旅游新概念；整合旅游交通，为方便市民出游，解决了景点最后一公里的旅游瓶颈。

【项目背景】

随着个性化休闲需求的不断增长和信息网络的普及，自行出游逐渐成为人们的旅游消费常态，自助型散客的客流量迅速增长。面对这一庞大的市场，旅游集散中心作为一项城市的旅游基础设施和新兴的旅游运作方式应运而生。旅游集散中心自上海首创以来，以其强大的生命力，迅速发展并辐射长三角，在国内产生广泛影响。

松江，位于上海"三大旅游功能圈"的远郊休闲度假旅游圈，是全市旅游的延伸和补充。作为上海历史文化的发祥地，是整个上海旅游资源最为丰富的地区之一。但在"大上海"旅游的遮蔽效应及长三角城市群旅游辐射效应下，受到一定程度的制约。相比之下，松江旅游业态相对比较单一，旅游服务设施不够完善，旅游市场动力明显不足，与其上海旅游大区的地位很不相称。为有效破解这一难题，松江区政府将"启动上海佘山国家旅游度假区旅游集散中心建设"列入"十二五"规划纲要，作为2011年的一项重要工作，以整合松江旅游资源，盘活资源存量，为区域旅游业的发展提供动力，使松江真正成为上海这个国际大都市的后花园，长三角地区不可或缺的旅游休闲度假基地。

为提高上海佘山国家旅游度假区旅游集散中心建设项目前期筹建工作的科学性、规范性和针对性，松江区商务和旅游委员会（以下简称"区商旅委"）于2010年5月成立了本项目课题组，为项目实施谋篇布局。

【项目内容】

课题组深入调研了松江旅游业发展现状、项目建设的背景，以及周边地区既有的旅游集散中心运营经验等，结合松江旅游业实际情况，凭籍"佘山国家旅游度假区"的品牌效应，对项目建设的功能、规模、运营模式、建设标准、营销策略、合作思路等予以全方位策划（包括房车和直升机旅游设施的建设设想）。

项目策划按"规模适度、逐步建设、预留空间"的原则确定总体建设规模。其建设宜一次规划，分期建设，逐步完善。总用地面积约66 666.7 m^2（100亩）。

1. 近期（2011—2020年）规划

用地面积约33 300 m^2（50亩）。项目主体建筑以低层钢筋混凝土结构为宜（两到三层），其建筑风格应与度假区相匹配。总建筑面积可达45 786 m^2，其中地上面积约19 986 m^2，地下停车库约25 800 m^2。

2. 远期（2020年以后）规划

由于发展的非均衡性与不可预见性，在土地一次征用分期实施的情况下，近期建设宜考虑适当扩大停车坪面积，供公交换乘、公交停靠及吸引公交运输企业入驻，及向社会提供有偿停车服务。其余土地以绿化形式储备作为远期用地。

松江新城一城两貌。老城区居民居住集中，其出游若都从本次拟建的中心出发，既不方便市民出行，也占有一定交通资源，加剧新老城区间的交通拥堵。故应考虑在老城区辟建附属于中心的旅游集散站。

3. 项目方案

拟建项目应体现生态性、环保性、协调性、便捷性、文化性、科技性、经济性、国际性的时代特征，功能齐全。平面布局拟以"长袖善舞"为主题，寓意本区旅游事业发展的美好前景。立面设计主体突出、高低起伏、刚柔相济，以呈现出蓬勃向上的气势（见图1）。

4. 项目投资估算

近期项目建设安装费24 657.7万元（不含房车基地、直升机基地建设费用），其他建设费2 365.84万元，建设用地费692.47万元，工程预备费2 702.35万元，合计总投资30 418.36万元。

【工作过程】

课题组先后与旅游业专家学者座谈、外出实地考察，至11月中旬拟定课题研究报告初稿。其时，又增加了房车和直升机旅游设施的建设设想。之后，又考察调研，多方征求职能部门与专业机构的意见，形成课题研究成果。

1. 编制课题研究大纲

课题组主要考虑了以下几个方面：长三角地区主要城市旅游集散中心的运营特点与状况；旅游集散中心作为中国新型旅游运作模式的发展前景；松江区旅游业的显性资源、潜在资源及客源现状与拓展；拟建项目的功能定位、项目规模、运营模式、建设标准、营销模式；与长三角城市群旅游集散中心的合作思路。

据此，课题组于2010年5月底，邀请旅游业界和高校旅游专业的专家学者召开座谈会，听取和吸纳行业专家对项目策划工作的建议。同年6月，课题组先后对长三角地区现有旅游集散中心及运营情况进行实地调研。重点考察了上海、浦东新区、南通、无锡、镇江、杭州等地的旅游集散中心。主要围绕"基本情况、运作模式与效果、政策支持、特色服务、面临问题"几个方面，对上述各旅游集散中心作了详细的分析，并从资本结构、政府补贴、主要客源、主要旅游目的地，以及旅游管理与客运职能、客运车辆的自营与租赁、

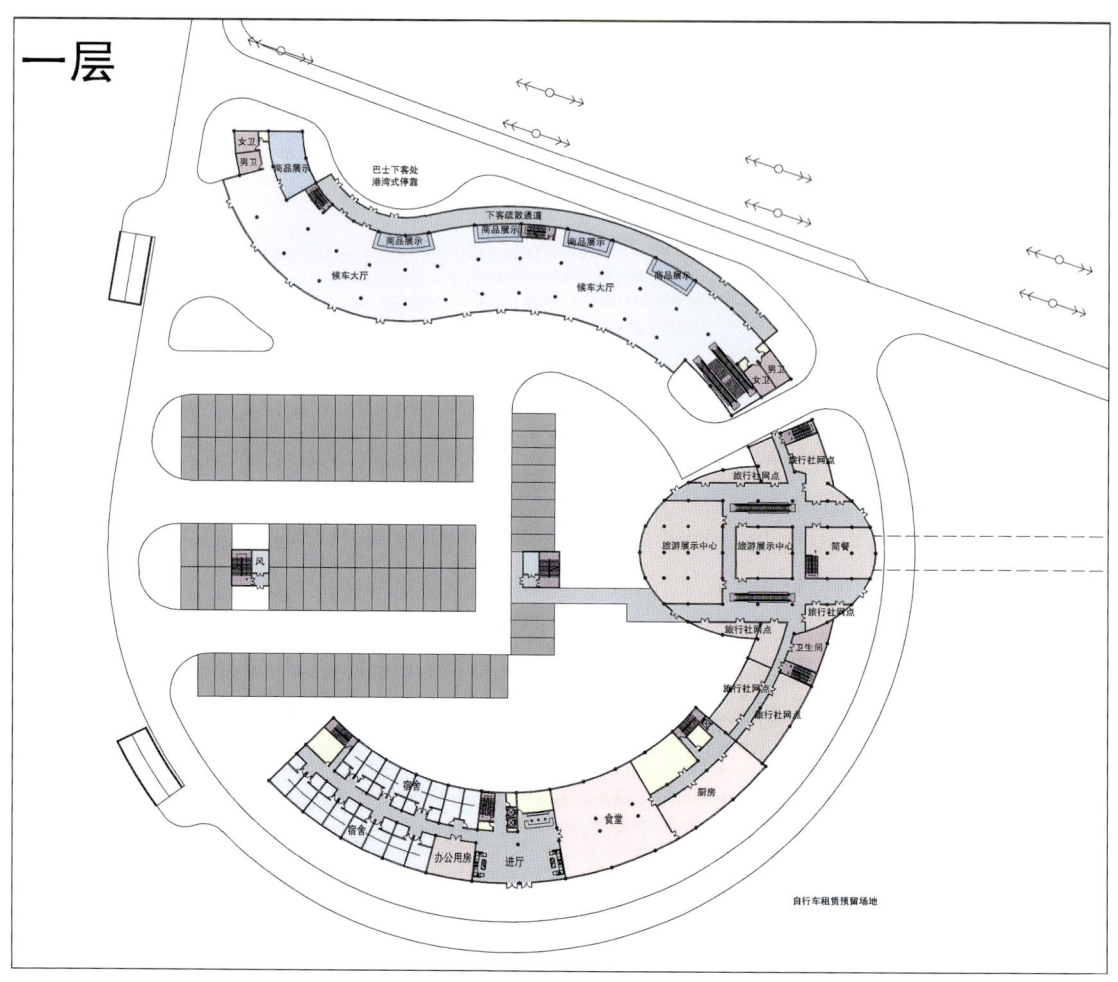

图1　建筑首层平面布置图

票务服务、盈利模式等方面进行比较分析,较为客观全面地反映了长三角地区旅游集散中心的运营现状。此外,还考察了某企业的房车基地,以及某公司的房车与直升机制造及市场定位与运营维护。

2. 提出六项筹建原则

在调研的基础上,课题组根据松江区旅游资源分布现状及客源的多样性,围绕拟建项目的建设构想,提出了六项筹建原则:根据当地实际情况,对中心的功能进行科学定位;根据功能定位,合理确定项目的建设规模和投资规模;政府主导、市场化运作;公益为主、经营为辅的运营模式;整合相关资源,丰富服务项目,实施集成管理;积极谋求与上海(市)旅游集散中心的对接合作;面向不同服务目标、对象,采用差异化营销策略。

3. 完成研究报告

课题研究报告先后五易其稿,历时一年完成终稿。调研取得了较为丰富的第一手材料及其他城市建设、运营的宝贵经验;同时结合松江区的实际,综合考虑了拟建项目与各景点间的交通网络,分析了当地旅游资源与客源分布特点,为集散中心的功能定位提出了具体目标,细化了项目近期建设与远期规划的内容;强调了旅游咨询、投诉、监督、救援等功能的必要性;强化了数字化公共服务信息平台的政府服务理念。

研究报告为拟建项目的建设及运营提供了前瞻性的参考依据。

【咨询工作特点】

1. 深入考察调研,充分采集信息,客观分析项目建设定位

首先,课题组通过专题座谈形式认真听取旅游业专家学者的真知灼见,让课题研究在开端即有了一个高起点,并就"功能定位精准化、建设规模适度化、运营管理综合化、交通资源共享化、服务对象动态化、服务质量标准化"等方面,整合形成具有针对性、前瞻性的建议。

(1)松江不缺乏旅游资源,但"大交通便捷,小交通不便"成为区旅游业瓶颈,旅游集散中心可以更好地衔接地铁"大交通"和客运、大巴等地面"小交通"。

(2)项目建设易,维持健康运行难。本项目的建设要避免因前期规划不足,导致后期运行机制不完善,缺乏自我造血功能的问题。

(3)项目运营可以适当考虑服务外包,降低事业行政化对集散中心服务质量的影响,还应综合集散、联接、咨询、导游等功能,通过线路设计、重要景点串联推出,达到整合本区,辐射长三角的作用。

(4)从市场需求角度看,常态性的社区公共交通与旅游景点之间存在盲点,项目客流运输可考虑与现有公共交通运力的整合,或服务外包,降低管理风险,缓解与原有线路争夺客源的矛盾。

其次,课题组投入了大量的人力和时间从事项目的考察调研(见表1),深入研究了长三角城市群各旅游集散中心建设的经验与不足。对各地旅游集散中心的基础设施、运作模式、运营成效、政策支持、特色服务、面临问题等诸多方面作了深入、全面的分析。其依据真实、可靠,分析客观、系统。使课题研究工作始终处于明显的制高点,为整个课题研究打下了良好的基础。

2. 盘点旅游家产,分析客源市场,盘活整合松江旅游资源

松江境内"三泖九峰"构成了"山骨水肤"的旖旎风光,孕育了陆机、陆云、赵孟頫、陶宗仪、徐阶、董其昌等一批文人雅士,更有夏允彝、夏完淳、陈子龙等民族英雄。深厚的历史文化底蕴积淀了松江区丰富的旅游资源:方塔、李塔、西林塔、护珠塔、秀道者塔五塔耸立;佛教、道教、天主教等多教并存;广富林遗址、唐经幢、清真寺、醉白池、天文台、远东第一大教堂等交相辉映,形成了宝贵的人文资源。现代建设如上海影视乐园、五厍农业园区、松江工业区、松江大学城、佘山高尔夫球场、天马赛车场等展现松江经济社会发展成果的"文化娱乐游、农业生态游、工业游、修学游、体育游"等景点,以及青青旅游世界、欢乐谷游乐场、月湖公园等旅游休闲基地,极大地丰富和充实了松江的旅游资源(见图2)。

据统计,目前上海市区居民是松江旅游市场的主要客源,占松江全部游客的八成左右。2010年,全区旅游总收入由2004年的14.01亿元跃至50.1亿元,全年接待游客由2004年的294万人次跃增至802万人次。由此预测,到2015年,全区旅游总收入将达到75亿元,全年接待游客将突破1 200万人次(见图3、图4)。

本课题研究盘点了松江旅游景区景点,针对不同客源市场,分析不同客流来源,统计当地以往七年的旅游人数和收入等数据,以推算今后的

表1 长三角地区旅游集散中心运营特点比较分析表

城市	上海	杭州	镇江	无锡	南通	浦东
事业单位+企业经营	●	●	○	●	○	●
是否多方参股	●	●	●	●	○	●
国有全资	●	●	●	○	○	○
民营独资	○	○	○	○	●	○
中心与客运结合	●	●	●	●	○	●
自有交通工具	○	●	●	○	○	●
有旅游专线	●	●	○	●	●	●
有政府补贴	●	●	●	●	●	●
主要客源	当地市民	全国游客	当地市民	当地市民	当地市民	当地市民
主要旅游目的地	长三角	本地	长三角	长三角	长三角	本地与长三角
网络化旅游公共服务体系	●	●	○	●	○	○
网络化数字服务平台	●	●	●	●	○	●
盈利与公益混合运作	●	●	●	●	○	●
盈利与公益分离	○	●	●	●	●	●
垄断化趋势与程度	★★★★	★★★★	★★★★	★★	★★★	★★
有旅游企业入驻	○	○	●	●	●	●
有票务服务	●	●	●	●	●	●
是否赢利	★★★★	★★★★	★★	★★★	★★	★★★

附注：●表示"是"或"有"；○表示"不是"或"无"；
★表示相对较强，以5个★为最高，1个★为最低。

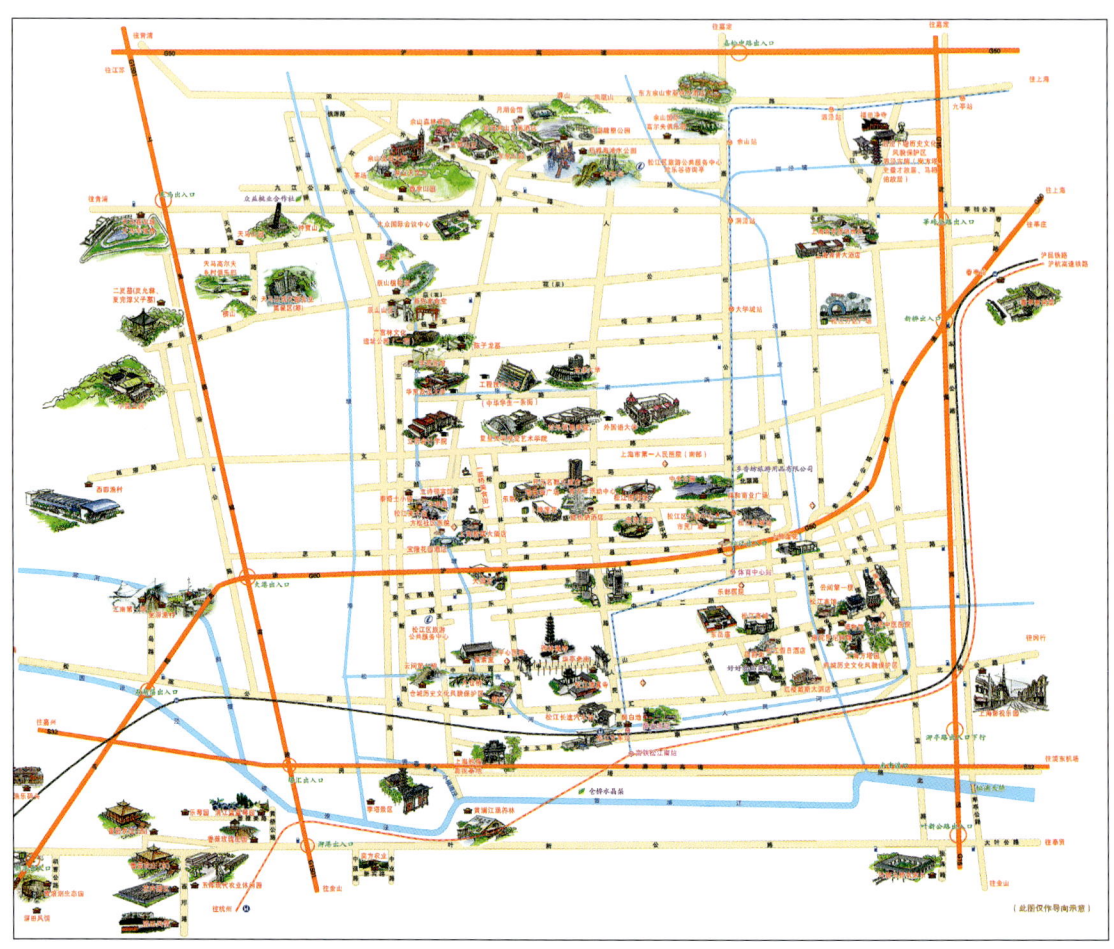

图2 松江区旅游景点一览图

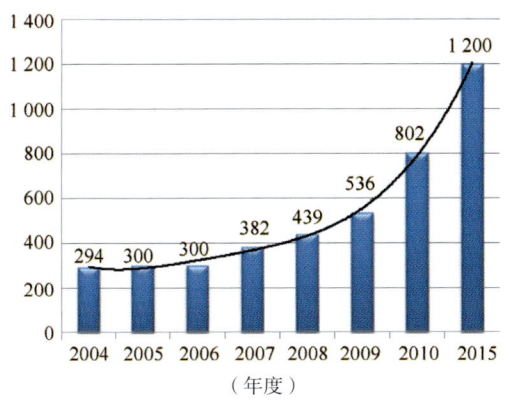

图3 2004—2015年松江区旅游接待人次（万人）

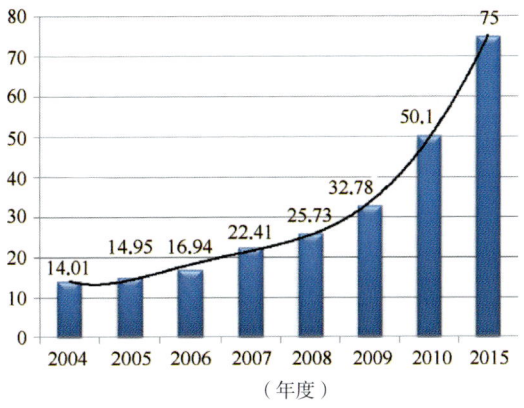

图4 2004—2015年松江区旅游总收入（亿元）

增长趋势。从资源、客源信息的全面掌握，针对性地盘活整合松江的旅游资源，为佘山国家旅游度假区旅游集散中心的建设，提供了有力的参考依据。

3. 深化调研成果，拓展服务功能，引入房车、直升机旅游新概念

考察调研发现，长三角城市群各旅游集散中心所提供的服务功能，除了信息化平台之外，均为传统的服务手段与功能，缺乏旅游服务的新意。受落户松江的相关项目启示，课题组在调研基础上进行拓展，审慎引入了房车旅游与直升机旅游两大新兴项目概念。

课题组通过实地调研，以及对大量房车旅游资料的收集分析，了解到国内主要城市房车基地的发展现状、国内国际建设标准、国人旅游住宿习惯、房车旅游消费现有市场规模等若干因素，根据现有经济发展水平，将房车旅游消费客户群体定位在少数相对富足的有闲一族和喜欢体验旅游新项目的年轻人群。据此，课题组在拟定项目建设规模和内容时，将"打造旅游集散功能"确立为首要建设目标，将房车旅游基地概念置于中长远建设规划之中，做到一次规划，分步实施，既降低了投资风险，又为旅游集散中心日后的发展留出了空间。

课题组对国际直升机旅游发展状况进行了梳理，同时分析直升机旅游在国内发展所遇到的困难与问题。尽管该项目因为直升机的噪声过大和运营成本过高等原因而饱受争议，但也不乏成功案例，如北京的八达岭直升机旅游公司，在中国最具特色的旅游景点，开展了直升机旅游业务。该公司现已经营多年，并不断购置新型直升机，以扩展他们的经营规模。可见，直升机旅游观光在中国也同样具有发展前景。因此，课题组提出将直升机旅游业务列入旅游集散中心中长远建设规划之中，为旅游集散中心多功能整合、可持续发展以及与国际旅游业接轨，提供了具体、可行的设想，体现了较强的创新意识和独立思考的精神。

4. 整合旅游交通，方便市民出游，解决景点最后一公里的旅游瓶颈

城市交通"最后一公里"的概念，常用于描述公共交通末梢和微循环交通问题，泛指乘客从轨道交通、地面公交等主要交通站点下车后到目的地的距离。

轨道交通9号线松江段由上海市区延伸而来，大量市区客流需要在松江段沿线进行分流，且佘山国家旅游度假区景点分散于佘山周边，距离佘山地铁站最近的景点尚有2千米车程，现有地面"小交通"缺乏整合。

课题组针对松江一城两貌、景点与居民多分布于新老城区的特点，近期规划项目选址于轨道交通9号线洞泾站，承接市区客流；远期规划在老城区辟建旅游集散中心下属旅游集散站，方便本地市民出游，充分满足游客省时、节能、低成本、高效率旅游出行的需求。梳理、盘活景区景点之间的交通网络，优化整合城市短途客运与旅游交通功能，解决景点最后一公里路程交通不便的瓶颈，显现出报告的前瞻性和合理性。

5. 总体规划、分步实施、规模适度、逐步完善

课题研究结合佘山国家旅游度假区的特殊地位和松江区的实际情况，提出以"外来客源为主、外出客源为辅"的功能定位，它服务的对象主要是来松江旅游的游客，同时兼顾本地市民短线出游需求。它的功能应以旅游交通集散（环线巴士、景区景点专线、短途客运、公共

自行车等）、旅游信息交流（咨询、展示、洽商）为主，同时包括导游预约服务、旅游商品展示、旅游投诉及救援、旅游票务服务、旅游新项目体验等。

课题组按"总体规划、分步实施、规模适度、逐步完善"的项目基础设施建设原则，细化近期建设目标，分别对建设规模、各功能用房面积、外场配套设施、投资估算提出了严谨客观的意见。

明确"政府主导、市场化运作、公益服务为先"的运作模式，在具体运作中，确立公益性与盈利性相分离的组织架构，防止和避免行业垄断。强调旅游咨询、投诉、监督、救援等功能和数字化公共服务信息平台全面整合的政府服务理念。

在盈利性方面，主要考虑：与区内交通运输部门、长途客运公司合作，由中心有偿提供停车场地和候车场所，引客运中心入驻；与铁路、航空、游轮等合作，开设交通票务窗口（含网上）；吸引旅游企业入驻，形成旅游超市；开发并出售多日制景区景点联票，开设长三角景区景点联动票务中心（含网上）；开发并销售松江本地半日游、一日游，以及周边游、长三角短线游等产品；提供个性化服务和旅游衍生服务；利用广场、展览室等硬件策划组织各类展示展览会务活动等。

课题组延伸课题研究的服务范畴，创造性地在课题研究中提出"长袖善舞"的项目建设方案和投资匡算。报告分析理论依据充分，所提建议和方案具有针对性和可操作性。实践证明课题研究报告为项目建设的科学决策作出了预期的、实质性的贡献。

【咨询效果】

1. 经济性效益

本课题对当地旅游资源的概念性整合，项目方案的探索性拟订，以及在此基础上的项目建设投资匡算等一系列广泛、深入的咨询成果，对项目建设的科学决策具有极大的资源统筹与经济引导作用。其类似于项目预可行性研究的具体工作，在更大的范围内，给项目建议书的编制、项目可行性研究工作提供了技术支撑，乃至于延续影响到建筑工程规划设计方案的确定。

2. 管理性效益

别开生面的研究工作形式与理念，为项目建设前期咨询策划服务，探索了一条有效路径，具有一定的创新意义。其咨询工作尽可能向前延伸，使其咨询成果对后续工作影响深远，具有一定的示范效用。因此，无论其成败得失均将有益于咨询服务范畴与内容的广延与拓展，有益于咨询服务意识的强化。

3. 社会性效益

本课题成果取材广泛，依据充分，论述有序，建议可行，有实用价值与前瞻性。明确了"政府主导、市场化运作、公益服务为先"的运作模式，强调旅游咨询、投诉、监督、救援等功能，通过数字化公共服务信息平台全面整合的政府服务理念。在奠定项目建设立项基础的同时，为项目建成后的社会服务效率提供了有力保障。

4. 其他效益

课题成果由区商旅委移交给佘山国家旅游度假区，作为编制项目建议书和项目可行性研究的指导性参考依据。

参加编写单位：上海市松江区商务和旅游委员会

附录：参与编写单位一览表

序	单 位 名 称	联系电话	网 址
1	上海投资咨询公司	021-63903366	www.sicc.sh.cn
2	上海东方投资监理有限公司	021-62667333	www.sois.sh.cn
3	上海市城市规划设计研究院	021-62473288	www.supdri.com
4	上海市政工程设计研究总院（集团）有限公司	021-55000000	www.smedi.com
5	上海市机电设计研究院有限公司	021-62472277	www.simee.com
6	上海市隧道工程轨道交通设计研究院	021-54519988	www.stedi.cn
7	中石化上海工程有限公司	021-58366600	www.ssec.com.cn
8	上海市卫生建筑设计研究院有限公司	021-63722080	www.wssyy.com
9	中船第九设计研究院工程有限公司	021-62549700	http://www.ndri.sh.cn
10	上海市城市建设设计研究总院	021-50891688	www.sucdri.com
11	上海同济工程咨询有限公司	021-33626727	www.tongji-ec.com.cn
12	上海申通轨道交通研究咨询有限公司	021-54660312	www.shmetro.com
13	上海松江新城投资咨询有限公司	021-57743537	chengtou.songjiang.gov.cn
14	上海邮电设计咨询研究院有限公司	021-25068888	www.sptdi.com
15	上海沪港建设咨询有限公司	021-62893366	www.hugang.net.cn
16	上海市水利工程设计研究院有限公司	021-32558000	www.swedri.com.cn
17	中国轻工业上海工程咨询有限公司	021-64333476	www.sdili.com
18	上海市水务（海洋）规划设计研究院	021-34760606	www.shwaterplan.com
19	上海勘测设计研究院有限公司	021-65427100	http://www.sidri.com
20	上海财瑞建设咨询有限公司	021-62267733	www.cairui.com.cn
21	中国电力工程顾问集团华东电力设计院有限公司	021-22015888	www.ecepdi.com
22	同济大学建筑设计研究院（集团）有限公司	021-35377649	http://www.tjadri.com
23	上海市园林设计院有限公司	021-54043588	www.shlandscape.com
24	上海科瑞真诚建设项目管理有限公司	021-67721178 65981368	www.kzcpm.com
25	上海核工程研究设计院	021-61860000	www.snerdi.com.cn
26	上海申康卫生基建管理有限公司	021-63279000	www.shccac.com
27	上海城市交通设计院有限公司	021-63867310	www.sutdi.com
28	上海林同炎李国豪土建工程咨询有限公司	021-65976600-8646	www.shlinli.com
29	上海市节能减排中心有限公司	021-63903366	www.eser.sh.cn
30	上海上咨市场咨询有限公司	021-63903399	www.sicc-mc.com

编 后 记

《上海工程咨询优秀成果选编(2010—2014年)》的编辑出版,适逢我国处在全面深化改革、经济发展进入新常态的重要时期。本书的出版,期望能够着力宣传行业在国家经济社会发展中的重要价值,推进工程咨询行业的转型与发展,为在新形势下推动工程咨询行业单位进一步开拓国内外两个市场提供一个良好的服务平台。

在本书的编撰过程中,我们始终得到了工程咨询业同仁的大力支持。本书是以自愿为原则征稿的,形成了宣传行业成果、力推行业发展的共识,得到了行业单位的积极响应。因此,征稿过程投稿踊跃,为本书的编制提供了大量丰富的优质稿源。在编写过程中,按照稿件谋篇布局的要求,在原有成果基础上,对咨询的过程、特点、效果加以提炼,对成果加以点评。许多优秀成果的原作者,怀着一份沉甸甸的责任,不仅要忙于繁重的咨询业务,还要挤出时间,投入精力,提笔撰稿,为此付出了大量的心血。所在单位的领导十分重视稿件的质量,亲自修改,数易其稿,精益求精;并根据有关规定进行了单位的审查,使本书得以进一步彰显工程咨询的服务价值,达到编撰出版的要求。在此,对这些行业单位的大力支持和辛勤付出表示衷心感谢。

同时,我们要诚挚地感谢同济工程咨询公司的领导和有关专家。在这次编撰工作中,组织了一支专业队伍,聘请了相关专家,无私奉献地开展了大量卓有成效的工作,对本书的初审、修改、编撰等工作,从专业的视角,提供了帮助,使本书的编撰从专业技术上得到可靠的保障。

我们要衷心地感谢协会的老领导、老专家。在编撰过程中,他们十分关心本书的编撰工作,给予了精心的指导和帮助,对新形势下,如何展现本书的新特点、新面貌,提出了真知灼见;在审核初步修改的稿件时,也提出了建设性意见和建议,使本书编撰工作能够顺利地推进。

我们要特别地感谢中国工程咨询协会王武龙会长为本书作序。王会长对本书的出版予以高度评价,对工程咨询行业的发展寄予厚望,希望工程咨询行业进一步发挥促进经济社会发展智库的作用,再创辉煌业绩。

需要说明的是,鉴于工程咨询行业专业的综合性、技术发展的时代性等特质,本书的编撰以科学精神和实事求是的态度,力求体现当年咨询的过程、特点和效果,抓住成果的某个或者若干个亮点加以点评,而对于成果本身的描述则用了缩写的方法。由于本书的编撰时间较紧,专业编撰经验有限,在表述中难免存在一定局限性或不足,在此表示歉意。

本书的编撰工作还得到上海社会科学院出版社编审人员和"上海世博会志"办公室的热心帮助和大力支持,本书封面封底的世博会照片均来自"上海世博会志"办公室,封底照片摄影的同志为孙中钦,并请封面照片摄影的同志见书之后与我们联系;上海市工程咨询行业协会的同事们,也参与了本书的编撰工作及相应的组织工作;还有许多同行和朋友以不同的方式始终关心和默默支持本书的编撰工作,在此一并表示感谢!

2016年3月

图书在版编目（CIP）数据

上海工程咨询优秀成果选编.2010～2014年/蒋应时,戴建敏主编；上海市工程咨询行业协会编著. —上海：上海社会科学院出版社,2015
 ISBN 978－7－5520－1056－5

Ⅰ.①上… Ⅱ.①蒋… ②戴… ③上… Ⅲ.①投资—咨询服务—项目—汇编—上海市 Ⅳ.①F832.751

中国版本图书馆CIP数据核字（2015）第276911号

上海工程咨询优秀成果选编（2010—2014年）

编　　著：	上海市工程咨询行业协会
主　　编：	蒋应时　戴建敏
责任编辑：	陈　军　王　勤
封面设计：	黄婧昉
出版发行：	上海社会科学院出版社
	上海淮海中路622弄7号　电话63875741　邮编200020
	http：//www.sassp.org.cn　E-mail：sassp@sass.org.cn
排　　版：	南京展望文化发展有限公司
印　　刷：	上海丽佳制版印刷有限公司
开　　本：	889×1194毫米　1/16开
印　　张：	50.25
插　　页：	2
字　　数：	1424千字
版　　次：	2016年3月第1版　2016年3月第1次印刷

ISBN 978－7－5520－1056－5/F·327　定价：560.00元

版权所有　翻印必究